ŒUVRES
COMPLÈTES
DE J. RACINE

AVEC UNE VIE DE L'AUTEUR

ET

UN EXAMEN DE CHACUN DE SES OUVRAGES

PAR

M. LOUIS MOLAND

TOME HUITIÈME

PARIS

GARNIER FRÈRES, LIBRAIRES-ÉDITEURS

6, RUE DES SAINTS-PÈRES

M DCCC LXXVII

CHEFS-D'ŒUVRE

DE LA

LITTÉRATURE

FRANÇAISE

27

ŒUVRES

COMPLÈTES

DE J. RACINE

TOME HUITIÈME

ŒUVRES
COMPLÈTES
DE J. RACINE

AVEC UNE VIE DE L'AUTEUR

ET

UN EXAMEN DE CHACUN DE SES OUVRAGES

PAR

M. LOUIS MOLAND

TOME HUITIÈME

PARIS

GARNIER FRÈRES, LIBRAIRES-ÉDITEURS

6, RUE DES SAINTS-PÈRES

M DCCC LXXVII

©

INTRODUCTION

Ce volume contient la suite de la correspondance, les Mémoires de Louis Racine sur la vie de son père, avec une double leçon (française et latine) de l'épitaphe inscrite sur la tombe du poëte, le Dictionnaire critique de la langue de Racine, et la Bibliographie. Sur ces diverses parties, nous avons quelques explications préalables à donner au lecteur.

CORRESPONDANCE.
(Suite)

Dans notre introduction au tome VII, p. XII; nous avons dit comment s'est formé le recueil de la correspondance de Racine, et nous avons donné dans ce volume la première série de cette correspondance sous ce titre : *Lettres de Racine à diverses personnes et de diverses personnes à Racine* (pp. 293-488). Nous avons réservé pour ce volume-ci deux autres séries : les *Lettres de Racine à Boileau et de Boileau à Racine* et les *Lettres de Racine à son fils*. Ainsi que nous l'avons déjà constaté, ces deux séries ont été publiées en premier lieu par Louis Racine en 1747.

LETTRES DE RACINE A BOILEAU ET DE BOILEAU
A RACINE.

Les *Lettres à Boileau et les réponses de Boileau* occupent dans le volume de 1747 les pages 89-256, Louis Racine y a ajouté : 1° une lettre de Mme de Villette à Boileau ; 2° une lettre de Boileau à M. de Monchesnai ; 3° une lettre de Rousseau à Boileau ; 4° une lettre de l'abbé Tallemant à Boileau ; 5° une lettre de Boileau à M. le duc de (Noailles). Les deux premières seront données dans une autre série dont nous parlerons plus loin ; les trois dernières sont tout à fait étrangères à Racine.

Louis Racine a fait précéder cette série d'un avertissement ainsi conçu :

« On verra, dans les lettres suivantes, tout commun entre les deux hommes qui s'écrivent, amis, intérêts, sentiments et ouvrages. On verra ainsi mon père plus occupé, à la cour, de Boileau que de lui-même. Cette union, qui a duré près de quarante ans, ne s'est jamais refroidie.

« Les premières lettres furent écrites dans le temps que Boileau étoit allé à Bourbon, où les médecins l'avoient envoyé prendre les eaux : remède assez bizarre pour une extinction de voix. Il l'avoit perdue entièrement, et tout à coup, à la fin d'un violent rhume ; et, se regardant comme un homme inutile au monde, il s'abandonnoit à son affliction. Mon père le consoloit, en l'assurant qu'il retrouveroit la voix comme il l'avoit perdue, et qu'au moment qu'il s'y attendroit le moins elle reviendroit. La prédiction fut véritable : les remèdes ne firent rien, et la voix, six mois après, revint tout à coup.

« Les autres lettres sont presque toutes écrites dans le temps que mon père suivoit le roi dans ses campagnes. Boileau ne pouvant, à cause de la foiblesse de sa santé, avoir le même honneur, son collègue dans l'emploi d'écrire cette histoire avoit attention de l'instruire de tout ce qui se passoit. Il lui écrivoit à la hâte et Boileau lui répondoit de même. Ces lettres dans lesquelles ils ne cherchent point l'esprit, font connoître leur cœur. »

Les lettres de cette série ont dû être collationnées sur les originaux, travail qui a été soigneusement fait par M. Berriat

Saint-Prix pour son édition de Boileau, et que M. Mesnard a non moins soigneusement contrôlé. Une question se pose ici : les lettres de Boileau ont été revues et corrigées par lui; faut-il les reproduire telles qu'elles ont été écrites primitivement, ou telles qu'elles ont été retouchées par leur auteur? Nous croyons que les éditeurs de Boileau font bien de donner les lettres avec les corrections qu'il y a faites après coup. Mais nous avons une double raison d'en agir autrement dans les éditions de Racine : la première, c'est que les lettres de Racine n'ont pas été corrigées, et qu'en rétablissant la première leçon des lettres de Boileau, nous maintenons une sorte d'égalité entre les deux amis; et la seconde, c'est que nous avons de la sorte l'avantage de ne pas faire absolument double emploi avec les éditions de Boileau.

Sur les cinquante lettres de la correspondance de Boileau et de Racine (sans parler de la lettre imprimée au tome VI, p. 353), il y en a quarante-sept dont les originaux ont été déposés à la bibliothèque du roi par Louis Racine. On verra, par les notes qui sont attachées à chacune de ces lettres, que quatre de ces originaux ne se trouvent plus à la Bibliothèque nationale, et comment ils ont pu être suppléés.

Trois autres lettres (les lettres I, III et XXXV) ont été publiées d'abord par Cizeron-Rival : *Lettres familières de messieurs Boileau-Despreaux et Brossette,* Lyon, 1770, t. III, dans le *Supplément,* et revues sur les autographes par Berriat-Saint-Prix.

II. *Lettres de Racine à son fils.*

Les lettres de Racine à son fils aîné Jean-Baptiste occupent dans le volume de 1747 les pages 271-389. Louis Racine y a inséré une lettre à Mlle Rivière, sa sœur, qui est dans notre précédent volume (v. t. VII, p. 471-475), l'extrait d'une lettre à Mme de Maintenon qui y figure aussi (*Ibid.,* p. 482), la lettre à la mère sainte Thècle Racine (*Ibid.,* p. 485). Louis Racine y a de plus ajouté : 1° deux lettres de la mère sainte Thècle Racine à Mme Racine; 2° quatre lettres de Mme de Maintenon à diverses personnes; 3° une lettre de J.-B. Racine à Louis Racine, à propos du *Poëme de la religion* de ce dernier. Ces annexes prendront place dans une série distincte dont il sera question tout à l'heure. Nous ne reproduisons pas toutefois les quatre lettres de Mme de Maintenon. Il y est parlé de Racine trop incidemment. Un trait ou deux qui visent le poëte ont été relevés dans la troisième partie de la vie de l'auteur, au commencement de notre cinquième volume.

Louis Racine a fait précéder cette troisième série d'un avertissement ainsi conçu :

« Le premier recueil a fait connoître la vivacité du jeune homme qui n'aime que les vers; dans le second recueil, on a vu la cordialité avec laquelle, dans un âge plus avancé, il écrivoit à son intime ami : voici le père de famille en déshabillé au milieu de ses enfants. Les lettres suivantes, par les petits détails qu'elles contiennent et par leur style simple, font mieux connoître le caractère de celui qui les a écrites que des lettres plus travaillées. Il aimoit également tous ses enfants, n'étant occupé qu'à entretenir l'union entre eux. Lorsqu'il en voyoit un incommodé, il étoit dans des agitations continuelles. « Pourquoi me suis-je marié? » s'écrioit-il ; et il se rappeloit ces deux vers de Térence :

> Vah! quemquamne hominem in animum instituere, aut
> Parare, quod sit carius quam ipse est sibi?

C'est cette tendresse que respirent les lettres qu'on va lire. »

Quelques lignes d'un écrivain de nos jours méritent d'être citées : « Rien n'inspire plus d'estime, plus de respect, plus de tendre sympathie pour Racine que la lecture des lettres à son fils. C'est le ton affectueux et grave d'un excellent père, sage et discret dans sa sollicitude et dans ses conseils, sachant garder la mesure entre une sévérité rebutante et une indulgence trop facile, n'imposant pas ce qui ne doit être qu'insinué, tempérant ses exhortations par des témoignages délicats de confiance et d'amitié; initiant peu à peu son fils aux affaires et à la vie; enfin, quand il sent la mort approcher, lui recommandant avec une touchante effusion la compagne dont il fait valoir les soins et l'affection. On est attendri quand on voit arriver la fin prématurée de cet homme excellent; on partage la douleur de ses amis et de sa famille, et, après avoir vécu dans ce doux commerce avec lui, on lui applique volontiers, d'accord avec son fils, le mot de Tacite sur Agricola : *Bonum virum crederes facile, magnum libenter.* « Il est facile de croire à sa bonté; on est heureux de croire à sa grandeur[1]. »

III. *Lettres de divers à divers.*

Nous reproduisons, dans cette dernière section de la correspondance, soit intégralement, soit par fragments, des lettres qui n'ont été ni écrites par Racine ni adressées à Racine, mais qui sont intéressantes pour sa biographie.

MÉMOIRES SUR LA VIE DE JEAN RACINE.

Ces Mémoires sont le complément indispensable de toute édition des œuvres de Racine. Louis Racine les fit imprimer en 1747 sous la rubrique Lausanne et Genève. Ils sont, dans l'édition originale, précédés d'un *avis de l'éditeur* ainsi conçu :

« Les gens de lettres me sauront gré du présent que je leur fais; et ils liront avec plaisir la vie et les lettres de deux illustres amis, dont les écrits font leurs délices, et dont le nom seul fait l'éloge.

« Il importe peu au public de savoir comment je me suis trouvé possesseur de l'ouvrage que je lui procure; mais je suis bien aise de lui dire que j'ai donné à la correction tous

---

1. *Les Ennemis de Racine,* par Fr. Deltour, p. 139.

les soins dont je suis capable. Si l'héritier du nom et des talents du grand Racine avoit voulu consentir à l'impression, je l'aurois prié de remplir quelques lacunes qui se sont trouvées dans le manuscrit. Mais son refus obstiné de donner lui-même son ouvrage, sous prétexte qu'il ne le trouvoit pas assez limé, m'a déterminé au parti que je viens de prendre dans un temps de loisir, que me laissent les affaires qui m'ont éloigné de Paris pour quelque temps. »

Ce curieux *Avis* nous semble bien mériter d'être reproduit.

Il paraît que l'impression des *Mémoires* aurait souffert quelques difficultés en France. C'est du moins ce qu'on peut conclure d'une lettre de l'auteur à Chevaye de Nantes à la date du 26 février 1748 : « Ce n'est point un censeur, dit-il, qui retarde l'impression de la *Vie de mon père;* j'ai une approbation depuis cinq mois; et je suis très en règle pour avoir un privilége; mais j'ai lu l'ouvrage au maître des priviléges (au chancelier d'Aguesseau), et voilà la cause de ce long retardement. Je le vois enfin prêt à consentir à laisser imprimer avec une permission tacite. Je ne vois rien en cet ouvrage que de très-innocent; mais les hommes dans les grandes places ont des lumières plus étendues que nous autres. »

A l'époque où Louis Racine traçait ces lignes, les deux volumes (*Mémoires* et *Lettres*) avaient déjà paru, si l'on en croit la date qu'ils portent.

M. Villemain a parlé très-favorablement de ces *Mémoires,* qui ont, en effet, un charme particulier : « Quoique Louis Racine fût encore dans l'enfance quand il perdit son excellent père, un souvenir plein d'attendrissement anime cette biographie... De tels Mémoires sont purs et sévères comme le cœur qui les dictait : et le respect filial n'y pouvait rappeler aucune anecdote sur la jeunesse passionnée de Racine... On peut sourire des pieux efforts de Louis Racine pour faire croire et se persuader à lui-même que son père n'a jamais cédé à la passion de l'amour et que la vive sensibilité qui anime ses ouvrages n'était qu'un prodigieux talent d'imitation. Il faut l'entendre nous prémunir sur ce point contre le témoignage imprudent de Mme de Sévigné. Combien cette discrète pudeur est préférable au minutieux étalage des confessions modernes et à cet enregistrement historique des moindres faiblesses d'un homme illustre ! Combien même n'a-t-elle pas plus de vérité ! car c'est la puissance d'une âme passionnée, et non le facile empressement à céder aux passions, qui sert bien le génie... Les détails de cette vie de Racine si simple et, comme nous dirions, si prosaïque, reçoivent un nouvel intérêt de quelques peintures de cour qui s'y trouvent mêlées... Un personnage qui anime la scène de ces Mémoires, c'est Boileau avec son inflexible probité d'homme et de critique, sa franchise sans gêne, sa droiture étourdie, même à Versailles. Il fait d'autant mieux ressortir l'exquise élégance, le charme d'imagination et de douceur qui brillait dans chaque parole de Racine et en faisait, hors des lettres mêmes, un autre Fénelon, non moins délicat, non moins fier, également touché des malheurs du peuple, également disgracié pour cet amour du bien qu'on appelle chimère... Les derniers moments de Racine, son testament, sa sépulture à Port-Royal, l'effroi conservé dans sa famille pour la gloire des lettres, la comparution de Louis Racine devant Boileau, quand le jeune homme est soupçonné de se déranger jusqu'à faire des vers, tout cela fait des Mémoires sur Racine un tableau de mœurs inimitable. C'est un filon de l'or pur du xviie siècle, qui se prolonge dans l'âge suivant. »

Nous avons profité des corrections faites à la main par Louis Racine sur un exemplaire de l'édition de 1747 qui est à la Bibliothèque nationale, corrections assez importantes, et que M. P. Mesnard a relevées avant nous.

DICTIONNAIRE CRITIQUE ET BIBLIOGRAPHIE.

Nous avons peu de chose à dire du Dictionnaire critique et de la Bibliographie. Le Dictionnaire critique a été composé pour l'édition d'Aimé-Martin de 1844. C'est un bon travail, plus utile peut-être à la plupart des lecteurs, que ne le serait un lexique complet, car dans un lexique complet, tous les termes de l'auteur étant également relevés, ce qui devrait particulièrement attirer l'attention ne se distingue pas du reste. Nous avons fait à ce Dictionnaire quelques retouches indispensables.

La Bibliographie a de justes développements, sans toutefois atteindre aux dimensions que ces sortes de recherches appliquées à plusieurs de nos grands écrivains ont obtenues dans des publications spéciales. La bibliographie d'un auteur, telle qu'elle est entendue dans ces publications, ne comporte pas moins d'un fort volume. Ainsi comprise et exécutée, elle doit être imprimée à part, pour les amateurs, et chargerait trop lourdement une édition. Nous nous sommes contenté de tracer un tableau où rien d'essentiel n'est omis, et qui conduit le lecteur, sans confusion, du premier opuscule imprimé par Racine, jusqu'à la dernière édition qu'on ait faite de ses œuvres, et jusqu'au dernier cuvrage dont il ait été l'objet.

CORRESPONDANCE

— SUITE —

LETTRES
DE RACINE A BOILEAU
ET
DE BOILEAU A RACINE

I.[1]

BOILEAU A RACINE.

A Auteuil, 19 mai [1687.][2]

Je voudrois bien vous pouvoir mander que ma voix est revenue, mais la vérité est qu'elle est au même état que vous l'avez laissée, et qu'elle n'est haussée ni baissée d'un ton. Rien ne peut la faire revenir, et mon ânesse y a perdu son latin, aussi bien que tous les médecins, à la réserve que son lait m'engraisse,

---

1. Publiée par Cizeron-Rival (III, 55 à 59), sur une copie corrigée par Boileau ; elle vient de l'être de nouveau sur l'autographe appartenant à Mme la comtesse de Boni-Castellane, dans l'iconographie française de Mme Delpech. (B.-S.-P.) Cet éditeur a rectifié le texte donné d'abord par Cizeron-Rival.
On a vu, tome VI, p. 353, une lettre de Racine à Boileau qu'on croit d'une date antérieure. Nous ne la reproduisons pas ici. Nous recommandons de consulter sur cette lettre notre introduction au tome VI, p. xxvi.
2. Cette année (le manuscrit n'en a point) a été suppléée par Cizeron-Rival.

et que leurs remèdes me desséchoient. Ainsi, mon cher monsieur, me voilà aussi muet et aussi chagrin que jamais. J'aurois bon besoin de votre vertu, et surtout de votre vertu chrétienne, pour me consoler; mais je n'ai pas été élevé, comme vous, dans le sanctuaire de la piété, et, à mon avis, une vertu moliniste ne sauroit que blanchir contre un aussi juste sujet de s'affliger qu'est le mien. Il me faut de la grâce, et de la grâce la plus efficace, pour m'empêcher de mourir de déplaisir. Car, entre nous, quelque chose qu'on me puisse dire, j'ai peur de ne me retrouver jamais en l'état où j'ai été. Cela me dégoûte fort de toutes les choses du monde, sans me donner néanmoins (ce qui est de plus fâcheux) un assez grand goût de Dieu. Quelque détaché pourtant que je sois des choses de cette vie, je ne suis pas encore indifférent pour la gloire du roi. Vous me ferez donc plaisir de me mander quelques particularités de son voyage,[1] puisque tous ses pas sont historiques, et qu'il ne fait rien qui ne soit digne, pour ainsi dire, d'être raconté à tous les siècles. Je vous aurai aussi beaucoup d'obligation si vous voulez, en même temps, m'écrire des nouvelles de votre santé. Je meurs de peur que votre mal de gorge ne soit aussi persévérant que mon mal de poitrine. Si cela est, je n'ai plus l'espérance d'être heureux, ni par autrui ni par moi-même. On me vient dire que Furetière a été à l'extrémité, et que, par l'avis de son confesseur, il a envoyé quérir tous les académiciens offensés, et qu'il leur a fait une amende honorable dans les formes, mais qu'il se porte mieux maintenant. J'aurai soin de m'éclaircir de la chose, et je vous en manderai le détail. Le père Sovennin[2] a dîné aujourd'hui chez moi, et m'a fort prié de vous faire ses recommandations. Je vous les fais donc, et, en récompense, je vous conjure de faire bien les miennes au cher M. Félix.[3] Pourquoi faut-il que je ne sois point avec lui et avec vous, ou que je n'aie pas du moins

---

1. Il était parti, le 10 mai 1687, pour aller examiner les fortifications de Luxembourg, place prise par Créqui en 1684. (*Gazette de France*, citée par M. Berriat-Saint-Prix.)

2. Génovéfain, parent de Racine. (Cizeron-Rival.)

3. Charles-François Félix de Tassy, né à Paris, nommé premier chirurgien du roi, en remplacement de son père à la mort de celui-ci, le 5 août 1676 ; mort le 25 mai 1703.

une voix pour crier contre la fortune, qui m'a envié ce bonheur? Dites bien aussi à M. le marquis de Termes[1] que je songe à lui malgré mon infortune, et qu'encore que je sache assez combien les gens de cour sont peu touchés des malheurs d'autrui, je le tiens assez galant homme pour me plaindre. Maximilien[2] m'est venu voir à Auteuil, et m'a lu quelque chose de son *Théophraste*. C'est un fort bon homme, et à qui il ne manqueroit rien si la nature l'avoit fait aussi agréable qu'il a envie de l'être. Du reste, il a du savoir et du mérite. Je vous donne le bonsoir, et suis tout à vous.

DESPRÉAUX.

Suscription : A Monsieur Monsieur Racine, en cour.

II.[3]

RACINE A BOILEAU.

A Luxembourg, ce 24 mai [1687.]

Votre lettre m'auroit fait beaucoup plus de plaisir, si les nouvelles de votre santé eussent été un peu meilleures. Je vis M. Dodart[4] comme je venois de la recevoir, et la lui montrai. Il m'assura que vous n'aviez aucun lieu de vous mettre dans l'esprit que votre voix ne reviendra point, et me cita même quantité de gens qui sont sortis fort heureusement d'un semblable accident. Mais, sur toutes choses, il vous recommande de ne point faire

---

1. Roger de Pardaillan de Gondrin, marquis de Termes, que Boileau nomme, épître XI, vers 54.
2. Ce nom désigne le célèbre La Bruyère. (CIZERON-RIVAL.)
3. L'autographe existe à la Bibliothèque nationale.
4. Denis Dodart, médecin janséniste, de l'Académie des sciences, né à Paris en 1634, mort le 5 novembre 1707. Il a laissé de nombreux ouvrages de médecine et de botanique.

d'effort pour parler, et, s'il se peut, de n'avoir commerce qu'avec des gens d'une oreille fort subtile, ou qui vous entendent à demi-mot. Il croit que le sirop d'abricot vous est fort bon, et qu'il en faut prendre quelquefois de pur, et très-souvent de mêlé avec de l'eau, en l'avalant lentement et goutte à goutte; ne point boire trop frais, ni de vin que fort trempé; du reste vous tenir l'esprit toujours gai. Voilà à peu près le conseil que M. Menjot me donnoit autrefois.[1] M. Dodart approuve beaucoup votre lait d'ânesse, mais beaucoup plus encore ce que vous dites de la vertu moliniste.[2] Il ne la croit nullement propre à votre mal, et assure même qu'elle y seroit très-nuisible. Il m'ordonne presque toutes les mêmes choses pour mon mal de gorge, qui va toujours son même train, et il me conseille un régime qui peut-être me pourra guérir dans deux ans, mais qui infailliblement me rendra dans deux mois de la taille dont vous voyez qu'est M. Dodart lui-même.[3] M. Félix[4] étoit présent à toutes ces ordonnances, qu'il a fort approuvées; et il a aussi demandé des remèdes pour sa santé, se croyant le plus malade de nous trois. Je vous ai mandé qu'il avoit visité la boucherie de Châlons. Il est, à l'heure que je vous parle, au marché, où il m'a dit qu'il avoit rencontré ce matin des écrevisses de fort bonne mine.

---

1. Après lui avoir défendu de boire du vin, de manger de la viande, de lire et de s'appliquer à la moindre chose, ce médecin ajouta : « Du reste, réjouissez-vous. » (Louis RACINE.)

2. On conçoit que le janséniste Dodart, ami du grand Arnauld et son correspondant secret pendant son exil, devait se récrier au seul nom de cette vertu. (B.-S.-P.)

3. Il était extrêmement maigre. (Louis RACINE.) Il passa le carême de l'année 1677, ne buvant et ne mangeant que vers les sept heures du soir, et n'usant que de légumes, de pain et d'eau. (M. CHÉNOX.)

4. Voir la lettre précédente.

Le voyage est prolongé de trois jours, et on demeurera ici jusqu'à lundi prochain.¹ Le prétexte est la rougeole de M. le comte de Toulouse,² mais le vrai est apparemment que le roi a pris goût à sa conquête, et qu'il n'est pas fâché de l'examiner tout à loisir. Il a déjà considéré toutes les fortifications l'une après l'autre, est entré jusque dans les contre-mines du chemin couvert, qui sont fort belles, et surtout a été fort aise de voir ces fameuses redoutes entre les deux chemins couverts, lesquelles ont tant donné de peine à M. de Vauban. Aujourd'hui le roi va examiner la circonvallation, c'est-à-dire faire un tour de sept ou huit lieues. Je ne vous fais point ici le détail de tout ce qui m'a paru ici de merveilleux; qu'il vous suffise que je vous en rendrai bon compte quand nous nous verrons, et que je vous ferai peut-être concevoir les choses comme si vous y aviez été. M. de Vauban a été ravi de me voir, et, ne pouvant pas venir avec moi, m'a donné un ingénieur qui m'a mené partout. Il m'a aussi abouché avec M. d'Espagne, gouverneur de Thionville, qui se signala tant à Saint-Godard,³ et qui m'a fait souvenir qu'il avoit souvent bu avec moi à l'auberge de M. Poignant,⁴ et que nous étions, Poignant et moi, fort agréables avec feu M. de Bernage, évêque de Grasse. Sérieusement, ce M. d'Espagne est un fort galant homme, et il m'a paru un grand air de vérité dans tout ce qu'il m'a dit de ce combat de Saint-Godard. Mais, mon cher monsieur, cela ne

---

1. C'est-à-dire jusqu'au lundi 26 mai, jour où le roi partit de Luxembourg. Le départ avait été d'abord annoncé pour le 23.
2. Louis-Alexandre, comte de Toulouse, troisième fils de Louis XIV et de Mme de Montespan, né le 6 juin 1678, mort en 1737.
3. En 1664, à Saint-Gothard, en Hongrie.
4. Ancien capitaine de dragons, de la Ferté-Milon, avec qui La Fontaine voulut un jour se battre en duel.

s'accorde ni avec M. de Montecuculli, ni avec M. de Bissy, ni avec M. de La Feuillade, et je vois bien que la vérité qu'on nous demande tant est bien plus difficile à trouver qu'à écrire. J'ai vu aussi M. de Charuel qui étoit intendant à Gigeri.[1] Celui-ci sait apparemment la vérité, mais il se serre les lèvres tant qu'il peut, de peur de la dire; et j'ai eu à peu près la même peine à lui tirer quelques mots de la bouche, que Trivelin en avoit à en tirer de Scaramouche, musicien bègue. M. de Gourville[2] arriva hier, et tout en arrivant me demanda de vos nouvelles. Je ne finirois point si je vous nommois tous les gens qui m'en demandent tous les jours avec amitié : M. de Chevreuse entre autres, M. de Noailles,[3] monseigneur le Prince, que je devois nommer le premier, surtout M. Moreau, notre ami,[4] et M. Roze :[5] ce dernier avec des expressions fortes, vigoureuses, et qu'on voit bien en vérité qui partent du cœur. Je fis hier grand plaisir à M. de Termes de lui dire le souvenir que vous aviez de lui. M. l'archevêque d'Embrun[6] est ici, toujours mettant le roi en bonne humeur; M. de Rheims,[7] M. le président de Mesmes,[8] M. le cardinal de Furstemberg,[9] enfin plus de gens trois

1. Ville près d'Alger, prise le 22 juillet 1664 par les Français; mais au bout de trois mois ils furent forcés de se rembarquer. (REBOULET, III, 330.)
2. Jean Hérault de Gourville, né à La Rochefoucauld le 11 juillet 1625, mort à Paris en juin 1703, a laissé des *Mémoires*. Cf. Sainte-Beuve, *Causeries du lundi*, t. V, p. 283-299.
3. Anne-Jules, duc de Noailles, lieutenant général en 1682, maréchal de France en 1693.
4. Chirurgien ordinaire du roi, mort en 1693.
5. Président à la chambre des comptes de Paris, de l'Académie française, mort en 1701.
6. Charles Brulart de Genlis, archevêque d'Embrun. — Racine écrit d'*Ambrun*.
7. Charles-Maurice Le Tellier, frère de Louvois.
8. Jean-Jacques de Mesmes, de l'Académie française, mort en 1688.
9. Guillaume Égon, prince de Furstemberg, évêque de Strasbourg.

fois qu'à Versailles, la presse dans les rues comme à Bouquenon,[1] une infinité d'Allemands et d'Allemandes qui veulent...[2] (*voir le roi*).

III.[3]

BOILEAU A RACINE.

A Auteuil le 26 mai [1687.]

Je ne me suis point hâté de vous répondre, parce que je n'avois rien à vous mander que ce que je vous avois déjà écrit dans ma dernière lettre. Les choses sont changées depuis. J'ai quitté au bout de cinq semaines le lait d'ânesse, parce que non-seulement il ne me rendoit point la voix, mais qu'il commençoit à m'ôter la santé, en me donnant des dégoûts et des espèces d'émotions tirant à fièvre. Tout ce que vous a dit M. Dodart est fort raisonnable, et je veux croire sur sa parole que tout ira bien; mais, entre nous, je doute que ni lui ni personne connoisse bien ma maladie, ni mon tempérament. Quand je fus attaqué de la difficulté de respirer, il y a vingt-cinq ans, tous les médecins m'assuroient que cela s'en iroit, et me rioient au nez

---

1. Saar-Bockenheim (Bas-Rhin). — On voit, par la *Gazette de France*, que ce nom s'écrivait en effet Bouquenon, et que Louis XIV, lors d'un voyage qu'il fit en Alsace, en 1683, s'y arrêta du 30 juin au 5 juillet. (B.-S.-P.)

2. C'est le dernier mot du feuillet, et le suivant manque.

3. Publiée par Cizeron-Rival, *Lettres familières*, t. III, p. 60 à 64, sur une copie corrigée par Boileau. Berriat-Saint-Prix, qui avait l'autographe sous les yeux, a donné en variantes les leçons primitives. Cizeron-Rival l'a datée du 26 mai 1689. Tous les éditeurs y ont substitué avec raison la date du 26 mai 1687, qui est en effet dans l'autographe. Cependant Boileau dit *qu'il ne s'est point hâté de répondre*, et la distance que la lettre de Racine, datée du 24 mai, avait parcourue était de quatre-vingts lieues. Il est possible que Boileau se soit trompé, et qu'il ait écrit 26 au lieu de 29.

quand je témoignois douter du contraire. Cependant cela ne s'est point en allé, et j'en fus encore hier incommodé considérablement. Je sens que cette difficulté de respirer est au même endroit que ma difficulté de parler, et que c'est un poids fort extérieur, que j'ai sur la poitrine, qui les cause l'une et l'autre. Dieu veuille qu'elles n'aient pas fait une société indissoluble! Je ne vois que des gens qui prétendent avoir eu le même mal que moi, et qui en ont été guéris; mais, outre que je ne sais au fond s'ils disent vrai, ce sont pour la plupart des femmes ou des jeunes gens, qui n'ont point de rapport avec un homme de cinquante ans; et d'ailleurs, si je suis original en quelque chose, c'est en infirmités, puisque mes maladies ne ressemblent jamais à celles des autres. Avec tout ce que je vous dis, je ne me couche point que je n'espère le lendemain m'éveiller avec une voix sonore; et quelquefois même, après mon réveil, je demeure longtemps sans parler pour m'entretenir dans mon espérance. Ce qui est de vrai, c'est qu'il n'y a point de nuit que je ne recouvre la voix en songe; mais je reconnois bien ensuite que tous les songes, quoi qu'en dise Homère, ne viennent pas de Jupiter, ou il faut que Jupiter soit un grand menteur. Cependant je mène une vie fort chagrine et fort peu propre aux conseils de M. Dodart, d'autant plus que je n'oserois m'appliquer fortement à aucune chose, et qu'il ne me sort rien du cerveau qui ne me tombe sur la poitrine, et qui ne me ruine encore plus la voix. Je suis bien aise que votre mal de gorge vous laisse au moins plus de liberté, et ne vous empêche pas de contempler avec M. de Vauban les merveilles de Luxembourg.[1] Vous avez raison d'estimer comme vous faites M. de Vauban. C'est un des hommes de notre siècle, à mon avis, qui a le plus prodigieux mérite; et, pour vous dire en un mot ce que je pense de lui, je crois qu'il y a plus d'un maréchal de France qui, quand il le rencontre, rougit de se voir maréchal de France.[2] Vous avez fait une grande acquisition en l'amitié de M. d'Espagne,[3] et c'est ce qui me fait encore plus déplorer la perte de

---

1. Vauban fortifiait alors cette place.
2. Vauban ne fut maréchal de France qu'en 1703, à l'âge de soixante-dix ans.
3. Célèbre officier du génie, selon Cizeron-Rival; dans la lettre précé-

ma voix, puisque c'est vraisemblablement ce qui m'a fait aussi manquer cette acquisition. J'écris à M. de Flamarens.[1] Je veux croire que notre cher Félix est le plus malade de nous trois; mais, si ce que vous me mandez est véritable, l'affliction qu'il en a est une affliction à *la Puimorine*[2], je veux dire fort dévorante, et qui ne lui a pas fait perdre la mémoire des soles et des longes de veau.[3] Faites-lui bien mes baisemains, aussi bien qu'à M. de Termes, à M. de Nyert[4] et à M. Moreau. Adieu, mon cher monsieur, aimez-moi toujours, et croyez que je vous rendrai bien la pareille.

IV.[5]

BOILEAU A RACINE.

A Bourbon, 21 juillet[6] [1687.]

Depuis ma dernière lettre, j'ai été saigné, purgé, etc., et il ne me manque plus aucune des formalités prétendues nécessaires pour prendre des eaux. La médecine que j'ai prise aujourd'hui m'a fait, à ce qu'on dit, tous les biens du monde, car elle m'a

---

dente, Racine dit qu'il est gouverneur de Thionville. La *Gazette de France*, du 14 juin 1684, cite un ingénieur de ce nom blessé au siège de Luxembourg.

1. François-Agésilan de Grossoles, comte de Flamarens, premier maître d'hôtel du duc d'Orléans, frère de Louis XIV.

2. Allusion à la gourmandise de Pierre Boileau de Puymorin, son frère, et à ce que Racine dit, lettre II, des visites de Félix à la boucherie et au marché de Châlons.

3. Mets fort vantés par les *Coteaux* et par Saint-Évremond.

4. Louis de Nyert, fils de François de Nyert, premier valet de chambre du roi, à qui La Fontaine a adressé une épître sur l'Opéra. Voyez, dans cette collection, *OEuvres complètes de La Fontaine*, t. VII, p. 121.

5. L'autographe appartient à M. Boutron-Charlard. Cette lettre, dans le recueil de M. Laverdet : *Correspondance entre Boileau et Brossette*, Paris, Techener, 1858, est corrigée par Boileau sur une copie faite par J.-B. Racine.

6. Date rectifiée d'après l'autographe; la copie donnait *20 juillet*.

fait tomber quatre ou cinq fois en foiblesse, et m'a mis en état qu'à peine je me puis soutenir. [1] C'est demain que se doit commencer le grand chef-d'œuvre, je veux dire que je dois demain commencer à prendre des eaux, M. Bourdier, mon médecin, me remplit toujours de grandes espérances; il n'est pas de l'avis de M. Fagon pour le bain, et cite même des exemples de gens, non-seulement qui n'ont pas recouvert [2] la voix, mais qui l'ont même perdue pour s'être baignés. Du reste, on ne peut pas faire plus d'estime de M. Fagon [3] qu'il en fait, et il le regarde comme l'Esculape de ce temps. J'ai fait connoissance avec deux ou trois malades qui valent bien des gens en santé. J'en ai trouvé un même avec qui j'ai étudié autrefois, et qui est fort galant homme. Ce ne sera pas une petite affaire pour moi que la prise des eaux, qui sont, dit-on, fort endormantes, et avec lesquelles néanmoins il faut absolument s'empêcher de dormir; ce sera un noviciat terrible; mais que ne fait-on point pour avoir de quoi contredire M. Charpentier? [4]

Je n'ai pas encore eu de temps pour me remettre à l'étude, parce que j'ai été assez occupé des remèdes, pendant lesquels on m'a défendu surtout l'application. Les eaux, dit-on, me donneront plus de loisir; et, pourvu que je ne m'endorme point, on me laisse toute liberté de lire, et même de composer. Il y a ici un trésorier de la Sainte-Chapelle, grand ami de M. de Lamoignon, [5] qui me vient voir fort souvent; il est homme de beaucoup d'esprit; et s'il n'a pas la main si prompte à répandre les bénédictions que le fameux M. de Coutances, [6] il a en récompense beaucoup plus de lettres et beaucoup plus de solidité. [7]

1. Il n'y a ni *tel* ni *un tel* devant *état*.
2. On lit *recouvert* dans le manuscrit. (B.-S.-P.)
3. Gui-Crescent Fagon, premier médecin de la feue reine.
4. Boileau, dit Louis Racine, disputait souvent à l'Académie contre Charpentier.
Correction : *Noviciot terrible* pour un aussi déterminé dormeur que moi; *mais que ne fait-on point pour* être en état de *contredire M. C****?
5. Chrétien-François de Lamoignon, à qui est dédiée l'épître VI de Boileau.
6. Claude Auvry, évêque de Coutances, trésorier de la Sainte-Chapelle. Voyez le *Lutrin*, chant I.
7. Ici Boileau a mis sur sa copie corrigée, qui est dans les papiers de

Je suis toujours fort affligé de ne vous point voir; mais, franchement, le séjour de Bourbon jusqu'ici ne m'a pas paru si horrible que je me l'étois imaginé : j'ai un jardin pour me promener, et je m'étois préparé à une si grande inquiétude, que je n'en ai pas la moitié de ce que j'en croyois avoir. Celui qui doit porter cette lettre à Moulins me presse fort; c'est ce qui fait que je me hâte de vous dire que je n'ai pas mieux conçu combien je vous aime que depuis notre triste séparation. Mes recommandations au cher M. Félix, et je vous supplie, quand même je l'aurois oublié dans quelqu'une de mes lettres, de supposer toujours que je vous aie parlé de lui, parce que mon cœur l'a fait, si ma main ne l'a pas écrit. Je vous embrasse de tout mon cœur.

DESPRÉAUX.

Brossette, un signe de renvoi à une addition qui est en entier de sa main. La voici telle que la donne Berriat-Saint-Prix :

« Nous parlons quelquefois de vers, il ne m'en parle point sottement. Il m'en a lu l'autre jour un assez grand nombre de très-méchants qui ont été faits l'année passée dans Bourbon même, à l'occasion des eaux de Bourbon. Il me parut qu'il étoit aussi dégoûté de ces vers que moi, et pour vous montrer que je ne suis encore guéri de rien, c'est que je ne pus m'empêcher de faire sur-le-champ, à propos de ces misérables vers, cette épigramme que j'adresse à la fontaine de Bourbon :

> Oui, vous pouvez chasser l'humeur apoplectique,
> Rendre le mouvement au corps paralytique;
> Et guérir tous les maux les plus invétérés.
> Mais quand je lis ces vers, par votre onde inspirés,
>   Il me paroît, admirable fontaine,
>   Que vous n'eûtes jamais la vertu d'Hippocrène. »

Comme cette addition, dans les papiers de Brossette, se trouvait après la lettre à Racine du 19 mai 1687, n° 1, M. Laverdet, *Supplément*, p. 379, l'a imprimée à la suite de cette lettre, avec laquelle elle n'a aucun rapport. Ce qu'il y a de singulier, c'est que dans le dernier alinéa de la lettre n° 1, Boileau parle de La Bruyère, et que l'addition, dans la publication de M. Laverdet, paraît ainsi s'appliquer tout entière à l'auteur des *Caractères*. (M. CHÉRON.)

V.[1]

RACINE A BOILEAU.

A Paris, ce 25 juillet [1687.]

Je commençois à m'ennuyer beaucoup de ne point recevoir de vos nouvelles, et je ne savois même que répondre à quantité de gens qui m'en demandoient. Le roi, il y a trois jours, me demanda à son dîner comment alloit votre extinction de voix : je lui dis que vous étiez à Bourbon. MONSIEUR prit aussitôt la parole et me fit là-dessus force questions, aussi bien que MADAME,[2] et vous fîtes l'entretien de plus de la moitié du dîner. Je me trouvai le lendemain sur le chemin de M. de Louvois, qui me parla aussi de vous, mais avec beaucoup de bonté, et me disant, en propres mots, qu'il étoit très-fâché que cela durât si longtemps. Je ne vous dis rien de mille autres qui me parlent tous les jours de vous, et quoique j'espère que vous retrouverez bientôt votre voix tout entière, je doute que vous en ayez jamais assez pour suffire à tous les remercîments que vous aurez à faire.

Je me suis laissé débaucher par M. Félix pour aller demain avec le roi à Maintenon : c'est un voyage de quatre jours. M. de Termes nous mène dans son carrosse; et j'ai aussi débauché M. Hessein[3] pour faire le quatrième. Il se plaint toujours beaucoup de ses vapeurs, et je vois bien qu'il espère se soulager par quelque dispute de

---

1. L'autographe est à la Bibliothèque nationale.
2. Élisabeth-Charlotte de Bavière, mère du régent.
3. Secrétaire du roi, frère de Mme de La Sablière et ami de Boileau et de Racine. Il avait beaucoup d'esprit et de lettres ; mais il aimait à disputer et à contredire. (L. RACINE.)

longue haleine; mais je ne suis guère en état de lui donner contentement, me trouvant toujours assez incommodé de ma gorge dès que j'ai parlé un peu de suite. Cela va pourtant mieux que quand vous êtes parti, mais je ne suis pas encore hors d'affaire : ce qui m'embarrasse, c'est que M. Fagon et plusieurs autres médecins très-habiles m'avoient ordonné, comme vous savez, de boire beaucoup d'eau de Sainte-Reine et des tisanes de chicorée; et j'ai trouvé chez M. Nicole un médecin qui me paroît fort sensé, qui m'a dit qu'il connoissoit mon mal à fond, et qu'il en a guéri plusieurs gens en sa vie, et que je ne guérirois jamais tant que je boirois ni eau ni tisane; que le seul moyen de sortir d'affaire, c'étoit de ne boire que pour la seule nécessité, et tout au plus pour détremper les aliments dans l'estomac. Il m'a appuyé cela de quelques raisonnements qui m'ont paru assez solides. Ce qui est arrivé de là, c'est que présentement je n'exécute ni son ordonnance ni celle de M. Fagon : je ne me noie plus d'eau comme je faisois, je bois à ma soif; et vous jugez bien que, par le temps qu'il fait, on a toujours assez soif; c'est-à-dire, à vous parler franchement, que je me suis remis dans mon train de vie ordinaire, et je m'en trouve assez bien. Ce même médecin m'a assuré que, si les eaux de Bourbon ne vous guérissoient pas, il vous guériroit infailliblement. Il m'a cité l'exemple d'un chantre de Notre-Dame (je crois que c'étoit une basse), à qui un rhume avoit fait perdre entièrement la voix. Cela lui avoit duré six mois, et il étoit sur le point de se retirer; le médecin que je vous dis l'entreprit, et avec une tisane d'une herbe qu'on appelle, je crois, *erysimum*,[1] le tira

---

[1]. L'*erysimum officindle*, *herbe aux chantres*, plante de la famille des crucifères, est encore employée en médecine dans le même cas.

d'affaire en trois semaines, en telle sorte que non-seulement il parle, mais il chante très-bien, et a la voix aussi forte qu'il l'ait jamais eue. Ce chantre a, dit-il, quelque quarante ans. J'ai conté la chose aux médecins de la cour; ils avouent que cette plante d'*erysimum* est très-bonne pour la poitrine; mais ils disent qu'ils ne lui croyoient pas la vertu que dit mon médecin. C'est le même qui a deviné le mal de M. Nicole : il s'appelle M. Morin,[1] et il est à Mlle de Guise.[2] M. Fagon en fait un fort grand cas. J'espère que vous n'aurez pas besoin de lui; mais toujours cela est bon à savoir; et si le malheur vouloit que vos eaux ne fissent pas tout l'effet que vous souhaitez, voilà encore une assez bonne consolation que je vous donne. Je ne vous manderai point cette fois-ci d'autres nouvelles que celles qui regardent votre santé et la mienne. Je vous dirai seulement que j'ai encore mes deux chevaux sur la litière. J'ai...[3]

VI.[4]

BOILEAU A RACINE.

A Bourbon, 29 juillet 1687.

Votre lettre[5] m'a tiré d'un fort grand embarras, car je doutois que vous eussiez reçu celle que je vous avois écrite, et dont

---

1. De l'Académie des sciences, mort en 1715, à quatre-vingts ans. Fontenelle a fait son éloge.
2. Marie de Lorraine, morte en 1688.
3. C'est le dernier mot du feuillet, ainsi la fin de la lettre manque. (B.-S.-P.)
4. L'autographe est à la Bibliothèque nationale.
5. La lettre précédente.

la réponse est arrivée fort tard à Bourbon.[1] Si la perte de ma voix ne m'avoit fort guéri de la vanité, j'aurois été très-sensible à ce que vous m'avez mandé de l'honneur que m'a fait le plus grand prince de la terre en vous demandant des nouvelles de ma santé; mais l'impuissance où ma maladie me met de répondre par mon travail à toutes les bontés qu'il me témoigne me fait un sujet de chagrin de ce qui devroit faire toute ma joie. Les eaux jusqu'ici m'ont fait un fort grand bien, selon toutes les règles, puisque je les rends de reste, et qu'elles m'ont, pour ainsi dire, tout fait sortir du corps, excepté la maladie pour laquelle je les prends. M. Bourdier, mon médecin, soutient pourtant que j'ai la voix plus forte que quand je suis arrivé; et M. Baudière, mon apothicaire, qui en est encore meilleur juge que lui puisqu'il est sourd, prétend aussi la même chose; mais pour moi je suis persuadé qu'ils me flattent, ou plutôt qu'ils se flattent eux-mêmes, et à ce que je puis reconnoître en moi, je tiens que les eaux me soulageront plutôt la difficulté de respirer que la difficulté de parler. Quoi qu'il en soit, j'irai jusqu'au bout, et je ne donnerai point occasion à M. Fagon et à M. Félix de dire que je me suis impatienté. Au pis aller, nous essayerons cet hiver l'*erysimum*. Mon médecin et mon apothicaire, à qui j'ai montré [l'endroit] de votre lettre où vous parlez de cette plante, ont témoigné tous deux en faire un fort grand cas; mais M. Bourdier prétend qu'elle ne peut rendre la voix qu'à des gens qui ont le gosier attaqué, et non pas à un homme comme moi, qui a tous les muscles de la poitrine embarrassés. Peut-être, si j'avois le gosier malade, prétendroit-il que l'*erysimum* ne sauroit guérir que ceux qui ont la poitrine attaquée. Le bon de l'affaire est qu'il persiste toujours dans la pensée que les eaux de Bourbon me rendront la voix, plus tôt même qu'on ne sauroit s'imaginer. Si cela arrive ainsi, il se trouvera, mon cher monsieur, que ce sera à moi à vous consoler, puisque de la manière dont vous me parlez de votre mal de gorge, je doute qu'il puisse être guéri sitôt, surtout si vous vous engagez en de longs voyages avec M. Hessein.[2] Mais laissez-moi faire : si la voix me revient, j'es-

---

1. Louis Racine omet ce qui précède. (B.-S.-P.)
2. Voyez la lettre précédente et la note de Louis Racine.

père de vous soulager dans les disputes que vous aurez avec lui, sauf à la perdre encore une fois pour vous rendre cet office. Je vous prie pourtant de lui faire bien des amitiés de ma part, et de lui faire entendre que ses contradictions me seront toujours beaucoup plus agréables que les complaisances et les applaudissements fades de la plupart des amateurs de beaux esprits. Il s'est trouvé ici, parmi les capucins, un de ces amateurs qui a fait des vers à ma louange. J'admire ce que c'est que des hommes : *Vanitas, et omnia vanitas.* Cette sentence ne m'a jamais paru si vraie qu'en fréquentant ces bons et crasseux pères. Je suis bien fâché que vous ne vous soyez point encore habitué à Auteuil, où

Ipsi te fontes, ipsa hæc arbusta vocabant, [1]

c'es-tà-dire où mes deux puits [2] et mes abricotiers vous appeloient.

Vous faites très-bien d'aller à Maintenon avec une compagnie aussi agréable que celle dont vous me parlez, puisque vous y trouverez votre utilité et votre plaisir.

Omne tulit punctum,.... [3]

Je n'ai jamais pu deviner la critique que peut faire M. l'abbé Tallemant [4] sur l'endroit de l'épitaphe que vous m'avez marqué. [5] N'est-ce point qu'il prétend que ces termes : *il fut nommé,* semblent dire que le roi Louis XIII a tenu M. Le Tellier sur les fonts de baptême ; ou bien que c'est mal dit : que le roi *le choisit pour remplir la charge,* etc., parce que c'est la charge qui a rempli

---

1. Virgile, églogue I, vers 46.
2. Il n'avait pas d'autres eaux dans cette petite maison dont il faisait ses délices. (Louis RACINE.)
3. Horace, *Art poétique,* vers 343.
4. L'abbé Paul Tallemant, petit-fils de Mautauron, fut à vingt-quatre ans de l'Académie française, puis secrétaire de l'Académie des médailles ; il fut chargé le premier de rédiger les éloges des académiciens morts. Il a laissé le *Voyage à l'île d'Amour,* en prose et en vers, des *Panégyriques* de Louis XIV, etc.
5. L'épitaphe du chancelier Michel Le Tellier, mort le 3 octobre 1685.

M. Le Tellier, et non pas M. Le Tellier qui a rempli la charge ; par la même raison que c'est la ville qui entoure les fossés, et non pas les fossés qui entourent la ville ?[1] C'est à vous à m'expliquer cette énigme.

Faites bien, je vous prie, mes baisemains au père Bouhours et à tous nos autres amis, quand vous les rencontrerez ; mais surtout témoignez bien à M. Nicole la profonde vénération que j'ai pour son mérite et pour la simplicité de ses mœurs, encore plus admirable que son mérite. Vous ne me parlez point de l'épitaphe de Mlle de Lamoignon.[2] Voilà, ce me semble, une assez longue lettre pour un homme à qui on défend surtout les longues applications, et qu'on presse d'ailleurs de donner cette lettre pour la porter à Moulins. J'ai appris par la *Gazette* que M. l'abbé de Choisi étoit agréé à l'Académie. Voici encore une voix que je vous envoie pour lui, si trente-neuf[3] ne suffisoient pas. Adieu, aimez-moi toujours, et croyez que je n'aime rien plus que vous. Je passe ici le temps, *sic ut quimus, quando ut volumus non possum*.[4]

Adieu, encore une fois ; dites à ma sœur et à M. Manchon[5] que je ne manquerai pas de leur écrire par la première commodité. J'ai écrit à M. Marchand.[6]

---

1. Allusion à un trait de pointilleuse naïveté échappé à cet académicien dans la discussion du *Dictionnaire*. Furetière s'en est souvenu dans un de ses *factums*.
2. Morte le 14 avril 1687. Voyez tome VI, p. 352.
3. Il semble qu'au lieu de trente-neuf voix, Boileau devait dire trente-huit. (Daunou.)
4. « Comme je peux, puisque ce ne peut être comme je voudrois. » Citation un peu altérée du vers 806 de l'*Andrienne* de Térence.
5. Neveu de Boileau, qui fut plus tard, en 1692, commissaire des guerres. Jérôme Manchon, bachelier en théologie de la faculté de Paris, naquit en 1661 et vivait encore en 1712.
6. Voyez plus loin, p. 51, une note de Berriat-Saint-Prix sur Marchand.

VII.[1]

RACINE A BOILEAU.

A Paris, ce 4 août [1687].

Je suis ravi des bonnes espérances que l'on continue de vous donner, et du soulagement que vous ressentez déjà à votre poitrine. Je ne doute pas que la difficulté de parler ne soit encore plus aisée à guérir que la difficulté de respirer. Je n'ai point encore vu M. Fagon depuis que j'ai reçu de vos nouvelles; oui bien M. Daquin,[2] qui trouve fort étrange que vous ne vous soyez pas mis entre les mains de M. des Trapières : il est bien en peine même qui peut vous avoir adressé à M. Bourdier. Je jugeai à propos, tant il étoit en colère, de ne lui pas dire un mot de M. Fagon. J'ai fait le voyage de Maintenon, et suis fort content des ouvrages que j'y ai vus; ils sont prodigieux, et dignes, en vérité, de la magnificence du roi. Il y en a encore, dit-on, pour deux ans. Les arcades qui doivent joindre les deux montagnes vis-à-vis de Maintenon sont presque faites : il y en a quarante-huit; elles sont fort hautes et bâties pour l'éternité. Je voudrois qu'on eût autant d'eau à faire passer dessus qu'elles sont capables d'en porter. Il y a là près de trente mille hommes qui travaillent, tous gens bien faits, et qui, si la guerre

---

1. L'autographe existe à la Bibliothèque nationale.
2. Antoine Daquin, premier médecin du roi, né à Paris, mort à Vichy en 1696. Fagon le remplaça comme premier médecin en 1693, lorsqu'il encourut la disgrâce de Louis XIV.

recommence, remueront plus volontiers la terre devant quelque place sur la frontière que dans les plaines de Beauce.[1] J'eus l'honneur de voir Mme de M...[2], avec qui je fus une bonne partie d'une après-dînée ; et elle me témoigna même que ce temps-là ne lui avoit point duré. Elle est toujours la même que vous l'avez vue, pleine d'esprit, de raison, de piété, et de beaucoup de bonté pour nous. Elle me demanda des nouvelles de notre travail ; je lui dis que votre indisposition et la mienne, mon voyage de Luxembourg et votre voyage de Bourbon, nous avoient un peu reculés, mais que nous ne perdions pas cependant notre temps.

A propos de Luxembourg, j'en viens de recevoir un plan, et de la place et des attaques, tout cela dans la dernière exactitude. Je viens aussi tout à l'heure de recevoir une lettre de Versailles, d'où l'on me mande une nouvelle fort surprenante et fort affligeante pour vous et pour moi : c'est la mort de notre ami M. de Saint-Laurent,[3] qui a été emporté d'un seul accès de colique néphrétique, à quoi il n'avoit jamais été sujet en sa vie. Je ne crois pas qu'excepté MADAME, on en soit fort affligé au Palais-Royal : les voilà débarrassés d'un homme de bien.

Je laissai volontiers à la *Gazette* à vous parler de l'abbé de Choisy. Il fut reçu sans opposition ;[4] il avoit pris tous les devants qu'il falloit auprès des gens qui auroient pu lui faire de la peine. Il fera, le jour de Saint-Louis, sa

---

1. Ces travaux étaient destinés à conduire à Versailles une partie des eaux de l'Eure ; mais ils furent abandonnés en 1688, et sont restés inutiles.

2. Mme de Maintenon.

3. Homme très-pieux, précepteur du duc de Chartres, depuis duc d'Orléans et régent. (L. RACINE.)

4. A l'Académie française, à la place du duc de Saint-Aignan. Voir sur ce personnage étrange les *Causeries du lundi*, de M. Sainte-Beuve, t. III.

harangue, qu'il m'a montrée; il y a quelques endroits d'esprit. Je lui ai fait ôter quelques fautes de jugement. M. Bergeret fera la réponse; je crois qu'il y aura plus de jugement.

Je suis bien aise que vous n'ayez pas conçu la critique de l'abbé Tallemant : c'est signe qu'elle ne vaut rien. La critique tomboit sur ces mots : *Il en commença les fonctions*. Il prétendoit qu'il falloit dire nécessairement : *Il commença à en faire les fonctions*. Le P. Bouhours ne le devina point, non plus que vous, et quand je lui dis la difficulté, il s'en moqua. Je donnai l'épitaphe de Mlle de Lamoignon à M. de La Chapelle[1] en l'état que nous en étions convenus à Montgeron; je n'en ai pas ouï parler depuis.

M. Hessein n'a point changé; nous fûmes cinq jours ensemble. Il fut fort doux les quatre premiers jours et eut beaucoup de complaisance pour M. de Termes, qui ne l'avoit jamais vu et qui étoit charmé de sa douceur. Le dernier jour, M. Hessein ne lui laissa pas passer un mot sans le contredire; et même, quand il nous voyoit fatigués de parler ou endormis, il avançoit malicieusement quelque paradoxe qu'il savoit bien qu'on ne lui laisseroit point passer. En un mot, il eut contentement; non-seulement on disputa; mais on se querella, et on se sépara sans avoir trop d'envie de se revoir de plus de huit jours. Il me sembla que M. de Termes avoit toujours raison; il lui sembla aussi la même chose de moi. M. Félix témoigna un peu plus de bonté pour M. Hessein, et nous gronda tous plutôt que de se résoudre à le condamner.

---

1. Henri de Bessé ou Besset-La Chapelle, marié à Charlotte Dongois, nièce de Boileau.

Voilà comme s'est passé le voyage. Mon mal de gorge est beaucoup diminué, Dieu merci, mais il n'est pas encore fini; il me reste de temps en temps quelques âcretés vers la luette, mais cela ne dure point. Quoi qu'il en soit, je n'y fais plus rien. Mes chevaux marcheront demain pour la première fois depuis votre départ. Celui qui avoit le farcin est, dit-on, entièrement guéri; je n'ose encore trop vous l'assurer. M. Marchand me vint voir, il y a trois jours, un peu fâché de ce que vous n'avez pas pris à Bourbon le logis qu'il vous avoit dit. Il doit mener à Auteuil sa fille, qui est sortie de religion, pour lui faire prendre l'air. Cela ne m'empêchera pas d'y aller passer des après-dînées, et même d'y aller dîner avec lui.[1] Adieu, mon cher monsieur; mandez-moi au plus tôt que vous parlez; c'est la meilleure nouvelle que je puisse recevoir en ma vie.

VIII.[2]

RACINE A BOILEAU.

A Paris, ce 8 août [1687].

Mme Manchon vint avant-hier me chercher, fort alarmée d'une lettre que vous lui avez écrite; et qui est en effet bien différente de celle que j'ai reçue de vous. J'aurois déjà été à Versailles pour entretenir M. Fagon; mais le roi est à Marly depuis quatre jours, et n'en reviendra

---

1. Louis Racine, suivi par G. Garnier, a réduit les sept phrases précédentes à celle-ci : « Mon mal de gorge n'est pas encore fini, mais je n'y fais plus rien. » (B.-S.-P.)
2. L'autographe existe à la Bibliothèque nationale.

que demain au soir : ainsi je n'irai qu'après-demain matin, et je vous manderai exactement tout ce qu'il m'aura dit. Cependant je me flatte que ce dégoût et cette lassitude dont vous vous plaignez n'auront point de suite, et que c'est seulement un effet que les eaux doivent produire quand l'estomac n'y est pas encore accoutumé ; que si elles continuent à vous faire mal, vous savez ce que tout le monde vous dit en partant, qu'il falloit les quitter en ce cas, ou tout du moins les interrompre. Si par malheur elles ne vous guérissent pas, il n'y a point lieu encore de vous décourager, et vous ne seriez pas le premier qui, n'ayant pas été guéri sur les lieux, s'est trouvé guéri étant de retour chez lui. En tout cas, le sirop d'*erysimum* n'est point assurément une vision. M. Dodart, à qui j'en parlai il y a trois jours, me dit et m'assura en conscience que ce M. Morin, qui m'a parlé de ce remède, est sans doute le plus habile médecin qui soit dans Paris, et le moins charlatan. Il est constant que, pour moi, je me trouve infiniment mieux depuis que, par son conseil, j'ai renoncé à tout ce lavage d'eaux qu'on m'avoit ordonnées, et qui m'avoient presque gâté entièrement l'estomac, sans me guérir mon mal de gorge. Je prierai aussi M. de Jussac d'écrire à madame sa femme, à Fontevrault, et de lui mander l'embarras de ce pauvre paralytique, qui étoit, sans vous, sur le pavé.[1]

M. de Saint-Laurent est mort d'une colique de *miserere*, et non point d'un accès de néphrétique, comme je vous avois mandé. Sa mort a été fort chrétienne, et même aussi singulière que le reste de sa vie. Il ne confia qu'à

---

1. On a l'explication de ces lignes dans la lettre à Mme Manchon. Voyez *OEuvres de Boileau,* dans cette collection, t. IV, p. 147.

M. de Chartres qu'il se trouvoit mal et qu'il alloit s'enfermer dans une chambre pour se reposer, conjurant instamment ce jeune prince de ne point dire où il étoit, parce qu'il ne vouloit voir personne. En le quittant il alla faire ses dévotions : c'étoit un dimanche, et on dit qu'il les faisoit tous les dimanches ; puis il s'enferma dans une chambre jusqu'à trois heures après midi, que M. de Chartres, étant en inquiétude de sa santé, déclara où il étoit. Tancret y fut, qui le trouva tout habillé sur un lit, souffrant apparemment beaucoup, et néanmoins fort tranquille. Tancret ne lui trouva point de pouls ; mais M. de Saint-Laurent lui dit que cela ne l'étonnât point, qu'il étoit vieux, et qu'il n'avoit pas naturellement le pouls fort élevé. Il voulut être saigné, et il ne vint point de sang. Peu de temps après il se mit sur son séant, puis dit à son valet de le pencher un peu sur son chevet ; et aussitôt ses pieds se mirent à trépigner contre le plancher, et il expira dans le moment même. On trouva dans sa bourse un billet par lequel il déclaroit où l'on trouveroit son testament. Je crois qu'il donne tout son bien aux pauvres. Voilà comme il est mort, et voici ce qui fait, ce me semble, assez bien son éloge : vous savez qu'il n'avoit presque d'autre soin, auprès de M. de Chartres, que de l'empêcher de manger des friandises ; qu'il l'empêchoit le plus qu'il pouvoit d'aller aux comédies et aux opéras ; et il vous a conté lui-même toutes les rebuffades qu'il lui a fallu essuyer pour cela, et comme toute la maison de Monsieur étoit déchaînée contre lui, gouverneur, sous-précepteur,[1] valets de chambre. Cependant on a été plus

---

1. Le sous-précepteur était alors l'abbé Dubois, depuis cardinal et premier ministre. (Louis Racine.) Le gouverneur était le duc de La Vieuville.

de deux jours sans oser apprendre sa mort à ce même M. de Chartres; et quand Monsieur enfin la lui a annoncée, il a jeté des cris effroyables, se jetant, non point sur son lit, mais sur le lit de M. de Saint-Laurent, qui étoit encore dans sa chambre, et l'appelant à haute voix comme s'il eût encore été en vie : tant la vertu, quand elle est vraie, a de force pour se faire aimer ! Je suis assuré que cela vous fera plaisir, non-seulement pour la mémoire de M. de Saint-Laurent, mais même pour M. de Chartres. Dieu veuille qu'il persiste longtemps dans de pareils sentiments !

Il me semble que je n'ai point d'autres nouvelles à vous mander. M. le duc de Roannès[1] est venu ce matin pour me parler de sa rivière, et pour me prier d'en parler. Je lui ai demandé s'il ne savoit rien de nouveau, il m'a dit que non; et il faut bien, puisqu'il ne sait point de nouvelles, qu'il n'y en ait point, car il en sait toujours plus qu'il n'y en a. On dit seulement que M. de Lorraine a passé la Drave, et les Turcs la Save : ainsi il n'y a point de rivière qui les sépare; tant pis apparemment pour les Turcs; je les trouve merveilleusement accoutumés à être battus.[2]

La nouvelle qui fait ici le plus de bruit, c'est l'embarras des comédiens, qui sont obligés de déloger de la rue de Guénégaud,[3] à cause que Messieurs de Sorbonne, en acceptant le collége des Quatre-Nations, ont demandé,

---

1. François d'Aubusson-Lafeuillade. La rivière dont il voulait parler est sans doute le Raab, où il précipita les Turcs au combat de Saint-Gothard.
2. Ils le furent en effet à Mohatz, en Hongrie, le 12 août 1687.
3. Le 20 juin 1687, les comédiens français reçurent ordre de fermer, dans un délai de trois mois, leur théâtre de la rue Guénégaud. Après plusieurs contrats qui furent cassés, ils obtinrent, en 1688, la permission d'acquérir le jeu de paume de la rue des Fossés-Saint-Germain, et ils firent

pour première condition, qu'on les éloignât de ce collége.

Ils ont déjà marchandé des places dans cinq ou six endroits; mais partout où ils vont, c'est merveille d'entendre comme les curés crient. Le curé de Saint-Germain de l'Auxerrois a déjà obtenu qu'ils ne seroient point à l'hôtel de Sourdis, parce que de leur théâtre on auroit entendu tout à plein les orgues, et de l'église on auroit entendu parfaitement bien les violons; enfin ils en sont à la rue de Savoie, dans la paroisse Saint-André. Le curé a été aussi au roi lui représenter qu'il n'y a tantôt plus dans sa paroisse que des auberges et des coquetiers; si les comédiens y viennent, que son église sera déserte. Les grands Augustins ont aussi été au roi, et le père Lembrochons, provincial, a porté la parole; mais on dit que les comédiens ont dit à Sa Majesté que ces mêmes Augustins, qui ne veulent point les avoir pour voisins, sont fort assidus spectateurs de la comédie, et qu'ils ont même voulu vendre à la troupe des maisons qui leur appartiennent dans la rue d'Anjou pour y bâtir un théâtre, et que le marché seroit déjà conclu si le lieu eût été plus commode. M. de Louvois a ordonné à M. de La Chapelle de lui envoyer le plan du lieu où ils veulent bâtir dans la rue de Savoie. Ainsi on attend ce que M. de Louvois décidera. Cependant l'alarme est grande dans le quartier, tous les bourgeois, qui sont gens de palais, trouvant fort étrange qu'on vienne leur embarrasser leurs rues. M. Billard[1] surtout, qui se trouvera vis-à-vis de la porte du

---

construire le théâtre qui a été pendant près de cent ans celui de la Comédie-Française. (DAUNOU.)

1. Avocat dont les deux filles épousèrent, l'une, Jérôme Bignon, prévôt des marchands en 1708; l'autre, Louis Chauvelin, père du garde des sceaux.

parterre, crie fort haut; et quand on lui a voulu dire qu'il en auroit plus de commodité pour s'aller divertir quelquefois, il a répondu fort tragiquement : *Je ne veux point me divertir*. Adieu, monsieur; je fais moi-même ce que je puis pour vous divertir, quoique j'aie le cœur fort triste depuis la lettre que vous avez écrite à madame votre sœur. Si vous croyez que je puisse vous être bon à quelque chose à Bourbon, n'en faites point de façon, mandez-le-moi ; je volerai pour vous aller voir.

IX.[1]

BOILEAU A RACINE.

A Bourbon, 9 août [1687].

Je vous demande pardon du gros paquet que je vous envoie; mais M. Bourdier, mon médecin, a cru qu'il étoit de son devoir d'écrire à M. Fagon sur ma maladie. Je lui ai dit qu'il falloit que M. Dodart vît aussi la chose : ainsi nous sommes convenus de vous adresser sa relation avec un cachet volant, afin que vous la fissiez voir à l'un et à l'autre. Je vous envoie un compliment pour M. de La Bruyère. J'ai été sensiblement affligé de la mort de M. de Saint-Laurent. Franchement notre siècle se dégarnit fort de gens de mérite et de vertu ; et sans ceux qu'on a étouffés sous prétexte de J.[2], en voilà un grand nombre que la mort a enlevés depuis peu. Je plains fort le pauvre M. de Sainctot.[3]

Je ne vous dirai point en quel état est ma poitrine, puisque mon médecin vous en écrit tout le détail; ce que je vous puis dire, c'est que ma maladie est de ces sortes de choses *quæ non recipiunt magis et minus*, puisque je suis environ au même état que j'étois lorsque je suis arrivé. On me dit pourtant toujours,

---

1. L'autographe est à la Bibliothèque nationale.
2. Jansénisme.
3. Nicolas de Sainctot, maître des cérémonies.

comme à Paris, que cela reviendra, et c'est ce qui me désespère, cela ne revenant point. Si je savois que je dusse être sans voix toute ma vie, je m'affligerois sans doute; mais je prendrois ma résolution, et je me trouverois peut-être moins malheureux que dans un état d'incertitude qui ne me permet pas de me fixer, et qui me laisse toujours comme un coupable qui attend le jugement de son procès. Je m'efforce pourtant de traîner ici ma misérable vie du mieux que je puis, avec un abbé, très-honnête homme, qui est trésorier d'une Sainte-Chapelle, [1] mon médecin et mon apothicaire. Je passe le temps avec eux à peu près comme D. Quichot [2] le passoit, *en un lugar de la Mancha,* avec son curé, son barbier et le bachelier Samson Carasco. J'ai aussi une servante : il me manque une nièce. Mais de tous ces gens-là, celui qui joue le mieux son personnage, c'est moi, qui suis presque aussi fou que lui, et qui ne dirois guère moins de sottises, si je pouvois me faire entendre. Je n'ai point été surpris de ce que vous m'avez mandé de M. Hessein :

Naturam expellas furca, tamen usque recurret. [3]

Il a d'ailleurs de très-bonnes qualités, mais, à mon avis, puisque je suis sur la citation de D. Quichot, il n'est pas mauvais de garder avec lui les mêmes mesures qu'avec Cardenio. [4] Comme il veut toujours contredire, il ne seroit pas mauvais de le mettre avec cet homme que vous savez de notre assemblée, qui ne dit jamais rien qu'on ne doive contredire; [5] ils seroient merveilleux ensemble. Adieu, mon cher monsieur; conservez-moi toujours une amitié qui fait ma plus grande consolation.

J'ai déjà formé mon plan pour l'année 1667, [6] où je vois de quoi ouvrir un beau champ à l'esprit; mais, à ne vous rien déguiser, il ne faut pas que vous fassiez un grand fonds sur moi

---

1. Voyez lettre IV.
2. Boileau écrit toujours *Guichot,* comme Saint-Évremond.
3. Horace, liv. I, épit. x, vers 24.
4. Voyez *Don Quijote,* part. I, ch. xxiii et suivants.
5. Charpentier.
6. Il parle de l'histoire du roi, dont ils étaient tout deux continuellement occupés. (Louis RACINE.)

tant que j'auroi tous les matins à prendre douze verrées d'eau, qu'il coûte encore plus à rendre qu'à avaler, et qui vous laissent tout étourdi le reste du jour, sans qu'il soit permis de sommeiller un moment. Je ferai pourtant du mieux que je pourrai, et j'espère que Dieu m'aidera.

Vous faites bien de cultiver Mme de Maintenon; jamais personne ne fut si digne qu'elle du poste qu'elle occupe, et c'est la seule vertu où je n'aie point encore remarqué de défauts. L'estime qu'elle a pour vous est une marque de son bon goût. Pour moi, je ne me compte pas au rang des choses vivantes :

..... Vox quoque Mœrim
Jam fugit ipsa : lupi Mœrim videre priores.[1]

Suscription : A Monsieur Monsieur Racine.

X.[2]

BOILEAU A RACINE.

A Moulins, 13 août [1687].

Mon médecin a jugé à propos de me laisser reposer deux jours, et j'ai pris ce temps pour venir voir Moulins, où j'arrivai hier au matin, et d'où je m'en dois retourner aujourd'hui au soir. C'est une ville très-marchande et très-peuplée, et qui n'est pas indigne d'avoir un trésorier de France comme vous. [3] Un M. de Chamblain, ami de M. l'abbé de Salles, [4] qui y est venu avec moi, m'y donna hier à souper fort magnifiquement. Il se dit grand ami

---

1. Virgile, églogue IX, vers 53-54. Les bergers croyaient, chez les anciens, qu'un homme perdait la voix lorsqu'un loup l'apercevait avant d'être aperçu de lui.
2. L'autographe est à la Bibliothèque nationale.
3. M. de Colbert le fit favoriser d'une charge de trésorier de France au bureau des finances de Moulins, qui était tombée aux parties casuelles. (Louis RACINE.)
4. L'abbé de Salles, trésorier de la Sainte-Chapelle de Bourbon. Voyez lettres IV et IX.

de M. de Poignant, et connoît fort votre nom, aussi bien que tout le monde de cette ville, qui s'honore fort d'avoir un magistrat de votre force, et qui lui est si peu à charge.[1] Je vous ai envoyé par le dernier ordinaire une très-longue déduction de ma maladie, que M. Bourdier, mon médecin, écrit à M. Fagon : ainsi vous en devez être instruit à l'heure qu'il est parfaitement. Je vous dirai pourtant que, dans cette relation, il ne parle point de la lassitude de jambes et du peu d'appétit; si bien que tout le profit que j'ai fait jusqu'ici à boire des eaux, selon lui, consiste à un éclaircissement de teint que le hâle du voyage m'avoit jauni plutôt que la maladie; car vous savez bien qu'en partant de Paris je n'avois point le visage trop mauvais, et je ne vois pas qu'à Moulins, où je suis, on me félicite fort présentement de mon embonpoint. Si j'ai écrit une lettre si triste à ma sœur, cela ne vient point de ce que je me sente beaucoup plus mal qu'à Paris, puisqu'à vous dire le vrai, tout le bien et tout le mal mis ensemble, je suis environ au même état que quand je partis; mais dans le chagrin de ne point guérir, on a quelquefois des moments où la mélancolie redouble, et je lui ai écrit dans un de ces moments. Peut-être dans une autre lettre verra-t-elle que je ris. Le chagrin est comme une fièvre qui a ses redoublements et ses suspensions.

La mort de M. de Saint-Laurent est tout à fait édifiante ; il me paroit qu'il a fini avec toute l'audace d'un philosophe et toute l'humilité d'un chrétien. Je suis persuadé qu'il y a des saints canonisés qui n'étoient pas plus saints que lui : on le verra un jour, selon toutes les apparences, dans les litanies. Mon embarras est seulement comment on l'appellera, et si on lui dira simplement saint Laurent ou saint Saint-Laurent. Je n'admire pas seulement M. de Chartres,[2] mais je l'aime, j'en suis fou. Je ne sais pas ce qu'il sera dans la suite; mais je sais bien que l'enfance d'Alexandre ni de Constantin n'ont jamais promis de si grandes choses que la sienne, et on pourroit beaucoup plus justement faire de lui les prophéties que Virgile, à mon avis, a fait assez à la légère du fils de Pollion.[3]

1. Parce qu'il n'y allait jamais. (Louis RACINE.)
2. Le futur duc d'Orléans, régent.
3. Églogue IV, vers 7 et suivants.

Dans le temps où je vous écris ceci, M. Amyot[1] vient d'entrer dans ma chambre; il a précipité, dit-il, son retour à Bourbon pour me venir rendre service. Il m'a dit qu'il avoit vu, avant que de partir, M. Fagon, et qu'ils persistoient l'un et l'autre dans la pensée du demi-bain, quoi qu'en pussent dire MM. Bourdier et Baudière : c'est une affaire qui se décidera demain à Bourbon. A vous dire le vrai, mon cher monsieur, c'est quelque chose d'assez fâcheux que de se voir ainsi le jouet d'une science très-conjecturelle,[2] et où l'un dit blanc et l'autre noir : car les deux derniers ne soutiennent pas seulement que le bain n'est point bon à mon mal; mais ils prétendent qu'il y va de la vie, et citent sur cela des exemples funestes. Mais enfin me voilà livré à la médecine, et il n'est plus temps de reculer. Ainsi, ce que je demande à Dieu, ce n'est pas qu'il me rende la voix, mais qu'il me donne la vertu et la piété de M. de Saint-Laurent, ou de M. Nicole, ou même la vôtre, puisque avec cela on se moque des périls.

S'il y a quelque malheur dont on se puisse réjouir, c'est, à mon avis, de celui des comédiens : si on continue à les traiter comme on fait, il faudra qu'ils s'aillent établir entre la Villette et la porte Saint-Martin; encore ne sais-je s'ils n'auront point sur les bras le curé de Saint-Laurent.[3]

Je vous ai une obligation infinie du soin que vous prenez d'entretenir un misérable comme moi. L'offre que vous me faites de venir à Bourbon est tout à fait héroïque et obligeante; mais il n'est pas nécessaire que vous veniez vous enterrer inutilement dans le plus vilain lieu du monde, et le chagrin que vous auriez infailliblement de vous y voir ne feroit qu'augmenter celui que j'ai d'y être. Vous m'êtes plus nécessaire à Paris qu'ici, et j'aime encore mieux ne vous point voir que de vous voir triste et affligé. Adieu, mon cher monsieur; mes recommandations à M. Félix, à M. de Termes et à tous nos autres amis.

1. Médecin de Bourbon.
2. Ainsi écrit par Boileau.
3. La paroisse de Saint-Laurent s'étendait jusque-là.

XI.[1]

RACINE A BOILEAU.

A Paris, ce 13 août [1687].

Je ne vous écrirai aujourd'hui que deux mots, car, outre qu'il est extrêmement tard, je reviens chez moi pénétré de frayeur et de déplaisir. Je sors de chez le pauvre M. Hessein, que j'ai laissé à l'extrémité; je doute qu'à moins d'un miracle je le retrouve demain en vie. Je vous conterai sa maladie une autre fois, et je ne vous parlerai maintenant que de ce qui vous regarde. Vous êtes un peu cruel à mon égard, de me laisser si longtemps dans l'horrible inquiétude où vous avez bien dû juger que votre lettre à Mme Manchon me pouvoit jeter.[2] J'ai vu M. Fagon, qui, sur le récit que je lui ai fait de ce qui est dans cette lettre, a jugé qu'il falloit quitter sur-le-champ vos eaux. Il dit que leur effet naturel est d'ouvrir l'appétit, bien loin de l'ôter; il croit même qu'à l'heure qu'il est vous les aurez interrompues, parce qu'on n'en prend jamais plus de vingt jours de suite. Si vous vous en êtes trouvé considérablement bien, il est d'avis qu'après les avoir laissées pour quelque temps vous les recommenciez; si elles ne vous ont fait aucun bien, il croit qu'il les faut quitter entièrement. Le roi me demanda avant-hier au soir si vous étiez revenu; je lui répondis que non, et que les eaux jusqu'ici ne vous avoient pas fort soulagé. Il me dit

1. L'autographe existe à la Bibliothèque nationale.
2. Racine n'avait donc pas encore reçu la lettre du 9 août.

ces propres mots : « Il fera mieux de se remettre à son train de vie ordinaire; la voix lui reviendra lorsqu'il y pensera le moins. » Tout le monde a été charmé de la bonté que Sa Majesté a témoignée pour vous en parlant ainsi, et tout le monde est d'avis que pour votre santé vous ferez bien de revenir. M. Félix est de cet avis ; le premier médecin et M. Moreau en sont entièrement. M. du Tartre[1] croit qu'absolument les eaux de Bourbon ne sont point bonnes pour votre poitrine, et que vos lassitudes en sont une marque. Tout cela, mon cher monsieur, m'a donné une furieuse envie de vous voir de retour. On dit que vous trouverez de petits remèdes innocents qui vous rendront infailliblement la voix, et qu'elle reviendra d'elle-même quand vous ne ferez rien. M. le maréchal de Bellefonds[2] m'enseigna hier un remède dont il dit qu'il a vu plusieurs gens guéris d'une extinction de voix: c'est de laisser fondre dans sa bouche un peu de myrrhe, la plus transparente qu'on puisse trouver; d'autres se sont guéris avec de la simple eau de poulet, sans compter l'*erysimum*; enfin, tout d'une voix, tout le monde vous conseille de revenir. Je n'ai jamais vu une santé plus généralement souhaitée que la vôtre. Venez donc, je vous en conjure ; et, à moins que vous n'ayez déjà un commencement de voix qui vous donne des assurances que vous achèverez de guérir à Bourbon, ne perdez pas un moment de temps pour vous redonner à vos amis, et à moi sur-

---

1. Chirurgien juré du Parlement de Paris, et depuis chirurgien ordinaire du roi. Voyez tome VII, page 450.

2. Bernardin Gigault, marquis de Bellefonds, maréchal de France, né en 1630, mort le 4 décembre 1694. Il s'est distingué en Catalogne, en Flandre, en Italie et en Hollande. Il était écuyer de madame la Dauphine, et avait été envoyé en Angleterre en 1672 et 1673 comme ambassadeur extraordinaire.

tout, qui suis inconsolable de vous voir si loin de moi, et d'être des semaines entières sans savoir si vous êtes en santé ou non. Plus je vois décroître le nombre de mes amis, plus je deviens sensible au peu qui m'en reste; et il me semble, à vous parler franchement, qu'il ne me reste presque plus que vous. Adieu : je crains de m'attendrir follement, en m'arrêtant trop sur cette réflexion. Mme Manchon pense toutes les mêmes choses que moi, et est véritablement inquiète sur votre santé.

Suscription: Moulins. A Monsieur Monsieur Despréaux, chez M. Prévost, maître-chirurgien, à Bourbon.

XII.[1]

RACINE A BOILEAU.

A Paris, ce 17 août [1687].

J'allai hier au soir à Versailles, et j'y allai tout exprès pour voir M. Fagon et lui donner la consultation de M. Bourdier. Je la lus auparavant avec M. Félix, et je la trouvai très-savante, dépeignant votre tempérament et votre mal en termes très-énergiques; j'y croyois trouver en quelque page : *numero deus impari gaudet*[2]. M. Fagon m'a dit que du moment qu'il s'agissoit de la vie, et qu'elle pouvoit être en compromis, il s'étonnoit qu'on mît en question si vous prendriez le demi-bain. Il en écrira

1. Réponse à la lettre du 9 août 1687. L'autographe existe à la Bibliothèque nationale.
2. Virgile, Églog. VIII, v. 75. Racine a bien écrit *impari* au lieu d'*impare*.

à M. Bourdier, et cependant il m'a chargé de vous écrire au plus vite de ne point vous baigner, et même, si les eaux vous ont incommodé, de les quitter entièrement, et de vous en revenir.

Je vous avois déjà mandé son avis là-dessus, et il y persiste toujours. Tout le monde crie que vous devriez revenir, médecins, chirurgiens, hommes, femmes.

Je vous avois mandé qu'il falloit un miracle pour sauver M. Hessein : il est sauvé, et c'est votre bon ami le quinquina qui a fait ce miracle. L'émétique l'avoit mis à la mort : M. Fagon arriva fort à propos, qui, le croyant à demi mort, ordonna au plus vite le quinquina. Il est présentement sans fièvre ; je l'ai même tantôt fait rire jusqu'à la convulsion, en lui montrant l'endroit de votre lettre où vous parlez du bachelier, du curé et du barbier. Vous dites qu'il vous manque une nièce : voudriez-vous qu'on vous envoyât Mlle Despréaux ?[1] Je m'en vais ce soir à Marly. M. Félix a demandé permission au roi pour moi, et j'y demeurerai jusqu'à mercredi prochain.

M. le duc de Charost[2] m'a tantôt demandé de vos nouvelles d'un ton de voix que je vous souhaiterois de tout mon cœur. Quantité de gens de nos amis sont malades,

---

1. Petit trait de raillerie. Boileau n'aimait pas beaucoup cette nièce. (Louis Racine.) Il y a apparence que l'oncle changea ensuite de sentiments, puisqu'il fit un legs considérable à cette même nièce. Toutefois, Germain Garnier, Amar, de Saint-Surin, disent (sans citer d'autorités) que la nièce avait l'humeur bizarre et acariâtre de sa mère, et le premier ajoute que la nièce et la mère tourmentèrent beaucoup Boileau lorsqu'il demeurait chez son frère Jérôme. Il est difficile de concilier ces assertions avec une libéralité plus considérable que Puymorin, lié d'une étroite amitié avec Despréaux, fit, en 1683, à la même nièce, par son testament; et en cela il n'agissait pas par pure déférence pour les liens du sang, puisqu'il ne nomme pas même son autre nièce, Louise-Geneviève, morte seulement en 1701. (B.-S.-P.)

2. Armand de Béthune, duc de Charost, gendre du surintendant Fouquet.

entre autres M. le duc de Chevreuse et M. de Chamlay :[1] tous deux ont la fièvre double-tierce. M. de Chamlay a déjà pris le quinquina; M. de Chevreuse le prendra au premier jour. On ne voit à la cour que des gens qui ont le ventre plein de quinquina. Si cela ne vous excite pas à y revenir, je ne sais plus ce qui vous peut en donner envie. M. Hessein ne l'a point voulu prendre des apothicaires, mais de la propre main de Chmith.[2] J'ai vu ce Chmith chez lui; il a le visage vermeil et boutonné, et a bien plus l'air d'un maître cabaretier que d'un médecin. M. Hessein dit qu'il n'a jamais rien bu de plus agréable, et qu'à chaque fois qu'il en prend il sent la vie descendre dans son estomac. Adieu, mon cher monsieur, je commencerai et finirai toutes mes lettres en vous disant de vous hâter de revenir.

Suscription : A Monsieur Monsieur Despréaux, chez M. Prévost, maître-chirurgien, à Bourbon.

XIII.[3]

BOILEAU A RACINE.

A Bourbon, 19 août [1687].

Vous pouvez juger, monsieur, combien j'ai été frappé de la funeste nouvelle que vous m'avez mandée de notre pauvre ami. En quelque état pitoyable néanmoins que vous l'ayez laissé, je

---

1. Maréchal des logis des armées dès le temps de Turenne, mort en 1719. A la mort de Louvois, en 1691, il refusa le ministère de la guerre. Cf. Saint-Simon, édition Garnier frères, t. XXIV, p. 99-100, et t. XXXIII, p. 69.
2. Voy. la lettre de Mme de Sévigné, datée du 29 sept. (1679).
3. L'autographe existe à la Bibliothèque nationale.
4. M. Hessein.

ne saurois m'empêcher d'avoir toujours quelque rayon d'espérance, tant que vous ne m'aurez point écrit : *il est mort;* et je me flatte même qu'au premier ordinaire j'apprendrai qu'il est hors de danger. A dire le vrai, j'ai bon besoin de me flatter ainsi, surtout aujourd'hui que j'ai pris une médecine qui m'a fait tomber quatre fois en foiblesse, et qui m'a jeté dans un abattement dont même les plus agréables nouvelles ne seroient pas capables de me relever. Je vous avoue pourtant que si quelque chose pouvoit me rendre la santé et la joie, ce seroit la bonté qu'a Sa Majesté de s'enquérir de moi toutes les fois que vous vous présentez devant lui. Il ne sauroit rien arriver de plus glorieux, je ne dis pas à un misérable comme moi, mais à tout ce qu'il y a de gens plus considérables à la cour ; et je gage qu'il y en a plus de vingt d'entre eux qui, à l'heure qu'il est, envient ma bonne fortune, et qui voudroient avoir perdu la voix et même la parole à ce prix. Je ne manquerai pas, avant qu'il soit peu, de profiter du bon avis qu'un si grand prince me donne, sauf à désobliger M. Bourdier, mon médecin, et M. Baudière, mon apothicaire, qui prétendent maintenir contre lui que les eaux de Bourbon sont admirables pour rendre la voix ; mais je m'imagine qu'ils réussiront dans cette entreprise, à peu près comme toutes les puissances de l'Europe ont réussi à lui empêcher de prendre Luxembourg et tant d'autres villes. Pour moi, je suis persuadé qu'il fait bon suivre ses ordonnances, en fait même de médecine. J'accepte l'augure qu'il m'a donné en vous disant que la voix me reviendroit lorsque j'y penserois le moins. Un prince qui a exécuté tant de choses miraculeuses est vraisemblablement inspiré du ciel, et toutes les choses qu'il dit sont des oracles. D'ailleurs j'ai encore un remède à essayer, où j'ai grande espérance, qui est de me présenter à son passage dès que je serai de retour; car je crois que l'envie que j'aurai de lui témoigner ma joie et ma reconnoissance me fera trouver de la voix, et peut-être même des paroles éloquentes. Cependant je vous dirai que je suis aussi muet que jamais, quoique inondé d'eaux et de remèdes. Nous attendons la réponse de M. Fagon sur la relation que M. Bourdier lui a envoyée. Jusque-là je ne puis rien vous dire sur mon départ. On me fait toujours espérer ici une guérison prochaine, et nous devons tenter le demi-bain, supposé que M. Fagon persiste toujours dans l'opinion qu'il me peut être utile. Après cela je prendrai mon parti. Vous ne sauriez croire combien je vous suis obligé de la tendresse que vous m'avez témoignée dans votre dernière lettre; les larmes m'en sont presque venues aux yeux; et quelque résolution que j'eusse fait de quitter le monde, supposé que la voix ne me revînt point, cela m'a entièrement fait changer d'avis; c'est-à-dire, en un mot, que je me sens capable de quitter toutes choses, hormis vous. Adieu, mon cher monsieur, excusez si je ne vous écris pas une longue lettre; franchement, je suis fort abattu. Je n'ai point d'appétit; je traîne les jambes plutôt que je ne marche; je n'oserois dormir, et suis toujours accablé de sommeil. Je me flatte pourtant encore de l'espérance que les eaux de Bourbon me guériront. M. Amyot est homme d'esprit, et me rassure fort. Il se fait une affaire très-sérieuse de me guérir, aussi bien que les autres médecins. Je n'ai jamais vu de gens si affectionnés à leur malade, et je crois qu'il n'y en a pas un d'entre eux qui ne donnât quelque chose de sa santé pour me rendre la mienne. Outre leur affection, il y va de leur intérêt, parce que ma maladie fait grand bruit dans Bourbon. Cependant ils ne sont point d'accord, et M. Bourdier lève toujours des yeux très-tristes au ciel quand on parle de bain. Quoi qu'il en soit, je leur suis obligé de leurs soins et de leur bonne volonté; et quand vous m'écrirez, je vous prie de me dire quelque chose qui marque que je parle bien d'eux. M. de La Chapelle m'a écrit une lettre fort obligeante, et m'envoie plusieurs inscriptions sur lesquelles il me prie de dire mon avis. [1] Elles me paroissent toutes fort spirituelles; mais je ne saurois pas lui mander, cette fois, ce que j'y trouve à redire : ce sera pour le premier ordinaire. M. Boursault, [2] que je croyois mort, me vint voir il y a cinq ou six jours, et m'apparut le soir assez

---

1. En sa qualité de contrôleur des bâtiments du roi, Henri de Bessé de La Chapelle était adjoint, comme secrétaire, à la petite Académie, depuis Académie des inscriptions.

2. Edme Boursault, né à Mucit-l'Évêque, en Bourgogne, au mois d'octobre 1638, mort à Montluçon, où il était receveur des fermes, le 13 septembre 1701. Son théâtre a été imprimé, Paris, 1725, 3 vol. in-12. Il a fait contre Boileau la *Satire des satires*. Voir Molière, l'*Impromptu de Versailles*, scène III.

subitement. Il me dit qu'il s'étoit détourné de trois grandes lieues du chemin de Mont-Luçon, où il alloit et où il est habitué, pour avoir le bonheur de me saluer. Il me fit offre de toutes choses, d'argent, de commodités, de chevaux.[1] Je lui répondis avec les mêmes honnêtetés, et voulus le retenir pour le lendemain à dîner; mais il me dit qu'il étoit obligé de s'en aller dès le grand matin : ainsi nous nous séparâmes amis à outrance. A propos d'amis, mes baisemains, je vous prie, à tous nos amis communs. Dites bien à M. Quinault que je lui suis infiniment obligé de son souvenir, et des choses obligeantes qu'il a écrites de moi à M. l'abbé de Sales.[2] Vous pouvez l'assurer que je le compte présentement au rang de mes meilleurs amis, et de ceux dont j'estime le plus le cœur et l'esprit. Ne vous étonnez pas si vous recevez quelquefois mes lettres un peu tard, parce que la poste n'est point à Bourbon, et que souvent, faute de gens pour envoyer à Moulins, on perd un ordinaire. Au nom de Dieu, mandez-moi avant toutes choses des nouvelles de M. Hessein.

XIV.[3]

BOILEAU A RACINE.

A Bourbon, 23 août [1687].

On me vient d'avertir que la poste est de ce soir à Bourbon; c'est ce qui fait que je prends la plume à l'heure qu'il est, c'est-à-dire à dix heures du soir, qui est une heure fort extraordinaire aux malades de Bourbon, pour vous dire que, malgré les tragiques remontrances de M. Bourdier, je me suis mis aujourd'hui dans le demi-bain par le conseil de M. Amyot, et même de M. des Trapières, que j'ai appelé au conseil. Je n'y ai été qu'une heure; cependant j'en suis sorti beaucoup en meilleur état que

1. Sensible à ce trait de générosité, Boileau ôta de ses satires (satire IX) le nom de Boursault. (Louis RACINE.)
2. Voyez lettre X, note 4.
3. L'autographe existe à la Bibliothèque nationale.

je n'y étois entré, c'est-à-dire la poitrine beaucoup plus dégagée, les jambes plus légères, l'esprit plus gai : et même mon laquais m'ayant demandé quelque chose, je lui ai répondu un *non* à pleine voix, qui l'a surpris lui-même, aussi bien qu'une servante qui étoit dans la chambre; et pour moi, j'ai cru l'avoir prononcé par enchantement. Il est vrai que je n'ai pu depuis rattraper ce ton-là; mais, comme vous voyez, monsieur, c'en est assez pour me remettre le cœur au ventre, puisque c'est une preuve que ma voix n'est pas entièrement perdue, et que le bain m'est très-bon. Je m'en vais piquer de ce côté-là, et je vous manderai le succès. Je ne sais pas pourquoi M. Fagon a molli si aisément sur les objections très-superstitieuses de M. Bourdier.[1] Il y a tantôt six mois que je n'ai eu de véritable joie que ce soir. Adieu, mon cher monsieur, je dors en vous écrivant. Conservez-moi votre amitié, et croyez que si je recouvre la voix, je l'emploierai à publier à toute la terre la reconnoissance que j'ai des bontés que vous avez pour moi, et qui ont encore accru de beaucoup la véritable estime et la sincère amitié que j'avois pour vous. J'ai été ravi, charmé, enchanté du succès du quinquina; et ce qu'il a fait sur notre ami Hessein m'engage encore plus dans ses intérêts que la guérison [de ma fièvre] double-tierce.

XV.[2]

RACINE A BOILEAU.

A Paris, ce 24 août [1687].

Je vous dirai, avant toutes choses, que M. Hessein, excepté quelque petit reste de foiblesse, est entièrement

---

1. Si l'on rapproche ce passage de ce que dit ailleurs Racine (lettre XII), qu'il croyait trouver dans la consultation de Bourdier l'adage *numero deus impare gaudet,* on peut présumer que Bourdier insistait sur les jours intercalaires, 3e, 5e, 9e, 13e, 19e..., jadis si accrédités en médecine. (B.-S.-P.) — Dans le *Malade imaginaire,* acte II, scène IX, M. Diafoirus dit à Argan qu'il faut mettre les grains de sel par nombres impairs dans les médicaments. (M. Chéron.)

2. L'autographe existe à la Bibliothèque nationale.

hors d'affaire, et ne prendra plus que huit jours du quinquina, à moins qu'il n'en prenne pour son plaisir : car la chose devient à la mode ; et on commencera bientôt, à la fin des repas, à le servir comme le café et le chocolat. L'autre jour, à Marly, Monseigneur, après un fort grand déjeuner avec madame la princesse de Conti[1] et d'autres dames, en envoya quérir deux bouteilles chez les apothicaires du roi, et en but le premier un grand verre ; ce qui fut suivi par toute la compagnie qui, trois heures après, n'en dîna que mieux : il me sembla même que cela leur avoit donné un plus grand air de gaîté. Ce jour-là, et à ce même dîner, je contai au roi votre embarras entre vos deux médecins, et la consultation très-savante de M. Bourdier. Le roi eut la bonté de me demander ce qu'on vous répondoit là-dessus, et s'il y avoit à délibérer. « Oh ! pour moi, s'écria naturellement madame la princesse de Conti, qui étoit à table à côté de Sa Majesté, j'aimerois mieux ne parler de trente ans que d'exposer ainsi ma vie pour recouvrer la parole. » Le roi, qui venoit de faire la guerre à Monseigneur sur sa débauche de quinquina, lui demanda s'il ne voudroit point aussi tâter des eaux de Bourbon. Vous ne sauriez croire combien cette maison de Marly est agréable : la cour y est, ce me semble, tout autre qu'à Versailles. Il y a peu de gens, et le roi nomme tous ceux qui l'y doivent suivre. Ainsi tous ceux qui y sont, se trouvant fort honorés d'y être, y sont aussi de fort bonne humeur. Le roi même y est fort libre et fort caressant. On diroit qu'à Versailles il est tout entier aux affaires, et qu'à Marly il est tout à lui et à son plaisir. Il m'a fait l'honneur plusieurs fois de me parler, et j'en suis sorti à

---

1. Mlle de Blois, fille de Louis XIV et de Mme de La Vallière.

mon ordinaire, c'est-à-dire fort charmé de lui et au désespoir contre moi : car je ne me trouve jamais si peu d'esprit que dans ces moments où j'aurois le plus d'envie d'en avoir.

Du reste, je suis revenu riche de bons mémoires. J'y ai entretenu tout à mon aise les gens qui pouvoient me dire le plus de choses de la campagne de Lille.[1] J'eus même l'honneur de demander cinq ou six éclaircissements à M. de Louvois, qui me parla avec beaucoup de bonté. Vous savez sa manière, et comme toutes ses paroles sont pleines de droit sens et vont au fait. En un mot, j'en sortis très-savant et très-content. Il me dit que tout autant de difficultés que nous aurions, il nous écouteroit avec plaisir. Les questions que je lui fis regardoient Charleroi et Douai. J'étois en peine pourquoi on alla d'abord à Charleroi, et si on avoit déjà nouvelles que les Espagnols l'eussent rasé : car, en voulant écrire, je me suis trouvé arrêté tout à coup, et par cette difficulté et par beaucoup d'autres que je vous dirai. Vous ne me trouverez peut-être, à cause de cela, guère plus avancé que vous; c'est-à-dire beaucoup d'idées et peu d'écriture. Franchement je vous trouve fort à dire, et dans mon travail et dans mes plaisirs. Une heure de conversation m'étoit d'un grand secours pour l'un et d'un grand accroissement pour les autres.

Je viens de recevoir une lettre de vous.[2] Je ne doute pas que vous n'ayez présentement reçu celle où je vous mandois l'avis de M. Fagon :[3] et que M. Bourdier n'ait aussi reçu des nouvelles de M. Fagon même, qui ne ser-

---

1. Celle de 1667. Le récit en est dans la *Campagne royale*, 1668, in-12. (B.-S.-P.)
2. Lettre datée de Moulins le 13 août 1687.
3. Lettre datée de Paris le 13 août 1687.

viront pas peu à le confirmer dans son avis. Tout ce que vous m'écrivez de votre peu d'appétit et de votre grand abattement est très-considérable, et marque toujours de plus en plus que les eaux ne vous conviennent point. M. Fagon ne manquera pas de me répéter encore qu'il les faut quitter, et les quitter au plus vite; car, je vous l'ai mandé, il prétend que leur effet naturel est d'ouvrir l'appétit et de rendre les forces. Quand elles font le contraire, il y faut renoncer. Je ne doute pas que vous ne vous remettiez bientôt en chemin pour revenir. Je suis persuadé comme vous que la joie de revoir un prince qui témoigne tant de bonté pour vous, vous fera plus de bien que tous les remèdes. M. Roze m'avoit déjà dit de vous mander de sa part qu'après Dieu le roi étoit le plus grand médecin du monde, et je fus même fort édifié que M. Roze voulût bien mettre Dieu devant le roi. Je commence à soupçonner qu'il pourroit bien être en effet dans la dévotion. M. Nicole a donné depuis deux jours au public deux tomes de *Réflexions sur les Épîtres et sur les Évangiles*,[1] qui me semblent encore plus forts et plus édifiants que tout ce qu'il a fait. Je ne vous les envoie pas, parce que j'espère que vous serez bientôt de retour, et vous les trouverez infailliblement chez vous. Il n'a encore travaillé que sur la moitié des épîtres et des évangiles de l'année; j'espère qu'il achèvera le reste, pourvu qu'il plaise à Dieu et au révérend père de La Ch.[2] de lui laisser encore un an de vie.

Il n'y a point de nouvelles de Hongrie que celles qui sont dans la *Gazette*. M. de Lorraine, en passant la

---

1. *Continuation des Essais de morale contenant des Réflexions morales sur les Épîtres et Évangiles de toute l'année*. Paris, 1687-1688, 5 vol. in-12.
2. Le père de La Chaise.

Drave, a fait, ce me semble, une entreprise de fort grand éclat et fort inutile.¹ Cette expédition a bien l'air de celle qu'on fit pour secourir Philisbourg.² Il a trouvé au delà de la rivière un bois, et au delà de ce bois les ennemis retranchés jusqu'aux dents. M. de Termes est du nombre de ceux que je vous ai mandés qui avoient l'estomac farci de quinquina. Croyez-vous que le quinquina, qui vous a sauvé la vie, ne vous rendroit point la voix? Il devroit du moins vous être plus favorable qu'à un autre, vous qui vous êtes enroué tant de fois à le louer. Les comédiens, qui vous font si peu de pitié, sont pourtant toujours sur le pavé, et je crains, comme vous,³ qu'ils ne soient obligés de s'aller établir auprès des vignes de feu monsieur votre père;⁴ ce seroit un digne théâtre pour les œuvres de M. Pradon : j'allois ajouter de M. Boursault ; mais je suis trop touché des honnêtetés que vous avez tout nouvellement reçues de lui. Je ferai tantôt à M. Quinault celles que vous me mandez de lui faire. Il me semble que vous avancez furieusement dans le chemin de la perfection. Voilà bien des gens⁵ à qui vous avez pardonné.

1. Voir la lettre suivante.
2. Ville alors très-forte, que le duc de Lorraine prit aux Français (ils en étaient maîtres depuis 1644), le 17 septembre 1676, après quatre mois de siége.
Luxembourg, chargé avant le siége de veiller aux mouvements de l'armée ennemie alors établie dans la haute Alsace, se porta, pour aller accueillir un renfort, vers la basse Alsace ; mais pendant cette espèce de retraite, le duc de Lorraine repassa le Rhin et investit Philisbourg (Reboulet, *Hist. de Louis XIV*, V, 3 et 4). C'est probablement à la manœuvre de Luxembourg que Racine fait ici allusion, et l'on voit, par la lettre déjà citée de Boileau, que le mouvement du duc de Lorraine en Hongrie était en effet une retraite, ce dont on aurait pu douter en s'en tenant aux expressions de Racine. (B.-S.-P.)
3. Voyez la lettre X.
4. Du côté de Pantin, près des voiries. (G. GARNIER.)
5. Racine avait d'abord écrit : « bien des offensés. »

On m'a dit, chez madame Manchon, que M. Marchand partoit lundi prochain pour Bourbon :

<blockquote>Hui! vereor ne quid Andria apportet mali.[1]</blockquote>

Franchement j'appréhende un peu qu'il ne vous retienne. Il aime fort son plaisir. Cependant je suis assuré que M. Bourdier même vous dira de vous en aller. Le bien que les eaux vous pouvoient faire est peut-être fait : elles auront mis votre poitrine en bon train. Les remèdes ne font pas toujours sur-le-champ leur plein effet; et mille gens qui étoient allés à Bourbon pour des foiblesses de jambes, n'ont recommencé à bien marcher que lorsqu'ils ont été de retour chez eux. Adieu, mon cher monsieur ; vous me demandez pardon de m'avoir écrit une lettre trop courte, et vous avez raison de le demander; et moi je vous le demande d'en avoir écrit une trop longue, et j'ai peut-être raison aussi.

XVI.[2]

BOILEAU A RACINE.

A Bourbon, 28 août [1687].

Je ne m'étonne point, monsieur, que Mme la princesse de Conti soit dans le sentiment où elle est. Quand elle auroit perdu la voix, il lui resteroit encore un million de charmes pour se consoler de cette perte ; elle seroit encore la plus parfaite chose que la nature ait produite depuis longtemps. Il n'en est pas ainsi d'un misérable qui a besoin de sa voix pour être souffert des hommes,

---

1. Térence, *Andrienne*, acte I, scène I, vers 46. Il y a HEI! dans Térence.
2. L'autographe existe à la Bibliothèque nationale.

et qui a quelquefois à disputer contre M. Charpentier. Quand ce ne seroit que cette dernière raison, il doit risquer quelque chose, et la vie n'est pas d'un si grand prix qu'il ne la puisse hasarder pour se mettre en état d'interrompre un tel parleur. J'ai donc tenté l'aventure du demi-bain avec toute l'audace imaginable, mes valets faisant lire leur frayeur sur leurs visages, et M. Bourdier s'étant retiré pour n'être pas témoin d'une entreprise si téméraire. A vous dire vrai, cette aventure a été un peu semblable à celle des *maillotins* dans *Don Quichot,*[1] je veux dire qu'après bien des alarmes, il s'est trouvé qu'il n'y avoit qu'à rire, puisque non-seulement le bain ne m'a point augmenté la fluxion sur la poitrine, mais qu'il me l'a même fort soulagée, et que, s'il ne m'a rendu la voix, il m'a du moins en partie rendu la santé. Je ne l'ai encore essayé que quatre fois, et M. Amyot prétend le pousser jusqu'à dix ; après quoi, si la voix ne me revient, il m'assure qu'il me donnera mon congé. Je conçois un fort grand plaisir à vous revoir et à vous embrasser, mais vous ne sauriez croire pourtant tout ce qui se présente d'affreux à mon esprit quand je songe qu'il me faudra peut-être repasser muet par ces mêmes hôtelleries, et revenir sans voix dans ces mêmes lieux où l'on m'avoit tant de fois assuré que les eaux de Bourbon me guériroient infailliblement. Il n'y a que Dieu et vos consolations qui me puissent soutenir dans une si juste occasion de désespoir. J'ai été fort frappé de l'agréable débauche de Monseigneur chez Mme la princesse de Conti ; mais ne songe-t-il point à l'insulte qu'il a faite par là à tous Messieurs de la Faculté ? Passe pour avaler le quinquina sans avoir la fièvre ; mais de le prendre sans s'être préalablement fait saigner et purger, c'est une chose qui crie vengeance, et il y a une espèce d'effronterie à ne point se trouver mal après un tel attentat contre toutes les règles de la

---

1. On a déjà dit (lettre IX) que Boileau écrit *Guichot*. Il regardait sans doute cette manière d'écrire comme la seule bonne en français, car il a substitué Guichot à *Quixote* qu'on avait mis dans la copie sur laquelle il faisait ses corrections. — Par l'aventure des *maillotins,* il désigne probablement celle des *moulins à foulons* (Don Quixote, part. I, ch. XXIX), moulins qui, dans les traductions anciennes, telles que celles de 1620 et 1668, sont désignés par les mots *maillets à foules* ou *à foulon,* correspondants aux mots du texte original, *maços de batan.* (B.-S.-P.)

médecine. Si Monseigneur et toute sa compagnie avoient, avant tout, pris une dose de séné dans quelque sirop convenable, cela lui auroit à la vérité coûté quelques tranchées, et l'auroit mis, lui et tous les autres, hors d'état de dîner, mais il y auroit eu au moins quelques formes gardées, et M. Bachot [1] auroit trouvé le trait galant ; au lieu que, de la manière dont la chose s'est faite, cela ne sauroit jamais être approuvé que des gens de cour et du monde, et non point des véritables disciples d'Hippocrate, gens à barbe vénérable, et qui ne verront point assurément ce qu'il peut y avoir eu de plaisant à tout cela. Que si personne n'en a été malade, ils vous répondront qu'il y a eu du sortilège ; et, en effet, monsieur, de la manière dont vous me peignez Marly, c'est un véritable lieu d'enchantement. Je ne doute point que les fées n'y habitent. En un mot, tout ce qui s'y dit et ce qui s'y fait me paraît enchanté; mais surtout les discours du maître du château ont quelque chose de fort ensorcelant, et ont un charme qui se fait sentir jusqu'à Bourbon.

De quelque pitoyable manière que vous m'ayez conté la disgrâce des comédiens, je n'ai pu m'empêcher d'en rire. Mais dites-moi, monsieur, supposé qu'ils aillent habiter où je vous ai dit, croyez-vous qu'ils boivent du vin du cru ? [2] Ce ne seroit pas une mauvaise pénitence à proposer à M. de Champmeslé, [3] pour tant de bouteilles de vin de Champagne qu'il a bues, [4] vous savez aux dépens de qui. [5] Vous avez raison de dire qu'ils auront là un merveilleux théâtre pour jouer les pièces de M. Pradon ; et d'ailleurs ils y auront une commodité : c'est que quand le souffleur aura oublié d'apporter la copie de ses ouvrages, il en retrouvera infailliblement une bonne partie dans les précieux dépôts qu'on apporte tous les matins en cet endroit. M. Fagon n'a point écrit à M. Bourdier. Faites bien des compliments pour moi à M. Roze. Les gens de son tempérament sont de fort dans

1. Étienne Bachot, médecin et poëte latin, grand partisan de la saignée ennemi des traitements nouveaux, mort le 18 mai 1688.
2. Le vin de Pantin où le père de Boileau avait des vignes.
3. Le mari de la comédienne, grand ivrogne. (Louis Racine.)
4. Corr., *qu'il a bues chez lui.*
5. Dans la copie corrigée de sa main, Boileau supprime la phrase qui suit, jusqu'à *cet endroit* inclusivement.

gereux ennemis; mais il n'y a point aussi de plus chauds amis, et je sais qu'il a de l'amitié pour moi. Je vous félicite des conversations fructueuses que vous avez eues avec Mgr de Louvois, d'autant que j'aurai part à votre récolte. Ne craignez point que M. Marchand m'arrête à Bourbon. Quelque amitié que j'aie pour lui, il n'entre point en balance avec vous, et l'Andrienne n'apportera aucun mal.[1] Je meurs d'envie de voir les *Réflexions* de M. Nicole; et je m'imagine que c'est Dieu qui me prépare ce livre à Paris pour me consoler de mon infortune. J'ai fort ri de la raillerie que vous me faites sur les gens à qui j'ai pardonné. Cependant savez-vous bien qu'il y a à cela plus de mérite que vous ne croyez, si le proverbe italien est véritable, que *chi offende non perdona*.[2] L'action de M. de Lorraine ne me paroît point si inutile qu'on se veut imaginer, puisque rien ne peut mieux confirmer l'assurance de ses troupes que de voir que les Turcs n'ont osé sortir de leurs retranchements, ni même donner sur son arrière-garde dans sa retraite; et il faut en effet que ce soit de grands coquins pour l'avoir ainsi laissé repasser la Drave. Croyez-moi, ils seront battus; et la retraite de M. de Lorraine a plus de rapport à la retraite de César, quand il décampa devant Pompée, qu'à l'affaire de Philisbourg. Quand vous verrez M. Hessein, faites-le ressouvenir que nous sommes frères en quinquina,[3] puisqu'il nous a sauvé la vie à l'un et à l'autre. Vous pensez vous moquer, mais je ne sais pas si je n'en essayerai point pour le recouvrement de ma voix. Adieu, mon cher monsieur, aimez-moi toujours, et croyez qu'il n'y a rien au monde que j'aime plus que vous. Je ne sais où vous vous êtes mis en tête que vous m'aviez écrit une longue lettre, car je n'en ai jamais trouvé une si courte.

---

1. Allusion au vers de Térence cité par Racine dans sa lettre précédente.

2. Voyez lettre XV.

3. Voir sur le quinquina un poëme de La Fontaine; voir aussi de nombreuses lettres de Mme de Sévigné sur l'emploi de ce remède, mis à la mode par un médecin anglais du nom de Talbot.

XVII.[1]

BOILEAU A RACINE.

A Bourbon, 2 septembre (1687).

Ne vous étonnez pas, monsieur, si vous ne recevez pas les réponses à vos lettres, aussi promptes que peut-être vous souhaitez, parce que la poste est fort irrégulière à Bourbon, et qu'on ne sait pas trop bien quand il faut écrire. Je commence à songer à ma retraite. Voilà tantôt la dixième fois que je me baigne; et, à ne vous rien céler, ma voix est tout au même état que quand je suis arrivé. Le monosyllabe que j'ai prononcé n'a été qu'un effet de ces petits tons que vous savez qui m'échappent quelquefois quand j'ai beaucoup parlé, et mes valets ont été un peu trop prompts à crier miracle. La vérité est pourtant que le bain m'a renforcé les jambes et fortifié la poitrine; mais pour ma voix, ni le bain, ni la boisson des eaux, ne m'y ont de rien servi. Il faut donc s'en aller de Bourbon aussi muet que j'y suis arrivé. Je ne saurois vous dire quand je partirai; je prendrai brusquement mon parti, et Dieu veuille que le déplaisir ne me tue pas en chemin! Tout ce que je puis vous dire, c'est que jamais exilé n'a quitté son pays avec tant d'affliction que je retournerai au mien. Je vous dirai encore plus, c'est que, sans votre considération, je ne crois pas que j'eusse jamais revu Paris, où je ne conçois aucun autre plaisir que celui de vous revoir. Je suis bien fâché de la juste inquiétude que vous donne la fièvre de monsieur votre jeune fils.[1] J'espère que cela ne sera rien; mais si quelque chose me fait craindre pour lui, c'est le nombre de bonnes qualités qu'il a, puisque je n'ai jamais

---

1. L'autographe, que la Bibliothèque nationale a possédé, ne s'y trouve plus. M. Berriat-Saint-Prix en a donné le texte d'après le manuscrit qu'il a pu voir encore.

2. Il parle de mon frère aîné. (Louis RACINE.) Ce fils s'appelait Jean-Baptiste, il avait alors neuf ans.

vu d'enfant de son âge si accompli en toutes choses. M. Marchand[1] est arrivé ici samedi. J'ai été fort aise de le voir ; mais je ne tarderai guère à le quitter. Nous faisons notre ménage ensemble. Il est toujours aussi bon et aussi méchant homme que jamais. J'ai su par lui tout ce qu'il y a de mal à Bourbon, dont je ne savois pas un mot à son arrivée. Votre relation de l'affaire de Hongrie m'a fait un très-grand plaisir, et m'a fait comprendre en très-peu de mots ce que les plus longues relations ne m'auroient peut-être pas appris. Je l'ai débitée à tout Bourbon, où il n'y avoit qu'une relation d'un commis de M. Jacques,[2] où, après avoir parlé du grand vizir, on ajoutoit, entre autres choses, que *ledit vizir voulant réparer le grief qui lui avoit été fait,* etc. Tout le reste étoit de ce style. Adieu, mon cher monsieur, aimez-moi toujours, et croyez que vous êtes ma seule consolation.

Je vous écrirai en partant de Bourbon, et vous aurez de mes nouvelles en chemin. Je ne sais pas trop le parti que je prendrai à Paris. Tous mes livres sont à Auteuil, où je ne puis plus désormais aller les hivers. J'ai résolu de prendre un logement pour moi seul. Je suis las franchement d'entendre le tintamarre des

---

1. Nous avons fait un très-grand nombre de recherches pour connaître cet intime ami de nos deux grands poëtes, cet homme qui exerçait une espèce d'autorité sur Boileau, avec qui celui-ci faisait ménage, et auquel, surmontant sa paresse ordinaire, il s'empressait d'écrire (voyez lettres VI, VII, XV, XVI et XVII). — Voici tout ce que nous avons pu découvrir. Il se nommait Antoine Petit-Jean-Marchand, mais dans l'usage on l'appelait de ce dernier nom seulement, comme on le voit, soit par les lettres citées, soit par son acte de décès, soit par la signature d'une de ses filles qui supprime le nom de Petit-Jean dans un acte où elle n'était pas au nombre des témoins essentiels. Son père avait été *pourvoyeur,* c'est-à-dire intendant ou maître d'hôtel du duc de Vendôme, fils naturel de Henri IV ; et lui-même, au temps de ces lettres, l'était de Monsieur, frère de Louis XIV. Il mourut en 1689. Nous avions d'abord cru qu'il était parent de Boileau, mais il paraît qu'il était seulement son voisin à Auteuil, et que là il s'était lié avec lui et avec les Manchon, ses parents. Peut-être avait-il rendu quelque service à la famille du poëte, comme par exemple de contribuer à faire obtenir une place de chambellan de Monsieur à son cousin germain, Nicolas-Charles de Nyélé. (B.-S.-P.)

2. Ce Jacques était entrepreneur de la fourniture des vivres dans l'armée du duc de Lorraine.

nourrices et des servantes.¹ Je n'ai qu'une chambre et point de meubles au cloître² où je suis. Tout ceci soit dit entre nous; mais cependant je vous prie de me mander votre avis. N'ayant point de voix, il me faut du moins de la tranquillité. Je suis las de me sacrifier au plaisir et à la commodité d'autrui. Il n'est pas vrai que je ne puisse bien vivre et tenir seul mon ménage : ceux qui le croient se trompent grossièrement. D'ailleurs je prétends désormais mener un genre de vie dont tout le monde ne s'accommodera pas. J'avois pris des mesures que j'aurois exécutées, si ma voix ne s'étoit point éteinte. Dieu ne l'a pas voulu. J'ai honte de moi-même, et je rougis des larmes que je répands en vous écrivant ces derniers mots.

XVIII.³

RACINE A BOILEAU.

A Paris, ce 5 septembre [1687].

J'avois destiné cette après-dînée à vous écrire fort au long ; mais un cousin, abusant d'un fâcheux parentage⁴,

---

1. Ceci annonce qu'il demeurait, au moins pendant le jour, dans la maison de son neveu Dongois, cour du Palais. Mme Gilbert de Voisins, fille de celui-ci et habitant avec lui, avait alors deux fils âgés seulement, l'un de de deux et l'autre de trois ans. (B.-S.-P.)

2. Il s'agit du cloître Notre-Dame. Voyez la suscription de la lettre XX. Il était chez l'abbé de Dreux, conseiller au Parlement, chanoine de l'église de Paris. (S.-S.)

Boileau avait pris cette chambre au mois d'octobre 1683, comme nous l'apprenons par une lettre que lui écrivit Maucroix, le 2 novembre suivant, et qui est dans les manuscrits de Brossette. Dongois l'engagea sans doute à conserver en même temps un appartement chez lui, et à y vivre, de sorte que, selon toute apparence, la chambre du cloître ne lui servait que pour la nuit. (B.-S.-P.)

3. L'autographe existe à la Bibliothèque nationale.

4.   Un cousin, abusant d'un fâcheux parentage.

(Épître VI, vers 46.)

est venu malheureusement me voir, et il ne fait que de sortir de chez moi. Je ne vous écris donc que pour vous dire que je reçus avant-hier une lettre de vous. Le père Bouhours et le père Rapin étoient dans mon cabinet quand je la reçus. Je leur en fis la lecture en la décachetant, et je leur fis un fort grand plaisir. Je regardai pourtant de loin, à mesure que je la lisois, s'il n'y avoit rien dedans qui fût trop janséniste. Je vis vers la fin le nom de M. Nicole, et je sautai bravement, ou, pour mieux dire, lâchement par-dessus. Je n'osai m'exposer à troubler la grande joie et même les éclats de rire que leur causèrent plusieurs choses fort plaisantes que vous me mandiez. Nous aurions été tous trois les plus contents du monde, si nous eussions trouvé à la fin de votre lettre que vous parliez à votre ordinaire, comme nous trouvions que vous écriviez avec le même esprit que vous avez toujours eu. Ils sont, je vous assure, tous deux fort de vos amis, et même fort bonnes gens. Nous avions été le matin entendre le père de Villiers,[1] qui faisoit l'oraison funèbre de M. le Prince,[2] grand-père de M. le Prince d'aujourd'hui.[3] Il y a joint a[ussi] les louanges du dernier mort,[4] et il s'est enfoncé jusqu'au cou dans le combat de Saint-Antoine, Dieu sait combien judicieusement ! En vérité il a beaucoup d'esprit ; mais il auroit bien besoin de se laisser conduire. J'annonçai au père Bouhours un nou-

---

1. Le père de Villiers quitta la compagnie de Jésus pour l'ordre de Clugny. Il a fait un mauvais poëme intitulé l'*Art de prêcher ;* des *Réflexions sur les défauts d'autrui ;* un *Traité de la Satire ;* les *Moines*, comédie en musique, etc. Monchesnai raconte, dans le *Bolœana*, une anecdote au moins douteuse sur Boileau et le père de Villiers.

2. Henri de Bourbon II, mort en 1646.

3. Henri-Jules de Bourbon, né en 1643, mort en 1709.

4. Le grand Condé, qui, le 2 juillet 1652, se battit dans le faubourg Saint-Antoine contre l'armée royale commandée par Turenne ; mort en 1686.

veau livre qui excita fort sa curiosité : ce sont les *Remarques de M. de Vaugelas avec les notes de Thomas Corneille*. Cela est ainsi affiché dans Paris depuis quatre jours.[1] Auriez-vous jamais cru voir ensemble M. de Vaugelas et M. de Corneille le jeune, donnant des règles sur la langue.

J'eusse bien voulu vous pouvoir mander que M. de Louvois est guéri, en vous mandant qu'il a été malade; mais ma femme, qui vient de voir madame de La Chapelle,[2] m'apprend qu'il a encore de la fièvre. Elle étoit d'abord comme continue, et même assez grande; elle n'est présentement qu'intermittente; et c'est encore une des obligations que nous avons au quinquina. J'espère que je vous manderai lundi qu'il est absolument guéri. Outre l'intérêt du roi et celui du public, nous avons, vous et moi, un intérêt très-particulier à lui souhaiter une longue santé. On ne peut pas nous témoigner plus de bonté qu'il nous en témoigne; et vous ne sauriez croire avec quelle amitié il m'a toujours demandé de vos nouvelles. Bonsoir, mon cher monsieur. Je salue de tout mon cœur M. Marchand. Je vous écrirai plus au long lundi.[3] Mon fils est guéri.

---

1. *Remarques sur la langue françoise*, de M. de Vaugelas. Nouvelle édition revue et corrigée, avec des notes de Thomas Corneille. Paris, 1687, 2 vol. in-12.
2. La nièce de Boileau. La place de contrôleur des bâtiments mettait son mari en relation avec Louvois, qui en était intendant. (B.-S.-P.)
3. La lettre que Racine annonce ici manque.

XIX.[1]

BOILEAU A RACINE.

A Paris, 25 mars [1691].[2]

Je ne voyois proprement que vous pendant que vous étiez à Paris; et depuis que vous n'y êtes plus, je ne vois plus pour ainsi dire personne. N'attendez donc pas que je vous rende nouvelles pour nouvelles, puisque je n'en sais aucunes. D'ailleurs, il n'est guère fait mention à Paris présentement que du siège de Mons, dont je ne crois pas vous devoir instruire. Les particularités que vous m'en avez mandées m'ont fait un fort grand plaisir. Je vous avoue pourtant que je ne saurois digérer que le roi s'expose comme il fait. C'est une mauvaise habitude qu'il a prise, dont il devroit se guérir; et cela ne s'accorde [pas] avec cette haute prudence qu'il fait paroître dans toutes ses autres actions. Est-il possible qu'un prince qui prend si bien ses mesures pour assiéger Mons, en prenne si peu pour la conservation de sa propre personne? Je sais bien qu'il a pour lui l'exemple des Alexandres et des Césars, qui s'exposoient de la sorte; mais avoient-ils raison de le faire? Je doute qu'il ait lu ce vers d'Horace :

Decipit exemplar vitiis imitabile.[3]

Je suis ravi d'apprendre que vous êtes dans un couvent, en même cellule que M. de Cavoie;[4] car, bien que le logement soit un peu étroit, je m'imagine qu'on n'y garde pas trop étroitement les règles, et qu'on n'y fait pas la lecture pen-

---

1. L'autographe existe à la Bibliothèque nationale.
2. Racine était alors au camp devant Mons.
3. Livre I, épître XIX, vers 17.
4. Grand maréchal des logis de la maison du roi, mort en 1716. Boileau écrit *Cavoys*.

dant le dîner, si ce n'est, peut-être, de lettres pareilles à la mienne. Je vous dis bien en partant que je ne vous plaignois plus, puisque vous faisiez le voyage avec un homme tel que lui, auprès duquel on trouve toutes sortes de commodités et dont la compagnie pourroit consoler de toutes sortes d'incommodités. Et puis je vois bien qu'à l'heure qu'il est vous êtes un soldat parfaitement aguerri contre les périls et contre la fatigue. Je vois bien, dis-je, que vous allez recouvrer votre honneur à Mons, et que toutes les mauvaises plaisanteries du voyage de Gand ne tomberont plus que sur moi. M. de Cavoie a déjà assez bien commencé à m'y préparer.[1] Dieu veuille seulement que je les puisse entendre, au hasard même d'y mal répondre![2] Mais, à ne vous rien celer, non-seulement mon mal ne finit point, mais je doute même qu'il guérisse. En récompense, me voilà fort bien guéri d'ambition et de vanité; et, en vérité, je ne sais si cette guérison-là ne vaut pas bien l'autre, puisqu'à mesure que les honneurs et les biens me fuient, il me semble que la tranquillité me vient. J'ai été une fois à notre assemblée[3] depuis votre départ. M. de La Chapelle ne manqua pas, comme vous vous le figurez bien, de proposer d'abord une médaille sur le siége de Mons, et j'en imaginai une sur le...[4]

XX.[5]

RACINE A BOILEAU.

Au camp devant Mons, le 3 avril [1691].

On vous avoit trop tôt mandé la prise de l'ouvrage à cornes : il ne fut attaqué, pour la première fois qu'avant-

---

1. Voyez *Vie de Racine, troisième partie,* au commencement du tome V.
2. Boileau fait allusion à la surdité dont il avait déjà sujet de se plaindre.
3. L'Académie des médailles.
4. Ici finit la troisième page (*recto* du second feuillet). Le *verso* de ce même feuillet est une page blanche.
5. L'autographe existe à la Bibliothèque nationale.

hier. Encore fut-il abandonné un moment après par les grenadiers du régiment des gardes, qui s'épouvantèrent mal à propos, et que leurs officiers ne purent retenir, même en leur présentant l'épée nue, comme pour les percer. Le lendemain, qui étoit hier, sur les neuf heures du matin, on recommença une autre attaque avec beaucoup plus de précaution que la précédente. On choisit pour cela huit compagnies de grenadiers, tant du régiment du roi que d'autres régiments, qui tous méprisent fort les soldats des gardes, qu'ils appellent des *Pierrots*.[1] On commanda aussi cent cinquante mousquetaires des deux compagnies pour soutenir les grenadiers. L'attaque se fit avec une vigueur extraordinaire, et dura trois bons quarts d'heure; car les ennemis se défendirent en fort braves gens, et quelques-uns d'entre eux se colletèrent même avec quelques-uns de nos officiers. Mais comment auroient-ils pu faire? Pendant qu'ils étoient aux mains, tout notre canon tiroit sans discontinuer sur les deux demi-lunes qui devoient les couvrir, et d'où, malgré cette tempête de canon, on ne laissoit pourtant pas de faire un feu épouvantable. Nos bombes tomboient aussi à tous moments sur ces demi-lunes, et sembloient les renverser sens dessus dessous.[2] Enfin nos gens demeurèrent les maîtres, et s'établirent de manière qu'on n'a pas même osé depuis les inquiéter. Nous y avons bien perdu deux cents hommes, entre autre huit ou dix mousquetaires, du nombre desquels étoit le fils de M. le prince de Courtenai, qui a été trouvé mort dans la palissade de la demi-lune, car quelques mousquetaires poussèrent jusque dans cette

---

[1]. Le blanc dominait dans leur costume. On les appelait encore ainsi en 1789.

[2]. Racine écrit : « s'en dessus dessous. »

demi-lune, malgré la défense expresse de M. de Vauban et de M. de Maupertuis,[1] croyant faire sans doute la même chose qu'à Valenciennes. Ils furent obligés de revenir fort vite sur leurs pas; et c'est là que la plupart furent tués ou blessés. Les grenadiers, à ce que dit M. de Maupertuis lui-même, ont été aussi braves que les mousquetaires. De huit capitaines, il y en a eu sept tués ou blessés. J'ai retenu cinq ou six actions ou paroles de simples grenadiers, dignes d'avoir place dans l'histoire, et je vous les dirai quand nous nous reverrons. M. de Chasteauvillain, fils de M. le grand trésorier de Pologne,[2] étoit à tout, et est un des hommes de l'armée le plus estimé. La Chesnaye[3] a aussi fort bien fait. Je vous les nomme tous deux, parce que vous les connoissez particulièrement; mais je ne vous puis dire assez de bien du premier, qui joint beaucoup d'esprit à une fort grande valeur. Je voyois toute l'attaque fort à mon aise, d'un peu loin à la vérité; mais j'avois de fort bonnes lunettes, que je ne pouvois presque tenir fermes, tant le cœur me battoit à voir tant de braves gens dans le péril! On fit une suspension pour retirer les morts de part et d'autre. On trouva de nos mousquetaires morts dans le chemin couvert de la demilune. Deux mousquetaires blessés s'étoient tenus couchés parmi ces morts, de peur d'être achevés : ils se levèrent tout à coup sur leurs pieds, pour s'en revenir avec les

---

1. Louis de Melun, marquis de Maupertuis, capitaine-lieutenant de la première compagnie des mousquetaires, mort sans postérité, en 1721, âgé de quatre-vingt-six ans.

2. Le comte de Morstein, grand trésorier de Pologne, s'était établi en France, où il avait acheté le comté de Châteauvillain.

3. Aide de camp du Dauphin. Il eut un cheval tué sous lui, près de ce prince, suivant la *Gazette de France;* entre le roi et le comte de Toulouse, suivant le *Journal* de Dangeau. (M. CHÉRON, d'après Berriat-Saint-Prix et de Saint-Surin.)

morts qu'on remportoit; mais les ennemis prétendirent qu'ayant été trouvés sur leur terrain, ils devoient demeurer prisonniers. Notre officier ne put pas en disconvenir; mais il voulut au moins donner de l'argent aux Espagnols, afin de faire traiter ces deux mousquetaires. Les Espagnols répondirent : « Ils seront mieux traités parmi nous que parmi vous, et nous avons de l'argent plus qu'il n'en faut pour nous et pour eux. » Le gouverneur fut un peu plus incivil; car M. de Luxembourg lui ayant envoyé une lettre par un tambour pour s'informer si le chevalier d'Estrade,[1] qui s'est trouvé perdu, n'étoit point du nombre des prisonniers qui ont été faits dans ces deux actions, le gouverneur[2] ne voulut ni lire la lettre ni voir le tambour.

On a pris aujourd'hui deux manières de paysans, qui étoient sortis de la ville avec des lettres pour M. de Castanaga.[3] Ces lettres portoient que la place ne pouvoit plus tenir que cinq ou six jours. En récompense, comme le roi regardoit de la tranchée tirer nos batteries cette après-dînée, un homme, qui apparemment étoit quelque officier ennemi déguisé en soldat avec un simple habit gris, est sorti, à la vue du roi, de notre tranchée, et, traversant jusqu'à une demi-lune des ennemis, s'est jeté dedans, et on a vu deux des ennemis venir au-devant de lui pour le recevoir. J'étois aussi dans la tranchée dans ce temps-là, et je l'ai conduit de l'œil jusque dans la demi-lune. Tout le monde a été surpris au dernier point de son impudence; mais vraisemblablement il n'empêchera pas la

---

1. Second fils du maréchal; il fut tué en 1692, à Steinkerque.
2. Le prince de Berghes, capitaine général du Hainaut.
3. Gouverneur de Bruxelles.

place d'être prise dans cinq ou six jours.[1] Toute la demi-lune est presque éboulée, et les remparts de ce côté-là ne tiennent plus à rien : on n'a jamais vu un tel feu d'artillerie. Quoique je vous dise que j'ai été dans la tranchée, n'allez pas croire que j'aie été dans aucun péril : les ennemis ne tiroient plus de ce côté-là, et nous étions tous, ou appuyés sur le parapet, ou debout sur le revers de la tranchée; mais j'ai couru d'autres périls que je vous conterai en riant quand nous serons de retour.

Je suis, comme vous, tout consolé de la réception de Fontenelle.[2] M. Roze paroît fâché de voir, dit-il, l'Académie *in pejus ruere*. Il vous fait ses baisemains avec des expressions très-fortes, à son ordinaire. M. de Cavoie et quantité de nos communs amis m'ont chargé aussi de vous en faire. Voilà, ce me semble, une assez longue lettre; mais j'ai les pieds chauds, et je n'ai guère de plus grand plaisir que de causer avec vous. Je crois que le nez a saigné au prince d'Orange, et il n'est tantôt plus fait mention de lui. Vous me ferez un extrême plaisir de m'écrire, quand cela vous fera aussi quelque plaisir. Je vous prie de faire mes baisemains à M. de La Chapelle. Ayez la bonté de mander à ma femme que vous avez reçu de mes nouvelles.

J'ai oublié de vous dire que, pendant que j'étois sur le mont Pagnote[3] à regarder l'attaque, le R. P. de La Chaise étoit dans la tranchée, et même fort près de l'attaque, pour la voir plus distinctement. J'en parlois hier

---

1. La ville de Mons fut prise le 9 avril 1691; cette lettre est datée du 3. (*Gazette de France*, du 14.)

2. Fontenelle fut élu à l'Académie française le 2 avril et reçu le 5 mai 1691.

3. Voir un combat du *haut du mont Pagnote*, signifie le voir d'un lieu

au soir à son frère[1], qui me dit tout naturellement : « Il se fera tuer un de ces jours. » Ne dites rien de cela à personne ; car on croiroit la chose inventée, et elle est très-vraie et très-sérieuse.

Suscription : A Monsieur Monsieur Despréaux, dans le cloître Notre-Dame, chez M. l'abbé de Dreux, à Paris.

XXI.[2]

RACINE A BOILEAU.

A Versailles, ce mardi [8 avril 1692].

Madame de Maintenon m'a dit ce matin que le roi avoit réglé notre pension[3] à quatre mille francs pour moi, et à deux mille francs pour vous : cela s'entend sans y comprendre notre pension de gens de lettres. Je l'ai fort remerciée pour vous et pour moi. Je viens aussi tout à l'heure de remercier le roi. Il m'a paru qu'il avoit quelque peine qu'il y eût de la diminution ; mais je lui ai dit que nous étions trop contents. J'ai plus appuyé encore sur vous que sur moi, et j'ai dit au roi que vous prendriez la liberté de lui écrire pour le remercier, n'osant

---

où l'on ne court aucun danger. Pradon, dans la satire qu'il fit contre les deux historiographes après la campagne de 1678, avait dit :

Le haut du mont Pagnote étoit leur mont Parnasse.

Racine fait allusion à ce vers.

1. François, comte de La Chaise, capitaine des gardes de la porte du roi.
2. L'autographe existe à la Bibliothèque nationale.
3. Leur pension d'historiographes.

pas lui venir donner la peine d'élever sa voix pour vous parler. J'ai dit en propres paroles : « Sire, il a plus d'esprit que jamais, plus de zèle pour Votre Majesté, et plus d'envie de travailler pour votre gloire. »

Vous voyez enfin que les choses ont été réglées comme vous l'aviez souhaité vous-même. Je ne laisse pas d'avoir une vraie peine de ce qu'il semble que je gagne à cela plus que vous ; mais outre les dépenses et les fatigues des voyages, dont je suis assez aise que vous soyez délivré, je vous connois si noble et si plein d'amitié, que je suis assuré que vous souhaiteriez de bon cœur que je fusse encore mieux traité. Je serai très-content si vous l'êtes en effet. J'espère vous revoir bientôt. Je demeure ici pour voir de quelle manière la chose doit tourner ; car on ne m'a point encore dit si c'est par un brevet, ou si c'est à l'ordinaire sur la cassette. Je suis entièrement à vous. Il n'y a rien de nouveau ici. On ne parle que du voyage,[1] et tout le monde n'est occupé que de ses équipages.

Je vous conseille d'écrire quatre lignes au roi, et autant à Mme de Maintenon, qui assurément s'intéresse toujours avec beaucoup d'amitié à tout ce qui [vous] touche. Envoyez-moi vos lettres par la poste, ou par votre jardinier, comme vous le jugerez à propos.

---

1. Le voyage de Flandre, qui eut lieu le mois suivant, et où Louis XIV fut accompagné de toute sa cour.

XXII.[1]

BOILEAU A RACINE.

A Paris, 9 avril [1692].

Êtes-vous fou, avec vos compliments? Ne savez-vous pas bien que c'est moi qui ai, pour ainsi dire, prescrit la chose de la manière qu'elle s'est faite, et pouvez-vous douter que je ne sois parfaitement content d'une affaire où l'on m'accorde tout ce que je demandois? Tout va le mieux du monde, et je suis encore plus réjoui pour vous que pour moi-même. Je vous envoie deux lettres que j'écris, suivant vos conseils, l'une au roi, l'autre à Mme de Maintenon. Je les ai écrites sans faire de brouillon, et je n'ai point ici de conseil. Ainsi je vous prie d'examiner si elles sont en état d'être données, afin que je les réforme si vous ne les trouvez pas bien. Je vous les envoie pour cela toutes décachetées; et, supposé que vous jugiez à propos de les présenter, prenez la peine d'y mettre votre cachet. Je verrai aujourd'hui Mme Racine pour la féliciter. Je vous donne le bonjour, et suis tout à vous. Je ne reçus votre lettre qu'hier tout au soir, et je vous envoie mes trois lettres aujourd'hui à huit heures, par la poste. Voilà, ce me semble, une assez grande diligence pour le plus paresseux de tous les hommes.

Suscription : Pour Monsieur Racine.

XXIII.[2]

RACINE A BOILEAU.

A Versailles, ce 11e avril [1692].

Je vous renvoie vos deux lettres avec mes remarques, dont vous ferez tel usage qu'il vous plaira. Tâchez de me

1. L'autographe existe à la Bibliothèque nationale.
2. Cette lettre est dans le recueil de Louis Racine, p. 197. L'autographe appartient à M. le marquis de Biencourt. (P. M.)

les renvoyer avant six heures, ou, pour mieux dire, avant cinq heures et demie du soir, afin que je les puisse donner avant que le roi entre chez Mme de Maintenon. J'ai trouvé que *la trompette et les sourds* étoient trop joués,[1] et qu'il ne falloit point trop appuyer sur votre incommodité, moins encore chercher de l'esprit sur ce sujet. Du reste, les lettres seront fort bien, et il n'en faut pas davantage. Je m'assure que vous donnerez un meilleur tour aux choses que j'ai ajoutées. Je ne veux point faire attendre votre jardinier. Je n'ai point encore de nouvelles de la manière dont notre affaire sera tournée. M. de Chevreuse[2] veut que je le laisse achever ce qu'il a commencé, et dit que nous nous en trouverons bien. Je vous conseille de lui écrire un mot à votre loisir. On ne peut pas avoir plus d'amitié qu'il en a pour vous.

Suscription : A Monsieur Monsieur Despréaux, cloître Notre-Dame, chez M. l'abbé de Dreux, à Paris.

XXIV.[3]

RACINE A BOILEAU.

[Versailles, 11 ou 12 avril 1692.]

Vos deux lettres sont à merveille, et je les donnerai tantôt. M. de Pontchartrain[4] oublia de parler hier, et ne

---

1. Boileau avait apparemment fait sur sa surdité quelque plaisanterie qui ne plut pas à l'ami dont il faisait son juge. (Louis Racine.)
2. Charles-Honoré d'Albert, duc de Luynes et de Chevreuse, puis ministre, etc., un des hommes les plus honnêtes de la cour. (B.-S.-P.)
3. L'autographe existe à la Bibliothèque nationale.
4. Louis Phélippeaux de Pontchartrain, contrôleur général des finances.

peut parler que dimanche ; mais j'en fus bien aise, parce que M. de Chevreuse aura le temps de le voir. M. de Pontchartrain me parla de notre autre pension et de la *petite académie*, mais avec une bonté incroyable, en me disant que, dans un autre temps, il prétend bien faire d'autres choses pour vous et pour moi.

Je ne crois pas aller à Auteuil : ainsi ne m'y attendez point. Je ne crois pas même aller à Paris encore demain ; et, en ce cas, je vous prie de tout mon cœur de faire bien mes excuses à M. de Pontchartrain,[1] que j'ai une extrême impatience de revoir. Madame sa mère me demanda hier fort obligeamment si nous n'allions pas toujours chez lui ; je lui dis que c'étoit bien notre dessein de recommencer à y aller.

J'envoie à Paris pour un volume de M. de Noailles, que mon laquais prétend avoir reporté chez lui, et qu'on n'y trouve point. Cela me désole. Je vous prie de lui dire si vous ne croyez point l'avoir chez vous. Je vous donne le bonjour.

Suscription : A Monsieur Monsieur Despréaux.

XXV.[2]

RACINE A BOILEAU.

Au camp de Gévries, le 21 mai [1692].

Il faut que j'aime M. Vigan[3] autant que je fais, pour ne pas lui vouloir beaucoup de mal du contre-temps dont

---

1. Il s'agit ici de Phélippeaux, comte de Pontchartrain et de Maurepas, fils du précédent, qui était conseiller au Parlement de Paris depuis le 29 mars précédent.

2. L'autographe existe à la Bibliothèque nationale.

3. Ami de Racine, chez qui logeait à Versailles Jean-Baptiste Racine, employé dans les bureaux de M. de Torci, ministre des affaires étrangères.

il a été cause. Si je n'avois pas eu des embarras tels que vous pouvez vous imaginer, je vous aurois été chercher à Auteuil. Je ne vous ai pas écrit pendant le chemin, parce que j'étois chagrin au dernier point d'un vilain clou qui m'est venu au menton, qui m'a fait de fort grandes douleurs, jusqu'à me donner la fièvre deux jours et deux nuits. Il est percé, Dieu merci, et il ne me reste plus qu'une emplâtre[1] qui me défigure, et dont je me consolerois volontiers, sans toutes les questions importunes que cela m'attire à tout moment.

Le roi fit hier la revue de son armée et de celle de M. de Luxembourg. C'étoit assurément le plus grand spectacle qu'on ait vu depuis plusieurs siècles. Je ne me souviens point que les Romains en aient vu un tel; car leurs armées n'ont guère passé, ce me semble, quarante ou tout au plus cinquante mille hommes; et il y avoit hier six vingt mille hommes ensemble sur quatre lignes. Comptez qu'à la rigueur il n'y avoit pas là-dessus trois mille hommes à rabattre. Je commençai à onze heures du matin à marcher; j'allai toujours au grand pas de mon cheval, et je ne finis qu'à huit heures du soir; enfin on étoit deux heures à aller du bout d'une ligne à l'autre. Mais si on n'a jamais vu tant de troupes ensemble, assurez-vous qu'on n'en a jamais vu de si belles. Je vous rendrois un fort bon compte des deux lignes de l'armée du roi et de la première de l'armée de M. de Luxembourg; mais quant à sa seconde ligne, je ne vous en puis parler que sur la foi d'autrui. J'étois si las, si ébloui de voir briller des épées et des mousquets, si étourdi d'entendre des tambours, des trompettes et des timbales, qu'en vérité je me laissois conduire

---

1. Racine fait *emplâtre* du féminin. Le genre de ce mot n'était pas encore fixé.

à mon cheval, sans plus avoir d'attention à rien ; et j'eusse voulu de tout mon cœur que tous les gens que je voyois eussent été chacun dans leur chaumière ou dans leur maison, avec leurs femmes et leurs enfants, et moi dans ma rue des Maçons, avec ma famille. Vous avez peut-être trouvé dans les poëmes épiques les revues d'armées fort longues et fort ennuyeuses ; mais celle-ci m'a paru tout autrement longue, et même, pardonnez-moi cette espèce de blasphème, plus lassante que celle de la *Pucelle*.[1] J'étois, au retour, à peu près dans le même état que nous étions, vous et moi, dans la cour de l'abbaye de Saint-Amand.[2] A cela près, je ne fus jamais si charmé et si étonné que je le fus de voir une puissance si formidable. Vous jugez bien que tout cela nous prépare de belles matières. On m'a donné un ordre de bataille des deux armées. Je vous l'aurois envoyé volontiers ; mais il y en a ici mille copies, et je ne doute pas qu'il n'y en ait bientôt autant à Paris. Nous sommes ici campés le long de la Trouille, à deux lieues de Mons. M. de Luxembourg est campé près de Binche, partie sur le ruisseau qui passe aux Estines,[3] et partie sur la Haisne, où ce ruisseau tombe. Son armée est de soixante-six bataillons et de deux cent neuf escadrons ; celle du roi, de quarante-six bataillons et de quatre-vingt-dix escadrons. Vous voyez par là que celle de M. de Luxembourg occupoit bien plus de terrain que celle du roi. Son quartier général, j'entends celui de

---

1. Elle est au chant VI, p. 174-183 de l'édition de 1656 in-12, et a plus de trois cents vers.
2. Cette abbaye est près de Tournai. Dans la campagne de Gand en 1678.
3. Des éditions ont donné *Estives*. Dans la carte de Cassini comme dans l'autographe de Racine ce nom est écrit *Estines*. (B.-S.-P.)

M. de Luxembourg, est à Thieusies. Vous trouverez tous ces villages dans la carte.

L'une et l'autre se mettent en marche après-demain. Je pourrai bien n'être pas en état de vous écrire de cinq ou six jours ; c'est pourquoi je vous écris aujourd'hui une si longue lettre. Ne trouvez point étrange le peu d'ordre que vous y trouverez : je vous écris au bout d'une table environnée de gens qui raisonnent de nouvelles et qui veulent à tous moments que j'entre dans la conversation. Il vint hier de Bruxelles un rendu,[1] qui dit que M. le prince d'Orange assembloit quelques troupes à Anderlek, qui en est à trois quarts de lieue. On demanda au rendu ce qu'on disoit à Bruxelles. Il répondit qu'on y étoit fort en repos, parce qu'on étoit persuadé qu'il n'y avoit à Mons qu'un camp volant, que le roi n'étoit point en Flandre, et que M. de Luxembourg étoit en Italie.

Je ne vous dis rien de la marine ; vous êtes à la source, et nous ne les savons[2] qu'après vous. Vraisemblablement j'aurai bientôt de plus grandes choses à vous mander qu'une revue, quelque grande et quelque magnifique qu'elle ait été. M. de Cavoie vous baise les mains. Je ne sais ce que je ferois sans lui ; il faudroit en vérité que je renonçasse aux voyages et au plaisir de voir tout ce que je vois. M. de Luxembourg, dès le premier jour que nous arrivâmes, envoya dans notre écurie un des plus commodes chevaux de la sienne pour m'en servir pendant la campagne. Vous n'avez jamais vu homme de cette bonté et de cette magnificence ; il est encore plus à

---

1. Soldat qui déserte pour se venir rendre dans le parti contraire. (RICHELET.)

2. Les nouvelles, probablement ; Racine croyait sans doute avoir écrit : « Vous êtes à la source des nouvelles. » (B.-S.-P.)

ses amis, et plus aimable à la tête de sa formidable armée qu'il n'est à Paris et à Versailles. Je vous nommerois au contraire certaines gens qui ne sont pas reconnoissables en ce pays-ci, et qui, tout embarrassés de la figure qu'ils y font, sont à peu près comme vous dépeigniez le pauvre M. Jannart,[1] quand il commençoit une courante. Adieu, mon cher monsieur; voilà bien du verbiage, mais je vous écris au courant de ma plume et me laisse entraîner au plaisir que j'ai de causer avec vous, comme si j'étois dans vos allées d'Auteuil. Je vous prie de vous souvenir de moi dans la petite Académie, et d'assurer M. de Pontchartrain de mes très-humbles respects. Faites aussi mille compliments pour moi à M. de La Chapelle. Je prévois qu'il aura bientôt matière à des types plus magnifiques qu'il n'en a encore imaginés.[2] Écrivez-moi le plus souvent que vous pourrez, et forcez votre paresse. Pendant que j'essuie de longues marches et des campements fort incommodes, serez-vous fort à plaindre quand vous n'aurez que la fatigue d'écrire des lettres bien à votre aise dans votre cabinet?

XXVI.[3]

RACINE A BOILEAU.

Au camp de Gévries, le 22 mai [1692].

Comme j'étois fort interrompu hier en vous écrivant, je fis une grosse faute dans ma lettre, dont je ne m'aper-

---

1. Boileau était un excellent mime. Probablement ce Jannart est l'oncle de la femme de La Fontaine.
2. Ainsi écrit dans l'original.
3. L'autographe existe à la Bibliothèque nationale.

çus que lorsqu'on l'eut portée à la poste. Au lieu de vous dire que le quartier principal de M. de Luxembourg étoit aux hautes Estines, je vous marquai qu'il étoit à Thieusies, qui est un village à plus de trois ou quatre lieues de là, et où il devoit aller camper en partant des Estines, à ce qu'on m'avoit dit; on parloit même de cela autour de moi pendant que j'écrivois. J'ai donc cru que je vous ferois plaisir de vous détromper, et qu'il valoit mieux qu'il vous en coûtât un petit port de lettre que quelque grosse gageure où vous pourriez vous engager mal à propos, ou contre M. de La Chapelle, ou contre M. Hessein. J'ai surtout pâli quand j'ai songé au terrible inconvénient qui arriveroit si ce dernier avoit quelque avantage sur vous; car je me souviens du bois qu'il mettoit à la droite opiniâtrément, malgré tous les serments et toute la raison de M. de Guilleragues, qui en pensa devenir fou. Dieu vous garde d'avoir jamais tort contre un tel homme !

Je monte en carrosse pour aller à Mons, où M. de Vauban m'a promis de me faire voir les nouveaux ouvrages qu'il y a faits. J'y allai l'autre jour dans ce même dessein; mais je souffrois alors tant de mal, que je ne songeai qu'à m'en revenir au plus vite.

Suscription : A Monsieur Monsieur Despréaux, au cloître Notre-Dame, chez M. l'abbé de Dreux, à Paris.

XXVII.[1]

RACINE A BOILEAU.

Au camp devant Namur, le 3 juin [1692].

J'ai été si troublé depuis huit jours de la petite vérole de mon fils,[2] que j'appréhendois qui ne fût fort dangereuse, que je n'ai pas eu le courage de vous mander aucunes nouvelles. Le siége a bien avancé durant ce temps-là, et nous sommes à l'heure qu'il est au corps de la place. Il n'a point fallu pour cela détourner la Meuse, comme vous m'écrivez qu'on le disoit à Paris,[3] et ce qui seroit une étrange entreprise ; on n'a pas même eu besoin d'appeler les mousquetaires, ni d'exposer beaucoup de braves gens. M. de Vauban, avec son canon et ses bombes, a fait lui seul toute l'expédition. Il a trouvé des hauteurs au deçà et au delà de la Meuse, où il a placé ses batteries. Il a conduit sa principale tranchée dans un terrain assez resserré, entre des hauteurs et une espèce d'étang d'un côté, et la Meuse de l'autre. En trois jours il a poussé son travail jusqu'à un petit ruisseau qui coule au pied de la contrescarpe, et s'est rendu maître d'une petite contre-garde revêtue qui étoit en deçà de la contrescarpe ; et de là, en moins de seize heures, a emporté tout le chemin couvert, qui étoit garni de plusieurs rangs de palissades,

---

1. L'autographe existe à la Bibliothèque nationale.
2. J.-B. Racine.
3. On n'a ni cette lettre ni aucune de celles que Boileau dut écrire à Racine pendant la même campagne. (B.-S.-P.)

a comblé un fossé large de dix toises et profond de huit pieds, et s'est logé dans une demi-lune qui étoit au-devant de la courtine, entre un demi-bastion qui est sur le bord de la Meuse à la gauche des assiégeants, et un bastion qui est à leur droite : en telle sorte que cette place si terrible, en un mot Namur, a vu tous ses dehors emportés dans le peu de temps que je vous ai dit, sans qu'il en ait coûté au roi plus de trente hommes. Ne croyez pas pour cela qu'on ait eu affaire à des poltrons ; tous ceux de nos gens qui ont été à ces attaques sont étonnés du courage des assiégés. Mais vous jugerez de l'effet terrible du canon et des bombes quand je vous dirai, sur le rapport d'un officier espagnol qui fut pris hier dans les dehors, que notre artillerie leur a tué en deux jours douze cents hommes. Imaginez-vous trois batteries qui se croisent et qui tirent continuellement sur de pauvres gens qui sont vus d'en haut et de revers, et qui ne peuvent pas trouver un seul coin où ils soient en sûreté. On dit qu'on a trouvé les dehors tous pleins de corps dont le canon a emporté les têtes, comme si on les avoit coupées avec des sabres. Cela n'empêche pas que plusieurs de nos gens n'aient fait des actions de grande valeur. Les grenadiers du régiment des gardes françoises et ceux des gardes suisses se sont entre autres extrêmement distingués. On raconte plusieurs actions particulières, que je vous redirai quelque jour, et que vous entendrez avec plaisir ; mais en voici une que je ne puis différer de vous dire et que j'ai ouï conter au roi même. Un soldat du régiment des fuseliers, qui travailloit à la tranchée, y avoit posé un gabion ; un coup de canon vint qui emporta son gabion ; aussitôt il en alla poser à la même place un autre qui fut sur-le-champ emporté par un autre coup de canon.

Le soldat, sans rien dire, en prit un troisième, et l'alla poser; un troisième coup de canon emporta ce troisième gabion. Alors le soldat rebuté se tint en repos; mais son officier lui commanda de ne point laisser cet endroit sans gabion. Le soldat dit : « J'irai, mais j'y serai tué. » Il y alla, et, en posant son quatrième gabion, eut le bras fracassé d'un coup de canon. Il revint soutenant son bras pendant avec l'autre bras, et se contenta de dire à son officier : « Je l'avois bien dit. » Il fallut lui couper le bras, qui ne tenoit presque à rien. Il souffrit cela sans desserrer les dents, et, après l'opération, dit froidement : « Je suis donc hors d'état de travailler ; c'est maintenant au roi à me nourrir. » Je crois que vous me pardonnerez le peu d'ordre de cette narration, mais assurez-vous qu'elle est fort vraie. M. de Cavoie me presse d'achever ma lettre. Je vous dirai donc en deux mots, pour l'achever, qu'apparemment la ville sera prise en deux jours. Il y a déjà une grande brèche au bastion, et même un officier vient, dit-on, d'y monter avec deux ou trois soldats, et s'en est revenu parce qu'il n'étoit point suivi, et qu'il n'y avoit encore aucun ordre pour cela. Vous jugez bien que ce bastion ne tiendra guère : après quoi il n'y a plus que la vieille enceinte de la ville, où les assiégés ne nous attendront pas ; mais vraisemblablement la garnison laissera faire la capitulation aux bourgeois, et se retirera dans le château, qui ne fait pas plus de peur à M. de Vauban que la ville. M. le prince d'Orange n'a point encore marché, et pourra bien marcher trop tard. Nous attendons avec impatience des nouvelles de la mer[1]. Je

1. Cela se conçoit. Cinq jours auparavant (29 mai) Tourville, d'après des ordres imprudents ou plutôt absurdes du roi, ordres donnés malgré Tourville (Saint-Simon, I, 15), et révoqués trop tard, avait attaqué la flotte

ne suis point surpris de tout ce que vous me mandez du gouverneur, qui a fait déserter votre assemblée à son pupille.¹ J'ai ri de bon cœur de l'embarras où vous êtes sur le rang où vous devez placer M. de Richesource. ² Ce que vous dites des esprits médiocres est fort vrai, et m'a frappé, il y a longtemps, dans votre Poétique. ³ M. de Cavoie vous fait mille baise-mains, et M. Roze aussi, qui m'a confié les grands dégoûts qu'il avoit de l'Académie, jusqu'à méditer même d'y faire retrancher les jetons, s'il n'étoit, dit-il, retenu par la charité. Croyez-vous que les jetons durent beaucoup, s'il ne tient qu'à la charité de M. Roze qu'ils ne soient retranchés?⁴ Adieu, monsieur. Je vous conseille d'écrire un mot à monsieur le contrôleur général lui-même, ⁵ pour le prier de vous faire mettre sur l'état de distribution; et cela sera fait aussitôt. Vous

---

ennemie avec une flotte de moitié moindre. Battue et dispersée, une partie de la flotte française (quinze vaisseaux) se réfugia à la Hogue et à Cherbourg, où elle fut brûlée au moment à peu près (1 2 et 3 juin) où Racine écrivait. (*Mémoires de Tourville*, 1758, III, 164 et suiv.)

1. Le marquis d'Arcy, gouverneur du duc de Chartres, lui défendit d'assister aux assemblées de la petite Académie.

2. Il est question de Richesource dans la huitième *Réflexion critique* de Boileau. (V. dans cette collection, OEuvres complètes de Boileau, tome III, p. 368.)

3. Voyez *Art poétique*, chant IV, vers 111-118 :

> Fuyez, surtout, fuyez ces basses jalousies...

4. Il était fort avare. On croit que c'est à lui que se rapporte l'anecdote suivante rapportée par Chamfort et par Bernardin de Saint-Pierre : « On faisait une quête à l'Académie française en faveur d'un homme de lettres fort pauvre. Il manquait un écu de six francs ou un louis dans la collecte. Un membre de la Compagnie dont l'avarice était bien connue fut soupçonné de n'y avoir pas contribué. Comme on s'adressait une seconde fois à lui pour combler le déficit, il dit : « J'ai mis dans la bourse. » Celui qui la tenait répondit : « Je le crois, mais je ne l'ai pas vu. — Pour moi, repartit aussitôt Fontenelle, je l'ai vu, mais je ne le crois pas. » (S.-S.)

5. Pontchartrain.

êtes portant en fort bonnes mains, puisque M. de Bie[1] a promis de vous faire payer. C'est le plus honnête homme qui se soit jamais mêlé de finances. Mes compliments à M. de La Chapelle.

XXVIII.[2]

RACINE A BOILEAU.

Au camp près de Namur, le 15 juin [1692].

Je ne vous ai point écrit sur l'attaque d'avant-hier ; je suis accablé de lettres qu'il me faut écrire à des gens beaucoup moins raisonnables que vous, et à qui il faut faire des réponses bien malgré moi. Je crois que vous n'aurez pas manqué de relations. Ainsi, sans entrer dans des détails ennuyeux, je vous manderai succinctement ce qui m'a le plus frappé dans cette action. Comme la garnison est au moins de six mille hommes, le roi avoit pris de fort grandes précautions pour ne pas manquer son entreprise. Il s'agissoit de leur enlever une redoute et un retranchement de plus de quatre cents toises de long, d'où il sera fort facile de foudroyer le reste de leurs ouvrages, cette redoute étant au plus haut de la montagne, et par conséquent pouvant commander aux ouvrages à cornes qui couvrent le château de ce côté-là. Ainsi le roi, outre les sept bataillons de tranchée, avoit commandé deux cents de ses mousquetaires, cent cinquante grenadiers à cheval, et quatorze compagnies d'autres grena-

---

1. C'était un employé principal des finances qui rendit service à Boileau.
2. L'autographe existe à la Bibliothèque nationale.

diers, avec mille ou douze cents travailleurs pour le logement qu'on vouloit faire ; et, pour mieux intimider les ennemis, il fit paroître tout à coup sur la hauteur la brigade de son régiment, qui est encore composée de six bataillons. Il étoit là en personne à la tête de son régiment, et donnoit ses ordres à la demi-portée du mousquet. Il avoit seulement devant lui trois gabions, que le comte de Fiesque,[1] qui étoit son aide de camp de jour, avoit fait poser pour le couvrir ; mais ces gabions, presque tous pleins de pierres, étoient la plus dangereuse défense du monde : car un coup de canon qui eût donné dedans auroit fait un beau massacre de tous ceux qui étoient derrière. Néanmoins un de ces gabions sauva peut-être la vie au roi ou à Monseigneur ou à Monsieur, qui tous deux étoient à ses côtés ; car il rompit le coup d'une balle de mousquet qui venoit droit au roi, et qui, en se détournant un peu, ne fit qu'une contusion au bras de M. le comte de Toulouse,[2] qui étoit, pour ainsi dire, dans les jambes du roi.

Mais, pour revenir à l'attaque, elle se fit dans un ordre merveilleux. Il n'y eut pas jusqu'aux mousquetaires qui ne firent pas un pas plus qu'on ne leur avoit commandé. A la vérité, M. de Maupertuis, qui marchoit à leur tête, leur avoit déclaré que si quelqu'un osoit passer devant lui, il le tueroit. Il n'y en eut qu'un seul qui, ayant osé désobéir et passer devant lui, il le porta par terre de deux coups de sa pertuisane, qui ne le blessèrent pourtant point. On a fort loué la sagesse de M. de Maupertuis ; mais il faut vous dire aussi deux traits de M. de

---

1. Jean-Louis de Fiesque-Lavaigne, mort en 1708.
2. Il entrait seulement dans sa quinzième année, étant né le 6 juin 1678.

Vauban, que je suis assuré qui vous plairont. Comme il connoît la chaleur du soldat dans ces sortes d'attaques, il leur avoit dit : « Mes enfants, on ne vous défend pas de poursuivre les ennemis quand ils s'enfuiront; mais je ne veux pas que vous alliez vous faire échigner[1] mal à propos sur la contrescarpe de leurs autres ouvrages. Je retiens donc à mes côtés cinq tambours pour vous rappeler quand il sera temps. Dès que vous les entendrez, ne manquez pas de revenir chacun à vos postes. » Cela fut fait comme il l'avoit concerté. Voilà pour la première précaution. Voici la seconde. Comme le retranchement qu'on attaquoit avoit un fort grand front, il fit mettre sur notre tranchée des espèces de jalons, vis-à-vis desquels chaque corps devoit attaquer et se loger pour éviter la confusion; et la chose réussit à merveille. Les ennemis ne soutinrent point et n'attendirent pas même nos gens : ils s'enfuirent après qu'ils eurent fait une seule décharge, et ne tirèrent plus que de leurs ouvrages à cornes. On en tua bien quatre ou cinq cents; entre autres un capitaine espagnol, fils d'un grand d'Espagne qu'on nomme le comte de Lemos.[2] Celui qui le tua étoit un des grenadiers à cheval, nommé *Sans-Raison*. Voilà un vrai nom de grenadier. L'Espagnol lui demanda quartier, et lui promit cent pistoles, lui montrant même sa bourse où il y en avoit trente-cinq. Le grenadier, qui venoit de voir tuer le lieutenant de sa compagnie, qui étoit un fort brave homme, ne voulut point faire de quartier, et tua son Espagnol. Les ennemis envoyèrent redemander le corps, qui leur fut rendu, et le grenadier *Sans-Raison* rendit

---

1. Ce mot est écrit ainsi dans l'autographe.
2. Don François-Charles de Castro, fils de Pierre-Antoine Fernandez de Castro, comte de Lemos, vice-roi du Pérou.

aussi les trente-cinq pistoles qu'il avoit prises au mort, en disant : « Tenez, voilà son argent, dont je ne veux point; les grenadiers ne mettent la main sur les gens que pour les tuer. »

Vous ne trouverez peut-être point ces détails dans les relations que vous lirez; et je m'assure que vous les aimerez bien autant qu'une supputation exacte du nom des bataillons et de chaque compagnie, des gens détachés, ce que M. l'abbé Dangeau[1] ne manqueroit pas de rechercher bien curieusement.

Je vous ai parlé du lieutenant de la compagnie des grenadiers qui fut tué, et dont *Sans-Raison* vengea la mort. Vous ne serez peut-être pas fâché de savoir qu'on lui trouva un cilice sur le corps. Il étoit d'une piété singulière, et avoit même fait ses dévotions le jour d'auparavant. Respecté de toute l'armée pour sa valeur accompagnée d'une douceur et d'une sagesse merveilleuses, le roi l'estimoit beaucoup, et a dit, après sa mort, que c'étoit un homme qui pouvoit prétendre à tout. Il s'appeloit Roquevert.[2] Croyez-vous que frère Roquevert ne valût pas bien frère Muce? Et si M. de la Trappe l'avoit connu, auroit-il mis dans la *Vie* de frère Muce[3] que les grenadiers font profession d'être les plus grands scélérats du monde?

---

1. Louis de Courcillon, abbé de Dangeau, frère du marquis, de l'Académie française, né à Paris en janvier 1643, mort le 4 janvier 1723. C'était surtout un grammairien, et il a laissé des ouvrages élémentaires de chronologie, de géographie et d'histoire. Cf. son éloge par d'Alembert.

2. Germain Garnier dit qu'il s'appelait Flotte de Roquevaire. La *Gazette* du 9 juillet le nomme de Roquevert.

3. Le Bouthilier de Rancé, abbé de la Trappe, a publié : *Instruction sur la mort de dom Muce*, religieux de l'abbaye de la Trappe, Paris. 1690, in-18, anonyme. C'est pages 4 et 5 que Rancé fait l'énumération des « méchantes qualitez » qui caractérisent, suivant lui, les grenadiers, et dont aucune ne manquait à frère Muce avant sa conversion.

Effectivement, on dit que dans cette compagnie il y a des gens fort réglés. Pour moi, je n'entends guère de messe dans le camp qui ne soit servie par quelque mousquetaire, et où il n'y en ait quelqu'un qui communie, et cela de la manière du monde la plus édifiante.

Je ne vous dis rien de la quantité de gens qui reçurent des coups de mousquet ou des contusions tout auprès du roi : tout le monde le sait, et je crois que tout le monde en frémit. M. le Duc[1] étoit lieutenant général de jour, et y fit à la Condé, c'est tout dire. M. le Prince, dès qu'il vit que l'action alloit commencer, ne put pas s'empêcher de courir à la tranchée et de se mettre à la tête de tout. En voilà bien assez pour un jour. Je ne puis pourtant finir sans vous dire un mot de M. de Luxembourg. Il est toujours vis-à-vis des ennemis, la Méhaigne entre deux, qu'on ne croit pas qu'ils osent passer. On lui amena avant-hier un officier espagnol, qu'un de nos partis avoit pris, et qui s'étoit fort bien battu. M. de Luxembourg, lui trouvant de l'esprit, lui dit : « Vous autres Espagnols, je sais que vous faites la guerre en honnêtes gens, et je veux la faire avec vous de même. » Ensuite il le fit dîner avec lui, puis lui fit voir toute son armée. Après quoi il le congédia, en lui disant : « Je vous rends votre liberté; allez trouver M. le prince d'Orange, et dites-lui ce que vous avez vu. » On a su aussi, par un rendu,[2] qu'un de nos soldats s'étant allé rendre aux ennemis, le prince d'Orange lui demanda pourquoi il avoit quitté l'armée de M. de Luxembourg : « C'est, dit le soldat, qu'on y meurt

---

1. Louis de Bourbon III, petit-fils du Grand Condé, et fils de M. le Prince, Henri-Jules, et d'Anne de Bavière, né en 1668, mort le 4 mars 1710.
2. Voyez lettre XXV, la note sur ce mot.

de faim; mais, avec tout cela, ne passez pas la rivière, car assurément ils vous battront. »

Le roi envoya hier six mille sacs d'avoine et cinq cents bœufs à l'armée de M. de Luxembourg; et quoi qu'ait dit le déserteur, je puis vous assurer qu'on y est fort gai, et qu'il s'en faut bien qu'on y meure de faim. Le général a été trois jours entiers sans monter à cheval, passant le jour à jouer dans sa tente. Le roi a eu nouvelle aujourd'hui que le baron de Cerclas,[1] avec cinq ou six mille chevaux de l'armée du prince d'Orange, avoit passé la Meuse à Huy, comme pour venir inquiéter le quartier de M. de Boufflers. Le roi prend ses mesures pour le bien recevoir.

Adieu, monsieur, je vous manderai une autre fois des nouvelles de la vie que je mène, puisque vous en voulez savoir. Faites, je vous prie, part de cette lettre à M. de La Chapelle, si vous trouvez qu'elle en vaille la peine. Vous me ferez même beaucoup de plaisir de l'envoyer à ma femme, quand vous l'aurez lue; car je n'ai pas le temps de lui écrire, et cela pourra la réjouir elle et son fils.

On est fort content de M. de Bonrepaux[2].

J'ai écrit à M. de Pontchartrain le fils par le conseil

---

1. Le comte de Tzerclaës de Tilly.
2. François d'Usson de Bonrepaux. Il servait alors comme lieutenant général des armées navales, disent Germain Garnier et plusieurs éditeurs après lui. C'est une erreur. Bonrepaux, longtemps commis au ministère, était *intendant général*, et non pas lieutenant général des armées navales (*Gazette de France* du 24 nov. 1695; Saint-Simon, t. III, p. 92-93) : aussi ne l'indique-t-on point comme ayant pris part à quelques-uns des combats déjà rappelés, mais seulement comme ayant assisté à un conseil qui se tint à la Hogue pour aviser aux moyens d'empêcher la destruction de nos vaisseaux. (*Mém. de Tourville*, III, 164 à 183.) Un de ses frères, il est vrai, fut officier général, mais il ne servait que dans l'armée de terre, et il n'était, au temps de la lettre, que maréchal de camp. (*Gazette*, du 17 octobre 1693.) (B.-S.-P.)

de M. de La Chapelle. Une page de compliments[1] m'a plus coûté cinq cents fois que les huit pages que je vous viens d'écrire. Adieu, monsieur. Je vous envie bien votre beau temps d'Auteuil, car il fait ici le plus horrible temps du monde.

Je vous ai vu rire assez volontiers de ce que le vin fait quelquefois faire aux ivrognes. Hier, un boulet de canon emporta la tête d'un de nos Suisses dans la tranchée. Un autre Suisse, son camarade, qui étoit auprès, se mit à rire de toute sa force, en disant : « Ho! Ho! cela est plaisant; il reviendra sans tête dans le camp. »

On a fait aujourd'hui trente prisonniers de l'armée du prince d'Orange, et ils ont été pris par un parti de l'armée de M. de Luxembourg. Voici la disposition de l'armée des ennemis : M. de Bavière a la droite avec des Brandebourgs et autres Allemands ; M. de Valdeck est au corps de bataille avec les Hollandois; et le prince d'Orange, avec les Anglois, est à la gauche.

J'oubliois de vous dire que quand M. le comte de Toulouse reçut son coup de mousquet, on entendit le bruit de la balle; et le roi demanda si quelqu'un étoit blessé. « Il me semble, dit en souriant le jeune prince, que quelque chose m'a touché. » Cependant la contusion étoit assez grosse, et j'ai vu la marque de la balle sur le galon de sa manche, qui étoit tout noirci comme si le feu y avoit passé. Adieu, monsieur. Je ne saurois me résoudre à finir quand je suis avec vous.

En fermant ma lettre, j'apprends que la présidente Barentin,[2] qui avoit épousé M. de Cormaillon, ingénieur,

---

1. Sans doute sur sa réception comme conseiller. Voyez lettre XXIV.
2. La présidente Barentin était la grand'mère d'Anne de Souvré, marquise de Louvois. Elle s'était remariée à Damas de Cormaillon.

a été pillée par un parti de Charleroi. Ils lui ont pris ses chevaux de carrosse et sa cassette, et l'ont laissée dans le chemin à pied. Elle venoit pour être auprès de son mari, qui avoit été blessé. Il est mort.

XXIX.[1]

RACINE A BOILEAU.

Au camp près de Namur, le 24 juin [1692].

Je laisse à M. de Valincour le soin de vous écrire la prise du château neuf. Voici seulement quelques circonstances qu'il oubliera peut-être dans sa relation. Ce château neuf est appelé autrement le *Fort-Guillaume*, parce que c'est le prince d'Orange qui ordonna, l'année passée, de le faire construire, et qui avança pour cela dix mille écus de son argent. C'est un grand ouvrage à cornes, avec quelques redans dans le milieu de la courtine, selon que le terrain le demandoit. Il est situé de telle sorte que, plus on en approche, moins on le découvre; et depuis huit ou dix jours que notre canon le battoit, il n'y avoit fait qu'une très-petite brèche, à passer deux hommes, et il n'y avoit pas une palissade du chemin couvert qui fût rompue. M. de Vauban a admiré lui-même la beauté de cet ouvrage. L'ingénieur qui l'a tracé, et qui a conduit tout ce qu'on y a fait, est un Hollandois nommé Cohorne.[2]

---

1. L'autographe est à la Bibliothèque nationale. En tête de la lettre, plus bas que la date, on lit de la main de Racine : « transcrit ».

2. Menno, baron de Cohorn, né dans la Frise, au château de Lettingastaate, en 1641, mort à la Haye le 17 mai 1794. Il a publié des ouvrages relatifs à l'art de fortifier et de défendre les places.

Il s'étoit enfermé dedans pour le défendre, et y avoit même fait creuser sa fosse, disant qu'il s'y vouloit enterrer. Il en sortit hier, avec la garnison, blessé d'un éclat de bombe. M. de Vauban a eu la curiosité de le voir, et, après lui avoir donné beaucoup de louanges, lui a demandé s'il jugeoit qu'on eût pu l'attaquer mieux qu'on n'a fait. L'autre fit réponse que, si on l'eût attaqué dans les formes ordinaires, et en conduisant une tranchée devant la courtine et les demi-bastions, il se seroit encore défendu plus de quinze jours, et qu'il nous en auroit coûté bien du monde; mais que de la manière dont on l'avoit embrassé de toutes parts, il avoit fallu se rendre. La vérité est que notre tranchée est quelque chose de prodigieux, embrassant à la fois plusieurs montagnes et plusieurs vallées avec une infinité de tours et de retours, autant presque qu'il y a de rues à Paris. Les gens de la cour commençoient à s'ennuyer de voir si longtemps remuer la terre; mais enfin il s'est trouvé que, dès que nous avons attaqué la contrescarpe, les ennemis, qui craignoient d'être coupés, ont abandonné dans l'instant tout leur chemin couvert; et, voyant dans leur ouvrage vingt de nos grenadiers qui avoient grimpé par un petit endroit où on ne pouvoit monter qu'un à un, ils ont aussitôt battu la chamade. Ils étoient encore quinze cents hommes, gens bien faits s'il y en [a] au monde. Le principal officier qui les commandoit, nommé M. de Vimbergue, est âgé de près de quatre-vingts ans. Comme il étoit d'ailleurs fort incommodé des fatigues qu'il a souffertes depuis quinze jours, et qu'il ne pouvoit plus marcher, il s'étoit fait porter sur la petite brèche que notre canon avoit faite, résolu d'y mourir l'épée à la main. C'est lui qui a fait la capitulation; et il y a fait mettre qu'il lui seroit permis d'entrer dans le vieux château pour s'y défendre encore jusqu'à la fin du siége. Vous voyez par là à quelles gens nous avions affaire, et que l'art et les précautions de M. de Vauban ne sont pas inutiles pour épargner bien de braves gens qui s'iroient faire tuer mal à propos. C'étoit encore M. le Duc qui étoit lieutenant général de jour, et voici la troisième affaire qui passe par ses mains. Je voudrois que vous eussiez pu entendre de quelle manière aisée, et même avec quel esprit, il m'a bien voulu raconter une partie de ce que je vous mande; les réponses qu'il fit aux officiers qui le vinrent trouver pour capituler; et comme, en leur faisant mille honnêtetés, il ne laissoit pas de les intimider. On a trouvé le chemin couvert tout plein de corps morts, sans tous ceux qui étoient à demi enterrés dans l'ouvrage. Nos bombes ne les laissoient pas respirer; ils voyoient sauter à tout moment en l'air leurs camarades, leurs valets, leur pain, leur vin, et étoient si las de se jeter par terre, comme on fait quand il tombe une bombe, que les uns se tenoient debout, au hasard de ce qui en pourroit arriver; les autres avoient creusé de petites niches dans des retranchements qu'ils avoient faits dans le milieu de l'ouvrage, et s'y tenoient plaqués tout le jour. Ils n'avoient d'eau que celle d'un petit trou qu'ils avoient creusé en terre, et ont passé ainsi quinze jours entiers. Le vieux château est composé de quatre autres forts, l'un derrière l'autre, et va toujours en s'étrécissant, en telle sorte que celui de ces forts qui est à l'extrémité de la montagne ne paroît pas pouvoir contenir trois cents hommes. Vous jugez bien quel fracas y feront nos bombes. Heureusement nous ne craignons pas d'en manquer sitôt. On en trouva hier, chez les révérends pères jésuites de Namur, douze cent soixante toutes chargées, avec leurs amorces.

Ces bons pères gardoient précieusement ce beau dépôt sans en rien dire, espérant vraisemblablement de les rendre aux Espagnols, au cas qu'on nous fît lever le siége. Ils paroissoient pourtant les plus contents du monde d'être au roi, et ils me dirent à moi-même, d'un air riant et ouvert, qu'ils lui étoient trop obligés de les avoir délivrés de ces maudits protestants qui étoient en garnison à Namur, et qui avoient fait un prêche de leurs écoles. Le roi a envoyé le père recteur à Dôle ; mais le P. de La Chaise dit lui-même que le roi est trop bon, et que les supérieurs de leur compagnie seront plus sévères que lui.[1] Adieu, monsieur, ne me citez point.[2] J'écrirai demain à M. de Milon,[3] qui m'a mandé, comme vous, le crachement de sang de M. de La Chapelle. J'espère que cela n'aura point de suite ; je vous assure que j'en serois sensiblement affligé.

J'oubliois de vous dire que je vis passer les deux otages que ceux de dedans l'ouvrage à cornes envoyoient au roi. L'un avoit le bras en écharpe ; l'autre la mâchoire à demi emportée, avec la tête bandée d'une écharpe noire. Ce dernier est un chevalier de Malte. Je vis aussi huit prisonniers qu'on amenoit du chemin couvert, ils faisoient horreur. Un avoit un coup de baïonnette dans le côté ; un autre un coup de mousquet dans la bouche ; les six autres avoient le visage et les mains toutes brûlées du feu qui avoit pris à la poudre qu'ils avoient dans leurs havre-sacs.[4]

---

1. Cf. SAINT-SIMON, édition Garnier frères, t. I, page 32. « Comme c'étoient des jésuites, dit-il, il n'en fut rien. »
2. « Car je ne voudrois point. » Ces paroles avoient été écrites, puis effacées. (La Rochefoucault-Liancourt, *Études de Racine,* IIe partie, 2e édition, p. 173.)
3. Frère aîné de La Chapelle.
4. Chambry possède de cette même lettre un autographe dont nous ne

XXX.[1]

RACINE A BOILEAU.

A Fontainebleau, le 3 octobre [1692].

Votre ancien laquais, dont j'ai oublié le nom, m'a fait grand plaisir ce matin en m'apprenant de vos nouvelles. A ce que je vois, vous êtes dans une fort grande solitude à Auteuil, et vous n'en partez point. Est-il possible que vous puissiez être si longtemps seul, et ne point faire du tout de vers? Je m'attends qu'à mon retour je trouverai votre *Satire des femmes* entièrement achevée. Pour moi, il s'en faut bien que je ne sois aussi solitaire que vous. M. de Cavoie a voulu encore à toute force que je logeasse chez lui, et il ne m'a pas été possible d'obtenir de lui que je fisse tendre un lit dans votre maison, où je n'aurois pas été si magnifiquement [que] chez lui;[2] mais j'y aurois été plus tranquillement et avec plus de liberté.

Cependant elle n'a été marquée pour personne, au

---

pouvons ni garantir ni contester l'authenticité; le mot *transcrit* semble la rendre assez probable. Cet autographe ne s'arrête pas à ces derniers mots, mais se termine ainsi : « Je vous conjure de me donner de vos nouvelles. M. de Cavoie vous fait mille baisemains, et n'est pas moins empressé chaque jour à s'informer si l'ordinaire m'a apporté une lettre de vous. Je suis bien touché de l'intérêt que vous avez pris au rétablissement de mon fils, et je suis bien entièrement à vous. RACINE. » A part cette addition et la date de l'année 1692, le texte est exactement conforme à celui de la Bibliothèque nationale. (P. M.)

1. L'autographe est à la Bibliothèque nationale.
2. Boileau possédait en commun avec ses frères et sœurs une maison à Fontainebleau. Il paraît que cette maison lui venait de la succession de Puymorin. (B.-S.-P.)

grand déplaisir des gens qui s'en étoient emparés les autres années. Notre ami M. Félix y a mis son carrosse et ses chevaux, et les miens n'y ont pas même trouvé place ; mais tout cela s'est passé avec mon agrément et sous mon bon plaisir. J'ai mis mes chevaux à l'hôtel de Cavoie, qui en est tout proche. M. de Cavoie a permis aussi à M. de Bonrepaux de faire sa cuisine chez vous. Votre concierge, voyant que les chambres demeuroient vides, en a meublé quelqu'une, et l'a louée. On a mis sur la porte qu'elle étoit à vendre, et j'ai dit qu'on m'adressât ceux qui la viendroient voir, mais on ne m'a encore envoyé personne. Je soupçonne que le concierge, se trouvant fort bien d'y louer des chambres, seroit assez aise que la maison ne se vendît point. J'ai conseillé à M. Félix de l'acheter, et je vois bien que je le ferai aller jusques à quatre mille francs. Je crois que vous ne feriez pas trop mal d'en tirer cet argent; et je crains que, si le voyage se passe sans que le marché soit conclu, M. Félix ni personne n'y songe plus jusqu'à l'autre année. Mandez-moi là-dessus vos sentiments ; je ferai le reste.

On reçut hier de bonnes nouvelles d'Allemagne. M. le maréchal de Lorges ayant fait assiéger par un détachement de son armée, une petite ville nommée Pforzheim,[1] entre Philisbourg et Dourlach, les Allemands ont voulu s'avancer pour la secourir. Il y a eu avis qu'un corps de

1. Le maréchal prit Pforzheim le 16 septembre et battit les Allemands le 17, selon Germain Garnier; ce que plusieurs éditeurs ont répété (sans le citer). S'ils avaient pris garde qu'en s'en tenant à ces dates il aurait fallu *quinze jours* pour transmettre à Fontainebleau ces *bonnes nouvelles*, puisque d'après la lettre de Racine elles n'avaient été reçues que le 2 octobre, ils auraient soupçonné qu'il y avait une faute d'impression dans la note de Garnier. Et dans le fait, au lieu du 16 et 17 septembre, il faut lire le 26 et 27 septembre. (*Gazette de France* du 7 octobre; Larrey, VI, 43.) (B.-S.-P.)

quarante escadrons avoit pris les devants, et n'étoit qu'à une lieue et demie de lui, ayant devant eux un ruisseau assez difficile à passer. La ville a été prise dès le premier jour, et cinq cents hommes qui étoient dedans ont été faits prisonniers de guerre. Le lendemain, M. de Lorges a marché avec toute son armée sur ces quarante escadrons que je vous ai dits,[1] et a fait d'abord passer le ruisseau à seize de ces escadrons, soutenus du reste de la cavalerie. Les ennemis, voyant qu'on alloit à eux avec cette vigueur, s'en sont fuis[2] à vau de route; abandonnant leurs tentes et leur bagage, qui a été pillé. On leur a pris deux pièces de canon, deux paires de timbales et neuf étendards, quantité d'officiers, entre autres leur général, qui est oncle de M. de Wirtemberg et administrateur de ce duché,[3] un général-major de Bavière[4] et plus de treize cents cavaliers. Ils en ont eu près de neuf cents tués sur la place. Il ne nous en coûte qu'un maréchal des logis, un cavalier et six dragons. M. de Lorges a abandonné au pillage la ville de Pforzheim et une autre petite ville, auprès de laquelle étoient campés les ennemis. Ç'a été, comme vous voyez, une déroute; et il n'y a pas eu, à proprement parler, aucun coup de tiré de leur part : tout ce qu'on a pris et tué, ç'a été en les poursuivant. Le prince d'Orange est parti pour la Hollande. Son armée s'est rapprochée de Gand, et apparemment se séparera bientôt.

1. L'original porte *dit*, sans *s*.
2. Cette locution était déjà blâmée par les Annotateurs de Vaugelas : « Il faut dire, ils *se sont enfuis*, parce que la particule *en* ne se doit point séparer de *fuir* et que les deux ne font qu'un seul mot. » (*Remarques de Vaugelas sur la langue françoise*, 1738.)
3. Frédéric-Charles, grand-oncle, et tuteur, depuis 1677, de Évérard-Louis, duc de Wirtemberg. Il fut conduit à Paris, où Louis XIV lui fit une réception fort honorable et pleine de courtoisie.
4. Le baron de Soyer.

M. de Luxembourg me mande qu'il est en parfaite santé.
Le roi se porte à merveille.

XXXI.[1]

RACINE A BOILEAU.

A Fontainebleau, le 6 octobre [1692].

J'ai parlé à M. de Pontchartrain, le conseiller, du garçon qui vous a servi; et M. le comte de Fiesque, à ma prière, lui en a parlé aussi. Il m'a dit qu'il feroit son possible pour le placer; mais qu'il prétendoit que vous lui en écrivissiez vous-même, au lieu de lui faire écrire par un autre. Ainsi je vous conseille de forcer un peu votre paresse, et de m'envoyer une lettre pour lui, ou bien de lui écrire par la poste.

J'ai déjà fait naître à madame de Maintenon une grande envie de voir de quelle manière vous parlez de Saint-Cyr.[2] Elle a paru fort touchée de ce que vous aviez eu même la pensée d'en parler; et cela lui donna occasion de dire mille biens de vous. Pour moi j'ai une extrême impatience de voir ce que vous me dites que vous m'envoyerez.[3] Je n'en ferai part qu'à ceux que vous voudrez, à personne même si vous le souhaitez. Je crois pourtant qu'il sera très-bon que madame de Maintenon

---

1. L'autographe est à la Bibliothèque nationale.
2. Voyez satire X, vers 364 :

   Mais, eût-elle sucé la raison dans Saint-Cyr...

3. C'est la leçon du manuscrit au lieu de *m'enverrez* que donnent la plupart des éditeurs.

voie ce que vous avez imaginé pour sa maison. Ne vous mettez pas en peine; je le lirai du ton qu'il faut, et je ne ferai point tort à vos vers.

Je n'ai point vu M. Félix depuis que j'ai reçu votre lettre. Au cas que vous ne trouviez point les cinq mille francs, ce que je crois très-difficile, je vous conseille de louer votre maison;[1] mais il faudra pour cela que je vous trouve des gens qui prennent soin de trouver des locataires : car je doute que ceux qui y logent soient bien propres à vous trouver des marchands, leur intérêt étant de demeurer seuls dans cette maison, et d'empêcher qu'on ne les en vienne déposséder.

Il n'y a ici aucune nouvelle. L'armée de M. de Luxembourg commence à se séparer, et la cavalerie entre dans des quartiers de fourrages. Quelques gens vouloient hier que le duc de Savoie pensât à assiéger Nice à l'aide des galères d'Espagne; mais le comte d'Estrées ne tardera guère à donner la chasse aux galères et aux vaisseaux espagnols, et doit arriver incessamment vers les côtes d'Italie. Le roi grossit de quarante bataillons son armée de Piémont pour l'année prochaine, et je ne doute pas qu'il ne tire une rude vengeance des pays de M. de Savoie.[2]

Mon fils m'a écrit une assez jolie lettre sur le plaisir qu'il a eu de vous aller voir, et sur une conversation qu'il a eue avec vous.[3] Je vous suis plus obligé que vous ne le

1. Voir la lettre précédente.
2. En 1693, l'armée de Catinat brûla la Vénerie, magnifique château du duc, et après la victoire de la Marsaille (4 octobre) mit le Piémont à contribution; tristes et faibles représailles des ravages faits par le duc en Dauphiné (août et septembre 1692), où il avait aussi levé des contributions et brûlé quatre-vingts villes, bourgs, châteaux ou villages. (Larrey, VI, 49 et 131.)
3. Voy. la réponse du père dans les Lettres de Racine à son fils, 4 octobre 1692.

sauriez dire de vouloir bien vous amuser avec lui. Le plaisir qu'il prend d'être avec vous me donne assez bonne opinion de lui; et s'il est jamais assez heureux que de vous entendre parler de temps en temps, je suis persuadé qu'avec l'admiration dont il est prévenu, cela lui fera le plus grand bien du monde. J'espère que cet hiver vous voudrez bien faire quelquefois chez moi de petits dîners dont je prétends tirer tant d'avantages. M. de Cavoie vous fait ses compliments.

J'appris hier la mort du pauvre abbé de Saint-Réal.[1]

Suscription : A monsieur monsieur Despréaux, à Auteuil.

XXXII.[2]

BOILEAU A RACINE.

A Auteuil, 7 octobre [1692].

Je vous écrivis avant-hier [3] si à la hâte, que je ne sais si vous aurez bien conçu ce que je vous écrivois : c'est ce qui m'oblige à vous récrire aujourd'hui. Mme Racine vient d'arriver chez moi, qui s'engage à vous faire tenir ma lettre.

L'action de M. de Lorges est très-grande et très-belle, et j'ai

---

1. César Vichard, plus connu sous le nom d'abbé de Saint-Réal, né à Chambéry en 1639, mort dans la même ville au mois de septembre 1692. Il fit ses études à Paris chez les jésuites, passa en Angleterre avec Hortense Mancini, nièce de Mazarin, et revint vivre à Paris d'une pension qu'il avait sur la bibliothèque du roi. Outre l'*Histoire de la conjuration des Espagnols contre Venise* en 1618, son plus célèbre ouvrage, il a laissé différentes œuvres d'érudition et de controverses.

2. L'autographe est à la Bibliothèque nationale.

3. *Je vous écrivis avant-hier.* Cette lettre manque, dit Berriat-Saint-

déjà reçu une lettre de M. l'abbé Renaudot,[1] qui me mande que M. de Pontchartrain veut qu'on travaille au plus tôt à faire une médaille pour cette action. Je crois que cela occupe déjà fort M. de La Chapelle; mais pour moi, je crois qu'il sera assez temps d'y penser vers la Saint-Martin.

Je ne saurois assez vous remercier du soin que vous prenez de notre maison de Fontainebleau. Je n'ai point encore vu sur cela personne de notre famille; mais, autant que j'en puis juger, tout le monde trouvera assez mauvais que celui qui l'habite prétende en profiter à nos dépens. C'est une étrange chose qu'un bien en commun : chacun en laisse le soin à son compagnon;

Prix. Elle a, depuis, été donnée par M. de La Rochefoucault-Liancourt dans ses *Études littéraires et morales de Racine*, page 178; nous la donnons ici :

« Auteuil, 6 octobre 1692.

« Votre lettre du 3 m'a causé un vif plaisir, et l'agréable nouvelle de votre santé a chassé tous les chagrins de ma solitude. Ma *Satire des femmes* est loin d'être achevée; j'y ai travaillé fort assidûment durant huit jours, et je crois que lorsque j'aurai tout rassemblé, il y aura bien cent vers nouveaux d'ajoutés. Mais présentement je ne fais point de vers, et ma fougue poétique est passée presque aussi vite qu'elle est venue. J'amasserai ce qu'il y a de fait sur l'histoire de la lieutenante, et je vous l'enverrai ces jours prochains avec un ou deux autres morceaux. C'est un ouvrage qui me coûte beaucoup de temps et de fatigue, et vous savez combien il est difficile de rentrer dans une idée une fois qu'on en est sorti.

« Adieu, monsieur, je vous embrasse de tout mon cœur. Je vous demande pardon de vous écrire si à la hâte et de ne pas m'étendre sur l'action de M. de Lorges, qui est très-grande et très-belle. Mais je pense vous écrire par le prochain ordinaire, surtout pour vous remercier de toutes les peines que vous vous êtes données pour notre misérable maison. Je n'y vois plus clair et je suis forcé de terminer brusquement en vous embrassant de nouveau. Jusques à demain.

« Despréaux. »

Suivant M. de La Rochefoucault-Liancourt, « avant-hier » est une erreur, car la date du 6 de la première est bien, dit-il, écrite de la main de Boileau. L'éditeur avait sous les yeux l'original de la lettre que nous venons de donner. — Il reste à savoir si cet original était authentique, ce qui nous parait fort douteux.

1. Le petit-fils de Théophraste Renaudot; il avait alors le privilége de la *Gazette de France* et venait d'entrer dans la petite Académie. C'est à lui qu'est adressée l'épître XII de Boileau.

ainsi personne n'y soigne,[1] et il demeure au pillage. Je vous mandois, le dernier jour, que j'ai travaillé à la *Satire des femmes* durant huit jours : cela est véritable ; mais il est vrai aussi que ma fougue poétique est passée presque aussi vite qu'elle est venue, et que je n'y pense plus à l'heure qu'il est. Je crois que, lorsque j'aurai tout amassé, il y aura bien cent vers nouveaux d'ajoutés ; mais je ne sais si je n'en ôterai pas bien vingt-cinq ou trente de la description du lieutenant et de la lieutenante-criminelle.[2] C'est un ouvrage qui me tue par la multitude des transitions, qui sont, à mon sens, le plus difficile chef-d'œuvre de la poésie. Comme je m'imagine que vous avez quelque impatience d'en voir quelque chose, je veux bien vous en transcrire ici vingt ou trente vers ; mais c'est à la charge que, foi d'honnête homme, vous ne les montrerez à âme vivante, parce que je veux être absolument maître d'en faire ce que je voudrai ; et que, d'ailleurs, je ne sais s'ils sont encore en l'état où ils demeureront.[3] Mais, afin que vous en puissiez voir la suite, je vais vous mettre la fin de l'histoire de la lieutenante, de la manière que je l'ai achevée :

> Mais peut-être j'invente une fable frivole.
> Soutiens donc tout Paris, qui prenant la parole,
> Sur ce sujet encor de bons témoins pourvu,
> Tout prêt à le prouver, te dira : « Je l'ai vu.
> Vingt ans j'ai vu ce couple uni d'un même vice,
> A tous mes habitants montrer que l'avarice
> Peut faire dans les biens trouver la pauvreté,
> Et nous réduire à pis que la mendicité. »
> Deux voleurs qui, chez eux, pleins d'espérance, entrèrent,
> Enfin un beau matin tous deux les massacrèrent.
> Digne et funeste fruit du nœud le plus affreux

---

1. *Personne n'y soigne.* Cette forme intransitive du verbe *soigner* a complétement vieilli. Elle était fort usitée au début du xviie siècle. « Sous ombre que vous avez à cette heure une infinité d'affaires ; que vous soignez à fortifier un camp et à prendre une ville. » Voiture, lettre 83. — « Le Prince : Faites observer qu'aucun ne nous écoute. — Théodore. Soignez-y, Léonore. » Rotrou, *Vencesias*, IV, 2. — « Bien, bien, dit-il, à cela j'ai soigné. » La Font., *Faiseur*. C'était aussi le sens général au moyen âge. (Gidel.)

2. Il en ôta en effet vingt vers, mais il les rétablit en 1698. (B.-S.-P.)

3. Il y fit plus tard des changements.

Dont l'hymen ait jamais uni deux malheureux !
  Ce récit passe un peu l'ordinaire mesure.
Mais un exemple enfin si digne de censure,
Peut-il dans la satire occuper moins de mots ?
Chacun sait son métier. Suivons notre propos.
Nouveau prédicateur aujourd'hui, je l'avoue,
Vrai disciple, ou plutôt singe de Bourdaloue,
Je me plais à remplir mes sermons de portraits.
En voilà déjà trois peints d'assez heureux traits,
La louve, la coquette et la parfaite avare.
Il faut y joindre encor la revêche bizarre,
Qui sans cesse d'un ton par la colère aigri,
Gronde, choque, dément, contredit un mari.
Qui dans tous ses discours par quolibets s'exprime,
A toujours dans la bouche un proverbe, une rime,
Et d'un roulement d'yeux aussitôt applaudit
Au mot aigrement fou qu'au hasard elle a dit.
Il n'est point de repos ni de paix avec elle,
Son mariage n'est qu'une longue querelle.
Laisse-t-elle un moment respirer son époux ?
Ses valets sont d'abord l'objet de son courroux,
Et sur le ton grondeur, lorsqu'elle les harangue,
Il faut voir de quels mots elle enrichit la langue :
Ma plume ici traçant ces mots par alphabet,
Pourroit d'un nouveau tome augmenter Richelet.
Tu crains peu d'essuyer cette étrange furie ;
En trop bon lieu, dis-tu, ton épouse nourrie,
Jamais de tels discours ne te rendra martyr ;
Mais cût-elle sucé la raison dans Saint-Cyr,
Crois-tu que d'une fille humble, honnête, charmante,
L'hymen n'ait jamais fait de femme extravagante ?
Combien n'a-t-on point vu de Philis aux doux yeux,
Avant le mariage anges si gracieux,
Tout à coup se changeant en bourgeoises sauvages,
Vrais démons, apporter l'enfer dans leurs ménages,
Et, découvrant l'orgueil de leurs rudes esprits,
Sous leur fontange altière asservir leurs maris ?

En voilà plus que je ne vous avois promis. Mandez-moi ce que vous y aurez trouvé de fautes plus grossières. J'ai envoyé des pêches à Mme de Caylus,[1] qui les a reçues, dit-on, avec de grandes marques de joie. Je vous donne le bonsoir, et suis tout à vous.

                                                          DESPRÉAUX.

---

1. Boileau écrit *Quélus*.

XXXIII.[1]

RACINE A BOILEAU.

Au Quesnoy, le 30 mai [1693].

Le roi fait demain ses dévotions.[2] Je parlai hier de M. le doyen[3] au P. de La Chaise; il me dit qu'il avoit reçu votre lettre, me demanda des nouvelles de votre santé, et m'assura qu'il étoit fort de vos amis et de toute la famille. J'ai parlé ce matin à madame de Maintenon, et lui ai même donné une lettre que lui avois écrite sur ce sujet, la mieux tournée que j'ai pu, afin qu'elle la pût lire au roi. M. de Chamlai, de son côté, proteste qu'il a déjà fait merveilles et qu'il a parlé de M. le doyen comme de l'homme du monde qu'il estimoit le plus, et qui méritoit le mieux les grâces de Sa Majesté. Il promet qu'il reviendra encore ce soir à la charge. Je l'ai échauffé de tout mon possible, et l'ai assuré de votre reconnoissance et de celle de M. le doyen et de MM. Dongois.[4] Voilà, mon cher monsieur, où la chose en est. Le reste est entre les mains du bon Dieu, qui peut-être inspirera le roi en notre faveur. Nous en saurons demain davantage.

Quant à nos ordonnances, M. de Pontchartrain me promit qu'il nous les feroit payer aussitôt après le départ

---

1. L'autographe est à la Bibliothèque nationale.
2. Il les fit le 31 mai. (*Gazette de France* du 6 juin 1693.)
3. L'abbé Jacques Boileau.
4. Gilles et Nicolas Dongois, l'un chanoine, l'autre greffier de la grand'chambre du parlement, neveux de Boileau, et frères de Mme de La Chapelle.

du roi. C'est à vous de faire vos sollicitations, soit par M. de Pontchartrain le fils, soit par M. l'abbé Bignon.[1] Croyez-vous que vous fissiez mal d'aller vous-même une fois chez lui ? Il est bien intentionné ; la somme est petite ; enfin on m'assure qu'il faut presser, et qu'il n'y a pas un moment à perdre. Quand vous aurez arraché cela de lui, il ne vous en voudra que plus de bien. Il faudroit aussi voir ou faire voir M. de Bie,[2] qui est le meilleur homme du monde, et qui le feroit souvenir de nous quand il fera l'état de distribution.

Au reste, j'ai été obligé de dire ici, le mieux que j'ai pu, quelques-uns des vers de votre satire à M. le Prince. *Nosti hominem.* Il ne parle plus d'autre chose, et il me les a redemandés plus de dix fois. M. le prince de Conti[3] voudroit bien que vous m'envoyassiez l'histoire du lieutenant-criminel, dont il est surtout charmé. M. le prince et lui ne font que redire les deux vers : *La mule et les chevaux au marché,*[4] etc. Je vous conseille de m'envoyer tout cet endroit, et quelques autres morceaux détachés, si vous pouvez : assurez-vous qu'ils ne sortiront point de mes mains. M. le Prince n'est pas moins touché de ce que j'ai pu retenir de votre ode. Je ne suis point surpris de la prière que M. de Pontchartrain le fils vous a faite en faveur de Fontenelle. Je savois bien qu'il avoit beaucoup d'inclination pour lui ; et c'est pour cela même que

---

1. Jean-Paul Bignon, petit-fils de Jérôme Bignon, et neveu de Pontchartrain. Il avait l'inspection de l'Académie des médailles.

2. Il en a déjà été parlé lettre XXVII.

3. François-Louis de Bourbon, d'abord prince de la Roche-sur-Yon, puis prince de Conti, à la mort de son frère aîné, en 1685.

4. Satire X, vers 285. Le vers a été retouché :

Les deux chevaux, la mule, au marché s'envolèrent.

M. de La Loubère[1] n'en a guère; mais enfin vous avez très-bien répondu, et, pour peu que Fontenelle se reconnoisse,[2] je vous conseillerois aussi de lui faire grâce. Mais, à dire vrai, il est bien tard, et la stance[3] a fait un furieux progrès.

Je n'ai pas le temps d'écrire ce matin à M. de La Chapelle. Ayez la bonté de lui dire que tout ce qu'il a imaginé, et vous aussi, sur l'ordre de Saint-Louis, me paroît fort beau ; mais que pour moi, je voudrois simplement mettre pour type la croix même de Saint-Louis, et à la légende : *Ordo militaris*,[4] etc. Chercherons-nous toujours de l'esprit dans les choses qui en demandent le moins? Je vous écris tout ceci avec une rapidité épouvan-

---

1. Simon de La Loubère, protégé par M. de Pontchartrain, fut élu membre de l'Académie française en 1693 et reçu le 25 août de la même année; il était mécontent de l'intérêt que les Pontchartrain prenaient aussi à Fontenelle. La Loubère fut chargé d'affaires à Strasbourg en 1678, envoyé extraordinaire vers le roi de Siam en 1687 et 1688; il est mort le 26 mars 1729, à Toulouse, où il était né en mars 1642. On a de lui : *Du royaume de Siam*. Paris, 1691, et Amsterdam, 1714, 2 vol. in-12.

2. C'est-à-dire : revienne à de meilleurs sentiments, reconnaisse ses torts, comme dans la lettre de la sœur Agnès de Sainte-Thècle à Racine (t. VII, p. 411) : « On leur interdit (aux comédiens) l'entrée de l'église et la communion des fidèles, même à la mort, à moins qu'ils ne *se reconnoissent*. » M. Mesnard entend : « Pour peu que Fontenelle se reconnoisse » dans la strophe de Boileau, en supposant que Boileau ne le désignait que par l'initiale F...; mais comme ce vers est à la rime,

Que, loué de Fontenelle,
Raser, timide hirondelle,
La terre comme Perrault.

Il était difficile que Fontenelle ne se reconnût pas. Les lecteurs familiers avec la langue du xviie siècle décideront, croyons-nous, que le vrai sens est celui que nous donnons.

3. Celle qui devait être la deuxième de l'Ode sur Namur. Voyez dans cette collection les *OEuvres complètes de Boileau*, t. III, page 16, note 1 :

Un torrent dans les prairies...

4. Cet ordre fut institué le 10 mai 1693. (LARREY, VI, 10.)

table, de peur que la poste ne soit partie. Il fait le plus beau temps du monde. Le roi, qui a eu une fluxion sur la gorge, se porte bien : ainsi nous serons bientôt en campagne. Je vous écrirai plus à loisir avant que de sortir du Quesnoy.

XXXIV.[1]

RACINE A BOILEAU.

Au Quesnoy, le 30 mai [1693.][2]

Vous verrez par la lettre que j'écris à M. l'abbé Dongois les obligations que vous avez à Sa Majesté. M. le doyen est chanoine de la Sainte-Chapelle, et est mieux encore que je n'avois demandé, Madame de Maintenon m'a chargé de vous bien faire ses baisemains. Elle mérite bien que vous lui fassiez quelque remerciement, ou du moins que vous fassiez d'elle une mention honorable qui la distingue de tout son sexe,[3] comme en effet elle en est distinguée de toutes manières.

Je suis content au dernier point de M. de Chamlai, et il faut absolument que vous lui écriviez, aussi bien qu'au P. de La Chaise, qui a très-bien servi M. le doyen.

Tout le monde m'a chargé ici de vous faire ses compliments, entre autres M. de Cavoie et M. de Sérignan.[4]

1. L'autographe est à la Bibliothèque nationale.
2. Date de l'original. On y a substitué (M. Daunou) le 30 mai soir, ou (G. Garnier) le 31 mai, ou enfin (M. de S.-S.) le 31 mai soir, pour que la lettre ne fût pas du même jour que la précédente. — Quoiqu'il ne soit pas impossible qu'elles aient toutes deux été écrites le même jour, il est plus probable que la lettre XXXIV le fut le lendemain de la lettre XXXIII, qui est certainement du 30. (B.-S.-P.)
3. Voyez satire X, vers 514-520.
4. De Sérignan était aide-major des gardes du corps. Cf. Saint-Simon, édition Garnier frères, t. XXXIV, p. 263.

M. le prince de Conti même m'a témoigné prendre beaucoup de part à votre joie.

Nous partons mardi matin pour aller camper sous Mons. Le roi se mettra à la tête de l'armée de M. de Boufflers. M. de Luxembourg, avec la sienne, nous côtoiera de fort près. Le roi envoie les dames à Maubeuge : ainsi nous voilà à la veille des grandes nouvelles. Je vous donne le bonsoir, et suis entièrement à vous.

Songez à nos ordonnances. Prenez aussi la peine de recommander à M. Dongois le petit Mercier, valet de chambre de madame de Maintenon. Il voudroit avoir pour commissaire, pour la conclusion de son affaire, ou M. l'abbé Brunet, ou M. l'abbé Petit.[1] Si cela se peut faire dans les règles, et sans blesser la conscience, il faudroit tâcher de lui faire avoir ce qu'il demande.

Suscription : A Monsieur Monsieur Despréaux, à Paris.

XXXV.[2]

BOILEAU A RACINE.

Paris, mardi 2 juin 1693.

Je sors de notre assemblée,[3] où j'ai été principalement pour parler à M. de Tourreil ; mais il ne s'y est point trouvé. Il s'étoit

---

1. Conseillers clercs. L'abbé Petit était oncle maternel de Gilbert des Voisins, gendre de Dongois. (B.-S.-P.)

2. Cette lettre ne se trouve pas parmi les manuscrits de la Bibliothèque nationale. Elle n'est pas dans le recueil de Louis Racine. Elle a été publiée d'abord par Cizeron-Rival, *Lettres familières,* tome III, p. 71, sur une copie corrigée par Boileau. M. Berriat-Saint-Prix, qui avait la lettre originale sous les yeux, l'a reproduite conformément au texte de Cizeron-Rival, mais en donnant en variantes les leçons primitives.

3. De l'Académie des inscriptions. Boileau, en corrigeant, a ajouté « des inscriptions » après le mot *assemblée.*

chargé de parler de nos ordonnances à M. de Pontchartrain le père, et il m'en devoit rendre compte aujourd'hui. J'envoyerai demain savoir s'il est malade, et pourquoi il n'est pas venu. Cependant M. l'abbé Renaudot m'a promis aussi d'agir très-fortement auprès du même ministre, et de mettre le cœur au ventre à M. de Pontchartrain le fils pour nous faire avoir satisfaction. Il doit venir jeudi dîner avec moi et me raconter tout ce qu'il aura fait : ainsi il ne se perdra point de temps. M. Dongois doit me mener voir M. de Bie, qui est fort de ses amis, et qui me fit plaisir l'année passée.

Madame Racine me fit l'honneur de souper dimanche chez moi, avec toute votre petite et agréable famille. Cela se passa fort gaiement, mon rhume étant presque entièrement passé. Je n'ai jamais vu une si belle journée. J'entretins fort monsieur votre fils, qui, à mon sens, croît toujours en mérite et en esprit. Il me montra une traduction qu'il a faite d'une harangue de Tite-Live. J'en fus fort charmé. Je crois non-seulement qu'il sera habile pour les lettres, mais qu'il aura la conversation agréable, parce qu'en effet il pense beaucoup, et qu'il conçoit fort vivement tout ce qu'on lui dit. Je ne saurois trouver de termes assez forts pour vous remercier des mouvements que vous vous donnez pour monsieur le doyen de Sens;[1] et quand l'affaire ne réussiroit point, je vous puis assurer que je n'oublierai jamais la sensible obligation que je vous ai.

Vous m'avez fort surpris en me mandant l'empressement qu'ont deux des plus grands princes de la terre pour voir des ouvrages que je n'ai pas achevés.[2] En vérité, mon cher monsieur, je tremble qu'ils ne se soient trop aisément laissé prévenir en ma faveur; car, pour vous dire sincèrement ce qui se passe en moi au sujet de ces derniers ouvrages, il y a des moments où je crois n'avoir rien fait de mieux; mais il y en a aussi beaucoup où je n'en suis point du tout content, et je fais résolution de ne les jamais laisser imprimer. Oh! qu'heureux est M. Charpentier, qui, même souvent bafoué sur les siens, demeure parfaitement persuadé de l'excellence de son esprit! Il a tantôt apporté à

---

1. L'abbé Jacques Boileau, son frère.
2. La satire X et l'ode sur la prise de Namur.

l'Académie une médaille de très-mauvais goût, et, avant que de la laisser lire, il a commencé par faire son éloge. Il s'est mis en colère sur ce qu'on y trouveroit à redire, déclarant pourtant que, quelques critiques qu'on y pût faire, il sauroit bien ce qu'il devoit penser là-dessus, et qu'il n'en resteroit pas moins convaincu qu'elle étoit parfaitement bonne. Il a, en effet, tenu parole, et tout le monde l'ayant généralement désapprouvée, il a querellé tout le monde, il a rougi et s'est emporté; mais il s'est en allé satisfait de lui-même. Je n'ai point l'esprit fait de cette sorte, et si des gens un peu sensés s'opiniâtroient de dessein formé à blâmer la meilleure chose que j'aie écrite, je leur résisterois d'abord avec assez de chaleur; mais je sens bien que peu de temps après je conclurois contre moi, et que je me dégoûterois de mon ouvrage. Ne vous étonnez donc point si je ne vous envoie point encore par cet ordinaire les vers que vous me demandez, puisque je n'oserois presque me les présenter à moi-même sur le papier. Je vous dirai pourtant que j'ai en quelque sorte achevé l'*Ode sur Namur,* à quelques vers près, où je n'ai point encore attrapé l'expression que je cherche. Je vous l'envoierai un de ces jours; mais c'est à la charge que vous la tiendrez secrète, et que vous n'en lirez rien à personne que je ne l'aie entièrement corrigée sur vos avis.

Il n'est bruit ici que des grandes choses que le roi va faire; et, à vous dire le vrai, jamais un commencement de campagne n'eut un meilleur air. J'ai bien vu parler et j'ai bien lu dans les livres de grandes félicités; mais au prix de la fortune du roi, à mon sens, tout est malheur. Ce qui m'embarrasse, c'est qu'ayant épuisé pour Namur toutes les hyperboles et toutes les hardiesses de ma langue, où trouverai-je des expressions pour le louer, s'il vient à faire quelque chose de plus grand que la prise de cette ville? Je sais bien ce que je ferai : je garderai le silence. [1] C'est le meilleur parti que je puisse prendre.

Spectatus satis, et donatus jam rude... [2]

1. Dans la copie corrigée, Boileau ajoute: « Et vous laisserai parler. »
2. Horace, liv. I, ép. i, vers 2-3.

Spectatum satis, et donatum jam rude, quæris,
Mœcenas, iterum antiquo me includere ludo...

Je vous prie de bien témoigner à M. de Chamlai combien je lui suis obligé des bons offices qu'il rend à mon frère; [1] je vois bien que la fortune n'est pas capable de l'aveugler, et qu'il voit toujours ses amis avec les mêmes yeux qu'auparavant. Adieu, mon cher monsieur, soyez bien persuadé que je vous aime et que je vous estime infiniment.

Dans le temps que j'allois finir cette lettre, monsieur l'abbé Dongois est entré dans ma chambre avec le petit mot de lettre que vous écrivez à madame Racine, et où vous mandez l'incroyable, prodigieux, ravissant, admirable, étonnant, charmant succès de votre négociation. Que vous dirai-je là-dessus? Cela demande une lettre tout entière, que je vous écrirai demain. Cependant souvenez-vous de l'état de Pamphile, à la fin de l'*Andrienne* :

Nunc est quum me interfici patiar : [2]

voilà à peu près mon état. Adieu, encore un coup, mon cher, illustrissime, effectif et effectissime ami.

XXXVI.[3]

BOILEAU A RACINE.

A Paris, 4 juin [1693.]

Je vous écrivis hier au soir une assez longue lettre, et qui étoit toute remplie du chagrin que j'avois alors, causé par un

---

1. L'abbé Jacques Boileau, pour le canonicat sollicité.
2. M. de Saint-Surin dit en note : A la fin de l'*Adrienne*, Pamphile fait un mariage auquel il attache son bonheur; mais son rôle n'offre rien de semblable aux expressions citées par Despréaux. C'est dans l'*Eunuque*, autre comédie de Térence, que Chérée, jeune amant au comble de ses vœux, s'écrie :

..... Proh Jupiter!
Nunc est profecto tempus, cum perpeti me possum interfici,
Ne hoc gaudium contaminet vita ægritudine aliqua.

3. L'autographe est à la Bibliothèque nationale.

tempérament sombre qui me dominoit ¹ et par un reste de maladie; mais je vous en écris une aujourd'hui toute pleine de la joie que m'a causée l'agréable nouvelle que j'ai reçue. Je ne saurois vous exprimer l'allégresse qu'elle a excitée dans toute notre famille : elle a fait changer de caractère à tout le monde. M. Dongois le greffier est présentement un homme jovial et folâtre; monsieur l'abbé Dongois, un bouffon et un badin. Enfin il n'y a personne qui ne se signale par des témoignages extraordinaires de plaisir et de satisfaction, et par des louanges et des exclamations sans fin sur votre bonté, votre générosité, votre amitié, etc. A mon sens néanmoins, celui qui doit être le plus satisfait, c'est vous; et le contentement que vous devez avoir en vous-même d'avoir obligé si efficacement dans cette affaire tant de personnes qui vous estiment et qui vous honorent depuis si longtemps, est un plaisir d'autant plus agréable qu'il ne procède que de la vertu, et que les âmes du commun ne se sauroient ni se l'attirer, ni le sentir. Tout ce que j'ai à vous prier maintenant, c'est de me mander les démarches que vous croyez qu'il faut que je fasse à l'égard du roi et du P. de La Chaise ; et non-seulement s'il faut, mais à peu près ce qu'il faut, que je leur écrive. Monsieur le doyen de Sens ne sait encore rien de ce qu'on a fait pour lui. Jugez de sa surprise, quand il apprendra tout d'un coup le bien imprévu et excessif que vous lui avez fait! Ce que j'admire le plus, c'est la félicité de la circonstance, qui a fait que, demandant pour lui la moindre de toutes les chanoinies de la Sainte-Chapelle, nous lui avons obtenu la meilleure après celle de monsieur l'abbé Danse.² *O factum bene!* Vous pouvez compter que vous aurez désormais en lui un homme qui disputera avec moi de zèle et d'amitié pour vous.

J'avois résolu de ne vous envoyer la suite de mon *Ode sur Namur* que quand je l'aurois mise en état de n'avoir plus besoin que de vos corrections ; mais en vérité vous m'avez fait trop de plaisir pour ne pas satisfaire sur-le-champ la curiosité que vous

1. On n'a pas cette lettre, et d'après ce que Boileau vient de dire dans la lettre précédente, il fallait qu'il fût en effet bien *dominé* par son tempérament pour *la remplir de chagrin*. (B.-S.-P.)

2. Sous-diacre et chanoine de la Sainte-Chapelle, ami de Boileau, mort en 1696.

avez peut-être conçue de la voir. Ce que je vous prie, c'est de ne la montrer à personne, et de ne la point épargner. J'y ai hasardé des choses fort neuves, jusqu'à parler de la plume blanche que le roi a sur son chapeau; mais, à mon avis, pour trouver des expressions nouvelles en vers, il faut parler de choses qui n'aient point été dites en vers. Vous en jugerez, sauf à tout changer si cela vous déplaît.

L'ode sera de dix-huit stances.[1] Cela fait cent quatre-vingts vers. Je ne croyois pas aller si loin. Voici ce que vous n'avez point vu : je vais le mettre sur l'autre feuillet.

> Déployez toutes vos rages,
> Princes, vents, peuples, frimats.
> Ramassez tous vos nuages,
> Rassemblez tous vos soldats;
> Malgré vous Namur en poudre
> Va retomber sous la foudre
> Qui dompta Lille, Courtrai,
> Gand la constante Espagnole,
> Luxembourg, Besançon, Dole,
> Ypres, Mastrich et Cambrai.
>
> Mes présages s'accomplissent :
> Il commence à chanceler.
> Je vois ses murs qui frémissen
> Déjà prêts à s'écrouler.
> Mars, en feu, qui les domine,
> De loin souffle leur ruine;
> Et les bombes, dans les airs
> Allant chercher le tonnerre,
> Semblent, tombant sur la terre,
> Vouloir s'ouvrir les enfers.
>
> Approchez, troupes altières
> Qu'unit un même devoir;
> A couvert de ces rivières
> Venez, vous pouvez tout voir.
> Contemplez bien ces approches
> Voyez détacher ces roches,
> Voyez ouvrir ce terrain;
> Et dans les eaux, dans la flamme,
> Louis, à tout donnant l'âme,
> Marcher tranquille et serein.

---

1. Y compris la stance supprimée. Voir la lettre XXXIII.

Voyez, dans cette tempête,
Partout se montrer aux yeux
La plume qui ceint sa tête
D'un cercle si glorieux.
A sa blancheur redoutable [1]
Toujours un sort favorable
S'attache dans les combats :
Et toujours avec la Gloire
Mars et sa sœur la Victoire,
Suivent cet astre à grands pas.

Grands défenseurs de l'Espagne,
Accourez tous, il est temps.
Mais déjà vers la Méhagne
Je vois vos drapeaux flottants.
Jamais ses ondes craintives
N'ont vu sur leurs foibles rives
Tant de guerriers s'amasser.
Marchez donc, troupe héroïque :
Au delà de ce Granique
Que tardez-vous d'avancer ?

Loin de fermer le passage
A vos nombreux bataillons,
Luxembourg a du rivage
Reculé ses pavillons.
Hé quoi ? son aspect vous glace ?
Où sont ces chefs pleins d'audace,
Jadis si prompts à marcher,
Qui devoient, de la Tamise,
Et de la Drave soumise,
Jusqu'à Paris nous chercher ?

Cependant, l'effroi redouble
Sur les remparts de Namur.
Son gouverneur, qui se trouble,
S'enfuit sous son dernier mur.
Déjà jusques à ses portes
Je vois nos fières cohortes
S'ouvrir un large chemin ;
Et sur les monceaux de piques,
De corps morts, de rocs, de briques,
Monter le sabre à la main.

---

1. *Redoutable* est écrit au-dessus de *remarquable*, sans que l'un ou l'autre mot soit rayé. Boileau proposait sans doute le choix à Racine. (P. M.)

> C'en est fait. Je viens d'entendre,
> Sur ses remparts éperdus,
> Battre un signal pour se rendre :
> Le feu cesse. Ils sont rendus.
> Rappelez votre constance,
> Fiers ennemis de la France,
> Et, désormais gracieux,
> Allez à Liége, à Bruxelles,
> Porter les humbles nouvelles
> De Namur pris à vos yeux.
>
> Pour moi, que Phébus anime
> De ses transports les plus doux,
> Rempli de ce Dieu sublime,
> Je vais, plus hardi que vous,
> Montrer que sur le Parnasse,
> Des bois fréquentés d'Horace,
> Ma muse sur son déclin
> Sait encor les avenues,
> Et des sources inconnues
> A l'auteur du *Saint-Paulin*.[1]

Je vous demande pardon de la peine que vous aurez peut-être à déchiffrer tout ceci, que je vous ai écrit sur un papier qui boit. Je vous le récrirois bien ; mais il est près de midi, et j'ai peur que la poste ne parte. Ce sera pour une autre fois. Je vous embrasse de tout mon cœur.   DESPRÉAUX.

XXXVII.[2]

BOILEAU A RACINE.

Paris, samedi 6 juin [1693.][3]

Je vous écrivis hier,[4] monsieur, avec toute la chaleur qu'inspire une méchante nouvelle, le refus que fait l'abbé de Paris de

---

1. Poëme héroïque de Charles Perrault.
2. Cette lettre est dans le recueil de Louis Racine, p. 215 ; l'autographe n'est plus pourtant à la Bibliothèque nationale. M. Berriat-Saint-Prix avait pu consulter encore le manuscrit : nous pouvons, par conséquent, nous en rapporter au texte qu'il donne.
3. Louis Racine date cette lettre du 9, le manuscrit donne le 6. (B.-S.-P.)
4. On n'a pas cette lettre.

se démettre de sa chanoinie. Ainsi vous jugerez bien, par ma lettre, que ce ne sont pas, à l'heure qu'il est, des remerciements que je médite, puisque je suis même honteux de ceux que j'ai déjà faits. A vous dire le vrai, le contre-temps est fâcheux, et quand je songe aux chagrins qu'il m'a déjà causés, je voudrois presque n'avoir jamais pensé à ce bénéfice pour mon frère. Je n'aurois pas la douleur de voir que vous vous soyez peut-être donné tant de peine si inutilement. Ne croyez pas toutefois, quoi qu'il puisse arriver, que cela diminue en moi le sentiment des obligations que je vous ai. Je sens bien qu'il n'y a qu'une étoile bizarre et infortunée qui pût empêcher le succès d'une affaire si bien conduite, et où vous aviez également signalé votre prudence et votre amitié.

Je vous ai mandé, par ma dernière lettre, ce que M. de Pontchartrain avoit répondu à monsieur l'abbé Renaudot touchant nos ordonnances. Comme il a fait la distinction entre les raisons que vous aviez de le presser et celles que j'avois d'attendre, je m'en vais ce matin chez madame Racine, et je lui conseillerai de porter votre ordonnance à M. de Bie, à part; je ne doute point qu'elle ne touche au plus tôt son argent. Pour moi, j'attendrai sans peine la commodité de M. de Pontchartrain : je n'ai rien qui me presse, et je vois bien que cela viendra. J'oubliai hier à [1] vous mander que M. de Pontchartrain, en même temps qu'il parla de nos ordonnances à monsieur l'abbé Renaudot, le chargea de me féliciter de la chanoinie que Sa Majesté avoit donnée à mon frère.

Je ne doute point, monsieur, que vous ne soyez à la veille de quelque grand et heureux événement ; et, si je ne me trompe, le roi va faire la plus triomphante campagne qu'il ait jamais faite. Il fera grand plaisir à M. de La Chapelle, qui, si nous l'en voulions croire, nous engageroit déjà à imaginer une médaille sur la prise de Bruxelles, dont je suis persuadé qu'il a déjà fait le type en lui-même.[2] Vous m'avez fort réjoui de me mander la

---

1. Jusqu'au milieu du xviiie siècle, on disait indifféremment *oublier à*, ou *oublier de,* comme on le peut voir dans le Dictionnaire de l'Académie. (B.-S.-P.)

2. On va voir par les lettres qui suivent que M. de La Chapelle se pressait trop.

part qu'a Mme de Maintenon dans notre affaire. Je ne manquerai pas de me donner l'honneur de lui écrire, mais il faut auparavant que notre embarras soit éclairci, et que je sache s'il faut parler sur le ton gai ou sur le ton triste.

Voici la quatrième lettre [1] que vous devez avoir reçue de moi depuis six jours. Trouvez bon que je vous prie encore ici de ne rien montrer à personne du fragment informe que je vous ai envoyé, et qui est tout plein des négligences d'un ouvrage qui n'est pas encore digéré. Le mot de *voir* y est répété partout jusqu'au dégoût. La stance

> Grands défenseurs de l'Espagne, etc.

rebat celle qui dit :

> Approchez, troupes altières, etc.

Celle sur la plume blanche du roi est un peu encore en maillot, et je ne sais si je la laisserai avec

> Mars et sa sœur la Victoire.

J'ai déjà retouché à tout cela, mais je ne veux point l'achever que je n'aie reçu vos remarques, qui sûrement m'éclaireront encore l'esprit : après quoi je vous envoierai l'ouvrage complet. Mandez-moi si vous croyez que je doive parler de M. de Luxembourg. Vous n'ignorez pas combien notre m^tre [2] est chatouilleux sur les gens qu'on associe à ses louanges.[3] Cependant j'ai suivi mon inclination. Adieu, mon cher monsieur; croyez qu'heureux ou malheureux, gratifié ou non gratifié, payé ou non payé, je serai toujours tout à vous.

DESPRÉAUX.

---

1. C'était bien la cinquième, savoir les n°s XXXV, XXXVI, XXXVII, et les deux lettres qui manquent. (B.-S.-P.)

2. Cette abréviation du mot *maître* est dans le manuscrit (B.-S.-P.)

3. Il ne donna plus de commandement à son frère, depuis qu'il eut entendu des *vivat* criés en faveur de MONSIEUR, après la victoire de Cassel (D'ALEMBERT, l. III, 63, n. 14.)

XXXVIII.[1]

RACINE A BOILEAU.

A Gemblours,[2] le 9e juin [1693.]

J'avois commencé une grande lettre, où je prétendois vous dire mon sentiment sur quelques endroits des stances que vous m'avez envoyées; mais comme j'aurai le plaisir de vous revoir bientôt, puisque nous nous en retournons à Paris, j'aime mieux attendre à vous dire de vive voix tout ce que j'avois à vous mander. Je vous dirai seulement, en un mot, que les stances m'ont paru très-belles et très-dignes de celles qui les précèdent, à quelque peu de répétitions près, dont vous vous êtes aperçu vous-même.

Le roi fait un grand détachement de ses armées, et l'envoie en Allemagne avec MONSEIGNEUR. Il a jugé qu'il falloit profiter de ce côté-là d'un commencement de campagne qui paroît si favorable, d'autant plus que le prince d'Orange, s'opiniâtrant à demeurer ici sous de grosses places et derrière des canaux et des rivières, la guerre auroit pu devenir ici fort lente, et peut-être moins utile que ce qu'on peut faire au delà du Rhin.[3] Nous allons

---

1. L'autographe est à la Bibliothèque nationale.
2. Orthographe, 1° du manuscrit; 2° de Moréri et des Dictionnaires géographiques de Vosgien et de l'Encyclopédie; 3° de l'histoire de Reboulet; 4° de la Description géographique de Longuerue; 5° des cartes de d'Anville, de Julien, de Delille, de Bonne, etc. C'est donc mal à propos que M. de Saint-Surin affirme que « l'histoire et la géographie disent Gembloux » (cela n'est vrai que pour les ouvrages modernes), et reproche aux éditeurs de Boileau d'avoir mis Gemblours. (B.-S.-P.)
3. Ce départ subit, malgré les sollicitations de Luxembourg, est une

demain coucher à Namur, M. de Luxembourg demeure en ce pays-ci avec une armée capable, non-seulement de faire tête aux ennemis, mais même de leur donner beaucoup d'embarras. Adieu, mon cher monsieur ; je me fais un grand plaisir de vous embrasser bientôt.

M. de Chamlai[1] a parlé depuis moi au P. de La Chaise, qui lui a dit les mêmes choses qu'il m'avoit dites : que tout ira bien, et qu'il n'y a qu'à le laisser faire. M. de Chamlai n'a point encore reçu de vos nouvelles; mais il compte sur votre amitié. Tous les gens de mes amis qui connoissent le P. de La Chaise et la manière dont s'est passée l'affaire de monsieur le doyen, m'assurent tous que nous devons avoir l'esprit en repos.[2]

Suscription : A Monsieur Monsieur Despréaux, cloître Notre-Dame, à Paris.

---

tache à la gloire de Louis XIV. Le prince d'Orange était perdu si on l'eût attaqué. — C'est aussi ce que dit Saint-Simon (I, 127), et il attribue ce départ aux prières de Mme de Maintenon. (B.-S.-P.)

1. Sur M. de Chamlai, voyez la lettre XII. — Sa liaison avec Boileau et Racine, dont il a été déjà question dans les lettres précédentes, résulte encore de ce billet inédit, adressé par le dernier au premier, et qui existe en original dans les papiers de Brossette :

« M. de Chamlai se doit trouver avec moy ce matin à neuf heures, vous nous feriez plaisir à l'un et à l'autre de vous y trouver aussi. Je vous donne le bonjour. RACINE.

« Ce 15 août. » (*Adresse :* A Monsieur Monsieur Despréaux.)

Il est probable que l'entrevue où Boileau était appelé avait pour but des éclaircissements que l'emploi de Chamlai le mettait à portée de donner sur la guerre à nos deux historiographes. Ce billet est par conséquent postérieur à 1677. (B.-S.-P.)

2. Voyez lettre XI. Le P. de La Chaise arrangea effectivement l'affaire de la Sainte-Chapelle, et Boileau publiait partout qu'il lui était redevable de ce service. (DAUNOU).

XXXIX.[1]

BOILEAU A RACINE.

A Paris, 13 juin 1693.

Je ne suis revenu que ce matin d'Auteuil, où j'ai été passer, durant quatre jours, la mauvaise humeur que m'avoit donnée le bizarre contre-temps qui nous est arrivé dans l'affaire de la chanoinie. J'ai reçu, en arrivant à Paris, votre dernière lettre, qui m'a fort consolé, aussi bien que celle que vous avez écrite à monsieur l'abbé Dongois. J'ai été fort surpris d'apprendre que M. de Chamlai n'avoit point encore reçu le compliment que je lui ai envoyé sur-le-champ, et qui a été porté à la poste en même temps que la lettre que j'ai écrite au R. P. de La Chaise. Je lui en écris un nouveau, afin qu'il ne me soupçonne pas de paresse dans une occasion où il m'a si bien marqué et sa bonté pour moi, et sa diligence à obliger mon frère. Mais de peur d'une nouvelle méprise, je vous envoie ce compliment, empaqueté dans ma lettre, afin que vous le lui rendiez en main propre. Je ne saurois vous exprimer la joie que j'ai du retour du roi. La nouvelle bonté que Sa Majesté m'a témoignée, en accordant à mon frère le bénéfice que nous demandions, a encore augmenté le zèle et la passion très-sincère que j'ai pour elle. Je suis ravi de voir que sa sacrée personne ne sera point en danger cette campagne; et, gloire pour gloire, il me semble que les lauriers sont aussi bons à cueillir sur le Rhin et sur le Danube que sur l'Escaut et sur la Meuse. Je ne vous parle point du plaisir que j'aurai à vous embrasser plus tôt que je ne croyois : car cela s'en va sans dire. Vous avez bien fait de ne me point envoyer par écrit vos remarques sur mes stances, et d'attendre à m'en entretenir que vous soyez de retour, puisque, pour en bien juger, il faut que je vous aie communiqué auparavant les différentes manières dont je les puis

---

1. L'autographe est à la Bibliothèque nationale.

tourner, et les retranchements ou les augmentations que j'y puis faire.

Je vous prie de bien témoigner au R. P. de La Chaise l'extrême reconnoissance que j'ai de toutes ses bontés. Nous devons encore aller lundi prochain, M. Dongois et moi, prendre madame Racine pour la mener avec nous chez M. de Bie, qui ne doit être revenu de la campagne que ce jour-là. J'ai fait ma sollicitation pour vous à M. l'abbé Bignon. Il m'a dit que c'étoit une chose un peu difficile, à l'heure qu'il est, d'être payé au trésor royal. Je lui ai représenté que vous étiez actuellement dans le service, et qu'ainsi vous étiez au même droit que les soldats et les autres officiers du roi. Il m'a avoué que je disois vrai, et s'est chargé d'en parler très-fortement à M. de Pontchartrain. Il me doit rendre réponse aujourd'hui à notre assemblée. Adieu le type de M. de La Chapelle sur Bruxelles.[1] Il étoit pourtant imaginé fort heureusement et fort à propos; mais, à mon sens, les médailles prophétiques dépendent un peu du hasard, et ne sont pas toujours sûres de réussir. Nous voilà revenus à Heidelberg.[2] Je propose pour moi : *Heidelberga deleta,* et nous verrons ce soir si on l'acceptera, ou les deux vers latins que propose M. Charpentier, et qu'il trouve d'un goût merveilleux pour la médaille. Les voici :

Servare potui : perdere si possim rogas?[3]

Or comment cela vient à Heidelberg, c'est à vous à le deviner; car ni moi, ni même, je crois, M. Charpentier, n'en savons rien. Je ne vous parle presque point, comme vous voyez, de notre

---

1. Voyez lettre XXXVII.
2. C'est-à-dire : Nous voilà ramenés à nous occuper de la médaille sur Heidelberg. (P. M.) Heidelberg avait été pris le 21 mai précédent, par le maréchal de Lorges, dit Germain Garnier. Heidelberg ne fut point pris par le maréchal, qui, depuis le 18, marchait assez loin de là avec une partie de son armée pour s'opposer à celle du prince de Bade, mais par le marquis de Chavigny, avec une partie de l'armée. La ville fut en effet prise et saccagée le 21 mai, et le château se rendit le 23. Larrey, VI, 77.
3. C'est un vers de *Médée,* tragédie perdue d'Ovide, cité par Quintilien, l. VIII, ch. v. Il y a *an possim,* et non *si possim.* C'est sans doute par erreur que Boileau annonce deux vers. Le sens est : « J'ai bien pu la conserver, tu me demandes si je puis la détruire ? »

chagrin sur la chanoinie, parce que vos lettres m'ont rassuré, et que d'ailleurs il n'y a point de chagrin qui tienne contre le bonheur que vous me faites espérer de vous revoir bientôt ici de retour. Adieu, mon cher monsieur, aimez-moi toujours, et croyez qu'il n'y a personne qui vous honore et vous révère plus que moi.

XL.[1]

BOILEAU A RACINE.

Paris, jeudi au soir [18 juin 1693].

Je ne saurois, mon cher monsieur, vous exprimer ma surprise; et, quoique j'eusse les plus grandes espérances du monde, je ne laissois pas encore de me défier de la fortune de monsieur le doyen.[2] C'est vous qui avez tout fait, puisque c'est à vous que nous devons l'heureuse protection de Mme de Maintenon. Tout mon embarras maintenant est de savoir comment je m'acquitterai de tant d'obligations que je vous ai. Je vous écris ceci de chez M. Dongois le greffier, qui est sincèrement transporté de joie, aussi bien que toute notre famille; et, de l'humeur dont je vous connois, je suis sûr que vous seriez ravi vous-même de voir combien d'un seul coup vous avez fait d'heureux. Adieu, mon cher monsieur, croyez qu'il n'y a personne qui vous aime plus sincèrement ni par plus de raisons que moi. Témoignez bien à M. de Cavoie la joie que j'ai de sa joie,[3] et à Mgr de Luxembourg mes profonds respects. Je vous donne le bonsoir, et suis, autant que je le dois, tout à vous.

DESPRÉAUX.

Je viens d'envoyer chez Mme Racine.

---

1. L'autographe était à la Bibliothèque du Louvre, où M. Mesnard l'a consulté. Cette lettre fait partie du recueil de Louis Racine, p. 221.

2. L'abbé Jacques Boileau fut reçu chanoine le 13 janvier 1694. (*Registre de la Sainte-Chapelle.*)

3. Cavoie avait eu une audience de Louis XIV, qui lui avait promis le collier de l'ordre, promesse qui ne fut pas accomplie. (DAUNOU.)

XLI.[1]

RACINE A BOILEAU.

A Versailles, le 9 juillet [1693].

Je vais aujourd'hui à Marly, où le roi demeurera près d'un mois; mais je ferai de temps en temps quelques voyages à Paris, et je choisirai les jours de la petite académie.[2] Cependant je suis bien fâché que vous ne m'ayez pas donné votre ode : j'aurois peut-être trouvé quelque occasion de la lire au roi. Je vous conseille même de me l'envoyer. Il n'y a pas plus de deux lieues d'Auteuil à Marly. Votre laquais n'aura qu'à me demander et à me chercher dans l'appartement de M. Félix. Je vous prie de renvoyer mon fils à sa mère : j'appréhende que votre trop grande bonté ne vous coûte un peu trop d'incommodité. Je suis entièrement à vous. RACINE.

Suscription : A Monsieur Monsieur Despréaux, à Auteuil.

XLII.[3]

RACINE A BOILEAU.

A Marly, le 6ᵉ août au matin [1693].

Je ferai vos présents[4] ce matin. Je ne sais pas bien encore quand je vous reverrai, parce qu'on attend à toute

---

1. L'autographe est à la Bibliothèque nationale.
2. Le mardi et le samedi. On sait que Boileau était très-exact aux séances de l'Académie des Médailles.
3. L'autographe est à la Bibliothèque nationale.
4. Il s'agit de la distribution des exemplaires de l'*Ode sur la prise de Namur.*

heure des nouvelles d'Allemagne. La victoire[1] de M. de Luxembourg est bien plus grande que nous ne pensions, et nous n'en savions pas la moitié. Le roi reçoit tous les jours des lettres de Bruxelles et de mille autres endroits, par où il apprend que les ennemis n'avoient pas une troupe ensemble le lendemain de la bataille ; presque toute l'infanterie qui restoit avoit jeté ses armes. Les troupes hollandoises se sont la plupart enfuies jusqu'en Hollande. Le prince d'Orange, qui pensa être pris après avoir fait des merveilles, coucha le soir, lui huitième, avec M. de Bavière,[2] chez un curé près de Loo. Nous avons vingt-cinq ou trente drapeaux, cinquante-cinq étendards, soixante-seize pièces de canon, huit mortiers, neuf pontons, sans tout ce qui est tombé dans la rivière. Si nos chevaux, qui n'avoient point mangé depuis deux fois vingt-quatre heures, eussent pu marcher, il ne resteroit pas un homme ensemble[3] aux ennemis.

Tout en vous écrivant, il me vient en pensée de vous envoyer deux lettres, l'une de Bruxelles, l'autre de Vilvorde, et un récit du combat en général, qui me fut dicté hier au soir par M. d'Albergotti.[4] Croyez que c'est comme si M. de Luxembourg l'avait dicté lui-même. Je ne sais si vous le pourrez lire ; car en écrivant j'étois accablé de sommeil, à peu près comme l'étoit M. de Puymorin en écrivant ce bel arrêt sous M. Dongois.[5] Le roi est trans-

---

1. La victoire de Nerwinde, le 29 juillet 1693.
2. Maximilien-Marie-Emmanuel, électeur de Bavière, frère de Marie-Anne-Christine, dauphine de France, morte en 1690.
3. *Ensemble*, terme militaire qui indique la cohésion des troupes.
4. Colonel du régiment de Royal-Italien, mort en 1717, à soixante-treize ans, lieutenant général et cordon bleu. (*Gazette de France*.)
5. Jean Dongois, son beau-frère, lui dictait une nuit un arrêt pressant. Frappé de la rapidité avec laquelle Puymorin écrivait, il concevait déjà des

porté de joie, et tous ses ministres, de la grandeur de cette action. Vous me feriez un fort grand plaisir, quand vous aurez lu tout cela, de l'envoyer, bien cacheté, avec cette même lettre que je vous écris, à M. l'abbé Renaudot,[1] afin qu'il ne tombe point dans l'inconvénient de l'année passée. Je suis assuré qu'il vous en aura obligation : ce ne sera que la peine de votre jardinier. Il pourra distribuer une partie des choses que je vous envoie en plusieurs articles, tantôt sous celui de Bruxelles, tantôt sous celui de Landefermé, où M. de Luxembourg campa le 31 juillet à demi-lieue du champ de bataille, tantôt même sous l'article de Malines ou de Vilvorde.

Il saura d'ailleurs les actions des principaux particuliers, comme, que M. de Chartres chargea trois ou quatre fois à la tête de divers escadrons, et fut débarrassé des ennemis, ayant blessé de sa main l'un d'eux qui le vouloit emmener; le pauvre Vacoigne,[2] tué à son côté; M. d'Arci son gouverneur, tombé aux pieds de ses chevaux, le sien ayant été blessé; La Bertière, son sous-gouverneur, aussi blessé. Monsieur le prince de Conti chargea aussi plusieurs fois, tantôt avec la cavalerie, tantôt avec l'infanterie, et regagna pour la troisième fois le fameux village de Nerwinde, qui donne le nom à la bataille, et reçut sur sa tête un coup de sabre d'un des ennemis qu'il tua sur-le-champ. M. le Duc chargea de même, regagna la seconde fois le village à la tête de l'infanterie, et com-

espérances de ces dispositions pour la pratique, lorsqu'au bout de deux heures, ayant voulu lire l'arrêt, il n'y trouva que le dernier mot de chaque phrase. (LOUIS RACINE.)

D'Alembert a attribué ce petit fait à Boileau lui-même; on voit que c'est une erreur.

1. Il avait le privilége de la *Gazette*.
2. La *Gazette* du 12 août 1693 écrit *de Vacogne*.

battit encore à la tête de plusieurs escadrons de cavalerie. M. de Luxembourg étoit, dit-on, quelque chose de plus qu'humain, volant partout, et même s'opiniâtrant à continuer les attaques dans le temps que les plus braves étoient rebutés, menoit en personne les bataillons et les escadrons à la charge. M. de Montmorency,[1] son fils aîné, après avoir combattu plusieurs fois à la tête de sa brigade de cavalerie, reçut un coup de mousquet dans le temps qu'il se mettoit au-devant de son père pour le couvrir d'une décharge horrible que les ennemis firent sur lui. Monsieur le comte de Luxe,[2] son frère, blessé à la jambe, monsieur de La Roche-Guyon,[3] au pied, et tous les autres que sait monsieur l'abbé; monsieur le maréchal de Joyeuse,[4] blessé aussi à la cuisse, et retournaut au combat après sa blessure. Monsieur le maréchal de Villeroy entra dans les lignes ou retranchements à la tête de la maison du roi.

Nous avons quatorze cents prisonniers, entre lesquels cent soixante-cinq officiers, plusieurs officiers généraux, dont on aura sans doute donné les noms. On croit le pauvre Ruvigni[5] tué : on a ses étendards; et ce fut à la tête de son régiment de François que le prince d'Orange chargea nos escadrons, en renversa quelques-uns, et enfin

---

1. Charles-François-Frédéric, gendre du duc de Chevreuse.
2. Christian-Louis, comte de Luxe, quatrième fils du maréchal de Luxembourg.
3. François de La Rochefoucauld, petit-fils de l'auteur des *Maximes*, gendre de Louvois, qui resta estropié des suites de sa blessure. Il a été fait duc de la Roche-Guyon en 1681, duc et pair de La Rochefoucauld en 1714, et mourut en 1728.
4. Jean-Armand, marquis de Joyeuse, maréchal de France du 27 mars précédent; il commandait l'aile gauche. (*Gazette de France*.)
5. Henri de Massue, marquis de Ruvigny, excellent officier que la révocation de l'édit de Nantes avait forcé de passer en Angleterre, où il servit sous le nom de lord Galloway. Il ne mourut qu'en 1720.

fut renversé lui-même. Le lieutenant-colonel de ce régiment, qui fut pris, dit à ceux qui le prenoient, en leur montrant de loin le prince d'Orange : « Tenez, messieurs, voilà celui qu'il vous falloit prendre. » Je conjure monsieur l'abbé Renaudot,[1] quand il aura fait son usage de tout ceci, de bien recacheter et cette lettre et mes mémoires, et de les renvoyer chez moi.

Voici encore quelques particularités. Plusieurs généraux des ennemis étoient d'avis de repasser d'abord la rivière. Le prince d'Orange ne voulut pas; l'électeur de Bavière dit qu'il falloit au contraire rompre tous les ponts, et qu'ils tenoient à ce coup les François. Le lendemain du combat, M. de Luxembourg a envoyé à Tirlemont, où il étoit resté plusieurs officiers ennemis blessés, entre autres le comte de Solms,[2] général de l'infanterie, qui s'est fait couper la jambe. M. de Luxembourg, au lieu de les faire transporter en cet état, s'est contenté de leur parole, et leur a fait offrir toute sorte de rafraîchissements. « Quelle nation est la vôtre! s'écria le comte de Solms en parlant au chevalier du Rosel, vous vous battez comme des lions, et vous traitez les vaincus comme s'ils étoient vos meilleurs amis.[3] »

Les ennemis commencent à publier que la poudre leur manqua tout à coup, et veulent par là excuser leur défaite. Ils ont tiré plus de neuf mille coups de canon, et nous quelque cinq ou six mille.

1. Ne pas oublier que Renaudot rédigeait la *Gazette de France*.
2. Henri de Maestrick, comte de Solms; il mourut à la suite de cette opération, âgé de cinquante-six ans.
3. Voltaire, dans le *Siècle de Louis XIV*, ch. XVI, attribue le mot, en l'arrangeant, à un comte de Salm : « Il n'y a point, lui fait-il dire, d'ennemis plus à craindre dans une bataille, ni d'amis plus généreux après la victoire. »

Je fais mille compliments à monsieur l'abbé Renaudot, et j'exciterai ce matin M. de Croissy[1] à empêcher, s'il peut, le malheureux *Mercure galant*[2] de défigurer notre victoire.

Il y avoit sept lieues du camp dont M. de Luxembourg partit jusqu'à Nerwinde. Les ennemis avoient cinquante-cinq bataillons et cent soixante escadrons.

Suscription : Pour Monsieur Despréaux.

XLIII.[3]

RACINE A BOILEAU.

[1693.]

Denys d'Halicarnasse, pour montrer que la beauté du style consiste principalement dans l'arrangement des mots, cite un endroit de l'Odyssée où, Ulysse et Eumée étant sur le point de se mettre à table pour déjeuner, le matin, Télémaque arrive tout à coup dans la maison d'Eumée. Les chiens, qui le sentent approcher, n'aboient point, mais remuent la queue ; ce qui fait voir à Ulysse que c'est quelqu'un de connoissance qui est sur le point d'entrer. Denys d'Halicarnasse, ayant rapporté tout cet endroit, fait cette réflexion que ce n'est point le choix des mots qui en fait l'agrément, la plupart de ceux qui y sont employés étant, dit-il, très-vils et très-bas, εὐτελεστάτων τε

---

1. Ministre des affaires étrangères depuis la disgrâce de Pomponne, en 1679.
2. Rédigé depuis 1672 par Donneau de Visé.
3. L'autographe est à la Bibliothèque nationale.
Racine fait ici des observations sur la *Neuvième Réflexion critique,* dont le manuscrit lui avait été communiqué, et qui fut publiée en 1694. (B.-S.-P.)

καὶ ταπεινοτάτων, et qui sont tous les jours dans la bouche des moindres laboureurs et des moindres artisans; mais qu'ils ne laissent pas de charmer par la manière dont le poëte a eu soin de les arranger.

En lisant cet endroit, je me suis souvenu que, dans une de vos nouvelles remarques, vous avancez que jamais on n'a dit qu'Homère ait employé un seul mot bas. C'est à vous de voir si cette remarque de Denys d'Halicarnasse n'est point contraire à la vôtre, et s'il n'est point à craindre qu'on vienne vous chicaner là-dessus. Prenez la peine de lire toute la réflexion de Denys d'Halicarnasse, qui m'a paru très-belle et merveilleusement exprimée; c'est dans son traité Περὶ συνθέσεως ὀνομάτων,[1] à la troisième page.

J'ai fait réflexion aussi qu'au lieu de dire que le mot d'*âne* est en grec un mot très-noble, vous pourriez vous contenter de dire que c'est un mot qui n'a rien de bas,[2] et qui est comme celui de cerf, de cheval, de brebis, etc. Ce *très-noble* me paroît un peu trop fort.

Tout ce traité de Denys d'Halicarnasse, dont je viens de vous parler, et que je relus hier tout entier avec un grand plaisir, me fit souvenir de l'extrême impertinence de M. Perrault, qui avance que le tour des paroles ne fait rien pour l'éloquence, et qu'on ne doit regarder qu'au sens; et c'est pourquoi il prétend qu'on peut mieux juger d'un auteur par son traducteur, quelque mauvais qu'il soit, que par la lecture de l'auteur même. Je ne me souviens point que vous ayez relevé cette extravagance, qui vous donnoit pourtant beau jeu pour le tourner en ridicule.

---

1. *De l'Arrangement des mots.*
2. Correction adoptée par Boileau.

Pour [1] le mot de μισγεῖσθαι, [2] qui signifie quelquefois *coucher* avec une femme ou avec un homme, et souvent *converser* simplement, voici des exemples tirés de l'Écriture. Dieu dit à Jérusalem, dans Ézéchiel : *Congregabo tibi amatores tuos cum quibus commista es*,[3] etc. Dans le prophète Daniel, les deux vieillards, racontant comme ils ont surpris Suzanne en adultère, disent, parlant d'elle et du jeune homme qu'ils prétendent qui étoit avec elle : *Vidimus eos pariter commisceri*.[4] Ils disent aussi à Suzanne : *Assentire nobis et commiscere nobiscum*.[5] Voilà *commisceri* dans le premier sens. Voici des exemples du second sens. Saint Paul dit aux Corinthiens : *Ne commisceamini fornicariis* :[6] « N'ayez point de commerce avec les fornicateurs. » Et, expliquant ce qu'il a voulu dire par là, il dit qu'il n'entend point parler des fornicateurs qui sont parmi les gentils; autrement, ajoute-t-il, il faudroit renoncer à vivre avec les hommes; mais quand je vous ai mandé de n'avoir point de commerce avec les fornicateurs, *non commisceri*, j'ai entendu parler de ceux qui se pourroient trouver parmi les fidèles, et non-seulement avec les fornicateurs, mais encore avec les avares et les usurpateurs du bien d'autrui, etc.

Il en est de même du mot *cognoscere*, qui se trouve dans ces deux sens en mille endroits de l'Écriture.

Encore un coup, je me passerois de la fausse érudition

---

1. Ceci se rapporte à la *Troisième Réflexion critique*.
2. Racine a écrit μισγεῖσθαι au lieu de μισγεσθαι.
3. Ézéchie, ch. xvi, verset 37. Dans la marge du manuscrit, il y a : ἐπεμίγης. (B.-S.P.)
4. Daniel, ch. xiii, verset 38.
5. Daniel, ch. xiii, verset 20.
6. Saint Paul, épître I aux Corinthiens, ch. v, versets 9-11. A la marge du manuscrit, il y a : συναναμίγνυσθαι. (B.-S.-P.)

de Tussanus,[1] qui est trop clairement démentie par l'endroit des servantes de Pénélope. M. Perrault ne peut-il pas avoir quelque ami grec qui lui fournisse des mémoires?

XLIV.[2]

RACINE A BOILEAU.

A Fontainebleau, le 28 septembre [1694].

Je suppose que vous êtes de retour de votre voyage,[3] afin que vous puissiez bientôt m'envoyer vos avis sur un nouveau cantique[4] que j'ai fait depuis que je suis ici, et que je ne crois pas qui soit suivi d'aucun autre. Ceux que Moreau[5] a mis en musique ont extrêmement plu : il est ici, et le roi doit les lui entendre chanter au premier jour.

1. Jacques Toussain, helléniste, mort en 1547, qui a pris le nom de Tussanus sur son *Lexicon græco-latinum.* Jacques Toussain, au mot Μιγνύω, dit : Μιγνυσθαι rem habere; sed proprie vir mulieri μιγνυσθαι dicitur, non mulier viro. C'est de cette distinction erronée que Racine conseille sans doute à Boileau de ne pas faire usage.
Boileau a profité de cet avis, car dans ses *Réflexions critiques* il ne cite pas Toussain. (B.-S.-P.)
2. Cette lettre se trouve dans le recueil de Louis Racine, p. 232, mais l'autographe n'est pas à la Bibliothèque nationale. Nous nous en rapportons à M. Berriat-Saint-Prix, qui avait le manuscrit original sous les yeux.
3. Tout ce que nous savons sur ce voyage, c'est qu'il dut être de courte durée, puisque vingt-deux jours auparavant (6 septembre) Boileau était à la clôture de l'Académie des Médailles. (*Registres de l'Académie.*)
4. On voit, par les citations faites dans la lettre suivante, qu'il s'agit du cantique *sur le bonheur des justes et le malheur des réprouvés.*
5. Jean-Baptiste Moreau, maître de musique de la chambre du roi, né à Angers en 1656, mort à Paris le 24 août 1723. On lui doit la musique des *Bergers de Marly,* divertissement pour la cour; les chœurs de *Jonathas,* tragédie de Duché; les chœurs d'*Esther* et d'*Athalie,* de Racine; la musique de plusieurs chansons et cantates de Lainez, etc.

Prenez la peine de lire le septième[1] chapitre de la Sagesse, d'où ces derniers vers ont été tirés : je ne les donnerai point qu'ils n'aient passé par vos mains ; mais vous me ferez plaisir de me les renvoyer le plus tôt que vous pourrez. Je voudrois bien qu'on ne m'eût point engagé dans un embarras de cette nature; mais j'espère m'en tirer en substituant à ma place ce M. Bardou[2] que vous avez vu à Paris.

Vous savez bien, sans doute, que les Allemands ont repassé le Rhin, et même avec quelque espèce de honte. On dit que l'on leur a tué ou pris sept à huit cents hommes, et qu'ils ont abandonné trois pièces de canon.[3] Il est venu une lettre à Madame, par laquelle on lui mande que le Rhin s'étoit débordé tout à coup, et que près de quatre mille Allemands ont été noyés ; mais, au moment que je vous écris, le roi n'a point encore reçu de confirmation de cette nouvelle.[4] On dit que le milord Barclai est devant Calais pour le bombarder. Monsieur le maréchal de Villeroi s'est jeté dedans[5]. Voilà toutes les nouvelles de la guerre. Si vous

1. Inadvertance; c'est le *cinquième*. (B.-S.-P.)
2. C'est, selon Germain Garnier et MM. de Saint-Surin, Daunou et Amar, le Bardou critiqué dans les premières éditions de la satire VII qui portait au vers 45 : *Bardou, Mauroy, Boursaut*.. Il est pourtant peu probable que Racine eût osé se substituer un mauvais poëte dont Boileau venait seulement (édition de 1694) d'ôter le nom de ses satires. (B.-S.-P.)
3. Chacun s'applaudit de cette campagne; les Français pour avoir forcé les Allemands d'évacuer l'Alsace avec tant de précipitation qu'ils laissèrent en arrière un grand nombre de soldats ; les Allemands pour avoir ravagé l'Alsace, seul but de leur expédition. Larrey, VI, 194. — Ce qu'il y a de sûr, c'est que, selon l'expression d'un témoin oculaire, notre armée, après le départ des Allemands, « s'en retourna au camp aussi triste qu'elle en était partie gaillarde ». (B.-S.-P.)
4. Elle était fausse.
5. Ce n'était point Barclai, mais Schowel, un de ses officiers. Il commença le bombardement le 27 septembre et fut, grâce au vent, presque aussitôt forcé de l'abandonner. Barclai avait eu plus de succès à Dieppe, et

voulez, je vous en dirai d'autres de moindre conséquence. M. de Tourreil est venu ici présenter le *Dictionnaire de l'Académie* au roi et à la reine d'Angleterre, à Monseigneur et aux ministres. Il a partout accompagné son présent d'un compliment, [1] et on m'a assuré qu'il avoit très-bien réussi partout. Pendant qu'on présentoit ainsi le *Dictionnaire de l'Académie*, j'ai appris que Leers, libraire d'Amsterdam, avoit aussi présenté au roi et aux ministres une nouvelle édition du *Dictionnaire de Furetière*, qui a été très-bien reçu. [2] C'est M. de Croissy et M. de Pomponne [3] qui ont présenté Leers au roi. Cela a paru un assez bizarre contre-temps pour le *Dictionnaire de l'Académie*, qui me paroît n'avoir pas tant de partisans que l'autre. J'avois dit plusieurs fois à M. Thierry [4] qu'il auroit dû faire quelques pas pour ce dernier dictionnaire; et il ne lui auroit pas été difficile d'en avoir le privilége : peut-être même il ne le seroit pas encore. *Ne parlez qu'à lui seul de ce que je vous mande là-dessus.* [5] On commence à dire que le voyage de Fontainebleau pourra être abrégé de huit ou dix jours, à cause de ce que le roi y est fort incommodé de la goutte. Il en est au lit depuis trois ou quatre jours; il ne souffre pas pourtant beaucoup, Dieu merci, et il n'est arrêté au lit que par la foiblesse qu'il a

---

il en eut également davantage, en 1695 et 1696, à Calais même. Larrey, VI, 190 et suivante, 285 et 361. (B.-S.-P.)

1. Il en fit vingt-huit différents, tous fort applaudis selon de Boze (Acad. Inscr., III, xxviii); et cependant le seul qu'on ait publié est, disent MM. de Saint-Surin et Daunou, un tissu de flatteries hyperboliques et ridicules. (B.-S.-P.)

2. Nouvelle édition, la Haye et Rotterdam, 1694, 2 vol. in-fol.

3. Disgracié en 1679, rentré au conseil en 1691.

4. Libraire de Boileau.

5. Louis Racine, Daunou, Viollet-le-Duc, avaient dans leur édition supprimé cette ligne; elle a été rétablie par M. Berriat-Saint-Prix.

CORRESPONDANCE.

encore aux jambes. Il me paroît par les lettres de ma femme, que mon fils [1] a grande envie de vous aller voir à Auteuil. J'en serai fort aise, pourvu qu'il ne vous embarrasse point du tout. Je prendrai en même temps la liberté de vous prier de tout mon cœur de l'exhorter à travailler sérieusement, et à se mettre en état de vivre en honnête homme. Je voudrois bien qu'il n'eût pas l'esprit autant dissipé qu'il l'a par l'envie démesurée qu'il témoigne de voir des opéras et des comédies. Je prendrai là-dessus vos avis quand j'aurai l'honneur de vous voir; et cependant je vous supplie de ne pas lui témoigner le moins du monde que je vous aie fait aucune mention de lui. Je vous demande pardon de toutes les peines que je vous donne, et suis entièrement à vous.

RACINE.

XLV. [2]

RACINE A BOILEAU.

A Fontainebleau, le 3 octobre [1694].

Je vous suis bien obligé de la promptitude avec laquelle vous m'avez fait réponse. Comme je suppose que vous n'avez pas perdu les vers que je vous ai envoyés, [3] je vais vous dire mon sentiment sur vos difficultés et en même temps vous dire plusieurs changements que j'avois déjà

---

1. L'aîné, celui qui travaillait dans les bureaux des affaires étrangères.
2. L'autographe est à la Bibliothèque nationale. Au dos de la lettre, on lit cette note : « Minute à recopier. » Un autre autographe appartient à M. Boutron-Charlard. Il porte la date de 1694.
3. Le cantique *sur le bonheur des justes et sur le malheur des réprouvés,* dont il est question dans la lettre précédente.

faits de moi-même : car vous savez qu'un homme qui compose fait souvent son thème en plusieurs façons.

>Quand, par une fin soudaine,
>Détrompés d'une ombre vaine
>Qui passe et ne revient plus...

J'ai choisi ce tour, parce qu'il est conforme au texte, qui parle de la fin imprévue des réprouvés; et je voudrois bien que cela fût bon, et que vous pussiez passer et approuver *par une fin soudaine,* qui dit précisément la chose. Voici comme j'avois mis d'abord :

>Quand, déchus d'un bien frivole,
>Qui comme l'ombre s'envole
>Et ne revient jamais plus...

Mais ce *jamais* me parut un peu mis pour remplir le vers, au lieu que *qui passe et ne revient plus* me sembloit assez plein et assez vif. D'ailleurs, j'ai mis à la troisième stance : [1] *pour trouver un bien fragile,* et c'est la même chose qu'*un bien frivole.* Ainsi tâchez de vous accoutumer à la première manière, ou trouvez quelque autre chose qui vous satisfasse. Dans la 2ᵉ stance,[2]

>Misérables que nous sommes,
>Où s'égaroient nos esprits?

Infortunés m'étoit venu le premier; mais le mot de *misérables,* que j'ai employé dans *Phèdre,* à qui je l'ai mis dans la bouche,[3] et que l'on a trouvé assez bien,

---

1. Elle est devenue la quatrième.
2. Elle est devenue la troisième.
3.   Misérable! et je vis! et je soutiens la vue
    De ce sacré soleil dont je suis descendue!
                (*Phèdre,* acte IV, scène vi.)

m'a paru avoir de la force en le mettant aussi dans la bouche des réprouvés, qui s'humilient et se condamnent eux-mêmes.[1] Pour le second vers, j'avois mis :

> Diront-ils avec des cris...

Mais j'ai cru qu'on pouvoit leur faire tenir tout ce discours sans mettre *diront-ils*,[2] et qu'il suffisoit de mettre à la fin : *Ainsi, d'une voix plaintive*, et le reste, par où on fait entendre que tout ce qui précède est le discours des réprouvés. Je crois qu'il y en a des exemples dans les Odes d'Horace.

> Et voilà que triomphants...

Je me suis laissé entraîner au texte : *Ecce quomodo computati sunt inter filios Dei?*[3] et j'ai cru que ce tour marquoit mieux la passion ; car j'aurois pu mettre : *Et maintenant triomphants*,[4] etc.

Dans la 3ᵉ stance,[5]

> Qui nous montroit la carrière
> De la bienheureuse paix.

On dit *la carrière de la gloire, la carrière de l'honneur*, c'est-à-dire *par où on court à la gloire, à l'honneur*. Voyez si l'on ne pourroit pas dire de même *la carrière de la bienheureuse paix*; on dit même *la carrière de la vertu*. Du reste, je ne devine pas comment je le pourrois mieux dire.

1. Racine a rétabli le mot *infortunés*.
2. Il a aussi remis *diront-ils*, mais au troisième vers de la même stance.
3. *Sagesse*, ch. v, verset 5.
4. Il y a : mais *aujourd'hui* triomphants.
5. Devenue la quatrième.

Il reste la 4ᵉ stance.[1] J'avois d'abord mis le mot de *repentance;* mais outre qu'on ne diroit pas bien les remords de la repentance, au lieu qu'on dit *les remords de la pénitence,* ce mot de *pénitence,* en le joignant avec *tardive,* est assez consacré dans la langue de l'Écriture : *sero pœnitentiam agentes.* On dit *la pénitence d'Antiochus,* pour dire *une pénitence tardive et inutile.* On dit aussi, dans ce sens, *la pénitence des damnés.* Pour la fin de cette stance, je l'avois changée deux heures après que ma lettre fut partie. Voici la stance entière.

> Ainsi, d'une voix plaintive,
> Exprimera ses remords
> La pénitence tardive
> Des inconsolables morts.
> Ce qui faisoit leurs délices,
> Seigneur, fera leurs supplices :
> Et, par une égale loi,
> Les saints trouveront des charmes
> Dans le souvenir des larmes
> Qu'ils versent ici pour toi.

Je vous conjure de m'envoyer votre sentiment sur tout ceci. J'ai dit franchement que j'attendois votre critique avant que de donner mes vers au musicien, et je l'ai dit à madame de Maintenon, qui a pris de là occasion de me parler de vous avec beaucoup d'amitié. Le roi a entendu chanter les deux autres cantiques, et a été fort content de M. Moreau, à qui nous espérons que cela pourra faire du bien. Il n'y a rien ici de nouveau. Le roi a toujours la goutte, et en est au lit. Une partie des princes sont revenus de l'armée; les autres arriveront demain ou après-demain. Je vous félicite du beau temps que nous avons ici : car je crois que vous l'avez aussi à Auteuil, et que

---

1. Devenue la cinquième.

CORRESPONDANCE.

vous en jouissez plus tranquillement que nous ne faisons ici. Je suis entièrement à vous.[1]

La harangue de monsieur l'abbé Boileau[2] a été trouvée très-mauvaise en ce pays-ci. M. de Niert prétend que Richesource en est mort de douleur. Je ne sais pas si la douleur est bien vraie, mais la mort est très-véritable.[3]

XLVI.[4]

RACINE A BOILEAU.

A Compiègne, le 4 mai [1695].

M. Des Granges m'a dit qu'il avoit fait signer hier nos ordonnances, et qu'on les feroit viser par le roi après-demain ; et qu'ensuite il les envoieroit[5] à M. Dongois, de qui vous les pouvez retirer. Je vous prie de me garder la

---

1. Cette dernière phrase manque dans l'autographe de M. Boutron-Charlard.
2. Charles Boileau, abbé de Beaulieu, prédicateur, membre de l'Académie française, né à Beauvais, mort à Paris en 1704. Non-seulement il n'était pas, comme l'a dit Sabatier de Castres, frère de Despréaux, mais il n'était même pas de la famille. Il a laissé des *Homélies et Sermons sur les évangiles du carême,* publiés par Richard. Paris, 1712, 2 vol. in-12; des *Panégyriques.* Paris, 1718, in-8° et in-12; on a publié aussi, Paris, 1733, in-12, un volume de *Pensées* extraites de ses sermons.
3. La lettre continue ainsi dans l'autographe de M. Boutron-Charlard : « Je suis en peine de la santé de M. Nicole. Vous m'obligeriez de me mander si vous en avez des nouvelles. Monsieur le duc de Chevreuse s'informa fort de votre santé hier et ce matin. J'ai eu une lettre de madame la comtesse de Gramond, et j'ai opinion qu'elle doit avoir à se plaindre de ne point recevoir de vos lettres.
« Je suis, monsieur, bien entièrement à vous.
« RACINE. »
4. L'autographe est à la Bibliothèque nationale.
5. Louis Racine a mis *enverroit*.

mienne jusqu'à mon retour. Il n'y a point ici de nouvelles. Quelques gens veulent que le siége de Casal soit levé; mais la chose est fort douteuse,[1] et on n'en sait rien de certain.

Six armateurs de Saint-Malo[2] ont pris dix-sept vaisseaux d'une flotte marchande des ennemis, et un vaisseau de guerre de soixante pièces de canon. Le roi est en parfaite santé, et ses troupes merveilleuses.

Quelque horreur que vous ayez pour les méchants vers, je vous exhorte à lire *Judith*,[3] et surtout la préface, dont je vous prie de me mander votre sentiment. Jamais je n'ai rien vu de si méprisé que tout cela l'est en ce pays-ci, et toutes vos prédictions sont accomplies.[4] Adieu, monsieur, je suis entièrement à vous.

Je crains de m'être trompé en vous disant qu'on envoieroit nos ordonnances à M. Dongois, et je crois que c'est à M. de Bie, chez qui M. Des Granges m'a dit que M. Dongois n'auroit qu'à envoyer samedi prochain.

Suscription : A Monsieur Monsieur Despréaux, cloistre Notre-Dame, chez monsieur l'abbé de Dreux, à Paris.

---

1. Casal ne fut rendue au duc de Savoie, par M. de Crenan, que le 11 juillet suivant. Larrey, VI, 224. (B.-S.-P.)

2. Commandés par Jacobsen. (*Gazette de France*.)
D'autres éditeurs ont mis : par Duguay-Trouin; c'est une erreur; il était alors au Spitzberg.

3. Tragédie de Boyer.

4. Boileau avait dit à Hessein, un des prôneurs de Boyer : « Je l'attends sur le papier. » *Bolœana*, de Monchesnay.

XLVII.[1]

RACINE A BOILEAU.

Versailles, le 4 avril [1696].

Je suis très-obligé au P. Bouhours de toutes les honnêtetés qu'il vous a prié de me faire de sa part, et de la part de sa compagnie. Je n'avois point encore entendu parler de la harangue de leur régent de troisième,[2] et comme ma conscience ne me reproche rien à l'égard des jésuites, je vous avoue que j'ai été un peu surpris d'apprendre que l'on m'eût déclaré la guerre chez eux. Vraisemblablement ce bon régent est du nombre de ceux qui m'ont très-faussement attribué la traduction du *Santolius pœnitens* ;[3] et il s'est cru engagé d'honneur à me rendre injures pour injures. Si j'étois capable de lui vouloir quelque mal, et de me réjouir de la forte réprimande que le P. Bouhours dit qu'on lui a faite, ce seroit sans doute pour m'avoir soupçonné d'être l'auteur d'un pareil ouvrage : car pour mes tragédies, je les abandonne volontiers à sa critique. Il y a longtemps que Dieu m'a fait la grâce d'être

---

1. Publiée par Desmolets en 1729, dans sa *Continuation des mémoires de littérature et d'histoire,* t. VII, p. 293; par Louis Racine, p. 255, avec quelques légers changements. L'autographe appartient à M. Boutron-Charlard.

2. Ce régent prononça un discours latin sur ce sujet : *Racinius an christianus? an poeta? Racine est-il chrétien? est-il poëte?* La réponse était : Ni l'un ni l'autre. *Racine,* édition de La Harpe, I, 90-91.

3. Santeuil, après avoir composé l'épitaphe d'Arnauld, en demanda pardon aux jésuites. Rollin, sur ce sujet, composa le *Santolius pœnitens,* que Boivin traduisit.

assez peu sensible au bien et au mal qu'on en peut dire, et de ne me mettre en peine que du compte que j'aurai à lui en rendre quelque jour.

Ainsi, monsieur, vous pouvez assurer le P. Bouhours et tous les jésuites de votre connoissance, que, bien loin d'être fâché contre le régent qui a tant déclamé contre mes pièces de théâtre, peu s'en faut que je ne le remercie et d'avoir prêché une si bonne morale dans leur collége, et d'avoir donné lieu à sa compagnie de marquer tant de chaleur pour mes intérêts; et qu'enfin, quand l'offense qu'il m'a voulu faire seroit plus grande, je l'oublierois avec la même facilité, en considération de tant d'autres pères dont j'honore le mérite, et surtout en considération du R. P. de La Chaise, qui me témoigne tous les jours mille bontés et à qui je sacrifierois bien d'autres injures. Je vous supplie de croire que je suis entièrement à vous.

RACINE.

XLVIII.[1]

RACINE A BOILEAU.

A Fontainebleau, le 8 octobre [1697].

Je vous demande pardon si j'ai été si longtemps sans vous faire réponse; mais j'ai voulu, avant toutes choses, prendre un temps favorable pour recommander M. Manchon à M. de Barbesieux.[2] Je l'ai fait, et il m'a fort assuré qu'il feroit son possible pour me témoigner la considéra-

---

1. L'autographe est à la Bibliothèque nationale.
2. Louis-François Le Tellier, marquis de Barbezieux, fils de Louvois; il succéda à son père, dans le ministère de la guerre, en 1691. Il avait vingt-trois ans.

tion qu'il avoit pour vous et pour moi. Il m'a paru que le nom de M. Manchon lui étoit assez inconnu, et je me suis souvenu alors qu'il avoit un autre nom dont je ne me souvenois point du tout. J'ai eu recours à M. de La Chapelle,[1] qui m'a fait un mémoire que je présenterai à M. de Barbezieux dès que je le verrai. Je lui ai dit que monsieur l'abbé de Louvois [2] voudroit bien joindre ses prières aux nôtres, et je crois qu'il n'y aura point de mal qu'il lui en écrive un mot.

Je suis bien aise que vous ayez donné votre épître [3] à M. de Meaux, et que M. de Paris [4] soit disposé à vous donner une approbation authentique. [5] Vous serez surpris quand je vous dirai que je n'ai point encore rencontré M. de Meaux, quoiqu'il soit ici ; mais je ne vais guère aux heures où il va chez le roi, c'est-à-dire au lever et au coucher : d'ailleurs, la pluie presque continuelle empêche qu'on ne se promène dans les cours ou dans les jardins, qui sont les endroits où l'on a de coutume de se rencontrer. Je sais seulement qu'il a présenté au roi l'ordonnance de monsieur l'archevêque de Reims [6] contre

1. Henri de Bessé, cousin au cinquième degré de Manchon, petit-neveu de Boileau, fils de Bessé de La Chapelle, dont il a déjà été souvent question dans la *Correspondance*.
2. Camille Le Tellier, frère de Barbezieux, de l'Académie française, bibliothécaire du roi et évêque de Clermont sous le régent; né en 1675, mort en 1718.
3. Épître XII, *sur l'Amour de Dieu*.
4. Bossuet et M. de Noailles.
5. Cette phrase seule suffirait pour prouver que l'épître XII fut publiée au plus tôt à la fin de 1697, puisque Boileau parle de l'*approbation* de l'archevêque de Paris dans sa préface des trois dernières épîtres, et la lettre actuelle ne peut être antérieure au mois d'octobre 1697, puisqu'elle fait mention de l'arrivée du prince de Conti en Pologne, qui avait eu lieu à la fin de septembre. (B.-S.-P.)
6. Charles-Maurice Le Tellier : « Son ordonnance fera du bruit et embarrassera le roi, » écrivait Mme de Maintenon le 7 octobre 1697. (DAUNOU.)

les jésuites : elle m'a paru très-forte, et il y explique très-nettement la doctrine de Molina avant que de la condamner. Voilà, ce me semble, un rude coup pour les jésuites, et il y a bien des gens qui commencent à croire que leur crédit est fort baissé, puisqu'on les attaque si ouvertement. Au lieu que c'étoit à eux qu'on donnoit autrefois les priviléges pour écrire tout ce qu'ils vouloient, ils sont maintenant réduits à ne se défendre que par de petits libelles anonymes, pendant que les censures des évêques pleuvent de tous côtés sur eux. Votre épître ne contribuera pas à les consoler; et il me semble [1] que vous n'avez rien perdu pour attendre, et qu'elle paroîtra fort à propos.

On a eu nouvelle aujourd'hui que monsieur le prince de Conti [2] étoit arrivé en Pologne; mais on n'en sait pas davantage, n'y ayant point encore de courrier qui soit venu de sa part. Monsieur l'abbé Renaudot vous en dira plus que je ne saurois vous en écrire. Je n'ai pas fort avancé le mémoire dont vous me parlez. [3] Je crains même d'être entré dans des détails qui l'allongeront bien plus que je ne croyois. D'ailleurs, vous savez la dissipation de ce pays-ci.

1. Louis Racine (II, 243) a fait, dans les phrases précédentes, des suppressions et des corrections qui montrent combien les jésuites étaient encore redoutés de son temps. Voici ce que son édition porte : l'*Ordonnance de monsieur l'archevêque de Reims : elle m'a paru très-forte; et il y explique très-nettement la doctrine qu'il y condamne. Votre épître ne peut qu'être très-bien reçue; et il me semble...* (B.-S.-P.)

2. François-Louis de Bourbon-Conti, né en 1664, élu roi de Pologne le 27 juin 1697, parti le 6 septembre, arriva le 26 à Dantzig, et repartit le 6 novembre. (G. GARNIER.) — Selon Larrey (VI, 488), il était parti le 7 et arrivé le 28 septembre, et il remit à la voile le 9 novembre. (B.-S-P.)

3. Pour les religieuses de Port-Royal, selon Germain Garnier et M. de Saint-Surin; ce que nie M. Daunou, parce que, dit-il, cette affaire était terminée. (B.-S.-P.)

Pour m'achever, j'ai ma seconde fille [1] à Melun, qui prendra l'habit dans huit jours. J'ai fait deux voyages pour essayer de la détourner de cette résolution, ou du moins pour obtenir d'elle qu'elle différât encore six mois; mais je l'ai trouvée inébranlable. Je souhaite qu'elle se trouve aussi heureuse dans ce nouvel état qu'elle a eu d'empressement pour y entrer. Monsieur l'archevêque de Sens [2] s'est offert de venir faire la cérémonie, et je n'ai pas osé refuser un tel honneur. J'ai écrit à monsieur l'abbé Boileau [3] pour le prier d'y prêcher; et il a eu l'honnêteté de vouloir bien partir exprès de Versailles en poste, pour me donner cette satisfaction. Vous jugez que tout cela cause assez d'embarras à un homme qui s'embarrasse aussi aisément que moi. Plaignez-moi un peu dans votre profond loisir d'Auteuil, et excusez si je n'ai pas été plus exact à vous mander des nouvelles. La paix [4] en a fourni d'assez considérables, et qui nous donneront assez de matière pour nous entretenir quand j'aurai l'honneur de vous revoir. Ce sera au plus tard dans quinze jours, car je partirai deux ou trois jours avant le départ du roi. Je suis entièrement à vous.

RACINE.

1. Anne Racine, née le 29 juillet 1682. Elle avait donc quinze ans et deux mois.

2. Hardouin Fortin de La Hoguette, neveu de Hardouin de Péréfixe de Beaumont, et qui avait été d'abord évêque de Saint-Brieuc, puis de Poitiers. (*Gazette de France.*)

3. Charles Boileau, abbé de Beaulieu.

4. La paix de Riswick, conclue, le 20 septembre, avec l'Espagne, l'Angleterre et la Hollande, et bientôt après (30 octobre) avec l'empereur et l'empire. Larrey, VI, 519. On la célébra par plusieurs médailles.

XLIX.

BOILEAU A RACINE.

A Auteuil, mercredi [16 octobre 1697].[2]

Je crois que vous serez bien aise d'être instruit de ce qui s'est passé dans la visite que nous avons, ce matin, suivant votre conseil, rendue, mon frère et moi, au R. P. de La Chaise. Nous sommes arrivés chez lui sur les neuf heures du matin; et sitôt qu'on lui a dit notre nom, il nous a fait entrer. Il nous a reçus avec beaucoup de bonté, m'a fort obligeamment interrogé sur mes maladies, et a paru fort content de ce que je lui ai dit que mon incommodité[3] n'augmentoit point. Ensuite il a fait apporter des chaises, s'est mis tout proche de moi afin que je le pusse mieux entendre, et aussitôt, entrant en matière, m'a dit que vous lui aviez lu un ouvrage de ma façon, où il y avoit beaucoup de bonnes choses, mais que la matière que j'y traitois étoit une matière fort délicate et qui demandoit beaucoup de savoir pour en parler; qu'il avoit autrefois enseigné la théologie, et qu'ainsi il devoit être instruit de cette matière à fond; qu'il falloit faire une grande différence de l'amour *affectif* d'avec l'amour *effectif*;[4] que ce dernier étoit absolument nécessaire, et entroit dans l'attrition; au lieu que l'amour affectif venoit de la contrition parfaite; que celui-ci justifioit par lui-même le pécheur, au lieu que l'amour effectif n'avoit d'effet qu'avec l'absolution du prêtre.

---

1. Publiée d'abord en 1712, et ensuite dans l'édition de 1713, avec des changements faits probablement par Boileau lui-même. (B.-S.-P.) L'autographe est à la Bibliothèque nationale.

2. Nous montrerons plus loin que telle est probablement la date de cette lettre. (B.-S.-P.)

3. Sa surdité.

4. Dans le système de théologie suivi par le P. de La Chaise, l'amour *effectif* désigne le simple accomplissement des commandements de Dieu, et l'amour *affectif* le même accomplissement joint à une affection de Dieu. Note de M. l'abbé de L..., vicaire général. (B.-S.-P.)

Enfin il nous a débité en assez bons termes et fort longuement tout ce que beaucoup d'auteurs scolastiques ont écrit sur ce sujet, sans pourtant oser dire, comme eux, que l'amour de Dieu, absolument parlant, n'est point nécessaire pour la justification du pécheur. Mon frère le chanoine applaudissoit des yeux et du geste à chaque mot qu'il disoit, témoignoit être ravi de sa doctrine et de son énonciation. Pour moi, je suis demeuré assez froid et assez immobile. Et enfin, lorsqu'il a été las de parler, je lui ai dit que j'avois été fort surpris qu'on m'eût prêté des charités auprès de lui, et qu'on lui eût donné à entendre que j'avois fait un ouvrage contre les jésuites; que ce seroit une chose bien étrange si soutenir qu'on doit aimer Dieu s'appeloit écrire contre les jésuites; que mon frère avoit apporté avec lui vingt passages de dix ou douze de leurs plus fameux écrivains, qui soutenoient qu'on doit nécessairement aimer Dieu, et en des termes beaucoup plus forts que ceux qui étoient dans mes vers; que j'avois si peu songé à écrire contre sa société, que les premiers à qui j'avois lu mon ouvrage, c'étoit six jésuites des plus célèbres, qui m'avoient tous dit unanimement qu'un chrétien ne pouvoit pas avoir d'autres sentiments sur l'amour de Dieu que ceux que j'avois mis en rimes; qu'ensuite j'avois brigué de le lire à monseigneur l'archevêque de Paris, qui en avoit paru transporté aussi bien que M. de Meaux;[1] que néanmoins, si Sa Révérence croyoit mon ouvrage périlleux, je venois présentement pour le lui lire, afin qu'il m'instruisît de mes fautes; que je lui faisois donc le même compliment que j'avois fait à monseigneur l'archevêque, lorsque je le lui récitai, qui étoit que je ne venois point pour être loué, mais pour être approuvé; que je le priois donc de me prêter une vive attention, et de trouver bon même que je lui répétasse beaucoup d'endroits. Il a fort loué mon dessein, et je lui ai lu

---

1. M. de Noailles et Bossuet. La tournure de cette phrase et de la suivante annonce que la lettre actuelle est postérieure de quelque temps à celle du 8 octobre, où l'on a vu que l'entrevue de Boileau avec Noailles est présentée comme tout à fait récente. D'ailleurs l'entrevue avec le P. de La Chaise que l'on raconte ici fut sollicitée d'après le conseil de Racine, et Racine n'en parlant point dans la lettre du 8 octobre, il est probable qu'il donna ce conseil plus tard à Boileau. Les éditeurs n'auraient donc pas dû placer la même lettre après celle-ci. (B.-S.-P.)

mon épître avec toute la force et toute l'harmonie que j'ai pu. J'oubliois que je lui ai dit auparavant une chose qui l'a assez étonné ; c'est à savoir que je prétendois n'avoir proprement fait autre chose dans mon ouvrage que de mettre en rimes la doctrine qu'il venoit de nous débiter; et que je croyois que lui-même n'en pourroit pas disconvenir. Mais pour en venir au récit de ma pièce, croiriez-vous, monsieur, que j'ai tenu parole au bon père, et qu'à la réserve des deux objections qu'il vous a déjà faites, il n'a fait que s'écrier : « *Pulchre! bene! recte!* Cela est vrai, cela est indubitable ; voilà qui est merveilleux ; il faut lire cela au roi ; répétez-moi encore cet endroit. Est-ce là ce que M. Racine m'a lu ? » Il a été surtout extrêmement frappé de ces vers que vous lui aviez passés, et que je lui ai récités avec toute l'énergie dont je suis capable :

> Cependant on ne voit que docteurs, même austères, [1]
> Qui, les semant partout, s'en vont pieusement,
> De toute piété, etc.

Il est vrai que je me suis heureusement avisé d'insérer dans mon épître huit vers que vous n'avez pas approuvés, et que mon frère juge très à propos d'y rétablir. Les voici : c'est en suite de ce vers :

> *Oui, dites-vous. Allez, vous l'aimez, croyez-moi.*
> « Écoutez la leçon que lui-même il nous donne,
> « Qui m'aime? C'est celui qui fait ce que j'ordonne. [2] »
> Faites-le donc ; et, sûr qu'il nous veut sauver tous,
> Ne vous alarmez point pour quelques vains dégoûts
> Qu'en sa ferveur souvent la plus sainte âme éprouve.
> Courez toujours à lui ; [3] qui le cherche le trouve ;

---

1. Ce vers a été changé :
> On voit, pourtant on voit des docteurs même austères.

Épître XII, vers 50.

2. Ces deux vers ont été changés :
> Qui fait exactement ce que ma loi commande
> A pour moi, dit ce Dieu, l'amour que je demande.

Vers 99-100.

3. Autre changement, vers 104 :
> Marchez, courez à lui...

Et plus de votre cœur il paroît s'écarter,
Plus par vos actions songez à l'arrêter.

Il m'a fait redire trois fois ces huit vers. Mais je ne saurois vous exprimer avec quelle joie, quels éclats de rire, il a entendu la prosopopée. Enfin, j'ai si bien échauffé le révérend père que, sans une visite que dans ce temps-là monsieur son frère lui est venu rendre, il ne nous laissoit point partir que je ne lui eusse récité aussi les deux pièces de ma façon que vous avez lues au roi. Encore ne nous a-t-il laissés partir qu'à la charge que nous l'irions voir à sa maison de campagne,[1] et il s'est chargé de nous faire avertir du jour où nous l'y pourrions trouver seul. Vous voyez donc, monsieur, que si je ne suis pas bon poëte, il faut que je sois bon récitateur.

Après avoir quitté le P. de La Chaise, nous avons été voir le P. Gaillard,[2] à qui j'ai aussi, comme vous pouvez penser, récité l'épître. Je ne vous dirai point les louanges outrées qu'il m'a données. Il m'a traité d'homme inspiré de Dieu, et il m'a dit qu'il n'y avoit que des coquins qui pussent contredire mon opinion. Je l'ai fait ressouvenir du petit père théologien avec qui j'eus une prise devant lui chez M. de Lamoignon. Il m'a dit que ce théologien étoit le dernier des hommes ; que si sa société avoit à être fâchée, ce n'étoit pas de mon ouvrage, mais de ce que des gens osoient dire que cet ouvrage étoit fait contre les jésuites. Je vous écris tout ceci à dix heures du soir, au courant de la plume. Vous en ferez tel usage que vous jugerez à propos. Cependant je vous prie de retirer la copie que vous avez mise entre les mains de Mme de Maintenon, afin que je lui en redonne une autre où l'ouvrage soit dans l'état où il doit demeurer. Je vous embrasse de tout mon cœur, et suis tout à vous.

1. Mont-Louis, sur l'emplacement actuel du cimetière qui a pris de là l'appellation populaire du cimetière du Père La Chaise ; administrativement, c'est le cimetière de l'Est.
2. Honoré Reynaud de Gaillard, célèbre prédicateur, recteur des jésuites de Paris, confesseur de la reine d'Angleterre, épouse de Jacques II ; né à Aix le 9 octobre 1641, mort à Paris le 11 juin 1727. On a imprimé plusieurs de ses oraisons funèbres.

L.[1]

RACINE A BOILEAU.

A Paris, ce lundi 20 janvier [1698].

J'ai reçu une lettre de la mère abbesse de Port-Royal,[2] qui me charge de vous faire mille remercîments de vos épîtres, que je lui ai envoyées de votre part. On y est charmé et de l'épître de l'*Amour de Dieu* et de la manière dont vous parlez de M. Arnaud : on voudroit même que ces épîtres fussent imprimées en plus petit volume. Ma fille aînée, à qui je les ai aussi envoyées, a été transportée de joie de ce que vous vous souvenez encore d'elle. Je pars dans ce moment pour Versailles, d'où je ne reviendrai que samedi. J'ai laissé à ma femme ma quittance pour recevoir ma pension d'homme de lettres. Je vous prie de l'avertir du jour que vous irez chez M. Gruyn;[3] elle vous ira prendre, et vous mènera dans son carrosse.

J'ai eu des nouvelles de mon fils par M. l'archevêque de Cambrai[4], qui me mande qu'il l'a vu à Cambrai[5] jeudi

---

1. L'autographe ne se trouve plus à la Bibliothèque nationale. L'éditeur de 1807 a imprimé cette lettre d'après cet autographe qu'il eut sous les yeux.
2. Tante de Racine.
3. L'un des trois trésoriers des deniers royaux.
4. Fénelon.
5. Racine fils y avait passé en se rendant à la Haye. M. de Torcy l'avait envoyé porter des dépêches à M. de Bonrepaux, ambassadeur de France.

dernier, et qu'il a été fort content de l'entretien qu'il a [eu] avec lui. Je suis à vous de tout mon cœur.

RACINE.[1]

1. M. Aimé Martin a, dans le tome VI, p. 196-197 de l'édition de 1844, ajouté deux lettres à cette correspondance de Racine et de Boileau : l'une de Racine à Boileau, l'autre de Boileau à Racine, qu'il a publiées d'après des « manuscrits autographes faisant partie de la collection de M. Feuillet de Conches ». Voici ces deux lettres qui, selon l'éditeur, devraient se placer vers l'année 1690 :

RACINE A BOILEAU.
« Le 28.

« Je suis fort touché des inquiétudes que vous montrez sur ma santé, et je vous demande pardon si j'ai été si longtemps sans vous faire réponse pour M. de Lamoignon. Ma santé est fort bonne, Dieu merci; mais je suis trop occupé à donner la dernière main à ma pièce d'*Athalie* pour me rendre à l'honneur que veulent me faire madame de Lamoignon et le P. de La Rue. Je vous serois bien obligé de m'obtenir que le récit fût remis à la semaine prochaine. Appuyez, je vous supplie, sur mon regret et sur mes respects. Je prendrois bien la liberté de leur écrire à tous deux ; mais, en vérité, vous ferez la chose mieux que moi. Je vous demande encore pardon de toutes les peines que je vous donne, et suis bien entièrement à vous. »

BOILEAU A RACINE.
« A Versailles, à 6 heures.

« Le contre-temps de votre indisposition a été bien fâcheux ; car, en arrivant à Versailles, j'ai joui d'une merveilleuse bonne fortune : j'ai été appelé dans la chambre de madame de Maintenon pour voir jouer devant le roi, par les actrices de Saint-Cyr, votre pièce d'*Athalie*. Quoique les élèves n'eussent que leurs habits ordinaires, tout a été le mieux du monde et a produit un grand effet. Le roi a témoigné être ravi, charmé, enchanté, ainsi que madame de Maintenon. Pour moi, trouvez bon que je vous répète que vous n'avez pas fait de meilleur ouvrage. Adieu, mon cher monsieur; je suis fort pressé aujourd'hui. Si j'avois plus de loisir, je vous manderois plus au long certains détails, et vous rapporterois un mot charmant de M. de Chartres[*] sur votre pièce, et qui a fait dire de grands biens de vous par le roi ; mais je vous verrai vraisemblablement demain, et j'aime mieux attendre à vous dire cela de vive voix. Je suis votre très-humble et très-obéissant serviteur. »

L'authenticité de ces deux lettres est douteuse ; nous n'avons pas cru devoir les admettre à leur place dans cette série.

[*] Le duc de Chartres, comme on l'a vu page 117.

LETTRES DE RACINE

A SON FILS[1]

I.

A Fontainebleau, ce 24 septembre [1691].

Mon cher fils,

Vous me faites plaisir de me mander des nouvelles ; mais prenez garde de ne les pas prendre dans les gazettes de Hollande ; car, outre que nous les avons comme vous, vous y pourriez apprendre certains termes qui ne valent rien, comme celui de *recruter*, dont vous vous servez, au lieu de quoi il faut dire *faire des recrues*. Mandez-moi des nouvelles de vos promenades, et de celles de la santé de vos sœurs. Il est bon de diversifier un peu, et de ne vous pas jeter toujours sur l'Irlande et sur l'Allemagne.

Dites à M. Vuillard que j'ai reçu son paquet, et que

1. Jean-Baptiste Racine, à qui ces lettres sont adressées, était l'aîné des enfants de Racine. Il était né le 10 novembre 1678, et mourut le 31 janvier 1747, sans avoir été marié. Au 24 septembre 1691, il n'avait pas tout à fait treize ans.

Les autographes de toutes les lettres de Racine à son fils existent à la Bibliothèque nationale.

j'ai lu avec beaucoup de plaisir l'écrit qu'il m'envoie. Faites-lui-en bien des remerciements pour moi. S'il vous demande des nouvelles de ce pays-ci, vous lui direz que le combat de M. de Luxembourg [1] a été bien plus considérable qu'on ne le croyoit d'abord. Les ennemis ont laissé treize cents morts sur la place, et plus de cinq cents prisonniers, parmi lesquels on compte près de cent officiers. On leur a pris aussi trente-six étendards, et ils y avouent eux-mêmes qu'ils ont encore plus de deux mille blessés dans leur armée. Cette victoire est fort glorieuse, mais nous y avons eu environ huit ou neuf cents, tant morts que blessés. La maison du roi a fait des choses incroyables, n'ayant jamais chargé les ennemis qu'à coups d'épée et étant toujours plus de trois contre un.[2] On dit que chaque cavalier est revenu avec son épée sanglante jusqu'à la garde.

On dit que le pape a la fièvre. Monsieur le cardinal Le Camus a eu de lui une audience qui a duré plus de trois heures : on dit même que le pape lui a ordonné de demeurer encore quelques jours à Rome, et lui a demandé un mémoire des principales choses que ce cardinal lui a dites dans son audience.

On a appris ce matin que M. de Boufflers avoit battu aussi l'arrière-garde d'un corps d'Allemands, qui étoient auprès de Dinan ; mais on ne leur a tué que quelque soixante ou quatre-vingts hommes, parce qu'ils ont pris la fuite de bonne heure, et qu'ils n'ont osé engager le combat.

---

1. La victoire remportée à Leuze sur le prince de Waldeck, le 18 septembre 1691.

2. Le maréchal de Luxembourg avait vingt-huit escadrons : les ennemis en avaient soixante-quinze.

CORRESPONDANCE.

Dites à votre mère que je la prie de m'excuser si je ne lui écris point, parce qu'il est fort tard, et qu'il faut que j'écrive encore à M. de La Chapelle. Je suis bien fâché de l'état où est son cocher. M. du Tartre,[1] à qui j'en ai parlé, dit que son mal n'étant pas une dyssenterie, les remèdes d'Helvétius[2] n'y feront rien; mais Helvétius est en réputation, même pour les fièvres, et il va partout comme les autres médecins.

Mon genou m'a fait assez de mal ces jours passés, et je crois que le froid en a été cause. Il ne m'a fait aucun mal aujourd'hui, et j'espère que cela ira toujours en diminuant. J'approuve tout ce que votre mère a fait chez Mme Rondelle.[3] On ne parle plus de deuil, ni que la reine d'Espagne[4] soit en péril; ainsi elle peut faire habiller votre sœur comme il lui plaira. Écrivez-moi toujours, mais que cela n'empêche pas votre chère mère de m'écrire, car je serois trop fâché de ne point recevoir de ses lettres.

Adieu, mon cher enfant, embrassez-la pour moi, et faites mes baisemains à vos sœurs. Saluez aussi M. Vuillard de ma part.

1. L'un des chirurgiens ordinaires du roi.
2. Médecin hollandais, grand-père de l'auteur du livre de l'*Esprit*. Ce remède contre les dyssenteries était l'ipécacuanha; Helvétius gagna plus de cent mille écus avec cette drogue.
3. Marchande chez laquelle Mme Racine avait acheté des étoffes pour habiller son fils.
4. Marie-Anne de Neubourg, fille de l'électeur palatin, seconde femme de Charles II, roi d'Espagne, éprouva en 1691 une maladie qui donna lieu au bruit de sa mort. Elle vécut jusqu'en 1740.

II.

Au camp devant Namur, le 31 mai [1692].

Vous aurez pu voir, mon cher enfant, par les lettres que j'écris à votre mère, combien je suis touché de votre maladie,[1] et la peine extrême que je ressens de n'être pas auprès de vous pour vous consoler. Je vois que vous prenez avec beaucoup de patience le mal que Dieu vous envoie, et que vous êtes fort exact à faire tout ce qu'on vous dit : il est extrêmement important pour vous de ne vous point impatienter. J'espère qu'avec la grâce de Dieu, il ne vous arrivera aucun accident. C'est une maladie dont peu de personnes sont exemptes ; et il vaut mieux en être attaqué à votre âge qu'à un âge plus avancé. J'aurai une sensible joie de recevoir de vos lettres ; mais ne m'écrivez que quand vous serez entièrement hors de danger, parce que vous ne pourriez écrire sans mettre vos bras à l'air, et vous refroidir. Quand je ne serai plus en inquiétude de votre mal, je vous écrirai des nouvelles du siége de Namur. Il y a lieu d'espérer que la place se rendra bientôt ; et je m'en réjouis d'autant plus que cela pourra me mettre en état de vous revoir bientôt après. M. de Cavoie prend grand intérêt à votre mal, et voudroit bien vous soulager. Je suis fort obligé à M. Chapelier[2] de tout le soin qu'il prend de vous. Adieu, mon cher fils : offrez bien au bon Dieu tout le mal que vous souffrez, et remettez-vous en-

---

1. Mon frère avait alors la petite vérole. (L. R.)
2. C'était un ecclésiastique qui servait de précepteur au jeune Racine.

tièrement à sa sainte volonté. Assurez-vous qu'on ne peut pas vous aimer plus que je vous aime, et que j'ai une fort grande impatience de vous embrasser.

Suscription : Pour mon cher fils Racine.

III.

Au camp devant Namur, le 10 juin [1692].

Vous pouvez juger, par toutes les inquiétudes que m'a causées votre maladie, combien j'ai de joie de votre guérison. Vous avez beaucoup de grâces à rendre à Dieu de ce qu'il a permis qu'il ne vous soit arrivé aucun fâcheux accident, et que la fluxion qui vous étoit tombée sur les yeux n'ait point eu de suite. Je loue extrêmement la reconnoissance que vous témoignez pour tous les soins que votre mère a pris de vous. J'espère que vous ne les oublierez jamais, et que vous vous acquitterez de toutes les obligations que vous lui avez, par beaucoup de soumission à tout ce qu'elle désirera de vous. Votre lettre m'a fait beaucoup de plaisir; elle est fort sagement écrite, et c'étoit la meilleure et la plus agréable marque que vous pussiez me donner de votre guérison. Mais ne vous pressez pas encore de retourner à l'étude; je vous conseille de ne lire que des choses qui vous fassent plaisir sans vous donner trop de peine, jusqu'à ce que le médecin qui vous a traité vous donne permission de recommencer votre travail. Faites bien des amitiés pour moi à M. Chapelier, et faites en sorte qu'il ne se repente point de toutes les peines qu'il a prises pour vous. J'espère que j'aurai bientôt le plaisir de vous revoir, et que la reddition du château de Namur suivra de près celle de la ville.[1] Adieu, mon cher fils. Faites bien mes compliments à vos sœurs : je ne sais pourtant si on leur permet de vous rendre visite; je crois que ce ne sera pas sitôt : réservez donc à leur faire mes compliments quand vous serez en état de les voir.

Suscription : A mon fils Racine.

IV.

A Fontainebleau, le 4 octobre [1692].

Je suis fort content de votre lettre, et vous me rendez un très-bon compte de votre étude et de votre conversation avec M. Despréaux. Il seroit bien à souhaiter pour vous que vous puissiez être souvent en si bonne compagnie, et vous en pourriez retirer un grand avantage, pourvu qu'avec un homme tel que M. Despréaux vous eussiez plus de soin d'écouter que de parler. Je suis assez satisfait de votre version; mais je ne puis guère juger si elle est bien fidèle, n'ayant apporté ici que le premier tome des *Lettres à Atticus,*[2] au lieu du second que je pensois avoir apporté ; je ne sais même si je ne l'ai point perdu ; car j'étois comme assuré de l'avoir ici parmi mes livres. Pour plus grande sûreté, choisissez dans quelqu'un des six premiers livres la première lettre que vous voudrez traduire; mais surtout choisissez-en une qui ne soit pas sèche comme celle que vous avez prise, où il n'est

---

1. La ville avait été prise le 5 juin; le château se rendit le 30. Le 3 juillet, le roi reprit le chemin de Versailles.
2. C'était son livre favori et le compagnon de ses voyages. (L. R.)

presque parlé que d'affaires d'intérêt. Il y en a tant de belles sur l'état où étoit alors la république, et sur les choses de conséquence qui se passoient à Rome! Vous ne lirez guère d'ouvrage qui soit plus utile pour vous former l'esprit et le jugement; mais surtout je vous conseille de ne jamais traiter injurieusement un homme aussi digne d'être respecté de tous les siècles que Cicéron. Il ne vous convient point à votre âge, ni même à personne, de lui donner ce vilain nom de poltron. Souvenez-vous toute votre vie de ce passage de Quintilien, qui étoit lui-même un grand personnage : *Ille se profecisse sciat cui Cicero valde placebit.* [1] Ainsi vous auriez mieux fait de dire simplement de lui qu'il n'étoit pas aussi brave ou aussi intrépide que Caton. Je vous dirai même que, si vous aviez bien lu la vie de Cicéron dans Plutarque, vous verriez qu'il mourut en fort brave homme, et qu'apparemment il n'auroit pas tant fait de lamentations que vous si M. Carméline lui eût nettoyé les dents. Adieu, mon cher fils. Faites mes baisemains à M. Chapelier.

Faites souvenir votre mère qu'il faut entretenir un peu d'eau dans mon cabinet, de peur que les souris ne ravagent mes livres. Quand vous m'écrirez, vous pouvez vous dispenser de toutes ces cérémonies de *votre très-humble serviteur.* Je connais même assez votre écriture sans que vous soyez obligé de mettre votre nom.

Suscription : A mon fils Racine, à Paris.

---

1. Quintilien, lib. X, cap. I. — Boileau a appliqué aux poëmes d'Homère ce que Quintilien avait dit des écrits de Cicéron :

C'est avoir profité que de savoir s'y plaire.
Art poét., ch. III.

V.

A Fontainebleau, le 5 octobre [1692].

La relation [1] que vous m'avez envoyée m'a beaucoup diverti, et je vous sais bon gré d'avoir songé à la copier pour m'en faire part. Elle n'est pourtant pas exacte en beaucoup de choses, mais il ne laisse pas d'y en avoir beaucoup de vraies, et qui sont écrites avec une fort grande ingénuité. Je l'ai montrée à M. de Montmorency et à M. de Chevreuse. Ce dernier, qui est capitaine des chevau-légers, voudroit bien savoir le nom du chevau-léger qui l'a écrite, et vous me ferez plaisir de le demander à M. Vuillard, à qui vous ferez aussi mille compliments de ma part. Je suis toujours étonné qu'on vous montre en rhétorique les *Fables* de Phèdre, qui semblent une lecture plus proportionnée à des gens moins avancés. Il faut pourtant s'en fier à M. Rollin [2], qui a beaucoup de jugement et de capacité. On ne trouve les *Fables* de de M. de La Fontaine que chez M. Thierry ou chez M. Barbin. Cela m'embarrasse un peu, parce que j'ai peur qu'ils ne veuillent pas prendre de mon argent. Je voudrois que vous en pussiez emprunter à quelqu'un jusqu'à mon retour. Je crois que M. Despréaux les a, et il vous les prêteroit volontiers; ou bien votre mère pourroit aller avec

---

1. C'était une relation du combat de Steinkerque : il en parut plusieurs en même temps; la plus remarquable fut celle faite par Dubois, depuis cardinal, qui s'était trouvé à la bataille.

2. Il était alors professeur d'éloquence au Collége royal. Il ne fut recteur de l'Université qu'en 1694.

vous sans façon chez M. Thierry, et les lui demander en les payant. Adieu, mon cher fils. Dites à vos sœurs que je suis fort aise qu'elles se souviennent de moi et qu'elles souhaitent de me revoir. Je les exhorte à bien servir Dieu, et vous surtout, afin que, pendant cette année de rhétorique que vous commencez, il vous soutienne et vous fasse la grâce de vous avancer de plus en plus dans sa connoissance et dans son amour. Croyez-moi, c'est là ce qu'il y a de plus solide au monde : tout le reste est bien frivole.

VI.

A Fontainebleau, le 9 octobre [1692].

Je voulois presque me donner la peine de corriger les fautes de votre version, et vous la renvoyer en l'état où il faudroit qu'elle fût; mais j'ai trouvé que cela me prendroit trop de temps à cause de la quantité d'endroits où vous n'avez pas attrapé le sens. Je vois bien que ces *Épîtres* [1] sont encore trop difficiles pour vous, parce que, pour les bien entendre, il faut posséder parfaitement l'histoire de ces temps-là, et que vous ne la savez point. Ainsi je trouverois plus à propos que vous me fissiez à votre loisir une version de cette bataille de Trasymène, dont vous avez été si charmé, à commencer par la description de l'endroit où elle se donna. [2] Ne vous pressez point, et tournez la chose le plus naturellement que vous pourrez. J'approuve fort vos promenades d'Auteuil, et vous m'en rendez un fort bon compte; mais faites bien concevoir à

---

1. Celles de Cicéron à Atticus.
2. Tite-Live, livre XXII, chap. IV-VI.

M. Despréaux combien vous êtes reconnoissant de la bonté qu'il a de se rabaisser à s'entretenir avec vous. Vous pouvez prendre Voiture parmi mes livres, si cela vous fait plaisir; mais il faut un grand choix pour lire ses lettres, dont il y en a plusieurs qui ne vous feroient pas grand plaisir. J'aimerois bien autant que, si vous voulez lire quelque livre françois, vous prissiez la traduction d'Hérodote,[1] qui est fort divertissant, et qui vous apprendroit la plus ancienne histoire qui soit parmi les hommes, après l'Écriture sainte. Il me semble qu'à votre âge il ne faut pas voltiger de lecture en lecture; ce qui ne serviroit qu'à vous dissiper l'esprit et à vous embarrasser la mémoire. Nous verrons cela plus à fond quand je serai de retour à Paris. Adieu, mon cher fils. Faites mes baisemains à vos sœurs.

VII.

Au camp de Thieusies, le 3 juin [1693].

Vous me faites plaisir de me rendre compte des lectures que vous faites; mais je vous exhorte à ne pas donner toute votre attention aux poëtes françois. Songez qu'ils ne doivent servir qu'à votre récréation, et non pas à faire votre véritable étude. Ainsi je souhaiterois que vous prissiez quelquefois plaisir à m'entretenir d'Homère, de Quintilien et des autres auteurs de cette nature. Quant à votre épigramme,[2] je voudrois que vous ne l'eussiez point

---

1. Il s'agit probablement ici de la traduction d'Hérodote de Pierre Duryer, qui avait paru en 1645.
2. C'était une épigramme contre Perrault, à l'occasion de la querelle des anciens et des modernes. Jean-Baptiste Racine fut docile à la leçon de son père.

faite. Outre qu'elle est assez médiocre, je ne saurois trop vous recommander de ne vous point laisser aller à la tentation de faire des vers françois, qui ne serviroient qu'à vous dissiper l'esprit; surtout il n'en faut faire contre personne.

M. Despréaux a eu [un] talent qui lui est particulier, et qui ne doit point vous servir d'exemple ni à vous ni à qui que ce soit. Il n'a pas seulement reçu du ciel un génie merveilleux pour la satire, mais il a encore avec cela un jugement excellent, qui lui fait discerner ce qu'il faut louer et ce qu'il faut reprendre. S'il a la bonté de vouloir s'amuser avec vous, c'est une des grandes félicités qui vous puissent arriver, et je vous conseille d'en bien profiter en l'écoutant beaucoup, et en décidant peu avec lui. Je vous dirai aussi que vous me feriez plaisir de vous attacher à votre écriture. Je veux croire que vous avez écrit fort vite les deux lettres que j'ai reçues de vous, car le caractère en paroît beaucoup négligé.

Que tout ce que je vous dis ne vous chagrine point; car du reste je suis très-content de vous, et je ne vous donne ces petits avis que pour vous exciter à faire de votre mieux en toutes choses. Votre mère vous fera part des nouvelles que je lui mande. Adieu, mon cher fils. Je ne sais pas bien si je serai en état d'écrire ni à vous ni à personne de plus de quatre jours; mais continuez à me mander de vos nouvelles. Parlez-moi aussi un peu de vos sœurs, que vous me ferez plaisir d'embrasser pour moi. Je suis tout à vous.

Suscription : Pour mon fils Racine.

VIII.

A Fontainebleau, le 1er octobre [1693].

J'ai reçu encore une de vos lettres, qui m'a fait beaucoup de plaisir. M. Despréaux a raison d'appréhender que vous ne perdiez un peu le goût des belles-lettres pendant votre cours de philosophie ; mais ce qui me rassure, c'est la résolution où je vous vois de vous en rafraîchir souvent la mémoire par la lecture des meilleurs auteurs ; et d'ailleurs, vous étudiez sous un régent qui a lui-même beaucoup de lecture et d'érudition.[1] Je contribuerai de mon côté à vous faire ressouvenir de tout ce que vous avez lu, et je me ferai un plaisir de m'en entretenir souvent avec vous.

Je vis hier vos deux sœurs à Melun,[2] et je fus fort content d'elles. Votre sœur aînée se plaint de vous, et elle a raison. Elle dit qu'il y a plus de quatre mois qu'elle n'a reçu de vos nouvelles. Il me semble que vous devriez un peu mieux répondre à l'amitié sincère que je lui vois pour vous. Une lettre vous coûte-t-elle tant à écrire? Quand vous devriez ne l'entretenir que de ses petites sœurs, vous lui feriez le plus grand plaisir du monde.

---

1. Le célèbre Edme Pourchot, qui fit faire de si grands progrès aux écoles de philosophie, et qui professa cette science à Paris pendant vingt-six ans. Il était ami particulier de Racine, de Boileau et de Fénelon. Ce dernier le pressa vainement d'accepter une place de sous-précepteur des enfants de France. (Édit. 1807.)

2. Marie-Catherine était l'aînée des filles de Racine. Toutes les fois qu'il dit *votre sœur*, sans autre nom, c'est toujours d'elle qu'il entend parler. Anne, sa seconde fille, est désignée par le nom de Nanette. Celle-ci resta au couvent des Ursulines de Melun, où elle fit profession le 6 novembre 1698.

Vous avez raison de me plaindre du déplaisir que j'ai de voir souffrir si longtemps un des meilleurs amis que j'aie au monde.[1] J'espère qu'à la fin, ou la nature, ou les remèdes, lui donneront quelque soulagement. J'ai déjà la consolation d'entendre dire à ses médecins qu'ils ne voient rien à craindre pour sa vie, sans quoi je vous avoue que je serois inconsolable.

Comme vous êtes curieux de nouvelles, je voudrois en avoir beaucoup de considérables à vous mander. Je n'en sais que deux jusqu'ici qui doivent faire beaucoup de plaisir. L'une est la prise presque certaine de Charleroi, car il ne durera guère plus de quatre ou cinq jours; l'autre est la levée du siége de Belgrade. Quand je dis que cette nouvelle doit faire plaisir, ce n'est pas qu'à parler bien chrétiennement on doive se réjouir des avantages des infidèles; mais l'animosité des Allemands est si grande contre nous qu'on est presque obligé de remercier Dieu de leurs mauvais succès, afin qu'ils soient forcés de faire leur paix avec nous, et de consentir au repos de la chrétienté, plutôt que de s'accommoder avec les Turcs.

Adieu, mon cher fils. Je vous écris tout ceci fort à la hâte. Écrivez-moi très-souvent, afin de me donner lieu de vous répondre; ce que je ferai une autre fois plus à loisir.

On attend au premier jour des nouvelles d'un combat en Italie[2].

Suscription : Pour mon fils.

---

1. M. Nicole. (L. R.)
2. On eut, peu de jours après, la nouvelle de la fameuse victoire remportée à La Marsaille par Catinat sur le duc de Savoie, le 4 octobre 1693.

IX.

Fontainebleau, 14 octobre [1693].

Je ne saurois m'empêcher de vous dire, mon cher fils, que je suis très-content de tout ce que votre mère m'écrit de vous. Je vois par ces lettres que vous êtes fort attaché à bien faire, et surtout que vous craignez Dieu, et que vous prenez du plaisir à le servir. C'est la plus grande satisfaction que je puisse recevoir, et en même temps la meilleure fortune que je vous puisse souhaiter. J'espère que plus vous irez en avant, plus vous trouverez qu'il n'y a de véritable bonheur que celui-là. J'approuve la manière dont vous distribuez votre temps et vos études; je voudrois seulement qu'aux jours que vous n'allez point au collége, vous pussiez relire de votre Cicéron, et vous rafraîchir la mémoire des plus beaux endroits, ou d'Horace ou de Virgile, ces auteurs étant fort propres à vous accoutumer à penser et à écrire avec justesse et avec netteté.

Vous direz à votre mère que le pauvre M. de Sigur[1] a eu la jambe coupée, ayant eu le pied emporté d'un coup de canon. Sa pauvre femme, qui l'avoit épousé pour sa bonne mine, a employé la meilleure partie de son bien à lui acheter une charge; et dès la première année il lui en coûte une jambe. Il a eu un fort grand nombre de ses camarades qui ont été tués ou blessés, je dis des officiers de la gendarmerie; mais en récompense la victoire a été

1. Henri-Joseph, marquis de Ségur, dont il est fait mention dans l'*Histoire militaire de Louis le Grand* par le marquis de Quincy, et dans l'*Histoire de l'Ordre de Saint-Louis* par M. d'Aspect. Sa femme était fille d'un fermier général. Racine a écrit *Sigur*.

fort grande, et on en apprend tous les jours de nouvelles circonstances très-avantageuses. On fait monter la perte des ennemis à près de dix mille morts, et à plus de deux mille prisonniers. Il reste à souhaiter que cette victoire soit suivie de la prise de quelque place qui nous mette en état de prendre des quartiers en Italie, comme la victoire de Flandre est suivie de la prise de Charleroi, qui ferme et assure entièrement nos frontières de ce côté-là. L'impuissance où s'est trouvé monsieur le prince d'Orange de secourir une place si importante marque bien la grandeur de sa défaite et de la perte qu'y firent les alliés. Le roi reçut hier nouvelle que les assiégés avoient battu la chamade dimanche dernier, à sept heures du matin. Ils auroient pu se défendre encore huit ou dix jours à cause de la difficulté qu'on trouvoit à faire des mines sous les bastions et sous la courtine; mais ils étoient réduits à dix-huit cents hommes, de près de quatre mille qu'ils étoient. M. de Castille même, qu'on avoit mis au-dessus du gouverneur pour commander dans la place, étoit blessé. Ainsi ils se sont rendus, et ont fait grand plaisir à notre cavalerie, qui commençoit à patir beaucoup. Vous pourrez lire ces nouvelles à M. Despréaux, au cas que vous l'alliez voir, car je ne sais si je pourrai lui écrire aujourd'hui, à cause de la quantité de lettres que j'ai ici à écrire.

J'ai vu les drapeaux et les étendards qu'a envoyés M. de Catinat, et je vous conseille de les aller voir avec votre mère quand on les portera à Notre-Dame. Il y a cent deux drapeaux et quatre étendards seulement; ce qui marque que la cavalerie ennemie n'a pas fait beaucoup de résistance, et a de bonne heure abandonné leur infanterie, laquelle a presque été toute taillée en pièces. Il y avoit des bataillons entiers d'Espagnols qui se jetoient à genoux pour demander quartier, et on l'accordoit à quelques-uns d'eux; au lieu qu'on n'en faisoit point du tout aux Allemands, parce qu'ils avoient menacé de n'en point faire.

Il me semble que, dans une de vos lettres, vous me demandiez la permission de faire présent d'une *Athalie* à un chartreux. Vous le pouvez faire sans difficulté. Je suis seulement fâché de ne m'être pas souvenu plus tôt de vous en parler.

Le roi partira de demain en huit jours pour aller à Choisy, où il doit coucher deux nuits. Pour moi, j'irai ce jour-là tout droit à Paris; et j'espère que ce sera avec M. de Cavoie, qui commence à se mieux porter, et à qui M. Félix promet une prochaine guérison. Madame sa femme[1] dit que c'est votre mère qui l'a guéri avec le remède de tête [de] mouton qu'elle lui a enseigné, et dont madame de Cavoie, qui avoit aussi un commencement de dyssenterie, s'est fort bien trouvée. Je viens d'apprendre que M. du Tartre avoit une grosse fièvre. Il a eu en tête de demander la chambre où M. Moreau est mort d'une fièvre maligne. Je fis ce que je pus pour l'empêcher d'y mettre son lit, mais je ne le persuadai point. Je craindrois qu'il n'eût gagné sa même fièvre. Faites bien des amitiés pour moi à votre mère, et dites-lui que cette lettre est pour elle aussi bien que pour vous. Faites aussi mes compliments à vos sœurs. Monsieur l'archevêque de Sens a perdu monsieur son frère à la bataille, et je crois que M. Chapelier vous l'aura dit.

---

1. Louise-Philippe de Coëtlogon. Elle avait été fille d'honneur de la reine, et mourut à Paris en 1729, à l'âge de quatre-vingt-huit ans.

X.

A Fontainebleau, le 24 septembre [1694].

Je vous suis obligé du soin que vous avez pris de faire toutes les choses que je vous avois recommandées. Je suis en peine de la santé de M. Nicole sur ce que vous m'en écrivez, et vous me ferez plaisir d'y envoyer de ma part, et de me mander de ses nouvelles. J'espère retourner à Melun lundi ou mardi avec monsieur l'archevêque de Sens, en attendant que j'y aille avec M. Félix. Je croyois avoir fait mettre dans mon coffre un livre que j'ai été fâché de n'y avoir point trouvé. Ce sont les *Psaumes latins de Vatable*, à deux colonnes et avec des notes, in-8°, qui sont à la tablette où je mets d'ordinaire mon *diurnal*. Je vous prie de les chercher et de les empaqueter bien proprement dans du papier, et d'envoyer savoir par le cocher si monsieur l'abbé de Saillans vient à Fontainebleau bientôt. Au cas qu'il y vienne, il faudrait l'envoyer prier de vouloir mettre ce livre dans son paquet; sinon il faudra prier M. Sconin de le donner au valet de chambre de monsieur le duc de Chevreuse, qui viendra peut-être ici dans peu de jours.

On a eu aujourd'hui nouvelles que les Anglois avoient voulu faire jouer quelques machines contre le port de Dunquerque[1], mais qu'on avoit fait sauter en l'air ces machines avec une partie des hommes qui étoient dessus. Les Allemands ont passé le Rhin, et font quelques ravages en Alsace; mais il y a apparence qu'on les fera bientôt

1. Cette tentative eut lieu le 21 septembre.

repasser. J'écrirai demain à votre mère. Faites-lui mes compliments et à vos sœurs. Adieu, mon cher fils. Je vous donne le bonsoir, et suis entièrement à vous. Faites aussi mes baisemains à M. de Grimarest.[1] Je n'ai pas encore pu parler de son affaire, mais je ne l'oublie point.

Suscription : A Monsieur Monsieur Racine le jeune, rue du Marais, faubourg Saint-Germain, à Paris.

XI.

A Fontainebleau, le 3 octobre [1694].

Je vous adresse une lettre pour M. Despréaux, que je prie votre mère de lui envoyer le plus tôt qu'elle pourra. Il m'a déjà fait réponse à celle que je lui écrivis il y a trois jours, et il me mande en même temps que vous n'avez pu vous rencontrer, parce qu'il étoit à Paris quand vous l'avez été chercher à Auteuil. Je vous prie de dire à M. de Grimarest qu'on a lu son mémoire à monsieur le chancelier,[2] qui a fait réponse qu'il avoit déjà ouï parler de cette affaire, mais que M. Cousin[3] avoit opinion qu'on ne pouvoit rien faire de bon ni d'utile au public de ce projet. Ainsi on m'a dit qu'il faudroit lui faire parler encore par des gens qui eussent plus d'autorité sur son esprit. Je verrai là-dessus M. de Harlay, et lui demanderai s'il veut

---

1. Jean-Léonor Le Gallois, sieur de Grimarest, connu par une *Vie de Molière*. Il mourut en 1720. Son nom figure dans ces fameux couplets attribués à Jean-Baptiste Rousseau.
2. Louis Boucherat.
3. Le président Louis Cousin, censeur royal et directeur du *Journal des Savants*. Il fut reçu de l'Académie française en 1697.

et s'il peut s'en mêler, et entreprendre de persuader monsieur le chancelier.

Il me paroît, par votre lettre, que vous portez un peu d'envie à Mlle de La Chapelle de ce qu'elle a lu plus de comédies et plus de romans que vous. Je vous dirai, avec la sincérité avec laquelle je suis obligé de vous parler, que j'ai un extrême chagrin que vous fassiez tant de cas de toutes ces niaiseries, qui ne doivent servir tout au plus qu'à délasser quelquefois l'esprit, mais qui ne devroient point vous tenir autant à cœur qu'elles font. Vous êtes engagé dans des études très-sérieuses qui doivent attirer votre principale attention, et pendant que vous y êtes engagé et que nous payons des maîtres pour vous en instruire, vous devez éviter tout ce qui peut dissiper votre esprit et vous détourner de votre étude. Non-seulement votre conscience et la religion vous y obligent, mais vous-mêmes [devez] avoir assez de considération pour moi, et assez d'égards, pour vous conformer un peu à mes sentiments pendant que vous êtes en un âge où vous devez vous laisser conduire.

Je ne dis pas que vous ne lisiez quelquefois des choses qui puissent vous divertir l'esprit, et vous voyez que je vous ai mis moi-même entre les mains assez de livres françois capables de vous amuser; mais je serois inconsolable si ces sortes de livres vous inspiroient du dégoût pour des lectures plus utiles, et surtout pour les livres de piété ou de morale, dont vous ne parlez jamais, et pour lesquels il semble que vous n'ayez plus aucun goût, quoique vous soyez témoin du véritable plaisir que j'y prends préférablement à toute autre chose. Croyez-moi, quand vous saurez parler de comédies et de romans, vous n'en serez guère plus avancé pour le monde, et ce ne sera pas par cet endroit-là que vous serez le plus estimé. Je remets à vous en parler plus au long et plus familièrement quand je vous reverrai, et vous me ferez plaisir alors de me parler à cœur ouvert là-dessus, et de ne vous point cacher de moi. Vous jugez bien que je ne cherche point à vous chagriner, et que je n'ai autre dessein que de contribuer à vous rendre l'esprit solide, et à vous mettre en état de ne me point faire de déshonneur quand vous viendrez à paroître dans le monde. Je vous assure qu'après mon salut, c'est la chose dont je suis le plus occupé. Ne regardez point tout ce que je vous dis comme une réprimande, mais comme les avis d'un père qui vous aime tendrement, et qui ne songe qu'à vous donner des marques de son amitié. Écrivez-moi le plus souvent que vous pourrez, et faites mes compliments à votre mère. Il n'y a ici aucune nouvelle, sinon que le roi a toujours la goutte, et que tous les princes reviennent de l'armée de Flandre.

XII.

A Paris, ce samedi 21 mai [1695].

Je vous envoie ce soir le petit carrosse pour vous amener demain dîner avec nous. Vous y trouverez M. Despréaux, qui y doit dîner aussi. Plût à Dieu que M. Vigan pût être de la partie! mais j'espère le voir mardi au soir, qui est le jour que je vous ramènerai à Versailles. J'ai fait mettre un petit placet dans le carrosse, afin que Henry revienne avec vous. Dites-lui qu'il aille ce soir de ma part chez Mme d'Heudicourt, pour savoir des nouvelles de sa santé. Elle loge au-dessus de l'appartement de feu madame de Barbezieux, au bout de la galerie de

Monsieur. Je voudrois aussi qu'il allât avec le cocher visiter mon appartement, et y porter les hardes que j'y envoie. Adieu, mon cher fils. Faites mes compliments à M. et à Mme Vigan.

Suscription : Pour Monsieur Racine le jeune.

XIII.

A Paris, ce 3 juin [1695].

C'est tout de bon que nous partons aujourd'hui pour notre voyage de Picardie.[1] Comme je serai quinze jours sans vous voir, et que vous êtes continuellement présent à mon esprit, je ne puis m'empêcher de vous répéter encore deux ou trois choses que je crois très-importantes pour votre conduite.

La première, c'est d'être extrêmement circonspect dans vos paroles, et d'éviter avec grand soin la réputation d'être un parleur, qui est la plus méchante réputation qu'un jeune homme puisse avoir dans le pays où vous êtes. La seconde, c'est d'avoir une extrême docilité pour les avis de M. et de Mme Vigan, qui vous aiment comme leur enfant.

J'ai oublié de vous recommander d'être fort exact aux heures de leurs repas, et de ne faire jamais attendre après vous. Ainsi ajustez si bien vos promenades et vos récréations que vous ne leur soyez jamais à charge.

---

1. Il allait à Montdidier, la patrie de ma mère. Toutes les lettres suivantes ont été écrites à mon frère, reçu en survivance de la charge de gentilhomme ordinaire. (L. R.)

Racine allait visiter, près de Montdidier, un domaine, situé sur la paroisse du village de Griviller, que sa femme lui avait apporté en mariage.

N'oubliez point vos études, et cultivez continuellement votre mémoire, qui, comme vous le savez, a grand besoin d'être exercée. Je vous demanderai compte à mon retour de vos lectures, et surtout de l'histoire de France, dont je vous demanderai à voir vos extraits.

Vous savez ce que je vous ai dit des opéras et des comédies qu'on dit que l'on doit jouer à Marly. Il est très-important pour vous et pour moi-même qu'on ne vous y voie point, d'autant plus que vous êtes présentement à Versailles pour y faire vos exercices et non point pour assister à toutes ces sortes de divertissements. Le roi et toute la cour savent le scrupule que je me fais d'y aller, et auroient très-méchante opinion de vous si, à l'âge que vous avez, vous aviez si peu d'égard pour moi et pour mes sentiments. Je devois, avant toutes choses, vous recommander de songer toujours à votre salut, et de ne perdre point l'amour que je vous ai vu pour la religion. Le plus grand déplaisir qui puisse m'arriver au monde, c'est s'il me revenoit que vous êtes un indévot, et que Dieu vous est devenu indifférent. Je vous prie de recevoir ces avis avec la même amitié que je vous les donne.

Je vous conseille d'aller quelquefois savoir des nouvelles de M. de Cavoie, à qui vous ne pouvez ignorer que je suis si attaché. Quand vous verrez M. Félix le père, faites-lui bien mes compliments, et demandez-lui s'il n'a rien à me mander au sujet de mon logement; il entendra ce que cela veut dire, et vous me ferez savoir sa réponse sans en rien dire à personne. Voyez aussi M. de Valincour,[1] et priez-le de ma part de se souvenir de M. Sco-

---

1. Valincourt était secrétaire général de la marine, et devait cet emploi à l'avantage qu'il avait eu d'être placé auprès du comte de Toulouse, quand ce prince n'avait encore que quatre à cinq ans. C'était Racine qui l'avait

nin.[1] Écrivez-moi jusqu'à jeudi prochain, c'est-à-dire que vous pouvez nous écrire une ou deux fois pour nous mander les nouvelles que vous saurez : cela fera plaisir à votre oncle de Montdidier. [2] Payez le port jusqu'à Paris. Mais passé jeudi, ne m'adressez plus vos lettres qu'à Paris même ; car j'espère partir de Montdidier de dimanche en huit jours. Adieu, mon cher fils. Faites bien mes compliments à M. et à Mme Vigan, et à M. Félix le fils. N'oubliez pas aussi de les faire à M. de Sérignan, qui me témoigne bien de l'amitié pour vous. Demandez-lui s'il ne sait point de nouvelles que vous me puissiez mander.

Suscription : A Monsieur Monsieur Racine le jeune, gentilhomme ordinaire du roi, chez M. Vigan, à la petite écurie, à Versailles.

XIV.

A Montdidier, le 9 juin 1695.

Votre lettre nous a fait ici un très-grand plaisir ; et, quoiqu'elle ne nous ait pas appris beaucoup de nouvelles, elle nous a du moins fait juger qu'il n'y avoit pas un mot

proposé et fait agréer à Mme de Montespan. Il ne portait alors d'autre nom que celui de *du Trousset ;* et c'est parce que ce nom déplut à Mme de Montespan, qu'il prit celui de Valincourt. Son frère, qui était alors commis de Pontchartrain, et qui depuis fut maître des comptes, prit en même temps le nom de d'Héricourt. Les notes manuscrites de Jean-Baptiste Racine contiennent beaucoup de détails sur Valincourt, et sur les démarches que fit Racine pour le faire placer auprès du jeune comte de Toulouse. Fontenelle, qui a fait l'éloge de Valincourt, s'est bien donné de garde de dire que celui-ci était redevable à Racine de sa fortune ; il a imaginé, contre toute vraisemblance, d'en faire honneur à Bossuet.

1. C'était un cousin de Racine. Il devint par la suite commissaire provincial des guerres de la généralité de Paris, et ajouta à son nom celui de d'Argivilliers.

2. M. de Romanet, frère de madame Racine.

de vrai de toutes celles qu'on débite en ce pays-ci. C'est une plaisante chose que les provinces : tout le monde y est nouvelliste dès le berceau, et vous n'y rencontrez que gens qui débitent gravement et affirmativement les plus sottes choses du monde.

Je suis bien honteux que Mme d'Heudicourt vous ait prévenu, et que vous ne l'eussiez pas encore été saluer chez elle. J'apprends tout présentement, par une lettre de Du Fresne, qu'on a apporté de sa part au logis une demi-douzaine de jambons. Ne manquez pas, au nom de Dieu, d'aller chez elle, et de lui en faire mes très-humbles remercîments. Je lui écrirois bien volontiers ; mais j'espère partir demain, ou tout au plus tard après-demain ; et dès que je serai à Paris, je me rendrai à Versailles pour l'aller remercier de toutes ses bontés. Et d'ailleurs, que lui pourrois-je mander de ce pays-ci, à quoi elle pût prendre intérêt ? Pour vous, qui devez vous y intéresser davantage, je vous dirai que je suis très-content des dames de Variville, et que Babet[1] a une grande impatience d'entrer chez elles. Votre sœur aînée a trouvé ici une compagnie dont elle est charmée, et avec raison ; c'est sa cousine de Romanet, qui est très-aimable, très-jolie, et très-bien élevée. Nous allons cette après-dînée à Griviller. J'ai fait tous mes comptes avec mon fermier, et j'ai renouvelé bail avec lui. Voilà des nouvelles telles que l'on peut vous en mander de ce pays-ci. J'espère que je recevrai encore une lettre de vous avant que de partir ; car si nous partons demain, ce ne sera que l'après-dînée. On fait pourtant tout ce qu'on peut pour nous retenir ici.

---

1. Élisabeth, la troisième des filles de Racine. Elle fit profession au couvent de Notre-Dame de Variville, dans l'année qui suivit la mort de son père. (L. R.)

Je vous sais un très-bon gré des égards que vous avez pour moi au sujet des opéras et des comédies; mais vous voulez bien que je vous dise que ma joie seroit complète si le bon Dieu entroit un peu dans vos considérations. Je sais bien que vous ne seriez pas déshonoré devant les hommes en y allant; mais ne comptez-vous pour rien de vous déshonorer devant Dieu? Pensez-vous vous-même que les hommes ne trouvassent pas étrange de vous voir, à votre âge, pratiquer des maximes si différentes des miennes? Songez que monsieur le duc de Bourgogne,[1] qui a un goût merveilleux pour toutes ces choses, n'a encore été à aucun spectacle, et qu'il veut bien en cela se laisser conduire par les gens qui sont chargés de son éducation. Et quels gens trouverez-vous au monde plus sages et plus estimés que ceux-là? Du reste, mon cher fils, je suis fort content de votre lettre. Faites bien mes compliments à M. de Cavoie et à MM. Félix, sans oublier M. Vigan.

J'ai décacheté exprès ma lettre pour vous dire de ne point parler de jambons à madame d'Heudicourt. Ma femme a peur que, comme l'orthographe de Du Fresne est fort mauvaise, ce présent ne nous ait été envoyé par Mme d'Héricourt. Ainsi n'en dites pas un mot; je ferai moi-même mes compliments à qui il conviendra de les faire. Dites seulement à Mme d'Heudicourt combien je suis touché de toutes les honnêtetés qu'elle vous a faites, et l'envie que j'ai d'être à Versailles pour la remercier. Tout le monde vous fait ici ses compliments. Votre mère a pris grand plaisir à votre lettre, excepté à l'endroit où vous

---

1. Ce prince avait alors près de treize ans. Il était élevé par Fénelon, Beauvilliers, et le savant abbé Fleury.

parliez de la cire qui est tombée sur votre esprit.[1] Elle a demandé tout aussitôt pourquoi vous laissiez ainsi gâter vos habits. Il pleut ici et fait assez froid. Je prendrai patience, pourvu que les chemins ne soient pas gâtés.

XV.

A Versailles, ce samedi après midi [4 août 1696].

J'avois passé exprès par Versailles pour vous voir, et pour savoir de vous si vous n'aviez besoin de rien. Je suis fâché de ne vous avoir pas trouvé, et plus fâché encore d'apprendre que vous avez eu la fièvre. Du reste, je suis bien aise que vous ayez été voir M. Despréaux et votre mère, qui aura eu, je m'imagine, bien de la joie de vous voir. Je ferai, si je puis, quelque partie pour Moulineau,[2] et je vous en ferai avertir; mais comme il faut tout prévoir, je suis bien aise de vous dire, au cas que je ne vous voie point cette semaine, que vous êtes le maître d'aller passer deux ou trois jours à Paris quand vous voudrez. Vous n'aurez qu'à m'écrire à Marly ce que vous souhaitez, et ma femme ou moi nous vous envoyerons le petit carrosse. Mandez-moi de vos nouvelles à Marly, et si vous recevez quelques lettres pour moi, envoyez-les-moi en même temps. Vous me ferez toujours plaisir d'être aussi assidu chez M. de Torcy,[3] que votre santé vous le

---

1. Il y a *esprit* dans l'autographe. La plupart des éditeurs ont remplacé *esprit* par *habit*, peut-être à tort.
2. Jolie maison entre Meudon et la Seine, qui appartenait à la comtesse de Gramont, et que le comte Hamilton, frère de cette dame, a souvent chantée dans ses vers.
3. Le jeune Racine travaillait dans les bureaux de M. de Torcy, ministre des affaires étrangères, pour s'instruire dans la diplomatie.

permettra. Ne vous laissez point manquer d'argent, et mandez-moi franchement si vous en avez besoin. Adieu, mon cher fils. Je vous embrasse de tout mon cœur.

XVI.

A Paris, le 26 octobre [1696].

Je ne vous écris qu'un mot pour vous dire que je vous enverrai le petit carrosse samedi prochain pour vous amener ici l'après-dînée, afin que vous passiez les fêtes avec nous. Mon dessein est de vous ramener le jour des morts au matin, parce que j'espère aller l'après-dînée à Marly. M. de Cavoie a la bonté de vouloir visiter mon nouvel appartement pour voir comme on l'a accommodé, et pour prier M. Le Fèvre d'y rajuster ce qu'on aura mal fait. Ainsi ne manquez pas de vous trouver samedi prochain à son lever chez lui, sur le [1] huit heures et demie, avec la clef de l'appartement, et de bien observer ce qu'il vous dira pour me le redire. Au cas que M. Danet vous presse de lui abandonner la petite écurie, vous demanderez conseil à M. de Cavoie, et vous ferez ce qu'il vous conseillera. Ce ne seroit pas un grand malheur que d'être obligé d'ôter le peu de meubles qu'il y a dans la chambre de la petite écurie, et de les porter dans l'une des deux chambres du château. On a dit à votre mère qu'il y avait quelque chose à refaire à votre habit. Si cela est, elle vous mande d'apporter aussi votre autre habit pour le porter pendant qu'on retouchera à l'habit neuf. Henry n'aura qu'à revenir avec vous, et on

1. *Le* et non *les* dans l'autographe. (P. M.)

mettra un tabouret dans le carrosse. Je vous donne le bonsoir, et suis tout à vous.

Faites bien mes compliments à M. et à Mme Vigan. Je meurs d'envie d'avoir l'honneur de les voir, et de les remercier de toutes les peines qu'elles prennent pour [vous]. Je voulois aller moi-même samedi à Versailles, mais M. de Cavoie m'a dit qu'il n'étoit pas besoin que j'y allasse, et qu'il se chargeoit de tout voir, et de tout examiner.

Suscription : A Monsieur Monsieur Racine le jeune, gentilhomme ordinaire du roi, à la petite écurie, à Versailles.

XVII.

A Paris, ce dimanche au soir [23 décembre 1696].

Votre mère m'écrivit mardi dernier à Versailles, et m'envoya la lettre de ma sœur, que je vous avois dit que j'attendois avec beaucoup d'impatience. J'envoyai, comme vous savez, à la poste de Versailles mercredi matin, et votre Henry me vint dire qu'il n'y avoit rien pour moi. Je vous prie d'y renvoyer ou d'y aller vous-même, et de vous plaindre un peu de ce qu'on a gardé si longtemps ce paquet sans vous le donner; car vous m'aviez dit qu'on portoit à vos tables les lettres qui sont pour ceux qui y mangent. Quoi qu'il en soit, renvoyez-moi le paquet de ma femme dès qu'on vous l'aura rendu. Toute la famille se porte bien. Votre petit frère [1] est tombé ce matin la tête dans le feu, et sans votre mère, qui l'a relevé sur-le-champ, il auroit eu le visage tout perdu. Il en a été

---

1. Louis Racine. Il avait alors quatre ans

quitte pour une brûlure qu'il s'est faite à la gorge, laquelle a appuyé contre un chenet tout brûlant. Nous sommes bien obligés de remercier le bon Dieu de ce qu'il ne s'est pas fait plus de mal. Votre sœur[1] se prépare toujours à entrer aux Carmélites samedi prochain, et le grand froid, ni tout ce que je lui ai pu dire, ne l'ont pu persuader de différer au moins jusqu'à un autre temps. La petite Mlle de Frescheville[2] est à l'extrémité, et peut-être même est-elle morte à l'heure qu'il est. Vous voyez par là que notre heure est bien incertaine, et que le plus sûr est d'y penser le plus sérieusement et le plus souvent qu'on peut. J'espère être dimanche prochain à Versailles : ma femme aura soin de vous envoyer du linge à dentelle ce jour-là. Je vous donne le bonsoir.

Suscription : A Monsieur Monsieur Racine le fils, gentilhomme ordinaire du roi, à Versailles.

XVIII.

A Paris, ce vendredi au soir [5 avril 1697].

J'ai reçu deux lettres de vous, l'une où vous me rendez compte de plusieurs choses que je vous avois recommandées, et l'autre d'hier au soir, où vous m'avertissez, de la part de Mme Noailles,[3] d'aller trouver monsieur l'archevêque. J'ai été sur-le-champ pour avoir l'honneur de lui parler ; mais il est à Conflans, et on m'a dit que je

---

1. L'aînée des filles de Racine entra, à la fin de ce mois, aux Carmélites du faubourg Saint-Jacques à Paris, et en sortit l'année suivante pour entrer à Port-Royal des champs, d'où elle sortit aussi peu après.
2. C'était la fille d'un des parents de Boileau.
3. Mère de l'archevêque de Paris. Elle mourut à la fin du mois suivant.

ne pourrois le voir que demain matin après sa messe. Mon dessein est d'aller dimanche au soir ou lundi matin à Versailles, pour revenir avec vous à Paris le lundi même ou le lendemain. Je viens d'envoyer demander chez M. de Cavoie s'il ne vient point demain à Paris comme il me l'avoit dit, et j'ai une grande impatience de le voir.

Le sermon du P. de La Rue fait ici un fort grand bruit aussi bien qu'au pays où vous êtes, et l'on dit qu'il a parlé avec beaucoup de véhémence contre les opinions nouvelles du quiétisme; mais on ne m'a pu rien dire de précis de ce sermon, et j'ai grande envie de voir quelqu'un qui l'ait entendu. L'amitié qu'avoit pour moi M. de Cambrai ne me permet pas d'être indifférent sur ce qui le regarde, et je souhaiterois de tout mon cœur qu'un prélat de cette vertu et de ce mérite n'eût point fait un livre qui lui attire tant de chagrins.[1]

Si par hasard vous voyez monsieur l'abbé de Coislin,[2] dites-lui qu'on m'a apporté de sa part une très-belle *Semaine sainte*,[3] et que j'ai beaucoup d'impatience d'être à Versailles pour lui en faire mes très-humbles remercîments. Il est tous les jours à la messe du roi, et vous pourrez le voir à la sortie de la chapelle.

J'ai vu votre sœur dont on est très-content aux Car-

---

1. Le livre de Fénelon, intitulé *Explication des maximes des saints sur la vie intérieure,* qui fut condamné à Rome, avait paru en janvier 1697. Les jésuites surent fort mauvais gré au P. de La Rue de ce sermon.
2. Henri-Charles du Cambout de Coislin, qui fut, cette même année, évêque de Metz.
3. On distribuait des *Heures* à l'usage de la chapelle du roi et des *Semaines saintes* aux personnes qui avaient des dignités ou des charges d'un certain rang à la cour. Cette distribution et d'autres avaient encore lieu sous le règne de Louis XV, et même au commencement de celui de Louis XVI; elles furent supprimées lors des réformes faites par Necker dans la maison du roi.

mélites, et qui témoigne toujours une grande envie de s'y consacrer à Dieu. Votre sœur Nanette nous accable tous les jours de lettres pour nous obliger de consentir à la laisser entrer au noviciat. J'ai bien des grâces à rendre à Dieu d'avoir inspiré à vos sœurs tant de ferveur pour son service, et un si grand désir de se sauver. Je voudrois de tout mon cœur que de tels exemples vous touchassent assez pour vous donner envie d'être bon chrétien. Voici un temps[1] où vous voulez bien que je vous exhorte, par toute la tendresse que j'ai pour vous, à faire quelques réflexions un peu sérieuses sur la nécessité qu'il y a de travailler à son salut, en quelque état que l'on soit appelé. Votre mère aura beaucoup de joie de vous voir, aussi bien que vos sœurs et votre petit frère. Bonsoir, mon cher fils.

XIX.

A Paris, le 8 juin [1697].

J'avois prié M. Félix de vous faire dire par son laquais que je n'irois point à Port-Royal, et qu'ainsi je ne passerois point par Versailles. Je fus assez chagrin de ne vous pas trouver le jour que j'y allai ; mais je me doutai que vous seriez à Moulineau ou en visite chez M. de Castigny.[2] Je savois déjà qu'on vous avoit donné une lettre à faire ; mais je saurois volontiers si on a été content de la manière dont vous l'avez faite.

On m'avoit déjà dit la nouvelle de la prise d'Ath,[3] et

1. Cette lettre était écrite le jour du vendredi saint.
2. Premier commis des affaires étrangères. Racine le fils travaillait dans son bureau.
3. Ath fut prise le 5 juin par Catinat.

j'en ai beaucoup de joie. Vous me ferez plaisir de me mander tout ce que vous apprendrez de nouveau. Voici un temps assez vif, et où il peut arriver à toute heure des nouvelles importantes. Vous me ferez aussi plaisir d'aller trouver M. Moreau [1] à l'issue de son dîner, et de le faire souvenir de la prière que je lui ai faite de vouloir s'informer du détail de la charge de M. Des Ormes, [2] dont je lui ai confié que M. Le Verrier [3] étoit sur le point de traiter. Je m'emploie d'autant plus volontiers pour M. Le Verrier, que M. Félix m'a fort assuré qu'il ne pensoit plus du tout à cette charge. Cependant ne dites à personne, ni que M. Le Verrier y pense, ni que je vous ai écrit là-dessus; et, si M. Moreau vous donne quelque éclaircissement par écrit, ayez soin de me l'envoyer.

Il se pourroit fort bien faire que je vous irois voir mercredi matin; car j'ai quelque envie de mener votre mère et vos sœurs à Port-Royal pour y être à la procession de l'octave, [4] et pour revenir le lendemain. Elles sont toutes en fort bonne santé, Dieu merci, et vous font leurs compliments. J'allai hier aux Carmélites avec votre sœur pour voir la nouvelle prieure, qui n'est point Mme de La Vallière, [5] comme M. de Castigny l'a cru, mais la mère du Saint-Esprit, fille de feu M. Le Boux, conseiller de la grand'chambre, ci-devant maîtresse des novices. Je vous

---

1. Valet de chambre du duc de Bourgogne.
2. C'était la charge de contrôleur de la maison du roi.
3. C'était un financier chez lequel Boileau allait fréquemment, et auquel ce poëte a adressé des vers. Le Verrier s'amusait lui-même à en faire, comme on le voit par une lettre que Boileau lui a adressée.
4. L'octave de la Fête-Dieu était, cette année, le 13 juin.
5. Mlle de La Vallière, si connue pour son amour pour Louis XIV, avait fait profession aux Carmélites, le 4 juin 1675. Elle y mourut, après trente-six ans d'austérités continuelles, sous le nom de sœur Louise de la Miséricorde, et ne voulut jamais être que simple religieuse.

exhorte à aller faire un peu votre cour à madame la comtesse de Gramont[1] et à madame la duchesse de Noailles[2], qui ont l'une et l'autre beaucoup de bonté pour vous. Adieu, mon cher fils. Envoyez à M. de Castigny la lettre que je lui écris. Je ne puis m'empêcher de vous dire qu'il m'écrit sur votre sujet avec toute l'amitié possible.

XX.

A Paris, ce mardi [9 juillet 1797].

Votre cousin, qui va partir tout à l'heure, vous rendra cette lettre, que j'écris à M. Bontems[3] pour le prier de demander pour moi d'aller à Marly. Rendez-la-lui le plus tôt que vous pourrez; car il n'y a pas de temps à perdre. Je n'étois pas trop assuré que le roi allât à Marly cette semaine, M. de Cavoie, que je croyois bien informé, m'ayant dit qu'on n'y alloit que la semaine qui vient. Au cas qu'on n'y aille point en effet cette semaine, vous n'avez que faire de rendre ma lettre. Je n'en serai pas moins demain à neuf heures et demie à Versailles, pour aller présenter votre cousin à M. Du Fresnoy.[4] Montrez-lui, s'il vous plaît, la chambre et la pension que vous lu

---

[1]. Élisabeth Hamilton, femme de Philibert, comte de Gramont. Elle était très-attachée à Port-Royal, et elle ne s'en cachait pas.

[2]. La femme du duc Anne-Jules de Noailles, maréchal de France depuis 1693.

[3]. Premier valet de chambre et favori de Louis XIV. Ce fut lui, dit Duclos qui servit la messe au mariage du roi avec Mme de Maintenon.

[4]. Élie Du Fresnoy, premier commis de Louvois, puis de Barbezieux. Il est moins connu que sa femme, dont on trouve souvent le nom dans les lettres de Mme de Sévigné et dans celles de Mme de Maintenon. Ils marièrent leur fille à Jean d'Alègre, marquis de Beauvoir. Le cousin de Racine, qu'il était question de placer dans le bureau de Du Fresnoy, était le jeune de Romanet, neveu de Mme Racine.

avez trouvée, et faites-lui bien des amitiés. Je vous donne le bonsoir.

XXI.

A Marly, le 15 juillet [1697].

Votre mère vous a écrit une lettre que l'on m'a apportée ici, par laquelle elle vous mandoit qu'à cause des grandes pluies qu'il a fait, et qui peuvent avoir gâté les chemins, elle ne sera que mercredi[1] matin à Versailles. M. Bourdelot m'a fort surpris ce matin quand il m'a dit que M. d'Héricourt attendoit aujourd'hui votre mère à dîner. C'est une grande négligence à vous de ne l'avoir pas prié de ne nous point attendre, comme je vous en avois chargé quand je partis de Versailles. Je vous donne le bonjour. Il n'y a rien ici de nouveau depuis la prise du chemin couvert de Barcelone.

Suscription : A Monsieur Monsieur Racine le fils, au-dessus de l'appartement de Mme de Ventadour, près de celui de M. Busca, à Versailles.

XXII.

Marly, ce samedi matin [20 juillet 1697].

Je vous prie, mon cher fils, dès que vous aurez reçu cette lettre, de faire porter à Port-Royal celle que j'écris à votre tante, ou par Henry, ou par quelque homme qui vous paroisse sûr. Je crois qu'il vaudroit mieux que Henry

---

1. Racine écrit fréquemment *mecredi* sans le premier *r*. Il nous a paru qu'il n'y avait pas d'intérêt à conserver cette orthographe.

la portât. Il n'a qu'à louer quelque bidet pour faire ce petit voyage. Je serai lundi matin à Versailles, et je vous ramènerai à Paris. Je vous donne le bonjour.

XXIII.

A Paris, le 26 janvier [1698].

Vraisemblablement vous aviez pris des Mémoires de M. de Cély,[1] pour faire une course aussi extraordinaire que celle que vous avez faite. J'avois été fort en peine les premiers jours de votre voyage, dans la peur où j'étois que, par trop d'envie d'aller vite, il ne vous fût arrivé quelque accident; mais quand j'appris, par votre lettre de Mons, que vous n'étiez parti qu'à neuf heures de Cambrai, et que vous tiriez vanité d'avoir fait une si grande journée, je vis bien qu'il falloit se reposer sur vous de la conservation de votre personne. Surtout votre long séjour à Bruxelles, et toutes les visites que vous y avez faites méritent que vous en donniez une relation au public. Je ne doute pas même que vous n'y ayez été à l'Opéra avec la dépêche du roi dans votre poche. Vous rejetez la faute

1. Louis-Achille-Auguste de Harlay, comte de Cély, fils ainé de Nicolas-Auguste de Harlay, l'un des trois plénipotentiaires du traité de Riswick. Il avait été chargé, lors de la signature de la paix, d'en aller porter la nouvelle à Louis XIV; mais il fit si peu de diligence, qu'avant son arrivée le roi était informé de la conclusion. M. de Cély devint l'objet des chansons et des brocards; *la diligence de M. de Cély* était passée en proverbe, et c'est à quoi Racine fait allusion pour réprimander son fils. Celui-ci avait été chargé par M. de Torcy de porter des dépêches à M. de Bonrepaux, ambassadeur de France à la Haye; et, au lieu de se rendre sur-le-champ à cette destination, il s'était arrêté quelques jours à Mons et à Bruxelles.

de tout sur M. Bombarde,¹ comme si, en arrivant à Bruxelles, vous n'aviez pas dû courir d'abord chez lui, et ne vous point coucher que vous n'eussiez fait vos affaires pour être en état de partir le lendemain de bon matin. Je ne sais pas ce que dira là-dessus M. de Bonrepaux ; mais je sais bien que vous avez bon besoin de réparer, par une conduite sage à la Haye, la conduite peu sensée que vous avez eue dans votre voyage. Pour moi, je vous avoue que j'appréhende de retourner à la cour, et surtout de paroître devant M. de Torcy, à qui vous jugez bien que je n'oserai pas demander d'ordonnance pour votre voyage, n'étant pas juste que le roi paye la curiosité que vous avez eue de voir les chanoinesses de Mons et la cour de Bruxelles. Vous ne me dites pas un mot de M. Robert, chanoine à Mons, pour qui vous aviez une lettre, et qui vous auroit donné le moyen de voir à Bruxelles un homme² pour qui vous savez que j'ai un très-grand respect. Vous ne me parlez point non plus de nos deux plénipotentiaires pour qui vous aviez une dépêche. Cependant je ne comprends pas par quel enchantement vous auriez pu ne les pas rencontrer entre Mons et Bruxelles.

Comme je vous dis franchement ma pensée sur le mal, je veux bien vous la dire aussi sur le bien. M. l'archevêque de Cambrai paroît très-content de vous, et vous m'avez fait plaisir de m'écrire le détail des bons traite-

---

1. Banquier de Bruxelles. Son fils a été trésorier de l'électeur de Bavière.
2. Cet homme est le célèbre P. Quesnel, qui, en 1685, ayant été forcé de s'expatrier pour la querelle du Formulaire, s'était retiré à Bruxelles auprès d'Antoine Arnauld, son ami, que la mort lui enleva en 1694. La persécution vint à bout d'atteindre Quesnel jusque sur cette terre étrangère. Il fut arrêté et emprisonné à Bruxelles en 1703, et, étant peu après sorti de sa prison, il mourut à Amsterdam en 1719.

ments que vous avez reçus de lui, dont il ne m'avoit pas mandé un mot, témoignant même du déplaisir de ne vous avoir pas assez bien fait les honneurs de son palais brûlé.[1]

Cela m'a obligé de lui écrire une nouvelle lettre de remerciement. Vous trouverez dans les ballots de monsieur l'ambassadeur un étui où il y a deux chapeaux pour v[ou]s, c'est à [savoir] un castor fin et un demi-castor, et vous y trouverez aussi une paire de souliers des Frères.[2] Votre mère vous avertit qu'ayant examiné ce qu'elle doit à Henry, elle a trouvé qu'elle ne lui devoit plus que vingt francs, sur quoi il faut en donner quatorze au cocher. Vous devez savoir que vous ne lui donnez que dix francs de gages par mois, et c'est à vous de ne lui rien avancer mal à propos. Mon oncle Racine est mort depuis votre départ, et nous en porterons le deuil trois mois; mais comme vous êtes si loin d'ici, cela ne fait pas une loi pour vous. J'envoyerai par M. Pierret les papiers que vous savez pour monsieur l'ambassadeur, et mes tragédies pour M. son neveu. Au nom de Dieu, faites un peu plus de réflexion sur votre conduite, et défiez-vous sur toutes choses d'une certaine fantaisie qui vous porte toujours à satisfaire votre propre volonté au hasard de tout ce qui en peut arriver. Vos sœurs vous font bien des compliments, et surtout Nanette. Mandez-nous de vos nouvelles le plus souvent que vous pourrez.

---

1. Fénelon avait été disgracié l'année précédente, et envoyé dans son diocèse. Peu de temps avant cette disgrace, le feu avait pris à son palais de Cambrai, et y avait consumé, avec tout le mobilier, une très-riche bibliothèque. C'est à ce sujet qu'il dit à l'abbé de Langeron : « Ce serait bien pis si le feu eût pris à la maison d'une pauvre famille. »

2. Il existait dans Paris, à cette époque (1698), deux communautés des frères cordonniers, et une des frères tailleurs d'habits.

Suscription : A Monsieur Monsieur Racine, gentilhomme ordinaire du roi, chez monsieur l'ambassadeur de France, à la Haye.

XXIV.

A Paris, 31 janvier [1698].

Votre mère et toute la famille a eu une grande joie d'apprendre que vous étiez arrivé en bonne santé. Je n'ai point encore été à la cour depuis que vous êtes parti, mais j'espère y aller demain. Je crains toujours de paroître devant M. de Torcy, de peur qu'il ne me fasse des plaisanteries sur la lenteur de votre course; mais il faut me résoudre à les essuyer, et lui faire espérer qu'une autre fois vous ferez plus de diligence si l'on veut bien vous confier à l'avenir quelque chose dont on soit pressé d'avoir des nouvelles. Je vois que M. de Bonrepaux a pris tout cela avec sa bonté ordinaire, et qu'il tâche même de vous excuser. Du reste, vos lettres nous font beaucoup de plaisir, et je serai bien aise d'en recevoir souvent. Je vous écrirai plus au long à mon retour de Marly, me trouvant aujourd'hui accablé d'affaires au sujet de l'argent qu'il faut que je donne pour ma taxe. Faites mille compliments pour moi à M. de Bonac. J'ai donné à M. Pierret mes œuvres pour les lui porter.

Suscription : A Monsieur Monsieur Racine, gentilhomme ordinaire du roi, à la Haye.

XXV.

A Marly, le 5 [février 169³].

Il est juste que je vous fasse part de ma satisfaction, comme je vous ai fait souffrir de mes inquiétudes. Non-seulement M. de Torcy n'a point pris en mal votre séjour à Bruxelles, mais il a même approuvé tout ce que vous y avez fait, et a été bien aise que vous ayez fait la révérence à M. de Bavière. Vous ne devez point trouver étrange que, vous aimant comme je fais, je sois si facile à alarmer sur toutes les choses qui ont de l'air d'une faute, et qui pourroient faire tort à la bonne opinion que je souhaite qu'on ait de vous. On m'a donné pour vous une ordonnance de voyage : j'irai la recevoir quand je serai à Paris, et je vous en tiendrai bon compte. Mandez-moi bien franchement tous vos besoins.

J'approuve au dernier point les sentiments où vous êtes sur toutes les bontés de M. de Bonrepaux, et la résolution que vous avez prise de n'en point abuser. Faites bien mes compliments à M. de Bonac, et témoignez-lui ma reconnoissance pour l'amitié dont il vous honore : son extrême honnêteté est un beau modèle pour vous ; et je ne saurois assez louer Dieu de vous avoir procuré des amis de ce mérite. Vous avez eu quelque raison d'attribuer l'heureux succès de votre voyage, par un si mauvais temps, aux prières qu'on a faites pour vous. Je compte les miennes pour rien ; mais votre mère et vos petites sœurs prioient tous les jours Dieu qu'il vous préservât de tout accident ; et on faisoit la même chose à Port-Royal. Il avoit couru un bruit, qui aura peut-être été jusqu'à vous, qu'on avoit permission de recevoir des novices dans cette maison; mais il n'en est rien, et les choses sont toujours au même état. Je doute que votre sœur puisse y demeurer longtemps, à cause de ses fréquentes migraines, et à cause qu'il y a si peu d'apparence qu'elle y puisse rester pour toute sa vie. Vous avez ici des amis qui ne vous oublient point, et qui me demandent souvent de vos nouvelles, entre autres le petit M. Quentin, M. d'Estouy et M. de Saint-Gilles.

Je ne sais si vous savez que M. Corneille, notre confrère,[1] est mort. Il s'étoit confié à un charlatan qui lui donnoit des drogues pour lui dissoudre sa pierre. Ces drogues lui ont mis le feu dans la vessie. La fièvre l'a pris et il est mort. Sa famille demande sa charge pour son petit-cousin, fils de ce brave M. de Marsilly qui fut tué à Leuze, et qui avoit épousé la fille de Thomas Corneille. Le jour me manque, et je suis paresseux d'allumer de la bougie. Je vous écrirai une autre fois plus au long. Vous ne sauriez m'écrire trop souvent si vous avez envie de me faire plaisir. Vos lettres me semblent très-naturellement écrites; et plus vous en écrirez, plus vous y aurez de facilité. Adieu, mon cher fils. J'ai laissé votre mère en bonne santé. Vous ne sauriez lui faire trop d'amitiés dans vos lettres; car elle mérite que vous l'aimiez, et que vous lui en donniez des marques. M. de Torcy m'a appris que vous étiez dans la *Gazette de Hollande :* si je l'avois su, je l'aurois fait acheter pour la faire lire à vos petites sœurs, qui vous croiroient devenu un homme de conséquence. J'ai lu à M. le maréchal de Noailles votre dernière lettre, où vous témoignez tant de reconnoissance

---

[1]. Pierre Corneille, gentilhomme ordinaire du roi, fils du grand Corneille.

pour les bons traitements que vous avez reçus de monsieur le prince et de madame la princesse de Stienhusse.[1]
J'ai prié aussi M. de Bournonville et monsieur le comte d'Ayen de les remercier.

Suscription : A Monsieur Monsieur Racine, gentilhomme ordinaire, chez monsieur l'ambassadeur de France, à la Haye.

XXVI.

A Paris, le 13 février [1698].

Je crois que vous aurez été content de ma dernière lettre et de la réparation que je vous y faisois de tout le chagrin que je puis vous avoir donné sur votre voyage. J'ai reçu votre ordonnance au trésor royal; mais, quelques instances que M. de Chamlay, que j'avois mené avec moi, ait pu faire à M. de Turmenies, je n'en ai jamais pu tirer que neuf cents francs ; on prétend même que c'est beaucoup, et que M. de Turmenies a fait au delà de ce qu'il pouvoit faire. Nous vous tiendrons compte de cette somme, et vous n'aurez qu'à prier monsieur l'ambassadeur de vous faire donner l'argent dont vous aurez besoin ; j'aurai soin, de mon côté, de le rendre en ce pays-ci aux gens à qui il me mandera de le donner. On me conseille d'en user ainsi, à cause qu'il y auroit trop à perdre et sur le change et sur les espèces. On croit tous les jours ici être à la veille d'un décri, et cela cause le plus grand désordre du monde, les marchands ne voulant presque rien vendre, ou vendant extrêmement cher. On dit pourtant que le décri pourroit

1. Stienhuyse.

bien n'arriver pas sitôt, à cause de la foule de gens qui portent tous les jours des sommes immenses au trésor royal, où il y a, à ce qu'on dit, près de soixante millions. Je ne vous parle que sur le bruit public, car je n'en ai par moi-même aucune connoissance. Je porterai demain matin les dix mille francs qui me restent à payer de ma taxe, et ces dix mille francs me sont prêtés par M. Galloys.[1] Nous avons remboursé Mme Quinault;[2] ainsi je suis quitte de ce côté-là; mais vous jugez bien que cela nous resserre beaucoup dans nos affaires, et qu'il faut que nous vivions un peu d'économie pour quelque temps. J'espère que vous nous aiderez un peu en cela, et que vous ne songerez pas à nous faire des dépenses inutiles, tandis que nous nous retranchons souvent le nécessaire.

Vous êtes extrêmement obligé à M. de Bonac de tout le bien qu'il mande ici de vous; et tout ce que j'ai à souhaiter, c'est que vous souteniez la bonne opinion qu'il a conçue de vous. Vous me ferez un extrême plaisir de lui demander pour moi quelque place dans son amitié, et de lui bien témoigner combien je suis sensible à toutes ses bontés. Je crois qu'il n'est pas besoin de vous exhorter à n'en point abuser; je vous ai toujours vu une grande appréhension d'être à charge à personne, et c'est une des choses qui me plaisoient le plus en vous.

J'ai trouvé, à Versailles, un tiroir tout plein de livres, dont une partie étoit à moi, et l'autre vous appartient; je vous les souhaiterois tous à la Haye, à la réserve de deux

---

1. C'était le fils de Philippe Galloys, notaire. Ce notaire, mort en 1688, s'était fait beaucoup d'honneur par le courage qu'il eut de recevoir la protestation d'Antoine Arnaud contre la Sorbonne, lors de la censure de 1656, et par la fermeté avec laquelle il répondit à l'injuste réprimande du chancelier Séguier à cette occasion.

2. Veuve du poëte Quinault.

ou trois, qui en vérité ne valent pas la reliure que vous leur avez donnée. Votre mère a reçu une grande lettre de votre sœur aînée, qui étoit fort en peine de vous, et qui nous prie instamment de la laisser où elle est.[1] Cependant il n'y a guère d'apparence de l'y laisser plus longtemps : la pauvre enfant me fait beaucoup de compassion par le grand attachement qu'elle a conçu pour une maison dont les portes, vraisemblablement, ne s'ouvriront pas sitôt. Votre sœur Nanette est tombée ces jours passés, et s'étoit fait grand mal à un genou ; mais elle se porte bien, Dieu merci.

Il me paroît, par votre dernière lettre, que vous aviez beaucoup d'occupation, et que vous étiez fort aise d'en avoir. C'est la meilleure nouvelle que vous me puissiez mander ; et je serai à la joie de mon cœur quand je verrai que vous prenez plaisir à vous instruire et à vous rendre capable de profiter des bontés que l'on pourra avoir pour vous. Adieu, mon cher fils ; écrivez-moi toutes les fois que cela ne vous détournera point de quelque meilleure occupation. Votre mère seroit curieuse de savoir ce qui vous est resté de tout ce qu'elle vous avoit donné pour votre voyage. Elle est en peine aussi de savoir si vous avez pris le deuil. J'ai payé aujourd'hui à M. Pierret deux tours de plume qu'il vous a achetés. Mandez-nous si vous êtes content de Henry, et s'il se gouverne bien en ce pays-là. M. Despréaux me demande toujours de vos nouvelles, et témoigne beaucoup d'amitié pour vous.

Suscription : A Monsieur Monsieur Racine, gentilhomme ordinaire du roi, chez monsieur l'ambassadeur de France, à la Haye.

---

1. A Port-Royal des champs.

XXVII.

A Paris, 24 février [1698].

Je me trouvai si accablé d'affaires vendredi dernier que je ne pus trouver le temps de vous écrire; mais je n'en ai guère davantage aujourd'hui; j'ai attendu si tard à commencer ma lettre qu'il faut que je la fasse fort courte si je veux qu'elle parte aujourd'hui. Je n'ai point encore vu monsieur l'abbé de Chasteauneuf,[1] mais il me revient de plusieurs endroits qu'il parle très-obligeamment de vous, et qu'il est surtout très-édifié de la résolution où vous êtes de bien employer votre temps auprès de monsieur l'ambassadeur. Il a dit à M. Dacier que le premier livre que vous aviez acheté en Hollande, c'étoit Homère, et que vous preniez un grand plaisir à le relire. Cela vous fit beaucoup d'honneur dans notre petite Académie, où M. Dacier dit cette nouvelle, et cela donna sujet à M. Despréaux de s'étendre sur vos louanges, c'est-à-dire sur les espérances qu'il a conçues de vous; car vous savez que Cicéron dit que, dans un homme de votre âge, on ne peut guère louer que l'espérance. Mais l'homme du monde à qui vous êtes le plus obligé, c'est M. de Bonac; il parle de vous dans toutes ses lettres, comme si vous aviez l'honneur d'être son frère. Je vous estime d'autant plus heureux de cette bonne opinion qu'il a conçue de vous, que lui-même est ici en réputation d'être un des plus aimables et des plus honnêtes hommes du monde. Tous ceux qui l'ont vu

---

1. Il revenait de Pologne, où il avait été envoyé pour négocier l'élection du prince de Conti.

en Danemark ou à la Haye sont revenus charmés de sa politesse et de son esprit. Voilà de bons exemples que vous avez devant vous, et vous n'avez qu'à imiter ce que vous voyez.

Je lus à M. Despréaux votre dernière lettre comme il étoit au logis ; il en fut très-content, et trouva que vous écriviez très-naturellement. Vous nous ferez plaisir, à lui, à votre mère et à moi, de nous écrire très-souvent. Je lui montrai l'endroit de votre lettre où vous disiez que vous parliez souvent de lui avec monsieur l'ambassadeur ; et comme il est fort bon homme, cela l'attendrit beaucoup et lui fit dire de grands biens et de monsieur l'ambassadeur et de vous.

Monsieur le comte d'Ayen a été fort mal d'une assez grande fluxion sur la poitrine ; il est mieux présentement, n'ayant plus de fièvre ; mais madame sa mère me dit hier au soir, chez M. de Cavoie, qu'il étoit toujours enrhumé. Elle me fit beaucoup de compliments de la part de Mme de Stienbusse, qui lui mandoit qu'elle étoit bien fâchée que vous n'eussiez pas fait un plus long séjour à Bruxelles. Pour moi, je ne me plains plus qu'il ait été ni trop long ni trop court ; mais je voudrois seulement que vous y eussiez vu en passant un homme qui étoit du moins aussi digne de votre curiosité que tout ce que vous y avez vu.

La mort de M. Du Fresnoy embarrasse beaucoup votre cousin, M. de Barbezieux ayant fait réponse à M. de Cavoie, qui le lui avoit recommandé, qu'il n'y avoit plus assez d'affaires dans ce bureau pour occuper tous ceux qui y étoient.

Je vis, il y a huit jours, votre sœur à Port-Royal, d'où j'avois résolu de la ramener, mais il me fut impossible de lui persuader de revenir. Elle prétend avoir tout de bon renoncé au monde; et que si on ne reçoit personne à Port-Royal, elle s'ira réfugier aux Carmélites, ou dans un autre couvent, si les Carmélites ne veulent point d'elle. Tout ce que je puis vous dire, c'est qu'on est très-content d'elle à Port-Royal; et j'en revins très-content et très-édifié moi-même. Elle me demanda fort de vos nouvelles, et me dit qu'on avoit bien prié Dieu pour vous dans la maison. Adieu. Votre mère vous salue.

Suscription : A Monsieur Monsieur Racine, gentilhomme ordinaire du roi, chez monsieur l'ambassadeur de France, à la Haye.

XXVIII.

A Paris, le 27 février [1698].

Je n'écris point à monsieur l'ambassadeur par cet ordinaire, parce que je lui écrirai plus au long et plus sûrement par M. Pierret, qui part après-demain pour l'aller trouver. Cependant vous lui direz une chose qu'il sait peut-être déjà, c'est que le roi a enfin récompensé les plénipotentiaires, que tout le monde regardoit presque comme des gens disgraciés. Il a donné la charge de secrétaire du cabinet à M. de Callières, à condition que M. de Callières donnera sur cette charge cinquante mille francs à M. de Cressy, et quinze mille à l'abbé Morel. Ce sont soixante et cinq mille livres dont le roi donne un brevet de retenue à M. de Callières. Sa Majesté donne encore à M. de Cressy, pour son fils, la charge de gentilhomme ordinaire, vacante par la mort du pauvre M. Corneille, et donne à M. de Harlay cinq mille livres de rente, au denier dix-huit, sur l'hôtel de ville. Voilà toutes les nouvelles de la cour. M. de Cavoie eut encore hier quelque ressentiment de son mal; mais cela n'a pas eu de suite, et il espère être en état d'aller à Versailles un peu après Pâques. Il n'a pourtant point trop d'empressement d'y retourner, et il se gouvernera selon l'état où il trouvera sa santé. Nous nous plaignons tous les jours ensemble de ce que M. de Bonrepaux n'est point ici, et il y a mille occasions où nous serions bien heureux si nous pouvions nous entretenir avec lui.

J'ai donné à M. Pierret pour vous onze louis d'or et demi vieux, faisant 140 livres 17 sous, et je les lui ai donnés, parce qu'il m'a dit qu'il n'y avoit rien à perdre dessus, et qu'ils valoient en Hollande 12 l. 5 sous comme ici. Je vous prie d'être le meilleur ménager que vous pourrez, et de vous souvenir que vous n'êtes point le fils d'un traitant ni d'un premier valet de garde-robe. M. Quentin, qui, comme vous savez, est le plus pauvre des quatre, a marié sa fille à un jeune homme extrêmement riche, qui est neveu de M. L'Huillier, et qui a acheté la charge de maître d'hôtel ordinaire de Mme de Bourgogne. C'est le même qui avoit voulu acheter la charge de premier valet de garde-robe qu'avoit M. Félix; mais j'ai oublié son nom. Mme Félix a été extrêmement malade d'un rhumatisme sur la vessie et sur les parties voisines; mais je la crois hors de péril. M. de Montarsis, que je vis l'autre jour, me dit que M. Bombarde vous avoit donné trente pistoles d'Espagne.[1] Vous avez eu tort de ne m'en rien mander, car je ne lui avois donné que trois cents francs; mais vraisemblablement vous croyez qu'il n'est pas du grand air de parler de ces bagatelles, non plus que de nous mander combien il vous

---

1. La pistole d'Espagne valait 15 fr. de notre monnaie.

restoit d'argent de votre voyage. Nous autres bonnes gens de famille, nous allons plus simplement, et nous croyons que bien savoir son compte n'est pas au-dessous d'un honnête homme. Votre mère, qui est toujours portée à bien penser de vous, croit que vous l'informerez de toutes choses, et que cela fera en partie le sujet des lettres que vous lui promettez de lui écrire. Sérieusement vous me ferez plaisir de paroître un peu appliqué à vos petites affaires.

M. Despréaux a dîné aujourd'hui au logis, et nous lui avons fait très-bonne chère, grâces à un fort grand brochet et une belle carpe qu'on nous a envoyés de Port-Royal. M. Despréaux venoit de toucher sa pension, et de porter chez M. Caillet dix mille francs pour se faire 550 livres de rente sur la ville. Demain, M. de Valincour viendra encore dîner au logis avec M. Despréaux. Vous jugez bien que cela ne se passera pas sans boire la santé de monsieur l'ambassadeur et la vôtre. J'ai été un peu incommodé ces jours passés; mais cela n'a pas eu de suite, Dieu merci, et nous sommes tous en bonne santé. M. Pierret m'a conté que M. de La Clausure avoit été douze jours à venir ici de la Haye en poste, et m'a fait là-dessus un grand éloge de votre diligence. Dans la vérité, je suis fort content de vous, et vous le seriez aussi beaucoup de votre mère et de moi si vous saviez avec quelle tendresse nous nous parlons souvent de vous. Songez que notre ambition est fort bornée du côté de la fortune, et que la chose que nous demandons de meilleur cœur au bon Dieu, c'est qu'il vous fasse la grâce d'être homme de bien, et d'avoir une conduite qui réponde à l'éducation que nous avons tâché de vous donner.

Votre cousin de Romanet est ici, assez affligé de n'avoir plus d'emploi; car nous n'espérons guère que M. de Barbezieux le continue dans celui qu'il avoit. Il en a renvoyé deux ou trois autres, dont l'un étoit neveu de M. Vallée, disant qu'il n'y a pas maintenant assez d'affaires dans le bureau de M. Du Fresnoy pour occuper tant de gens. Votre oncle en aura beaucoup de chagrin. Il nous mande que sa santé ne se rétablit point, et je doute qu'il aille encore fort loin. Votre sœur Nanette vous avoit écrit une grande lettre pleine d'amitiés, mais elle auroit trop grossi mon paquet. J'irai dans deux ou trois jours à Versailles pour demander d'aller à Marly, où l'on va mercredi prochain. Faites mille compliments pour moi à monsieur l'ambassadeur et à M. de Bonac. Adieu, mon cher fils. Il me semble qu'il y a longtemps que je n'ai reçu de vos nouvelles.

XXIX.

A Paris, le 10 mars [1698].

Votre mère est fort contente du détail que vous lui mandez de vos affaires, et fort affligée que vous ayez tant perdu sur les espèces. Cela vous montre qu'il vaut mieux que monsieur l'ambassadeur vous fasse donner l'argent dont vous aurez besoin, et je le rendrai ici aux gens à qui il lui plaira que je le rende. Je ne sais si je vous ai mandé que j'ai donné à M. Pierret pour vous onze louis d'or vieux et demi-louis vieux, faisant en tout 140 livres 17 sous 6 deniers. Il m'a assuré qu'il n'y auroit rien à perdre pour vous. Ne vous laissez manquer de rien, et croyez que j'approuverai tout ce que monsieur l'ambassadeur approuvera. Il me mande qu'il est content de vous ; c'est la meilleure nouvelle qu'il me puisse mander, et la chose du monde qui peut le plus contribuer à me rendre heureux. Ce que vous me mandez des Carthaginois[1] m'a fort étonné ; mais songez que les lettres peuvent être vues, et qu'il faut écrire avec beaucoup de précaution sur certains sujets.

M. Félix le fils se plaint fort de ce que vous ne lui écrivez point ; mais le commerce des lettres étant aussi cher qu'il est, vous faites assez sagement de ne vous pas ruiner les uns les autres.

Votre mère se porte bien. Madelon[2] et Lionval[3] sont un peu incommodés, et je ne sais s'il ne faudra point leur faire rompre carême. J'en étois assez d'avis, mais votre mère croit que cela n'est pas nécessaire. Comme le temps de Pâques approche, vous voulez bien que je songe un peu à vous, et que je vous recommande aussi d'y songer. Vous ne m'avez encore rien mandé de la chapelle de monsieur l'ambassadeur. Je sais combien il est attentif aux choses de la religion, et qu'il s'en fait une affaire capitale. Est-ce des prêtres séculiers par qui il la fait desservir, ou bien sont-ce des religieux? Je vous conjure de prendre en bonne part les avis que je vous donne là-dessus, et de vous souvenir que, comme je n'ai rien plus à cœur que de me sauver, je ne puis avoir de véritable joie si vous négligiez une affaire si importante, et la seule proprement à laquelle nous devrions tous travailler. On m'a dit qu'il falloit absolument que votre sœur aînée revînt avec nous, et j'irai au plus tard la semaine de Pâques pour la ramener ; ce sera une rude séparation pour elle et pour ces saintes filles, qui étoient ravies de l'avoir, et qui sont fort

---

1. Il désignait sous ce nom les Anglais protestants qui avaient détrôné le roi Jacques.
2. Madeleine Racine, la cinquième des filles, était née en 1688, et mourut fille en 1741.
3. C'était moi. (*Note de Louis Racine.*)

contentes d'elle. Nanette vous fait ses compliments dans toutes ses lettres. Votre cousin de Romanet n'a point d'autre parti à prendre que de s'en retourner à Mondidier, M. de Barbezieux s'étant mis en tête de ne point prendre de surnuméraires dans le bureau de M. Du Fresnoy, et n'y ayant point de place dans tous les autres bureaux. M. Begon m'a promis qu'il m'avertiroit quand il en auroit, mais ce ne sera pas sitôt apparemment. Je plains fort votre cousin, qui avoit bonne envie de travailler, et dont M. Du Fresnoy étoit content au dernier point.

Mylord Portland fit hier son entrée. Tout Paris y étoit: mais il me semble qu'on ne parle que de la magnificence de M. de Boufflers, qui l'accompagnoit, et point du tout de celle du mylord. C'est M. de Maison qui l'accompagnera lorsqu'il fera son entrée à Versailles.

Je mande à monsieur l'ambassadeur que vous lui montrerez un endroit de Virgile où Nisus se plaint à Énée qu'il ne le récompense point, lui qui a fait des merveilles, et qu'il récompense des gens qui ont été vaincus. Cherchez cet endroit; je suis assuré que vous le trouverez fort beau.[1] Assurez M. de Bonac du grand intérêt que je prends à tout le bien qu'on nous dit ici de lui. On dit des merveilles de son extrême politesse, de sa sagesse et de nos esprit. Votre mère vous embrasse et se repose sur moi du soin de vous écrire de ses nouvelles.

« Si tanta, inquit, sunt præmia victis,
« Et te lapsorum miseret, quæ munera Niso
« Digna dabis ? »
Æneid., lib. V. (L. R.)

Racine, par cette citation, veut faire allusion aux récompenses qui avaient été prodiguées aux négociateurs de la paix si peu glorieuse conclue à Riswick, tandis que les services importants rendus en Danemark et en Hollande par M. de Bonrepaux semblaient être mis en oubli.

Suscription : A Monsieur Monsieur Racine, gentilhomme ordinaire du roi, à la Haye.

XXX.

A Paris, 16 mars [1698].

Je m'étonne que vous n'ayez pas eu le temps de m'écrire un mot par les deux courriers que M. l'ambassadeur a envoyés coup sur coup, et qui sont venus tous deux m'apprendre de vos nouvelles. Ils me disent tous que vous êtes très-content et que vous travaillez beaucoup. Je ne puis vous dire assez combien cela me fait de plaisir; mais pendant que vous êtes dans un lieu où vous vous plaisez, et où vous êtes dans la meilleure compagnie du monde, votre pauvre sœur aînée est dans les larmes et dans la plus grande affliction où elle ait été de sa vie. C'est tout de bon qu'il faut qu'elle se sépare de sa chère tante et des saintes filles avec qui elle s'estimoit si heureuse de servir Dieu. Mais quelque instance que je lui aie pu faire pour l'obliger de revenir avec nous, elle a résolu de ne remettre jamais le pied au logis; elle prétend, au sortir de P.-R., s'aller enfermer dans Gif, qui est une abbaye très-régulière à deux petites lieues de P.-R., et attendre là ce que deviendra cette sainte maison résolue d'y revenir si Dieu permet qu'elle se rétablisse, ou de se faire religieuse à Gif quand elle perdra l'espérance de retourner à P.-R. Elle m'a écrit là-dessus des lettres qui m'ont troublé et déchiré au dernier point, et je m'assure que vous en seriez attendri vous-même. La pauvre enfant a eu jusqu'ici bien des peines, et a été bien traversée dans le dessein qu'elle a de se donner à Dieu.

Je ne sais quand il permettra qu'elle mène une vie un peu plus calme et plus heureuse. Elle étoit charmée d'être à P.-R., et toute la maison étoit aussi très-contente d'elle. Il faut se soumettre aux volontés de Dieu. Je ne suis guère en état de vous entretenir sur d'autres matières, et j'ai même eu mille peines à achever la lettre que j'ai écrite à M. de Bonrepaux. Je pars demain pour aller à P.-R., et pour régler toutes choses avec ma tante, afin qu'elle écrive à Gif, et que je prenne mes mesures pour y mener votre sœur aussitôt après Pâques. De là j'irai coucher à Versailles, pour aller mercredi à Marly.

Je ne doute pas que vous n'ayez été fort aise du mariage de monsieur le comte d'Ayen, et que vous ne lui écriviez au plus tôt pour lui en témoigner votre joie. Il me témoigne toujours beaucoup d'amitié pour vous. Le voilà présentement le plus riche seigneur de la cour. Le roi donne à Mlle d'Aubigné huit cent mille francs, outre cent mille francs en pierreries. Mme de Maintenon assure aussi à sa nièce six cent mille francs après sa mort. On donne à monsieur le comte d'Ayen les survivances des gouvernements de Berry et de Roussillon, sans compter des pensions qu'on leur donnera encore. Monsieur le maréchal de Noailles assure quarante-cinq mille livres de rentes à monsieur son fils, et lui en donne présentement dix-huit mille. Voilà, Dieu merci, de grands biens; mais ce que j'estime plus que tout cela, c'est qu'il est fort sage et très-digne de la grande fortune qu'on lui fait. Adieu, mon cher fils. Votre mère vous écrira par le second courrier de monsieur l'ambassadeur. Écrivez-nous souvent, et priez monsieur l'ambassadeur de vouloir vous avertir une heure ou deux avant le départ de ses courriers, quand il sera obligé d'en envoyer. Quand vous n'écririez que dix ou douze lignes, cela me fera toujours beaucoup de plaisir. Lionval a été un peu malade, et est encore un peu foible. Vos petites sœurs sont en très-bonne santé. Je vous prie de faire mille compliments pour moi à M. de Bonac, et de l'assurer de toute la reconnoissance que j'ai pour l'amitié dont il vous honore. Je l'en remercierai moi-même à la première occasion, et lorsque j'aurai l'esprit un peu plus tranquille que je ne l'ai.[1]

Suscription : A Monsieur Monsieur Racine, gentilhomme ordinaire de Sa Majesté, à la Haye.

XXXI.

(Commencée par Mme Racine).

[Ce 24 mars 1698.]

Je me sers de l'occasion du courrier de M. de Bonrepaux pour vous témoigner, mon fils, la joie que j'ai de l'application qu'il nous semble que vous vous donnez au travail, pour profiter des instructions que monsieur l'ambassadeur veut bien vous donner. Votre père m'en paroît fort content. Soyez persuadé que vous ne lui sauriez faire plus de plaisir, et à moi aussi, que de vous remplir l'esprit de choses propres à exercer votre charge avec l'estime des honnêtes gens. Je ne puis assez vous témoigner combien je suis sensible à toutes les bontés que M. de Bonrepaux a pour vous. Je vous prie de lui en témoigner ma reconnoissance.

Votre père a été voir votre sœur, qu'il n'a pas trouvée d'une assez bonne santé pour la laisser aller dans une autre maison que celle où elle est. Si elle est obligée d'en

---

1. La lettre que Racine écrivit, peu de jours avant celle-ci, à Mme de Maintenon, explique pourquoi il avait alors l'esprit si peu tranquille.

sortir, il faudra bien qu'elle se résoude[1] à revenir avec nous se rétablir. Le parti qu'elle doit prendre ne sera décidé que dans quelques jours. Vous me manderez à votre loisir si la toile et la dentelle que vous avez achetées pour vos chemises est plus fine que celle que vous avez emportée d'ici. Votre oncle est d'une santé fort mauvaise présentement, les eaux de Bourbon ne lui ayant point donné de soulagement. Depuis peu de jours Mme de Romanet mande à ses enfants qu'il est au lit pour un mal qui lui est venu à la jambe. Il m'a paru bien fâché de n'avoir pas su quand vous avez passé à Roye, pour vous y aller embrasser. M. de Sérignan attend toujours l'occasion de pouvoir parler à M. de Barbezieux, pour faire rentrer votre cousin dans la place qu'il avoit. Je crois que c'est bien en vain, et que mon neveu feroit bien aussi bien de s'en retourner chez lui; mais cela chagrine votre oncle.

Lionval est toujours incommodé d'un dévoiement. J'ai aujourd'hui envoyé chez Helvétius pour lui mettre entre les mains. Le pauvre petit vous fait bien ses compliments, et promet bien qu'il n'ira pas à la comédie comme vous, de peur d'être damné. Nanette vous fait mille compliments par les lettres qu'elle m'écrit, et Babet est ravie d'avoir pour maîtresse Mme de Ronval. Les petites vous embrassent.

Pour parler de quelque chose de plus sérieux, par la lettre que vous m'avez écrite vous me priez de prier Dieu pour vous. Vous pouvez être persuadé que, si mes prières étoient bonnes à quelque chose, vous seriez bientôt un parfait chrétien, ne souhaitant rien avec plus d'ardeur que votre salut. Mais, mon fils, songez, dans ce saint temps,

---

1. C'est ainsi qu'a écrit Mme Racine.

que les père et mère ont beau prier le Seigneur pour leurs enfants, qu'il faut que les enfants n'oublient pas l'éducation qu'on a tâché de leur donner. Songez, mon fils, que vous êtes chrétien, et à quoi vous oblige cette qualité, à toutes les passions que cette qualité vous oblige de renoncer. Car, que vous serviroit d'acquérir l'estime des hommes, si vous vous mettiez en état de perdre votre âme? Ce sera le comble de ma joie de vous voir en état de faire votre salut. Je l'espère de la grâce du Seigneur.

Quand il viendra quelque courrier, mandez-moi un peu de petits détails de vos passe-temps et des nouvelles de Henry; si il est bien content, et s'il fait bien son devoir. Adieu, mon fils. Je vous embrasse. Soyez persuadé que je suis toute à vous.

(De la main de Racine.)

Je n'ajoute qu'un mot à la lettre de votre mère, pour vous dire que j'approuve au dernier point le conseil qu'on vous a donné d'apprendre l'allemand, et les raisons solides dont monsieur l'ambassadeur s'est servi pour vous le persuader. J'en ai dit un mot à M. de Torcy, qui vous y exhorte aussi de son côté, et qui croit que cela vous sera extrêmement utile. Je vous écrirai plus au long au premier jour. Le valet de chambre m'a prié instamment d'envoyer mon paquet le plus tôt que je pourrois, chez Mme Pierret. Continuez à vous occuper, et songez que tout ce que j'apprends de vous fait la plus grande consolation que je puisse avoir. Il ne tient pas à M. de Bonac que vous ne passiez ici pour un fort habile homme, et vous lui avez des obligations infinies. Assurez-le de ma reconnoissance et de l'extrême envie que j'ai de me trouver entre lui et vous avec monsieur l'ambassadeur. Je crois que je profiterois moi-même beaucoup en si bonne compagnie. Tous vos amis de la cour me demandent toujours de vos nouvelles.

XXXII.

A Paris, ce lundi de Pâques [31 mars 1698].

J'ai lu avec beaucoup de plaisir tout ce que vous m'avez mandé touchant la manière édifiante dont le service se fait dans la chapelle de monsieur l'ambassadeur, et sur les dispositions où vous étiez de bien employer ce saint temps, dont voilà déjà une partie de passé. Je vous assure que vous auriez encore pensé plus sérieusement que vous ne faites peut-être sur l'incertitude de la mort et sur le peu que c'est que la vie, si vous aviez eu le triste spectacle que nous venons d'avoir, votre mère et moi, cette après-dînée. La pauvre Fanchon[1] s'étoit beaucoup plainte de maux de tête tout le matin. Elle avoit pourtant été à confesse à Saint-André. En dînant, ses maux de tête l'ont reprise, et on a été obligé de la mettre sur son lit. Sur les trois heures, comme je prenois mon livre pour aller à vêpres, j'ai demandé de ses nouvelles. Votre mère, qui la venoit de quitter, m'a dit qu'elle lui trouvoit un peu de fièvre. J'ai été pour lui tâter le pouls; je l'ai trouvée renversée sur son lit, la tête qui lui traînoit à terre, le visage tout bleu et tout bouffi, sans la moindre connoissance, avec une quantité horrible d'eaux qui l'étouffoient, et qui faisoient un bruit effroyable dans sa gorge; enfin

1. Jeanne-Nicole-Françoise Racine, la quatrième des filles, morte le 22 septembre 1739, à l'abbaye de Malnoue, où elle était pensionnaire depuis six ans. A l'époque de cette lettre, elle avait treize ans.

une vraie apoplexie. J'ai fait un grand cri, et je l'ai prise dans mes bras ; mais sa tête et tout son corps n'étoient plus que comme un sac mouillé ; ses yeux étoient tout renversés dans sa tête : un moment plus tard elle étoit morte. Votre mère est venue tout éperdue, et lui a jeté deux ou trois poignées de sel dans la bouche, en lui ouvrant les dents par force : on l'a baignée d'esprit-de-vin et de vinaigre ; mais elle a été plus d'une grande demi-heure entre nos bras dans le même état que je vous ai représenté, et nous n'attendions que le moment qu'elle alloit étouffer. Nous avions vite envoyé chez M. Mareschal et chez M. du Tartre ; mais personne n'étoit au logis. A la fin, à force de la tourmenter et de lui faire avaler par force, tantôt du vin, tantôt du sel, elle a vomi une quantité épouvantable d'eaux qui lui étoient tombées du cerveau dans la poitrine. Elle a pourtant été deux heures entières sans revenir à elle, et il n'y a qu'une heure à peu près que la connoissance lui est revenue. Elle m'a entendu dire à votre mère que j'allois vous écrire et elle m'a prié de vous bien faire ses compliments : c'est en quelque sorte la première marque de connoissance qu'elle nous a donnée. Elle ne se souvient de rien de tout ce qui lui est arrivé ; mais, à cela près, je la crois entièrement hors de péril. Je m'assure que vous auriez été aussi ému que nous l'avons tous été. Madelon en est encore tout effrayée, et a bien pleuré sa sœur, qu'elle croyoit morte.

Je vais demain coucher à Port-Royal, d'où j'espère ramener votre sœur aînée après-demain. Ce sera encore un autre spectacle fort triste pour moi, et il y aura bien des larmes versées à cette séparation. Nous avons jugé que, ne pouvant rester à Port-Royal, elle n'avoit d'autre parti à prendre qu'à revenir avec nous, sans aller de couvent en couvent.

Du moins elle aura le temps de rétablir sa santé, qui s'est encore fort affoiblie par les austérités qu'elle a faites ce carême, et elle s'examinera à loisir sur le parti qu'elle doit embrasser. Nous lui avons préparé la chambre où couchoit votre petit frère, qui couchera dans votre grand chambre avec sa mie.

Vos lettres me font toujours un extrême plaisir, et même à M. Despréaux, à qui je les montre quelquefois, et qui continue à m'assurer que j'aurai beaucoup de satisfaction de vous, et que vous ferez des merveilles.

Votre Henry a mandé à mon cocher qu'il n'étoit pas content des quarante écus que nous lui donnons, et il le prie de lui faire savoir ma réponse. Il dit pour ses raisons que le vin est fort cher en Hollande. Vous jugez bien de quelle manière j'ai reçu cette demande. Je vous conseille de lui parler comme il mérite, et de ne pas faire plus de cas d'une pareille proposition que j'en fais moi-même. Ni je ne suis en état d'augmenter ses gages, ni je ne crois point ses services assez considérables pour les augmenter. Du reste, ne vous laissez manquer de rien : mandez-moi tous vos besoins, et croyez qu'on ne peut pas vous aimer plus tendrement que je fais. Votre mère vous embrasse.

Faites en sorte que M. de Bonac me donne toujours beaucoup de part dans son amitié.

XXXIII.

A Paris, 14 avril [1698].

Je prends beaucoup de part au plaisir que vous aurez d'accompagner monsieur l'ambassadeur dans la maison de campagne que vous dites qu'il est sur le point de prendre, et j'ai été fort content de la description que vous me faites de ces sortes de maisons. J'ai montré votre lettre à madame la comtesse de Gramont, qui s'intéresse beaucoup aux moindres choses qui regardent monsieur l'ambassadeur, et qui vous estime bien heureux d'être en si bonne compagnie. Monsieur le comte d'Ayen m'a dit que vous lui aviez écrit, et qu'il vous avoit fait réponse. Il m'a paru très-content de votre compliment. Il étoit un peu indisposé quand je partis avant-hier de Marly.

Votre sœur commence à se raccoutumer avec nous, mais non pas avec le monde, dont elle paroît toujours fort dégoûtée. Elle prend un fort grand soin de ses petites sœurs et de son petit frère, et elle fait tout cela de la meilleure grâce du monde. Votre mère est très-édifiée d'elle, et en reçoit un fort grand soulagement. Il a fallu bien des combats pour la faire résoudre à porter des habits fort simples et fort modestes qu'elle a retrouvés dans son armoire, et il a fallu au moins lui promettre qu'on ne l'obligeroit jamais à porter ni or ni argent sur elle. Ou je me trompe, ou vous n'êtes pas tout à fait dans ces mêmes sentiments, et vous traitez peut-être de grande foiblesse d'esprit cette aversion qu'elle témoigne pour les ajustements et pour la parure, j'ajouterai même pour la dorure. Mais que cette petite réflexion que je fais ne vous effraye point, je sais aussi bien compatir à la petite vanité des jeunes gens, comme je sais admirer la modestie de votre sœur. J'ai même prié monsieur l'ambassadeur de vous faire avancer ce qui vous sera nécessaire pour un habit dès que vous en aurez besoin, et je m'abandonne sans aucune répugnance à tout ce qu'il jugera à propos que vous fassiez là-dessus.

J'ai été charmé de l'éloge que vous me faites de M. de Bonac, et de la noble émulation qu'il me semble que son exemple vous inspire. Madame la comtesse de Gramont, en lisant cet endroit de votre lettre, m'a dit qu'elle n'étoit point surprise qu'il fût devenu un si galant homme, et qu'elle lui avoit toujours trouvé un grand fonds d'esprit, et une politesse merveilleuse. Ayez bien soin de lui témoigner combien je l'honore, et combien je souhaite qu'il me compte au nombre de ses serviteurs.

Je n'ai mandé qu'un mot de la santé de M. de Cavoye[1] à monsieur l'ambassadeur; mais je vais vous en instruire plus en détail, afin que vous l'en informiez. M. de Cavoye sent toujours les mêmes cuissons au fondement; il avoit commencé à prendre des eaux de Forges, qu'il faisoit venir à Paris; mais il a fallu les quitter fort vite, parce que les douleurs s'étoient augmentées très-considérablement. Il a même résolu de quitter tous les remèdes, et d'attendre que le beau temps le remette dans son état naturel. Heureusement il n'a aucun autre accident qui doive lui faire peur; il n'a ni fièvre ni dégoût; il dort fort bien; il a même assez bon visage, quoique la diète très-exacte qu'il observe depuis cinq mois l'ait assez maigri. Tout son mal, c'est qu'il ne peut être longtemps debout, et qu'il est obligé de s'asseoir dès qu'il a fait le tour de son jardin. Il s'en ira à Lucienne dès qu'il fera beau, et se contentera d'aller se montrer de temps en temps au roi, quand la cour sera à Marly. Le roi même lui a fait conseiller de prendre ce parti, et témoigne beaucoup d'envie de le revoir.

Votre petit frère est guéri de son mal de ventre, mais

---

1. Il avait alors près de cinquante-huit ans; il mourut en 1716.

il est fort enrhumé, aussi bien que Madelon ; ils ne font que tousser. Fanchon est assez bien, et ne se ressent plus de son accident, que M. Fagon appelle un catarrhe suffoquant. Il nous a conseillé de lui donner de l'émétique ; mais on ne peut venir à bout de lui faire rien prendre. Votre mère et votre sœur se portent fort bien, et vous font leurs compliments.

Vous trouverez des ratures au bas de cette page,[1] qui vous surprendront ; mais quand j'ai commencé ma lettre, je ne m'étois pas aperçu de ces quatre lignes par où j'avois commencé celle que j'écrivois à M. de Bonrepaux, à qui je me suis résolu d'écrire sur de plus grand papier. M. Bayard, M. Quentin et plusieurs autres de vos amis me demandent souvent de vos nouvelles. M. Despréaux vous fait aussi ses compliments. Il est à la joie de son cœur depuis qu'il a vu son *Amour de Dieu* imprimé avec de grands éloges dans une réponse qu'on a faite au P. Daniel, qui avoit écrit contre les *Lettres provinciales*. Il avoit voulu s'aller établir à Auteuil ; mais il s'étoit trop pressé, et le retour du vilain temps l'a fait revenir plus vite qu'il n'y étoit allé. On m'a dit mille biens de plusieurs ecclésiastiques très-vertueux qui sont en Hollande avec monsieur l'évêque de Sébaste, dont on m'a parlé aussi avec beaucoup d'estime. Si vous aviez envie d'en connoître quelqu'un, ou si même monsieur l'ambassadeur avoit la même envie, on leur feroit écrire de l'aller voir et de lui offrir leurs services. Je vous donne seulement cet avis, afin que

---

1. Il y a, en effet, quatre lignes effacées que l'on peut lire sous les ratures : « A Paris, 13 avril. — J'ai lu à monsieur le maréchal de Noailles l'endroit de votre lettre où vous me parliez de lui. Il a été extrêmement touché de la reconnoissance que vous témoignez, de tous les sentiments d'amitié que vous avez. » (P. M.)

vous en fassiez l'usage que vous jugerez à propos. C'est une grande consolation de trouver des gens de bien, et de pouvoir quelquefois s'entretenir avec eux des choses du salut, surtout dans un pays où l'on est si dissipé par les divertissements et les affaires. Du reste, j'apprends avec beaucoup de plaisir que vous ne voyez que les mêmes gens que voit monsieur l'ambassadeur. Je vous avoue que si vous fréquentiez d'autres compagnies que les siennes, je serois dans de très-grandes inquiétudes. Adieu, mon cher fils. Soyez persuadé de mon extrême amitié pour vous et de celle de votre mère.

Suscription : A Monsieur Monsieur Racine, gentilhomme ordinaire du roi, à la Haye.

XXXIV.

A Paris, le 25 avril [1698].

J'ai été fort incommodé depuis la dernière lettre que je vous ai écrite, ayant eu plusieurs petits maux dont il n'y en avoit pas un seul dangereux, mais qui étoient tous assez douloureux pour m'empêcher de dormir la nuit, et de m'appliquer durant le jour. Ces maux étoient premièrement un fort grand rhume dans le cerveau, un rhumatisme dans le dos, et une petite érysipèle ou érésipèle sur le ventre, que j'ai encore, et qui m'inquiète beaucoup de temps en temps par les cuissons qu'elle me cause. Cela a donné occasion à votre mère et à mes meilleurs amis de m'insulter sur la paresse que j'avois depuis si longtemps à me faire des remèdes. J'en ai déjà commencé quelques-uns, et je crois qu'il faudra me purger au moins deux fois dans la semaine qui vient. Vos deux petites sœurs prenoient hier médecine pendant qu'on étoit après à me saigner, et il fallut que votre mère me quittât pour aller forcer Fanchon à avaler sa médecine. Elle a toujours été un peu incommodée depuis le catarrhe que je vous ai mandé qu'elle avoit eu. Je lui lus votre lettre, et elle fut même fort touchée de l'intérêt que vous preniez à sa maladie, et du soin que vous preniez de lui donner des conseils de si loin. Elle ne fait plus autre chose depuis ce temps-là que de se moucher, et fait un bruit comme si elle vouloit que vous l'entendissiez, et que vous vissiez combien elle fait cas de vos conseils. Votre sœur aînée a été fort incommodée aussi de sa migraine ; à cela près, elle est d'une humeur fort douce, et j'ai tout sujet d'être édifié de sa conduite et de sa grande piété ; mais elle est toujours fort farouche pour le monde. Elle pensa hier rompre en visière à un neveu de Mme Le Challeux, qui lui faisoit entendre, par manière de civilité, qu'il la trouvoit bien faite ; et je fus obligé même, quand nous fûmes seuls, de lui en faire une petite réprimande. Elle voudroit ne bouger de sa chambre et ne voir personne. Du reste, elle est assez gaie avec nous, et prend grand soin de ses petites sœurs et de son petit frère. Mais voilà assez vous parler de notre ménage. Je crois que vous n'aurez pas été fort affligé d'apprendre que Rousseau [1], l'huissier de la chambre, a été mis à la Bastille, et qu'on lui a ordonné de se défaire de sa charge. Je crois même que tous ses confrères seront assez aises d'être délivrés de lui. Pour moi, il ne me saluoit plus, et avoit toujours envie de me fermer la porte

---

1. Il fut arrêté, ainsi que quantité d'autres personnes, pour l'affaire du *quiétisme*.

au nez lorsque je venois chez le roi. Avec tout cela, je le plaindrois, si un homme si insolent, et qui cherchoit si volontiers la haine de tous les honnêtes gens, pouvoit mériter quelque pitié. Il y a eu une autre catastrophe qui a bien fait plus de bruit que celle-là, et c'est celle de monsieur l'abbé de Coadlec,[1] un Breton qui n'étoit, pour ainsi dire, connu de personne, et que le roi avoit nommé évêque de Poitiers. Je ne doute pas que vous n'ayez fort entendu parler de cette affaire, qui a été très-fâcheuse, non-seulement pour cet évêque de deux jours, mais bien plus pour le P. de La Chaise, son protecteur, qui a eu le déplaisir de voir défaire son ouvrage d'une manière qui a tant fait de scandale. Mais comme on aura mandé tout ce détail à monsieur l'ambassadeur, je ne vous en dirai pas davantage.

Dès que j'apprendrai que monsieur l'abbé de Polignac est à Paris, au cas qu'il y vienne, je ne manquerai pas de l'aller chercher. Je n'ai pu encore rencontrer M. l'abbé de Chasteauneuf, que j'ai pourtant grande envie de voir. Assurez bien M. le comte d'Auvergne de mes respects et de ma reconnoissance infinie pour toutes les bontés dont il vous honore et moi aussi. On nous faisoit espérer que nous le reverrions bientôt. Votre mère vous embrasse. Faites toujours mille compliments pour moi à M. de Bonac, qui est, de toutes les compagnies que vous voyez, celle que je vous envie le plus.

Suscription : A Monsieur Monsieur Racine, gentilhomme ordinaire du roi, à la Haye.

---

1. Son véritable nom était de Koatlez (Mathurin de Leny). Il était archidiacre de Vannes, et on le disait parent de M. de Rosmadec. Le siège de Poitiers fut rempli par Antoine Girard de la Bornat.

XXXV.

A Paris, le 2 mai [1698].

Votre mère et moi nous approuvons entièrement tout ce que vous avez pensé sur votre habit, et nous souhaitons même qu'on ait déjà commencé à y travailler, afin que vous l'ayez pour l'entrée de monsieur l'ambassadeur. Vous n'avez qu'à le prier de vous faire donner l'argent dont vous croirez avoir besoin, tant pour l'habit que pour les autres choses que vous jugerez nécessaires. J'ai fort approuvé votre conduite sur les ecclésiastiques dont je vous avois parlé, et tout cet endroit de votre lettre m'a fait beaucoup de plaisir. Vous m'en ferez beaucoup aussi de répondre de votre mieux à leurs honnêtetés, et de leur rendre tous les petits services qui dépendront de vous. Il peut même arriver des occasions où vous ne serez pas fâché de vous adresser à eux pour les choses qui regardent votre salut, quand vous serez assez heureux pour y songer sérieusement. Il ne se peut rien de plus sage que la conduite de monsieur l'ambassadeur à leur égard. Il a un frère dont on me disoit des merveilles, il y a fort peu de temps; on ne l'appelle que le saint solitaire : il a même des relations avec un très-saint et très-savant ecclésiastique, qui n'est pas loin du pays où vous êtes. Je suis sûr que monsieur l'ambassadeur, avec tous les honneurs qui l'environnent, envie souvent de bon cœur le calme et la félicité de monsieur son frère.

M. Despréaux recevra avec joie vos lettres quand vous lui écrirez; mais je vous conseille de me les adresser, de peur que le prix qui lui en coûteroit ne diminue beaucoup le prix même de tout ce que vous lui pourriez mander. N'appréhendez point de m'ennuyer par la longueur de vos lettres; elles me font un extrême plaisir, et nous sont d'une très-grande consolation à votre mère et à moi, et même à toutes vos sœurs, qui les écoutent avec une merveilleuse attention, en attendant l'endroit où vous ferez mention d'elles.

Il y aura demain trois semaines que je ne suis sorti de Paris, et je pourrois bien y en demeurer encore autant, à cause de cette espèce de petite érésipèle que j'ai, et des médecines qu'il faudra prendre quand je ne l'aurai plus. Vous ne sauriez [croire] combien je me plais dans cette espèce de retraite, et avec quelle ardeur je demande au bon Dieu que vous soyez en état de vous passer de mes petits secours, afin que je commence un peu à me reposer et à mener une vie conforme à mon âge et même à mon inclination. M. Despréaux m'a tenu très-bonne compagnie. Il est présentement établi à Auteuil, où nous l'irons voir quelquefois quand le temps sera plus doux, et que je pourrai prendre l'air sans m'incommoder. Je vais souvent voir M. de Cavoye, qui n'est qu'à deux pas de chez moi, et ce sont presque les seules visites que je fasse.

Toutes vos sœurs sont en très-bonne santé, aussi bien celles qui sont au logis, que celles de Melun et de Variville, qui témoignent l'une et l'autre une grande ferveur pour achever de se consacrer à Dieu. Babet m'écrit les plus jolies lettres du monde et les plus vives, sans beaucoup d'ordre, comme vous pourrez croire, mais entièrement conformes au caractère que vous lui connoissez. Elle nous demande avec grand soin de vos nouvelles. M. Boileau, frère de M. Despréaux, vit Nanette il y a huit jours, et la trouva d'une gaieté extraordinaire. Votre sœur aînée est toujours un peu sujette à ses migraines. Adieu, mon cher fils. Je vous écrirai plus au long une autre fois. J'ai si mal dormi la nuit dernière que je n'ai pas la tête bien libre ni assez reposée pour écrire davantage. Mille compliments à M. de Bonac. N'ayez surtout aucune inquiétude sur ma santé, qui au fond est très-bonne.[1]

Suscription : A Monsieur Monsieur Racine, gentilhomme ordinaire du roi, chez Monsieur l'ambassadeur, à la Haye.

XXXVI.

A Paris, le 16 mai 1698.

Votre relation du voyage que vous avez fait à Amsterdam m'a fait un très-grand plaisir. Je ne pus m'empêcher de la lire, hier, chez M. Le Verrier, à M. de Valincour et à M. Despréaux, qui m'ont fort assuré qu'elle les avoit divertis. Je me gardai bien, en la lisant, de leur lire l'étrange mot de *tentatif*, que vous avez appris de quelque Hollandois, et qui les auroit beaucoup étonnés. Du reste, je pouvois tout lire en sûreté, et il n'y avoit rien qui ne fût selon la langue et selon la raison. Tous ces messieurs vous font bien des compliments. M. Despréaux assure fort qu'il n'aura point de regret au port que lui pourront coûter vos lettres; mais je crois que vous ferez aussi bien d'attendre quelque bonne commodité pour lui écrire. Votre mère est fort touchée du souvenir que vous avez d'elle. Elle seroit assez aise d'avoir votre beurre; mais elle craint également, et de vous donner de l'embarras,

1. Sa santé alla toujours en dépérissant; mais il ne vouloit pas l'inquiéter. (L. R.)

et d'être embarrassée pour recevoir votre présent, qui se perdroit peut-être ou qui se gâteroit en chemin.

M. de Rost m'a fait l'honneur de me venir voir. J'allai pour lui rendre sa visite, mais je ne le trouvai point, et il revint chez moi dès le lendemain. Je l'ai trouvé tel que vous me l'aviez mandé, c'est-à-dire un très-galant homme, de beaucoup d'esprit, et parlant parfaitement bien sur les belles-lettres et sur toutes sortes de sujets. Il m'apprit avant-hier que la Champmeslé[1] étoit à l'extrémité, de quoi il me parut très-affligé; mais ce qui est le plus affligeant, c'est de quoi il ne [se] soucie guère apparemment, je veux dire l'obstination avec laquelle cette pauvre malheureuse refuse de renoncer à la comédie, ayant déclaré, à ce qu'on m'a dit, qu'elle trouvoit très-glorieux pour elle de mourir comédienne. Il faut espérer que, quand elle verra la mort de plus près, elle changera de langage, comme font d'ordinaire la plupart de ces gens qui font tant les fiers quand ils se portent bien. Ce fut Mme de Caylus qui m'apprit hier cette particularité, dont elle étoit fort effrayée, et qu'elle a sue, comme je crois, de monsieur le curé de Saint-Sulpice.

Je rencontrai l'autre jour M. du Boulay, l'un de nos camarades,[2] qui me pria de vous bien faire ses compliments. On m'a dit que son fils, qui est dans les mousquetaires, avoit eu une affaire assez bizarre avec M. de Villa-[cerf] le fils, qui, le prenant pour un de ses meilleurs amis, lui donna, en badinant, un coup de pied dans le derrière, puis, s'étant aperçu de son erreur, lui en fit

---

1. Lorsque Racine écrivait cette lettre, il ignorait que Mlle Champmeslé était morte la veille à Auteuil. Cette actrice mourut le 15 mai 1698. Racine écrit *la Chamellay*.
2. C'est-à-dire gentilhomme ordinaire.

beaucoup d'excuses. Mais le mousquetaire, sans se payer de ces raisons, prit le temps que M. de Villacerf avoit le dos tourné, et lui donna aussi un coup de pied de toute sa force; après quoi il le pria de l'excuser, disant qu'il l'avoit pris aussi pour un de ses amis. L'action a paru fort étrange à tout le monde. M. de Maupertuis ou M. de Vins a fait mettre le mousquetaire en prison; mais M. de Boufflers accommoda promptement les deux parties. M. du Boulay se trouve parent de Mme Quentin, à ce qu'on dit, et cette parenté ne lui a pas été infructueuse en cette occasion. Tout cela s'étoit passé sur le petit degré de Versailles, par où le roi remonte quand il revient de la chasse.

Je fais toujours résolution de vous écrire de longues lettres; mais je m'y prends toujours trop tard, et il faut que je finisse malgré moi. J'aurai le soin de remercier pour vous monsieur le comte d'Ayen : ayez celui de bien m'acquitter envers monsieur le comte d'Auvergne et envers M. de Bonac, de tout ce que je leur dois pour les bontés qu'ils ont pour moi. Adieu, mon cher fils. Je me porte bien, Dieu merci, et toute la famille. Faites aussi bien des remerciements à M. de l'Estang, pour l'honneur qu'il me fait de songer encore que je suis au monde.

Suscription : A Monsieur Monsieur Racine, gentilhomme ordinaire, chez Monsieur l'Ambassadeur de France, à la Haye.

XXXVII.

A Versailles, le 5 juin [1698].

J'étois si accablé d'affaires lundi dernier, que je ne pus trouver le temps d'écrire ni à Monsieur l'ambassadeur ni à vous. J'arrivai avant-hier en ce pays-ci, et j'y appris, en arrivant, que le roi avoit chassé monsieur l'abbé de Langeron, monsieur l'abbé de Beaumont, neveu de M. de Cambrai, et MM. du Puis et de l'Échelle.[1] La querelle de M. de Cambrai est cause de tout ce remue-ménage. On a déjà remplacé les deux abbés depuis que j'ai écrit à monsieur l'ambassadeur, et on a mis en leur place un monsieur l'abbé Le Fèvre, que je ne connois point, et le recteur de l'université, nommé M. Vittement, qui fit une fort belle harangue au roi sur la paix. M. de Puiségur[2] est nommé pour un des gentilshommes de la manche; je ne sais pas encore l'autre. Je ne puis vous cacher l'obligation que vous avez à monsieur le maréchal de Noailles. Il avoit songé à vous, et en avoit même parlé : mais vous voyez bien, par le choix de M. de Puiségur, que monsieur le duc de Bourgogne n'étant plus enfant, on veut mettre auprès de lui des gens d'une expérience consommée, surtout pour la guerre; d'autant plus que ce sera ce prince qui commandera l'armée qu'on assemble pour le camp de Compiègne, et que M. de Puiségur y exercera son emploi ordinaire de maréchal des logis de l'armée. Tout le monde a trouvé ce choix du roi très-sage, et vous ne devez pas douter qu'on ne lui donne un collègue

---

1. Ces quatre personnes étaient attachées à la maison du duc de Bourgogne : l'un des abbés, comme sous-précepteur, l'autre comme lecteur; du Puits et l'Échelle, comme gentilshommes de la manche. Tous furent enveloppés dans la disgrâce de Fénelon, et soupçonnés, comme lui, d'inspirer au jeune prince du goût pour la nouvelle doctrine. L'abbé de Langeron était tendrement aimé de Fénelon, et cette amitié avait commencé dès leur première jeunesse. L'abbé de Beaumont, fils de Henri de Beaumont-Gibaud, et de Marie de Salignac, sœur de Fénelon, fut nommé à l'évêché de Saintes en 1715, et mourut en 1744, âgé de quatre-vingt-treize ans. N'oublions pas de dire ici, à la gloire de Fagon et de Félix, qu'ils furent les seuls qui osèrent élever la voix devant le roi en faveur de l'illustre évêque de Cambrai.

2. Racine a écrit *Puiségu*.

aussi avancé en âge et aussi expérimenté que lui. Mais vous voyez du moins que vous avez ici des protecteurs qui ne vous oublient point, et que, si vous voulez continuer à travailler et à vous mettre en bonne réputation, l'on ne manquera point de vous mettre en œuvre dans les occasions. Vous ne me parlez plus de l'étude que vous aviez commencée de la langue allemande. Vous voulez bien que je vous dise que j'appréhende un peu cette facilité avec laquelle vous embrassez de bons desseins, mais avec laquelle aussi vous vous en dégoûtez quelquefois. Les belles-lettres, où vous avez pris toujours assez de plaisir, ont un certain charme qui fait trouver beaucoup de sécheresse dans les autres études. Mais c'est pour cela même qu'il faut vous opiniâtrer contre le penchant que vous avez à ne faire que les choses qui vous plaisent. Vous avez un grand modèle devant vos yeux, je veux dire monsieur l'ambassadeur, et je ne saurois trop vous exhorter à vous former là-dessus le plus que vous pourrez. Je sais qu'il y a beaucoup de sujets de distraction et de dissipation à la Haye; mais je vous crois l'esprit maintenant trop solide pour vous laisser détourner de votre travail et des occupations que monsieur l'ambassadeur veut bien vous donner : autrement il vaudroit mieux vous en [revenir], et n'être point à charge au meilleur ami que j'aie au monde.

Je vous dis tout ceci, non point que j'aie aucun sujet d'inquiétude sur vous, étant au contraire très-content de ce qui m'en revient, et surtout des bons témoignages que monsieur l'ambassadeur veut bien en rendre; mais, comme je veille continuellement à tout ce qui pourroit vous faire plaisir, j'ai pris cette occasion de vous exciter à faire de votre part tout ce qui peut faciliter les vues que mes amis pourront avoir pour vous. M. de Torcy a toujours les mêmes bontés pour moi, et la même intention de vous en donner des marques. Je suis chargé de beaucoup de compliments de tous vos petits amis de ce pays-ci; je dis petits amis, en comparaison des protecteurs dont je viens de vous parler. Je vous crois d'assez bon naturel pour avoir été fort touché de la mort de M. Mignon,[1] à qui vous aviez beaucoup d'obligation. J'ai laissé votre mère et toute la famille en bonne santé, excepté que votre sœur est encore bien sujette à sa migraine. Je crains bien que la pauvre fille ne puisse pas accomplir les grands desseins qu'elle s'étoit mis dans la tête, et je ne serai point du tout surpris quand il faudra que nous prenions d'autres vues pour elle. Je remercie de tout mon cœur M. de Bonac de la continuation de son souvenir pour moi, et de son amitié pour vous. Votre mère vous remercie de votre beurre, et craint toujours de vous faire de l'embarras.

Suscription : A Monsieur Monsieur Racine, gentilhomme ordinaire du roi, à la Haye.

XXXVIII.

A Paris, le 16 juin [1698].

On m'envoya à Marly la lettre que vous m'écriviez d'Aix-la-Chapelle. J'y ai vu avec beaucoup de plaisir la description que vous y faisiez des singularités de cette ville, et surtout de la procession où Charlemagne assiste avec de si belles cérémonies. Je vous crois maintenant

1. Il avait été l'un des premiers maîtres du jeune Racine.

de retour au lieu de votre résidence, et je m'attends que je recevrai bientôt de vos nouvelles et de celles de monsieur l'ambassadeur, qui me néglige un peu depuis quelque temps.

J'arrivai avant-hier de Marly, et j'ai retrouvé toute la famille en bonne santé. Il m'a paru que votre sœur aînée reprenoit assez volontiers les petits ajustements auxquels elle avoit si fièrement renoncé, et j'ai lieu de croire que sa vocation à la religion pourroit bien s'en aller avec celle que vous aviez eu autrefois pour être chartreux. Je n'en suis point du tout surpris, connoissant l'inconstance des jeunes gens, et le peu de fond qu'il y a à faire sur leurs résolutions, surtout quand elles sont si violentes et si fort au-dessus de leur portée. Il n'en est pas ainsi de votre sœur qui est à Melun. Comme l'ordre qu'elle a embrassé est beaucoup plus doux, sa vocation sera aussi plus durable. Toutes ses lettres marquent une grande persévérance, et elle paroît même s'impatienter beaucoup des quatre mois que son noviciat doit encore durer. Babet paroît aussi souhaiter avec beaucoup de ferveur que son temps vienne pour se consacrer à Dieu. Toute la maison où elle est l'aime tendrement, et toutes les lettres que nous en recevons ne parlent que de son zèle et de sa sagesse. On dit qu'elle est fort jolie de sa personne, et qu'elle est même beaucoup crue. Mais vous jugez bien que nous ne la laisserons pas engager légèrement, et sans être bien assurés d'une véritable vocation. Vous jugez bien aussi que tout cela n'est pas un petit embarras pour votre mère et pour moi, et que des enfants, quand ils sont venus à cet âge, ne donnent pas peu d'occupation. Je vous dirai très-sincèrement que ce qui nous console quelquefois dans nos inquiétudes, c'est d'apprendre que vous avez envie de bien faire, et que vous vous appliquez sérieusement à vous instruire des choses qui peuvent convenir à votre état et aux vues que l'on peut avoir pour vous. Songez toujours que notre fortune est très-médiocre, et que vous devez beaucoup plus compter sur votre travail que sur une succession qui sera fort partagée. Je voudrois avoir pu mieux faire; c'est à vous maintenant à travailler : je commence à être d'un âge où ma plus grande application doit être pour mon salut. Ces pensées vous paroîtront peut-être un peu sérieuses ; mais vous savez que j'en suis occupé depuis fort longtemps. Comme vous avez de la raison, j'ai cru même vous devoir parler avec cette franchise à l'occasion de votre sœur, qu'il faut maintenant songer à établir.[1] Mais enfin nous espérons que Dieu, qui ne nous a point abandonnés jusqu'ici, continuera à nous assister et à prendre soin de vous, surtout si vous ne l'abandonnez point vous-même, et si votre plaisir ne l'emporte point sur les bons sentiments qu'on a tâché de vous inspirer. Adieu, mon cher fils. Je vous écrirai une autre fois plus au long. Votre mère vous embrasse de tout son cœur. Ne vous laissez manquer de rien de ce qui vous est nécessaire.

Suscription : A Monsieur Monsieur Racine, gentilhomme ordinaire du roi, à la Haye.

1. Elle le fut en effet peu de temps après. Le 5 juin de l'année suivante, elle épousa Claude Colin de Moramber, aïeul maternel de M. Jacobé de Naurois. C'est la seule des filles de Racine qui ait été mariée.

XXXIX.

A Paris, le 23 juin [1698].

Votre mère s'est fort attendrie à la lecture de votre dernière lettre, où vous mandiez qu'une de vos plus grandes consolations étoit de recevoir de nos nouvelles. Elle est très-contente de ces marques de votre bon naturel; mais je puis vous assurer qu'en cela vous nous rendez justice, et que les lettres que nous recevons de vous font toute la joie de la famille, depuis le plus grand jusqu'au plus petit. Ils m'ont tous prié aujourd'hui de vous faire leurs compliments, et votre sœur aînée comme les autres. La pauvre fille me fait assez de pitié par l'incertitude que je vois dans ses résolutions, tantôt à Dieu, tantôt au monde, et craignant également de s'engager de façon ou d'autre. Du reste, elle est fort douce, et votre mère est très-contente de la manière dont elle se conduit envers elle. Madelon a eu ces jours passés une petite vérole volante, qui n'aura pas de suite pour elle. Dieu veuille que les autres ne s'en ressentent pas! Je crains surtout pour le petit Lionval, qui pourroit bien en être pris tout de bon. Il est très-joli, apprend bien, et quoique fort éveillé ne nous donne pas la moindre peine.[1]

J'allai, il y a trois jours, dîner à Auteuil, où se trouvèrent monsieur le marquis de La Sale, M. Félix et M. Boudin. M. de Termes y vint aussi, et y amena le nouveau musicien M. Des Touches, qui fait encore un autre opéra pour

---

1. Il était aisément content de ses enfants, qu'il trouvait toujours charmants. (L. R.)

Fontainebleau. Après le dîner, il chanta plusieurs endroits de cet opéra, dont ces messieurs parurent fort charmés, et surtout M. Despréaux, qui prétendoit les entendre fort distinctement, et qui raisonna fort, à son ordinaire, sur la musique.[1] Le musicien fut fort étonné que je n'eusse point entendu son dernier opéra. M. Despréaux lui en voulut dire les raisons, qui l'étonnèrent encore davantage, et peut-être ne le satisfirent pas beaucoup.

La plupart de ces messieurs me demandèrent fort obligeamment de vos nouvelles, et je leur dis que vous étiez l'homme du monde le plus content. Ils n'eurent pas de peine à le croire, connoissant monsieur l'ambassadeur comme ils font, et le regardant tout à la fois comme le plus aimable et le plus habile homme qui soit au monde. M. Despréaux leur dit combien il avoit plaisir à lire les lettres que vous m'écriviez, et les assura que vous seriez un jour très-digne d'être aimé de tous mes amis. Vous savez que les poëtes se piquent d'être prophètes; mais ce n'est que dans l'enthousiasme de leur poésie qu'ils le sont; et M. Despréaux leur parloit en prose. Ses prédictions ne laissèrent pas néanmoins de me faire plaisir et de flatter un peu la tendresse paternelle. C'est à vous, mon cher fils, à ne pas faire passer M. Despréaux pour un faux prophète. Je vous l'ai dit plusieurs fois, vous êtes à la source du bon sens et de toutes les belles connoissances pour le monde et pour les affaires.

J'aurois une joie sensible de voir la maison de campagne dont vous faites tant de récit, et d'y manger avec vous des groseilles de Hollande. Ces groseilles ont bien fait ouvrir les oreilles à vos petites sœurs et à votre mère elle-même, qui les aime fort, comme vous savez. Je ne

---

1. Il était fort sourd et se connaissait fort peu en musique. (L. R.)

saurois m'empêcher de vous dire qu'à chaque chose d'un peu bon que l'on nous sert sur la table, il lui échappe toujours de dire : « Racine mangeroit volontiers d'une telle chose. » Je n'ai jamais vu en vérité une si bonne mère, ni si digne que vous fassiez votre possible pour reconnoître son amitié. Au moment où je vous écris ceci, vos deux petites sœurs me viennent d'apporter un bouquet pour ma fête, qui sera demain,[1] et qui sera aussi la vôtre. Trouverez-vous bon que je vous fasse souvenir que ce même saint Jean, qui est votre patron, est aussi invoqué par l'Église comme le patron des gens qui sont en voyage, et qu'elle lui adresse pour eux une prière qui est dans l'*Itinéraire*, et que j'ai dite plusieurs fois à votre intention ? Adieu, mon cher fils. Faites mille amitiés pour moi à M. de Bonac, et assurez monsieur l'ambassadeur du respect et de la reconnoissance que ma femme et toute ma famille ont pour lui.

Suscription : A Monsieur Monsieur Racine, gentilhomme ordinaire du roi, chez monsieur l'ambassadeur de France, à la Haye.

XL.

A Paris, 7 juillet [1698].

S'il fait aussi beau temps à la Haye qu'il fait ici depuis dix jours, je vous tiens le plus heureux homme du monde dans votre maison de campagne. Je suis ravi du bon emploi que vous avez résolu d'y faire de votre temps, et je vous puis assurer par avance que M. de Torcy ne laissera pas échapper les occasions de vous rendre de bons

---

1. La Nativité de saint Jean-Baptiste, 24 juin.

offices. Comme il estime extrêmement monsieur l'ambassadeur, il ajoutera une foi entière aux bons témoignages qu'il lui rendra de vous. Je lui ai lu votre dernière lettre, aussi bien qu'à monsieur le maréchal de Noailles. Ils ont été charmés et effrayés de la description que vous y faites du grand travail et de l'application continuelle de monsieur l'ambassadeur. Je lisois ou, pour mieux dire, je relisois ces jours passés, pour la centième fois, les épîtres de Cicéron à ses amis. Je voudrois qu'à vos heures perdues vous en puissiez lire quelques-unes avec monsieur l'ambassadeur : je suis assuré qu'elles seroient extrêmement de son goût, d'autant plus que, sans le flatter, je ne vois personne qui ait mieux attrapé que lui ce genre d'écrire des lettres également propres à parler sérieusement et solidement des grandes affaires, et à badiner agréablement sur les petites choses. Croyez que, dans ce dernier genre, Voiture est beaucoup au-dessous de l'un et de l'autre. Lisez, par exemple, les épîtres *ad Trebatium, ad Martium, ad Papyrium Pætum*, et d'autres que je vous marquerai quand vous voudrez. Lisez même celles de *Cælius* à Cicéron : vous serez étonné d'y voir un homme aussi vif et aussi élégant que Cicéron même ; mais il faudroit pour cela que vous eussiez pu vous familiariser ces lettres par la connoissance de l'histoire de ces temps-là, à quoi les *Vies* de Plutarque vous pourroient aider beaucoup. Je vous conseille de faire la dépense d'acheter l'édition de ces épîtres par Grævius, imprimées en Hollande, in-8°, depuis dix ou douze ans.[1] Cette lecture est excellente pour un homme qui veut écrire des lettres, soit d'affaires, soit de choses moins sérieuses.

---

1. Les épîtres de Cicéron *ad familiares,* avec les notes de Grævius, ont été imprimées à Amsterdam en 1693, et font partie de la collection des *Variorum.*

J'irai demain coucher à Auteuil, et j'y attendrai le lendemain à souper votre mère avec sa famille, et avec celle de M. de Castigny. Votre sœur est au lit à l'heure qu'il est, et a une fort grande migraine. La pauvre fille en est souvent attaquée, et n'est pas dix jours de suite sans s'en ressentir. Elle est rentrée dans sa première ferveur pour la piété; mais je crains qu'elle ne pousse les choses trop loin : cela est cause même de cette petite inégalité qui se trouve dans ses sentiments, les choses violentes n'étant pas de nature à durer longtemps. Le petit Lionval n'a pas manqué de gagner la petite vérole; mais elle est si légère qu'il n'a pas même gardé le lit, et qu'il ne s'en lève tous les jours que plus matin. Comme il faisoit extrêmement chaud, on n'a pas pris de grandes précautions pour l'empêcher de prendre l'air, et il est déjà presque entièrement hors d'affaire.

Je ferai de petits reproches à M. Despréaux de ce qu'il n'a pas envoyé à monsieur l'ambassadeur sa dernière édition.[1] Vous jugez bien qu'il la lui enverra fort vite, et vous n'avez qu'à me mander par quelle voie on la lui pourra faire tenir. Votre mère est très-édifiée de la modestie de votre habit; mais nous ne vous prescrivons rien là-dessus, et c'est à vous de faire ce qui vous convient et ce qui est du goût de monsieur l'ambassadeur : surtout ne lui soyez point à charge, et mandez-nous à qui il faudra que nous donnions l'argent dont vous avez besoin. Quand je témoigne à tous mes amis les obligations que vous avez à

1. Il ne paraît pas que Boileau ait donné une édition complète de ses œuvres entre les éditions de 1694 et de 1701; mais, en 1797, il avait fait imprimer, par forme de supplément à l'édition de 1694, ses trois dernières épîtres, avec une préface qui se trouve rapportée dans l'édition de 1747.

M. de Bonrepaux, je n'oublie pas de leur marquer celles que vous avez à M. de Bonac, et combien je vous trouve heureux d'être en si bonne compagnie.

Suscription : A Monsieur Monsieur Racine, gentilhomme ordinaire du roi, à la Haye.

XLI.

A Paris, le 21 juillet [1698].

Ce fut pour moi une apparition agréable de voir entrer M. de Bonac dans mon cabinet, jeudi dernier de grand matin; mais ma joie se changea bientôt en chagrin, quand je le vis résolu à ne point loger chez moi, et à refuser la petite chambre de mon cabinet, que ma femme et moi nous le priâmes très-instamment d'accepter. Nous recommençâmes nos instances le lendemain, et je le menaçai même de vous mander de loger à l'auberge de la Haye, et il étoit tout prêt de m'accorder le plaisir que je lui demandois; mais M. d'Usson interposa son autorité en nous disant que nous étions trop loin du quartier de M. de Torcy, qui est aussi le sien, et qu'il falloit que lui et monsieur son neveu fussent toujours ensemble, et sussent à point nommé quand M. de Torcy arriveroit à Paris, pour l'aller trouver toutes les fois qu'il y viendroit. Il a bien fallu me payer, malgré moi, de ces raisons, et vous pouvez vous assurer que ma femme en a été du moins aussi chagrine que moi. Vous savez comme elle est reconnoissante, et comme elle a le cœur fait. Il n'y a chose au monde qu'elle ne fît pour marquer à M. de Bonrepaux le ressentiment qu'elle a de toutes les bontés qu'il a pour vous. Elle est charmée, comme moi, de M. de Bonac et de toutes ses manières pleines d'honnêteté et de politesse. Elle sera au comble de sa joie si vous pouvez parvenir à lui ressembler, et si vous rapportez en ce pays-ci l'air et les manières qu'elle admire en lui. Il nous donne de grandes espérances sur votre sujet, et vous êtes fort heureux d'avoir en lui un ami si plein de bonne volonté pour vous. S'il ne nous flatte point, et si les témoignages qu'il vous rend sont bien sincères, nous aurons de grandes grâces à rendre au bon Dieu, et nous espérons que vous nous serez d'une grande consolation. Il nous assure que vous aimez le travail, que vous ne vous dissipez point, et que la promenade et la lecture sont vos plus grands divertissements, et surtout la conversation de monsieur l'ambassadeur, que vous avez bien raison de préférer à tous les plaisirs du monde : du moins je l'ai toujours trouvée telle, et non-seulement moi, mais tout ce qu'il y a ici de personnes de meilleur esprit et de meilleur goût.

Je n'ai osé lui demander si vous pensiez un peu au bon Dieu, et j'ai eu peur que la réponse ne fût pas telle que je l'aurois souhaitée ; mais enfin je veux me flatter que, faisant votre possible pour devenir un parfaitement honnête homme, vous concevrez qu'on ne le peut être sans rendre à Dieu ce qu'on lui doit. Vous connoissez la religion, je puis dire même que vous la connoissez belle et noble comme elle est, et il n'est pas possible que vous ne l'aimiez. Pardonnez si je vous mets quelquefois sur ce chapitre : vous savez combien il me tient à cœur, et je vous puis assurer que plus je vais en avant, plus je trouve qu'il n'y a rien de si doux au monde que le repos de la conscience, et de regarder Dieu comme un père qui ne nous manquera pas dans tous nos besoins. M. Despréaux, que vous aimez tant, est plus que jamais dans ces sentiments, surtout depuis qu'il a fait son *Amour de Dieu*; et je vous puis assurer qu'il s'est très-bien persuadé lui-même des vérités dont il a voulu persuader les autres. Vous trouvez quelquefois mes lettres trop courtes; mais je crains bien que vous ne trouviez celle-ci trop longue. Nous vous écrirons, ma femme et moi, et peut-être M. Despréaux même, par M. de Bonac.

M. de Torcy m'a dit avec plaisir tous les témoignages avantageux que monsieur l'ambassadeur lui a rendus de vous, et il s'en souviendra en temps et lieu.

Suscription : A Monsieur Monsieur Racine, gentilhomme ordinaire du roi, chez monsieur l'ambassadeur de France, à la Haye.

XLII.

A Paris, le 24 juillet [1698].

M. de Bonac vous dira plus de nouvelles que je ne vous en puis écrire, et même des nôtres, nous ayant fait l'honneur de nous voir souvent, et de dîner quelquefois avec la petite famille. Il vous pourra dire qu'elle est fort gaie, à la réserve de votre sœur, qui fut fort triste le dernier jour qu'il dîna chez nous; mais elle étoit alors si accablée de sa migraine qu'elle se jeta dans son lit dès qu'il fut sorti, et y demeura jusqu'au lendemain sans boire ni manger. Je la plains fort d'y être si sujette; cela même est cause de toutes les irrésolutions où elle est sur l'état qu'elle doit embrasser. Je fais mon possible pour la réjouir; mais nous menons une vie si retirée qu'elle ne peut guère trouver de divertissements avec nous. Elle prétend qu'elle ne se soucie point de voir le monde, et elle n'a guère d'autre plaisir que dans la lecture, n'étant que fort peu sensible à tout le reste. Le temps de la profession de Nanette s'avance fort, et il n'y a plus que trois mois jusque-là. Nanette a grande impatience que ce temps-là arrive. Babet témoigne aussi une grande envie de demeurer à Variville. Votre cousin le mousquetaire, qui l'a été voir il y a trois jours, en revenant de Montdidier, l'a trouvée fort grande et fort jolie. On est toujours charmé d'elle dans cette maison; mais nous avons résolu de ne l'y plus laisser qu'un an, après quoi nous la reprendrons avec nous pour bien examiner sa vocation. Pour Fanchon, il lui tarde beaucoup qu'elle ne soit à Melun avec sa sœur Nanette, et [elle] ne parle d'autre chose. Sa petite sœur n'a pas les mêmes impatiences de nous quitter, et me paroît avoir beaucoup de goût pour le monde.[1] Elle raisonne sur toutes choses avec un esprit qui vous surprendroit, et est fort railleuse; de quoi je lui fais souvent la guerre. Je prétends mettre votre petit frère, l'année qui vient, avec M. Rollin, à qui monsieur l'archevêque a confié les petits MM. de Noailles. M. Rollin a pris un logement au collége de Laon, près de Sainte-Geneviève, dans le pays latin. Il a pris aussi quelques autres jeunes enfants. M. d'Ernoton, notre voisin, y vouloit mettre son petit-fils le chevalier, et on en étoit convenu de part et d'autre; mais, quand ce vint au fait et au prendre, on a trouvé ce petit garçon trop éveillé pour le

---

1. Elle n'avait alors que dix ans, et elle a, dans l'âge de la raison, bien méprisé le monde. Elle ne voulut ni se faire religieuse ni se marier, et est morte à cinquante-cinq ans, après avoir toujours vécu dans la retraite et les œuvres de piété. (L. R.)

mettre avec les autres; de quoi M. d'Ernoton a été fort offensé.

Il faut maintenant vous parler de vos amis. M. Félix le fils est tel que vous l'avez laissé, attendant sans aucune impatience qu'on le marie. Monsieur son père lui veut donner la fille de M. de Montarsis, à qui on donne cinquante mille écus; mais Mme Félix s'y oppose tête baissée, et pleure dès qu'on lui en parle. Elle a pris, je ne sais pourquoi, cette alliance en aversion, et cela jette un peu de froideur dans le ménage. Tous vos confrères les ordinaires du roi me demandent souvent de vos nouvelles, aussi bien que plusieurs officiers des gardes, entre autres M. Pétau, et tous ces messieurs me témoignent beaucoup d'amitié pour vous. M. de Saint-Gilles s'informe aussi très-souvent de votre santé. Il n'y a que M. Binet qui me paroît fort majestueux. Je ne sais si c'est par indifférence ou par timidité.

M. de Bonac vous pourra dire combien M. Despréaux lui témoigna d'amitié pour vous; mais il attend que vous lui écriviez le premier. Il est heureux comme un roi dans sa solitude, ou plutôt dans son hôtellerie d'Auteuil. Je l'appelle ainsi parce qu'il n'y a point de jour où il n'y ait quelque nouvel écot, et souvent deux ou trois qui ne se connoissent pas trop les uns les autres. Il est heureux de s'accommoder ainsi de tout le monde. Pour moi, j'aurois cent fois vendu la maison.

Pour nouvelles académiques, je vous dirai que le pauvre Boyer mourut avant-hier, âgé de quatre-vingt-trois ou quatre [ans], à ce qu'on dit. On prétend qu'il a fait plus de cinq cent mille vers en sa vie, et je le crois, parce qu'il ne faisoit autre chose. Si c'étoit la mode de brûler les morts, comme parmi les Romains, on auroit pu lui faire les mêmes funérailles qu'à ce Cassius Parmensis[1] à qui il ne fallut d'autre bûcher que ses propres ouvrages, dont on fit un fort beau feu. Le pauvre M. Boyer est mort fort chrétiennement : sur quoi je vous dirai en passant que je dois réparation à la mémoire de la Champmeslé, qui mourut aussi avec d'assez bons sentiments, après avoir renoncé à la comédie, très-repentante de sa vie passée, mais surtout fort affligée de mourir; du moins M. Despréaux me l'a dit ainsi, l'ayant appris du curé d'Auteuil, qui l'assista à la mort; car elle est morte à Auteuil, dans la maison d'un maître à danser, où elle étoit venue prendre l'air. Je crois que c'est monsieur l'abbé Genest[2] qui aura la place de M. Boyer : il ne fait pas tant de vers que lui, mais il les fait beaucoup meilleurs.

Je ne crois pas que je fasse le voyage de Compiègne, ayant vu assez de troupes et de campements en ma vie pour n'être pas tenté d'aller voir celui-là. Je me réserverai pour le voyage de Fontainebleau, et me reposerai cependant dans ma famille, où je me plais plus que je n'ai jamais fait. M. de Torcy me paroît très-plein de bonté pour vous, et je suis persuadé qu'il vous en donnera des marques. Dès que le temps sera venu de vous proposer pour quelque chose, M. de Noailles, M. de Beauvilliers même, seront ravis de s'employer pour vous dans les occasions; et vous jugerez bien que je ne négligerai point

---

1. C'est ce Cassius de Parme dont Horace a dit :

> . . . . . Capsis quem fama est esse librisque
> Ambustum propriis.
> (Sat. x, lib. I, v. 6 .)

Ce méchant poëte avait été un des assassins de César, et on dit qu'il fut brûlé dans un bûcher formé de ses propres ouvrages, par ordre de Quintilius Varus, envoyé par Auguste pour se saisir de sa personne. (*Édit.* 1807.)

2. Il avait déjà donné au théâtre plusieurs pièces, et entre autres *Pénélope.*

ces occasions lorsqu'elles arriveront, n'y ayant plus rien qui me retienne à la cour que la pensée de vous mettre en état de n'y avoir plus besoin de moi. Votre mère, qui a vu la lettre que votre sœur vous écrit, dit qu'elle vous y parle des affaires de votre conscience; vous pouvez compter qu'elle l'a fait de son chef, et plutôt pour vous faire apparemment la guerre que pour autre chose.

M. de Bonac a bien voulu se charger de trente louis neufs, valant 420 livres, que nous l'avons prié de vous donner. Je voulois en donner quarante, sur la grande idée qu'il nous a donnée de votre bonne économie; mais votre mère a modéré la somme, et a cru que c'étoit assez de trente. Nous avons résolu de donner 4,000 francs à votre sœur Nanette, avec une pension viagère de 200 francs. Elle n'en sait encore rien, ni son couvent non plus : mais monsieur l'archevêque de Sens, à qui j'en ai fait confidence, m'a dit que cela étoit magnifique, et m'a répondu que l'on seroit très-content de moi; il s'opposeroit même, si je donnois davantage.

Ma santé est assez bonne, Dieu merci, et les grandes chaleurs m'ont entièrement ôté mon rhume; mais ces mêmes chaleurs m'ont souvent jeté dans de fort grands abattements, et je sens bien que le temps approche où il faut un peu songer à la retraite; mais je vous ai tant prêché dans ma dernière lettre, que je crains de recommencer dans celle-ci. Vous trouverez donc bon que je la finisse en vous assurant que je suis très-content de vous. Si j'ai quelque chose à vous recommander particulièrement, c'est de faire tout de votre mieux pour vous rendre agréable à monsieur l'ambassadeur, et pour contribuer à sa consolation dans les moments où il est accablé de travail. Je mettrai sur mon compte toutes les complaisances que vous aurez pour lui, et je vous exhorte à avoir pour lui le même attachement que vous auriez pour moi, avec cette différence qu'il y a mille fois plus à profiter et à apprendre avec lui qu'avec moi.

J'ai reconnu en vous une qualité que j'estime fort : c'est que vous entendez très-bien raillerie quand d'autres que moi vous font la guerre sur vos petits défauts. Mais ce n'est pas assez de souffrir en galant homme les petites plaisanteries qu'on vous peut faire, il faut les mettre à profit. Si j'osois vous citer mon exemple, je vous dirois qu'une des choses qui m'a fait le plus de bien, c'est d'avoir passé ma jeunesse dans une société de gens qui se disoient assez volontiers leurs vérités, et qui ne s'épargnoient guère les uns les autres sur leurs défauts; et j'avois assez de soin de me corriger de ceux qu'on trouvoit en moi, qui étoient en fort grand nombre, et qui auroient pu me rendre assez difficile pour le commerce du monde.

Adieu, mon cher fils. Écrivez-moi toujours le plus souvent que vous pourrez. J'oubliois à vous dire que j'appréhende que vous ne soyez un trop grand acheteur de livres. Outre que la multitude ne sert qu'à dissiper et à faire voltiger de connoissances en connoissances, souvent assez inutiles, vous prendriez même l'habitude de vous laisser tenter de tout ce que vous trouveriez. Je me souviens toujours d'un passage des *Offices* de Cicéron, que M. Nicole me citoit souvent pour me détourner de la fantaisie d'acheter des livres : *Non esse emacem vectigal est.* « C'est un grand revenu que de n'aimer point à acheter. » Mais le mot d'*emacem* est très-beau et a un grand sens.

Votre tante de Port-Royal prie bien Dieu pour vous, et est fort aise de savoir que vous aimez à vous occuper.

Elle m'a dit de vous faire ses compliments. Assurez de mes respects monsieur le comte d'Auvergne, et ne lui laissez pas ignorer la reconnoissance que j'ai de toutes les bontés qu'il a pour vous et pour moi.

Je m'imagine que vous ouvrirez de forts grands yeux quand vous verrez pour la première fois...[1] Je sais combien les grands hommes excitent votre attention et votre curiosité. Je m'attends que vous me rendrez bon compte de ce que vous aurez vu.

Le 27 juillet.

Depuis cette lettre écrite, j'en ai reçu une de vous, où vous me mandez l'accident qui vous est arrivé. Vous avez beaucoup à remercier Dieu d'en être échappé à si bon marché; mais en même temps cet accident vous doit faire souvenir de deux choses : l'une, d'être plus circonspect que vous n'êtes, d'autant plus qu'ayant la vue basse, vous êtes obligé plus qu'un autre à ne rien faire avec précipitation; et l'autre, qu'il faut être toujours en état de n'être point surpris parmi tous les accidents qui nous peuvent arriver quand nous y pensons le moins.

Pour votre habit, je suis fâché qu'il soit fait, et l'on vous envoie une veste qui auroit pu vous faire honneur; mais elle ne sera pas perdue. Vous ne demandiez que 200 francs, en quoi je loue votre retenue; M. de Bonac vous en porte plus de 400. Quand vous en aurez besoin, j'aurai recours à M. de Montarsis, avec qui il n'y aura pas tant à perdre qu'avec le banquier dont vous parlez.

Vous avez bien de l'obligation à M. de Bonac de tout le bien qu'il a dit ici de vous. Il n'auroit pas plus d'ami-

---

1. Louis Racine supplée ici : « le roi d'Angleterre »; et c'est de Guillaume III qu'il s'agit en effet.

tié pour son propre frère qu'il ne paroît en avoir pour vous. Je ne doute pas que vous ne lui rendiez la pareille.

Votre mère vient de Saint-Sulpice, où elle a rendu le pain bénit. Si vous n'étiez pas si loin, elle vous auroit envoyé de la brioche; mais M. de Bonac en mangera pour vous.

XLIII.

A Paris, le 1ᵉʳ août [1698].

Je vous écris seulement quatre lignes, à l'occasion d'un des courriers de M. de Bonrepaux, qui part aujourd'hui. La dernière lettre que vous avez reçue de moi étoit si longue que vous ne trouverez pas mauvais que celle-ci soit fort courte. J'ai été bien aise d'apprendre que l'entrée de monsieur l'ambassadeur étoit reculée ainsi : vous aurez le temps de vous parer de la veste que votre mère vous a envoyée. Il ne s'est rien passé de nouveau depuis le départ de M. de Bonac, que la querelle que monsieur le grand prieur[1] a voulu avoir avec monsieur le prince de Conti[2] à Meudon. Monsieur le grand prieur s'est tenu offensé de quelques paroles très-peu offensantes que monsieur le prince de Conti avoit dites ; et le lendemain, sans qu'il fût question de [rien], il le vint aborder dans la cour de Meudon, le chapeau sur la tête et enfoncé jusqu'aux yeux, et lui parla comme s'il vouloit tirer raison de lui

1. Philippe de Vendôme, grand prieur de France, arrière-petit-fils de Henri IV et de Gabrielle d'Estrées, né le 23 août 1655, mort le 24 janvier 1727. Il fut le protecteur, ou, pour mieux dire, l'ami de Chaulieu, de J.-B. Rousseau, de Campistron, de Palaprat, etc.

2. François-Louis, prince de Conti, élu roi de Pologne en 1697, « prince, dit l'auteur du *Siècle de Louis XIV*, dont la mémoire a été longtemps chère à la France, ressemblant au grand Condé par l'esprit et le courage, et toujours animé du désir de plaire : qualité qui manqua quelquefois au grand Condé. » Il mourut en 1709.

des paroles qu'il lui avoit dites. Monsieur le prince de Conti le fit souvenir du respect qu'il lui devoit; monsieur le grand prieur lui répondit qu'il ne lui en devoit point. Monsieur le prince de Conti lui parla avec toute la hauteur, et en même temps avec toute la sagesse dont il est capable. Comme il y avoit là beaucoup de gens, cela n'eut point alors d'autre suite; mais Monseigneur,[1] qui sut la chose un moment après, et qui se sentit fort irrité contre monsieur le grand prieur, envoya monsieur le marquis de Gèvres pour en donner avis au roi; et le roi sur-le-champ envoya chercher M. de Pontchartrain, à qui il donna ses ordres pour envoyer monsieur le grand prieur à la Bastille. Cette nouvelle a fait un fort grand bruit; et je ne doute pas que monsieur l'ambassadeur, à qui on l'aura mandée plus au long, ne vous en apprenne plus de particularités. Tout le monde loue monsieur le prince de Conti, et plaint M. de Vendôme, qui sera vraisemblablement très-affligé de cette aventure.

Votre mère et toute la petite famille vous fait ses compliments. Votre sœur demande conseil à tous ses directeurs sur le parti qu'elle doit prendre, ou du monde, ou de la religion; mais vous jugez bien que, quand on demande de semblables conseils, c'est qu'on est déjà déterminée. Nous cherchons très-sérieusement, votre mère et moi, à la bien établir; mais cela ne se trouve pas du jour au lendemain. A cela près, elle ne nous fait aucune peine, et elle se conduit avec nous avec beaucoup de douceur et de modestie. Adieu, mon cher fils. Je n'ai autre chose à vous recommander, sinon de continuer à faire comme on m'assure que vous faites.

1. Le Dauphin.

J'ai résolu de ne point aller à Compiègne, où je n'aurois guère le temps de faire ma cour. Le roi sera toujours à cheval, et je n'y serois jamais. Monsieur le comte d'Ayen est pourtant bien fâché que je n'aille pas voir son régiment, qui sera fort magnifique. Il me demande souvent de vos nouvelles. Quand vous écrirez à M. Félix le fils, ne lui parlez point de l'affaire de M. de Montarsis. Je vous exhorte à écrire à M. Despréaux par la première occasion que vous trouverez.

Suscription : A Monsieur Monsieur Racine, gentilhomme ordinaire du roi, chez monsieur l'ambassadeur de France, à la Haye.

XLIV.

A Paris, le 18 août [1698].

J'avois résolu d'écrire vendredi dernier à monsieur l'ambassadeur et à vous, mais il se trouva que c'étoit le jour de l'Assomption, et vous savez qu'en pareils jours un père de famille comme moi est trop occupé, surtout le matin, pour avoir le temps d'écrire des lettres. Votre mère est fort aise que vous soyez content de la veste qu'elle vous a envoyée. Si elle avoit su la couleur de votre habit, elle vous auroit acheté une étoffe qui vous auroit mieux convenu; mais vous dites fort bien que cette étoffe ne vous sera pas inutile, et vous servira pour un autre habit. Votre mère vous remercie de la bonne volonté que vous avez de lui apporter une robe de chambre quand vous viendrez en ce pays-ci; mais elle ne veut point d'étoffe d'or.

On nous manda avant-hier de Melun que votre sœur Nanette avoit une grosse fièvre continue avec des redoublements. Nous en attendons des nouvelles avec beaucoup d'inquiétude, et votre mère a résolu d'y aller elle-même au premier jour. Vous voyez qu'avec une si grosse famille on n'est pas sans embarras, et qu'on n'a pas trop le temps de respirer, une affaire succédant presque toujours à une autre, sans compter la douleur de voir souffrir les personnes qu'on aime.

Je fis hier vos compliments à M. Despréaux, et je lui montrai la lettre où vous me mandiez le bon accueil que vous a fait le roi d'Angleterre. Je suis fort obligé à monsieur l'ambassadeur, et de vous avoir attiré ce bon traitement, et d'en avoir bien voulu rendre compte au roi. M. de Torcy me promit de se servir même de cette occasion pour vous rendre de bons offices. M. Despréaux est fort content de tout ce que vous écrivez du roi d'Angleterre. Vous voulez bien que je vous dise en passant que, quand je lui lis quelques-unes de vos lettres, j'ai soin d'en retrancher les mots d'*ici*, de *là* et de *ci*, que vous répétez jusqu'à sept ou huit fois dans une page. Ce sont de petites négligences qu'il faut éviter, et qui sont même aisées à éviter. Du reste, nous sommes très-contents de la manière naturelle dont vous écrivez, et du bon compte que vous rendez de tout ce que vous avez vu.

M. de Torcy me montra le livre du *Pur Amour*, que monsieur l'ambassadeur lui a envoyé; mais il ne put me le prêter, parce qu'il avoit dessein de le faire voir à M. de Noailles. Cette affaire va toujours fort lentement à Rome, et on ne croit pas qu'elle soit encore jugée de deux mois.[1]

M. de Bonac est trop bon d'être si content de nous, j'aurois bien voulu faire mieux pour lui témoigner toute

---

1. Elle ne le fut que sept mois après, par le bref d'Innocent XII, du 12 mars 1699, qui condamna le livre des *Maximes des Saints* de Fénelon, et notamment vingt-trois propositions extraites de ce livre.

l'estime que j'ai pour lui, laquelle est beaucoup augmentée depuis que j'ai eu l'honneur de l'entretenir à fond, et que j'ai découvert, non-seulement toute la netteté et toute la solidité de son esprit, mais encore la bonté de son cœur, et la sensibilité qu'il a pour ses amis.

Je mande à monsieur l'ambassadeur que je n'irai point à Compiègne, et que je me réserve pour Fontainebleau ; ainsi j'aurai tout le temps de vous écrire, et il ne se passera point de semaine que vous n'ayez de nos nouvelles.

Vous ne m'avez rien mandé de M. de Tallard. A-t-il logé chez monsieur l'ambassadeur? Comment est-on content de lui? On m'a dit qu'il logeroit à Utrecht pendant que le roi d'Angleterre sera à Loo. Faites bien des amitiés au fils de mylord Montaigu. Je vous conseille même d'écrire au mylord son père si monsieur l'ambassadeur le juge à propos, et de le remercier des honnêtetés qu'il vous a fait faire par son fils. Vous lui en pourrez mander tout le bien que vous m'en dites. Je lui ferai aussi réponse au premier jour. Adieu, mon cher fils.

Suscription : A Monsieur Monsieur Racine, gentilhomme ordinaire du roi, à la Haye.

XLV.

A Paris, le 31 août [1678].

J'avois déjà vu dans la *Gazette* toutes les magnificences de monsieur l'ambassadeur; mais je n'ai pas laissé de prendre un grand plaisir au récit que vous m'en avez fait. J'ai tremblé pour vous de toutes ces santés qu'il vous a fallu boire, et je m'imagine que, malgré toutes vos précautions, vous n'êtes pas sorti de table avec la tête aussi libre que vous y étiez entré. Nous vîmes, il y a huit jours, une autre entrée, ma femme, votre sœur, et moi, bien malgré nous. C'étoit celle des ambassadeurs de Hollande, que nous trouvâmes dans la rue Saint-Antoine lorsque nous y pensions le moins, et il nous fallut arrêter, pendant plus de deux heures, dans un même endroit. Les carrosses et les livrées me parurent fort belles; mais je vois bien, par votre récit et par celui de la *Gazette de Hollande*, que votre entrée étoit tout autrement superbe que celle-ci.

1er septembre, cinq heures du matin.

J'avois hier commencé cette lettre dans le dessein de la faire plus longue; mais M. Boileau le doyen me vint prendre pour aller à Auteuil voir M. Despréaux, qui avoit eu un accès de fièvre. Un autre accès le reprit pendant que nous étions chez lui; mais comme ce n'est qu'une fièvre intermittente et fort légère, il s'en tirera aisément par le quinquina, auquel il a, comme vous savez, grande dévotion. Pour moi, je vais dans ce moment me remettre dans mon lit pour prendre médecine. Votre mère et tout le monde vous salue. Votre sœur Nanette se porte mieux, et a été reçue par sa communauté à faire profession dans deux mois; ce qui la console de tous ses maux. Adieu, mon cher fils. Je vous écrirai plus au long la première fois.

L'abbé Genest a été élu à l'Académie à la place de Boyer. Votre cousin l'abbé du Pin a eu des voix pour lui, et pourra l'être une autre fois, de quoi il a grande envie. J'ai donné ma voix à l'abbé Genest, à qui j'étois engagé.

XLVI.

A Paris, le 12 septembre [1698].

Je ne vous écris qu'un mot pour vous dire seulement des nouvelles de ma santé et de celle de toute la famille. J'ai été encore un peu incommodé de ma colique depuis le dernier billet que je vous ai écrit; mais n'en soyez point en peine : j'ai tout sujet de croire que ce n'est rien, et que les purgations emporteront toutes ces petites incommodités. Le mal est qu'il me survient toujours quelque affaire qui m'ôte le loisir de penser bien sérieusement à ma santé.

Votre mère revint hier au soir de Melun, où elle a laissé votre sœur Nanette parfaitement guérie, et très-aise d'avoir été admise à la profession par toute la communauté, avec des agréments incroyables. Cette cérémonie se fera vers la fin d'octobre, pendant le voyage de Fontainebleau. Nous lui donnons cinq mille francs en argent et deux cents livres de pension viagère. Nous pensions ne donner en argent que quatre mille francs; mais votre tante [1] a si bien chicané, qu'il nous en coûtera cinq mille, tant pour lui bâtir et meubler une cellule, que pour d'autres petites choses qui iront au moins à mille francs; sans compter les dépenses que le voyage et la cérémonie nous coûteront.

Nous songeons aussi à marier votre sœur, et si une affaire dont on nous a parlé réussit, cela se pourra faire cet hiver, sinon nous attendrons quelque autre occasion

---

1. L'abbesse de Port-Royal des Champs.

Elle est fort tranquille là-dessus, n'a ni vanité ni ambition, et j'ai tout lieu d'être content d'elle.

J'ai pensé vous marier vous-même sans que vous en sussiez rien, et il s'en est peu fallu que la chose n'ait été engagée; mais quand c'est venu au fait et au prendre, je n'ai point trouvé l'affaire aussi avantageuse qu'elle paroissoit : elle le pourra être dans vingt ans, et ce pendant vous auriez eu un peu à souffrir, et vous n'auriez pas été fort à votre aise. Je n'aurois pourtant rien fait sans prendre avis de monsieur l'ambassadeur et sans avoir votre approbation. Ceux de mes amis que j'ai consultés m'ont dit que c'étoit vous rompre le cou, et empêcher peut-être votre fortune, que de vous marier si jeune, en vous donnant un établissement si médiocre, quoiqu'il y ait des espérances de retour dans vingt ans, comme je vous ai dit. Je ne vous aurois même rien mandé de tout cela, n'étoit que j'ai voulu vous faire voir combien je songe à vous. Je tâcherai de faire en sorte que vous soyez content de nous, et nous vous aiderons en tout ce que nous pourrons. C'est à vous de votre côté à vous aider aussi vous-même, en continuant à vous appliquer sérieusement, et en donnant à monsieur l'ambassadeur toute la satisfaction que vous pourrez. Je vous manderai une autre fois, pour vous divertir, le détail de l'affaire qu'on m'avait proposée. Tout ce que je puis vous dire, c'est que vous ne connoissez point la personne dont il s'agissoit, et que vous ne l'avez jamais vue. C'est même une des raisons qui m'a fait aller bride en main, puisqu'il est juste que votre goût soit aussi consulté. Adieu, mon cher fils. J'ai été témoin dans tout cela de l'extrême amitié que votre mère a pour vous, et vous ne sauriez en avoir trop de reconnoissance. Faites bien des compliments pour moi à monsieur l'ambassadeur. Je ne lui écris point aujourd'hui, et j'attends à lundi prochain. Je suis toujours convaincu de plus en plus que ses affaires iront bien. M. de Cavoye sera ici de retour lundi prochain : on dit qu'il s'est fort bien trouvé des eaux. Je vis hier madame la comtesse de Gramont et Mme de Caylus, qui y avoient dîné. J'étois aussi invité à ce dîner ; mais j'avois eu la colique toute la nuit, et je n'y allai que l'après-dînée.

Vous n'êtes pas le seul à qui il arrive des aventures. Votre mère et votre sœur me vinrent, il y a huit jours, chercher à Auteuil, où j'avois dîné. Un orage épouvantable les prit comme elles étoient sur la chaussée. La grêle, le vent et les éclairs firent une telle peur aux chevaux que le cocher n'en étoit plus maître. Votre sœur, qui se crut perdue, ouvrit la portière, et se jeta à bas sans savoir ce qu'elle faisoit. Le vent et la grêle la jetèrent par terre, et la firent si bien rouler, qu'elle alloit être jetée à bas de la chaussée, sans mon laquais, qui courut après et qui la retint. On la remit dans le carrosse toute trempée et toute effrayée. Elle arriva à Auteuil dans ce bel état. M. Despréaux fit vite allumer un grand feu ; Mlle de Frescheville lui prêta une chemise et un habit ; M. Le Verrier lui donna de la reine-d'Hongrie ; nous la ramenâmes à Paris à la lueur des éclairs, malgré M. Despréaux, qui vouloit la retenir. Elle se mit au lit en arrivant, et y dormit douze heures durant ; après quoi elle se trouva en très-bonne santé. Il a fallu lui acheter d'autres jupes, et c'est là tout le plus grand mal de son aventure. Adieu, mon cher fils. Je ne vous mande point de nouvelles ; M. d'Usson m'a dit qu'il manderoit tout ce qu'il en sait. Mille amitiés à M. de Bonac.

XLVII.

A Paris, 19 septembre [1698].

J'ai enfin rompu entièrement, avec l'avis de tous mes meilleurs amis, le mariage qu'on m'avoit proposé pour vous. On vous auroit donné une fille avec quatre-vingt-quatre mille francs; elle en a autant, ou environ, à espérer après la mort de père et de mère; mais ils sont encore jeunes tous deux, et peuvent au moins vivre une vingtaine d'années; l'un ou l'autre même pourroit se remarier; ainsi vous couriez risque de n'avoir très-longtemps que quatre mille livres de rente, chargé peut-être de huit ou dix enfants avant que vous eussiez trente ans. Vous n'auriez pu avoir ni chevaux ni équipage : les habits et la nourriture auroient tout absorbé. Cela vous détournoit des espérances que vous pourriez assez justement avoir par votre travail, et par l'amitié dont M. de Torcy et dont M. de Bonrepaux vous honorent. Ajoutez à cela l'humeur de la fille, qu'on dit qui aime le faste, le monde et tous les divertissements du monde, et qui vous auroit peut-être mis au désespoir par beaucoup de contrariétés. Tout ce que je vous puis dire, c'est que des personnes fort raisonnables, et qui nous aiment, nous ont embrassés très-cordialement, ma femme et moi, quand elles ont su que je m'étois débarrassé de cette affaire. J'ai tout lieu de croire qu'en vous faisant part du peu de bien et du revenu que Dieu nous a donné, vous serez cent fois plus heureux et plus en état de vous avancer que vous ne l'auriez été. Je ne vous nomme point les personnes qui m'avoient fait cette proposition; vous ne les connoissez guère que de nom;

je vous prie même de ne les point deviner : je ne dois jamais manquer de reconnoissance pour la bonne volonté qu'ils m'ont témoignée en cette occasion. Votre mère a été dans tous les mêmes sentiments que moi ; elle doutoit même que vous eussiez voulu entrer dans cette affaire, parce qu'elle vous a souvent entendu dire que vous vouliez travailler à votre fortune avant que de songer à vous marier. Soyez bien persuadé que nous ne vous laisserons manquer de rien, et que je suis dans la disposition de faire pour vous, étant garçon, les mêmes choses que je prétendois faire en vous mariant. Ainsi abandonnez-vous à Dieu premièrement, à qui je vous exhorte de vous attacher plus que jamais ; et, après lui, reposez-vous sur l'amitié que nous avons pour vous, qui augmente tous les jours beaucoup par la persuasion où nous sommes de vos bonnes inclinations, et de l'envie que vous avez de vous occuper et de vivre en honnête homme.

Votre mère mena hier à la foire toute la petite famille. Le petit Lionval eut belle peur de l'éléphant, et fit des cris effroyables quand il le vit qui mettoit sa trompe dans la poche du laquais qui le tenoit par la main. Les petites filles ont été plus hardies, et sont revenues chargées de poupées dont elles sont charmées. Fanchon a été un peu malade ces jours passés ; votre sœur aînée est en bonne santé. Pour moi, je ne suis pas entièrement hors de mes coliques, et je diffère pourtant toujours à me purger.

Je ne sais point ce que c'est que l'*Histoire du jansénisme*,[1] dont vous me parlez, ni si c'est pour ou contre

---

1. C'était l'*Histoire abrégée du jansénisme*, imprimée à Cologne en 1698, attribuée par quelques-uns à Jacques Fouillou, et par d'autres à Jean Louail, en société avec Mlle de Joncoux. Celle qui fut écrite en latin par Leydecker avait paru trois ans auparavant, et celle de dom Gabriel Gerberon ne parut qu'en 1700. (*Édit. de* 1807.)

les gens que nous estimons; mais je vous conseille de ne témoigner aucune curiosité là-dessus, afin qu'on ne puisse pas vous nommer en rien. Quand la chose sera imprimée, je prierai M. de Torcy d'en faire venir quelque exemplaire.

Vous voulez bien que je vous fasse une petite critique sur un mot de votre dernière lettre. *Il en a agi avec toute la politesse du monde;* il faut dire : *il en a usé.* On ne dit point : *il en a bien agi*, et c'est une mauvaise façon de parler. Adieu, mon cher fils. Votre mère et tout le monde vous saluent. Mes compliments à M. de Bonac.

Suscription : A Monsieur Monsieur Racine, gentilhomme ordinaire du roi, à la Haye.

XLVIII.

A Paris, le 3 octobre [1798].

J'ai la tête si épuisée de tout le sang qu'on m'a tiré depuis cinq ou six jours, que je laisse à ma femme le soin de vous écrire de mes nouvelles. Ne soyez cependant en aucune inquiétude pour ma santé; elle est, Dieu merci, beaucoup meilleure, et j'espère être en état d'aller dans huit jours à Fontainebleau. Vous savez ma sincérité, et d'ailleurs je n'ai aucune raison de vous déguiser l'état où je suis. Faites bien mes compliments à monsieur l'ambassadeur et à M. de Bonac. Soyez tranquille, et songez un peu au bon Dieu.

(Mme Racine continue.)

La colique de votre père s'étoit beaucoup augmentée avec des douleurs insupportables, avec de la fièvre qui étoit continue. Quoiqu'elle ne fût pas considérable, il a fallu tout de bon se mettre au lit, où l'on a été obligé de saigner votre père deux fois, et faire d'autres remèdes dont il n'est pas tout à fait dehors. Le principal est qu'il a eu une bonne nuit, et qu'il est ce matin sans fièvre, et qu'il ne lui reste plus de sa colique qu'une douleur dans le côté droit, quand on y touche ou que votre père s'agite.

Votre père est fort content des réflexions que vous faites dans vos lettres sur le sujet de l'établissement que nous avons été sur le point de vous donner. Votre tante de Port-Royal, à qui votre père a montré votre lettre, a été fort satisfaite en y voyant les sentiments de reconnoissance que vous avez pour votre père et pour moi, qui lui ont paru tous pleins d'amitié pour nous; mais, par votre seconde lettre, il nous a paru que le bien que vous pouviez espérer dans l'affaire dont il avoit été question avoit fait un peu trop d'impression sur votre esprit, et que vous ne faisiez pas assez de réflexion sur ce que votre père vous avoit mandé de l'humeur de la personne dont il s'agissoit. Je vois bien, mon fils, que vous ne savez pas de quelle importance cela est pour le repos de la vie. C'est pourtant la seule raison qui nous a fait rompre. Pour moi, j'avois encore une raison qui me tenoit bien au cœur, c'est que la demoiselle étoit rousse. Ne croyez point que nous ayons appréhendé de nous incommoder; cela ne nous est pas tombé dans l'esprit, et d'ailleurs il ne nous en coûtoit guère plus qu'il nous en coûtera pour vous faire subsister. Votre père est si content de vous qu'il fera toujours toute chose afin que vous soyez content de lui, pourvu que vous soyez honnête homme, et que vous viviez d'une manière qui réponde à l'éducation que nous avons tâché de vous donner.

Votre père est bien fâché de la nécessité où vous marquez être de prendre la perruque ; il remet cette affaire au conseil que vous donnera monsieur l'ambassadeur. Quand votre père sera en bonne santé, il envoira querir M. Marguery pour vous faire une perruque selon que vous souhaitez. Madame la comtesse de Gramont est bien fâchée pour vous que vous perdiez l'agrément que vous donnoient vos cheveux.

J'ai été à Melun, comme votre père a pu vous le mander. J'ai trouvé Nanette fort bien rétablie et bien contente. Mon voyage n'a pas été inutile pour elle, car elle a tiré de nous de la dépense, à quoi je ne m'étois pas attendue. Elle a souhaité que je lui meublasse sa cellule; ce que j'ai fait. Elle m'a chargé de bien des compliments pour vous, qui sont tous remplis d'amitié. Elle est bien amoureuse de livres. Votre sœur lui a envoyé son bréviaire; il lui conviendra mieux qu'à elle, qui apparemment choisit un état où elle n'a que faire de dire son bréviaire. Vous avez oublié que vous lui devez une réponse; elle ne laisse pas de vous faire ses compliments, accompagnés de ceux des petites et de Lionval. M. Vuillard[1] a été voir Babet, il dit qu'elle est quasi aussi grande que votre sœur. Elle dit toujours qu'elle ne veut point revenir avec nous.

J'ai pris la plume à votre père pour vous écrire, lequel est dans son lit; il a seulement voulu commencer cette lettre, afin que vous ne vous figurassiez point qu'il est plus mal qu'il est. Adieu, mon fils. J'espère qu'au premier ordinaire votre père sera en état de vous écrire tout à fait. Songez à Dieu et à gagner le ciel.

1. Mme Racine écrit : *Villiard*.

XLIX.

(Commencée par Mme Racine.)

Je vous écris, mon cher fils, auprès de votre père, qui le vouloit faire lui-même : je l'en ai empêché, ayant un remède dans le corps, et ayant été fort fatigué hier de l'émétique qu'on lui fit prendre, lequel a eu tout le succès qu'on en pouvoit espérer, en telle sorte que les médecins disent qu'il n'y a plus qu'à se tenir en repos, n'ayant plus rien à craindre dans la maladie, qui est à son retour, n'ayant presque plus de fièvre. Je vous manderai une autre fois le détail de la maladie de votre père. Fiez-vous à moi. N'ayez point d'inquiétude. Toute la crainte qu'a votre père, c'est que l'inquiétude ne nous fasse prendre quelque parti précipité qui vous détourneroit de vos occupations, et ne lui seroit d'aucun soulagement. Votre père espère de vous écrire lui-même vendredi, et à monsieur l'ambassadeur, duquel il s'ennuie de ne point recevoir de nouvelles. On conseille fort à votre [père] de prendre ici des eaux de Saint-Amand, en attendant le printemps, qu'il ira sur les lieux avec M. Félix. Je l'y accompagnerois, et ce seroit une joie parfaite, si le temps d'y venir de monsieur l'ambassadeur se trouvoit avec le nôtre, croyant bien que monsieur l'ambassadeur vous y amèneroit. Les médecins qui voient votre père disent qu'il court beaucoup de ces coliques comme les siennes. M. Finot[1] prétend fort bien

---

1. Si l'on en croit une satire du temps, intitulée : *Le maréchal de Luxembourg au lit de la mort,* ce Finot passait pour un des médecins les plus ignorants de Paris. (*Édit.* de 1807.)

connoître le tempérament de monsieur l'ambassadeur, et dit qu'autant qu'il a mal fait d'aller à Aix-la-Chapelle, autant il est absolument nécessaire qu'il vienne, dès le premier beau temps, à Saint-Amand, et il se prépare à écrire là-dessus à M. Fagon.

(Racine continue.)

J'embrasse de tout mon cœur monsieur l'ambassadeur. Quoiqu'il ne soit nullement nécessaire que vous me veniez voir, si néanmoins monsieur l'ambassadeur avoit, dans cette occasion, quelque dépêche un peu importante à faire porter au roi, il se pourroit faire que monsieur l'ambassadeur tourneroit la chose d'une telle manière que Sa Majesté ne trouveroit pas hors de raison qu'il vous en eût chargé. Dites-lui seulement ce que je vous mande, et laissez-le faire. Adieu, mon cher fils. J'ai bien songé à vous, et suis fort aise que nous soyons encore en état de nous voir, s'il plaît à Dieu.

(Mme Racine reprend.)

Ne vous étonnez pas si l'écriture de votre père n'est pas bonne : c'est qu'il est tout couché au fond de son lit; du reste, il vous écriroit à l'ordinaire. Adieu, mon fils. Je vous embrasse, et suis toute à vous.

Ce 6 octobre, jour de Saint-Bruno, votre ancien patron.[1]

Suscription de la main de Mme Racine : A Monsieur Monsieur Racine, gentilhomme ordinaire du roi, chez monsieur l'ambassadeur de France, à la Haye.

1. Le jeune Racine avait songé à se faire chartreux.

L.

(Commencée par Mme Racine.)

Ce 13 octobre [1698].

Votre père et moi sommes en peine de l'état de votre santé et de celle de monsieur l'ambassadeur, [y] ayant quinze jours que nous n'avons reçu de vos nouvelles. Votre père croit que vous avez été à Amsterdam, et que c'est la cause qu'il n'a point reçu de vos lettres. J'espère en recevoir ce soir, qui est le jour d'ordinaire que nous les recevons. Votre père croit quelquefois que vous avez pris le parti de venir faire un tour ici : quoiqu'il auroit bien de la joie de vous voir, il seroit fâché que vous eussiez pris cette résolution sur les lettres que je vous ai écrites sur sa maladie, puisque, Dieu merci, les médecins la croient entièrement sans péril, mais qu'elle pourra tirer en longueur, car votre père conserve toujours une petite fièvre, et il paroît un petit redoublement les après-midi. Sa douleur de côté est beaucoup diminuée. Nous avons passé hier une partie de l'après-dînée sur la terrasse, à nous promener; c'est pour vous marquer la meilleure disposition de votre père. Pour le voyage de Fontainebleau, il ne faut pas espérer que votre père puisse y aller. Ses meubles y sont. Nous avons seulement fait revenir le coffre qui y étoit. Il y a la profession de votre sœur qui nous embarrasse; mais il faudra bien qu'elle souffre avec patience d'être retardée. Vos sœurs vous font mille amitiés. Je vous prie de témoigner à monsieur l'ambassadeur la peine où nous sommes de ne point recevoir de ses nouvelles, en l'assurant de ma reconnoissance de toutes les bontés qu'il a pour vous. Faite mes compliments à M. de Bonac, et me croyez, mon fils, toute à vous.

(*Racine continue.*)

Je me porte beaucoup mieux, Dieu merci. J'espère vous écrire, par le premier ordinaire, une longue lettre, qui vous dédommagera de toutes celles que je ne vous ai point écrites. Je suis fort surpris de votre long silence et de celui de monsieur l'ambassadeur ; peu s'en faut que je ne vous croie tous plus malades que je ne l'ai été. Adieu, mon cher fils ; je suis tout à vous.

Suscription de la main de Mme Racine : A Monsieur Monsieur Racine, gentilhomme ordinaire du roi, chez monsieur l'ambassadeur de France, à La Haye.

LI.

A Paris, le 24 octobre [1698].

Enfin, mon cher fils, je suis, Dieu merci, absolument sans fièvre depuis cinq ou six jours. On m'a déjà purgé une fois, et je m'en suis bien trouvé, et j'espère que je n'ai plus qu'une médecine à essuyer. J'ai pourtant la tête encore bien foible ; la saison n'est pas fort propre pour les convalescents, et ils ont d'ordinaire beaucoup de peine en ces temps-ci à se rétablir. Ma maladie a été considérable ; mais vous pouvez compter néanmoins que je ne vous ai point trompé, et que lorsque je vous ai mandé qu'elle étoit sans péril, c'est que, dans ces temps-là, on m'assuroit qu'elle l'étoit en effet. Je suis fort aise que vous n'ayez point fait de voyage en ce pays-ci ; il auroit été fort inutile, vous auroit coûté beaucoup, et vous auroit détourné du train où vous êtes de vous occuper sous les yeux de monsieur l'ambassadeur. Je souhaiterois de bon cœur que sa santé fût aussitôt rétablie que la mienne. J'espère toujours que nous pourrons nous trouver, lui et moi, à Saint-Amand le printemps prochain; car on a en tête que ces eaux-là me seront très-bonnes, aussi bien qu'à lui. M. de Cavoye s'en est trouvé à merveille, et on me mande qu'il ne s'est jamais porté si bien qu'il fait, et qu'il a repris, non-seulement toute sa santé, mais même toute sa gaieté. Il se conduit pourtant avec une fort grande sagesse, fait sa court fort sobrement, et ne mange presque jamais hors de chez lui.

La profession de votre sœur Nanette a été retardée, de quoi elle a été fort affligée. Elle a mieux aimé pourtant retarder, et que je fusse en état d'y assister. Je lui ai mandé que ce seroit pour la première semaine du mois de novembre, c'est-à-dire immédiatement après la Toussaint. Je serai si près de Fontainebleau que d'autres que moi seroient peut-être tentés d'y aller; mais j'assisterai seulement à la profession de votre sœur, et reviendrai dès le lendemain coucher à Paris.

Votre mère est en bonne santé, Dieu merci, quoiqu'elle ait pris bien de la peine après moi pendant ma maladie. Il n'y eut jamais de garde si vigilante ni si adroite, avec cette différence que tout ce qu'elle faisoit partoit du fond du cœur, et faisoit toute ma consolation. C'en est une fort grande pour moi que vous connoissiez tout le mérite d'une si bonne mère; et je suis persuadé que, quand je n'y serai plus, elle retrouvera en vous toute l'amitié et toute la reconnoissance qu'elle trouve maintenant en moi. M. de Valincour et monsieur l'abbé Renaudot m'ont tenu la meilleure compagnie du monde; je vous les nomme entre autres, parce qu'ils n'ont presque bougé de ma chambre. M. Despréaux ne m'a point abandonné dans les grands périls; mais quand l'occasion a été moins vive, il a été bien vite retrouver son cher Auteuil, et j'ai trouvé cela très-raisonnable, n'étant pas juste qu'il perdît la belle saison autour d'un convalescent qui n'avoit [pas] même la voix assez forte pour l'entretenir longtemps. Du reste, il n'y a pas un meilleur ami ni un meilleur homme au monde. Faites mille compliments pour moi à monsieur l'ambassadeur et à M. de Bonac. Je leur suis bien obligé de l'intérêt qu'ils ont pris à ma maladie. Je suis aussi fort touché de toutes les inquiétudes qu'elle vous a causées; et cela ne contribue pas peu à augmenter la tendresse que j'ai eue pour vous toute ma vie. Je vous manderai une autre fois des nouvelles.

Suscription : A Monsieur Monsieur Racine, gentilhomme ordinaire du roi, chez monsieur l'ambassadeur de France, à la Haye.

LII.

A Paris, le dernier octobre [1698].

Vous pouvez vous assurer, mon cher fils, que ma santé est, Dieu merci, en train de se rétablir entièrement. J'ai été purgé avant-hier pour la dernière fois, et mes médecins ont pris congé de moi, en me recommandant néanmoins une très-grande diète pendant quelque temps, et beaucoup de règle dans mes repas pour toute ma vie, ce qui ne me sera pas fort difficile à observer : je ne crains seulement que les tables de la cour; mais je suis trop heureux d'avoir un prétexte d'éviter les grands repas, auxquels aussi bien je ne prends pas un fort grand plaisir depuis quelque temps. J'ai résolu même d'être à Paris le plus souvent que je pourrai, non-seulement pour y avoir soin de ma santé, mais pour n'être point dans cette horrible dissipation où l'on ne peut éviter d'être à la cour. Nous partirons mardi qui vient [1] pour Melun, votre mère, votre sœur aînée, et moi, pour la profession de ma chère fille Nanette, que je ne veux pas faire languir davantage. Nous ne menons ni les deux petites ni Lionval. Les chemins sont horribles à cause des pluies continuelles. Je prendrai même des chevaux de louage qui me mèneront jusqu'à Essonne, où je trouverai mes chevaux qui me mèneront de là jusqu'à Melun. Monsieur l'archevêque de Sens veut absolument faire la cérémonie. J'aurois bien autant aimé qu'il eût donné cette commission au bon M. Chapelier : cela nous auroit épargné bien de l'embarras et de la dépense. Monsieur l'abbé Boileau-Bontemps a voulu aussi, malgré toutes mes instances, y venir prêcher, et cela avec toute l'amitié et l'honnêteté possibles. Nous ne serons que trois jours à Melun. La cérémonie se fera apparemment le jeudi, et nous en repartirons le vendredi.

Nous allâmes l'autre jour prendre l'air à Auteuil, et nous y dînâmes avec toute la petite famille, que M. Despréaux régala le mieux du monde; ensuite il mena Lionval et Madelon dans le bois de Boulogne, badinant avec eux, et disant qu'il vouloit les mener perdre. Il n'entendoit pas un mot de ce que ces pauvres enfants lui disoient. Enfin la compagnie l'alla rejoindre, et cette compagnie c'étoit ma femme avec sa fille, M. et Mlle de Frescheville, qui avoient aussi dîné avec nous. La mère se trouvoit fort incommodée; ce sont les meilleures gens du monde.

1. Le 4 novembre.

J'avois été à Auteuil par ordonnance des médecins; j'y serois retourné plus d'une fois si le temps eût été plus supportable. M. Hessein vouloit aussi y venir. Il prétend que toutes ses vapeurs lui sont revenues plus fortes que jamais, et qu'elles n'avoient été que suspendues par les eaux de Saint-Amand. L'air de Paris surtout lui est mortel, à ce qu'il dit; en quoi il est bien différent de moi, et il ne respire que quand il en est dehors. Il a un procès assez bizarre contre un conseiller de la cour des aides, dont les chevaux, ayant pris le frein aux dents, vinrent donner tête baissée dans le carrosse de Mme Hessein, qui marchoit fort paisiblement sans s'attendre à un tel accident. Le choc fut si violent, que le timon du conseiller entra dans le poitrail d'un des chevaux de M. Hessein, et le perça de part en part, en telle sorte que tous ses boyaux sortirent sur-le-champ, et que le pauvre cheval mourut au bout d'une heure. M. Hessein a fait assigner le conseiller, et ne doute pas qu'il ne le fasse condamner à payer son cheval. Faites part de cette aventure à monsieur l'ambassadeur, et dites-lui qu'il se garde bien d'en plaisanter avec M. Hessein; car il prend la chose fort tragiquement.

J'ai été fort touché de la mort du pauvre M. Bort;[1] je connoissois son mérite de réputation : il suffit de dire qu'il avoit été dressé par monsieur l'ambassadeur.

Votre mère et toute la famille vous saluent. M. de Cavoye a fait rétablir votre cousin chez M. de Barbezieux.

Suscription : A Monsieur Monsieur Racine, gentilhomme ordinaire du roi, chez S. E. monsieur l'ambassadeur de France, à la Haye.

---

1. Secrétaire de M. de Bonrepaux.

LIII.

A Paris, le 10 novembre [1698].

Nous revînmes de Melun vendredi dernier, et j'en suis revenu fort fatigué. J'avois cru que l'air me fortifieroit; mais je crois que l'ébranlement du carrosse m'a beaucoup incommodé. Je ne laisse pourtant pas d'aller et de venir, et les médecins m'assurent que tout ira bien, pourvu que je sois exact à la diète qu'ils m'ont ordonnée; et je l'observe avec une attention incroyable. Je voudrois avoir le temps de vous rendre compte du détail de la profession de votre sœur;[1] mais, sans la flatter, vous pouvez compter que c'est un ange. Son esprit et son jugement sont extrêmement formés; elle a une mémoire prodigieuse, et aime passionnément les bons livres. Mais ce qui est de plus charmant en elle, c'est une douceur et une égalité d'esprit merveilleuses. Votre mère et votre sœur aînée ont extrêmement pleuré, et pour moi je n'ai cessé de sangloter, et je crois même que cela n'a pas peu contribué à déranger ma foible santé. Nous n'avions point mené ni les petites ni Lionval à cause des mauvais chemins. Votre sœur aînée est revenue avec des agitations incroyables, portant grande envie à la joie et au bonheur de sa sœur, et déplorant son propre malheur de ce qu'elle n'a pas la force de l'imiter.

Je suis bien fâché que mon voyage m'ait privé jus-

---

1. Anne Racine n'avait pas encore dix-huit ans quand elle fit profession; mais alors l'âge requis par les ordonnances n'était que de seize ans.

qu'ici du plaisir de voir M. de Bonac; mais je l'attends tous les jours. Tout ce que je vous puis dire par avance, c'est que vous lui avez des obligations incroyables. Madame la comtesse de Gramont m'a dit qu'il lui avoit dit mille biens de vous, et qu'il ne tarissoit point sur ce chapitre. C'est à vous de répondre à des témoignages si avantageux, et de justifier le bon goût de M. de Bonac, qui est lui-même ici dans une approbation générale. Madame la comtesse est charmée de lui. Je ne vous écris pas davantage; je serai plus long quand j'aurai entretenu M. de Bonac.

J'enverrai cette après-dînée chez M. Marguery.[1] Ne vous chagrinez point contre moi si je ne l'ai pas fait plus tôt. En vérité je n'étois pas en état de songer à mes affaires les plus pressées. Votre mère et toute la famille vous embrasse. Votre sœur Nanette, présentement la mère de Sainte-Scholastique, vous embrasse aussi de tout son cœur. C'est à pareil jour que demain que vous fûtes baptisé, et que vous fîtes un serment solennel à Jésus-Christ de le servir de tout votre cœur.

Suscription : A Monsieur Monsieur Racine, gentilhomme ordinaire du roi, chez S. E. monsieur l'ambassadeur de France, à la Haye.

LIV.

A Paris, le 17 novembre [1698].

Je crois qu'il n'est pas besoin que j'écrive à monsieur l'ambassadeur, pour lui témoigner l'extrême plaisir que je

---

1. Perruquier alors fort en vogue.

me fais d'avoir bientôt l'honneur de le voir. Ma joie sera complète, puisqu'il a la bonté de vous amener avec lui. Dites-lui qu'il me feroit le plus sensible plaisir du monde si, dans le peu de séjour qu'il fera à Paris, il vouloit loger chez nous. Nous trouverons moyen de le mettre fort tranquillement et fort commodément, et du moins je ne perdrai pas un seul des moments que je pourrai le voir et l'entretenir. Vous ne trouverez pas encore ma santé parfaitement rétablie, à cause d'une dureté qui m'est restée au côté droit; mais les médecins m'assurent que je ne dois point m'en inquiéter, et qu'en observant une diète fort exacte, cela se dissipera peu à peu. Comme je ne suis guère en état de faire de longs voyages à la cour, vous jugez bien que vous viendrez fort à propos pour me tenir compagnie. Je ne vous empêcherai pourtant pas d'aller faire votre cour, et voir vos amis.

Je vous adresse une lettre de M. Hessein pour Mme Meissois; il vous sera fort obligé si vous la lui faites tenir bien sûrement.

Je n'avois pas besoin de l'exemple de madame la comtesse d'Auvergne pour me modérer sur le thé, et j'avois déjà résolu d'en user fort sobrement; ainsi ne m'en apportez point. J'ai dit à M. de Bonac que vous me ferez plaisir de m'apporter seulement de bonne flanelle, vraie Angleterre, de quoi me faire deux camisoles; cela ne grossira pas beaucoup votre paquet.

Si M. l'ambassadeur fait quelque cas de ces *Mémoires* dont vous parlez *sur la paix de Riswik*, vous pouvez me les acheter. Si j'étois assez heureux pour le voir et l'entretenir souvent, je n'aurois pas grand besoin d'autres Mémoires pour l'histoire du roi. Il la sait mieux que tous les ambassadeurs et tous les ministres ensemble, et je fais un grand fond sur les instructions qu'il m'a promis de me donner.

Adieu, mon cher fils. Toute la famille est dans la joie depuis qu'elle sait qu'elle vous reverra bientôt. Vous ne sauriez trop remercier M. de Bonac : il me revient de tous côtés qu'il a parlé de vous de la manière du monde la plus avantageuse. Je suis bien affligé qu'il parte sans que j'aie l'honneur de l'embrasser ; mais j'en perds toute espérance, son valet étant venu me dire au logis que, comme il arriveroit extrêmement tard de Versailles, et qu'il partiroit demain de fort grand [matin], il ne vouloit pas m'incommoder. J'ai autant à me louer de sa discrétion qu'à me louer de ses bontés. Il laisse en ce pays-ci tout le monde charmé de son esprit, de sa sage[sse], et de ses manières aimables au dernier point. Adieue ncore, mon cher fils. Tâchez, au nom de Dieu, d'obtenir de monsieur l'ambassadeur qu'il vienne descendre au logis.

LV.[1]

[A Paris, le 30 janvier 1699.]

Comme vous pourriez être en peine de ma santé, j'ai cru vous en devoir mander des nouvelles. Elle est beaucoup meilleure depuis que vous êtes parti,[2] et ma tumeur est considérablement diminuée. Je n'en ressens presque aucune incommodité. J'ai même été promener cette après-dînée aux Tuileries avec votre mère, croyant que l'air me fortifieroit ; mais à peine j'y ai été une demi-heure qu'il m'a pris dans le dos un point insupportable qui m'a

---

1. Seule lettre de Racine à son fils, dont le manuscrit ne soit pas à la Bibliothèque nationale. L'éditeur de 1807 en a donné le texte d'après l'autographe qu'il a eu probablement sous les yeux.

2. Jean-Baptiste Racine était de retour de la Haye depuis la fin de novembre 1698. Il venait de partir pour Versailles.

obligé de revenir au logis. Je vois bien qu'il faut prendre patience sur cela, en attendant le beau temps.

Nous passâmes avant-hier l'après-dînée chez votre sœur. Elle est toujours fort gaie et fort contente, et vous garde de très-bon chocolat, dont elle me fit goûter.

Je suis ravi que M. de Bonrepaux se porte mieux. Faites-lui bien mes compliments, aussi bien qu'à M. de Cavoye et à M. Félix. Je savois que M. Le Verrier doit donner à dîner à monsieur le comte d'Ayen; mais on ne m'a point encore dit le jour, ni à M. Despréaux. Je serois bien plus curieux de savoir si monsieur le comte d'Ayen songe en effet à m'envoyer les deux juments qu'il m'a promis de m'envoyer. Je m'y suis tellement attendu que j'avois déjà dit à mon cocher de me chercher un marchand pour mes chevaux. Faites-moi savoir de vos nouvelles quand vous en aurez le loisir. Je ne crois point aller à Versailles avant le voyage de Marly, c'est-à-dire dans toute la semaine qui vient. Je crains de me morfondre sur le chemin, et je crois avoir besoin de me ménager encore quelque temps, afin d'être en état d'y faire un plus long séjour. Adieu, mon cher fils. Votre mère vous embrasse, et s'attend de vous revoir quand le roi ira à Marly.

Je vous conseille d'aller un peu faire votre cour à madame la comtesse de Gramont, qui vous recevra avec beaucoup de bonté.

Suscription : A Monsieur Racine le fils, gentilhomme ordinaire du roi, à Versailles.

LETTRES
DE DIVERS A DIVERS

I.[1]

DE L'ABBÉ DUGUET A MADAME D***.

15 novembre 1690.

Rien de plus incompréhensible que ma vie, et je ne sais comment il arrive que, sans affaires et sans emploi, je suis si dérangé. Depuis hier que je commençai cette lettre avant midi, je n'ai pu l'achever, et cependant c'étoit une chose bien selon mon cœur. Aujourd'hui j'ai eu du monde de bonne heure, et j'ai passé une grande partie du jour chez M. le marquis de Chandenier,[2] qui

---

1. Cette lettre se trouve au tome VI de la correspondance de Duguet, publiée sous ce titre : *Lettres sur divers sujets de morale et de piété*. 10 vol. in-12 ; le tome VI a été imprimé en 1735. — M. Sainte-Beuve a cité cette lettre dans son *Port-Royal*, tome VI, p. 31, édition in-18, 1867.
2. François de Rochechouart, marquis de Chandenier, baron de Latour. Saint-Simon parle de lui comme d'un homme plein d'honneur, d'esprit et de courage,... de beaucoup de goût et d'excellente compagnie, et qui avait beaucoup vu et lu ; il fut, longtemps avant sa mort, dans une grande piété. Saint-Simon dit au même passage qu'il avait vu plusieurs fois M. de Chandenier avec un vrai respect, à Sainte-Geneviève, dans la plus simple, mais la plus jolie retraite qu'il s'y était faite et où il mourut. Le marquis de Chandenier avait près de quatre-vingts ans, et était déjà sans doute dans sa retraite de Sainte-Geneviève, lorsque Racine fit chez lui cette lecture. (P. M.)

avoit assemblé ses amis pour leur donner à dîner. Vous savez qu'il a des amis de bien des sortes : aujourd'hui c'étoit le tour des gens de lettres, et par merveille j'ai passé pour en être. M. Racine, y a bien voulu réciter quelques scènes de son *Athalie,* et dans le vrai rien n'est plus grand, ni plus parfait. Des personnes de bon goût me l'avoient fort vantée, mais on ne peut mettre de la proportion entre le mérite de cette pièce et les louanges; le courage de l'auteur est encore plus digne d'admiration que sa lumière, sa délicatesse et son inimitable talent pour les vers. L'Écriture y brille partout, et d'une manière à se faire respecter par ceux qui ne respectent rien. C'est partout la Vérité qui touche et qui plaît; c'est elle qui attendrit et qui arrache les larmes de ceux mêmes qui s'appliquent à les retenir. On est encore plus instruit que remué, mais on est remué jusqu'à ne pouvoir dissimuler les mouvements de son cœur. Comme je sais que vous aimez M. Racine, et que je l'aime avec la même tendresse, je n'ai pu retenir en votre présence les sentiments que je voudrois vous inspirer si vous ne les aviez déjà, et j'éprouve que, quand on aime, c'est un plaisir sensible que de pouvoir louer en liberté.

II.[1]

D'ANTOINE ARNAULD A M. VUILLARD.[2]

Ce 10 avril 1691.

Ce ne sont pas les scrupules du frère François[3] qui ont été cause que j'ai tant différé à vous écrire de l'*Athalie,* pour remer-

---

1. Cette lettre est imprimée au tome VIII, p. 326 et 327 des *Lettres de M. Antoine Arnauld.* Nancy, 1727, in-12. L'autographe existe à la Bibliothèque nationale, parmi les manuscrits de Racine.
2. Germain Vuillard avait été longtemps secrétaire de Le Roi, abbé de Haute-Fontaine; il fut un des correspondants d'Arnauld et du P. Quesnel. Il était voisin de Racine, lorsque celui-ci demeurait rue des Maçons.
Mis à la Bastille le 2 octobre 1703, il en sortit en septembre 1715 et mourut le 23 octobre suivant, à l'âge de soixante-seize ans passés.
3. Les mots « scrupules du frère François » sont raturés dans l'autographe

cier l'auteur du présent qu'il m'en a fait. Je l'ai reçue tard, et
j'ai lue aussitôt deux ou trois fois avec grande satisfaction; mais
j'ai depuis été si occupé, que je n'ai pas cru me pouvoir détourner pour quoi que ce soit : à quoi ont succédé des empêchements
d'écrire qui venoient d'autres causes. Si j'avois plus de loisir, je
vous marquerois plus au long ce que j'ai trouvé dans cette pièce
qui me la fait admirer. Le sujet y est traité avec un art merveilleux, les caractères bien soutenus, les vers nobles et naturels.
Ce qu'on y fait dire aux gens de bien inspire du respect pour la
religion et pour la vertu; ce que l'on fait dire aux méchants
n'empêche point qu'on n'ait de l'horreur de leur malice : en
quoi je trouve que beaucoup de poëtes sont blâmables, mettant
tout leur esprit à faire parler leurs personnages d'une manière
qui peut rendre leur cause si bonne qu'on est plus porté ou à
approuver ou à excuser les plus méchantes actions qu'à en avoir
de la haine. Mais, comme il est bien difficile que deux enfants du
même père soient si également parfaits qu'il n'ait pas plus d'inclination pour l'un que pour l'autre, je voudrois bien savoir
laquelle de ses deux pièces votre voisin aime davantage. Mais,
pour moi, je vous dirai franchement que les charmes de la
cadette n'ont pu m'empêcher de donner la préférence à l'aînée.[1]
J'en ai beaucoup de raisons, dont la principale est que j'y trouve
beaucoup plus de choses très-édifiantes et très-capables d'inspirer la piété. Je suis tout à vous.

III.[2]

DU P. QUESNEL A M. VUILLARD.

[1691?]

.... Nous relisons de temps en temps *Athalie,* et nous y trouvons
toujours de nouvelles beautés. Les chants en sont beaux, mais il

---

mais se lisent aisément sous les ratures. Ce frère François est probablement
François Guelphe. (Voy. tome VII, p. 425.)

1. *Esther.*
2. Fragment publié par M. Paul Mesnard, d'après une copie qui est à la
Bibliothèque de Troyes.

y en a qui demandent les accords des parties et la symphonie. Il y a des endroits qui sont des dénonciations en vers[1] et en musique, et publiées au son de la flûte. Les plus belles maximes de l'Évangile y sont exprimées d'une manière fort touchante, et il y a des portraits où l'on n'a pas besoin de dire à qui ils ressemblent. Notre ami[2] croit que c'est la pièce la plus régulière, et qu'*Esther* et *Athalie* sont les deux plus belles qu'on ait jamais faites en ce genre.

IV.[3]

DU P. QUESNEL A M. VUILLARD.

[1694 ou 1695.]

.... Mais que les *Cantiques spirituels*[4] m'ont bien dédommagé du chagrin des *Extraits!* Qu'ils sont beaux, qu'ils sont admirables, tendres, naturels, pleins d'onction! Ils élèvent l'âme et la portent où l'auteur l'a voulu porter, jusqu'au ciel, jusqu'à Dieu. J'ai déjà mis sur l'exemplaire dont je vous suis obligé, le latin dans une des marges, et la traduction dans l'autre, et je crois qu'il sera bon de les faire imprimer avec cet accompagnement dans un pays où Thierry n'a rien à voir ni à dire. Ceux qui n'ont pas assez d'habitude dans l'Écriture pour se pouvoir rendre présentes les paroles qui servent de fondement aux stances sans le secours du livre seront bien aises de les trouver en même temps sous leurs yeux. J'augure un grand bien de ces cantiques autorisés de l'approbation du monarque, et de son goût, qui fera le goût de bien des gens. Je regarde l'auteur comme l'apôtre des Muses, et le Prédicateur du Parnasse, dont il semble n'avoir appris le langage que pour prêcher en leur langue l'*Évangile* et

1. *Dénonciations*, dans le sens de proclamations solennelles.
2. Antoine Arnauld.
3. Publiée dans les *Mémoires* de Louis Racine, mais plus complétement par M. Mesnard d'après une copie qui est à la Bibliothèque de Troyes.
4. Les *Cantiques spirituels* avaient été imprimés à Paris à la fin de 1694. Le libraire Thierry en avait le privilége.

leur annoncer le Dieu inconnu. Je prie Dieu qu'il bénisse sa mission, et qu'il daigne le remplir de plus en plus des vérités qu'il fait passer si agréablement dans les esprits des gens du monde. Que ce seroit une belle chose de voir la vie de J.-C., en cantiques détachés, faire les délices et les divertissements de la cour! mais le diable l'empêchera : il est trop puissant en ce pays-là. On pourroit au moins, quand le roi tient chapelle (*stilo roman., german. hispan.*[1]), substituer un cantique françois sur le mystère du jour au motet latin qui se chante ordinairement dans la chapelle du roi; et si cela étoit une fois introduit là, on pourroit peut-être venir à bout d'introduire dans les paroisses des cantiques spirituels. Ce seroit une manière également agréable et utile d'instruire le peuple, qui lui feroit tomber des mains et de la langue les sottes chansons dont il fait d'ordinaire son divertissement.

V.[2]

DU P. QUESNEL A M. VUILLARD.

14 février 1696.

Je prends en vérité beaucoup de part à la douleur et à la joie de l'illustre ami : car il y a, en cette occasion, obligation d'unir ce que saint Paul sépare, *flere cum flentibus, gaudere cum gaudentibus.*[3] La nature s'afflige, et la foi se réjouit dans le même cœur; mais je m'assure que la foi l'emportera bientôt, et que sa joie, se répandant sur la nature, en noiera tous les sentiments humains. Il est impossible qu'une telle séparation n'ait fait d'abord une grande plaie dans un cœur paternel; mais le remède est dans la plaie, et cette affliction est la source de consolations infinies pour l'avenir ; et dès à présent je ne doute point qu'il ne conçoive

---

1. C'est-à-dire : « style romain, allemand, espagnol ».
2. Publiée par Louis Racine dans ses *Mémoires*. Cette lettre a été écrite à l'occasion de l'entrée de la fille aînée de Racine aux Carmélites, le 29 décembre 1696.
3. *Épître aux Romains,* ch. XII, vers. 15.

combien il a d'obligation à la bonté de Dieu d'avoir daigné choisir dans son petit troupeau une victime qui lui sera consacrée et immolée toute sa vie en un holocauste d'amour et d'adoration, et de l'avoir cachée dans le secret de sa face, pour y mettre à couvert de la corruption du siècle toutes les bonnes qualités qui ne lui ont été données que pour Dieu. Au bout du compte, il doit s'en prendre un peu à lui-même : la bonne éducation qu'il lui a donnée, et les sentiments de religion qu'il lui a inspirés, l'ont conduite à l'autel du sacrifice; elle a cru ce qu'il lui a dit, que de ces deux hommes qui sont en nous,

> L'un tout esprit et tout céleste
> Veut qu'au ciel sans cesse attaché,
> Et des biens éternels touché,
> Je compte pour rien tout le reste. [1]

Elle l'a de bonne foi compté pour rien sur sa parole, et plus encore sur celle de Dieu, et s'est résolue d'être sans cesse attachée au ciel et aux biens éternels. Il n'y a donc qu'à louer et à bénir Dieu, et à profiter de cet exemple de détachement des choses du monde que Dieu nous met à tous devant les yeux dans cette généreuse retraite. Je vous prie d'assurer cet heureux père que j'ai offert sa victime à l'autel, et que je suis, avec beaucoup de respect, tout à lui.

VI. [2]

DE M. VUILLARD A M. DE PRÉFONTAINE. [3]

5 novembre 1698.

.... Mon ami M. Racine a été longtemps malade. Il me coûtoit, de deux jours l'un, et quelquefois tous les jours, presque une

---

1. *Cantique III*, stance 2.
2. Fragment publié par Sainte-Beuve. *Port-Royal*, tome VI, p. 250-251.
3. Frère de l'abbé Le Roi; il avait été secrétaire des commandements de Mademoiselle de Montpensier. Alors retiré du monde, il habitait dans sa terre de Fresne près Montoire, dans le Vendômois. (Ste-B.)

matinée ou une après-dinée ; car il le souhaitoit, et son épouse comme lui m'assuroit que cela lui faisoit plaisir. Il est guéri, et il est à Melun pour la profession de sa seconde fille...

VII.[1]

DE M. VUILLARD A . DE PRÉFONTAINE.

13 décembre 1698.

M. Racine me dit le dernier jour qu'il avoit appris à l'archevêché où il avoit dîné qu'il y avoit un nouveau miracle de M. Vialart, évêque de Chalons, savoir la guérison d'un hydropique. Le molinisme sera désolé et inconsolable, si un saint janséniste se met ainsi à faire des miracles. En voilà bien déjà : aveugle, lépreux, bras retiré, etc. On dresse des procès-verbaux de tout, et grande exactitude pour l'authenticité y est observée.

VIII.[2]

DE M. VUILLARD A M. DE PRÉFONTAINE.

18 décembre 1698.

Sa convalescence,[3] après une assez longue maladie qui nous a fort alarmés, se confirme de jour en jour, et elle doit augmenter notablement par la grande joie que lui donne l'heureux retour de son fils avec M. de Bonrepaux qui l'avoit mené à la Haye, et qui l'a ramené, pour le remener en Hollande après un peu de séjour qu'il est venu faire à la cour, par ordre ou du moins avec l'agrément du roi.

1. Même source que le fragment précédent, p. 257.
2. Même source que le fragment précédent, p. 251.
3. La convalescence de Racine.

IX.[1]

DE MADAME DE VILLETTE A BOILEAU.

[1698.]

Monsieur le marquis d'Aubeterre, qui a passé ici, m'a dit, Monsieur, que vous lui aviez parlé de notre ancienne amitié, et il m'a rappelé des souvenirs qui vous vaudront un carteau de fenouillette :[2] c'est le présent le plus magnifique que je vous puisse faire d'un ermitage comme celui-ci.[3] J'avais résolu, l'hiver passé, d'aller vous surprendre dans le vôtre, et d'y rendre M. de Villette témoin de notre tendresse. Ma mauvaise santé m'empêcha d'exécuter ce projet : j'espère qu'il ne sera que différé. En attendant, si vous nous jugiez dignes de lire vos derniers ouvrages, et que vous voulussiez nous les envoyer, je trouverais mon pauvre petit présent plus que payé. Notre ami M. Racine sait notre adresse, quoiqu'il ne s'en serve point; mais vous êtes tous si dévots que je ne suis point étonnée de vous perdre de vue. Cependant je ne vous estime et ne vous honore pas moins.[4]

1. Publiée dans le recueil de Louis Racine, p. 257, avec cette note :
« Je rapporte cette lettre à cause du témoignage rendu à la piété des deux poëtes. Elle est écrite par Mme de Villette, depuis Mme de Boulimbrok. Cette dame était encore fort jeune, puisqu'elle avait fait à Saint-Cyr une personnage dans *Esther*. »
Cette Mme de Villette était fille de M. Marsilly, et, par sa mère, petite-fille de Thomas Corneille. Elle avait été élevée à Saint-Cyr et y avait joué, dans *Esther*, le personnage de Zarès. Elle épousa le marquis de Villette, cousin de Mme de Maintenon, et en secondes noces milord Bolingbroke. Elle est morte en Angleterre en 1750.
2. La fenouillette dont il s'agit ici était de l'eau-de-vie dans laquelle on faisait macérer l'herbe appelée *fenouil*; elle était alors fort à la mode. (G.)
3. Marsilly, près de Nogent-sur-Seine.
4. Voyez la réponse de Boileau, *OEuvres complètes de Boileau* dans cette collection, tome IV, p. 196.

X.[1]

DE M. VUILLARD A M. DE PRÉFONTAINE.

31 décembre 1698.

.... Mais voici une nouvelle particulière qui va vous faire un vrai plaisir. C'est le mariage de Mlle Racine avec le fils du bonhomme M. de Moramber. Voici ce qui donna lieu à l'idée qui m'en vint. On me dit que M. Racine pensoit à marier sa fille. Moi qui savois qu'elle avoit passé six mois nouvellement auprès de sa grande-tante, l'abbesse de Port-Royal, je doutai d'abord. Pour m'assurer du fait, je dis à M. Racine ce que j'apprenois, et le priai de former lui-même le langage que je tiendrois aux personnes qui m'en parleroient comme me croyant son ami. Alors il m'ouvrit son cœur, et m'expliqua confidemment ses idées sur le mariage et la qualité de l'alliance qu'il cherchoit pour sa fille, ajoutant que s'il trouvoit de quoi remplir solidement ces idées, comme seroit un jeune avocat de bon esprit, bien élevé, formé de bonne main, qui eût eu déjà quelque succès dans des coups d'essai et premiers plaidoyers, avec un bien raisonnable et légitimement acquis, il le préféreroit sans hésiter à un plus grand établissement, quoi que lui fissent entrevoir et espérer des gens fort qualifiés et fort accrédités qui vouloient marier sa fille. Il m'invita bonnement à y penser. M. de Moramber le fils, qu'on nomme Riberpré, du nom d'un fief qu'a le père à Éclaron,[2] me vint voir quelques jours après, à son retour de la campagne. Il y avoit passé deux mois, à un autre lieu près de Beaumont-sur-Oise, où ils ont aussi du bien, et me dit que, durant ces deux mois, il avoit étudié sept heures par jour avec son père. Outre que je lui savois tout ce que M. Racine désiroit, je le trouvai de plus si formé et plein de tant de raison, de bons sentiments et de bon goût, qu'après avoir pris langue du père et de la mère,

---

1. *Port-Royal,* de Sainte-Beuve, tome VI, p. 251.
2. Bourg en Champagne.

qui m'applaudirent, je fis la proposition à M. Racine. Il l'agréa fort. On a fait ensuite toutes les démarches qu'il convient pour parvenir à ces bons comptes qui font les bons amis. Tout a cadré à souhait. On est très-content, de part et d'autre, et des personnes et des biens. M. Racine ne donne que vingt mille écus, mais en très-bon bien.[1] M. de Moramber ne veut pas qu'on le sache, en donnant plus de quinze mille à son fils, qui a de grandes espérances encore, de père, mère, et de sa sœur aînée, qui ne se veut point marier... La demoiselle a dix-huit à dix-neuf ans, et le cavalier vingt-cinq à vingt-six. Chacun les trouve assortis à souhait. M. Racine me nomme le Raphaël de cette alliance, et dit le dernier jour au pasteur et bon ami de Saint-Séverin[2] qu'il n'oublieroit jamais l'obligation qu'il a à l'entremetteur. Comme je suis témoin et charmé de la bonne éducation qu'ils ont eue tous deux, je n'ai qu'à souhaiter que le Raphaël valût prix pour prix la jeune Sara et le jeune Tobie. Ils seront mariés le 7 de janvier. Les articles furent signés le 23 de ce mois. On publie les bancs à trois fois, selon l'ordre, et selon l'inclination de si bons paroissiens de part et d'autre. L'alliance est tout à fait belle du côté de Mme de Moramber. Sa mère étoit cousine germaine du président de Perigny, père de Mmes Daguesseau et de La Houssaye, et alliée des Montholon, Seguier, Le Picard, Le Coigneux, Angran, etc. Il n'y aura que neuf ou dix conviés de part et d'autre, et M. Despréaux avec le Raphaël, les deux amis des époux et des deux familles. Cet article est un peu long; mais vous estimez M. Racine, et vous aimez M. de Moramber, et vous daignez avoir mille bontés pour moi. Je recommande cette alliance à vos prières, Monsieur.

1. Marie-Catherine Racine fut dotée de 30,000 livres. (P. M.)
2. Jean Lizot, curé de Saint-Séverin.

XI.[1]

DE M. VUILLARD A M. DE PRÉFONTAINE.

10 janvier 1699.

.... Le mariage fut célébré le 7. Monsieur de Saint-Séverin en fit la cérémonie à Saint-Sulpice avec l'agrément du curé; car c'est depuis quelques années la paroisse de M. Racine, auparavant de celle de Saint-Séverin, sur laquelle est M. de Moramber. M. Racine donna le dîner des noces. Monsieur le Prince[2] lui avoit envoyé pour cela, deux ou trois jours auparavant, un mulet chargé de gibier et de venaison. Il y avoit un jeune sanglier tout entier. Le soir il n'y eut point de souper chez le père de l'époux avec lequel on étoit convenu qu'il donneroit plutôt un dîner le lendemain, afin qu'il n'y eût point deux grands repas en un jour. Tout finit donc le soir des noces par une courte et pathétique exhortation de Monsieur de Saint-Séverin sur la bénédiction du lit nuptial qu'il fit. M. et Mme Racine se retirèrent à huit [heures] et demie. Les jeunes gens firent la lecture de piété ordinaire à la prière du soir avec la famille. Le père, comme pasteur domestique, répéta la substance de l'instruction de monsieur le curé; et tout étoit en repos comme de coutume avant onze heures. Il n'y eut point d'autres garçons de la noce, ou plutôt amis des époux, que M. Despréaux et moi. Ainsi l'on y vit l'effet des prières de la bonne Mère abbesse de Port-Royal, grande-tante de l'épouse, et de l'excellent ami que vous allez reconnoître. Monsieur, à son style ordinaire, auquel vous êtes fait.[3] Comme il est ami de M. Racine, qu'il avoit su mon voisin à la rue des Maçons, il lui en donne toujours le nom. J'avois recommandé cette alliance à ses prières. Voici donc sa réponse : « Je félicite l'illustre *voisin* de l'heureuse alliance dont vous êtes

---

1. Même source que la lettre précédente, p. 253.
2. Le prince de Condé, fils du grand Condé.
3. Il s'agit du P. Quesnel, alors retiré à Bruxelles.

l'entremetteur ou plutôt le médiateur, médiateur entre Dieu et vos amis; car un bon mariage ne peut venir que de Dieu : *Domus et divitiæ dantur a parentibus, a Domino autem* PROPRIE *uxor prudens.*[1] Le Seigneur vous a donc choisi pour ménager, de sa part et en son nom, un mariage qui, selon votre rapport, a tant de marques de la destination et du choix de Dieu. Je m'acquitterai du devoir de l'offrir à Dieu, et en même temps tous ceux qui y ont part, afin qu'il daigne se trouver à ces noces chrétiennes, et y apporter de ce bon vin que lui seul peut donner, qui met la vraie joie dans le cœur, et qui donne aux vierges une sainte fécondité en plus d'une manière : *vinum germinans virgines,* comme parle un prophète.[2] »

Vous éprouvez, sans doute, Monsieur, qu'il n'est besoin de vous nommer l'auteur, ni de vous le désigner plus clairement.

XII.[3]

DE M. VUILLARD A M. DE PRÉFONTAINE.

[Janvier 1699.[4]]

.... Il eût été à désirer, Monsieur, que l'on eût fait cadrer en tout la comparaison de Tobie le jeune et de la jeune Sara avec nos jeunes et nouveaux conjoints. Mais comme le *his tribus noctibus Deo jungimur*[5] dépend de la seule inspiration de l'esprit du Seigneur, et d'une grâce aussi rare que précieuse, même pour un temps, et que l'exhortation à une pratique si respectable convenoit au pasteur conjoignant, et n'étoit nullement du ressort ni

---

1. « Ce sont le père et la mère qui donnent la maison et les richesses, mais c'est proprement le Seigneur qui donne la sage épouse. » (*Proverbes,* XIX, 14.)
2. *Zacharie,* IX, 17.
3. Même source que la lettre précédente, p. 254.
4. M. Sainte-Beuve ne donne pas la date, mais cette lettre a été écrite évidemment peu après la lettre du 10 janvier.
5. « Ces trois premières nuits n'appartiennent qu'à Dieu. » (*Tobie,* VIII, 4.)

de l'entremise du médiateur de l'alliance, ç'a été lettres closes pour lui. Mais la réflexion que vous faites, Monsieur, sur cette belle circonstance de l'histoire de ces anciens *enfants des saints,* convient tout à fait à la haute idée qu'une religion aussi éclairée que la vôtre donne de l'image de Dieu, qui est dans l'homme, et de l'alliance que Jésus-Christ a élevée à la dignité de sacrement... Après de telles réflexions que vous faites, Monsieur, et que vous me mettez en voie de faire aussi, voyez si je n'ai pas grand sujet de desirer que vos lettres me viennent en leur entier, et que Dieu continue de me faire par vous, jusqu'à la fin de votre vie ou de la mienne, le bien qu'il a daigné me faire durant près de trente ans par feu monsieur votre frère,[1] mon très-honoré père en Jésus-Christ et mon très-libéral bienfaiteur.

XIII.[2]

DE L'ABBÉ DE VAUBRUN AU CARDINAL DE BOUILLON.

[Mars 1699.][3]

Je suis persuadé que vous serez tout à fait fâché d'apprendre l'extrémité de la maladie du pauvre Racine : il a une grosse fièvre continue avec des redoublements, causés vraisemblablement par un abcès dans le foie. Il est sans espérance, et quasi sans connoissance. Vous jugez aisément à quel point M. de Cavoye en est touché; car vous connoissez mieux qu'un autre son cœur pour ses amis. Le Roi et Mme de Maintenon ont paru prendre un fort grand intérêt à sa maladie.

1. L'abbé de Haute-Fontaine.
2. Fragment publié par M. Sainte-Beuve, *Port-Royal,* VI, p. 256, en note. L'autographe appartient à M. L. Veydt, ancien député d'Anvers et ancien ministre des finances de Belgique.
3. Cette lettre fut écrite dans les environs du 12 mars, ainsi qu'il résulte de quelques circonstances qu'elle rapporte.

XIV.[1]

DE M. VUILLARD A M. DE PRÉFONTAINE.

19 mars 1699.

.... M. Racine a été malade à mourir.[2] Il revient des portes de la mort. C'étoit une rechute. Son mal étoit si pressant que, lui et sa famille me souhaitant auprès de lui par amitié, je fus privé jeudi passé de la consolation de vous écrire. A jeudi prochain le reste.

XV.[3]

DE M. VUILLARD A M. DE PRÉFONTAINE.

24 mars 1699.

.... Il (*l'abbé Renaudot*) me laissa chez le malade parce que je voulus voir lever le premier appareil d'une incision qu'on lui avoit faite la veille au côté droit, un peu au-dessous de la mamelle. C'est une incision cruciale. Il en sortit une demi-poilette[4] de pus bien cuit. Il n'en est point sorti depuis ; mais il lui faut quelques jours pour se former. On ne sait s'il n'y a point d'abcès au poumon ou au foie. La patience et la douceur du malade, naturellement prompt et impatient, est un vrai ouvrage de la miséricorde du Seigneur. Il est en danger, mais si bien

---

1. Sainte-Beuve, *Port-Royal,* VI, p. 255.
2. On lit dans le *Journal* de Dangeau, à la date du dimanche 15 mars : « Racine est à l'extrémité ; on n'en espère plus rien ; il est fort regretté par les courtisans, et le Roi même paroît affecté de l'état où il est, et s'en informe avec beaucoup de bonté. »
3. Même source que le fragment précédent, p. 255.
4. *Poilette* pour *palette*. « J'eusse été ravie, dit Mme de Sévigné, de me faire tirer trois poilettes de sang. » — « *Palette,* dit Furetière, vient de *poëllette.* »

disposé qu'il témoigne plus craindre le retour de la santé que la fin de sa vie. « Je n'ai jamais eu la force de faire pénitence, disoit-il confidemment le dernier jour à une personne. Quel avantage pour moi que Dieu m'ait fait la miséricorde de me donner celle-ci! » Il est tout plein de semblables sentiments. Il lui en échappe quelques-uns quand il sent près de lui quelqu'un de confiance. Je le recommande, Monsieur, très-instamment à vos prières. Tout Paris prend grande part à son danger, comme toute la cour; et tout le monde souhaite passionnément sa conservation. Il est dans une réputation de candeur, de droiture, de probité, qui le rend plus précieux à ses amis et aux honnêtes gens que son bel esprit. Son gendre et sa sœur, Mlle de Moramber, sont sans cesse à le servir avec son fils et son épouse, et tous se surpassent chacun en sa manière.

Ce 25 mars, vers le soir.

Je sors de chez le pauvre M. Racine. On le trouve toujours en danger, quoique les accidents diminuent : je crains beaucoup la fin. Elle peut n'être pas si proche; mais, selon les apparences, elle sera triste pour nous. Il est entre les mains de celui *qui deducit ad inferos et reducit, qui eripit de portis mortis, qui dixit populo suo :* « *Ego sum Dominus, sanator tuus* », et de qui saint Augustin dit : *Omnipotenti medico nihil est insanabile.* Il est le Seigneur tout-puissant et le médecin tout-puissant aussi. Rien donc n'est hors de son pouvoir. Nulle maladie n'est incurable pour lui : il n'y a qu'à l'adorer et à le laisser faire.

XVI.[1]

DE M. VUILLARD A M. DE PRÉFONTAINE.

Ce mercredi, 8 avril 1699.

M. Racine a toujours de la fièvre; elle est petite à la vérité, mais il y a plus d'un mois qu'elle dure. On ne peut découvrir

---

1. Même source que les fragments précédents, p. 257.

quelle est la source d'un abcès qu'il a dans le corps, si elle est au concave ou au convexe du foie, ou dans sa région. Il se vide bien, et ce qui en sort est bien conditionné. On craint que le cours des humeurs ne se prenne par là. Si la nature s'y accoutumoit, on seroit réduit à la canule, peut-être pour toujours. Vif naturellement tout ce qu'il se peut, il est devenu patient et tranquille au delà de ce qui se peut dire.

Comme j'en suis à cet endroit, on m'apprend qu'il est de mieux en mieux; car je viens d'envoyer chez M. de Riberpré, son gendre, mon voisin.

XVII.[1]

DE LA MÈRE AGNÈS DE SAINTE-THÈCLE RACINE A MADAME RACINE.

[Avril 1699.][2]

Gloire à Dieu, etc.

Je vous suis très-obligée, ma chère nièce, d'avoir pris la peine de nous mander vous-même des nouvelles de notre cher malade. Dans la douleur et les fatigues où vous êtes d'une si longue maladie, je crains beaucoup que vous ne tombiez malade aussi. Au nom de Dieu, conservez-vous pour vos enfants; car je vois bien, par l'état où vous me mandez qu'est mon neveu, qu'ils n'ont plus de père sur la terre. Il faut adorer les décrets de Dieu, et nous y soumettre. Que les pensées de la foi nous soutiennent. Dieu nous soutient lorsque nous espérons en lui. On ne peut être plus touchée que je le suis de votre perte et de la mienne. Prions Dieu l'une pour l'autre.

---

1. Publiée dans le recueil de Louis Racine, p. 390.
2. Il n'y a point de date; on peut supposer seulement que cette lettre est plus rapprochée du jour de la mort de Racine (21 avril) que la précédente.

XVIII.[1]

DE M. VUILLARD A M. DE PRÉFONTAINE.

Ce mardi 21 avril [1699].

C'est du cabinet de M. Racine que j'ai l'honneur d'accuser la réception de votre lettre du 14 avril, et que j'ai, Monsieur, la douleur de vous écrire qu'au bout de quarante-cinq jours d'une patience très-exemplaire, Dieu nous l'a ôté ce matin entre 3 et 4. Nous l'allons porter à Saint-Sulpice. Il y sera en dépôt cette nuit. Demain il sera transporté à Port-Royal des Champs, où il a prié la maison de lui accorder la sépulture aux pieds de M. Hamon, dans le cimetière, quoiqu'il se soit rendu indigne, dit-il dans un acte olographe fait exprès pour cet article, qu'on lui accordât cette grâce, après sa vie scandaleuse et le peu de profit qu'il avoit fait de l'excellente éducation qu'il avoit reçue dans la maison de Port-Royal. Le Roi a eu la bonté de donner son agrément sur ce point. Je laisserai ce mot pour vous être envoyé jeudi; car je ne serai revenu que le soir de Port-Royal, où la famille a souhaité que j'accompagnasse le fils aîné de mon cher ami. Il ne faut pas omettre qu'il laisse huit cents livres à Port-Royal. A mon retour, j'aurai l'honneur de vous entretenir plus amplement. Divers petits offices à rendre à la famille affligée, comme lettres à écrire, soins à prendre, etc., m'obligent d'être court.

XIX.[2]

DE M. VUILLARD A M. DE PRÉFONTAINE.

Ce dimanche de Quasimodo, 26 avril [1699].

Enfin, voilà mon cher ami M. Racine au lieu du repos qu'il a choisi. Je crois avoir eu l'honneur de vous mander qu'il n'avoit

---

1. Publiée par Sainte-Beuve, *Port-Royal,* tome VI, p. 258.
2. Même source, p. 258.

point fait d'autre testament que pour demander sa sépulture dans le cimetière[1] de Port-Royal des Champs, au pied de la fosse de M. Hamon. Ce sont ses termes. A quoi il ajoute qu'il supplie très-humblement la Mère abbesse et les religieuses de vouloir bien lui accorder cet honneur, quoiqu'il s'en reconnoisse, dit-il, très-indigne et par les scandales de sa vie passée et par le peu d'usage qu'il a fait de l'excellente éducation qu'il a reçue autrefois dans cette maison, et des grands exemples de piété et de pénitence qu'il y a vus, et dont il avoue n'avoir été qu'*un stérile admirateur;* mais que plus il a offensé Dieu, plus il a besoin des prières d'une si sainte communauté, qu'il supplie aussi de vouloir bien accepter une somme de huit cents livres qu'il a ordonné qu'on lui donnât après sa mort. Elle est ici, Monsieur, d'une très-bonne odeur comme les vingt dernières années de sa vie; car c'est depuis tout ce temps-là qu'il avoit renoncé si absolument à ce qu'il avoit fait pour le théâtre dans sa jeunesse, que nulle puissance de la terre n'avoit été capable de l'y faire retourner, quelque pressantes sollicitations qu'on lui en ait faites. On les avoit même renouvelées à l'occasion de son *Esther* et de son *Athalie*, afin qu'il en traitât du moins avec les comédiens, qui lui en offroient une somme très-considérable; et il étoit demeuré ferme, et le Roi avoit toujours eu la bonté de ne point vouloir qu'ils les représentassent sans l'agrément de l'auteur, qu'il a toujours très-constamment refusé.

La *Gazette* parle de lui en termes magnifiques. Je les transcrirois ici comme dignes d'être retenus et comme si bien mérités par cet homme vraiment illustre, sans que vous la voyez ordinairement. M. Renaudot y a bien mis au vrai le caractère de son ami. Il s'est mépris seulement à la qualité de gentilhomme ordinaire; car le défunt ne l'étoit pas *de la maison,* charge d'environ quinze mille livres, mais *de la chambre,* ce qui vaut cinquante mille livres. Le fils, qui court sa vingt-unième année, en avoit la survivance et y étoit reçu. Il est à la cour pour obtenir une pension du Roi pour lui et pour aider à élever les enfants qui sont encore en bas âge, et à mieux pourvoir ceux qui en sont en état. On ne

---

1. Sainte-Beuve ajoute entre parenthèses : « des domestiques ».

sauroit, au reste, voir un homme plus universellement regretté que ne l'est M. Racine. Les grands, qui étoient tous les jours chez lui durant sa maladie, montroient bien par leurs soins combien ils le chérissoient et combien ils craignoient sa mort; et la comtesse de Gramont, qui y étoit presque tous les jours, me dit le soir de la grande fête, les larmes aux yeux : « Hélas! quelle perte pour nous, gens de cour, que celle d'un tel ami! car tout ce que nous y étions de gens qui pensions un peu sérieusement à notre salut, l'avions pour conseil comme pour exemple. Il nous encourageoit, nous éclairoit, nous fortifioit. »

.... Je vous rapporte, Monsieur, mot pour mot, les termes du petit testament de mort,[1] sans y ajouter ni diminuer le moins du monde. Ils ont fait une telle impression sur ma mémoire que je crois qu'ils n'en sortiront jamais.

XX.[2]

DE M. VUILLARD A M. DE PRÉFONTAINE.

30 avril 1699.

.... Son illustre neveu[3] conservoit une si vive reconnoissance de l'éducation qu'elle lui avoit procurée dans la maison, d'abord sous M. Nicole pour les belles-lettres, et ensuite auprès du grand M. Le Maître,[4] pour d'autres études, qu'il disoit un jour confidemment à un ami de qui je le tiens : « Je ne me soucierois pas d'être disgrâcié et de *faire la culbute* (ce fut son terme) pourvu

1. Un testament de mort, c'est-à-dire un testament écrit ou dicté quand on se croit à l'article de la mort. (Ste-B.)
2. Même source que la lettre précédente, p. 260.
3. Il s'agit de la mère Agnès de Sainte-Thècle.
4. Le *grand M. Le Maître,* c'est ainsi que les amis de Port-Royal parlent volontiers de ce chef des pénitents. M. Le Maître, en effet, dont la conversion est contemporaine des créations de Corneille, a en lui de la grandeur : c'est son caractère dominant et qui frappe de près ou à distance. Ce terme de *grand* revient naturellement sous la plume de nos auteurs originaux quand ils parlent de lui. (Ste-B.)

que Port-Royal fût remis sur pied et fleurît de nouveau. » La bonne tante l'aimoit aussi bien tendrement. Elle l'avoit comme engendré en Jésus-Christ.

XXI.[1]

DE M. VUILLARD A M. DE PRÉFONTAINE.

Ce mercredi soir, le 6 mai [1699.]

.... Et disons, pour finir cet ordinaire (car j'ai affaire à sortir demain dès le matin), que M. Racine le fils a été très-bien reçu du Roi, mais que M. Despréaux l'a été encore beaucoup mieux; car il m'a raconté (ceci est pure anecdote[2]) que le Roi avait eu la bonté de lui dire : « Nous avons bien perdu tous deux en perdant le pauvre Racine. — C'étoit un vrai honnête homme, répliqua M. Despréaux. Il l'a marqué plus que jamais durant sa dernière maladie, et il a affronté la mort avec une audace toute chrétienne, quoiqu'il eût été toujours fort timide sur ce qui regardoit la santé, et qu'une égratignure lui fît peur. — Oui, reprit le Roi, et je me souviens que pendant une des campagnes où vous étiez ensemble, c'étoit vous qui étiez le brave. » Il y avoit plusieurs années que M. Despréaux n'avoit paru à la cour à cause de sa surdité, et c'étoit M. Racine qui le déchargeoit, et se chargeoit de tout pour lui. « Ce n'est plus cela, ajouta le Roi : il faut que vous soyez seul chargé de tout désormais. Je ne veux que votre style. » M. Despréaux demanda du secours pour tirer les mémoires qu'il lui faudroit de chez les secrétaires d'État et d'ailleurs, et nomma M. de Valincour au Roi, qui le lui accorda : sur quoi un homme d'esprit a dit que ce M. de Valincour seroit le résident de M. Despréaux auprès de Sa Majesté très-chrétienne. L'entretien dura plus d'une heure, et finit par la déclaration que fit le Roi à son historien qu'il vouloit avoir assez souvent avec

---

1. Même source, p. 260.
2. Ceci est *pure anecdote*, c'est-à-dire tout à fait inédit et purement confidentiel, en prenant le mot *anecdote* dans son sens propre. (Ste-B.)

lui des conversations de deux heures dans son cabinet. M. Des préaux a tous les papiers.

XXII.[1]

DE BOILEAU A BROSSETTE.

Paris, 9 mai 1699.

Vous vous figurez bien, Monsieur, que dans l'affliction et dans l'accablement d'affaires où je suis, je n'ai guère le temps d'écrire de longues lettres. J'espère donc que vous me pardonnerez si je ne vous écris qu'un mot, et seulement pour vous instruire de ce que vous me demandez. Je ne suis point encore à Auteuil, parce que mes affaires et ma santé même, qui est fort altérée, ne me permettent pas d'y aller respirer l'air, qui est encore très-froid, malgré la saison avancée, et dont ma poitrine ne s'accommode pas. J'ai pourtant été à Versailles, où j'ai vu Mme de Maintenon, et le Roi ensuite, qui m'a comblé de bonnes paroles : ainsi me voilà plus historiographe que jamais. Sa Majesté m'a parlé de M. Racine d'une manière à donner envie aux courtisans de mourir, s'ils croyoient qu'Elle parlât d'eux de la sorte après leur mort. Cependant cela m'a très-peu consolé de la perte de cet illustre ami, qui n'en est pas moins mort, quoique regretté du plus grand roi de l'univers...[2]

XXIII.[3]

DE M. VUILLARD A M. DE PRÉFONTAINE.

Ce jeudi, 14 mai [1699].

J'ai de petits paralipomènes à vous faire, Monsieur, sur le sujet de M. Racine. Je les tire d'une lettre que m'a écrite une

---

1. Extraite des OEuvres de Boileau. Voy. dans cette collection *OEuvres complètes de Boileau*, tome IV, p. 418.
2. La suite de la lettre ne se rapporte plus au même sujet.
3. Sainte-Beuve, *Port-Royal*, pp. 261-262.

personne qui se trouva au petit discours que fit l'ecclésiastique de Saint-Sulpice qui avoit accompagné le corps, et qui le présenta, et à la réponse que fit le confesseur de la maison, nommé M. Eustace. Le discours ne fut guère qu'un lieu commun un peu approprié au sujet; mais la réponse y fut toute propre, et mérite d'être retenue. M. Eustace dit donc au sulpicien qu'il avoit ouï avec édification ce qu'il venoit de dire de l'illustre défunt avec justice; que c'étoit avec quelque justice aussi qu'il avoit souhaité d'être enterré dans la maison où il avoit reçu les premières semences de la religion et de la vérité, qu'il avoit aimées. Il y ajouta quelques mots sur la tempête qui s'étoit élevée contre la maison, et qui avoit obligé des personnes qui s'y étoient retirées à s'en séparer; que, pour le défunt, les ronces et les épines avoient étouffé pendant un temps ces précieuses semences que son cœur y avoit reçues; mais que comme on avoit lieu d'avoir une humble créance qu'il étoit une de ces heureuses plantes que le Père céleste a plantées lui-même pour ne souffrir jamais qu'elles fussent entièrement déracinées.[1] elle avoit repris vigueur et avoit porté son fruit en son temps. Il fit valoir sa piété, sa patience dans sa longue maladie, son amitié pour la maison, la reconnoissance de la maison pour lui. Il lui avoit, en effet, rendu des services très-essentiels.

Je n'étois arrivé là qu'environ une heure après le corps, avec le fils, qui avoit eu à s'arrêter à Versailles.

... Depuis quelques jours, le Roi a accordé au fils une pension de mille livres, et autant à la veuve, pour elle et ses enfants encore en bas âge. Il y en a sept en tout. L'aîné avoit la survivance de gentilhomme ordinaire. Il est dans sa vingt-unième année. Mme de Riberpré (*Moramber*) en a dix-huit à dix-neuf. L'ursuline de Melun, qui est la troisième, en a dix-huit. Il y a une postulante de dix-sept ans à Variville, où sa mère a une sœur prieure. C'est un couvent de l'ordre de Fontevrault, près Clermont-en-Beauvaisis. Il y en a une à Port-Royal, parmi les voiles blancs, pour se préparer à sa première communion, et une d'onze ans près de la mère, avec le cadet de la famille, qui ap-

---

1. J'ai bien peur, pour le goût de M. Eustace, qu'il n'y ait là une légère pointe, une allusion au nom de Racine. (Ste-B.)

proche de sept ans. Pardonnez tout ce détail, Monsieur, à un ami qui s'étend volontiers sur tout ce qui regarde un tel ami, dont ces restes vivants lui sont précieux.

XXIV.[1]

DE LA MÈRE AGNÈS DE SAINTE-THÈCLE A MADAME RACINE.

Ce 17 mai 1699.

Gloire à Dieu, etc.

Je suis bien aise, ma très-chère nièce, du don que le Roi vous a fait. Il n'importe guère que ce soit à vous ou à vos enfants: une bonne et sage mère comme vous aura toujours bien soin d'eux. Tout ce que je vous demande, c'est de vous conserver; car que seroit-ce si vous veniez à leur manquer? Tâchez donc de vous consoler et de vous fortifier, en regardant Dieu, qui est le protecteur des veuves et le père des orphelins. J'ai besoin, aussi bien que vous, de me tourner vers Dieu pour ne pas trop ressentir cette séparation.

XXV.[2]

DE M. VUILLARD A M. DE PRÉFONTAINE.

9 juillet 1699.

Le discours que M. de Valincour a fait le jour de sa réception à l'Académie françoise en la place de M. Racine est très-beau... La réponse du directeur de l'Académie au compliment de M. de Valincour est belle aussi. On a joint l'une à l'autre. M. de La Chapelle, receveur général des finances de la Rochelle, est ce direc-

---

1. Publiée dans le recueil de Louis Racine, p. 391.
2. Publiée par M. Sainte-Beuve, *Port-Royal*, t. VI, p. 263.

teur. Il parle dignement et de M. Racine et de M. de Valincour, son successeur, non-seulement pour l'Académie, mais aussi pour l'histoire du Roi. Mais il a gardé un tel silence au sujet de M. Despréaux qui a demandé lui-même à Sa Majesté le premier ce nouveau collègue, que ce silence paroît très-affecté : car l'inadvertance en tel cas ne peut aller naturellement si loin. Voilà de quoi produire une nouvelle querelle sur le Parnasse. Despréaux, le cher Despréaux, qui est fort naturel et fort sincère, me disoit dimanche dernier, à une thèse de son petit-neveu, fils du président Gilbert, que La Chapelle, ayant affecté de ne point parler de Despréaux, avoit mis Despréaux en droit de parler de La Chapelle. Comme il est sourdaud et qu'il ne pouvoit prendre plaisir, avec toute la nombreuse et belle assemblée, à écouter le répondant qui se fit admirer, il se dédommageoit en parlant d'une chose qui lui tient fort au cœur : car ce silence lui paroît très-malhonnête et très-offensant. Et s'il n'étoit aussi occupé qu'il l'est d'un déménagement (car il quitte le logis du cloître Notre-Dame où il étoit près le Puits, pour un autre qui a vue sur le jardin du Terrain), il auroit déjà produit quelque chose de vif : car il n'est pas aussi mort à lui-même sur pareil cas qu'on a sujet de croire que l'auroit été M. Racine. M. Despréaux est droit d'esprit et de cœur, plein d'équité, généreux ami ; mais la nécessité de pardonner une injure, où est un chrétien qui veut être digne de son nom, ne semble pas avoir encore fait assez d'impression sur son esprit ni sur son cœur. Peut-être que le temps et la distraction que lui cause son changement de demeure auront calmé l'émotion où je le vis, et peut-être plus encore les prières de son incomparable ami M. Racine, car comme il avoit le cœur fort pénitent depuis longtemps, il y a sujet de le croire, par la miséricorde du Seigneur, en possession de ce bienheureux repos où l'on prie efficacement pour ceux qui sont dans le trouble des passions de la vie.

XXVI.[1]

DE M. VUILLARD A M. DE PRÉFONTAINE.

23 juillet 1699.

Despréaux ne s'en est pu tenir. Il a fait une épigramme contre La Chapelle. Comme c'est un fruit honteux de sa foiblesse, je ne l'ai ni désiré ni recherché. Je ne fus pas si lent touchant le beau fruit de sa force, son admirable épître sur l'*Amour de Dieu*. Le docteur,[2] frère du poëte, l'auroit souhaité plus patient, et le plaint de son impatience. Il est en effet bien à plaindre. Il a de la candeur, et il viendra un bon moment où il s'en humiliera devant Dieu et réparera la mauvaise édification que son impatience peut donner. Ce qui l'a ému étoit beau à pardonner et est laid à relever.

XXVII.[3]

DE BOILEAU A MONCHESNAI.[4]

[Septembre] 1707.

Puisque vous vous détachez de l'intérêt du ramoneur, je ne vois pas, Monsieur, que vous ayez aucun sujet de vous plaindre

---

1. Sainte-Beuve, *Port-Royal*, VI, p. 263.
2. M. Boileau, chanoine de la Sainte-Chapelle.
3. Publiée dans le recueil de Louis Racine, qui y attache la note suivante : « Je mets ici cette lettre, non-seulement parce qu'elle apprend l'effet que produisirent deux vers de *Britannicus,* mais parce qu'elle contient la thèse que Boileau soutint devant M. Arnaud, comme je l'ai rapporté dans la vie de mon père. Il avait soutenu la même thèse, en présence du P. Massillon, contre M. de Monchesnai, auteur du *Bolæana,* qui lui envoya ensuite une dissertation sur cette matière, et le paquet fut porté par un ramoneur. Boileau, surpris du messager, en fit quelques railleries. M. de Monchesnai, en étant informé, lui écrivit une lettre que je ne rapporte point, parce qu'elle ne contient que des plaisanteries sur le ramoneur, et que ces plaisanteries n'ont rien d'agréable. La plume de l'auteur du *Bolæana* n'était pas légère. »
4. M. de Monchesnai avait fait des satires, et dans sa lettre de plainte à

de moi pour avoir écrit que je ne pouvois juger à la hâte d'ouvrages comme les vôtres, et surtout à l'égard de la question que vous entamez sur la tragédie et sur la comédie, que je vous ai avoué néanmoins que vous traitiez avec beaucoup d'esprit. Car, puisqu'il faut vous dire le vrai, autant que je puis me ressouvenir de votre dernière pièce, vous prenez le change, et vous y confondez la comédienne avec la comédie, que, dans mes raisonnements avec le P. Massillon, j'ai, comme vous savez, exactement séparées. Du reste, vous y avancez une maxime qui n'est pas, ce me semble, soutenable : c'est à savoir qu'une chose qui peut produire quelquefois de mauvais effets dans des esprits vicieux, quoique non vicieuse d'elle-même, doit être absolument défendue, quoiqu'elle puisse d'ailleurs servir au délassement et à l'instruction des hommes. Si cela est, il ne sera plus permis de peindre dans les églises des Vierges Maries, ni des Suzannes, ni des Magdelaines agréables de visage, puisqu'il peut fort bien arriver que leur aspect excite la concupiscence d'un esprit corrompu. La vertu convertit tout en bien, et le vice tout en mal. Si votre maxime est reçue, il ne faudra plus non-seulement voir représenter ni comédie, ni tragédie, mais il n'en faudra plus lire aucune, il ne faudra plus lire ni Virgile, ni Théocrite, ni Térence, ni Sophocle, ni Homère; et voilà ce que demandoit Julien l'Apostat, et qui lui attira cette épouvantable diffamation de la part des Pères de l'Église. Croyez-moi, Monsieur, attaquez nos tragédies et nos comédies, puisqu'elles sont ordinairement fort vicieuses, mais n'attaquez point la tragédie et la comédie en général, puisqu'elles sont d'elles-mêmes indifférentes, comme le sonnet et les odes, et qu'elles ont quelquefois rectifié l'homme plus que les meilleures prédications ; et pour vous en donner un exemple admirable, je vous dirai qu'un grand prince, qui avoit dansé à plusieurs ballets, ayant vu jouer le *Britannicus* de M. Racine, où la fureur de Néron à monter sur le théâtre est si bien attaquée, il ne dansa plus à aucun ballet, non pas même au temps du carnaval. Il n'est pas concevable de combien de mauvaises choses la

Boileau sur les plaisanteries qu'il avait faites à l'occasion du ramoneur, il lui rappelait que, dans ses satires, son nom se trouvait souvent avec éloge. Sa longue réponse à cette lettre de Boileau se trouve dans les *Mémoires de littérature* donnés par le R. P. Desmolets. (Louis RACINE.)

comédie a guéri les hommes capables d'être guéris, car j'avoue qu'il y en a que tout rend malades. Enfin, Monsieur, je vous soutiens, quoi qu'en dise le P. Massillon, que le poëme dramatique est une poésie indifférente de soi-même, et qui n'est mauvaise que par le mauvais usage qu'on en fait. Je soutiens que l'amour, exprimé chastement dans cette poésie, non-seulement n'inspire point l'amour, mais peut beaucoup contribuer à guérir de l'amour les esprits bien faits, pourvu qu'on n'y répande point d'images ni de sentiments voluptueux. Que s'il y a quelqu'un qui ne laisse pas, malgré cette précaution, de s'y corrompre, la faute vient de lui et non pas de la comédie. Du reste, je vous abandonne le comédien et la plupart de nos poëtes, et même M. Racine en plusieurs de ses pièces. Enfin, Monsieur, souvenez-vous que l'amour d'Hérode pour Mariamne dans Josèphe est peint avec tous les traits les plus sensibles de la vérité. Cependant quel est le fou qui a jamais, pour cela, défendu la lecture de Josèphe? Je vous débarbouille tout ce canevas de dissertation, afin de vous montrer que ce n'est pas sans raison que j'ai trouvé à redire à votre raisonnement. J'avoue cependant que votre satire est pleine de vers bien trouvés. Si vous voulez répondre à mes objections, prenez la peine de le faire de bouche, parce qu'autrement cela traîneroit à l'infini; mais surtout trêve aux louanges; je ne les mérite point, et n'en veux point; j'aime qu'on me lise, et non qu'on me loue. Je suis, etc.

XXVIII.[1]

DE JEAN-BAPTISTE RACINE A LOUIS RACINE.

Ce 3e septembre [1742].

Je ne suis pas moins surpris que vous de la nouvelle que vous me mandez : je savois que la première partie de l'ouvrage en

---

1. Ces cinq lettres de J.-B. Racine à son frère Louis sont intéressantes surtout comme expression du caractère du fils aîné de Racine, de ses sen-

question étoit imprimée; mais je ne savois pas que la seconde le fût,[1] et je doutois même qu'elle existât. On m'apporta, il y a environ trois mois, une copie de la première partie, pour savoir de moi si elle étoit de mon père : je répondis que je ne pouvois rien assurer là-dessus, n'ayant jamais eu aucune connoissance de cet ouvrage; qu'il étoit vrai que j'en avois souvent entendu parler à M. Despréaux, qui le vantoit fort comme un morceau parfaitement bien écrit, mais que c'étoit tout ce que j'en savois. J'étois extrêmement jeune quand je perdis mon père[2], et il ne m'a jamais lâché le moindre mot de cela. Il est vrai que deux jours avant que de mourir, M. Dodart étant au chevet de son lit, il me dit d'aller chercher dans son cabinet une petite cassette noire, que j'ai encore, et qu'il en tira devant moi un manuscrit petit in-folio qu'il remit entre les mains de M. Dodart. Je me retirai, et ils furent longtemps à parler ensemble. M. Dodart emporta le manuscrit, en lui disant qu'il espéroit le lui rendre : voilà tout ce que j'entendis. On m'a dit depuis que ce même M. Dodart avoit remis le manuscrit entre les mains d'un de ses amis qui avoit actuellement quatre-vingts ans, mais qu'il n'avoit jamais voulu le communiquer à personne. Mais de quoi ne viennent point à bout les jansénistes, et surtout les jansénistes imprimeurs? Ils disent que cet ouvrage est de mon père : je le veux bien croire; mais où en est la preuve? à moins qu'ils ne disent d'où et de qui ils le tiennent. Il est certain que mon père avoit eu le dessein d'écrire cette histoire, et cela en faveur de monsieur le cardinal de Noailles, qui le pria de vouloir bien le mettre au fait des affaires des religieuses de P.-R., dont il étoit fort peu instruit; et c'est ce qui fit qu'après la mort de monsieur le cardi-

---

timents et de ses jugements, qui pouvaient avoir quelque empreinte, pour ainsi dire, de l'éducation paternelle.

Les deux premières ont été publiées dans l'édition de 1807. Les trois dernières avaient été résumées avec une singulière inexactitude par Louis Racine à la fin de son recueil. Elles ont été toutes cinq rétablies par M. Mesnard d'après les manuscrits originaux qui lui ont été communiqués par M. Auguste de Naurois.

1. Cette seconde partie n'était pas imprimée. J.-B. Racine avait été trompé sans doute par quelque faux bruit. Voyez l'Introduction du tome VI, pp. v-vi.

2. Il avait vingt et un ans à la mort de son père.

nal je m'adressai au maréchal de Noailles d'aujourd'hui, et lui demandai si parmi les papiers de monsieur son oncle il n'en avoit rien trouvé. Il me répondit que non. J'en fis de même à la mort de M. Dodart, et j'en demandai des nouvelles au premier médecin son fils, qui me dit qu'il n'en avoit jamais entendu parler à son père : si bien que j'ai toujours cru l'ouvrage perdu, et ne puis deviner par quelle voie il peut être tombé entre les mains des imprimeurs. Je m'en vais tâcher à voir cette seconde partie, dont je suis fort curieux; car, entre nous, je doutois fort de son existence, et je croyois que ceux qui nous donnoient la première nous auroient sans doute donné la seconde, à moins que ce ne soit une finesse de libraires pour faire acheter deux fois l'ouvrage.

A l'occasion de cela ne pourriez-vous pas prier monsieur le chancelier ou M. d'Argenson de nous donner le privilége des œuvres de mon père, pour les purger de quantité de choses que les libraires y fourrent? Ils ont mis dans la dernière des épigrammes qui ne sont point de lui, les deux lettres contre M. Nicole avec les insipides réponses. Il est étonnant qu'ayant laissé des enfants qui savent lire, on abandonne un pareil livre à l'avidité et à l'impertinence des libraires et des éditeurs leurs adjoints. Pourvu qu'ils grossissent le livre, ils ne s'en soucient point, et y fourrent jusqu'aux sottises faites contre l'auteur.

Suscription : A Monsieur Monsieur Racine, directeur des fermes du Roi, à Soissons.

XXIX.[1]

DE JEAN-BAPTISTE RACINE A LOUIS RACINE.

Ce 6 novembre [1742].

Je ne sais par quelle fatalité j'ai été si longtemps sans vous faire réponse, ayant envie de le faire tous les jours; mais le peu

1. Voyez la première note de la lettre précédente.

de matière, l'absence de tous mes amis et la solitude où je suis en ont été cause. Je ne me suis rien trouvé à vous mander sur l'*Histoire* en question. Il me semble qu'on n'en parle plus, et la seconde partie, qui ne paroît point, nous justifie assez. Ce que vous m'avez mandé de M. C. pourroit bien être vrai, et il seroit homme à ne l'avoir point lue et l'avoir fait imprimer; car il en mouroit d'envie, et il est lié d'ailleurs avec tous les colporteurs jan[sénistes]. J'ai été sur le point de lui écrire là-dessus; mais réflexions faites, j'ai cru qu'il valoit mieux garder le silence. A l'égard de ce que vous me mandez, c'est une chose qui mérite réflexion. C'est à vous d'abord à faire les vôtres sur la suite qu'on veut ajouter aux œuvres de mon père, et ce n'est pas à moi à vous rien dire là-dessus. Laissons faire les libraires : ce n'est que leur intérêt qui les mène. Pour moi, je ne suis pas d'humeur à y contribuer en quoi que ce soit : je les connois trop bien. Quand on me donnera un privilége pour les œuvres de mon père, et qu'on aimera mieux me le donner qu'à ces misérables-là, à qui il n'appartient en aucune façon, alors je m'y emploirai de toutes mes forces pour donner au public une édition digne de lui, dont sa *Vie* feroit une partie. Je pourrois même l'augmenter de quantités d'autres choses, qui feroient plus de plaisir au lecteur que toutes ces dissertations, jugements, réflexions critiques, etc., dont il n'a que faire, non plus que des satires qui peuvent avoir été faites contre lui, et dont l'impertinent libraire est toujours charmé, parce qu'elles grossissent son volume. Je me bornerois à donner simplement ce qu'il a donné (il n'a pas besoin de compagnie), et à donner un texte bien correct où il n'y eût pas un mot qui ne fût de lui. Pour ce qui regarde la *Vie,* je serois plus en état qu'un autre de la donner, et elle est même bien ébauchée; mais je veux y dire la vérité, et faire connoître surtout l'infidèle ami qu'il a eu dans Valincour, qui après avoir rampé toute sa vie auprès de lui, comme auprès d'un homme à qui il devoit tout, s'est avisé de faire le seigneur après sa mort, et de se donner comme un homme à qui mon père en un besoin faisoît sa cour, et pour confident de toutes ces impertinences va choisir un abbé d'Olivet, qui n'a cherché qu'à m'attraper, et pour lequel je me ferai toujours honneur de déclarer mon profond mépris. Il n'y a pas un

mot de vrai dans ce que vous me mandez de l'exclamation de
mon père sur la douleur. Jamais homme ne l'a plus crainte, et
même soufferte plus impatiemment, et jamais homme ne l'a reçue
de la main de Dieu avec plus de soumission : si bien que quelques jours avant sa mort il me dit ces belles paroles sur ce que
je lui disois que tous les médecins espéroient de le tirer d'affaire :
« Ils diront ce qu'ils voudront, laissons-les dire. Mais vous, mon
fils, voulez-vous me tromper, et vous entendez-vous avec eux?
Dieu est le maître; mais je puis vous assurer que s'il me donnoit
le choix ou de la vie ou de la mort, je ne sais ce que je choisirois. Les frais en sont faits. » Ce furent ses propres paroles.
Jugez si c'est là le langage d'un homme qui succombe à la douleur. Aussi M. Despréaux ne pouvoit se lasser d'admirer l'intrépidité chrétienne avec laquelle il étoit mort, et le dit même au
Roi, qui lui dit : « Je le sais, et cela m'a étonné, car je me souviens qu'au siége de Gand vous étiez le brave des deux. » Je vous
mande tout ceci pour vous faire voir que j'en sais autant qu'un
autre; mais je me garderai bien de rien donner que je ne puisse
dire la vérité, et surtout bien instruire la postérité du respect
ou pour mieux dire de la passion qu'il avoit pour M. Arnauld,
dont j'ai plusieurs lettres où il le traite de son « cher ami ».
Vous voyez bien que je ne pourrois rien dire de tout cela sans
parler de Valincour comme du plus grand misérable [1] et du plus
fat personnage qu'il y ait eu au monde ; car pour l'abbé d'Olivet,
ce seroit lui faire trop d'honneur que de le nommer. Voilà mes
sentiments, et je n'aurois envie de parler de mon père que pour
instruire le public de la piété dans laquelle il est mort et nous
a tous élevés. Pour ses ouvrages, leur procès est fait : le public

1. Valincour, dans sa lettre sur Jean Racine, adressée à l'abbé d'Olivet
et insérée par celui-ci dans son *Histoire de l'Académie françoise,* avait
dit : « Il lui perça tout à coup à la région du foie une espèce de petit
abcès... Un matin, étant entré dans son cabinet pour prendre son thé selon
sa coutume, et s'apercevant que cet abcès étoit séché et refermé, il fut frappé
d'effroi et s'écria qu'il étoit un homme mort. Il descendit dans sa chambre,
et se mit au lit, d'où en effet il n'est pas relevé depuis. On reconnut bientôt
que c'étoit un abcès formé dans le foie. Ses douleurs devinrent si cruelles
qu'une fois il demanda s'il ne seroit pas permis de les faire cesser en terminant sa maladie et sa vie par quelque remède. »

ne demande qu'à les lire, et n'en demande pas d'autre histoire; et ce n'est pas à nous à être les critiques et les juges de notre père. Adieu : j'ai envoyé à ma sœur de Variville sa petite pension, et elle me mande que votre fille est en bonne santé. J'ai, comme vous savez, votre argent. Mme de Romanet est ici, bien occupée de son fils. Je vois que vous êtes en grand commerce ensemble. Je le suis de même avec M. A., qui m'a mandé tout le détail de sa troupe. Mes compliments à toute la famille. Vous ne me dites rien de notre locataire. N'oubliez pas de lui faire faire un commandement, si elle continue à ne rien donner.

Suscription : A Monsieur Monsieur Racine, directeur des fermes du Roi, à Soissons.

XXX.[1]

DE JEAN-BAPTISTE RACINE A LOUIS RACINE.

Ce 29 juin [1741].

Je passai avant-hier au soir chez M. de Saint, qui me montra la lettre que vous lui avez écrite, et me conta tout ce qui s'étoit passé au sujet de votre privilége. Comme la chose devient sérieuse, je vous conseille aussi d'y penser sérieusement, et de bien examiner si vous croyez l'ouvrage en état de paroître; car il ne sera plus temps de vouloir y revenir, quand une fois il sera lâché; car vous devez vous attendre à quantité de critiques que vous attireront la mauvaise humeur et l'envie, et surtout le nom que vous portez. De Saint m'a dit que vous souhaitiez qu'il le donnât à examiner à MM. Coffin et Crevier, et que, comme il s'étoit dessaisi actuellement de votre manuscrit, il étoit bon que je lui prêtasse le vôtre. Je lui ai répondu que je ne le pouvois pas sans votre consentement, et que, me l'ayant confié, il ne sortiroit point de chez moi sans votre ordre : ainsi vous me ferez savoir

1. Voyez la note 1 de la lettre XXVIII.

là-dessus vos intentions. Je crois M. Coffin et M. Crevier de fort habiles gens ; mais leur croyez-vous l'oreille assez françoise pour juger d'un pareil ouvrage? et je doute que M. Rollin, avec toute son érudition, ait jamais senti l'harmonie d'un vers ; mais il pourroit vous donner d'excellents avis sur le plan et la méthode de l'ouvrage, possédant comme il fait toute l'économie et les preuves de notre religion.

J'aurois bien des choses à vous dire, mais qui passeroient les bornes d'une lettre ; et d'ailleurs je ne me crois pas un assez habile homme pour croire que vous devez vous embarrasser de mes critiques. Je ne puis cependant vous dissimuler que ce qui a le plus charmé Rousseau est ce qui m'a charmé le moins. C'est le parallèle de la morale des poëtes avec celle de l'*Évangile :* ce ne sont que des centons décousus, sans suite ni sans liaison ; vous êtes aisé à désarmer, si vous vous rendez à si peu de chose. Et, malheureusement, par où finissent-ils? Par la pensée du monde la plus épicurienne :

> Je l'attends, cette mort, sans crainte ni désir ;

et tout chrétien au contraire doit et la désirer et la craindre. Les poëtes, en vérité, ne sont point des auteurs assez graves pour être de quelque autorité dans une pareille occasion ; et Tibulle, Ovide, Martial, etc., ne peuvent y jouer qu'un rôle bien extraordinaire. Cela jette un air de badinerie sur tout votre ouvrage, qui peut faire douter que vous parliez sérieusement ; et vos ennemis ne manqueront pas de plaisanter là-dessus. Prenez-y bien garde, et je ne vous parle point en l'air. Abandonnez vos poëtes et cherchez quelque chose de plus solide. S'il y a quelque chose qu'on puisse comparer à la morale de l'*Évangile,* c'est sans contredit les *Offices* de Cicéron, qui, à l'amour de Dieu et la pénitence près, suffiroient presque pour faire un bon chrétien ; et il me semble qu'en fait de morale ils sont bien d'un autre poids que les poëtes, que d'ailleurs, dans le commencement de votre ouvrage, vous accusez, et avec grande raison, d'avoir été les premiers auteurs des fables et du mensonge :

> Pères des fictions, les poëtes menteurs.

Voilà d'étranges casuistes. A propos de cela, pourquoi dans le même endroit dites-vous :

> Eussions-nous pu...,
> Hardis fabricateurs de mensonges utiles?

Que veut dire cette première personne ? car vous n'étiez point dans ce temps-là. Naturellement vous devriez dire : *Auroient-ils pu,* etc. Personne n'a entendu cet endroit. L'on croit que c'est une faute ; car vous êtes trop sensé pour vous mettre au rang d'Homère. Virgile ne l'a jamais osé faire :

> ... *Me quoque vatem*
> *Dicunt pastores...*

Je vous rends compte naturellement de ce que j'ai entendu dire. Il y a deux vers qui révoltent tout le monde :

> Ovide est quelquefois, etc.

Jamais pareil parallèle n'a été fait depuis que le monde est monde. Quand ce que vous dites seroit vrai, ce qui n'est nullement certain, car le fait n'a jamais été prouvé, il y a des noms si respectables qu'on ne sauroit les attaquer sans attaquer pour ainsi dire le genre humain : *Parcendum est caritati hominum,* dit si bien Cicéron. Avec quels ménagements M. Despréaux en a-t-il parlé, et cela dans un ouvrage purement satirique ; et encore avec quels éloges!

> Et Socrate, l'honneur de la profane Grèce...

« J'aurois pu, disoit-il, me dispenser de l'attaquer ; mais il falloit relever J.-C., et je ne le pouvois jamais faire qu'aux dépens du plus vertueux homme du paganisme. » J'aurois bien des choses à vous dire ; mais n'en voilà déjà que trop. Je vous exhorte seulement à chercher des censeurs plus éclairés et moins intéressés que moi. Je suis ravi que vous ayez trouvé un précepteur pour votre fils : un honnête homme avec quelques éléments suffit pour l'âge où il est. MM. Rollin et Coffin ont mis tous ces petits messieurs-là sur un si haut pied que ce n'est plus des précepteurs, ce sont des maîtres qu'on se donne. Ne soyez point en peine de Mlle de la Chapelle : elle a reçu vos rentes, à la réserve d'une petite partie, qu'elle n'aura pas plus tôt reçue qu'elle vous envoyera le tout. François Sellier est allé à Lyon. Adieu.

Suscription : A Monsieur Monsieur Racine, maître des eaux et forêts de Villers-Cotterets et directeur des fermes du Roi, à Soissons.

XXXI.[1]

DE JEAN-BAPTISTE RACINE A LOUIS RACINE.

[1741.]

Votre lettre m'a un peu rassuré, car j'avois grand'peur que mes objections ne vous eussent un peu fâché, quoique ce ne soit nullement mon intention, et que je vous eusse même averti de n'en faire que le cas qu'elles pouvoient mériter. J'avois résolu de ne vous en plus faire, et j'ai même déchiré la petite analyse que j'avois commencée de votre poëme pour me mettre mieux en état d'en juger : car vos longues digressions font souvent perdre le fil de vos raisons, et on ne sait quelquefois d'où on est parti. L'intérêt que je prends à ce qui vous regarde l'avoit emporté sur ma paresse et sur ma mauvaise santé, et cela m'avoit mis en état de vous faire bien des objections, mais j'y renonce ; car en vérité le métier de critique est un désagréable métier, et pour celui qui le fait et pour celui en faveur de qui on le fait. Je me contenterai donc de répondre simplement à votre lettre, et je vous dirai que, bien loin que tout ce que vous me mandez de la morale des poëtes m'ait fait changer d'avis, cela n'a servi qu'à m'y confirmer. Rousseau pouvoit penser comme il lui plaisoit, et il n'est pas étonnant qu'un homme qui ne savoit tout au plus que tourner une épigramme fût si aisé à édifier. Qu'est-ce que nous

1. Voyez la note I de la lettre XXVIII.

apprennent donc tous ces lambeaux décousus de morale poétique? A craindre Dieu, à ne faire tort à personne, et à attendre la mort tranquillement? Je suis votre analyse. Ce sont tous préceptes de la loi naturelle renfermés dans le grand principe de ne faire aux autres que ce que nous voulons qui nous soit fait. Si c'est là toute la morale de l'*Évangile,* qu'a-t-elle donc de si austère et de *si cruel,* comme vous dites ; et qu'est-ce que J.-C. seroit venu apprendre aux hommes, qui avoient tous ces poëtes entre les mains? Qu'avons-nous même encore affaire du *Nouveau Testament,* ayant Catulle, Horace, Ovide et Tibulle? Mais y trouvons-nous l'amour de Dieu, de la croix, de la pénitence, et la haine de soi-même, ce qui fait tout le pénible et la beauté à la fois de la loi nouvelle? L'*Évangile,* il est vrai, se trouve partout conforme à la loi naturelle; et comment ne le seroit-il pas? car ce sont tous deux l'ouvrage du même législateur ; mais il va bien autrement loin, et c'est ce qui en fait la rigueur apparente. Mais il n'est pas question de tout cela, et j'en reviens toujours à ce que je vous ai dit, que des gens aussi décriés que ces gens-là ne doivent pas seulement être nommés dans un ouvrage comme le vôtre, et qu'en un mot un homme qui a vu et entendu J.-C. sur le Thabor n'a plus besoin d'autres docteurs, quels qu'ils puissent être.

A l'égard du *suicide* (mot que vous avez vraisemblablement employé pour rire, car personne ne l'entend, et deux gens d'esprit me dirent hier que ce ne pouvoit être qu'un charcutier), ce ne sera jamais un péché fort à la mode parmi les gens de bon sens, et je ne crois pas que vous vouliez en cette occasion être le missionnaire des Anglois : laissons-les se jeter tant qu'ils voudront dans la Tamise; plût à Dieu que leurs sots écrits y fussent avec eux! Vous voulez vous défendre par l'exemple de Grotius, du P. Thomassin et de M. Huet. Le premier est certainement un fort grand personnage, mais trop amoureux d'érudition profane, dont tous ses ouvrages, et surtout ses commentaires sur l'*Écriture,* sont hérissés, ce qu'on lui a reproché. L'autre est un misérable écrivain, à peine connu dans les séminaires; et le troisième un futile et dangereux auteur d'un abominable livre, rempli d'impiétés, que M. d'Arnauld fut tout prêt à dénoncer à l'Église, et dont votre père lui-même s'est donné la peine de faire un extrait, que j'ai, pour y mettre au jour tous ses blasphèmes. Il y compare par exemple le mystère de l'incarnation aux œufs de Léda, et ne trouve pas l'un plus difficile à croire que l'autre. Vous ne me dites rien des deux vers *Ovide est,* etc. Seroit-il possible que vous voulussiez les défendre? Je ne le crois pas; et gens qui sont de vos amis m'ont prié de vous prier de les effacer, parce qu'ils suffisoient seuls pour déshonorer votre nom et votre ouvrage. Savez-vous bien que la continence de Socrate étoit passée en proverbe chez les Grecs? Et M. Despréaux, tout Despréaux qu'il étoit, essuya là-dessus bien des critiques amères, dont il ne se sauvoit qu'en disant qu'il ne pouvoit immoler à J.-C. une plus grande victime. Je crains bien cependant que ce ne fût à l'appétit d'un bon mot, assez joli effectivement dans une satire de l'*Équivoque;* mais pour vous ce ne peut pas être cela, car l'antithèse est non-seulement absurde, mais froide. Il y a là-dessus, dans le *Boileau* de Hollande, une note fort sensée et qui n'est pas de Brossette. Quelles ordures les Juifs n'ont-ils pas dites de la sainte Vierge dans leurs livres? Faut-il les en croire? Faites encore réflexion que ces deux vers, dans l'endroit où ils sont, ne veulent rien dire, et sont entièrement hors d'œuvre. Ce même Socrate vous fait pitié dans le plus bel endroit de sa vie; mais j'ai bien peur que vous ne l'ayez lu que dans le françois de M. Dacier, et il n'est pas étonnant en ce cas-là qu'un aussi plat traducteur vous ait induit en erreur. Socrate ne dit point à Criton de sacrifier pour lui un coq à Esculape, mais simplement: « Criton, nous devons pour le coup un coq à Esculape. » Ὀφείλομεν ἀλεκτρυόνα τῷ Ἀσκληπίῳ. Ne voyez-vous pas que c'est une plaisanterie, et que Platon, qui est toujours homérique, le fait mourir comme il avoit vécu, c'est-à-dire l'ironie à la bouche? C'étoit une façon de parler proverbiale. Quand quelqu'un étoit échappé de quelque grand danger, on lui disoit: « Oh! pour le coup, vous devez un coq à Esculape. » Voilà tout le mystère; et que veut dire Socrate? sinon: Criton, nous devons pour le coup un coq à Esculape; car certainement me voilà guéri de tous mes maux: ce qui étoit très-conforme à l'idée qu'il avoit de la mort. Pouvez-vous en bonne foi vous imaginer que la dernière parole d'un homme comme Socrate ait pu être une sottise? *Modeste et circumspecto judicio de tantis viris pronunciandum,* ce que mon père me répétoit toujours pour me guérir du penchant qu'il me voyoit à décider de tout et souvent de travers. Je ne suis pas étonné que vous vous rendiez sur le *Nous,* car il est un peu comique. Mais prenez garde que vous le répétez partout :

> Nous vivons du mensonge, et le fruit de nos veilles,

digression encore bien hors d'œuvre. Et pourquoi voulez-vous arborer si fort l'étendard de poëte? Attendez que le public ou plutôt vos ouvrages vous le donnent. Moins vous en paroîtrez ambitieux, et plus volontiers on vous le donnera. Vous avez parlé là-dessus si sagement dans votre *Préface.* Je voudrois bien être à la fin de mes critiques; mais j'en ai encore quelques-unes que je ne puis m'empêcher de vous faire, sans vous trahir et me trahir moi-même. En parlant de J.-C., vous employez deux mots qui ne sont point supportables : *et sa timidité.* Vous savez mieux que moi que ce ne fut qu'un trouble très-volontaire que lui causoient et la justice d'un Père irrité, et le fardeau des crimes dont il vouloit bien être la victime; car du reste, quand les archers viennent pour le prendre, il se lève, et va de lui-même au-devant d'eux. Cela est-il d'un homme timide? L'autre : *Est-il donc d'un héros,* etc. Que le mot de héros, si noble d'ailleurs, devient bas en parlant de J.-C., cela est plus aisé à sentir qu'à expliquer.

Je vous dirai qu'il paroît bien étonnant que vous ayez commencé un pareil ouvrage sans invoquer le Saint-Esprit, ou du moins la Religion, pour les prier du moins de conduire votre plume. Cela auroit même donné un petit air d'enthousiasme, et par conséquent de poésie, à votre ouvrage, et auroit, ce me semble, aussi bien convenu là que votre compliment au Roi et au Dauphin; car, selon vos casuistes mêmes : *Ab Jove principium.* Quel est votre exorde?

> La Raison dans mes vers conduit l'homme à la foi,

vers bien simple, il est vrai, mais un peu fastueux; car il faut être bien exact à tenir parole. Et, tout bien examiné, il se trouve qu'au contraire c'est la foi qui vous conduit à la raison : ce qui doit être aussi. Je n'en veux d'autre preuve que la peinture que

vous faites de vous-même; car après avoir poussé la raison à
bout, vous ne savez plus où vous en êtes :

> Montagnes, couvrez-moi...
> Et périsse, etc.

En un mot, vous tombez dans le désespoir, quand heureusement on vous dit que Dieu a parlé aux hommes dans un livre que vous allez aussitôt consulter. Voilà donc la foi qui vient à votre secours; car il n'y a qu'elle qui puisse vous persuader de la divinité de ce livre : si c'est la raison, il n'y a plus de foi. Il ne falloit donc pas tant insulter Platon d'avoir senti le nœud de la difficulté, et de ne l'avoir point coupé, et d'avoir dit que cela ne se pouvoit faire sans une révélation divine. Il falloit bien plutôt l'admirer de l'avoir senti, d'avoir été guidé par ses seules lumières tout aussi loin que la raison humaine puisse aller, et ne s'être arrêté où il faut absolument qu'elle s'arrête. Mais il ne s'est pas abandonné au désespoir, et a seulement songé à profiter de ce que lui dictoit sa raison, et à montrer aux hommes l'usage qu'ils en devoient faire. Je ne ferai que vous faire entrevoir, car l'amitié fraternelle m'empêche de vous [les] mettre en tout son jour, deux autres objections bien plus importantes : c'est que tout ce mélange de raisonnements, d'objections, de réponses le plus souvent vagues, d'opinions et de différents systèmes, jette dans tout votre ouvrage un air de pyrrhonisme qui effrayera tous les gens de bien, et qu'on se gardera bien de le mettre entre les mains de la jeunesse. Vous devez m'entendre. L'autre, qui m'afflige très fort, c'est que vous vous donnez partout une cruelle prise sur vous :

> Quoi? pour un peu de miel, etc.

Vous en paroissiez dans le fond un peu friand. Y avez-vous bien pensé? et un chrétien peut-il jamais avoir dit : *Temps favorable, temps où régnoit Vénus,* etc.? Faut-il comme cela se découvrir? Mais j'en dis trop. Je vous écris sur toute cette matière pour la dernière fois. Encore une fois consultez de plus habiles gens que moi, car vous jouez gros jeu dans tout ceci, et vous courez risque de ne contenter ni les libertins ni les gens de bien. C'est votre affaire; vous sentez bien que ce n'est ni envie ni jalousie qui me font parler : je n'ai jamais aspiré au titre de bel esprit, ne m'en étant jamais senti les talents. Vous voyez que je ne vous dis rien sur la versification : je n'ai voulu m'attacher qu'au principal. Il est bon, je l'avoue, que les vers soient corrects; mais il est bien d'une autre conséquence que le sens le soit. Adieu : voilà certainement une grande lettre pour un homme à qui on a tiré six palettes de sang dans un jour, et qui se purge demain, jour, à ce que je crois, du départ de ma nièce.

En un mot, le résultat de toutes mes critiques, et le seul avis que j'aie à vous donner, c'est de ne vous point presser de le faire imprimer, et d'être encore une bonne année à y travailler. C'est votre bien, et vous en ferez tout ce que vous voudrez. Songez donc combien de temps M. Despréaux a été sur son *Équivoque*, ouvrage bien court en comparaison du vôtre.

XXXII.[1]

DE JEAN-BAPTISTE RACINE A LOUIS RACINE.

[1741.]

Je m'étois si bien attendu au peu de succès de ma dernière lettre[2] que j'ai longtemps balancé à la faire partir, et qu'elle est restée plusieurs jours sur ma table. Je l'ai même montrée à mes amis, et leur ai demandé ce qu'ils en pensoient. Il est vrai que sur les assurances qu'ils m'ont données qu'il n'y avoit rien qui pût vous chagriner d'une certaine façon, j'ai pris le parti de vou l'envoyer. Vous me mandez que vous ne m'y reconnoissez plus; mais en quoi donc? Ne vous ai-je pas toujours dit, dès mes premières lettres, que je ne trouvois pas l'ouvrage encore en état d'être donné au public, et que je vous conseillois de le remettre sur le métier? Je vous ai même cité à cette occasion l'exemple de M. Despréaux et le temps infini qu'il avoit mis à travailler son

1. Voyez la note I de la lettre XXVIII.
2. On doit conclure de plusieurs passages de cette lettre qu'entre elle et la précédente, il y en a eu d'autres qui nous manquent. Les mots « ma dernière lettre » ne portent donc pas sur la lettre XXXI.

Équivoque, ouvrage cependant bien court en comparaison du vôtre. J'avois en même temps renoncé à vous faire des critiques, parce que cela me menoit trop loin ; et j'avois voulu seulement finir par une critique du métier que vous embrassez. Je vous ai mandé là-dessus non-seulement ce que j'en pensois, mais ce que j'en avois entendu dire toute ma vie à des gens plus éclairés que moi. Est-il juste de vous laisser ignorer ce que pensoient des hommes aussi sages et aussi sensés que l'étoient votre père et M. Despréaux, et ne devriez-vous pas même être ravi de trouver encore en moi le seul homme qui puisse peut-être vous en instruire ? Ils connoissoient certainement mieux que d'autres tous les dangers du métier, et votre père y avoit, pour ainsi dire, déjà renoncé avant l'âge où vous songez à l'embrasser. Mais je n'ai point du tout songé à vous faire entendre que je regardasse votre ouvrage comme une chose qui pût jamais vous déshonorer. Tant s'en faut que je l'aie jamais pensé, que je suis persuadé au contraire qu'il feroit la fortune de tout autre nom que le vôtre. Votre projet vous fera toujours honneur, quelque succès qu'il puisse avoir. Mais songez que vous portez un nom dont la fortune est faite, qui ne peut guère croître, et peut plutôt diminuer. Parlons à cœur ouvert, et comme des frères doivent parler. Croyez-vous surpasser ou du moins égaler votre père ? vous avez raison de faire ce que vous faites ; mais si vous vous défiez d'y pouvoir réussir, j'ai raison de vous donner les conseils que je vous donne ; et quand je vous les donne, je ne le fais uniquement que pour vous épargner toutes les amertumes attachées au métier que vous embrassez. Et c'est pour cela que je vous ai mandé qu'à votre place je me contenterois de cultiver pour moi et mes amis les talents que le ciel m'auroit donnés, et d'en faire mes amusements innocents. Voyez quelles peines il vous faut essuyer pour obtenir un privilége qui naturellement vous devroit être jeté à la tête ; que d'approbations il vous faut briguer, jusqu'à celle du P. T., du moins on me l'a dit. Quels confrères, outre cela, allez-vous vous donner ! tous les rimailleurs du temps qui n'ont pas le sens commun, et qui, quoique vous ne leur disputiez rien, comme vous dites, ne laisseront pas cependant de se faire toujours un plaisir secret de vous rabaisser, vous, et votre nom surtout, dont ils sont ennemis dans le fond ; et d'où vient cela, me direz-vous? parce que les écrits sensés seront toujours le fléau des leurs : aussi vous savez comme ils décrient M. Despréaux. Vous voyez donc bien que je suis très-éloigné de ne point rendre justice à vos talents : vous avez une facilité étonnante à tourner des vers; il n'y a rien que vous ne veniez à bout de dire, et toujours noblement; il semble même que la sécheresse et l'aridité des sujets échauffent votre veine et vous tiennent lieu pour ainsi dire d'Apollon. Mais cela n'empêche pas que je ne voie en bien des endroits le foible de votre ouvrage. Vous ne faites pas peut-être réflexion que vous avez donné dans un écueil qu'il faut éviter le plus qu'on peut : c'est de parler de soi, à cause de la petite vanité quasi-inséparable de l'humanité. Vous me direz que la forme et la construction de votre ouvrage ne vous a pas permis de faire autrement; mais vous n'y parlez que de vous; vous n'entretenez votre lecteur que de vous, et vous ne paroissez en un mot occupé que de vous, de vos vers et de ce que les siècles à venir en diront, et vous finissez par leur souhaiter quasi la vie éternelle. Permettez-moi de vous dire que vous vous donnez la plus brillante enfance dont on ait jamais entendu parler. A peine êtes-vous sorti du berceau que vous savez déjà tout sur le bout de votre doigt : vous possédez poëtes, orateurs, philosophes, jusqu'aux écrits de Newton, quoiqu'on dise pourtant qu'il n'y ait que trois hommes en Europe capables de l'entendre. Et il ne se trouve qu'une chose que vous ignoriez, c'est votre *Catéchisme;* car il vous auroit appris qu'il y a un livre sacré qu'on appelle l'*Écriture sainte*, qui est le fondement de toute notre religion : ce que vous n'apprenez cependant que par hasard, et après avoir tout lu, tout feuilleté et parcouru, en un mot quand vous ne savez plus où donner de la tête.[1] Je vous

---

1. Jean-Baptiste Racine a ajouté ici, au bas de la page, comme en forme de note : « Vous partez aussitôt et avec raison pour aller chercher et consulter ce livre divin, et en chemin faisant, je ne sais par quel hasard, vous lisez l'*Alcoran,* qui se trouve être le premier livre où vous entendiez parler de J.-C. Les chrétiens ensuite vous renvoient aux Juifs pour vous convaincre pleinement de la divinité du livre; mais y avez-vous bien pensé? Ne possédons-nous pas ce livre comme eux et bien mieux qu'eux? Et ne doivent-ils pas au contraire vous avertir de vous donner bien garde

mande tout ceci en badinant et pour vous montrer que je possède assez bien votre ouvrage; et quoique je sois le dernier de ceux à qui vous l'ayez fait voir, je doute que les autres se soient donné autant de peine que moi pour en suivre et développer le fil, que vos fréquentes digressions coupent et interrompent souvent. J'aurois encore bien des choses à vous dire ; mais je laisse à votre bon esprit le soin de s'en apercevoir. C'est, en un mot, la vérité de la religion, et non votre facilité à tourner des vers, que vous avez à démontrer. Est-ce l'amour de Dieu qui vous fait écrire? Qu'il ne soit donc question que de lui dans tout votre ouvrage, et surtout évitez ce bizarre assemblage de profane et de sacré qui y règne : je ne saurois trop vous recommander cela. Vénus, et la mère des Jeux et des Amours, non plus que tous ses favoris les poëtes, doivent-ils y être seulement nommés? Songez à ce grand mot de David : *Peccatori autem dixit Deus : Quare tu enarras justitias meas?* Vous avez un si bel exemple dans votre père. Avec quelle sagesse et quel respect a-t-il traité les sujets saints! Et combien les douceurs d'Assuérus à Esther sont-elles pesées et mesurées! car c'est où il est inimitable. Vous me trouverez peut-être un peu trop sévère ; mais que voulez-vous? je ne saurois trahir ma pensée. Faites des opéras, je ne vous critiquerai point, et trouverai tout bien dit.

Pour vous parler d'autre chose, je vous dirai que je passai encore hier chez M. Félix, pour avoir des nouvelles de notre ordonnance. On l'avoit remis à la fin du mois; mais j'ai bien peur que les bruits de guerre ne retardent bien le payement des pensions. A l'égard de ma santé, elle est toujours très-mauvaise, la tête toujours embarrassée et une pesanteur générale répandue

---

d'aller prendre ce livre des mains des Juifs, parce qu'ils n'en possèdent tout au plus que l'écorce et la lettre, et que c'est pour eux un livre fermé?

« J'oubliois encore à vous dire que, bien loin de me plaindre de l'austérité de la morale de l'*Évangile,* je l'employerois au contraire comme une des plus grandes preuves de sa divinité. Une morale si fort au-dessus des forces de la nature ne peut être que l'ouvrage du maître de la nature. Si c'étoit un ouvrage humain, elle s'accommoderoit bien davantage aux foiblesses humaines. Le mahométisme en est une preuve bien claire. Tout ouvrage des hommes sent toujours l'homme, et il n'y a que ceux de Dieu qui en soient exempts. Et je ne m'amuserois pas à chercher dans les poëtes de quoi justifier l'*Évangile:* pensez-y bien sérieusement » P. M.

dans tous mes membres. Je ne dors pas bien, mange encore moins : du reste, je suis entre les mains de Dieu. Je me lève toujours sourd, et mes oreilles ne se débouchent que deux ou trois heures après. J'oubliois de vous mander que ce fut l'abbé Alari qui fit la lecture de votre poëme, ou du moins d'une partie : je crois que c'étoit à l'hôtel de Chaulnes ; je n'en suis pas bien sûr, mais il me seroit aisé de le savoir.

Suscription : A Monsieur Monsieur Racine, directeur général des fermes du Roi, à Soissons.

MÉMOIRES

CONTENANT QUELQUES PARTICULARITÉS

SUR LA VIE ET LES OUVRAGES

DE JEAN RACINE

[PAR LOUIS RACINE]

Lorsque je fais connoître mon père, mieux que ne l'ont fait connoître jusqu'à présent ceux qui ont écrit sa vie, en rendant ce que je dois à sa mémoire, j'ai une double satisfaction : fils et père à la fois, je remplis un de mes devoirs envers vous, mon cher fils,[1] puisque je mets devant vos yeux celui qui, pour la piété, pour l'amour de l'étude et pour toutes les qualités du cœur, doit être votre modèle. J'avois toujours approuvé la curiosité que vous aviez témoignée pour entendre lire les Mémoires dans lesquels vous saviez que j'avois rassemblé diverses particularités de sa vie; et je l'avois approuvée sans la satisfaire, parce que j'y trouvois quelque danger pour votre âge. Je craignois aussi de paroître plus prédicateur qu'historien, quand je vous dirois qu'il n'avoit eu, la moitié de sa vie, que du mépris pour le talent des vers et pour la gloire que ce talent lui avoit acquise. Mais maintenant qu'à ces Mémoires je suis en état d'ajouter un recueil de ses lettres, et qu'au lieu de vous parler de lui, je puis vous le faire parler lui-même, j'espère que cet ouvrage, que j'ai fait pour vous, produira en vous les fruits que j'en attends, par les instruc-

---

1. « Προσφωνῶ filio, visum est non ανοικεῖον. » *Cic. ad Attic.* ep. XI, lib. XVI. (Note de Louis Racine.) « C'est à mon fils que je parle; il me semble que c'est bien ici un livre de famille. » — Le fils auquel s'adresse Louis Racine est Jean Racine, né en 1734, mort en 1755.

tions que vous y donnera celui qui doit faire sur vous une si grande impression.

Vous n'êtes pas encore en état de goûter les lettres de Cicéron, qui étoient les compagnes de tous ses voyages ; mais il vous est d'autant plus aisé de goûter les siennes, que vous pouvez les regarder comme adressées à vous-même. Je parle de celles qui composent le troisième recueil.

Ne jetez les yeux sur les lettres de sa jeunesse que pour y apprendre l'éloignement que l'amour de l'étude lui donnoit du monde, et les progrès qu'il avoit déjà faits, puisqu'à dix-sept ou dix-huit ans il étoit rempli des auteurs grecs, latins, italiens, espagnols, et en même temps possédoit si bien sa langue, quoiqu'il se plaigne de n'en avoir qu'*une petite teinture,* que ces lettres, écrites sans travail, sont dans un style toujours pur et naturel.

Vous ne pourrez sentir que dans quelque temps le mérite de ses lettres à Boileau, et de celles de Boileau : ne soyez donc occupé aujourd'hui que de ses dernières lettres, qui, quoique simplement écrites, sont plus capables que toute autre lecture de former votre cœur, parce qu'elles vous dévoileront le sien. C'est un père qui écrit à son fils comme à son ami. Quelle attention, sans qu'elle ait rien d'affecté, pour le rappeler toujours à ce qu'il doit à Dieu, à sa mère et à ses sœurs ! Avec quelle douceur il fait des réprimandes, quand il est obligé d'en faire ! Avec quelle modestie il donne des avis ! Avec quelle franchise il lui parle de la médiocrité de sa fortune ! Avec quelle simplicité il lui rend compte de tout ce qui se passe dans son ménage ! Et gardez-vous bien de rougir quand vous l'entendrez répéter souvent les noms de *Babet, Fanchon, Madelon, Nanette,* mes sœurs : apprenez au contraire en quoi il est estimable. Quand vous l'aurez connu dans sa famille, vous le goûterez mieux lorsque vous viendrez à le connoître sur le Parnasse ; vous saurez pourquoi ses vers sont toujours pleins de sentiments.

Plutarque a déjà pu vous apprendre que Caton l'Ancien préféroit la gloire d'être bon mari à celle d'être grand sénateur, et qu'il quittoit les affaires les plus importantes pour aller voir sa femme remuer et emmaillotter son enfant. Cette sensibilité antique n'est-elle donc plus dans nos mœurs, et trouvons-nous qu'il soit honteux d'avoir un cœur? L'humanité, toujours belle, se plaît surtout dans les belles âmes; et les choses qui paroissent des foiblesses puériles aux yeux d'un bel esprit, sont les vrais plaisirs d'un grand homme. Celui dont on vous a dit tant de fois, et trop souvent peut-être, que vous deviez ressusciter le nom, n'étoit jamais si content que quand, libre de quitter la cour, où il trouva dans les premières années de si grands agréments, il pouvoit venir passer quelques jours avec nous. En présence même d'étrangers, il osoit être père : il étoit de tous nos jeux, et je me souviens (je le puis écrire, puisque c'est à vous que j'écris), je me souviens de processions dans lesquelles mes sœurs étoient le clergé, j'étois le curé, et l'auteur d'*Athalie,* chantant avec nous, portoit la croix.

C'est une simplicité de mœurs si admirable, dans un homme tout sentiment et tout cœur, qui est cause qu'en copiant pour vous ses lettres je verse à tous moments des larmes, parce qu'il me communique la tendresse dont il étoit rempli.

Oui, mon fils, il étoit né tendre, et vous l'entendrez assez dire; mais il fut tendre pour Dieu lorsqu'il revint à lui; et du jour qu'il revint à ceux qui, dans son enfance, lui avoient appris à le connoître, il le fut pour eux sans réserve; il le fut pour ce roi dont il avoit tant de plaisir à écrire l'histoire; il le fut toute sa vie pour ses amis; il le fut, depuis son mariage et jusqu'à la fin de ses jours, pour sa femme, et pour ses enfants sans prédilection; il l'étoit pour moi-même, qui ne faisois pour ainsi dire que de naître quand il mourut, et à qui ma mémoire ne peut rappeler que ses caresses.

Attachez-vous donc uniquement à ses dernières lettres et aux endroits de la seconde partie de ces *Mémoires* où il parle à un fils qu'il vouloit éloigner de la passion des vers, que je n'ai que trop écoutée, parce que je n'ai pas eu les mêmes leçons. Il lui faisoit bien connoître que les succès les plus heureux ne rendent pas le poëte heureux, lorsqu'il lui avouoit que la plus mauvaise critique lui avoit toujours causé plus de chagrin que les plus grands applaudissements ne lui avoient fait de plaisir. Retenez surtout ces paroles remarquables, qu'il lui disoit dans l'épanchement d'un cœur paternel : « Ne croyez pas que ce soient mes pièces qui m'attirent les caresses des grands. Corneille fait des vers cent fois plus beaux que les miens, et cependant personne ne le regarde; on ne l'aime que dans la bouche de ses acteurs. Au lieu que, sans fatiguer les gens du monde du récit de mes ouvrages, dont je ne leur parle jamais, je les entretiens de choses qui leur plaisent. Mon talent avec eux n'est pas de leur faire sentir que j'ai de l'esprit, mais de leur apprendre qu'ils en ont. »

Vous ne connoissez pas encore le monde; vous ne pouvez qu'y paroître quelquefois, et vous n'y avez jamais paru sans vous entendre répéter que vous portiez le nom d'un poëte fameux, qui avoit été fort aimé à la cour. Qui peut mieux que ce même homme vous instruire des dangers de la poésie et de la cour? La fortune qu'il y a faite vous sera connue, et vous verrez dans ces *Mémoires* ses jours abrégés par un chagrin, pris à la vérité trop vivement, mais sur des raisons capables d'en donner. Vous verrez aussi que la passion des vers égara sa jeunesse, quoique nourrie de tant de principes de religion, et que la même passion éteignit pour un temps, dans ce cœur si éloigné de l'ingratitude, les sentiments de reconnoissance pour ses premiers maîtres.

Il revint à lui-même; et, sentant alors combien ce qu'il avoit regardé comme bonheur étoit frivole, il n'en chercha plus d'autre que dans les douceurs de l'amitié et dans la satisfaction à remplir tous les devoirs de chrétien et de père de famille. Enfin ce poëte, qu'on vous a dépeint comme environné des applaudissements du monde et accablé des caresses des grands, n'a trouvé de consolation que dans les sentiments de religion dont il étoit pénétré. C'est en cela, mon fils, qu'il doit être votre modèle; et c'est en l'imitant dans sa piété et dans les aimables qualités de son cœur que vous serez l'héritier de sa véritable gloire, et que son nom, que je vous ai transmis, vous appartiendra.

Le desir que j'en ai m'a empêché de vous témoigner le desir que j'aurois encore de vous voir embrasser l'étude avec la même ardeur. Je vous ai montré des livres tout grecs, dont les marges sont couvertes de ses apostilles, lorsqu'il n'avoit que quinze ans. Cette vue, qui vous aura peut-être effrayé, doit vous faire sentir combien il est utile de se nourrir de bonne heure d'excellentes choses. Platon, Plutarque et les lettres de Cicéron n'apprennent point à faire des tragédies; mais un esprit formé par de pareilles lectures devient capable de tout.

Je m'aperçois qu'à la tête d'un Mémoire historique, je vous

parle trop longtemps : le cœur m'a emporté ; et, pour vous en expliquer les sentiments, j'ai profité de la plus favorable occasion que jamais père ait trouvée.

La *Vie* de mon père qui se trouve à la tête de la dernière édition de ses *Œuvres*, faite à Paris en 1736, ne mérite aucune attention parce que celui qui s'est donné la peine de la faire ne s'est pas donné celle de consulter la famille.[1] Au lieu d'une Vie ou d'un Éloge historique, on ne trouve dans l'*Histoire de l'Académie françoise* qu'une lettre de M. de Valincour, qu'il appelle lui-même *un amas informe d'anecdotes cousues bout à bout et sans ordre*. Elle est fort peu exacte, parce qu'il l'écrivoit à la hâte, en faisant valoir à M. l'abbé d'Olivet, qui la lui demandoit, la complaisance qu'il avoit d'interrompre ses occupations pour le contenter ; et il appelle *corvée* ce qui pouvoit être pour lui un agréable devoir de l'amitié, et même de la reconnoissance. Personne n'étoit plus en état que lui de faire une Vie exacte d'un ami qu'il avoit fréquenté si longtemps ; au lieu que les autres qui en ont voulu parler ne l'ont point du tout connu. Je ne l'ai pas connu moi-même ; mais je ne dirai rien que sur le rapport de mon frère aîné, ou d'anciens amis, que j'ai souvent interrogés. J'ai aussi quelquefois interrogé l'illustre compagnon de sa vie et de ses travaux, et Boileau a bien voulu m'apprendre quelques particularités. Comme ils ont dans tous les temps partagé entre eux les faveurs des Muses et de la cour, où, appelés d'abord comme poëtes, ils surent se faire plus estimer encore par leurs mœurs que par les agréments de leur esprit, je ne séparerai point dans ces *Mémoires* deux amis que la mort seule a pu séparer. Pour ne point répéter cependant sur Boileau ce que ses commentateurs en ont dit, je ne rapporterai que ce qu'ils ont

---

1. Le peu qu'en a écrit M. Perrault dans ses *Hommes illustres* est vrai, parce qu'il consulta la famille, et, par la même raison, l'article du *Supplément* de Moréri, 1735, est exact ; mais le P. Niceron et les auteurs de l'*Histoire des Théâtres** n'ont fait que compiler la Vie qui est à la tête de l'édition de 1736, ou la lettre de M. de Valincour, les notes de Brossette, et le *Bolœana*, recueil très-peu sûr en plusieurs endroits. J'aurai occasion d'en parler dans la suite. (L. R.)

* Les auteurs de l'*Histoire du théâtre françois* répondirent vivement à ce reproche dans la préface de leur tome XIII.

ignoré, ou ce qu'ils n'ont pas su exactement. La vie de deux hommes de lettres, et de deux hommes aussi simples dans leur conduite, ne peut fournir des faits nombreux et importants; mais comme le public est toujours curieux de connoître le caractère des auteurs dont il aime les ouvrages, et que de petits détails le font souvent connoître, je serai fidèle à rapporter les plus petites choses.

Ne pouvant me dispenser de rappeler au moins en peu de mots l'histoire des pièces de théâtre de mon père, je diviserai cet ouvrage en deux parties. Dans la première, je parlerai du poëte, en évitant, autant qu'il me sera possible, de redire ce qui se trouve déjà imprimé en plusieurs endroits. Dans la seconde, le poëte ayant renoncé aux vers, auxquels il ne retourna que sur la fin de ses jours et comme malgré lui, je n'aurai presque à parler que de la manière dont il a vécu à la cour, dans sa famille et avec ses amis. Je ne dois jamais louer le poëte ni ses ouvrages : le public en est juge. S'il m'arrive cependant de louer en lui plus que ses mœurs, et si je l'approuve en tout, j'espère que je serai moi-même approuvé; et que, quand même j'oublierois quelquefois la précision du style historique, mes fautes seront ou louées ou du moins excusées, parce que je dois être, plus justement encore que Tacite écrivant la vie de son beau-père, *professione pietatis aut laudatus aut excusatus.*

PREMIÈRE PARTIE.

Les Racine, originaires de la Ferté-Milon, petite ville du Valois, y sont connus depuis longtemps, comme il paroît par quelques tombes qui y subsistent encore dans la grande église, et entre autres par celle-ci :

<small>Cy gissent honorables personnes, Jean Racine, receveur pour le roi notre sire et la reine, tant du domaine et duché de Valois que des greniers à sel de la Ferté-Milon et Crespy-en-Valois, mort en 1593, et dame Anne Gosset, sa femme.</small>

Je crois pouvoir, sans soupçon de vanité, remonter jusqu'aux aïeux que me fait connoître la charge de contrôleur du petit grenier à sel de la Ferté-Milon. La charge de receveur du domaine et du duché de Valois, que possédoit Jean Racine, mort en 1593, ayant été supprimée, Jean Racine, son fils, prit celle de contrôleur du grenier à sel de la Ferté-Milon, et épousa Marie Desmoulins. De ce mariage naquit Agnès Racine et Jean Racine, qui posséda la même charge, et épousa en 1638 Jeanne Sconin, fille de Pierre Sconin, procureur du roi des eaux et forêts de Villers-Coterets. Leur union ne dura pas longtemps. La femme mourut le 24 janvier[1] 1641, et le mari le 6 février 1643. Ils laissèrent deux enfants : Jean Racine, mon père, né le 22 décembre 1639, et une fille qui a vécu à la Ferté-Milon jusqu'à l'âge de quatre-vingt-douze ans. Ces deux jeunes orphelins furent élevés par leur grand-père Sconin. Les grandes fêtes de l'année, ce bon homme traitoit toute sa famille, qui étoit fort nombreuse, tant enfants que petits-enfants. Mon père disoit qu'il étoit comme les autres

---

1. Le 28 janvier.

invité à ces repas, mais qu'à peine on daignoit le regarder. Après la mort de ce grand-père Sconin, Marie Desmoulins,[1] qui, étant demeurée veuve, avoit vécu avec lui, se retira à Port-Royal-des-Champs,[2] où elle avoit deux sœurs religieuses et sa fille Agnès, dont j'ai parlé plus haut, qui fut abbesse de cette maison et est connue sous le nom d'*Agnès de Sainte-Thècle Racine*.

Dans les premiers troubles qui avoient agité cette abbaye, quelques-uns de ses fameux solitaires, qui avoient été obligés d'en sortir pour un temps, s'étoient retirés à la chartreuse de Bourg-Fontaine, voisine de la Ferté-Milon ; et en 1638, MM. Le Maître, Lancelot et de Séricourt choisirent pour le lieu de leur retraite la Ferté-Milon, de sorte que plusieurs personnes de cette petite ville entendirent parler de la vie qu'on menoit à Port-Royal.[3] Voilà quelle fut la cause que les deux sœurs et la fille de Marie Desmoulins s'y firent religieuses, qu'elle-même y passa les dernières années de sa vie, et que mon père y passa les premières années de la sienne.

Il fut d'abord envoyé pour apprendre le latin dans la ville de Beauvais, dont le collége étoit sous la direction de quelques ecclésiastiques de mérite et de savoir : il y apprit les premiers principes du latin. Ce fut alors que la guerre civile s'alluma à Paris, et se répandit dans toutes les provinces. Les écoliers s'en mêlèrent aussi, et prirent parti chacun suivant son inclination. Mon père fut obligé de se battre comme les autres, et reçut au front un coup de pierre, dont il a toujours porté la cicatrice au-dessus de l'œil gauche. Il disoit que le principal de ce collége le montroit à tout le monde comme un brave ; ce qu'il racontoit en plaisantant. On verra dans une de ses lettres, écrite de l'armée à Boileau, qu'il ne vantoit pas sa bravoure.

Il sortit de ce collége le 1ᵉʳ octobre 1655, et fut mis à Port-Royal, où il ne resta que trois ans, puisque je trouve qu'au mois

1. Marie Desmoulins, veuve de Jean Racine, grand-père du poëte.
2. Elle y mourut le 12 août 1663.
3. Lorsqu'en 1638 le cardinal de Richelieu eut fait arrêter l'abbé de Saint-Cyran, il envoya ordre à Antoine Le Maître et à Le Maître de Séricourt de quitter Port-Royal ; et les deux frères allèrent chercher une retraite à la Ferté-Milon, chez Mᵐᵉ Vitart, tante de Racine.

d'octobre 1658 il fut envoyé à Paris pour faire sa philosophie au collége d'Harcourt.

Quoiqu'il soit naturel de penser qu'un génie aussi vif que le sien, animé par une grande passion pour l'étude, et conduit par d'excellents maîtres, ait fait en peu de temps à Port-Royal de grands progrès, on a cependant peine à comprendre comment en trois ans ils ont pu être si rapides. Je juge de ces progrès par les extraits qu'il faisoit des auteurs grecs et latins qu'il lisoit.

J'ai ces extraits écrits de sa main. Ses facultés, qui étoient fort médiocres, ne lui permettant pas d'acheter les belles éditions des auteurs grecs, il les lisoit dans les éditions faites à Bâle sans traduction latine. J'ai hérité de son Platon et de son Plutarque, dont les marges, chargées de ses apostilles, sont la preuve de l'attention avec laquelle il les lisoit; et ces mêmes livres font connoître l'extrême attention qu'on avoit à Port-Royal pour la pureté des mœurs, puisque dans ces éditions mêmes, quoique toutes grecques, les endroits un peu libres, ou pour mieux dire trop naïfs, qui se trouvent dans les narrations de Plutarque, historien d'ailleurs si grave, sont effacés avec un grand soin. On ne confioit pas à un jeune homme un livre tout grec sans précaution.

M. Le Maître, qui trouva dans mon père une grande vivacité d'esprit avec une étonnante facilité pour apprendre, voulut conduire ses études, dans l'intention de le rendre capable d'être un jour avocat. Il le prit dans sa chambre, et avoit tant de tendresse pour lui, qu'il ne l'appeloit que son fils, comme on verra par ce billet, dont l'adresse est : *Au petit Racine,* et que je rapporte, quoique fort simple, à cause de sa simplicité même. M. Le Maître l'écrivit de Bourg-Fontaine, où il avoit été obligé de se retirer :

« Mon fils, je vous prie de m'envoyer au plus tôt l'*Apologie des SS. PP.,* qui est à moi, et qui est de la première impression. Elle est reliée en veau marbré, in-4°. J'ai reçu les cinq volumes de mes *Conciles,* que vous aviez fort bien empaquetés. Je vous en remercie. Mandez-moi si tous mes livres sont bien arrangés sur des tablettes, et si mes onze volumes de saint Jean Chrysostome y sont; et voyez-les de temps en temps pour les nettoyer. Il faudroit mettre de l'eau dans les écuelles de terre, où ils sont, afin que les souris ne les rongent pas. Faites mes recommandations à votre bonne tante, et suivez bien mes conseils en tout. La jeunesse doit toujours se laisser conduire, et tâcher de ne point s'émanciper. Peut-être que Dieu nous fera revenir où vous êtes. Cependant il faut tâcher de profiter de cet événement, et faire en sorte qu'il nous serve à nous détacher du monde, qui nous paroît si ennemi de la piété. Bonjour, mon cher fils; aimez toujours votre papa comme il vous aime ; écrivez-moi de temps en temps. Envoyez-moi aussi mon Tacite in-folio.[1] »

M. Le Maître ne fut pas longtemps absent, il eut la permission de revenir; mais en arrivant il tomba dans la maladie dont il mourut ; et après sa mort, M. Hamon prit soin des études de mon père.[2] Entre les connoissances qu'il fit à Port-Royal, je ne dois point oublier celle de monsieur le duc de Chevreuse, qui a conservé toujours pour lui une amitié très-vive, et qui, par les soins assidus qu'il lui rendit dans sa dernière maladie, a bien vérifié ce que dit Quintilien, que les amitiés qui commencent dans l'enfance, et que des études communes font naître, ne finissent qu'avec la vie.

On appliquoit mon père, quoique très-jeune, à des études fort sérieuses. Il traduisit[3] le commencement du *Banquet de Platon*, fit des extraits tout grecs de quelques traités de saint Basile, et quelques remarques sur Pindare et sur Homère. Au milieu de ses occupations, son génie l'entraînoit tout entier du côté de la poésie, et son plus grand plaisir étoit de s'aller enfoncer dans les bois de l'abbaye avec Sophocle et Euripide, qu'il savoit presque par cœur. Il avoit une mémoire surprenante. Il trouva par hasard le

---

1. Conf. tome VII, p. 293.
2. M. Le Maître mourut le 4 novembre 1658. A cette époque, Racine n'était plus à Port-Royal ; il était au collège d'Harcourt depuis le mois d'octobre précédent : d'où il faut conclure que M. Hamon, médecin de Port-Royal, ne dirigea pas les études de Racine après la mort de M. Le Maître. (A. M.)
3. S'il n'a pas fait cette traduction à Port-Royal, il l'a faite à Uzès : c'est un ouvrage de sa jeunesse. Quoique la traduction soit bonne, un fragment si peu considérable ne méritait peut-être pas d'être imprimé ; il le fut cependant chez Gandouin en 1732. On a mis à la tête une lettre sans date d'année, qui m'est inconnue et ne se trouve point parmi les autres lettres écrites à Boileau qui sont entre mes mains. (L. R.) — Rectifiez ces assertions de Louis Racine à l'aide de la notice qui est dans notre introduction au tome VI, pp. xxiv-xxvi.

roman grec des Amours de Théagène et de Chariclée. Il le dévoroit, lorsque le sacristain Claude Lancelot, qui le surprit dans cette lecture, lui arracha le livre et le jeta au feu.[1] Il trouva le moyen d'en avoir un autre exemplaire qui eut le même sort, ce qui l'engagea à en acheter un troisième; et, pour n'en plus craindre la proscription, il l'apprit par cœur et le porta au sacristain, en lui disant : « Vous pouvez brûler encore celui-ci comme les autres. »

Il fit connoître à Port-Royal sa passion plutôt que son talent pour les vers, par six odes qu'il composa sur les beautés champêtres de sa solitude, sur les bâtiments de ce monastère, sur le paysage, les prairies, les bois, l'étang, etc. Le hasard m'a fait trouver ces odes, qui n'ont rien d'intéressant, même pour les personnes curieuses de tout ce qui est sorti de la plume des écrivains devenus fameux : elles font seulement voir qu'on ne doit pas juger du talent d'un jeune homme par ses premiers ouvrages. Ceux qui lurent alors ces odes ne durent pas soupçonner que l'auteur deviendroit dans peu l'auteur d'*Andromaque*.

Je n'en rapporterai que quatre strophes qui ne donneront pas envie de voir les autres. Il parle de l'étang et des merveilles qu'on voit sur ses bords.

> Je vois les tilleuls et les chênes,
> Ces géants de cent bras armés,
> Ainsi que d'eux-mêmes charmés,
> Y mirer leurs têtes hautaines ;
> Je vois aussi leurs grands rameaux
> Si bien tracer dedans les eaux
>   Leur mobile peinture,
> Qu'on ne sait si l'onde, en tremblant,
>   Fait trembler leur verdure,
> Ou plutôt l'air même et le vent.
>
> Là, l'hirondelle voltigeante,
> Rasant les flots clairs et polis,

---

1. Lancelot eut la plus grande part à la célèbre grammaire de Port-Royal. On lui doit aussi les meilleurs éléments des langues grecque, latine, espagnole, italienne, et plusieurs autres ouvrages. Il s'était chargé d'enseigner le grec à Racine, et c'était le plus grand service que l'érudition pût rendre au talent. (A. M.)

Y vient, avec cent petits cris,
Baiser son image naissante.
Là, mille autres petits oiseaux
Peignent encore dans les eaux
    Leur éclatant plumage :
L'œil ne peut juger au dehors
    Qui vole ou bien qui nage
De leurs ombres et de leurs corps.

Quelles richesses admirables
N'ont point ces nageurs marquetés,
Ces poissons aux dos argentés,
Sur leurs écailles agréables !
Ici je les vois s'assembler,
    Se mêler et se démêler
    Dans leur couche profonde ;
Là, je les vois (Dieu ! quels attraits !)
    Se promenant dans l'onde,
Se promener dans les forêts.

Je les vois en troupes légères,
S'élancer de leur lit natal ;
Puis, tombant, peindre en ce cristal
Mille couronnes passagères.
L'on diroit que, comme envieux
De voir nager dedans ces lieux
    Tant de bandes volantes,
Perçant les remparts entr'ouverts
    De leurs prisons brillantes,
Ils veulent s'enfuir dans les airs.

Il étoit, à cet âge, plus heureux dans la versification latine que dans la françoise ; il composa quelques pièces en vers latins, qui sont pleines de feu et d'harmonie. Je ne rapporterai pas une élégie sur la mort d'un gros chien qui gardoit la cour de Port-Royal, à la fin de laquelle il promet par ses vers l'immortalité à ce chien, qu'il nomme Rabotin :

> Semper honor, Rabotine, tuus, laudesque manebunt ;
>   Carminibus vives tempus in omne meis.

On jugera mieux de ses vers latins par la pièce suivante, que je ne donne pas entière, quoique dans l'ouvrage d'un poëte de quinze ou seize ans tout soit excusable.[1]

AD CHRISTUM [2]

Sancte parens, facilem præbe implorantibus aurem,
    Atque humiles placida suscipe mente preces;
Hanc tutare domum, quæ per discrimina mille,
    Mille per insidias vix superesse potest.
Aspice ut infandis jacet objectata periclis,
    Ut timet hostiles irrequieta manus.
Nulla dies terrore caret, finemque timoris
    Innovat infenso major ab hoste metus.
Undique crudelem conspiravere ruinam,
    Et miseranda parant vertere tecta solo.
Tu spes sola, Deus, miseræ. Tibi vota precesque
    Fundit in immensis nocte dieque malis.
. . . .
. . . .
Aspice virgineum castis penetralibus agmen,
    Aspice devotos, sponse benigne, choros.
Hic sacra illæsi servantes jura pudoris,
    Te veniente die, te fugiente vocant.
Cœlestem liceat sponsum superare precando :
    Fas sentire tui numina magna Patris.
Huc quoque nos quondam tot tempestatibus actos
    Abripuit flammis Gratia sancta suis.
Ast eadem insequitur mœstis fortuna periclis :
    Ast ipso in portu sæva procella furit.
Pacem, summe Deus, pacem te poscimus omnes;
    Succedant longis paxque quiesque malis.
Te duce disruptas pertransiit Israel undas :
    Hos habitet portus, Te duce, vera salus.

En parlant des ouvrages de sa première jeunesse, qu'on peut appeler son enfance, je ne dois pas oublier sa traduction des

---

1. Il la fit apparemment à l'occasion des troubles arrivés à Port-Royal en 1656. (L. R. *Note de l'exemplaire corrigé*.) Racine, quand il écrivait ces vers, devait avoir dix-sept ans.

2. On reconnaît, dans cette pièce, un jeune homme nourri des bons poëtes latins, dont il sait employer à propos les tours et les expressions. C'est en imitant les anciens dans leur langue que Racine est parvenu à servir à jamais de modèle dans la sienne. (G.)

hymnes des féries du *Bréviaire romain*. Boileau disoit qu'il l'avoit faite à Port-Royal, et que M. de Saci, qui avoit traduit celles des dimanches et de toutes les fêtes pour les *Heures* de Port-Royal, en fut jaloux; et, voulant le détourner de faire des vers, lui représenta que la poésie n'étoit point son talent. Ce que disoit Boileau demande une explication. Les hymnes des féries imprimées dans le *Bréviaire romain*, traduit par M. Le Tourneux, ne sont pas certainement l'ouvrage d'un jeune homme; et celui qui faisoit les odes dont j'ai rapporté quatre strophes n'étoit pas encore capable de faire de pareils vers. Je ne doute pas cependant qu'il ne soit auteur de la traduction de ces hymnes; mais il faut qu'il les ait traduites dans un âge avancé, ou qu'il les ait depuis retouchées avec tant de soin, qu'il en ait fait un nouvel ouvrage. On lit, en effet, dans les *Hommes illustres* de M. Perrault, que, longtemps après les avoir composées, il leur donna la dernière perfection. La traduction du *Bréviaire romain* fut condamnée [1] par l'archevêque de Paris, pour des raisons qui n'avoient aucun rapport à la traduction de ces hymnes. Cette condamnation donna lieu dans la suite à un mot que rapportent plusieurs personnes, et que je ne garantis pas. Le roi, dit-on, exhortoit mon père à faire quelques vers de piété : « J'en ai voulu faire, répondit-il, on les a condamnés. »

Au sortir de Port-Royal, il vint à Paris, et fit sa logique au collége d'Harcourt, d'où il écrivoit à un de ses amis :

> Lisez cette pièce ignorante,
> Ou ma plume si peu coulante
> Ne fait voir que trop clairement,
> Pour vous parler sincèrement,
> Que je ne suis pas un grand maître.
> Hélas! comment pourrois-je l'être?
> Je ne respire qu'arguments;
> Ma tête est pleine à tous moments
> De majeures et de mineures, etc.

En 1660, le mariage du roi ouvrit à tous les poëtes une carrière dans laquelle ils signalèrent à l'envi leur zèle et leurs

---

[1]. Elle fut condamnée uniquement comme version en langue vulgaire. (L. R.)

talents. Mon père, très-inconnu encore, entra comme les autres dans la carrière, et composa l'ode intitulée *la Nymphe de la Seine*. Il pria M. Vitart, son oncle,[1] de la porter à Chapelain, qui présidoit alors sur tout le Parnasse, et par sa grande réputation poétique, qu'il n'avoit point encore perdue, et par la confiance qu'avoit en lui M. Colbert pour ce qui regardoit les lettres. Chapelain découvrit un poëte naissant dans cette ode, qu'il loua beaucoup ; et parmi quelques fautes qu'il y remarqua, il releva la bévue du jeune homme, qui avoit mis des tritons dans la Seine. L'auteur, honoré des critiques de Chapelain, corrigea son ode ; et la nécessité de changer une stance pour réparer sa bévue le mit en très-mauvaise humeur contre les tritons, comme il paroît par une de ses lettres. Chapelain le prit en amitié, lui offrit ses avis et ses services, et, non content de les lui offrir, parla de lui et de son ode si avantageusement à M. Colbert, que ce ministre lui envoya cent louis de la part du roi, et peu après le fit mettre sur l'état pour une pension de six cents livres en qualité d'homme de lettres. Les honneurs soutiennent les arts. Quel sujet d'émulation pour un jeune homme, très-inconnu au public et à la cour, de recevoir de la part du roi et de son ministre une bourse de cent louis ! Et quelle gloire pour le ministre qui sait découvrir les talents qui ne commencent qu'à naître, et qui ne connoît pas encore celui même qui les possède !

Il composa en ce même temps un sonnet qui, quoique fort innocent, lui attira, aussi bien que son ode, de vives réprimandes de Port-Royal, où l'on craignoit beaucoup pour lui sa passion démesurée pour les vers. On eût mieux aimé qu'il se fût appliqué à l'étude de la jurisprudence, pour se rendre capable d'être avocat, ou que du moins il eût voulu consentir à accepter quelqu'un de ces emplois qui, sans conduire à la fortune, procurent une aisance de la vie capable de consoler de l'ennui de cette espèce de travail, et de la dépendance, plus ennuyeuse encore que le travail. Il ne vouloit point entendre parler d'occupations contraires au génie des Muses ; il n'aimoit que les vers, et craignoit en même temps les réprimandes de Port-Royal. Cette crainte étoit cause qu'il n'osoit montrer ses vers à personne, et qu'il écrivoit

---

1. Son oncle à la mode de Bretagne.

à un ami : « Ne pouvant vous consulter, j'étois prêt à consulter, comme Malherbe, une vieille servante qui est chez nous, si je ne m'étois aperçu qu'elle est janséniste comme son maître, et qu'elle pourroit me déceler, ce qui seroit ma ruine entière, vu que je reçois tous les jours lettres sur lettres, ou plutôt excommunications sur excommunications à cause de mon triste sonnet.[1] »
Voici ce triste sonnet; il le fit pour célébrer la naissance d'un enfant de Mme Vitart, sa tante :

> Il est temps que la nuit termine sa carrière :
> Un astre tout nouveau vient de naître en ces lieux ;
> Déjà tout l'horizon s'aperçoit de ses feux,
> Il échauffe déjà dans sa pointe première.
>
> Et toi, fille du jour, qui nais devant ton père,
> Belle Aurore, rougis, ou te cache à nos yeux :
> Cette nuit, un soleil est descendu des cieux,
> Dont le nouvel éclat efface ta lumière.
>
> Toi qui dans ton matin parois déjà si grand,
> Bel astre, puisses-tu n'avoir point de couchant !
> Sois toujours en beautés une aurore naissante.
>
> A ceux de qui tu sors puisses-tu ressembler !
> Sois digne de Daphnis et digne d'Amaranthe :
> Pour être sans égal, il les faut égaler.

Ce sonnet, dont il étoit sans doute très-content à cause de la chute, et à cause de ce vers : *Fille du jour qui nais devant ton père*, prouve, ainsi que les strophes des odes que j'ai rapportées, qu'il aimoit alors ces faux brillants, dont il a été depuis si grand ennemi. Les principes du bon goût, qu'il avoit pris dans la lecture des anciens et dans les leçons de Port-Royal, ne l'empêchoient pas, dans le feu de sa première jeunesse, de s'écarter de la nature, dont il s'écarte encore dans plusieurs vers de *la Thébaïde*. Boileau sut l'y ramener.

Il fut obligé d'aller passer quelque temps à Chevreuse, où M. Vitart, intendant de cette maison, et chargé de faire faire

---

1. Voyez la première lettre de Racine à l'abbé Le Vasseur, tome VII, pp. 294-295.

quelques réparations au château, l'envoya, en lui donnant le soin de ces réparations. Il s'ennuya si fort de cette occupation et de ce séjour, qui lui parut une captivité, qu'il datoit les lettres qu'il en écrivoit, *de Babylone*. On en trouvera deux parmi celles de sa jeunesse.

On songea enfin sérieusement à lui faire prendre un parti; et l'espérance d'un bénéfice le fit résoudre à aller en Languedoc, où il étoit à la fin de 1661, comme il paroît par la lettre qu'il écrivit à La Fontaine, et par celle-ci, datée du 17 janvier 1662, dans laquelle il écrit à M. Vitart : « Je passe mon temps avec mon oncle, saint Thomas et Virgile. Je fais force extraits de théologie, et quelques-uns de poésie. Mon oncle a de bons desseins pour moi, il m'a fait habiller de noir depuis les pieds jusqu'à la tête : il espère me procurer quelque chose. Ce sera alors que je tâcherai de payer mes dettes. Je n'oublie point les obligations que je vous ai : j'en rougis en vous écrivant : *Erubuit puer, salva res est*. Mais cette sentence est bien fausse; mes affaires n'en vont pas mieux. »

Pour être au fait de cette lettre et de celles qu'on trouvera à la suite de ces *Mémoires*, il faut savoir qu'il avoit été appelé en Languedoc par un oncle maternel, nommé le père Sconin, chanoine régulier de Sainte-Geneviève, homme fort estimé dans cette congrégation, dont il avoit été général, et qui avoit beaucoup d'esprit. Comme il passoit pour inquiet, c'est-à-dire que par son zèle pour la régularité il inquiétoit les autres, dès que le temps de son généralat fut expiré, pour s'en défaire on l'envoya à Uzès, où l'on avoit joint pour lui le prieuré de Saint-Maximin à un canonicat de la cathédrale : il étoit, outre cela, official et grand vicaire. Ce bon homme étoit tout disposé à résigner son bénéfice à son neveu; mais il falloit être régulier; et le neveu, qui auroit fort aimé le bénéfice, n'aimoit pas cette condition, à laquelle cependant la nécessité l'auroit fait consentir si tous les obstacles qui survinrent ne lui eussent fait connoître qu'il n'étoit pas destiné à l'état ecclésiastique.

Par complaisance pour son oncle, il étudioit la théologie; et en lisant saint Thomas, il lisoit aussi l'Arioste, qu'il cite souvent, avec tous les autres poëtes, dans ses premières lettres adressées à un jeune abbé Le Vasseur, qui n'avoit pas plus de vocation que lui pour l'état ecclésiastique, dont il quitta l'habit dans la suite. Dans ces lettres, écrites en toute liberté, il rend compte à son ami de ses occupations et de ses sentiments, et ne fait paroître de passion que pour l'étude et les vers. Sa mauvaise humeur contre les habitants d'Uzès, qu'il pousse un peu trop loin, semble venir de ce qu'il est dans un pays où il craint d'oublier la langue françoise, qu'il avoit une extrême envie de bien posséder. Je juge de l'étude particulière qu'il en faisoit, par des remarques écrites de sa main sur celles de Vaugelas, sur la traduction de Quinte-Curce et sur quelques traductions de d'Ablancourt. On voit encore par ces lettres qu'il fuyoit toute compagnie, et surtout celle des femmes, aimant mieux la compagnie des poëtes grecs. Son goût pour la tragédie lui en fit commencer une dont le sujet étoit *Théagène et Chariclée.* Il avoit conçu dans son enfance une passion extraordinaire pour Héliodore : il admiroit son style et l'artifice merveilleux avec lequel sa fable est conduite. Il abandonna enfin cette tragédie, dont il n'a rien laissé, ne trouvant pas vraisemblablement que des aventures romanesques méritassent d'être mises sur la scène tragique. Il retourna à Euripide, et y prit le sujet de *la Thébaïde,* qu'il avança beaucoup, en même temps qu'il s'appliquoit à la théologie.

Quoique alors la plus petite chapelle lui parût une fortune, las enfin des incertitudes de son oncle et des obstacles que faisoit renaître continuellement un moine nommé dom Cosme,[1] dont il se plaint beaucoup dans ses lettres, il revint à Paris, où il fit connoissance avec Molière, et acheva *la Thébaïde.*

Il donna d'abord son ode intitulée *la Renommée aux Muses,* et la porta à la cour, où il falloit qu'il eût quelques protecteurs, puisqu'il dit dans une de ses lettres : « *La Renommée* a été assez heureuse ; monsieur le comte de Saint-Aignan la trouve fort belle : je ne l'ai point trouvé au lever du roi, mais j'y ai trouvé Molière, à qui le roi a donné assez de louanges. J'en ai été bien aise pour lui, et il a été bien aise aussi que j'y fusse présent. » On peut juger par ces paroles que le jeune roi aimoit déjà à voir les poëtes à sa cour. Il fit payer à mon père une gratification de six cents livres, « pour lui donner le moyen de continuer son appli-

1. C'était le frère du P. Sconin.

cation aux belles-lettres », comme il est dit dans l'ordre signé par M. Colbert, le 26 août 1664.

La Thébaïde fut jouée la même année; et comme je ne trouve rien qui m'apprenne de quelle manière elle fut reçue, je n'en dirai rien davantage.[1] Je ne dois parler ici qu'historiquement de ses tragédies, et presque tout ce que j'en puis dire d'historique se trouve ailleurs. Je laisse aux auteurs de l'*Histoire du théâtre françois* le soin de recueillir ces particularités, dont plusieurs sont peu curieuses, et toutes fort incertaines, parce qu'il n'en a rien raconté dans sa famille; et je ne suis pas mieux instruit qu'un autre de ce temps de sa vie, dont il ne parloit jamais.

Le jeune Despréaux, qui n'avoit que trois ans plus que lui, étoit connu de l'abbé Le Vasseur, qui lui porta l'ode de *la Renommée*, sur laquelle Despréaux fit des remarques qu'il mit par écrit. Le poëte critiqué trouva les remarques très-judicieuses, et eut une extrême envie de connoître son critique. L'ami commun lui en procura la connoissance, et forma les premiers nœuds de cette union si constante et si étroite, qu'il est comme impossible de faire la vie de l'un sans faire la vie de l'autre. J'ai déjà prévenu que je rapporterois de celle de Boileau les particularités que ses commentateurs n'apprennent point, ou n'apprennent qu'imparfaitement, parce qu'ils n'étoient pas mieux instruits.

Il n'étoit point né à Paris, comme on l'a toujours écrit, mais à Crône,[2] petit village près Villeneuve-Saint-Georges : son père y avoit une maison, où il passoit tout le temps des vacances du palais, et ce fut le 1er novembre 1636 que ce onzième enfant y vint au monde. Pour le distinguer de ses frères, on le surnomma *Despréaux*, à cause d'un petit pré qui étoit au bout du jardin.

---

1. Il est dit, dans le Nécrologe de Port-Royal, que, « lié avec les savants solitaires qui habitaient le désert de Port-Royal, cette solitude lui fit produire *la Thébaïde* ». Ces paroles, que les auteurs de l'*Histoire des Théâtres* (les frères Parfait, tome X, p. 197) rapportent avec surprise, ne prouvent que la simplicité de celui qui a écrit cet article, et qui, n'ayant jamais, selon les apparences, lu de tragédies, s'est imaginé, à cause de ce titre, *la Thébaïde*, que celle-ci avait quelque rapport à une solitude. Il se trompe aussi quand il dit que cette tragédie fut commencée à Port-Royal. (L. R.)

2. Boileau était né à Paris le 2 novembre 1636.

Quelque temps après, une partie du village fut brûlée, et les registres de l'église ayant été consumés dans cet incendie,[1] lorsque Boileau, dans le temps qu'on recherchoit les usurpateurs de la noblesse, en vertu de la déclaration du 4 septembre 1696, fut injustement attaqué, il ne put, faute d'extrait baptistaire, prouver sa naissance que par le registre de son père. Il eut à souffrir dans son enfance l'opération de la taille, qui fut mal faite, et dont il lui resta pour toute sa vie une très-grande incommodité. On lui donna pour logement dans la maison paternelle une guérite au-dessus du grenier, et quelque temps après on l'en fit descendre, parce qu'on trouva le moyen de lui construire un petit cabinet dans ce grenier, ce qui lui faisoit dire qu'il avoit commencé sa fortune par descendre au grenier; et il ajoutoit, dans sa vieillesse, qu'il n'accepteroit pas une nouvelle vie, s'il falloit la commencer par une jeunesse aussi pénible. La simplicité de sa physionomie et de son caractère faisoit dire à son père, en le comparant à ses autres enfants : « Pour Colin, ce sera un bon garçon, qui ne dira mal de personne. »

Après ses premières études, il voulut s'appliquer à la jurisprudence; il suivit le barreau, et même plaida une cause dont il se tira fort mal. Comme il étoit près de la commencer, le procureur s'approcha de lui pour lui dire : « N'oubliez pas de demander que la partie soit interrogée sur faits et articles. — Et pourquoi? lui répondit Boileau; la chose n'est-elle pas déjà faite? Si tout n'est pas prêt, il ne faut donc pas me faire plaider. » Le procureur fit un éclat de rire, et dit à ses confrères : « Voilà un jeune avocat qui ira loin; il a de grandes dispositions. » Il n'eut pas l'ambition d'aller plus loin : il quitta le palais, et alla en Sorbonne; mais il la quitta bientôt par le même dégoût. Il crut, comme dit M. de Boze dans son Éloge historique, y trouver encore la chicane sous un autre habit. Prenant le parti de *dormir chez un greffier la grasse matinée,* il se livra tout entier à son génie, qui l'emportoit vers la poésie; et lorsqu'on lui représenta que, s'il s'attachoit à la satire, il se feroit des ennemis qui auroient toujours les yeux sur lui, et ne chercheroient qu'à le décrier:

---

1. C'étaient les registres de la Sainte-Chapelle, et non ceux de Crône, qui avaient été brûlés. (B.-S.-P.)

« Eh bien ! répondit-il, je serai honnête homme, et je ne les craindrai point. »

On l'exhortoit à ne point attaquer Chapelain, parce que, lui disoit-on, il est protégé par M. de Montausier, et reçoit quelquefois la visite de M. Colbert. « Et quand le pape, répondit-il, lui rendroit visite, ses vers en seroient-ils meilleurs ? »[1]

Il prit d'abord Juvénal pour son modèle, persuadé que notre langue étoit plus propre à imiter la force de ce style que l'élégante simplicité du style d'Horace. Il changea bientôt de sentiment. Sa première satire fut celle-ci : *Damon, ce grand auteur,* etc. Il la fit tout entière dans le goût de Juvénal ; et, pour en imiter le ton de déclamation, il la finissoit par la description des embarras de Paris. Il s'aperçut que la pièce étoit trop longue, et devenoit languissante ; il en retrancha cette description, dont il fit une satire à part. Son second ouvrage fut la satire qui est aujourd'hui la septième dans le recueil de ses œuvres : *Muses, changeons de style,* etc. Après celle-ci, il en adressa une à Molière, et fit son *Discours au roi.* Ensuite il entreprit la satire du *Festin* et celle *sur la Noblesse,* travaillant à toutes les deux en même temps, et imitant Juvénal dans l'une et Horace dans l'autre. Ses ennemis débitèrent que, dans la satire *sur la Noblesse,* il avoit eu dessein de railler M. de Dangeau. Il n'en eut jamais la pensée. Il l'adressoit d'abord à M. de La Rochefoucauld ; mais trouvant que ce nom, qui devoit revenir plusieurs fois, n'avoit pas de grâce en vers, il prit le parti d'adresser l'ouvrage à M. de Dangeau, le seul homme de la cour, avec M. de La Rochefoucauld, qu'il connût alors.

[2] La satire du *Festin* eut pour fondement un repas qu'on lui donna à Château-Thierry, où il étoit allé se promener avec La Fontaine, qui ne fut pas du repas, pendant lequel le lieutenant général de la ville lâcha ces phrases : « Pour moi, j'aime le beau françois... Le Corneille est quelquefois joli. » Ces deux phrases

1. Addition de l'exemplaire corrigé.
2. Boileau, qui avait quelques obligations à Brossette, à cause d'une rente à Lyon qu'il lui faisait payer, lui donnait quelques éclaircissements sur ses ouvrages quand il les lui demandait ; mais Brossette, n'ayant pas vécu avec lui familièrement, n'a pas été instruit de tout, et son commentaire, où il y a de bonnes choses, est fort imparfait. (L. R.)

donnèrent au poëte, mécontent peut-être de la chère, l'idée de la description d'un repas également ennuyeux par l'ordonnance et par la conversation des convives. Il composa ensuite la satire à M. Le Vayer, et celle qu'il adresse à son Esprit. Celle-ci fut très-mal reçue lorsqu'il en fit les premières lectures. Il la lut chez M. de Brancas, en présence de Mme Scarron, depuis Mme de Maintenon, et de Mme de La Sablière. La pièce fut si peu goûtée qu'il n'eut pas le courage d'en finir la lecture. Pour se consoler de cette disgrâce, il fit la satire *sur l'Homme,* qui eut autant de succès que l'autre en avoit eu peu.

Comme il ne vouloit pas faire imprimer ses satires, tout le monde le recherchoit pour les lui entendre réciter. Un autre talent que celui de faire des vers le faisoit encore rechercher : il savoit contrefaire ceux qu'il voyoit, jusqu'à rendre parfaitement leur démarche, leurs gestes et leur ton de voix. Il m'a raconté qu'ayant entrepris de contrefaire un homme qui venoit d'exécuter une danse fort difficile, il exécuta avec la même justesse la même danse, quoiqu'il n'eût jamais appris à danser. Il amusa un jour le roi en contrefaisant devant lui tous les comédiens. Le roi voulut qu'il contrefît aussi Molière, qui étoit présent, et demanda ensuite à Molière s'il s'étoit reconnu. « Nous ne pouvons, répondit Molière, juger de notre ressemblance; mais la mienne est parfaite s'il m'a aussi bien imité qu'il a imité les autres. » Quoique ce talent, qui le faisoit rechercher dans les parties de plaisir, lui procurât des connoissances agréables pour un jeune homme, il m'a avoué qu'enfin il en eut honte, et qu'ayant fait réflexion que c'étoit faire un personnage de baladin, il y renonça, et n'alla plus aux repas où on l'invitoit que pour réciter ses ouvrages, qui le rendirent bientôt très-fameux.

Il se fit un devoir de n'y nommer personne, même dans les traits de railleries qui avoient pour fondement des faits très-connus. Son Alidor, *qui veut rendre à Dieu ce qu'il a pris au monde,* étoit si connu alors, qu'au lieu de dire la maison de l'Institution, on disoit souvent par plaisanterie la maison de la Restitution.[1]

---

[1]. La Restitution, on appela ainsi la maison des Pères de l'Oratoire au faubourg Saint-Jacques, fondée par Nicolas Pinette, trésorier de Gaston d'Orléans.

Il ne nommoit pas d'abord Chapelain : il avoit mis *Patelin;* et ce fut la seule chose qui fâcha Chapelain. « Pourquoi, disoit-il, défigurer mon nom? » Chapelain étoit fort bon homme, et, content du bien que le satirique disoit de ses mœurs, lui pardonnoit le mal qu'il disoit de ses vers. Gilles Boileau, ami de Chapelain et de Cotin, ne fut pas si doux : il traita avec beaucoup de hauteur son cadet, lui disant qu'il étoit bien hardi d'oser attaquer ses amis. Cette réprimande ne fit qu'animer davantage Despréaux contre ces deux poëtes. Ce Gilles Boileau, de l'Académie françoise, avoit aussi, comme l'on sait, du talent pour les vers. Tous ces frères avoient de l'esprit. L'abbé Boileau, depuis docteur de Sorbonne, s'est fait connoître par des ouvrages remarquables par les sujets et par le style. M. Pui-Morin, qui fut contrôleur des Menus, étoit très-aimable dans la société; mais l'amour du plaisir le détourna de toute étude. Ce fut lui qui, étant invité à un grand repas par deux juifs fort riches, alla à midi chercher son frère Despréaux et le pria de l'accompagner, l'assurant que ces messieurs seroient charmés de le connoître. Despréaux, qui avoit quelques affaires, lui répondit qu'il n'étoit pas en humeur de s'aller réjouir. Pui-Morin le pressa avec tant de vivacité que son frère, perdant patience, lui dit d'un ton de colère : « Je ne veux pas aller manger chez des coquins qui ont crucifié Notre-Seigneur. — Ah! mon frère, s'écria Pui-Morin en frappant du pied contre terre, pourquoi m'en faites-vous souvenir lorsque le dîner est prêt, et que ces pauvres gens m'attendent? » Il s'avisa un jour, devant Chapelain, de parler mal de *la Pucelle* : « C'est bien à vous à en juger, lui dit Chapelain, vous qui ne savez pas lire. » Pui-Morin lui répondit : « Je ne sais que trop lire depuis que vous faites imprimer, » et fut si content de sa réponse qu'il voulut la mettre en vers. Mais comme il ne put en venir à bout, il eut recours à son frère et à mon père, qui tournèrent ainsi cette réponse en épigramme :

> Froid, sec, dur, rude auteur, digne objet de satire,
> De ne savoir pas lire oses-tu me blâmer?
> Hélas! pour mes péchés, je n'ai su que trop lire
>   Depuis que tu fais imprimer.

Mon père représenta que le premier hémistiche du second vers rimant avec le vers précédent et avec l'avant-dernier vers, il valoit mieux dire *de mon peu de lecture*. Molière décida qu'il falloit conserver la première façon : « Elle est, leur dit-il, plus naturelle; et il faut sacrifier toute régularité à la justesse de l'expression : c'est l'art même qui doit nous apprendre à nous affranchir des règles de l'art. »

Molière étoit alors de leur société, dont étoient encore La Fontaine et Chapelle, et tous faisoient de continuelles réprimandes à Chapelle sur sa passion pour le vin. Boileau, le rencontrant un jour dans la rue, lui en voulut parler. Chapelle lui répondit : « J'ai résolu de m'en corriger; je sens là vérité de vos raisons; pour achever de me persuader, entrons ici : vous me parlerez plus à votre aise. » Il le fit entrer dans un cabaret, et demanda une bouteille, qui fut suivie d'une autre. Boileau, en s'animant dans son discours contre la passion du vin, buvoit avec lui, jusqu'à ce qu'enfin le prédicateur et le nouveau converti s'enivrèrent.

Je reviens à l'histoire des tragédies de mon père, qui, après avoir achevé celle d'*Alexandre*, la voulut montrer à Corneille, pour recevoir les avis du maître du théâtre. M. de Valincour rapporte ce fait dans sa lettre à monsieur l'abbé d'Olivet, et m'a assuré qu'il le tenoit de mon père même. Corneille, après avoir entendu a lecture de la pièce, dit à l'auteur qu'il avoit un grand talent pour la poésie, mais qu'il n'en avoit point pour la tragédie; et il lui conseilla de s'appliquer à un autre genre. Ce jugement, très-sincère sans doute, fait voir qu'on peut avoir de grands talents, et être un mauvais juge des talents.

Il y avoit alors deux troupes de comédiens : celle de Molière et celle de l'hôtel de Bourgogne. L'*Alexandre* fut joué d'abord par la troupe de Molière; mais l'auteur, mécontent des acteurs, leur retira sa pièce, et la donna aux comédiens de l'hôtel de Bourgogne :[1] il fut cause en même temps que la meilleure actrice du théâtre de Molière le quitta pour passer sur le théâtre de Bourgogne; ce qui mortifia Molière, et causa entre eux deux un refroidissement qui dura toujours, quoiqu'ils se rendissent

---

1. C'est ainsi que cette pièce, dans sa naissance, fut jouée par les deux troupes; mais dans l'*Histoire du théâtre françois*, tome IX, il est dit qu'elle fut jouée le même jour sur les deux théâtres : ce qui n'est pas vraisemblable. (L. R.) C'était, en effet, une erreur.

mutuellement justice sur leurs ouvrages. On verra bientôt de quelle manière Molière parla de la comédie des *Plaideurs;* et le lendemain de la première représentation du *Misanthrope,* qui fut très-malheureuse, un homme, qui crut faire plaisir à mon père, courut lui annoncer cette nouvelle en lui disant : « La pièce est tombée : rien n'est si froid ; vous pouvez m'en croire, j'y étois. — Vous y étiez, reprit mon père, et je n'y étois pas ; cependant je n'en croirai rien, parce qu'il est impossible que Molière ait fait une mauvaise pièce. Retournez-y, et examinez-la mieux. »

Alexandre eut beaucoup de partisans et de censeurs, puisque Boileau, qui composa, cette même année 1665, sa troisième satire, y fait dire à son campagnard :

<blockquote>Je ne sais pas pourquoi l'on vante l'*Alexandre.*</blockquote>

La lecture de cette tragédie fit écrire à Saint-Évremont « que la vieillesse de Corneille ne l'alarmoit plus, et qu'il n'avoit plus à craindre de voir finir avec lui la tragédie »; et cet aveu de Saint-Évremont dut consoler le poëte de la critique que le même écrivain, dont les jugements avoient alors un grand crédit, fit de cette même tragédie. Il est vrai qu'elle avoit plusieurs défauts, et que le jeune auteur s'y livroit encore à sa prodigieuse facilité de rimer. Boileau sut la modérer par ses conseils, et s'est toujours vanté de lui avoir appris à rimer difficilement.

Ce fut enfin l'année suivante que les satires de Boileau parurent imprimées. On lit dans le *Bolœana* par quelle raison on fut près de révoquer le privilége que le libraire avoit obtenu par adresse, et l'indifférence de Boileau sur cet événement. Jamais poëte n'eut tant de répugnance à donner ses ouvrages au public. Il s'y vit forcé, lorsqu'on lui en montra une édition faite furtivement, et remplie de fautes. A cette vue, il consentit à remettre son manuscrit, et ne voulut recevoir aucun profit du libraire. Il donna en 1674, avec la même générosité, ses *Épitres,* son *Art poétique, le Lutrin* et *le Traité du Sublime.* Quoique fort économe de son revenu, il étoit plein de noblesse dans les sentiments : il m'a assuré que jamais libraire ne lui avoit payé un seul de ses ouvrages; ce qui l'avoit rendu hardi à railler dans son *Art poétique,* chant IV, les auteurs qui *mettent leur Apollon aux gages d'un libraire,* et qu'il n'avoit fait les deux vers qui précèdent,

> Je sais qu'un noble esprit peut sans honte et sans crime
> Tirer de son travail un tribut légitime,

que pour consoler mon père, qui avoit retiré quelque profit de l'impression de ses tragédies. Le profit qu'il en retira fut très-modique ; et il donna dans la suite *Esther* et *Athalie* au libraire, de la manière dont Boileau avoit donné tous ses ouvrages.

Andromaque, qui parut en 1667, fit connoître que le jeune poëte à qui Boileau avoit appris à rimer difficilement avoit en peu de temps fait de grands progrès. Mais je suis obligé d'interrompre l'histoire de ses tragédies pour raconter celle de deux ouvrages d'une nature bien différente.

Le public ne les attendoit ni d'un jeune homme occupé de tragédies, ni d'un élève de Port-Royal. La vivacité du poëte, qui se crut offensé dans son talent, ce qu'il avoit de plus cher, lui fit oublier ce qu'il devoit à ses premiers maîtres, et l'engagea à entrer, sans réflexion, dans une querelle qui ne le regardoit pas.

Des Marets de Saint-Sorlin, que le mauvais succès de son *Clovis* avoit rebuté, las d'être poëte, voulut être prophète, et prétendit avoir la clef de l'Apocalypse. Il annonça une armée de cent quarante-quatre mille victimes, qui rétabliroit, sous la conduite du roi, la vraie religion. Par tous les termes mystiques qu'inventoit son imagination échauffée, il en avoit déjà échauffé plusieurs autres. Il eut l'honneur d'être foudroyé par M. Nicole, qui écrivit contre lui les lettres qu'il intitula *Visionnaires,* parce qu'il les écrivoit contre un grand visionnaire, auteur de la comédie des *Visionnaires.* Il fit remarquer, dans la première de ces lettres, que ce prétendu illuminé ne s'étoit d'abord fait connoître dans le monde que par des romans et des comédies : « qualités, ajouta-t-il, qui ne sont pas fort honorables au jugement des honnêtes gens, et qui sont horribles, considérées suivant les principes de la religion chrétienne. Un faiseur de romans et un poëte de théâtre est un empoisonneur public, non des corps, mais des âmes. Il se doit regarder comme coupable d'une infinité d'homicides spirituels, ou qu'il a causés en effet, ou qu'il a pu causer. »

Mon père, à qui sa conscience reprochoit des occupations

qu'on regardoit à Port-Royal comme très-criminelles, se persuada que ces paroles n'avoient été écrites que contre lui, et qu'il étoit celui qu'on appeloit un empoisonneur public. Il se croyoit d'autant mieux fondé dans cette persuasion, qu'à cause de sa liaison avec les comédiens il avoit été comme exclu de Port-Royal par une lettre de la mère Racine, sa tante, qui est si bien écrite qu'on ne sera pas fâché de la lire.

GLOIRE A JÉSUS-CHRIST ET AU TRÈS-SAINT SACREMENT.

« Ayant appris que vous aviez dessein de faire ici un voyage, j'avois demandé permission à notre mère de vous voir, parce que quelques personnes nous avoient assurées que vous étiez dans la pensée de songer sérieusement à vous; et j'aurois été bien aise de l'apprendre par vous-même, afin de vous témoigner la joie que j'aurois, s'il plaisoit à Dieu de vous toucher; mais j'ai appris depuis peu de jours une nouvelle qui m'a touchée sensiblement. Je vous écris dans l'amertume de mon cœur, et en versant des larmes que je voudrois pouvoir répandre en assez grande abondance devant Dieu pour obtenir de lui votre salut, qui est la chose du monde que je souhaite avec le plus d'ardeur. J'ai donc appris avec douleur que vous fréquentiez plus que jamais des gens dont le nom est abominable à toutes les personnes qui ont tant soit peu de piété, et avec raison, puisqu'on leur interdit l'entrée de l'église et la communion des fidèles, même à la mort, à moins qu'ils ne se reconnoissent. Jugez donc, mon cher neveu, dans quel état je puis être, puisque vous n'ignorez pas la tendresse que j'ai toujours eue pour vous, et que je n'ai jamais rien désiré sinon que vous fussiez tout à Dieu dans quelque emploi honnête. Je vous conjure donc, mon cher neveu, d'avoir pitié de votre âme, et de rentrer dans votre cœur pour y considérer sérieusement dans quel abîme vous vous êtes jeté. Je souhaite que ce qu'on m'a dit ne soit pas vrai; mais si vous êtes assez malheureux pour n'avoir pas rompu un commerce qui vous déshonore devant Dieu et devant les hommes, vous ne devez pas penser à nous venir voir; car vous savez bien que je ne pourrois pas vous parler, vous sachant dans un état si déplorable et si contraire au christianisme. Cependant je ne cesserai point de prier Dieu qu'il vous fasse miséricorde, et à moi en vous la faisant, puisque votre salut m'est si cher.[1] »

Voilà une de ces lettres que son neveu, dans sa ferveur pour le théâtre, appeloit des excommunications. Il crut donc que M. Nicole, en parlant contre les poëtes, avoit eu dessein de l'humilier ; il prit la plume contre lui et contre tout Port-Royal, et il fit une lettre pleine de traits piquants, qui, pour les agréments du style, fut goûtée de tout le monde. « Je ne sais, dit l'auteur de la continuation de l'*Histoire de l'Académie françoise,* si nous avons rien de mieux écrit ni de plus ingénieux en notre langue. » Les ennemis de Port-Royal encouragèrent le jeune écrivain à continuer, et même, à ce qu'on prétend, lui firent espérer un bénéfice. Tandis que M. Nicole et les autres solitaires de Port-Royal gardoient le silence, il parut deux réponses, dont la première, fort solide, et qui fut d'abord attribuée à M. de Saci, étoit de M. du Bois ; la seconde, fort inférieure, étoit de M. Barbier d'Aucour. Mon père connut bien au style qu'elles ne venoient pas de Port-Royal, et il les méprisa. Mais peu après, ces deux mêmes réponses parurent dans une édition des *Visionnaires,* faite en Hollande, en deux volumes ; et il étoit écrit dans l'avertissement, à la tête de cette édition, qu'on avoit inséré dans ce recueil « les deux réponses faites à un jeune homme qui, s'étant chargé de l'intérêt commun de tout le théâtre, avoit conté des histoires faites à plaisir, parce que ces deux réponses feroient plaisir, ayant pour leur bonté partagé les juges, dont les uns estimoient plus la première, tandis que les autres se déclaroient hautement pour la seconde. »

Mon père, moins piqué de ces deux réponses que du soin que messieurs de Port-Royal prenoient de les faire imprimer dans leurs ouvrages avec un pareil avertissement, fit contre eux la seconde lettre, et mit à la tête une préface qui n'a jamais été imprimée,[2] et qu'il assaisonna des mêmes railleries qui règnent dans les deux lettres. Après avoir dit qu'il n'y a point de plaisir à

---

1. Conf. cette lettre plus exactement transcrite tome VII, p. 410.
2. Imprimée pour la première fois dans l'édition de 1807, et ensuite dans toutes les éditions des OEuvres de Racine.

rire avec des gens délicats qui se plaignent qu'on les déchire dès qu'on les nomme, et qui, aussi sensibles que les gens du monde, ne souffrent volontiers que les mortifications qu'ils s'imposent à eux-mêmes, il s'adressoit ainsi à M. Nicole directement : « Je demande à ce vénérable théologien en quoi j'ai erré, si c'est dans le droit ou dans le fait. J'ai avancé que la comédie étoit innocente : le Port-Royal dit qu'elle est criminelle ; mais je ne crois pas qu'on puisse taxer ma proposition d'hérésie ; c'est bien assez de la taxer de témérité. Pour le fait, ils n'ont nié que celui des capucins ; encore ne l'ont-ils pas nié tout entier. Toute la grâce que je lui demande est qu'il ne m'oblige pas non plus à croire un fait qu'il avance, lorsqu'il dit que le monde fut partagé entre les deux réponses qu'on fit à ma lettre, et qu'on disputa longtemps laquelle des deux étoit la plus belle : il n'y eut pas la moindre dispute là-dessus, et d'une commune voix elles furent jugées aussi froides l'une que l'autre. Mais tout ce qu'on fait pour ces messieurs a un caractère de bonté que tout le monde ne connoît pas. »

« Il est aisé de connoître, ajoutoit-il, par le soin qu'ils ont pris d'immortaliser ces réponses, qu'ils y avoient plus de part qu'ils ne disoient. A la vérité, ce n'est pas leur coutume de laisser rien imprimer pour eux qu'ils n'y mettent quelque chose du leur. Ils portent aux docteurs les approbations toutes dressées. Les avis de l'imprimeur sont ordinairement des éloges qu'ils se donnent à eux-mêmes ; et l'on scelleroit à la chancellerie des priviléges fort éloquents, si leurs livres s'imprimoient avec privilége. »

Content de cette préface, dont je n'ai rapporté qu'une partie, et de sa seconde lettre, il alla montrer ces nouvelles productions à Boileau, qui, toujours amateur de la vérité, quoiqu'il n'eût encore aucune liaison avec Port-Royal, lui représenta que cet ouvrage feroit honneur à son esprit, mais n'en feroit pas à son cœur, parce qu'il attaquoit des hommes fort estimés, et le plus doux de tous [1], auquel il avoit lui-même, comme aux autres, de

---

1. M. Nicole, qui avait régenté la troisième à Port-Royal, avait été son maître. Tout le monde sait quelle était sa douceur ; il subsistait du profit de ses ouvrages ; et le grand débit des trois volumes de *la Perpétuité* fit dire dans le public qu'il profitait du travail d'autrui, parce qu'on croyait cet ouvrage commun entre lui et M. Arnauld, qui avait seulement mis un

grandes obligations. « Eh bien! répondit mon père, pénétré de ce reproche, le public ne verra jamais cette seconde lettre. » Il retira tous les exemplaires qu'il put trouver de la première, et elle étoit devenue fort rare lorsqu'elle parut dans des journaux. Brossette, qui la fit imprimer dans son édition de Boileau, quoiqu'elle n'eût aucun rapport aux ouvrages de cet auteur, joignit en note que le Port-Royal, « alarmé d'une lettre qui le menaçoit d'un écrivain aussi redoutable que Pascal, trouva le moyen d'apaiser et de regagner le jeune Racine ». Brossette étoit fort mal instruit. Le Port-Royal garda toujours le silence, et ne fit aucune démarche pour la réconciliation. Mon père fit lui seul, dans la suite, toutes les démarches que je dirai. On n'ignore pas le repentir qu'il a témoigné; et un jour il fit une réponse si humble à un de ses confrères, qui l'attaqua dans l'Académie par une plaisanterie au sujet de ce démêlé, que personne dans la suite n'osa le railler sur le même sujet. Lorsque Brossette fit imprimer la première lettre, il ne connoissoit pas la seconde, qui n'étoit connue de personne, ni de nous-mêmes. Elle fut trouvée, je ne sais par quel hasard, dans les papiers de monsieur l'abbé Dupin; et ceux qui en furent les maîtres après sa mort la firent imprimer.

Je reprends l'histoire des pièces de théâtre, et je viens à *Andromaque*. Elle fut représentée en 1667, et fit, au rapport de M. Perrault, à peu près le même bruit que *le Cid* avoit fait dans les premières représentations. On voit, par l'épître dédicatoire,

---

chapitre de sa façon dans le premier volume, et ne vit pas les autres. M. Nicole souffrit ces discours sans y répondre. Lorsque le P. Bouhours, en écrivant sur la langue française, releva plusieurs expressions des traductions de Port-Royal, M. de Sacy dit qu'il ne se soumettrait point à ces remarques : M. Nicole dit qu'il se corrigerait, et en effet n'employa point dans les *Essais de morale* celles qui lui parurent justement critiquées. Dans les petits troubles qui arrivaient à Port-Royal sur quelques diversités de sentiments, il ne prenait aucun parti, disant qu'il n'était point des guerres civiles. Mme de Longueville, qui, de l'envie de connaître les hommes fameux, passait souvent, comme bien d'autres, à l'ennui de les voir trop longtemps, ne changea jamais à l'égard de M. Nicole, qu'elle trouvait fort poli. Dans les conversations où il était contredit, ce qui arrivait plus d'une fois, elle prenait toujours son parti; ce qui lui fit dire, quand elle mourut, qu'il avait perdu tout son crédit : « J'ai même, disait-il, perdu mon abbaye, » parce qu'elle l'appelait toujours monsieur l'abbé Nicole. (L. R.)

que l'auteur avoit eu auparavant l'honneur de la lire à Madame : il remercie Son Altesse Royale des conseils qu'elle a bien voulu lui donner. Cette pièce coûta la vie à Montfleuri, célèbre acteur : il y représenta le rôle d'Oreste avec tant de force, qu'il s'épuisa entièrement : ce qui fit dire à l'auteur du *Parnasse réformé* [1] que tout poëte, désormais, voudra avoir l'honneur de faire crever un comédien.

La tragédie d'*Andromaque* eut trop d'admirateurs pour n'avoir pas d'ennemis. Saint-Évremont ne fut ni du nombre des ennemis ni du nombre des admirateurs, puisqu'il n'en fit que cet éloge: « Elle a bien l'air des belles choses ; il ne s'en faut presque rien qu'il n'y ait du grand. »

Un comédien, nommé Subligny, se signala par une critique en forme de comédie.[2] Elle ne fut pas inutile à l'auteur critiqué, qui corrigea, dans la seconde édition d'*Andromaque*, quelques négligences de style, et laissa néanmoins subsister certains tours nouveaux, que Subligny mettoit au nombre des fautes de style, et qui, ayant été approuvés depuis comme tours heureux, sont devenus familiers à notre langue. Les critiques les plus sérieuses contre cette pièce tombèrent sur le personnage de Pyrrhus, qui parut au grand Condé trop violent et trop emporté, et que d'autres accusèrent d'être un malhonnête homme, parce qu'il manque de parole à Hermione. L'auteur, au lieu de répondre à une critique si peu solide, entreprit de faire dans sa tragédie suivante le portrait d'un parfaitement honnête homme. C'est ce que Boileau donne à penser quand il dit à son ami, en lui représentant l'avantage qu'on retire des critiques :

> Au *Cid* persécuté *Cinna* doit sa naissance;
> Et ta plume peut-être aux censeurs de Pyrrhus
> Doit les plus nobles traits dont tu peignis Burrhus.

1. Gabriel Guéret.
2. On ne croit pas que Subligny ait été comédien; il était avocat, ou du moins il en prenait le titre. Sa comédie était intitulée *la Folle Querelle*, ou *la Critique d'Andromaque*. Elle fut jouée au mois de mai 1668, et imprimée la même année. Subligny donna des leçons de versification à la célèbre comtesse de La Suze. On a de lui une traduction des fameuses *Lettres portugaises*, *la Fausse Clélie*, roman médiocre, et plusieurs opuscules pour et contre Racine.

La comédie des *Plaideurs* précéda *Britannicus*, et parut en 1668. En voici l'origine :

Mon père avoit enfin obtenu un bénéfice, puisque le privilége de la première édition] d'*Andromaque*, qui est du 28 décembre 1667, est accordé au sieur Racine, prieur de l'Épinay : titre qui ne lui est plus donné dans un autre privilége accordé quelques mois après, parce qu'il n'étoit déjà plus prieur. Boileau le fut huit ou neuf ans; mais quand il reconnut qu'il n'avoit point de dispositions pour l'état ecclésiastique, il se fit un devoir de remettre le bénéfice entre les mains du collateur; et pour remplir un autre devoir encore plus difficile, après avoir calculé ce que le prieuré lui avoit rapporté pendant le temps qu'il l'avoit possédé, il fit distribuer cette somme aux pauvres, et principalement aux pauvres du lieu :[1] rare exemple donné par un poëte accusé d'aimer l'argent.

Son ami eût imité une si belle action, s'il eût eu à restituer des biens d'Église; mais sa vertu ne fut jamais à une pareille épreuve. A peine eut-il obtenu son bénéfice, qu'un régulier vint le lui disputer, prétendant que ce prieuré ne pouvoit être possédé que par un régulier : il fallut plaider; et voilà ce procès « que ni ses juges ni lui n'entendirent », comme il le dit dans la préface des *Plaideurs*. C'étoit ainsi que la Providence lui opposoit toujours de nouveaux obstacles pour entrer dans l'état ecclésiastique, où il ne vouloit entrer que par des vues d'intérêt. Fatigué enfin du procès, las de voir des avocats et de solliciter des juges, il abandonna le bénéfice, et se consola de cette perte par une comédie contre les juges et les avocats.

Il faisoit alors de fréquents repas chez un fameux traiteur[2] où se rassembloient Boileau, Chapelle, Furetière, et quelques autres. D'ingénieuses plaisanteries égayoient ces repas, où les

---

1. De Boze et Brossette disent que les revenus du bénéfice de Boileau furent employés à doter une jeune personne qui se fit religieuse, Marie Poncher de Bretouville. Boileau, dans sa jeunesse, l'avait aimée. (P. M.)

2. C'était un cabaret à l'enseigne du *Mouton blanc*. Ce cabaret existe encore avec la même enseigne, place Saint-Jean. C'est dans une de ces réunions que furent esquissés les premiers traits de cette plaisanterie de *Chapelain décoiffé par La Serre*, qui courut dans le public sans l'aveu des auteurs. (A.-M.)

fautes étoient sévèrement punies. Le poëme de *la Pucelle*, de Chapelain, étoit sur la table, et on régloit le nombre de vers que devoit lire un coupable, sur la qualité de sa faute. Elle étoit fort grave quand il étoit condamné à en lire vingt vers; et l'arrêt qui condamnoit à lire la page entière étoit l'arrêt de mort. Plusieurs traits de la comédie des *Plaideurs* furent le fruit de ces repas: chacun s'empressoit d'en fournir à l'auteur. M. de Brilhac, conseiller au parlement de Paris, lui apprenoit les termes de palais. Boileau lui fournit l'idée de la dispute entre Chicaneau et la Comtesse: il avoit été témoin de cette scène, qui s'étoit passée chez son frère le greffier, entre un homme très-connu alors et une comtesse, que l'actrice qui joua ce personnage contrefit jusqu'à paroître sur le théâtre avec les mêmes habillements, comme il est rapporté dans le commentaire sur la seconde satire de Boileau.[1] Plusieurs autres traits de cette comédie avoient également rap-

[1] L'original de cette comtesse, dit un commentateur de Racine, était la comtesse de Crissé, plaideuse de profession, et qui avait dissipé en mauvais procès une fortune considérable. Le parlement, d'après les demandes de la famille, lui fit défense d'intenter à l'avenir aucun procès sans avoir pris d'abord l'avis par écrit de deux avocats qui lui furent nommés par la cour. Cette interdiction de plaider la rendit furieuse, et elle passait ses jours à tourmenter ses juges et ses avocats. Un jour qu'elle avait été porter ses plaintes chez le greffier Jérôme Boileau, frère de Despréaux, elle y rencontra un cousin issu de germain de celui-ci, ancien président à la cour des monnaies, qui, ayant perdu tout son bien par mauvaise conduite, cherchait les occasions de se rendre nécessaire. C'était le même homme qui, dans la satire III de Boileau, se trouve dépeint

Avec sa mine étique,
Son rabat jadis blanc, et sa perruque antique.

Il s'avisa de vouloir donner des conseils à l'obstinée plaideuse, qui les écouta d'abord avec avidité, et les reçut avec quelque soumission; mais un malentendu qui survint entre eux, dans la chaleur de la conversation, fit croire à la comtesse que le donneur d'avis avait voulu l'insulter; elle changea aussitôt de ton, et l'accabla d'injures. Boileau, témoin de cette scène, ne laissa pas passer l'occasion de la faire mettre sur le théâtre. Dans le portrait de la femme de Dandin, qui

Eût du buvetier emporté les serviettes,
Plutôt que de rentrer au logis les mains nettes,

on eut en vue la femme du lieutenant criminel Tardieu, si connue par son avarice sordide, sa rapacité scandaleuse et sa fin tragique, arrivée en 1665. (Édit. de 1807.)

port à des personnes alors très-connues; et par l'Intimé, qui, dans la cause du chapon, commence, comme Cicéron, *pro Quintio* : *Quæ res duæ plurimum possunt... gratia et eloquentia,* etc., on désignoit un avocat qui s'étoit servi du même exorde dans la cause d'un pâtissier contre un boulanger. Soit que ces plaisanteries eussent attiré des ennemis à cette pièce, soit que le parterre ne fût pas d'abord sensible au sel attique dont elle est remplie, elle fut mal reçue; et les comédiens, dégoûtés de la seconde représentation, n'osèrent hasarder la troisième. Molière, qui étoit présent à cette seconde représentation, quoique alors brouillé avec l'auteur, ne se laissa séduire ni par aucun intérêt particulier, ni par le jugement du public : il dit tout haut, en sortant, que cette comédie étoit excellente, et que ceux qui s'en moquoient méritoient qu'on se moquât d'eux. Un mois après, les comédiens, représentant à la cour une tragédie, osèrent donner à la suite cette malheureuse pièce. Le roi en fut frappé, et ne crut pas déshonorer sa gravité ni son goût par des éclats de rire si grands, que la cour en fut étonnée.

Louis XIV jugea de la pièce comme Molière en avoit jugé. Les comédiens, charmés d'un succès qu'ils n'avoient pas espéré, pour l'annoncer plus promptement à l'auteur, revinrent toute la nuit à Paris, et allèrent le réveiller. Trois carrosses, pendant la nuit, dans une rue où l'on n'étoit pas accoutumé d'en voir pendant le jour, réveillèrent le voisinage : [1] on se mit aux fenêtres; et comme on savoit qu'un conseiller des requêtes avoit fait un grand bruit contre la comédie des *Plaideurs,* on ne douta point de la punition du poëte qui avoit osé railler les juges en plein théâtre. Le lendemain tout Paris le croyoit en prison, tandis qu'il se félicitoit de l'approbation que la cour avoit donnée à sa pièce, dont le mérite fut enfin reconnu à Paris.

L'année suivante, [2] 1668, il reçut une gratification de douze cents livres, sur un ordre particulier de M. Colbert. [3]

---

1. Racine logeait alors à l'hôtel des Ursins, dans la Cité.
2. Il fallait dire : la même année. Il est vrai que l'ordonnance est du dernier jour de décembre.
3. En voici la copie : « Maître Charles le Bègue, conseiller du roi, trésorier général de ses bâtiments, nous vous mandons que des deniers de

Britannicus, qui parut en 1670, eut aussi beaucoup de contradictions à essuyer, et l'auteur avoue dans sa préface qu'il craignit quelque temps que cette tragédie n'eût une destinée malheureuse. Je ne connois cependant aucune critique imprimée dans le temps contre *Britannicus.* Ces sortes de critiques, à la vérité, tombent peu après dans l'oubli ; mais il se trouve toujours dans la suite quelque faiseur de recueil qui veut les en retirer. Tout est bon pour ceux qui, moins curieux de la reconnoissance du public que de la rétribution du libraire, n'ont d'autre ambition que celle de faire imprimer un livre nouveau ; et, dans le recueil des pièces fugitives faites sur les tragédies de nos deux poëtes fameux, qu'en 1740 Gissey imprima en deux volumes,[1] je ne trouve rien sur *Britannicus.*

On sait l'impression que firent sur Louis XIV quelques vers de cette pièce. Lorsque Narcisse rapporte à Néron le discours qu'on tient contre lui, il lui fait entendre qu'on raille son ardeur à briller par des talents qui ne doivent point être les talents d'un empereur :

> Il excelle à conduire un char dans la carrière,
> A disputer des prix indignes de ses mains,
> A se donner lui-même en spectacle aux Romains,
> A venir prodiguer sa voix sur un théâtre.....

Ces vers frappèrent le jeune monarque, qui avoit quelquefois dansé dans les ballets ; et quoiqu'il dansât avec beaucoup de noblesse, il ne voulut plus paroître dans aucun ballet, reconnoissant qu'un roi ne doit point se donner en spectacle. On trouvera

votre charge de la présente année, même de ceux destinés par Sa Majesté pour les pensions et gratifications des gens de lettres, tant françois qu'étrangers, qui excellent en toutes sortes de sciences, vous payiez comptant au sieur Racine la somme de douze cents livres, que nous lui avons ordonnée pour la pension et gratification que Sa Majesté lui a accordée, en considération de son application aux belles-lettres, et des pièces de théâtre qu'il donne au public. Rapportant la présente, et quittance sur ce suffisante, ladite somme de douze cents livres sera passée et allouée en la dépense de vos comptes, par messieurs des comptes à Paris ; lesquels nous prions ainsi le faire sans difficulté. Fait à Paris, le dernier jour de décembre 1668. COLBERT. La Motte-Coquart. » (L. R.)

1. C'est le recueil de Granet.

ce que je dis ici confirmé par une des lettres de Boileau.[1] Ce fut en remarquant combien les vers de *Britannicus* étoient travaillés, qu'il dit pour la première fois ce qu'il a souvent répété : « C'est moi qui ai appris à M. Racine à faire des vers difficilement. »

Ceux qui ajoutent foi en tout au *Bolœana* croient que Boileau, qui trouvoit les vers de *Bajazet* trop négligés, trouvoit aussi le dénouement de *Britannicus* puéril, et reprochoit à l'auteur d'avoir fait Britannicus trop petit devant Néron. Il y a grande apparence que M. de Monchesnay, mal servi par sa mémoire lorsqu'il composa ce recueil, s'est trompé en cet endroit comme dans plusieurs autres. Je n'ai jamais entendu dire que Boileau eût fait de pareilles critiques; je sais seulement qu'il engagea mon père à supprimer une scène entière de cette pièce avant que de la donner aux comédiens; et par cette raison cette scène n'est encore connue de personne. Ces deux amis avoient un égal empressement à se communiquer leurs ouvrages avant que de les montrer au public, égale sévérité de critique l'un pour l'autre, et égale docilité. Voici cette scène, que Boileau avoit conservée, et qu'il nous a remise : elle étoit la première du troisième acte.

BURRHUS, NARCISSE.

BURRHUS.

Quoi! Narcisse, au palais obsédant l'empereur,
Laisse Britannicus en proie à sa fureur!
Narcisse, qui devroit d'une amitié sincère
Sacrifier au fils tout ce qu'il tient du père;
Qui devroit, en plaignant avec lui son malheur,
Loin des yeux de César détourner sa douleur!
Voulez-vous qu'accablé d'horreur, d'inquiétude,
Pressé du désespoir qui suit la solitude,
Il avance sa perte en voulant l'éloigner,
Et force l'empereur à ne plus l'épargner?
Lorsque de Claudius l'impuissante vieillesse
Laissa de tout l'empire Agrippine maîtresse,
Qu'instruit du successeur que lui gardoient les dieux,
Il vit déjà son nom écrit dans tous les yeux;
Ce prince, à ses bienfaits mesurant votre zèle,

---

1. La lettre de Boileau à Monchesnay. Voyez p. 284.

Crut laisser à son fils un gouverneur fidèle,
Et qui, sans s'ébranler, verroit passer un jour
Du côté de Néron la fortune et la cour.
Cependant aujourd'hui sur la moindre menace
Qui de Britannicus présage la disgrâce,
Narcisse, qui devoit le quitter le dernier,
Semble dans le malheur le plonger le premier.
César vous voit partout attendre son passage.

NARCISSE.

Avec tout l'univers je viens lui rendre hommage,
Seigneur : c'est le dessein qui m'amène en ces lieux.

BURRHUS.

Près de Britannicus vous le servirez mieux.
Craignez-vous que César n'accuse votre absence?
Sa grandeur lui répond de votre obéissance.
C'est à Britannicus qu'il faut justifier
Un soin dont ses malheurs se doivent défier.
Vous pouvez sans péril respecter sa misère;
Néron n'a point juré la perte de son frère;
Quelque froideur qui semble altérer leurs esprits,
Votre maître n'est point au nombre des proscrits.
Néron même en son cœur, touché de votre zèle,
Vous en tiendroit peut-être un compte plus fidèle
Que de tous ces respects vainement assidus,
Oubliés dans la foule aussitôt que rendus.

NARCISSE.

Ce langage, seigneur, est facile à comprendre;
Avec quelque bonté César daigne m'entendre :
Mes soins trop bien reçus pourroient vous irriter...
A l'avenir, seigneur, je saurai l'éviter.

BURRHUS.

Narcisse, vous réglez mes desseins sur les vôtres :
Ce que vous avez fait, vous l'imputez aux autres.
Ainsi lorsque inutile au reste des humains,
Claude laissoit gémir l'empire entre vos mains,
Le reproche éternel de votre conscience
Condamnoit devant lui Rome entière au silence.
Vous lui laissiez à peine écouter vos flatteurs,
Le reste vous sembloit autant d'accusateurs
Qui, prêts à s'élever contre votre conduite,
Alloient de nos malheurs développer la suite;
Et, lui portant les cris du peuple et du sénat,
Lui demander justice au nom de tout l'État.

Toutefois pour César je crains votre présence :
Je crains, puisqu'il vous faut parler sans complaisance,
Tous ceux qui, comme vous, flattant tous ses désirs,
Sont toujours dans son cœur du parti des plaisirs.
Jadis à nos conseils l'empereur plus docile
Affectoit pour son frère une bonté facile,
Et de son rang pour lui modérant la splendeur,
De sa chute à ses yeux cachoit la profondeur.
Quel soupçon aujourd'hui, quel desir de vengeance
Rompt du sang des Césars l'heureuse intelligence?
Junie est enlevée, Agrippine frémit ;
Jaloux et sans espoir Britannicus gémit :
Du cœur de l'empereur son épouse bannie,
D'un divorce à toute heure attend l'ignominie.
Elle pleure ; et voilà ce que leur a coûté
L'entretien d'un flatteur qui veut être écouté.

NARCISSE.

Seigneur, c'est un peu loin pousser la violence ;
Vous pouvez tout : j'écoute et garde le silence.
Mes actions un jour pourront vous repartir :
Jusque-là...

BURRHUS.

Puissiez-vous bientôt me démentir !
Plût aux dieux qu'en effet ce reproche vous touche !
Je vous aiderai même à me fermer la bouche.
Sénèque, dont les soins devroient me soulager,
Occupé loin de Rome, ignore ce danger.
Réparons, vous et moi, cette absence funeste :
Du sang de nos Césars réunissons le reste.
Rapprochons-les, Narcisse, au plus tôt, dès ce jour,
Tandis qu'ils ne sont point séparés sans retour.

On ne trouve rien dans cette scène qui ne réponde au reste de la pièce pour la versification ; mais son ami craignit qu'elle ne produisît un mauvais effet sur les spectateurs : « Vous les indisposerez, lui dit-il, en leur montrant ces deux hommes ensemble. Pleins d'admiration pour l'un, et d'horreur pour l'autre, ils souffriront pendant leur entretien. Convient-il au gouverneur de l'empereur, à cet homme si respectable par son rang et sa probité, de s'abaisser à parler à un misérable affranchi, le plus scélérat de tous les hommes ? Il le doit trop mépriser pour avoir avec lui quelque éclaircissement. Et d'ailleurs quel fruit espèret-il de ses remontrances? Est-il assez simple pour croire qu'elles feront naître quelques remords dans le cœur de Narcisse? Lorsqu'il lui fait connoître l'intérêt qu'il prend à Britannicus, il découvre son secret à un traître; et, au lieu de servir Britannicus, il en précipite la perte.¹ » Ces réflexions parurent justes, et la scène fut supprimée.

Cette pièce fit connoître que l'auteur n'étoit pas seulement rempli des poëtes grecs, et qu'il savoit également imiter les fameux écrivains de l'antiquité. Que de vers heureux, et combien d'expressions énergiques prises dans Tacite! Tout ce que Burrhus dit à Néron quand il se jette à ses pieds, et qu'il tâche de l'attendrir en faveur de Britannicus, est un extrait de ce que Sénèque a écrit de plus beau dans son traité *sur la Clémence,* adressé à ce même Néron. Ce passage du *Panégyrique de Trajan* par Pline : *Insulas quas modo senatorum, jam delatorum turba compleverat,* etc., a fourni ces deux beaux vers :

> Les déserts, autrefois peuplés de sénateurs,
> Ne sont plus habités que par leurs délateurs.

M. de Fontenelle, dans la *Vie de Corneille,* son oncle, nous dit que *Bérénice* fut un duel. En effet, ce vers de Virgile :

> Infelix puer atque impar congressus Achilli,

fut appliqué alors par quelques personnes au jeune combattant, à qui cependant la victoire demeura. Elle ne fut pas même disputée; la partie n'étoit pas égale. Corneille n'étoit plus le Corneille du *Cid* et des *Horaces ;* il étoit devenu l'auteur d'*Agésilas*. Une princesse, ² fameuse par son esprit et par son amour pour la poésie, avoit engagé les deux rivaux à traiter ce même sujet. Ils lui donnèrent en cette occasion une grande preuve de leur obéissance, et les deux *Bérénices* parurent en même temps en 1671.³

---

1. « M. Despréaux, écrit Brossette à J. B. Rousseau, conseilla à Racine de la supprimer parce qu'il la trouvoit foible en comparaison du reste de la pièce, et qu'elle en arrêtoit l'action. Il n'approuvoit pas que Burrhus se commît ainsi avec Narcisse, et il disoit que cette scène ne pouvoit finir que par des coups de bâton. »

2. Henriette-Anne d'Angleterre. (L. R.)

3. En 1670. Imprimées en 1671. C'est par l'entremise du marquis de

L'abbé de Villars voulut faire briller son esprit aux dépens de l'une et de l'autre pièce : ses plaisanteries furent trouvées très-fades, et ses critiques parurent outrées à Subligny lui-même, qui, prenant alors la défense du même poëte dont il avoit critiqué l'*Andromaque*, fit voir que l'écrivain ingénieux du *Peuple élémentaire* n'entendoit pas les matières poétiques. Tout sert aux auteurs sages. L'abbé de Villars avoit vivement relevé cette exclamation : *Dieux!* échappée à Bérénice. L'auteur, en reconnoissant sa faute, en corrigea deux autres de la même nature, dont son critique ne s'étoit pas aperçu. Bérénice disoit à la fin du premier acte :

> Rome entière, en ce même moment,
> Fait des vœux pour Titus, et par des sacrifices,
> De son règne naissant consacre les prémices.
> Je prétends quelque part à des souhaits si doux :
> Phénice, allons nous joindre aux vœux qu'on fait pour nous.

Et dans l'acte suivant Bérénice disoit à Titus :

> Pourquoi des immortels attester la puissance?

Dans la seconde édition, l'auteur changea ces expressions, qu'il avoit mises dans la bouche de Bérénice sans faire attention qu'elle étoit Juive.

Sa tragédie, quoique honorée du suffrage du grand Condé par l'heureuse application qu'il avoit faite de ces deux vers :

> Depuis trois ans entiers chaque jour je la vois,
> Et crois toujours la voir pour la première fois,

fut très-peu respectée sur le théâtre Italien.[1] Il assista à cette parodie bouffonne, et y parut rire comme les autres; mais il

---

Dangeau que cette princesse avait déterminé Corneille à traiter le même sujet; mais elle ne put jouir du plaisir de voir la lutte des deux rivaux; la cour pleurait encore sa mort prématurée, lorsque les deux pièces furent représentées pour la première fois.

1. La parodie de *Bérénice* ne parut que le 11 octobre 1683. Voy. tome III, p. 384-386. Notez le témoignage de l'*Arliquiniana* attribué à Cotolendi (1694): « Dans une comédie italienne, Arlequin fait le personnage de Titus, et il récite les vers que M. Racine lui fait dire dans sa *Bérénice*. Arlequin tourne

avouoit à ses amis qu'il n'avoit ri qu'extérieurement. La rime indécente qu'Arlequin mettoit à la suite de *la reine Bérénice* le chagrinoit au point de lui faire oublier le concours du public à sa pièce, les larmes des spectateurs, et les éloges de la cour. C'étoit dans de pareils moments qu'il se dégoûtoit du métier de poëte, et qu'il faisoit résolution d'y renoncer : il reconnoissoit la foiblesse de l'homme, et la vanité de notre amour-propre, que si peu de chose humilie. Il fut encore frappé d'un mot de Chapelle, qui fit plus d'impression sur lui que toutes les critiques de l'abbé de Villars, qu'il avoit su mépriser. Ses meilleurs amis vantoient l'art avec lequel il avoit traité un sujet si simple, en ajoutant que le sujet n'avoit pas été bien choisi. Il ne l'avoit pas choisi ; la princesse que j'ai nommée lui avoit fait promettre qu'il le traiteroit ; et comme courtisan, il s'étoit engagé. « Si je m'y étois trouvé, disoit Boileau, je l'aurois bien empêché de donner sa parole. » Chapelle, sans louer ni critiquer, gardoit le silence. Mon père enfin le pressa vivement de se déclarer : « Avouez-moi en ami, lui dit-il, votre sentiment. Que pensez-vous de *Bérénice?* — Ce que j'en pense? répondit Chapelle : Marion pleure, Marion crie, Marion veut qu'on la marie. » Ce mot, qui fut bientôt répandu, a été depuis attribué mal à propos à d'autres.

La parodie bouffonne faite sur le théâtre Italien, les railleries de Saint-Évremont, et le mot de Chapelle, ne consoloient pas Corneille, qui voyait la *Bérénice,* rivale de la sienne, raillée et suivie, tandis que la sienne étoit entièrement abandonnée.

Il avoit depuis longtemps de véritables inquiétudes, et n'en avoit point fait mystère à son ami Saint-Évremont, lorsque, le

---

ces vers, non pas pour les censurer, mais en les appliquant à un sujet comique. Quand les Italiens jouèrent cette comédie, M..., qui a fait quelques tragédies avec succès, se mit en très-mauvaise humeur contre eux : « Quel abus, disoit-il, de souffrir que des bateleurs rendent ridicules les « sentiments héroïques que les auteurs s'attachent à mettre dans les tra- « gédies! Si on tourne en plaisanterie ces sentiments, où est-ce que le roi « trouvera des ministres pour son conseil et des généraux pour ses armées? » Il faut être bien poëte, me dit Arlequin, pour avoir une telle imagination, et pour croire que les lumières des ministres et que le courage des généraux d'armées ne se prend que dans les pièces de théâtre. M. Racine ne prit pas la chose si fort à cœur; il vint à la comédie, il y rit, et s'en retourna sans le moindre ressentiment. »

remerciant des éloges qu'il avoit reçus de lui dans sa *Dissertation sur l'Alexandre,* il lui avoit écrit : « Vous m'honorez de votre estime dans un temps où il semble qu'il y ait un parti fait pour ne m'en laisser aucune. C'est un merveilleux avantage pour moi, qui ne peux douter que la postérité ne s'en rapporte à vous. Aussi je vous avoue que je pense avoir quelque droit de traiter de ridicules ces vains trophées qu'on établit sur les anciens héros refondus à notre mode. »

Cette critique injuste a ébloui quelques personnes, surtout depuis qu'un écrivain célèbre l'a renouvelée.[1] « Pourquoi, dit-il, ces héros ne nous font-ils pas rire? c'est que nous ne sommes pas savants; nous ignorons les mœurs des Grecs et des Romains. Il faudroit, pour en rire, des gens éclairés. La chose est assez risible; mais il manque *des rieurs.* » Quand le parterre seroit rempli de gens instruits des mœurs grecques et romaines, les rieurs manqueroient encore, puisque ceux qui ont formé leur goût dans les lettres grecques et romaines connoissent encore mieux que les autres le mérite de ces tragédies, qui paroissent *risibles* à M. de Fontenelle. Le souvenir d'une ancienne épigramme peut-il rester si longtemps sur le cœur?

Corneille étoit excusable, quand il cherchoit quelques prétextes pour se consoler. Il avoit des chagrins, et ces chagrins lui avoient fait prendre en mauvaise part une plaisanterie de la comédie des *Plaideurs,* où ce vers du *Cid,*

<blockquote>Ses rides sur son front ont gravé ses exploits,</blockquote>

est appliqué à un vieux sergent. « Ne tient-il donc, disoit-il, qu'à un jeune homme de venir ainsi tourner en ridicule les vers des gens? » L'offense n'étoit pas grave, mais il n'étoit pas de bonne humeur.

Segrais rapporte[2] qu'étant auprès de lui à la représentation de *Bajazet,* qui fut joué en 1672, Corneille lui fit observer que tous les personnages de cette pièce avoient, sous des habits turcs, des sentiments françois. « Je ne le dis qu'à vous, ajouta-t-il : d'autres croiroient que la jalousie me fait parler. » Eh! pour-

---

1. M. de Fontenelle, dans son *Histoire du Théâtre.* (L. R.)
2. *Segraisiana,* 1721, p. 58.

quoi s'imaginer que les Turcs ne savent pas exprimer comme nous les sentiments de la nature? Si Corneille eût voulu jeter les yeux sur tant de lauriers et sur tant d'années dont il étoit chargé, il n'auroit point compromis une gloire qui ne pouvoit plus croître. Tantôt il se flattoit que ses rivaux attendoient sa mort avec impatience, ce qui lui faisoit dire :

> Si mes quinze lustres
> Font encor quelque peine aux modernes illustres,
> S'il en est de fâcheux jusqu'à s'en chagriner,
> Je n'aurai pas longtemps à les importuner. [1]

Tantôt s'imaginant que les pièces qu'on préféroit aux siennes ne devoient leur succès qu'aux brigues, il disoit :

> Pour me faire admirer je ne fais point de ligues;
> J'ai peu de voix pour moi, mais je les ai sans brigues;
> Et mon ambition, pour faire plus de bruit,
> Ne les va point quêter de réduit en réduit...
> Je ne dois qu'à moi seul toute ma renommée... [2]

Son malheur venoit de sa tendresse inconcevable pour les enfants de sa vieillesse, qu'il croyoit que tout le monde devoit admirer comme il les admiroit. Cependant il étoit obligé d'avoir recours à la troupe des comédiens du Marais, parce que celle de l'hôtel de Bourgogne, occupée des pièces de son rival, refusoit les siennes. Les pièces du grand Corneille refusées par les comédiens! *O vieillesse ennemie !* A quelle humiliation est exposé un poëte qui veut l'être trop longtemps!

Si Corneille avoit ses chagrins, son rival avoit aussi les siens. Il entendoit dire souvent que les beautés de ses tragédies étoient des beautés de mode, qui ne dureroient pas. Madame de Sévigné, comme beaucoup d'autres, se faisoit une vertu de rester fidèle à ce qu'elle appeloit *ses vieilles admirations*. Voici quelques endroits de ses lettres qui feront connoître les différents discours qu'on tenoit alors; et ces endroits, quoique pleins de jugements précipités, plairont à cause de ce style qu'on admire dans une dame, et qui fait lire tant de lettres qui n'apprennent presque

---

1. Ces vers sont de 1676.
2. Ceux-ci sont de 1637 et ne peuvent, par conséquent, faire allusion à Racine, qui n'était pas né encore.

rien. C'est ainsi qu'elle parle de *Bajazet* avant que de l'avoir vu :
« Cette pièce, dit-on, est autant au-dessus des pièces de Corneille,
que Corneille est au-dessus de Boyer : voilà ce qui s'appelle
louer.
Du bruit de Bajazet mon âme importunée

fait que je veux aller à la comédie; nous en jugerons par nos
yeux et nos oreilles. »

Après avoir vu la pièce, elle l'envoie à sa chère fille, en lui
disant : « Je vous envoie *Bajazet* : je voudrois aussi vous envoyer la
Champmêlé pour réchauffer la pièce.... Il y a des choses agréables,
rien de parfaitement beau, rien qui enlève, point de ces tirades
de Corneille qui font frissonner. Ma fille, gardons-nous bien de lui
comparer Racine ; sentons-en la différence. Jamais il n'ira plus
loin qu'*Andromaque*... Il fait des comédies pour la Champmeslé,
et non pas pour les siècles à venir : si jamais il n'est plus jeune,
et qu'il cesse d'être amoureux,[1] ce ne sera plus la même chose.
Vive donc notre vieil ami Corneille! Pardonnons-lui de méchants
vers en faveur des divines et sublimes beautés qui nous transportent. Ce sont des traits de maître qui sont inimitables. Despréaux
en dit encore plus que moi; et en un mot, c'est le bon goût :
tenez-vous-y.[2] »

Ces prophéties se sont trouvées fausses. L'auteur de *Britannicus* fit voir qu'il pouvoit aller encore plus loin, et qu'il travailloit pour l'avenir. Je dirai bientôt pourquoi on lui reprochoit de
travailler pour la Champmeslé, et je détruirai cette accusation.
Personne ne croira que Boileau ait jamais pensé comme madame
de Sévigné le fait ici penser, puisqu'on est au contraire porté à
croire qu'il louoit trop son ami. Le P. Tournemine, dans une
lettre imprimée,[3] avance qu'il ne décria l'*Agésilas* et l'*Attila*
« que pour immoler les dernières pièces de Corneille à Racine,
son idole ». Ce n'étoit pas certainement pour lui immoler de

1. Il avait déjà été plus loin qu'*Andromaque*, puisqu'il avait fait *Britannicus*. Pouvait-elle dire que *Britannicus* ne fût que l'ouvrage d'un jeune amoureux? (L. R.)

2. Les citations de Louis Racine sont altérées. Nous les laissons telles qu'elles sont. On les trouvera exactes et complètes, tome III, p. 374-375.

3. Cette lettre est à la tête des OEuvres posthumes de Corneille, imprimées en 1738. (L. R.)

grandes victimes; et Boileau ne pensa jamais à élever son idole (pour répéter le terme du P. Tournemine) au-dessus de Corneille : il savoit rendre justice à l'un et à l'autre; il les admiroit tous deux, sans décider sur la préférence.

Le parti de Corneille s'affoiblit beaucoup plus l'année suivante, quand *Mithridate,* paroissant avec toute sa haine pour Rome, sa dissimulation et sa jalousie cruelle, fit voir que le poëte savoit donner aux anciens héros toute leur ressemblance.

Je ne trouve point que cette tragédie ait essuyé d'autres contradictions que d'être confondue, comme les autres, dans la misérable satire intitulée *Apollon vendeur de Mithridate;* ouvrage qui, rempli des jeux de mots les plus insipides, ne fit aucun honneur à Barbier d'Aucourt.

En cette même année, mon père fut reçu à l'Académie françoise, et sa réception ne fut pas remarquable comme l'avoit été celle de Corneille, par un remerciement ampoulé. Corneille, dans une pareille occasion, se nomma « un indigne mignon de la fortune », et, ne pouvant exprimer sa joie, l'appela « un épanouissement du cœur, une liquéfaction intérieure, qui relâche toutes les puissances de l'âme »; de sorte que Corneille, qui savoit si bien faire parler les autres, se perdit en parlant pour lui-même. Le remerciement de mon père fut fort simple et fort court, et il le prononça d'une voix si basse, que M. Colbert, qui étoit venu pour l'entendre, n'en entendit rien, et que ses voisins même en entendirent à peine quelques mots. Il n'a jamais paru dans les *Recueils de l'Académie,* et ne s'est point trouvé dans ses papiers après sa mort. L'auteur apparemment n'en fut pas content, quoique, suivant quelques personnes éclairées, il fût né autant orateur que poëte. Ces personnes en jugent par les deux discours académiques dont je parlerai bientôt, et par une harangue au roi, dont elles disent qu'il fut l'auteur : elle fut prononcée par une autre bouche que la sienne, en 1685, et se trouve dans les *Mémoires du Clergé.*

Un de ses confrères dans l'Académie se déclara son rival, en traitant comme lui le sujet d'*Iphigénie.* Les deux tragédies parurent en 1675[1] : celle de Le Clerc n'est plus connue que par l'épi-

1. Les auteurs du *Théâtre françois* disent en 1674, et se fondent

gramme faite sur sa chute, et la gloire de l'autre fut célébrée par Boileau :

> Jamais Iphigénie, en Aulide immolée,
> N'a coûté tant de pleurs à la Grèce assemblée, etc.

C'étoit en 1677 que Boileau parloit ainsi : et comme il avoit acquis une grande autorité sur le Parnasse, depuis qu'en 1674 il avoit donné son *Art poétique* et ses quatre Épîtres, il étoit bien capable de rassurer son ami, attaqué par tant de critiques.[1] A la fin de l'Épître qu'il lui adresse, il souhaite, pour le bonheur de leurs ouvrages,

> Qu'à Chantilly Condé les lise quelquefois,

parce qu'ils étoient tous deux fort aimés du grand Condé, qui rassembloit souvent à Chantilly les gens de lettres, et se plaisoit à s'entretenir avec eux de leurs ouvrages, dont il étoit bon juge. Lorsque dans ces conversations littéraires il soutenoit une bonne cause, il parloit avec beaucoup de grâce et de douceur; mais quand il en soutenoit une mauvaise, il ne falloit pas le contredire : sa vivacité devenoit si grande qu'on voyoit bien qu'il étoit dangereux de lui disputer la victoire. Le feu de ses yeux étonna une fois si fort Boileau dans une dispute de cette nature, qu'il céda par prudence, et dit tout bas à son voisin : « Dorénavant

---

sur une autorité qui peut être douteuse. C'est ce que je ne puis décider. (L. R.) La pièce de Racine parut en 1674, et celle de Le Clerc en 1675. Voyez la notice préliminaire d'*Iphigénie*.

1. Il est inutile de rappeler ici toutes les critiques dont ce nouveau chef-d'œuvre fut l'objet. On blâma l'auteur de s'être écarté de l'histoire du sacrifice d'Iphigénie, telle qu'elle se trouve dans Dictys de Crète, et telle qu'elle a été suivie par Euripide; comme si le poëte ne pouvait rien inventer dans un pareil sujet, et comme si les faits inventés n'avaient pas produit des beautés de premier ordre. Enfin, lorsqu'on vit que le public s'obstinait à admirer l'*Iphigénie* de Racine, et que tous les efforts de la cabale n'avaient pu donner plus de cinq représentations à l'*Iphigénie* de Coras et de Le Clerc, on eut recours à la calomnie, dernier refuge des envieux, et l'on accusa Racine d'avoir abusé de son crédit pour tâcher d'empêcher les dernières représentations de cette pièce; et cette ridicule imputation se trouva répétée dix ans après, dans un écrit de Pradon, intitulé *Nouvelles Remarques sur tous les ouvrages du sieur D...* (*Despréaux*). (A. M.)

je serai toujours de l'avis de M. le Prince, quand il aura tort. » [1]

J'ignore en quel temps Boileau et son ami travaillèrent à un opéra, par ordre du roi, à la sollicitation de madame de Montespan. Cette particularité seroit fort inconnue, si Boileau, qui auroit bien pu se dispenser de faire imprimer dans la suite son prologue, ne l'avoit racontée dans l'avertissement qui le précède. Je ne crois pas qu'on ait jamais vu un seul vers de mon père en ce genre d'ouvrage, qu'il essayoit à contre-cœur. Les poëtes n'ont que leur génie à suivre, et ne doivent jamais travailler par ordre. Le public ne leur sait aucun gré de leur obéissance. [2]

Un rival aussi peu à craindre que Le Clerc se rendit bien plus redoutable que lui, quand la *Phèdre* parut en 1677. Il en suspendit quelque temps le succès, par la tragédie qu'il avoit composée sur le même sujet, et qui fut représentée en même temps. La curiosité de chercher la cause de la première fortune de la *Phèdre* de Pradon, est le seul motif qui la puisse faire lire aujourd'hui. La véritable raison de cette fortune fut le crédit d'une puissante cabale dont les chefs s'assembloient à l'hôtel de Bouillon. Ils s'avisèrent d'une nouvelle ruse qui leur coûta, disoit Boileau, quinze mille livres[3] : ils retinrent les premières loges pour les six premières représentations de l'une et de l'autre pièce, et par conséquent ces loges étoient vides ou remplies quand ils vouloient.

Les six premières représentations furent si favorables à la *Phèdre* de Pradon, et si contraires à celle de mon père, qu'il étoit près de craindre pour elle une véritable chute, dont les bons ouvrages sont quelquefois menacés, quoiqu'ils ne tombent jamais. La bonne tragédie rappela enfin les spectateurs, et l'on méprisa le sonnet qui avoit ébloui d'abord :

Dans un fauteuil doré Phèdre mourante et blême, etc. [4]

---

1. L'auteur du *Bolœana* rapporte ce mot d'une manière à faire croire qu'il ne l'a pas compris. Il en a de même défiguré plusieurs autres. (L. R.)

2. Racine avait déjà fait quelques vers, et les avait lus au roi. Quinault, qui en fut instruit, courut se jeter aux pieds de Sa Majesté, lui déclarant qu'il mourrait de douleur et de honte, si un autre que lui travaillait aux divertissements de la cour. Sa réclamation fut accueillie, et Racine se trouva ainsi dégagé de la tâche qu'on lui avait imposée. (A.-M.)

3. Voyez sur ce point tome IV, p. 408.

4. Voy. tome II, p. 402.

Ce sonnet avoit été fait par madame Deshoulières, qui protégeoit Pradon, non par admiration pour lui, mais parce qu'elle étoit amie de tous les poëtes qu'elle ne regardoit pas comme capables de lui disputer le grand talent qu'elle croyoit avoir pour la poésie. On ne s'avisa pas de soupçonner madame Deshoulières du sonnet : on se persuada fort mal à propos que l'auteur étoit M. le duc de Nevers, parce qu'il faisoit des vers et qu'il étoit du parti de l'hôtel de Bouillon. On répondit à ce sonnet par une parodie sur les mêmes rimes; et on ne respecta dans cette parodie ni le duc de Nevers, ni sa sœur la duchesse de Mazarin, retirée en Angleterre. Quand les auteurs de la parodie n'eussent fait que plaisanter M. le duc de Nevers sur sa passion pour rimer, ils avoient tort, puisqu'ils attaquoient un homme qui n'avoit cherché querelle à personne; mais dans leurs plaisanteries ils passoient les bornes d'une querelle littéraire, en quoi ils n'étoient pas excusables. Je ne rapporte ni leur parodie, ni le sonnet : on trouve ces pièces dans les longs commentateurs de Boileau, et dans plusieurs recueils. On ne douta point d'abord que cette parodie ne fût l'ouvrage du poëte offensé, et que son ami Boileau n'y eût part. Le soupçon étoit naturel. Le duc irrité annonça une vengeance éclatante. Ils désavouèrent la parodie, dont en effet ils n'étoient point les auteurs; et M. le duc Henri-Jules[1] les prit tous deux sous sa protection, en leur offrant l'hôtel de Condé pour retraite. « Si vous êtes innocents, leur dit-il, venez-y ; et si vous êtes coupables, venez-y encore. » La querelle fut apaisée quand on sut que quelques jeunes seigneurs très-distingués avoient fait dans un repas la parodie du sonnet.

La *Phèdre* resta victorieuse de tant d'ennemis; et Boileau, pour relever le courage de son ami, lui adressa sa septième Épître sur l'utilité qu'on retire de la jalousie des envieux. L'auteur de *Phèdre* étoit flatté du succès de sa tragédie, moins pour lui que pour l'intérêt du théâtre. Il se félicitoit d'y avoir fait goûter une pièce où la vertu avoit été mise dans tout son jour, où la seule pensée du crime étoit regardée avec autant d'horreur que le crime même; et il espéroit par cette pièce réconcilier la tragédie « avec quantité de personnes célèbres par leur piété et

---

1. Fils du grand Condé.

par leur doctrine ». L'envie de se rapprocher de ses premiers maîtres le faisoit ainsi parler dans sa préface; et d'ailleurs il étoit persuadé que l'amour, à moins qu'il ne soit entièrement tragique, ne doit point entrer dans les tragédies.

On se trompe beaucoup quand on croit qu'il remplissoit les siennes de cette passion parce qu'il en étoit lui-même rempli. Les poëtes se conforment au goût de leur siècle. Un jeune auteur qui cherche à plaire à la cour d'un jeune roi où l'on respire l'amour et la galanterie, fait respirer le même air à ses héros et héroïnes. Cette raison, et la nécessité de suivre une route différente de Corneille en marchant dans la même carrière, lui fit traiter ses sujets dans un goût différent; et lorsque la tendresse qui règne dans ses tragédies est attribuée par M. de Valincour à un caractère plein de passion, il parle lui-même suivant ce préjugé naturel, qu'un auteur se peint dans ses ouvrages; mais M. de Valincour ne pouvoit ignorer que son ami, quoique né si tendre, n'avoit jamais été esclave de l'amour, que peut-être, à cause de la tendresse même de son cœur, il regardoit comme plus dangereux encore pour lui que pour un autre. Il en étoit un habile peintre, parce qu'étant né poëte, il étoit habile imitateur : il a su peindre parfaitement la fierté et l'ambition dans le personnage d'Agrippine, quoiqu'il fût bien éloigné d'être fier et ambitieux. Madame de Sévigné, dans un endroit de ses lettres que j'ai rapporté, fait entendre qu'il étoit très-amoureux de la Champmeslé, et que même il faisoit ses tragédies conformément au goût de la déclamation de cette actrice. Dans sa Vie imprimée à la tête de dernière édition de ses *Œuvres,* on lit qu'il en avoit un fils naturel, et que l'infidélité de cette comédienne, qui lui préféra le comte de Tonnerre, fut cause qu'il renonça à cette actrice et aux pièces de théâtre.

Puisque de pareils discours, faussement répandus dans le temps, subsistent encore aujourd'hui à la tête de ses *Œuvres,* c'est à moi à les détruire; mais, quoique certain de leur fausseté, c'est à regret que je parle de choses dont je voudrois que la mémoire fût effacée. Ce prétendu fils naturel n'a jamais existé;[1] et même, selon

---

1. Ce conte est d'autant plus ridiculement inventé, que la Champmeslé était mariée. (L. R.)

toutes les apparences, mon père n'a jamais eu pour la Champmeslé cette passion qu'on a conjecturée de ses assiduités auprès d'elle, sur lesquelles je garderois le silence, si je n'étois obligé d'en dire la véritable raison.

Cette femme n'étoit point née actrice. La nature ne lui avoit donné que la beauté, la voix et la mémoire : du reste, elle avoit si peu d'esprit, qu'il falloit lui faire entendre les vers qu'elle avoit à dire, et lui en donner le ton. Tout le monde sait le talent que mon père avoit pour la déclamation, dont il donna le vrai goût aux comédiens capables de le prendre. Ceux qui s'imaginent que la déclamation qu'il avoit introduite sur le théâtre étoit enflée et chantante sont, je crois, dans l'erreur. Ils en jugent par la Duclos, élève de la Champmeslé, et ne font pas attention que la Champmeslé quand elle eut perdu son maître, ne fut plus la même, et que, venue sur l'âge, elle poussoit de grands éclats de voix, qui donnèrent un faux goût aux comédiens. Lorsque Baron, après vingt ans de retraite, eut la foiblesse de remonter sur le théâtre, il ne jouoit plus avec la même vivacité qu'autrefois, au rapport de ceux qui l'avoient vu dans sa jeunesse : c'étoit le vieux Baron ; cependant il répétoit encore tous les mêmes tons que mon père lui avoit appris. Comme il avoit formé Baron, il avoit formé la Champmeslé, mais avec beaucoup plus de peine. Il lui faisoit d'abord comprendre les vers qu'elle avoit à dire, lui montroit les gestes, et lui dictoit les tons, que même il notoit. L'écolière, fidèle à ses leçons, quoique actrice par art, sur le théâtre paroissoit inspirée par la nature; et comme par cette raison elle jouoit beaucoup mieux dans les pièces de son maître que dans les autres, on disoit qu'elles étoient faites pour elle, et on en concluoit l'amour de l'auteur pour l'actrice.

Je ne prétends pas soutenir qu'il ait toujours été exempt de foiblesse, quoique je n'en aie entendu raconter aucune; mais (et ma piété pour lui ne me permet pas d'être infidèle à la vérité) j'ose soutenir qu'il n'a jamais connu par expérience ces troubles et ces transports qu'il a si bien dépeints. Ceux qui veulent croire qu'il étoit fort amoureux doivent croire aussi que les lettres tendres et les petites pièces galantes n'étoient pas pour lui un travail. Les vers d'amour lui auroient-ils coûté? Ces petites pièces, qui passent bientôt de main en main, ne s'anéantissent pas lorsqu'elles sont faites par un auteur connu. Dans le Recueil des pièces fugitives de Corneille, imprimé en 1738, plusieurs petites pièces galantes ont trouvé place, parce qu'elles sont de Corneille, c'est-à-dire du poëte qu'on a surnommé *le Sublime*. Pourquoi n'en trouve-t-on pas de celui qu'on a surnommé *le Tendre*, et pourquoi ses plus anciens amis n'ont-ils jamais dit qu'ils en eussent vu une seule? De tous ceux qui l'ont fréquenté dans le temps qu'il travailloit pour le théâtre, et que j'ai connus depuis, aucun ne m'a nommé une personne qui ait eu sur lui le moindre empire; et je suis certain que depuis son mariage jusqu'à sa mort, la tendresse conjugale a régné seule dans son cœur, quoiqu'il ait été bien reçu dans une cour aimable qui le trouvoit aimable lui-même et par la conversation et par la figure. Il n'étoit point de ces poëtes qui ont un Apollon refrogné; il avoit au contraire une physionomie belle et ouverte : ce qu'il m'est permis de dire, puisque Louis XIV la cita un jour comme une des plus heureuses, en parlant des belles physionomies qu'il voyoit à sa cour. A ces grâces extérieures il joignoit celles de la conversation, dans laquelle jamais distrait, jamais poëte, ni auteur, il songeoit moins à faire paroître son esprit que l'esprit des personnes qu'il entretenoit. Il ne parloit point de ses ouvrages, et répondoit modestement à ceux qui lui en parloient. Doux, tendre, insinuant, et possédant le langage du cœur, il n'est pas étonnant qu'on se persuade qu'il l'ait parlé quelquefois. Son caractère l'y portoit; mais suivant la maxime qu'il fait dire à Burrhus, « on n'aime point, si l'on ne veut aimer », il ne le vouloit point par raison, avant même que la religion vînt à son secours. Il vécut dans la société des femmes comme Boileau, avec une politesse toujours respectueuse, sans être leur fade adulateur : ni l'un ni l'autre n'eurent besoin d'elles pour faire prôner leur mérite et leurs ouvrages.

Une chanson tendre que Boileau a faite ne lui fut point inspirée par l'amour, qu'il n'a jamais connu : il la fit pour montrer qu'un poëte peut chanter *une Iris en l'air*. Dans la dernière édition de ses *Œuvres,* achevée à Paris depuis deux mois, on lui attribue trois épigrammes qu'il n'a jamais faites, quoiqu'il ne soit pas nécessaire de lui en chercher : il en a assez donné lui-même. J'ai été surtout surpris d'en trouver une qui a pour titre:

A une demoiselle que l'auteur avoit dessein d'épouser. Tous ceux qui l'ont connu un peu familièrement savent qu'il n'a jamais songé au mariage, et n'en ignorent pas la raison. Il avoit, comme son ami, les mœurs fort douces ; mais son caractère n'étoit pas tout à fait si liant. Il n'avoit pas la même répugnance à se prêter aux conversations qui rouloient sur des matières poétiques ; il aimoit au contraire qu'on parlât vers, et ne haïssoit pas qu'on lui parlât des siens. On trouvoit aisément en lui le poëte, et dans mon père on le cherchoit.

Après *Phèdre,* il avoit encore formé quelques projets de tragédies, dont il n'est resté dans ses papiers aucun vestige, si ce n'est le plan du premier acte d'une *Iphigénie en Tauride.* Quoique ce plan n'ait rien de curieux, je le joindrai à ses lettres, pour faire connoître de quelle manière, quand il entreprenoit une tragédie, il disposoit chaque acte en prose. Quand il avoit ainsi lié toutes les scènes entre elles, il disoit : « Ma tragédie est faite », comptant le reste pour rien.

Il avoit encore eu le dessein de traiter le sujet d'*Alceste,* et M. de Longepierre m'a assuré qu'il lui en avoit entendu réciter quelques morceaux ; c'est tout ce que j'en sais. Quelques personnes prétendent qu'il vouloit aussi traiter le sujet d'*Œdipe :* [1] ce que je ne puis croire, puisqu'il a dit souvent qu'il avoit osé jouter contre Euripide, mais qu'il ne seroit jamais assez hardi pour jouter contre Sophocle. L'eût-il osé, surtout dans la pièce qui est le chef-d'œuvre de l'antiquité ? Il est vrai que le sujet d'*Œdipe,* où l'amour ne doit jamais trouver place sans avilir la grandeur du sujet, et même sans choquer la vraisemblance, convenoit au dessein qu'il avoit de ramener la tragédie des anciens, et de faire voir qu'elle pouvoit être parmi nous, comme chez les Grecs, exempte d'amour. Il vouloit purifier entièrement notre théâtre ; mais ayant fait réflexion qu'il avoit un meilleur parti à prendre, il prit le parti d'y renoncer pour toujours, quoiqu'il fût encore dans toute sa force, n'ayant qu'environ trente-huit ans, et quoique

---

1. « M. Racine, qui avoit fort étudié les grands modèles de l'antiquité, avoit formé le plan d'une tragédie françoise d'*OEdipe*, suivant le goût de Sophocle, sans y mêler aucune intrigue postiche d'amour, et suivant la simplicité grecque. » (*Lettre de Fénelon à M. Dacier, sur les occupations de l'Académie,* 1714).

Boileau le félicitât de ce qu'il étoit le seul capable de consoler Paris de la vieillesse de Corneille. Beaucoup plus sensible, comme il l'a avoué lui-même, aux mauvaises critiques qu'essuyoient ses ouvrages qu'aux louanges qu'il en recevoit, ces amertumes salutaires que Dieu répandoit sur son travail le dégoûtèrent peu à peu du métier de poëte. Par sa retraite, Pradon resta maître du champ de bataille, ce qui fit dire à Boileau :

Et la scène françoise est en proie à Pradon.

Comme j'ai parlé de l'union qui régna d'abord entre Molière, Chapelle, Boileau, et mon père, il semble que la jeunesse de ces poëtes auroit dû me fournir plusieurs traits amusants, pour égayer la première partie de ces *Mémoires*. Quelque curieux que j'aie été d'en apprendre, je n'ai rien trouvé de certain en ce genre, que ce que Grimaretz rapporte dans la *Vie de Molière*, d'un souper fait à Auteuil, où Molière rassembloit quelquefois ses amis dans une petite maison qu'il y avoit louée. Ce fameux souper, quoique peu croyable, est très-véritable.

Mon père heureusement n'en étoit pas : le sage Boileau, qui en étoit, y perdit la raison comme les autres. Le vin ayant jeté tous les convives dans la morale la plus sérieuse, leurs réflexions sur les misères de la vie, et sur cette maxime des anciens, « que le premier bonheur est de ne point naître, et le second de mourir promptement », leur fit prendre l'héroïque résolution d'aller sur-le-champ se jeter dans la rivière. Ils y alloient, et elle n'étoit pas loin. Molière leur représenta qu'une si belle action ne devoit pas être ensevelie dans les ténèbres de la nuit, et qu'elle méritoit d'être faite en plein jour. Ils s'arrêtèrent et se dirent en se regardant les uns les autres : « Il a raison; » à quoi Chapelle ajouta : « Oui, messieurs, ne nous noyons que demain matin, et, en attendant, allons boire le vin qui nous reste. » Le jour suivant changea leurs idées; et ils jugèrent à propos de supporter encore les misères de la vie. Boileau a raconté plus d'une fois cette folie de sa jeunesse.

J'ai parlé, dans mes *Réflexions sur la poésie*,[1] d'un autre souper fait chez Molière, pendant lequel La Fontaine fut accablé

1. Tome II, p. 508. (L. R.) Édit. de 1747.

des railleries de ses meilleurs amis, du nombre desquels étoit mon père. Ils ne l'appeloient tous que le *Bonhomme :* c'étoit le surnom qu'ils lui donnoient à cause de sa simplicité. La Fontaine essuya leurs railleries avec tant de douceur, que Molière, qui en eut enfin pitié, dit tout bas à son voisin : « Ne nous moquons pas du Bonhomme ; il vivra peut-être plus que nous tous. »

La société entre Molière et mon père ne dura pas longtemps. J'en ai dit la raison. Boileau resta uni à Molière, qui venoit le voir souvent et faisoit grand cas de ses avis. Ce fut lui qui fournit à Molière l'idée de la scène des *Femmes savantes* entre Trissotin et Vadius. La même scène s'étoit passée entre Gilles Boileau et l'abbé Cotin. Enfin il lui fournit aussi le compliment latin qui termine le *Malade imaginaire.* Dans la suite, Boileau lui conseilla de quitter le théâtre, du moins comme acteur : « Votre santé, lui dit-il, dépérit, parce que le métier de comédien vous épuise : que n'y renoncez-vous ? — Hélas ! lui répondit Molière en soupirant, c'est le point d'honneur qui me retient. — Et quel point d'honneur ? répondit Boileau. Quoi ! vous barbouiller le visage d'une moustache de Sganarelle, pour venir sur un théâtre recevoir des coups de bâton ? Voilà un beau point d'honneur pour un philosophe comme vous ! »

Il regarda toujours Molière comme un génie unique : et le roi lui demandant un jour quel étoit le plus rare des grands écrivains qui avoient honoré la France pendant son règne, il lui nomma Molière. « Je ne le croyois pas, répondit le roi ; mais vous vous y connoissez mieux que moi. »

Boileau se vanta toute sa vie d'avoir appris à mon père à rimer difficilement : à quoi il ajoutoit que des vers aisés n'étoient pas des vers aisément faits. Il ne faisoit pas aisément les siens, et il a eu raison de dire : « Si j'écris quatre mots, j'en effacerai trois. » Un de ses amis le trouvant dans sa chambre fort agité, lui demanda ce qui l'occupoit : « Une rime, répondit-il, je la cherche depuis trois heures. — Voulez-vous, lui dit cet ami, que j'aille vous chercher un dictionnaire de rimes ? il pourra vous être de quelque secours. — Non, non, reprit Boileau, cherchez-moi plutôt le dictionnaire de la raison. »

Il ne s'est jamais vanté, comme il est dit dans le *Bolœana,* d'avoir le premier parlé en vers de notre artillerie ; et son dernier commentateur prend une peine fort inutile en rappelant plusieurs vers d'anciens poëtes pour prouver le contraire. La gloire d'avoir parlé le premier du fusil et du canon n'est pas grande. Il se vantoit d'en avoir le premier parlé poétiquement, et par de nobles périphrases.

Il composa la fable du *Bûcheron,* dans sa plus grande force, et, suivant ses termes, dans son bon temps. Il trouvoit cette fable languissante dans La Fontaine. Il voulut essayer s'il ne pourroit pas mieux faire, sans imiter le style de Marot, désapprouvant ceux qui écrivoient dans ce style. « Pourquoi, disoit-il, emprunter une autre langue que celle de son siècle ? »

L'épitaphe, bonne ou mauvaise, qui se trouve parmi ses épigrammes, et sur laquelle ses commentateurs n'ont rien dit parce qu'ils n'ont pu l'entendre, fut faite sur M. de Gourville; elle commence par ce vers :

Ci-gît, justement regretté, etc.

Quoiqu'il ait été accusé d'aimer l'argent, accusation fondée sur ce qu'il paroissoit le dépenser avec peine, il avoit les sentiments nobles et désintéressés. La fierté dans les manières étoit, selon lui, le vice des sots, et la fierté du cœur la vertu des honêtes gens. J'ai fait connoître la générosité avec laquelle il donna tous ses ouvrages aux libraires, et le scrupule qui lui fit rendre aux pauvres tout le revenu de son bénéfice. Comme il avoit eu quelque part à l'opéra de *Bellérophon,* Lulli, soit pour le récompenser, soit pour le réconcilier avec l'Opéra, lui offrit un présent considérable, qu'il refusa. On sait ses libéralités pour Patru et Cassandre, et la manière dont il fit rétablir la pension du grand Corneille, en offrant le sacrifice de la sienne : action très-véritable, que m'a racontée un témoin encore vivant ; on a eu tort de la révoquer en doute,[1] puisque Boursault, qui ne devoit pas être disposé à le louer, la rapporte dans ses lettres, aussi bien que celle qui regarde Cassandre, en ajoutant ces paroles remarquables : « J'ai été ennemi de M. Despréaux ; et quand je le serois encore, je ne pourrois m'empêcher d'en bien parler... Quoique

---

1. Dans les Mémoires de Trévoux, et dans la lettre du P. Tournemine imprimée à la tête des *OEuvres diverses de Corneille,* 1738. (L. R.)

rien ne soit plus beau que ses poésies, je trouve les actions que je viens de dire encore plus belles. » La bourse de Boileau, comme il est dit dans son *Éloge historique* par M. de Boze, fut ouverte à beaucoup d'autres gens de lettres, et même à Linierre, qui souvent, avec l'argent qu'il venoit d'en recevoir, alloit boire au premier cabaret, et y faisoit une chanson contre son bienfaiteur.

Boileau aimoit la société, et étoit très-exact à tous les rendez-vous : « Je ne me fais jamais attendre, disoit-il, parce que j'ai remarqué que les défauts d'un homme se présentent toujours aux yeux de celui qui l'attend. » Loin d'aimer à choquer ceux à qui il parloit, il tâchoit de ne leur rien dire que d'agréable, quand même il ne pensoit pas comme eux, quoiqu'il ne fût nullement flatteur. Dans une compagnie où il étoit, une demoiselle dansa, chanta, et joua du clavecin pour faire briller tous ses talents. Comme il trouva qu'elle n'excelloit ni dans le clavecin, ni dans le chant, ni dans la danse, il lui dit : « On vous a tout appris, mademoiselle, hormis à plaire ; c'est pourtant ce que vous savez le mieux. »

Il mortifia cependant, sans le vouloir, Barbin le libraire, qui s'étoit fait une fête de lui donner à dîner dans une maison de campagne très-petite, mais très-ornée, dont il faisoit ses délices. Après le dîner, Barbin le mène admirer son jardin, qui étoit très-peigné, mais fort petit, comme la maison. Boileau, après en avoir fait le tour, appelle son cocher, et lui ordonne de mettre ses chevaux. « Eh ! pourquoi donc, lui dit Barbin, voulez-vous vous en retourner si promptement ? — C'est, répondit Boileau, pour aller à Paris prendre l'air. »

Il pouvoit dire de lui-même comme Horace :

Irasci celerem, tamen ut placabilis essem.

Il eut un jour une dispute fort vive avec son frère le chanoine, qui lui donna un démenti d'une manière assez dure. Les amis communs voulurent mettre la paix, et l'exhortèrent à pardonner à son frère : « De tout mon cœur, répondit-il, parce que je me suis possédé ; je ne lui ai dit aucune sottise. S'il m'en étoit échappé une, je ne lui pardonnerois de ma vie. »

Il avoit l'esprit trop solide pour être un homme à bons mots; mais il a fait souvent des réponses pleines de sens. Elles sont presque toutes mal rendues et défigurées dans le *Bolœana.* J'en rapporterai quelques-unes dans la suite de ces *Mémoires,* quand l'occasion s'en présentera, et je ne rapporterai que celles dont je me croirai bien instruit.

Quoiqu'il ait respecté dans tous les temps de sa vie la sainteté de la religion, il n'en étoit pas encore assez pénétré, lorsque mon père se détermina à ne plus faire de tragédies profanes, pour croire qu'elle l'obligeât à ce sacrifice. Édifié cependant du motif qui faisoit prendre à son ami une si grande résolution, il ne songea jamais à l'en détourner, et resta toujours également uni avec lui, malgré la vie différente qu'il embrassa, et dont je vais rendre compte.

SECONDE PARTIE.

J'arrive enfin à l'heureux moment où les grands sentiments de religion dont mon père avoit été rempli dans son enfance, et qui avoient été longtemps comme assoupis dans son cœur, sans s'y éteindre, se réveillèrent tout à coup. Il avoua que les auteurs de pièces de théâtre étoient des empoisonneurs publics; et il reconnut qu'il étoit peut-être le plus dangereux de ces empoisonneurs. Il résolut non-seulement de ne plus faire de tragédies, et même de ne plus faire de vers; il résolut encore de réparer ceux qu'il avoit faits par une rigoureuse pénitence. La vivacité de ses remords lui inspira le dessein de se faire chartreux. Un saint prêtre de sa paroisse, docteur de Sorbonne, qu'il prit pour confesseur, trouva ce parti trop violent. Il représenta à son pénitent qu'un caractère tel que le sien ne soutiendroit pas longtemps la solitude; qu'il feroit plus prudemment de rester dans le monde, et d'en éviter les dangers en se mariant à une personne remplie de piété; que la société d'une épouse sage l'obligeroit à rompre avec toutes les pernicieuses sociétés où l'amour du théâtre l'avoit entraîné. Il lui fit espérer en même temps que les soins du ménage l'arracheroient malgré lui à la passion qu'il avoit le plus à craindre, qui étoit celle des vers. Nous savons cette particularité, parce que, dans la suite de sa vie, lorsque des inquiétudes domestiques, comme les maladies de ses enfants, l'agitoient, il s'écrioit quelquefois : « Pourquoi m'y suis-je exposé? Pourquoi m'a-t-on détourné de me faire chartreux? je serois bien plus tranquille. »

Lorsqu'il eut pris la résolution de se marier, l'amour ni l'intérêt n'eurent aucune part à son choix; il ne consulta que la raison pour une affaire si sérieuse; et l'envie de s'unir à une personne très-vertueuse, que de sages amis lui proposèrent, lui fit épouser, le 1er juin 1677, Catherine de Romanet, fille d'un trésorier de France du bureau des finances d'Amiens.

Suivant l'état du bien énoncé dans le contrat de mariage, il paroît que les pièces de théâtre n'étoient pas alors fort lucratives pour les auteurs, et que le produit, soit des représentations, soit de l'impression des tragédies de mon père, ne lui avoit procuré que de quoi vivre, payer ses dettes, acheter quelques meubles, dont le plus considérable étoit sa bibliothèque, estimée quinze cents livres, et ménager une somme de six mille livres, qu'il employa aux frais de son mariage.

La gratification de six cents livres que le roi lui avoit fait payer en 1664, ayant été continuée tous les ans sous le titre de pension d'homme de lettres, fut portée dans la suite à quinze cents livres, et enfin à deux mille livres. M. Colbert le fit, outre cela, favoriser d'une charge de trésorier de France au bureau des finances de Moulins, qui étoit tombée aux parties casuelles. La demoiselle qu'il épousa lui apporta un revenu pareil au sien. Lorsqu'il eut l'honneur d'accompagner le roi dans ses campagnes, il reçut de temps en temps des gratifications sur la cassette, par les mains du premier valet de chambre. J'ignore si Boileau en recevoit de pareilles. Voici celles que reçut mon père suivant ses registres de recette et de dépense, qu'il tint avec une grande exactitude depuis son mariage. Je rapporte cet état pour faire connoître les bontés de Louis XIV. C'est un hommage que doit ma reconnoissance à la mémoire d'un prince si généreux.

Le 12 avril 1678, reçu sur la cassette. . . . 500 louis.
Le 22 octobre 1679. 400
Le 2 juin 1681. 500
Le 28 février 1683. 500
Le 8 avril 1684. 500
Le 10 mai 1685. 500
Le 24 avril 1688. 1,000

3,900 louis.

Ces différentes gratifications (les louis valoient alors onze livres) font la somme de quarante-deux mille neuf cents livres. Il fut gratifié d'une charge ordinaire de gentilhomme de Sa Majesté le 12 décembre 1690, à condition de payer dix mille livres à la veuve de celui dont on lui donnoit la charge ; et il eut enfin, comme historiographe, une pension de quatre mille livres. Voilà sa fortune, qui n'a pu augmenter que par ses épargnes, autant que peut épargner un homme obligé de faire des voyages continuels à la cour et à l'armée, et qui se trouve chargé de sept enfants.

Sa plus grande fortune fut le caractère de la personne qu'il avoit épousée. L'auteur d'un roman assez connu[1] a cru faire une peinture admirable de cette union, en disant « qu'on doit à sa tendresse conjugale tous les beaux sentiments d'amour répandus dans ses tragédies, parce que, quand il avoit de pareils sentiments à exprimer, il alloit passer une heure dans l'appartement de sa femme, et, tout rempli d'elle, remontoit dans son cabinet pour faire ses vers ». Comme il n'a composé aucune tragédie profane depuis son mariage, le merveilleux de cet endroit du roman est très-romanesque; mais je le puis remplacer par un autre très-véritable, et beaucoup plus merveilleux.

Il trouva dans la tendresse conjugale un avantage bien plus solide que celui de faire de bons vers. Sa compagne sut, par son attachement à tous les devoirs de femme et de mère, et par son admirable piété, le captiver entièrement, faire la douceur du reste de sa vie, et lui tenir lieu de toutes les sociétés auxquelles il venoit de renoncer. Je ferois connoître la confiance avec laquelle il lui communiquoit ses pensées les plus secrètes, si j'avois retrouvé les lettres qu'il lui écrivoit, et que, sans doute pour lui obéir, elle ne conservoit pas. Je sais que les termes tendres répandus dans de pareilles lettres ne prouvent pas toujours que la tendresse soit dans le cœur, et que Cicéron, à qui sa femme lorsqu'il étoit en exil, paroissoit sa lumière, sa vie, sa passion, sa très-fidèle épouse, *mea lux... mea vita... mea desideria... fidelissima et optima conjux,* répudia quelque temps après sa chère Terentia pour épouser une jeune fille fort riche ; mais je parle de deux époux que la religion avoit unis, quoiqu'aux yeux du

---

1. *Mémoires et Aventures d'un homme de qualité,* par l'abbé Prevost, 1re partie, 1728.

monde ils ne parussent pas faits l'un pour l'autre. L'un n'avoit jamais eu de passion plus vive que celle de la poésie; l'autre porta l'indifférence pour la poésie jusqu'à ignorer toute sa vie ce que c'est qu'un vers; et m'ayant entendu parler, il y a quelques années, de rimes masculines et féminines, elle m'en demanda la différence : à quoi je répondis qu'elle avoit vécu avec un meilleur maître que moi. Elle ne connut, ni par les représentations, ni par la lecture, les tragédies auxquelles elle devoit s'intéresser; elle en apprit seulement les titres par la conversation. Son indifférence pour la fortune parut un jour inconcevable à Boileau. Je rapporte ce fait, après avoir prévenu que la vie d'un homme de lettres ne fournit pas des faits bien importants. Mon père rapportoit de Versailles la bourse de mille louis dont j'ai parlé, et trouva ma mère qui l'attendoit dans la maison de Boileau à Auteuil. Il courut à elle, et l'embrassant : « Félicitez-moi, lui dit-il; voici une bourse de mille louis que le roi m'a donnée. » Elle lui porta aussitôt des plaintes contre un de ses enfants qui depuis deux jours ne vouloit point étudier. « Une autre fois, reprit-il, nous en parlerons : livrons-nous aujourd'hui à notre joie. » Elle lui représenta qu'il devoit en arrivant faire des réprimandes à cet enfant, et continuoit ses plaintes, lorsque Boileau, qui, dans son étonnement, se promenoit à grands pas, perdit patience, et s'écria : « Quelle insensibilité! Peut-on ne pas songer à une bourse de mille louis! »

On peut comprendre qu'un homme, quoique passionné pour les amusements de l'esprit, préfère à une femme enchantée de ces mêmes amusements, et éclairée sur ces matières, une compagne uniquement occupée du ménage, ne lisant de livres que ses livres de piété, ayant d'ailleurs un jugement excellent, et étant d'un très-bon conseil en toutes occasions. On avouera cependant que la religion a dû être le lien d'une si parfaite union entre deux caractères si opposés : la vivacité de l'un lui faisant prendre tous les événements avec trop de sensibilité, et la tranquillité de l'autre la faisant paroître presque insensible aux mêmes événements. L'on pourroit faire la même réflexion sur la liaison des deux fidèles amis. A la vérité, leur manière de penser des ouvrages d'esprit étant la même, ils avoient le plaisir de s'en entretenir souvent; mais comme ils avoient tous deux un différent caractère, leur union constante a dû avoir pour lien la probité; puisque, comme dit Cicéron,[1] il ne peut y avoir de véritable amitié qu'entre des gens de bien.

Un des premiers soins de mon père, après son mariage, fut de se réconcilier avec MM. de Port-Royal. Il ne lui fut pas difficile de faire sa paix avec M. Nicole, qui ne savoit ce que c'étoit que la guerre, et qui le reçut à bras ouverts, lorsqu'il le vint voir, accompagné de M. l'abbé Dupin. Il ne lui étoit pas si aisé de se réconcilier avec M. Arnauld, qui avoit toujours sur le cœur les plaisanteries écrites sur la mère Angélique, sa sœur; plaisanteries fondées, par faute d'examen, sur des faits qui n'étoient pas exactement vrais. Boileau, chargé de la négociation, avoit toujours trouvé M. Arnauld intraitable. Un jour il s'avisa de lui porter un exemplaire de la tragédie de *Phèdre,* de la part de l'auteur. M. Arnauld demeuroit alors dans le faubourg Saint-Jacques. Boileau, en allant le voir, prend la résolution de lui prouver qu'une tragédie peut être innocente aux yeux des casuistes les plus sévères; et ruminant sa thèse en chemin : « Cet homme, disoit-il, aura-t-il toujours raison, et ne pourrai-je parvenir à lui faire avoir tort ? Je suis bien sûr qu'aujourd'hui j'ai raison : s'il n'est pas de mon avis, il aura tort. » Plein de cette pensée, il entre chez M. Arnauld où il trouve une nombreuse compagnie. Il lui présente la tragédie, et lui lit en même temps l'endroit de la préface où l'auteur témoigne tant d'envie de voir la tragédie réconciliée avec les personnes de piété. Ensuite, déclarant qu'il abandonnoit acteurs, actrices, et théâtre, sans prétendre les soutenir en aucune façon, il élève sa voix en prédicateur, pour soutenir que si la tragédie étoit dangereuse, c'étoit la faute des poëtes, qui en cela même alloient directement contre les règles de leur art; mais que la tragédie de *Phèdre,* conforme à ces règles, n'avoit rien que d'utile.[2] L'auditoire, composé de

1. « Hoc sentio nisi in bonis amicitiam esse non posse. » (*De Amicit.*)
2. On raconte que Racine soutint un jour chez Mme de La Fayette qu'avec du talent on pouvait sur la scène faire excuser de grands crimes, et inspirer même pour ceux qui les commettent plus de compassion que d'horreur. Il cita *Phèdre* pour exemple, et assura que l'on pouvait faire plaindre Phèdre coupable plus qu'Hippolyte innocent. Cette tragédie, dit-on, fut la suite d'une espèce de défi qu'on lui porta. Soit que le fait se soit passé de cette

jeunes théologiens, l'écoutoit en souriant, et regardoit tout ce qu'il avançoit comme les paradoxes d'un poëte peu instruit de la bonne morale. Cet auditoire fut bien surpris lorsque M. Arnauld prit ainsi la parole : « Si les choses sont comme il le dit, il a raison, et la tragédie est innocente. » Boileau rapportoit qu'il ne s'étoit jamais senti de sa vie si content. Il pria M. Arnauld de vouloir bien jeter les yeux sur la pièce qu'il lui laissoit, pour lui en dire son sentiment. Il revint quelques jours après le demander, et M. Arnauld lui donna ainsi sa décision : « Il n'y a rien à reprendre au caractère de sa Phèdre, puisque, par ce caractère, il nous donne cette grande leçon que, lorsqu'en punition de fautes précédentes, Dieu nous abandonne à nous-mêmes et à la perversité de notre cœur, il n'est point d'excès où nous ne puissions nous porter, même en les détestant. Mais pourquoi a-t-il fait Hippolyte amoureux? » Cette critique est la seule qu'on puisse faire contre cette tragédie; et l'auteur, qui se l'étoit faite à lui-même, se justifioit en disant : « Qu'auroient pensé les petits-maîtres d'un Hippolyte ennemi de toutes les femmes? Quelles mauvaises plaisanteries n'auroient-ils point faites! » Boileau, charmé d'avoir si bien conduit sa négociation, demanda à M. Arnauld la permission de lui amener l'auteur de la tragédie. Ils vinrent chez lui le lendemain : et, quoiqu'il fût encore en nombreuse compagnie, le coupable, entrant avec l'humilité et la confusion peintes sur le visage, se jeta à ses pieds. M. Arnauld se jeta aux siens ; tous deux s'embrassèrent. M. Arnauld lui promit d'oublier le passé, et d'être toujours son ami : promesse fidèlement exécutée.

En 1674, l'Université projetoit une requête qu'elle devoit présenter au Parlement, pour demander que la philosophie de Descartes ne fût point enseignée. On en parloit chez M. le premier président de Lamoignon, qui dit qu'on ne pourroit se dispenser de rendre un arrêt conforme à cette requête. Boileau, présent à cette

manière, soit qu'il travaillât déjà à la pièce lorsqu'il établit cette opinion, il est sûr que ce ne pouvait être que celle d'un homme qui, après avoir réfléchi sur le cœur humain, et sur la tragédie, qui en est la peinture, avait conçu que le malheur d'une passion coupable était en raison de son énergie, et que par conséquent elle portait avec elle et son excuse et sa punition. C'était un problème de morale à résoudre, et que sa *Phèdre* décide. (L.)

conversation, imagina l'*Arrêt burlesque* qu'il composa avec mon père, et Bernier, le fameux voyageur, leur ami commun. M. Dongois, neveu de Boileau, y mit le style du palais; et quand l'*Arrêt* fut en état, il le joignit à plusieurs expéditions qu'il devoit porter à signer à M. le premier président, avec qui il étoit fort familier. M. de Lamoignon ne se laissa pas surprendre : à peine eut-il jeté les yeux sur l'*Arrêt* : « Voilà, dit-il, un tour de Despréaux. » Cet *Arrêt burlesque* eut un succès que n'eût peut-être point eu une pièce sérieuse; il sauva l'honneur des magistrats. L'Université ne songea plus à présenter sa requête.[1]

Quoique Boileau et mon père n'eussent encore aucun titre qui les appelât à la cour, ils y étoient fort bien reçus tous les deux. M. Colbert les aimoit beaucoup. Étant un jour enfermé avec eux dans sa maison de Sceaux, on vint lui annoncer l'arrivée d'un évêque ; il répondit avec colère : « Qu'on lui fasse tout voir, excepté moi. »

Les inscriptions mises au bas des tableaux sur les victoires du roi, peintes par M. Le Brun dans la galerie de Versailles, étoient pleines d'emphase, parce que M. Charpentier, qui les avoit faites, croyoit qu'on devoit mettre de l'esprit partout. Ces pompeuses déclamations déplurent avec raison à M. de Louvois, qui, par ordre du roi, les fit effacer, pour mettre à la place les inscriptions simples que Boileau et mon père lui fournirent. Mon père a donné, dans quelques occasions, des devises qui, dans leur simplicité, ont été trouvées fort heureuses, comme celle dont le corps étoit une orangerie, et l'âme : *conjuratos ridet aquilones.* Elle fut approuvée, parce qu'elle avoit également rapport à l'orangerie de Versailles, bâtie depuis peu, et à la ligue qui se formoit contre la France. Je n'en rapporte pas quelques autres qu'il donna dans la petite Académie,[2] parce que l'honneur de pareilles choses doit être partagé entre tous ceux qui composent la même Compagnie.

C'étoit lui-même qui avoit donné l'idée de rassembler cette Compagnie. Il fut par là comme le fondateur de l'Académie des

---

1. Ce récit est inexact. L'*Arrêt burlesque* n'est pas de 1674, mais de 1671, et fut composé sur la demande du premier président de Lamoignon.
2. Voy. tome VI, p. xiv.

Médailles, qu'on nomma d'abord *la petite Académie,* et qui, devenue beaucoup plus nombreuse, prit sous une autre forme le nom d'*Académie des Belles-Lettres.* Elle ne fut composée dans son origine que d'un très-petit nombre de personnes, qu'on choisit pour exécuter le projet d'une histoire en médailles des principaux événements du règne de Louis XIV. On devoit, au bas de chaque médaille gravée, mettre en peu de mots le récit de l'événement qui avoit donné lieu à la médaille ; mais on trouva que des récits fort courts n'apprendroient les choses qu'imparfaitement, et qu'une histoire suivie du règne entier seroit beaucoup plus utile. Ce projet fut agité et résolu chez madame de Montespan. C'étoit elle qui l'avoit imaginé ; « et quoique la flatterie en fût l'objet, comme l'écrivoit depuis madame la comtesse de Caylus, on conviendra que ce projet n'étoit pas celui d'une femme commune, ni d'une maîtresse ordinaire. » Lorsqu'on eut pris ce parti, madame de Maintenon proposa au roi de charger du soin d'écrire cette histoire Boileau et mon père. Le roi, qui les en jugea capables, les nomma ses historiographes en 1677.

Mon père, toujours attentif à son salut, regarda le choix de Sa Majesté comme une grâce de Dieu, qui lui procuroit cette importante occupation pour le détacher entièrement de la poésie. Boileau lui-même parut aussi s'en détacher. Il est certain qu'il passa douze ou treize ans sans donner d'autres ouvrages en vers que les deux derniers chants du *Lutrin,* parce qu'il voulut finir l'action de ce poëme.

Les deux poëtes, résolus de ne plus l'être, ne songèrent qu'à devenir historiens ; et pour s'en rendre capables, ils passèrent d'abord beaucoup de temps à se mettre au fait et de l'histoire générale de France, et de l'histoire particulière du règne qu'ils avoient à écrire. Mon père, pour se mettre ses devoirs devant les yeux, fit une espèce d'extrait du Traité de Lucien sur la manière d'écrire l'histoire. Il remarqua dans cet excellent Traité des traits qui avoient rapport à la circonstance dans laquelle il se trouvoit, et il les rassembla dans l'écrit qui se trouvera à la suite de ses lettres. Il fit ensuite des extraits de Mézerai, et de Vittorio Siri, et se mit à lire les mémoires, lettres, instructions et autres pièces de cette nature dont le roi avoit ordonné qu'on lui donnât la communication.

Dans la campagne de cette année 1677, les villes que le roi assiégea tombèrent quand il parut; et lorsque, de retour de ses rapides conquêtes, il vit à Versailles ses deux historiens, il leur demanda pourquoi ils n'avoient pas eu la curiosité de voir un siége : « Le voyage, leur dit-il, n'étoit pas long. — Il est vrai, reprit mon père, mais nos tailleurs furent trop lents. Nous leur avions commandé des habits de campagne : lorsqu'ils nous les apportèrent, les villes que Votre Majesté assiégeoit étoient prises. » Cette réponse fut bien reçue du roi, qui leur dit de prendre leurs mesures de bonne heure, parce que dorénavant ils le suivroient dans toutes ses campagnes pour être témoins des choses qu'ils devoient écrire.

La foible santé de Boileau ne lui permit que de faire une campagne, qui fut celle de Gand, l'année suivante. Mon père, qui les fit toutes, avoit soin de rendre compte à son associé dans l'emploi d'écrire l'histoire, de tout ce qui se passoit à l'armée ; et une partie de ces lettres se trouvera à la suite de ces *Mémoires*. Ce fut dans leur première campagne que Boileau, apprenant que le roi s'étoit si fort exposé, qu'un boulet de canon avoit passé à sept pas de Sa Majesté, alla à lui et lui dit : « Je vous prie, Sire, en qualité de votre historien, de ne pas me faire finir sitôt mon histoire.[1] »

Lorsqu'ils partirent en 1678, on vit pour la première fois deux poëtes suivre une armée pour être témoins de siéges et de combats : ce qui donna lieu à des plaisanteries dont on amusoit le roi. On prétendoit les surprendre en plusieurs occasions dans l'ignorance des choses militaires, et même des choses les plus communes. Leurs meilleurs amis étoient ceux qui leur tendoient des piéges. S'ils n'y tomboient pas, on faisoit accroire qu'ils y étoient tombés. Tout ce qu'on dit de leur simplicité n'est peut-être pas exactement vrai. Je rapporterai cependant ce que j'ai entendu dire à d'anciens seigneurs de la cour.

La veille de leur départ pour la première campagne, M. de

---

[1]. Boileau se trouvait à l'armée dans la campagne suivante. Un jour, après une bataille, le roi lui demanda s'il s'était tenu loin du canon. « Sire, j'en étais à cent pas. — N'aviez-vous pas peur ? — Oui, Sire ; je tremblais beaucoup pour Votre Majesté, et encore plus pour moi. »

Cavoie s'avisa, dit-on, de demander à mon père s'il avoit eu l'attention de faire ferrer ses chevaux à forfait. Mon père, qui n'entend rien à cette question, lui en demande l'explication. « Croyez-vous donc, lui dit M. de Cavoie, que quand une armée est en marche elle trouve partout des maréchaux? Avant de partir on fait un forfait avec un maréchal de Paris, qui vous garantit que les fers qu'il met aux pieds de votre cheval y resteront six mois. » Mon père répond (ou plutôt on lui fait répondre) : « C'est ce que j'ignorois; Boileau ne m'en a rien dit; mais je n'en suis pas étonné, il ne songe à rien. » Il va trouver Boileau pour lui reprocher sa négligence. Boileau avoue son ignorance, et lui dit qu'il faut promptement s'informer du maréchal le plus fameux pour ces sortes de forfaits. Ils n'eurent pas le temps de le chercher. Dès le soir même, M. de Cavoie raconta au roi le succès de sa plaisanterie. Un fait pareil, quand il seroit véritable, ne feroit aucun tort à leur réputation.

Puisque les plus petits faits, quand on parle de certains hommes, intéressent toujours, j'en rapporterai encore un de la même nature. Un jour, après une marche fort longue, Boileau, très-fatigué, se jeta sur un lit en arrivant, sans vouloir souper. M. de Cavoie, qui le sut, alla le voir après le souper du roi, et lui dit avec un air consterné qu'il avoit à lui apprendre une fâcheuse nouvelle : « Le roi, ajouta-t-il, n'est point content de vous; il a remarqué aujourd'hui une chose qui vous fait grand tort. — Eh quoi donc? s'écria Boileau tout alarmé. — Je ne puis, continua M. de Cavoie, me résoudre à vous la dire; je ne saurois affliger mes amis. » Enfin, après l'avoir laissé quelque temps dans l'agitation, il lui dit : « Puisqu'il faut vous l'avouer, le roi a remarqué que vous étiez tout de travers à cheval. — Si ce n'est que cela, répondit Boileau, laissez-moi dormir. »

Quoique mon père fût son confrère dans l'honorable emploi d'écrire l'histoire du roi, et dans la petite Académie,[1] il ne l'avoit point encore pour confrère dans l'Académie françoise; et comme il souhaitoit de le voir dans cette Compagnie, il l'avoit sans doute en vue lorsqu'il fit valoir l'empressement de l'Académie à chercher des sujets, dans le discours qu'il prononça le 30 octobre de

---

1. Racine et Boileau n'entrèrent dans la petite Académie qu'en 1683.

cette même année 1678, à la réception de M. l'abbé Colbert, depuis archevêque de Rouen. « Oui, monsieur, lui disoit-il, l'Académie vous a choisi ; car nous voulons bien qu'on le sache, ce n'est point la brigue, ce ne sont point les sollicitations qui ouvrent les portes de l'Académie ; elle va elle-même au-devant du mérite, elle lui épargne l'embarras de se venir offrir, elle cherche les sujets qui lui sont propres, etc. »

J'ignore si l'Académie étoit alors dans l'usage, comme le disoit son directeur, de choisir et de chercher elle-même ses sujets. Je sais seulement que tous les académiciens ne songeoient pas à chercher Boileau ; et il y en avoit plusieurs qu'il ne songeoit pas non plus à solliciter. Le roi lui demanda un jour pendant son souper s'il étoit de l'Académie ; Boileau répondit avec un air fort modeste qu'il n'étoit pas digne d'en être. « Je veux que vous en soyez, » répondit le roi. Quelque temps après une place vaqua, et La Fontaine, qui la vouloit solliciter, alla lui demander s'il seroit son concurrent. Boileau l'assura que non, et ne fit aucune démarche. Il eut cependant quelques voix ; mais la pluralité fut pour La Fontaine ; et lorsque, suivant l'usage, on alla demander au roi son agrément pour cette nomination, le roi répondit seulement : « Je verrai. » De manière que La Fontaine, quoique nommé, ne fut point reçu, et resta très-longtemps, ainsi que l'Académie, dans l'incertitude. Enfin une nouvelle place vaqua, et l'Académie aussitôt nomma Boileau. Le roi, lorsqu'on lui demanda son agrément, l'accorda en ajoutant : « Maintenant vous pouvez recevoir La Fontaine. Boileau fut reçu le 3 juillet 1684.[1] L'assemblée fut nombreuse le jour de sa réception. On étoit curieux d'entendre son discours. Il étoit obligé de louer et de s'humilier. Il recevoit une grâce inespérée, et il n'étoit pas homme à faire un remerciement à genoux. Il se tira habilement de ce pas difficile. Il loua sans flatterie, il s'humilia noblement ; et en disant que l'entrée de l'Académie lui devoit être fermée *par tant de raisons*, il fit songer à *tant d'académiciens* dont les noms étoient dans ses satires.

A la fin de cette même année, Corneille mourut ; et mon père, qui, le lendemain de cette mort, entroit dans les fonctions de

---

1. Le 1er juillet.

directeur, prétendoit que c'étoit à lui à faire faire, pour l'académicien qui venoit de mourir, un service suivant la coutume. Mais Corneille étoit mort pendant la nuit; et l'académicien qui étoit encore directeur la veille[1] prétendit que, comme il n'étoit sorti de place que le lendemain matin, il étoit encore dans ses fonctions au moment de la mort de Corneille, et que par conséquent c'étoit à lui à faire faire le service. Cette dispute n'avoit pour motif qu'une généreuse émulation : tous deux vouloient avoir l'honneur de rendre les devoirs funèbres à un mort si illustre. Cette contestation, glorieuse pour les deux parties, fut décidée par l'Académie en faveur de l'ancien directeur : ce qui donna lieu à ce mot fameux que Benserade dit à mon père : « Nul autre que vous ne pouvoit prétendre à enterrer Corneille; cependant vous n'avez pu y parvenir. »

La place de Corneille à l'Académie fut remplie par Thomas Corneille son frère, qui fut reçu avec M. Bergeret. Mon père, qui présidoit à cette réception en qualité de directeur, répondit à leurs remercîments par un discours qui fut très-applaudi; et il le prononça avec tant de grâce, qu'il répara entièrement le discours de sa réception. La matière de celui-ci lui avoit plu davantage. L'admiration sincère qu'il avoit pour Corneille le lui avoit inspiré. Bayle, en rapportant que Sophocle, lorsqu'il apprit la mort d'Euripide, parut sur le théâtre en habit de deuil, et ordonna à ses acteurs d'ôter leurs couronnes, ajoute : « Ce que fit alors Sophocle étoit une preuve très-équivoque de son regret, parceque deux grands hommes qui aspirent à la même gloire, qui veulent s'exclure l'un l'autre du premier rang, s'entr'estiment intérieurement plus qu'ils ne voudroient, mais ne s'entr'aiment pas. L'un d'eux vient-il à mourir, le survivant courra lui jeter de l'eau bénite, et en fera l'éloge de bon cœur ; il est délivré des épines de la concurrence. » Par cette même raison, Corneille avoit fait dire à Cornélie, sur la douleur de César à la mort de Pompée :

> O soupirs! ô regrets! oh, qu'il est doux de plaindre
> Le sort d'un ennemi quand il n'est plus à craindre ! [2]

1. L'abbé de Lavau.
2 *Pompée*, acte V, scène I.

Quiconque eût pensé la même chose en cette occasion, eût été très-injuste. Les deux rivaux depuis longtemps ne combattoient plus ; et tous deux, retirés de la carrière, n'avoient plus rien à se disputer : c'étoit au public à décider. Il n'a point encore décidé ; on s'est toujours contenté de les comparer entre eux. Le parallèle a souvent été fait, et presque toujours avec plus d'antithèse que de justesse. M. de Fontenelle, qui, malgré la douceur de son caractère, témoigne dans la *Vie de Corneille* un peu de passion contre le rival de Corneille, règle ainsi les places (je parle de cette *Vie* imprimée dans la dernière édition de ses *Œuvres* : celle qui se trouve dans l'*Histoire de l'Académie françoise* ne contient pas les mêmes paroles) : « Corneille a la première place, Racine la seconde. On fera à son gré l'intervalle entre ces deux places un peu plus ou moins grand. C'est là ce qui se trouve en ne comparant que les ouvrages de part et d'autre. Mais si on compare ces deux hommes, l'inégalité est plus grande. Il peut être incertain que Racine eût été, si Corneille n'eût pas été avant lui : il est certain que Corneille a été par lui-même. » M. de Fontenelle, qui a toujours été applaudi quand il a écrit sur les matières qui font l'objet des travaux de l'Académie des sciences, a souvent rendu sur le Parnasse des décisions qui ont eu peu de partisans : ce qui me fait espérer que celle-ci sera du nombre.

Pour revenir au discours prononcé à la réception de Thomas Corneille, je ferai remarquer qu'il n'est pas étonnant que mon père, qui n'avoit pas été heureux dans le discours sur sa propre réception, l'ait été dans celui-ci, qui lui fournissoit pour sujet l'éloge de Corneille. Il le faisoit dans l'effusion de son cœur, parce qu'il étoit intérieurement persuadé que Corneille valoit beaucoup mieux que lui : et en cela seulement il pensoit comme M. de Fontenelle. Quelle crainte qu'il eût de parler de vers à mon frère, quand il le vit en âge de pouvoir discerner le bon du mauvais, il lui fit apprendre par cœur des endroits de *Cinna* ; et lorsqu'il lui entendoit réciter ce beau vers :

Et, monté sur le faîte, il aspire à descendre. [1]

1. *Cinna,* acte II, scène I.

« Remarquez bien cette expression, lui disoit-il avec enthousiasme. On dit aspirer à monter; mais il faut connoître le cœur humain aussi bien que Corneille l'a connu pour avoir su dire de l'ambitieux qu'il aspire à descendre. » On ne croira point qu'il ait affecté la modestie lorsqu'il parloit ainsi en particulier à son fils : il lui disoit ce qu'il pensoit.

Tout l'endroit de son discours dans l'Académie, qui contenoit l'éloge de Corneille, fut extrêmement goûté ; et comme il avoit réussi parce qu'il louoit ce qu'il admiroit, il réussit également dans l'éloge de Louis XIV lorsque, s'adressant à M. Bergeret, premier commis du secrétaire d'État des affaires étrangères, il fit voir combien les négociations étoient faciles sous un roi dont les ministres n'avoient tout au plus que « l'embarras de faire entendre avec dignité aux cours étrangères ce qu'il leur dictoit avec sagesse ». Là, il dépeignit le roi la veille du jour qu'il partit pour se mettre à la tête de ses armées, écrivant dans son cabinet six lignes, pour les envoyer à son ambassadeur : et les puissances étrangères « ne pouvant s'écarter d'un seul pas du cercle étroit qui leur étoit tracé » par ces six lignes : paroles qui représentoient toutes ces puissances sous l'image du roi Antiochus, étonné, quoiqu'à la tête de ses armées, du cercle que l'ambassadeur romain traça autour de lui, et obligé de rendre sa réponse avant que d'en sortir.

Louis XIV, informé du succès de ce discours, voulut l'entendre. L'auteur eut l'honneur de lui en faire la lecture, après laquelle le roi lui dit : « Je suis très-content :[1] je vous louerois davantage, si vous m'aviez moins loué. » Ce mot fut bientôt répandu partout, et attira à mon père une lettre que je vais rapporter, parce que, ayant été écrite par un homme qui étoit alors dans la disgrâce, et qui écrivoit à un ami dans toute la sincérité de son cœur et la confiance du secret, elle fait voir de quelle manière pensoient de Louis XIV ceux mêmes qui croyoient avoir quelque sujet de s'en plaindre :

« J'ai à vous remercier, monsieur, du discours qui m'a été envoyé de votre part. Rien n'est assurément si éloquent ; et le héros que

---

1. Il a dit une autre fois le même mot à Boileau, si ce que Brossette rapporte dans son commentaire est exact. (L. R.)

vous y louez est d'autant plus digne de vos louanges, qu'il y a trouvé de l'excès. Il est bien difficile qu'il n'y en ait toujours un peu : les plus grands hommes sont hommes, et se sentent toujours par quelque endroit de l'infirmité humaine. Je vous dirois bien des choses sur cela, si j'avois le plaisir de vous voir ; mais il faudroit avoir dissipé un nuage que j'ose dire être une tache dans ce soleil. Ce ne seroit pas une chose difficile, si ceux qui le pourroient faire avoient assez de générosité pour l'entreprendre. Je vous assure que les pensées que j'ai sur cela ne sont point intéressées, et que ce qui peut me regarder me touche fort peu. Si j'ai quelque peine, c'est d'être privé de la consolation de voir mes amis. Un tête-à-tête avec vous et avec votre compagnon me feroit bien du plaisir ; mais je n'achèterois pas ce plaisir par la moindre lâcheté. Vous savez ce que cela veut dire : ainsi je demeure en paix, et j'attends avec patience que Dieu fasse connoître à ce prince si accompli qu'il n'a point dans son royaume de sujet plus fidèle, plus passionné pour sa véritable gloire, et, si je l'ose dire, qui l'aime d'un amour plus pur et plus dégagé de tout intérêt. Je pourrois ajouter que je suis naturellement si sincère, que si je ne sentois dans mon cœur la vérité de ce que je dis, rien au monde ne seroit capable de me le faire dire. C'est pourquoi aussi je ne pourrois me résoudre à faire un pas pour avoir la liberté de voir mes amis, à moins que ce fût à mon prince seul que j'en fusse redevable. [1]

« Je suis, etc. »

Boileau, nouvel académicien, fut longtemps assez exact aux assemblées, dans lesquelles il avoit souvent des contradictions à essuyer. Il parle, dans une lettre écrite à mon père, de ses disputes avec M. Charpentier. Dans ces disputes littéraires, il ne trouvoit pas ordinairement le grand nombre pour lui, parce qu'il étoit environné de confrères peu disposés à être de son avis. Un jour cependant il fut victorieux ; et quand il racontoit cette victoire, il ajoutoit en élevant la voix : « Tout le monde fut de mon avis : ce qui m'étonna, car j'avois raison, et c'étoit moi. »

---

1. Louis Racine a mêlé ici deux lettres d'Antoine Arnauld. Voir les textes exacts, tome VII, p. 424 et p. 454.

Lorsqu'il fut question de recevoir à l'Académie M. le marquis de Saint-Aulaire, il s'y opposa vivement, et répondit à ceux qui lui représentoient qu'il falloit avoir des égards pour un homme de cette condition : « Je ne lui dispute pas ses titres de noblesse, mais je lui dispute ses titres du Parnasse. » Un des académiciens ayant répliqué que M. de Saint-Aulaire avoit aussi ses titres du Parnasse, puisqu'il avoit fait de fort jolis vers : « Eh bien, monsieur, lui dit Boileau, puisque vous estimez ses vers, faites-moi l'honneur de mépriser les miens. »

En 1685, M. le marquis de Seignelay, devant donner dans sa maison de Sceaux une fête au roi, demanda des vers à mon père, qui, malgré la résolution qu'il avoit prise de n'en plus faire, n'en put refuser, dans une pareille occasion, à un ministre auquel il étoit fort attaché, fils de son bienfaiteur. J'ai plus d'une fois entendu dire à M. le chancelier,[1] que l'antiquité (et qui la connoît mieux que lui ?) ne nous offroit rien, dans un pareil genre, de si parfait que cette *Idylle sur la paix*. Il admire comment le poëte, en faisant parler des bergers, a su réunir aux sentiments tendres, et aux peintures riantes, les grandes et terribles images, dans un style toujours naturel, et sans sortir du ton de l'idylle. Puisqu'il m'est permis de rapporter historiquement les sentiments des autres, et que je rapporte ceux d'un grand juge, j'ajouterai que je l'ai entendu, à ce sujet, faire remarquer l'heureuse disposition du même auteur à écrire dans tous les genres différents. Est-il orateur, est-il historien : il excelle. Est-il poëte : s'il fait une comédie, il sait y faire rire et le parterre et ceux qui n'aiment que la fine plaisanterie ; dans ses tragédies, il change de style suivant les sujets. La versification d'*Andromaque* n'est pas celle de *Britannicus* : celle de *Phèdre* n'est pas celle d'*Athalie*. Compose-t-il des chœurs et des cantiques : il a le lyrique le plus sublime. Fait-il des épigrammes : il les assaisonne du meilleur sel. Entreprend-il une idylle ; il l'invente dans un goût nouveau. Quelques personnes prétendent que Lulli, chargé de la mettre en musique, trouva dans la force des vers un travail que les vers de Quinault ne lui avoient pas fait connoître. Il est pourtant certain que Lulli est aussi grand musicien dans cette idylle que dans ses

---

1. Le chancelier d'Aguesseau.

opéras, et a parfaitement rendu le poëte : j'avouerai seulement qu'à ces deux vers,

> Retranchez de nos ans
> Pour ajouter à ses années,

la chute, à cause de la prononciation de la dernière syllabe, ne satisfait pas l'oreille, et que ce n'est pas la faute du musicien, mais celle du poëte, qui n'avoit pas pour le musicien cette même attention qu'avoit Quinault.

Lorsque M le comte de Toulouse fut sorti de l'enfance, madame de Montespan consulta mon père sur le choix de celui à qui l'on confieroit l'éducation du jeune prince. Elle demandoit un homme d'un mérite distingué, et d'un nom connu. Mon père, voulant en cette occasion obliger M. du Trousset, qu'il estimoit beaucoup, dit à madame de Montespan : « Je vous propose sans crainte un homme dont le nom n'est pas connu ; mais il mérite de l'être : ses ouvrages, qu'il n'a point donnés au public sous son nom, en ont été bien reçus. » Ces ouvrages étoient la *Critique de la princesse de Clèves*, la *Vie du duc de Guise*, et quelques petites pièces de vers fort ingénieuses. M. du Trousset, connu depuis sous le nom de Valincour, fut agréé. On lui confia l'éducation du prince. Il fut dans la suite secrétaire général de la marine, et, par l'estime qu'il acquit à la cour, justifia le choix de madame de Montespan, et les témoignages de celui qui le lui avoit fait connoître.

Je n'ai jamais pu lire, sans une surprise extrême, ce qu'il dit dans sa lettre à M. l'abbé d'Olivet, en parlant de l'histoire du roi :[1] « Despréaux et Racine, après avoir longtemps essayé ce travail, sentirent qu'il étoit tout à fait opposé à leur génie. » M. de Valincour, associé pour ce travail à Boileau, après la mort de mon père, et chargé seul de la continuation de cette histoire après la mort de Boileau, suivant toute apparence n'a jamais rien composé sur cette matière. Il pouvoit avoir, aussi bien que ses prédécesseurs, le style historique ; mais pourquoi a-t-il voulu faire entendre que, regardant ce travail comme opposé à leur génie, ils ne s'en occupoient pas, lui qui a su mieux qu'un autre

---

1. *Histoire de l'Académie françoise,* tome II.

combien ils s'en étoient occupés, et qui a été dépositaire, après leur mort, de ce qu'ils avoient écrit ? Le fatal incendie qui, en 1726, consuma la maison qu'il avoit à Saint-Cloud, fut si prompt qu'on ne put sauver les papiers les plus importants de l'amirauté, et que les morceaux de l'histoire du roi périrent avec plusieurs autres papiers précieux à la littérature. Le recueil des Lettres de Boileau et de mon père fera connoître l'application continuelle qu'ils donnoient à l'histoire dont ils étoient chargés. Quand ils avoient écrit quelque morceau intéressant, ils alloient le lire au roi.

Ces lectures se faisoient chez madame de Montespan. Tous deux avoient leur entrée chez elle, aux heures que le roi y venoit jouer, et madame de Maintenon étoit ordinairement présente à la lecture. Elle avoit, au rapport de Boileau, plus de goût pour mon père que pour lui ; et madame de Montespan avoit au contraire plus de goût pour Boileau que pour mon père ; mais ils faisoient toujours ensemble leur cour, sans aucune jalousie entre eux. Lorsque le roi arrivoit chez madame de Montespan, ils lui lisoient quelque chose de son histoire, ensuite le jeu commençoit ; et lorsqu'il échappoit à madame de Montespan, pendant le jeu, des paroles un peu aigres, ils remarquèrent, quoique fort peu clairvoyants, que le roi, sans lui répondre, regardoit en souriant madame de Maintenon, qui étoit assise vis-à-vis lui sur un tabouret, et qui enfin disparut tout à coup de ces assemblées. Ils la rencontrèrent dans la galerie, et lui demandèrent pourquoi elle ne venoit plus écouter leur lecture. Elle leur répondit fort froidement : « Je ne suis plus admise à ces mystères. » Comme ils lui trouvoient beaucoup d'esprit, ils en furent mortifiés et étonnés. Leur étonnement fut bien plus grand lorsque le roi, obligé de garder le lit, les fit appeler, avec ordre d'apporter ce qu'ils avoient écrit de nouveau sur son histoire, et qu'ils virent, en entrant, madame de Maintenon assise dans un fauteuil près du chevet du roi, s'entretenant familièrement avec Sa Majesté. Ils alloient commencer leur lecture, lorsque madame de Montespan, qui n'étoit point attendue, entra, et après quelques compliments au roi, en fit de si longs à madame de Maintenon, que, pour les interrompre, le roi lui dit de s'asseoir, « n'étant pas juste, ajouta-t-il, qu'on lise sans vous un ouvrage que vous avez vous-même commandé ». Son premier mouvement fut de prendre une bougie pour éclairer le lecteur : elle fit ensuite réflexion qu'il étoit plus convenable de s'asseoir, et de faire tous ses efforts pour paroître attentive à la lecture. Depuis ce jour, le crédit de madame de Maintenon alla en augmentant d'une manière si visible que les deux historiens lui firent leur cour autant qu'ils la savoient faire.

Mon père, dont elle goûtoit la conversation, étoit beaucoup mieux reçu que son ami, qu'il menoit toujours avec lui. Ils s'entretenoient un jour avec elle de la poésie, et Boileau, déclamant contre le goût de la poésie burlesque, qui avoit régné autrefois, dit dans sa colère : « Heureusement ce misérable goût est passé, et on ne lit plus Scarron, même dans les provinces. » Son ami chercha promptement un autre sujet de conversation, et lui dit, quand il fut seul avec lui : « Pourquoi parlez-vous devant elle de Scarron? Ignorez-vous l'intérêt qu'elle y prend? — Hélas! non, reprit-il; mais c'est toujours la première chose que j'oublie quand je la vois. »

Malgré la remontrance de son ami, il eut encore la même distraction au lever du roi. On y parloit de la mort du comédien Poisson. « C'est une perte, dit le roi; il étoit bon comédien... — Oui, reprit Boileau, pour faire un Don Japhet : il ne brilloit que dans ces misérables pièces de Scarron. » Mon père lui fit signe de se taire, et lui dit en particulier : « Je ne puis donc paroître avec vous à la cour, si vous êtes toujours si imprudent. — J'en suis honteux, lui répondit Boileau; mais quel est l'homme à qui il n'échappe jamais une sottise? »[1]

Incapable de trahir jamais sa pensée, il n'avoit pas toujours assez de présence d'esprit pour la taire. Il avouoit que la franchise étoit une vertu souvent dangereuse; mais il se consoloit de ses imprudences par la conformité de caractère qu'il prétendoit avoir avec M. Arnauld, dont, pour se justifier, il racontoit le fait suivant, qui peut trouver place dans un ouvrage où je rassemble plusieurs traits de simplicité d'hommes connus.

---

[1]. D'après Boileau lui-même, dans la conversation recueillie par Mathieu-Marais, ce fut le duc de Chevreuse, et non Racine, qui lui reprocha son inadvertance.

M. Arnauld, obligé de se cacher, trouva une retraite à l'hôtel de Longueville, à condition qu'il n'y paroîtroit qu'avec un habit séculier, une grande perruque sur la tête, et l'épée au côté. Il y fut attaqué de la fièvre; et madame de Longueville, ayant fait venir le médecin Brayer, lui recommanda d'avoir grand soin d'un gentilhomme qu'elle protégeoit particulièrement, et à qui elle avoit donné depuis peu une chambre dans son hôtel. Brayer monte chez le malade qui, après l'avoir entretenu de sa fièvre, lui demande des nouvelles. « On parle, lui dit Brayer, d'un livre nouveau de Port-Royal, qu'on attribue à M. Arnauld ou à M. de Saci; mais je ne le crois pas de M. de Saci : il n'écrit pas si bien. » A ce mot M. Arnauld, oubliant son habit gris et sa perruque, lui répond vivement : « Que voulez-vous dire? Mon neveu écrit mieux que moi. » Brayer envisage son malade, se met à rire, descend chez madame de Longueville, et lui dit : « La maladie de votre gentilhomme n'est pas considérable; je vous conseille cependant de faire en sorte qu'il ne voie personne. Il ne faut pas le laisser parler. » Madame de Longueville, étonnée des réponses indiscrètes qui échappoient souvent à M. Arnauld et à M. Nicole, disoit qu'elle aimeroit mieux confier son secret à un libertin.

Boileau ne savoit ni dissimuler, ni flatter. Il eut cependant par hasard quelques saillies assez heureuses. Lorsque le roi lui demanda son âge, il répondit : « Je suis venu au monde un an avant Votre Majesté, pour annoncer les merveilles de son règne. »

Dans le temps que l'affectation de substituer le mot de *gros* à celui de *grand* régnoit à Paris comme en quelques provinces, où l'on dit un gros chagrin pour un grand chagrin, le roi lui demanda ce qu'il pensoit de cet usage. « Je le condamne, répondit-il, parce qu'il y a bien de la différence entre Louis le Gros et Louis le Grand. »

Malgré quelques réponses de cette nature, il n'avoit pas la réputation d'être courtisan; et mon père passoit pour plus habile que lui dans cette science, quoiqu'il n'y fût pas non plus regardé comme bien expert par les fins courtisans, et par le roi même, qui dit, en le voyant un jour à la promenade avec M. de Cavoie : « Voilà deux hommes que je vois souvent ensemble; j'en devine la raison : Cavoie avec Racine se croit bel esprit; Racine avec Cavoie se croit courtisan. » Si l'on entend par courtisan un homme qui ne cherche qu'à mériter l'estime de son maître, il l'étoit; si l'on entend un homme qui, pour arriver à ses vues, est savant dans l'art de la dissimulation et de la flatterie, il ne l'étoit point, et le roi n'en avoit pas pour lui moins d'estime.

Il lui en donna des preuves en l'attirant souvent à sa cour, où il voulut bien lui accorder un appartement dans le château, et même les entrées. Il aimoit à l'entendre lire, et lui trouvoit un talent singulier pour faire sentir la beauté des ouvrages qu'il lisoit. Dans une indisposition qu'il eut, il lui demanda de lui chercher quelque livre propre à l'amuser : mon père proposa une des *Vies* de Plutarque. « C'est du gaulois, » répondit le roi. Mon père répliqua qu'il tâcheroit, en lisant, de changer les tours de phrase trop anciens, et de substituer les mots en usage aux mots vieillis depuis Amyot. Le roi consentit à cette lecture; et celui qui eut l'honneur de la faire devant lui sut si bien changer, en lisant, tout ce qui pouvoit, à cause du vieux langage, choquer l'oreille de son auditeur, que le roi écouta avec plaisir, et parut goûter toutes les beautés de Plutarque ; mais l'honneur que recevoit ce lecteur sans titre fit murmurer contre lui les lecteurs en charge.

Quelque agrément qu'il pût trouver à la cour, il y mena toujours une vie retirée, partageant son temps entre peu d'amis et ses livres. Sa plus grande satisfaction étoit de revenir passer quelques jours dans sa famille; et lorsqu'il se retrouvoit à sa table avec sa femme et ses enfants, il disoit qu'il faisoit meilleure chère qu'aux tables des grands.

Il revenoit un jour de Versailles pour goûter ce plaisir, lorsqu'un écuyer de M. le Duc[1] vint lui dire qu'on l'attendoit à dîner à l'hôtel de Condé. « Je n'aurai point l'honneur d'y aller, lui répondit-il; il y a plus de huit jours que je n'ai vu ma femme et mes enfants, qui se font une fête de manger aujourd'hui avec moi une très-belle carpe; je ne puis me dispenser de dîner avec eux. » L'écuyer lui représenta qu'une compagnie nombreuse, invitée au repas de M. le Duc, se faisoit aussi une fête de l'avoir,

1. Louis, duc de Bourbon-Condé, petit-fils du grand Condé.

et que le prince seroit mortifié s'il ne venoit pas. Une personne de la cour qui m'a raconté la chose, m'a assuré que mon père fit apporter la carpe, qui étoit d'environ un écu, et que, la montrant à l'écuyer, il lui dit : « Jugez vous-même si je puis me dispenser de dîner avec ces pauvres enfants, qui ont voulu me régaler aujourd'hui, et n'auroient plus de plaisir s'ils mangeoient ce plat sans moi. Je vous prie de faire valoir cette raison à Son Altesse Sérénissime. » L'écuyer la rapporta fidèlement, et l'éloge qu'il fit de la carpe devint l'éloge de la bonté du père, qui se croyoit obligé de la manger en famille. Quand un homme a mérité qu'on admire son caractère dans ces petites choses, il est permis de les rapporter, en disant de lui ce que dit Tacite de son beau-père : *bonum virum facile crederes, magnum libenter*.

Ce caractère n'est pas celui d'un homme ardent à saisir toutes les occasions de faire sa cour. Il ne les cherchoit jamais, et souvent sa piété l'empêchoit de profiter de celles qui se présentoient. On lui dit qu'il feroit plaisir au roi d'aller donner quelques leçons de déclamation à une princesse qui est aujourd'hui dans un rang très-élevé.[1] Il y alla; et quand il vit qu'il s'agissoit de faire répéter quelques endroits d'*Andromaque,* qu'on avoit fait apprendre par cœur à la jeune princesse, il se retira, et demanda en grâce qu'on n'exigeât point de lui de pareilles leçons.

M. de Fontenelle nous apprend que Corneille, agité de quelques inquiétudes au sujet de ses pièces dramatiques, eut besoin d'être rassuré par des casuistes, qui lui firent toujours grâce en faveur de la pureté qu'il avoit établie sur le théâtre. Mon père, qui fut son casuiste à lui-même, ne se fit aucune grâce; et comme il ne rougissoit point d'avouer ses remords, il ne laissa ignorer à personne qu'il eût voulu pouvoir anéantir ses tragédies profanes, dont on ne lui parloit point à la cour parce qu'on savoit qu'il n'aimoit point à en entendre parler.

On peut reprocher aux éditeurs la négligence des dernières éditions de ses *Œuvres.*[2] Il n'est point étonnant néanmoins qu'elles n'aient point été exactes depuis sa mort, puisqu'elles ne l'étoient pas de son vivant. Il ne présida qu'aux premières; et

1. Mlle de Blois, qui fut mariée au Régent.
2. C'est celui de nos poëtes qui a été imprimé avec le moins de soin.

dans la suite ce fut Boileau qui, sans lui en parler, examina les épreuves. Le libraire obtint enfin de l'auteur même d'en revoir un exemplaire, et il ne put s'empêcher d'y faire plusieurs corrections ; mais avant que de mourir, il fit brûler cet exemplaire, comme je l'ai dit ailleurs[1] ; et mon frère, qui fut le ministre de ce sacrifice, n'eut pas la liberté d'examiner de quelle nature étoient les corrections ; il vit seulement qu'elles étoient plus nombreuses dans le premier volume que dans le second.

Toute sa crainte étoit d'avoir un fils qui eût envie de faire des tragédies. « Je ne vous dissimulerai point, disoit-il à mon frère, que dans la chaleur de la composition on ne soit quelquefois content de soi ; mais, et vous pouvez m'en croire, lorsqu'on jette le lendemain les yeux sur son ouvrage, on est tout étonné de ne plus rien trouver de bon dans ce qu'on admiroit la veille ; et quand on vient à considérer, quelque bien qu'on ait fait, qu'on auroit pu mieux faire et combien on est éloigné de la perfection, on est souvent découragé. Outre cela, quoique les applaudissements que j'ai reçus m'aient beaucoup flatté, la moindre critique, quelque mauvaise qu'elle ait été, m'a toujours causé plus de chagrin que toutes les louanges ne m'ont fait de plaisir. »

Il comptoit au nombre des choses chagrinantes les louanges des ignorants ; et lorsqu'il se mettoit en bonne humeur, il rapportoit le compliment d'un vieux magistrat qui, n'ayant jamais été à la comédie, s'y laissa entraîner par une compagnie, à cause de l'assurance qu'elle lui donna qu'il verroit jouer l'*Andromaque* de Racine. Il fut très-attentif au spectacle, qui finissoit par *les Plaideurs*. En sortant il trouva l'auteur, et lui dit : « Je suis, monsieur, très-content de votre *Andromaque* ; c'est une jolie pièce : je suis seulement étonné qu'elle finisse si gaiement. J'avois d'abord eu quelque envie de pleurer, mais la vue des petits chiens m'a fait rire. » Le bonhomme s'étoit imaginé que tout ce qu'il avoit vu représenter sur le théâtre étoit *Andromaque*.

Boileau racontoit aussi qu'un de ses parents à qui il avoit fait

---

Non-seulement la dernière édition contient une Vie faite par un homme peu instruit, et des lettres pitoyables sur ses tragédies, mais on a remis dans le texte des vers que l'auteur avoit changés. (L. R.) — Louis Racine parle de l'édition de 1736.

1. *Réflexions sur la Poésie*, tome I, p. 135. (L. R.)

présent de ses *Œuvres,* lui dit, après les avoir lues : « Pourquoi, mon cousin, tout n'est-il pas de vous dans vos ouvrages? J'y ai trouvé deux lettres à M. de Vivonne, dont l'une est de Balzac, et l'autre de Voiture. »

Un homme qui vivoit à la cour, et qui depuis a été dans une grande place, lui demanda par quelle raison il avoit fait un traité sur le *Sublimé*. Il n'avoit fait qu'ouvrir le volume de ses *Œuvres,* dont Boileau lui avoit fait présent, et ayant lu *sublimé* pour *sublime,* il ne pouvoit comprendre qu'un poëte eût écrit sur un tel sujet.

Boileau, allant toucher sa pension au trésor royal, remit son ordonnance à un commis, qui, y lisant ces paroles : « La pension que nous avons accordée à Boileau à cause de la satisfaction que ses ouvrages nous ont donnée, » lui demanda de quelle espèce étoient ses ouvrages. « De maçonnerie, lui répondit-il; je suis un architecte. »

Les poëtes qui s'imaginent être connus et admirés de tout le monde trouvent souvent des occasions qui les humilient. Ils doivent s'attendre encore que leurs ouvrages essuieront les discours les plus bizarres, et seront exposés tantôt aux critiques injustes des envieux, tantôt aux louanges stupides des ignorants, et tantôt aux fausses décisions de ceux qui se croient des juges. Un poëte, après avoir excité la terreur dans ses tragédies, peut s'entendre comparer à *une petite colombe gémissante,*[1] comme je l'ai dit autre part; et tous ces discours, quoique méprisables, révoltent toujours l'amour-propre d'un auteur, qui croit que tout le monde lui doit rendre justice.

Mon père, pour dégoûter encore mon frère de vers, et dans la crainte qu'il n'attribuât à ses tragédies les caresses dont quelques grands seigneurs l'accabloient, lui disoit : « Ne croyez pas que ce soient mes vers qui m'attirent toutes ces caresses. Corneille fait des vers cent fois plus beaux que les miens, et cependant personne ne le regarde. On ne l'aime que dans la bouche de ses

---

1. *Veneris columbulus. Réflexions sur la Poésie,* t. II, p. 186. (L. R.) Cette expression se trouve dans un discours du P. Porée prononcé le 13 mars 1733 : « Cornelius, sublime volans, ut Jovis ales, inter fulgura et fulmina ludibundus, omnia fragore compleverat. Racinius, ut Veneris columbulus, circum rosaria et myrteta volitans, omnia gemitibus personuit. »

acteurs; au lieu que, sans fatiguer les gens du monde du récit de mes ouvrages, dont je ne leur parle jamais, je me contente de leur tenir des propos amusants, et de les entretenir de choses qui leur plaisent. Mon talent avec eux n'est pas de leur faire sentir que j'ai de l'esprit, mais de leur apprendre qu'ils en ont. Ainsi quand vous voyez M. le Duc passer souvent des heures entières avec moi, vous seriez étonné, si vous étiez présent, de voir que souvent il en sort sans que j'aie dit quatre paroles; mais peu à peu je le mets en humeur de causer, et il sort de chez moi encore plus satisfait de lui que de moi. »

Le premier précepte qu'il lui donna quand il le fit entrer dans le monde, fut celui-ci : « Ne prenez jamais feu sur le mal que vous entendrez dire de moi. On ne peut plaire à tout le monde, et je ne suis pas exempt de fautes plus qu'un autre. Quand vous trouverez des personnes qui ne vous paroîtront pas estimer mes tragédies, et qui même les attaqueront par des critiques injustes, pour toute réponse, contentez-vous de les assurer que j'ai fait tout ce que j'ai pu pour plaire au public, et que j'aurois voulu pouvoir mieux faire. »

Il avoit eu dans sa jeunesse une passion démesurée pour la gloire. La religion l'avoit entièrement changé. Il reprochoit souvent à Boileau l'amour qu'il conservoit toujours pour ses vers, jusqu'à vouloir donner au public les moindres épigrammes faites dans sa jeunesse, et vider, comme il disoit, son portefeuille entre les mains d'un libraire. Loin d'être si libéral du sien, il ne nous l'a même pas laissé.

Il eût pu exceller dans l'épigramme. Je ne rapporterai point ici celles qu'il a faites. On connoît les meilleures, savoir : celles sur l'*Aspar,* sur l'*Iphigénie* de Le Clerc, et sur la *Judith* de Boyer. Cette dernière est regardée comme une épigramme parfaite M. de Valincour remarque qu'il avoit l'esprit porté à la raillerie, et même à une raillerie amère; ce qui étoit cause qu'il disoit quelquefois des choses un peu piquantes, sans avoir intention de fâcher les personnes à qui il les disoit. Lorsque, après la capitulation du château de Namur, le prince de Barbançon, qui en étoit gouverneur, en sortoit, il lui dit « : Voilà un mauvais temps pour déménager; » ce qu'il ne lui disoit qu'à cause des pluies continuelles. Le prince, qui crut qu'il vouloit le railler, répondit avec douceur : « Quand on déménage comme je fais, le plus mauvais temps est trop beau; » et cette réponse plut fort au roi.

Il est vrai, comme il est rapporté dans le *Bolœana*, que mon père dit à quelqu'un qui s'étonnoit de ce que la *Judith* de Boyer n'étoit point sifflée : « Les sifflets sont à Versailles aux sermons de l'abbé Boileau. »[1] Il estimoit infiniment l'abbé Boileau, et ne fit cette réponse que pour faire remarquer certaine bizarrerie d'un goût passager, qui est cause qu'un bon prédicateur n'est pas goûté, tandis qu'un mauvais poëte est applaudi.

La piété, qui avoit éteint en lui la passion des vers, sut aussi modérer son penchant à la raillerie; et il n'avoit plus depuis longtemps qu'une plaisanterie agréable avec ses amis, comme lorsqu'il cria à M. de Valincour, qui entroit dans la galerie de Versailles : « Eh! monsieur, où est le feu ? » parce que M. de Valincour, avec un air empressé, marchoit toujours à grands pas, ou plutôt couroit comme un homme qui va annoncer que le feu est quelque part.

Boileau avoit contribué à faire sentir à mon père le danger de la raillerie, même entre amis. S'il recevoit de lui des conseils, il lui en donnoit à son tour : c'est le caractère de la véritable amitié, comme dit Cicéron : *Moneri et monere proprium est veræ amicitiæ*. Dans une dispute qu'ils eurent sur quelque point de littérature, Boileau, accablé de ces railleries, lui dit d'un grand sang-froid, quand la dispute fut finie : « Avez-vous eu envie de me fâcher ? — Dieu m'en garde! répond son ami. — Eh bien, reprend Boileau, vous avez donc tort, car vous m'avez fâché. »

Dans une dispute de même nature, Boileau, pressé par de bonnes raisons, mais dites avec chaleur et raillerie, perdit patience et s'écria : « Eh bien, oui, j'ai tort; mais j'aime mieux avoir tort que d'avoir orgueilleusement raison. » Il trouvoit mon père trop enclin à la raillerie. « Dès qu'il n'est plus tragique, disoit-il, il devient satyrique, et quand il quitte son style, il me dérobe le mien. »

Il ne pouvoit assez admirer comment son ami, que la vivacité

---

[1]. Charles Boileau, abbé de Beaulieu, qu'il ne faut pas confondre avec le frère de Boileau, l'abbé Jacques Boileau.

de son esprit et de son tempérament portoit à plusieurs passions dangereuses dans la société, pour soi-même et pour les autres, avoit toujours pu en modérer la violence : ce qu'il attribuoit aux sentiments de religion qu'il avoit eus gravés dans le cœur dès l'enfance, et qui le retinrent contre ses penchants dans les temps même les plus impétueux de sa jeunesse. Sur quoi il disoit : « La raison conduit ordinairement les autres à la foi; c'est la foi qui a conduit M. Racine à la raison.[1] »

Boileau avoit reçu de la nature un caractère plus propre à la tranquillité et au bonheur. Exempt de toutes passions, il n'eut jamais à combattre contre lui-même. Il n'étoit point satirique dans la conversation; ce qui faisoit dire à Mme de Sévigné qu'il n'étoit cruel qu'en vers. Sans être ce qu'on appelle dévôt, il fut exact, dans tous les temps de sa vie, à remplir les principaux devoirs de la religion. Se trouvant, à Pâques, dans la terre d'un ami, il alla à confesse au curé, qui ne le connoissoit pas, et qui étoit un homme fort simple. Avant que d'entendre sa confession, il lui demanda quelles étoient ses occupations ordinaires. « De faire des vers, répondit Boileau. — Tant pis, dit le curé. Et quels vers? — Des satires, ajouta le pénitent. — Encore pis, répondit le confesseur. Et contre qui? — Contre ceux, dit Boileau, qui font mal des vers; contre les vices du temps, contre les ouvrages pernicieux, contre les romans, contre les opéras. — Ah! dit le curé, il n'y a donc pas de mal, et je n'ai plus rien à vous dire. »

On peut bien assurer que ces deux poëtes n'ont jamais rougi de l'Évangile. Mon père, comme chef de famille, se croyoit obligé à une plus grande régularité : il n'alloit jamais aux spectacles, et ne parloit devant ses enfants ni de comédie ni de tragédie profane. A la prière qu'il faisoit tous les soirs au milieu d'eux et de ses domestiques, quand il étoit à Paris, il ajoutoit la lecture de l'Évangile du jour, que souvent il expliquoit lui-même par une courte exhortation proportionnée à la portée de ses auditeurs et prononcée avec cette âme qu'il donnoit à tout ce qu'il disoit.

1. Ce mot n'est pas exactement rapporté dans le *Bolœana*. (L. R.) Voici la version du *Bolœana* : « M. Despréaux nous disoit que M. Racine étoit venu à la vertu par la religion, son tempérament le portant à être railleur, inquiet, jaloux et voluptueux. »

Pour occuper de lectures pieuses M. de Seignelay, malade, il alloit lui lire les Psaumes. Cette lecture le mettoit dans une espèce d'enthousiasme, dans lequel il faisoit sur-le-champ une paraphrase du psaume. J'ai entendu dire à M. l'abbé Renaudot, qui étoit un des auditeurs, que cette paraphrase leur faisoit sentir toute la beauté du psaume, et les enlevoit.

Un autre exemple de cet enthousiasme qui le saisissoit dans la lecture des choses qu'il admiroit, est rapporté par M. de Valincour. Il étoit avec lui à Auteuil, chez Boileau, avec M. Nicole et quelques autres amis distingués. On vint à parler de Sophocle, dont il étoit si grand admirateur qu'il n'avoit jamais osé prendre un de ses sujets de tragédie. Plein de cette pensée, il prend un Sophocle grec, et lit la tragédie d'*Œdipe,* en la traduisant sur-le-champ. Il s'émut à tel point, dit M. de Valincour [1], que tous les auditeurs éprouvèrent les sentiments de terreur et de pitié dont cette pièce est pleine. « J'ai vu, ajoute-t-il, nos meilleures pièces représentées par nos meilleurs acteurs : rien n'a jamais approché du trouble où me jeta ce récit; et, au moment que j'écris, je m'imagine voir encore Racine le livre à la main, et nous tous consternés autour de lui. » Voilà sans doute ce qui a fait croire qu'il avoit dessein de composer un *Œdipe.*

Un morceau d'éloquence qui le mettoit dans l'enthousiasme, étoit la prière à Dieu qui termine le livre contre M. Mallet.[2] Il aimoit à la lire; et lorsqu'il se trouvoit avec des personnes disposées à l'entendre, il les attendrissoit, suivant ce que m'a raconté M. Rollin, qui avoit été présent à une de ces lectures.

Dans l'écrit intitulé *le Nouvel Absalon,*[3] etc., qui fut imprimé par ordre de Louis XIV, il reconnoissoit l'éloquence de Démosthènes contre Philippe; et l'on sait quelle admiration il avoit pour Démosthènes. « Ce bourreau fera tant qu'il lui donnera de l'esprit, » dit-il un jour, en entendant M. de Tourreil, qui proposoit différentes manières d'en traduire une phrase. Boileau avoit la même admiration pour Démosthènes. « Toutes les fois,

---

1. Lettre à M. l'abbé d'Olivet. *Histoire de l'Académie françoise.* (L. R.)
2. *Nouvelle défense de la traduction du Nouveau Testament imprimé à Mons...* 1680 par Antoine Arnauld, livre XII, chap. XII. Sainte-Beuve, *Port-Royal,* tome V, pp. 297-299, a cité une partie de cette invocation.
3. Pamphlet d'Antoine Arnauld contre Guillaume d'Orange.

disoit-il, que je relis l'*Oraison pour la Couronne,* je me repens d'avoir écrit. »

M. de Valincour rapporte encore que, quand mon père avoit un ouvrage à composer, il alloit se promener ; qu'alors, se livrant à son enthousiasme, il récitoit ses vers à haute voix ; et que, travaillant ainsi à la tragédie de *Mithridate* dans les Tuileries, où il se croyoit seul, il fut surpris de se voir entouré d'un grand nombre d'ouvriers, qui, occupés au jardin, avoient quitté leur ouvrage pour venir à lui. Il ne se crut pas un Orphée, dont les chants attiroient ces ouvriers pour les entendre, puisque au contraire, au rapport de M. de Valincour, ils l'entouroient, craignant que ce ne fût un homme au désespoir prêt à se jeter dans le bassin. M. de Valincour eût pu ajouter qu'au milieu même de cet enthousiasme, sitôt qu'il étoit abordé par quelqu'un, il revenoit à lui, n'avoit plus rien de poëte, et étoit tout entier à ce qu'on lui disoit.

Segrais, qui admiroit avec raison Corneille, mais qui n'avoit pas raison de le louer aux dépens de Boileau et de mon père, avance, dans ses *Mémoires,* que cette maxime de La Rochefoucauld : « C'est une grande pauvreté de n'avoir qu'une sorte d'esprit, » fut écrite à leur occasion ; parce que, dit Segrais, tout leur entretien roule sur la poésie : ôtez-les de là, ils ne savent plus rien. » Ce reproche, injuste à l'égard de Boileau même, l'est encore plus à l'égard de mon père. Un homme qui n'eût été que poëte, et qui n'eût parlé que vers, n'eût pas longtemps réussi à la cour. Il évitoit toujours, comme je l'ai déjà dit, de parler de ses ouvrages ; et lorsque quelques auteurs venoient pour lui montrer les leurs, il les renvoyoit à Boileau, en leur disant que pour lui il ne se mêloit plus de vers. Quand il en parloit, c'étoit avec modestie, et lorsqu'il se trouvoit avec ce petit nombre de gens de lettres dont, ainsi que Boileau, il cultivoit la société. Ceux qu'il voyoit le plus souvent étoient les PP. Bourdaloue, Bouhours et Rapin ; le comte de Tréville, MM. Nicole, Valincour, La Bruyère, La Fontaine et Bernier. Ils perdirent ce dernier en 1688. Sa mort eut pour cause une plaisanterie qu'il essuya de la part de M. le premier président de Harlai, étant à sa table. Ce philosophe, que ses voyages et les principes de Gassendi avoient mis au-dessus de beaucoup d'opinions communes, n'eut pas la fermeté de soutenir une raillerie assez froide. Comme il étoit d'un commerce fort doux, sa mort fut très-sensible à Boileau et à mon père.

Leurs amis étoient communs comme leurs sentiments. Tous deux respectoient autant qu'ils le devoient le R. P. Bourdaloue. Les grands hommes s'estiment mutuellement, quoique leurs talents soient différents. Boileau a publié combien l'estime du P. Bourdaloue étoit honorable pour lui, quand il a dit :

> Ma franchise surtout gagna sa bienveillance ;
> Enfin, après Arnauld, ce fut l'illustre en France
> Que j'admirai le plus, et qui m'aima le mieux.

En parlant de sa franchise, il en donne un exemple dans ces vers mêmes. Il eut rapport, au rapport de Mme de Sévigné, à un dîner chez M. de Lamoignon, une dispute fort vive avec le compagnon du P. Bourdaloue, en présence de ce père, de deux évêques, et de Corbinelli. Voici l'histoire de cette dispute, écrite par Mme de Sévigné :

« [1] On parla des ouvrages des anciens et des modernes. Despréaux soutint les anciens, à la réserve d'un seul moderne, qui surpasse, à son goût, et les vieux et les nouveaux. Le compagnon de Bourdaloue, qui faisoit l'entendu, lui demanda quel étoit donc ce livre si distingué dans son esprit; il ne voulut pas le nommer. Corbinelli lui dit : « Monsieur, je vous conjure de me le dire, afin que je le lise toute la nuit. » Despréaux lui répondit en riant : « Ah! monsieur, vous l'avez lu plus d'une fois, j'en suis assuré. » Le jésuite reprend, et presse Despréaux de nommer cet auteur si merveilleux, avec un air dédaigneux, un *cotal riso amaro*. Despréaux lui dit : « Mon père, ne me pressez point. » Le père continue. Enfin Despréaux le prend par le bras, et, le serrant bien fort, lui dit : « Mon père, vous le voulez : eh bien, c'est Pascal, « morbleu! — Pascal! dit le père tout étonné; Pascal est beau « autant que le faux le peut être. — Le faux! dit Despréaux, « le faux! Sachez qu'il est aussi vrai qu'il est inimitable : on « vient de le traduire en trois langues. » Le père répond : « Il n'en est pas plus vrai pour cela. » Despréaux entame une

---

1. Lettre du 15 janvier 1690. (L. R.)

autre dispute : le père s'échauffe de son côté ; et, après quelques discours fort vifs de part et d'autre, Despréaux prend Corbinelli par le bras, s'enfuit au bout de la chambre ; puis, revenant et courant comme un forcené, il ne voulut jamais se rapprocher du père, et alla rejoindre la compagnie. Ici finit l'histoire, le rideau tombe. » J'ignore si Mme de Sévigné n'a point orné son récit ; mais je sais que le P. Bouhours, s'entretenant avec Boileau sur la difficulté de bien écrire en françois, lui nommoit ceux de nos écrivains qu'il regardoit comme ses modèles, pour la pureté de la langue. Boileau rejetoit tous ceux qu'il nommoit, comme mauvais modèles. « Quel est donc, selon vous, lui dit le P. Bouhours, l'écrivain parfait ? Que lirons-nous ? — Mon père, reprit Boileau, lisons les *Lettres provinciales,* et, croyez-moi, ne lisons pas d'autre livre. » Le même père, en se plaignant à lui de quelques critiques imprimées contre sa traduction du *Nouveau Testament,* lui disoit : « Je sais d'où elles partent ; je connois mes ennemis, je saurai me venger d'eux. — Gardez-vous-en bien, reprit Boileau ; ce seroit alors qu'ils auroient raison de dire que vous n'avez pas entendu votre original, qui ne prêche que le pardon des ennemis. »

Mon père avoit plus d'attention que Boileau à ne rien dire aux personnes à qui il parloit, qui fût contraire à leur manière de penser. D'ailleurs il étoit moins souvent que lui dans le monde. Lorsqu'il pouvoit s'échapper de Versailles, il venoit s'enfermer dans son cabinet, où il employoit son temps à travailler à l'histoire du roi, qu'il ne perdoit jamais de vue, ou à lire l'Écriture sainte, qui lui inspiroit des réflexions pieuses, qu'il mettoit quelquefois par écrit. Il lisoit avec admiration les ouvrages de M. Bossuet, et n'avoit pas, à beaucoup près, le même respect pour ceux de M. Huet. Il n'approuvoit pas l'usage que ce savant écrivain vouloit faire, en faveur de la religion, de son érudition profane. Il appliquoit au livre de *la Démonstration évangélique* ce vers de Térence :

> Te cum tua
> Monstratione magnus perdat Jupiter. [1]

---

1. « Que le grand Jupiter te confonde, toi et ta démonstration ! » *Adelphes,* vers 718.

Il désapprouvoit surtout le livre du même auteur intitulé *Quæstiones Alnetanæ,* dont il a fait un extrait.

Quoiqu'il se fût fait depuis plusieurs années un devoir de religion de ne plus penser à la poésie, il s'y vit cependant rappelé par un devoir de religion auquel il ne s'attendoit pas. Mme de Maintenon, attentive à tout ce qui pouvoit procurer aux jeunes demoiselles de Saint-Cyr une éducation convenable à leur naissance, se plaignit du danger qu'on trouvoit à leur apprendre à chanter et à réciter des vers, à cause de la nature de nos meilleurs vers et de nos plus beaux airs. Elle communiqua sa peine à mon père, et lui demanda s'il ne seroit pas possible de réconcilier la poésie et la musique avec la piété. Le projet l'édifia et l'alarma. Il souhaita que tout autre que lui fût chargé de l'exécution. Ce n'étoit point le reproche de sa conscience qu'il craignoit dans ce travail ; il craignoit pour sa gloire. Il avoit une réputation acquise, et il pouvoit la perdre, puisqu'il avoit perdu l'habitude de faire des vers, et qu'il n'étoit plus dans la vigueur de l'âge. Que diroient ses ennemis, et que se diroit-il à lui-même, si, après avoir brillé sur le théâtre profane, il alloit échouer sur un théâtre consacré à la piété ? Je vais rapporter ce qu'une plume meilleure que la mienne a écrit sur ses craintes, sur l'origine de la tragédie d'*Esther,* et sur celle d'*Athalie.*

Une aimable élève de Saint-Cyr, quoique sortie depuis peu de cette maison, et mariée à M. le comte de Caylus, exécuta le prologue de la Piété, fait pour elle, et plusieurs fois le rôle d'Esther. Par les charmes de sa personne et de sa déclamation, elle contribua au succès de cette pièce, dont elle a parlé dans le recueil qu'elle fit un an avant sa mort, et qu'elle intitula *Mes Souvenirs,* parce qu'elle y rassembla ce que lui rappela sa mémoire de plusieurs événements arrivés de son temps à la cour. C'est de ces *Souvenirs,* recueil si estimé des personnes qui en ont connoissance, qu'est tiré le morceau suivant, et un autre que je donnerai encore :[1]

« Mme de Brinon, première supérieure de Saint-Cyr, aimoit

---

1. Le style de Mme la comtesse de Caylus rend ces deux morceaux précieux : je les dois à M. le comte de Caylus, son fils, dont le zèle officieux est connu de tout le monde. (L. R.)

les vers et la comédie ; et au défaut des pièces de Corneille et de Racine, qu'elle n'osoit faire jouer, elle en composoit de détestables, à la vérité; mais c'est cependant à elle et à son goût pour le théâtre que l'on doit les deux belles pièces que Racine a faites pour Saint-Cyr. Mme de Brinon avoit de l'esprit et une facilité incroyable d'écrire et de parler ; car elle faisoit aussi des espèces de sermons fort éloquents; et tous les dimanches, après la messe, elle expliquoit l'Évangile comme auroit pu faire M. Le Tourneux.

« Mais je reviens à l'origine de la tragédie de Saint-Cyr. Mme de Maintenon voulut voir une des pièces de Mme de Brinon. Elle la trouva telle qu'elle étoit, c'est-à-dire si mauvaise qu'elle la pria de n'en plus faire faire jouer de semblables, et de prendre plutôt quelque belle pièce de Corneille ou de Racine, choisissant seulement celles où il y auroit le moins d'amour. Ces petites filles représentèrent *Cinna* assez passablement pour des enfants qui n'avoient été formées au théâtre que par une vieille religieuse. Elles jouèrent aussi *Andromaque;* et, soit que les actrices en fussent mieux choisies, ou qu'elles commençassent à prendre des airs de la cour, dont elles ne laissoient pas de voir de temps en temps ce qu'il y avoit de meilleur, cette pièce ne fut que trop bien représentée au gré de Mme de Maintenon, et elle lui fit appréhender que cet amusement ne leur insinuât des sentiments opposés à ceux qu'elle vouloit leur inspirer. Cependant, comme elle étoit persuadée que ces sortes d'amusements sont bons à la jeunesse; qu'ils donnent de la grâce, apprennent à mieux prononcer, et cultivent la mémoire (car elle n'oublioit rien de tout ce qui pouvoit contribuer à l'éducation de ces demoiselles, dont elle se croyoit avec raison particulièrement chargée), elle écrivit à M. Racine, après la représentation d'*Andromaque :* « Nos petites « filles viennent de jouer votre *Andromaque,* et l'ont si bien « jouée, qu'elles ne la joueront de leur vie, ni aucune autre de « vos pièces. » Elle le pria, dans cette même lettre, de lui faire, dans ses moments de loisir, quelque espèce de poëme, moral ou historique, dont l'amour fût entièrement banni, et dans lequel il ne crût pas que sa réputation fût intéressée, parce que la pièce resteroit ensevelie à Saint-Cyr, ajoutant qu'il lui importoit peu que cet ouvrage fût contre les règles, pourvu qu'il contribuât aux vues qu'elle avoit de divertir les demoiselles de Saint-Cyr en les instruisant. Cette lettre jeta Racine dans une grande agitation. Il vouloit plaire à Mme de Maintenon ; le refus étoit impossible à un courtisan, et la commission délicate pour un homme qui comme lui avoit une grande réputation à soutenir, et qui, s'il avoit renoncé à travailler pour les comédiens, ne vouloit pas du moins détruire l'opinion que ses ouvrages avoient donnée de lui. Despréaux, qu'il alla consulter, décida brusquement pour la négative. Ce n'étoit pas le compte de Racine. Enfin, après un peu de réflexions, il trouva dans le sujet d'*Esther* tout ce qu'il falloit pour plaire à la cour. Despréaux lui-même en fut enchanté, et l'exhorta à travailler avec autant de zèle qu'il en avoit eu pour l'en détourner.

« Racine ne fut pas longtemps sans porter à Mme de Maintenon, non-seulement le plan de sa pièce (car il avoit accoutumé de les faire en prose, scène pour scène, avant que d'en faire les vers), il porta le premier acte tout fait, Mme de Maintenon en fut charmée, et sa modestie ne put l'empêcher de trouver dans le caractère d'Esther, et dans quelques circonstances de ce sujet, des choses flatteuses pour elle. La Vasthi avoit ses applications, Aman des traits de ressemblance ; et, indépendamment de ces idées, l'histoire d'Esther convenoit parfaitement à Saint-Cyr. Les chœurs, que Racine, à l'imitation des Grecs, avoit toujours en vue de remettre sur la scène, se trouvoient placés naturellement dans *Esther*; et il étoit ravi d'avoir eu cette occasion de les faire connoître et d'en donner le goût. Enfin, je crois que, si l'on fait attention au lieu, au temps et aux circonstances, on trouvera que Racine n'a pas moins marqué d'esprit en cette occasion que dans d'autres ouvrages plus beaux en eux-mêmes.

« *Esther* fut représentée un an après la résolution que Mme de Maintenon avoit prise de ne plus laisser jouer de pièces profanes à Saint-Cyr. Elle eut un si grand succès, que le souvenir n'en est pas encore effacé.

« Jusque-là il n'avoit point été question de moi, et on n'imaginoit pas que je dusse y représenter un rôle ; mais, me trouvant présente aux récits que M. Racine venoit faire à Mme de Maintenon de chaque scène, à mesure qu'il les composoit, j'en retenois des vers ; et comme j'en récitai un jour à M. Racine, il en fut si content, qu'il demanda en grâce à Mme de Maintenon de m'ordonner de faire un personnage : ce qu'elle fit. Mais je ne voulus point de ceux qu'on avait déjà destinés : ce qui l'obligea de faire pour moi le prologue de sa pièce. Cependant ayant appris, à force de les entendre, tous les autres rôles, je les jouai successivement, à mesure qu'une des actrices se trouvoit incommodée : car on représenta *Esther* tout l'hiver ; et cette pièce, qui devoit être renfermée dans Saint-Cyr, fut vue plusieurs fois du roi et de toute la cour, toujours avec le même applaudissement. [1] »

Esther fut représentée en 1689. Les demoiselles avoient été formées à la déclamation par l'auteur même, qui en fit d'excellentes actrices. Pour cette raison, il étoit tous les jours, par ordre de Mme de Maintenon, dans la maison de Saint-Cyr ; et la mémoire qu'il y a laissée lui fait tant d'honneur, qu'il m'est permis d'en parler. J'ose dire qu'elle y est chérie et respectée, à cause de l'admiration qu'eurent toutes ces dames pour la douceur et la simplicité de ses mœurs. J'eus l'honneur d'entretenir, il y a deux mois, quelques-unes de celles qui l'y virent alors ; elles m'en parlèrent avec une espèce d'enthousiasme, et toutes me dirent d'une commune voix : « Vous êtes fils d'un homme qui avoit un grand génie et une grande simplicité. » Elles ont eu la bonté de chercher parmi les lettres de Mme de Maintenon celles où il étoit fait mention de lui, et m'en ont communiqué quatre, que je joins au recueil des lettres.

Des applications particulières contribuèrent encore au succès de la tragédie d'*Esther* : *Ces jeunes et tendres fleurs, transplantées,* étoient représentées par les demoiselles de Saint-Cyr. La Vasthi, comme dit Mme de Caylus, avoit quelque ressemblance. Cette Esther, qui *a puisé ses jours* dans la race proscrite par Aman, avoit aussi sa ressemblance ; quelques paroles échappées à un ministre avoient, dit-on, donné lieu à ces vers :

> Il sait qu'il me doit tout, etc.

On prétendoit aussi expliquer ces *ténèbres jetées sur les yeux les plus saints,* dont il est parlé dans le prologue ; en sorte que

---

1. Voilà parler en personne éclairée. Les ennemis de l'auteur ne parlèrent pas de même. Ils disaient qu'il s'entendait mieux à parler d'amour que de Dieu. Ainsi ses premières craintes avaient été bien fondées, puisque *Esther,* malgré son succès, fut très-critiquée. (L. R.)

l'auteur avoit suivi l'exemple des anciens, dont les tragédies ont souvent rapport aux événements de leur temps.

Mme de Sévigné parle dans ses lettres des applaudissements que reçut cette tragédie : « Le roi et toute la cour sont, dit-elle,[1] charmés d'*Esther*. M. le Prince y a pleuré ; Mme de Maintenon et huit jésuites, dont étoit le P. Gaillard, ont honoré de leur présence la dernière représentation. Enfin c'est un chef-d'œuvre de Racine. » Elle dit encore dans un autre endroit : [2] « Racine s'est surpassé ; il aime Dieu comme il aimoit ses maîtresses ;[3] il est pour les choses saintes comme il étoit pour les profanes. La sainte Écriture est suivie exactement. Tout est beau, tout est grand, tout est écrit avec dignité. »

Les grandes leçons que contient cette tragédie pour les rois que leurs ministres trompent souvent, pour les ministres qu'aveugle la fortune, et pour les innocents qui, prêts à périr, voient le ciel prendre leur défense ; les applaudissements réitérés de la cour, et surtout ceux du roi, qui honora plusieurs fois cette pièce de sa présence, devoient fermer la bouche aux critiques. Cependant elle fut vivement attaquée. Plusieurs même de ceux qui avoient répété si souvent dans leurs épîtres dédicatoires, ou dans leurs discours académiques, que le roi étoit au-dessus des autres hommes autant par la justesse de son esprit que par la grandeur de son rang, ne regardèrent pas, dans cette occasion, sa décision comme une loi pour eux. Je juge de la manière dont cette tragédie fut critiquée par une apologie qui en fut faite dans ce temps, et que j'ai trouvée par hasard.

L'auteur de cette apologie manuscrite, après avoir avoué que le jugement du public n'est pas favorable à la pièce, et qu'il est même déjà un peu tard pour en appeler, entreprend de montrer qu'elle a été jugée sans examen, et que tout son mérite n'est pas connu. Après l'avoir relevée par la grandeur du sujet, par les caractères, et la régularité de la conduite, il s'arrête à faire ob-

---

1. Lettre 512. (L. R.) Édition de 1737. Voy. les lettres du 23 et du 31 janvier 1689.
2. Lettre 516. (L. R.) *Ibid.* Voy. la lettre du 7 février 1689.
3. Lorsque Mme de Sévigné parle de *maîtresses*, elle n'eût pu en nommer une autre que la Champmeslé, et elle parle suivant le préjugé dont j'ai fait voir plus haut la cause et la fausseté. (L. R.)

server, ce que les connoisseurs y remarquèrent d'abord, cette manière admirable et nouvelle de faire parler d'amour, en conservant à un sujet saint toute sa sainteté, et en conservant à Assuérus toute la majesté d'un roi de Perse. L'amour s'accorde difficilement avec la fierté, encore plus difficilement avec la sagesse ; cependant ce roi idolâtre parle d'amour de manière que rien n'est si pur ni si chaste, parce que devant Esther il est comme amoureux de la vertu même.

L'auteur de cette pièce fit, cette même année,[1] pour la maison de Saint-Cyr, quatre cantiques tirés de l'Écriture sainte, qui auroient été plus utiles aux demoiselles de cette maison, si la musique avoit répondu aux paroles ; mais le musicien à qui ils furent donnés, et qui avoit déjà mis en chant les chœurs d'*Esther,* n'avoit pas le talent de Lulli.[2]

Le roi fit exécuter plusieurs fois ces cantiques devant lui ; et la première fois qu'il entendit chanter ces paroles :

> Mon Dieu, quelle guerre cruelle !
> Je trouve deux hommes en moi :
> L'un veut que, plein d'amour pour toi,
> Mon cœur te soit toujours fidèle ;
> L'autre, à tes volontés rebelle,
> Me révolte contre ta loi,

il se tourna vers Mme de Maintenon, en lui disant : « Madame, voilà deux hommes que je connois bien. »

La lettre suivante fut écrite, au sujet de ces cantiques, par un homme très-connu alors par son esprit et sa piété :[3]

« Que ces cantiques sont beaux ! qu'ils sont admirables, tendres, naturels, pleins d'onction ! Ils élèvent l'âme, et la portent où l'auteur l'a voulu porter, jusqu'au ciel, jusqu'à Dieu. J'augure un grand bien de ces cantiques autorisés par l'approbation du monarque, et de son goût, qui sera le goût de tout le monde. Je

---

1. Louis Racine se trompe : *Esther* fut représentée à Saint-Cyr en 1689, et ces quatre cantiques ne furent composés qu'en 1694.
2. Ce musicien s'appelait Moreau.
3. Le P. Quesnel. Voy. *Lettres de divers à divers*, p. 262 et p. 263.

regarde l'auteur comme l'apôtre des Muses et le prédicateur du Parnasse, dont il semble n'avoir appris le langage que pour leur prêcher en leur langue l'Évangile, et leur annoncer le Dieu inconnu. Je prie Dieu qu'il bénisse sa mission, et qu'il daigne le remplir de plus en plus des vérités qu'il fait passer si agréablement dans les esprits des gens du monde. »

Le même homme écrivit encore une lettre fort belle lorsqu'il apprit qu'une de mes sœurs se faisoit religieuse, et l'heureuse application qu'il y fait de quelques vers de ces cantiques m'engage à la rapporter ici.

Du 14 février 1697. [1]

« Je prends, en vérité, beaucoup de part à la douleur et à la joie de l'illustre ami. Car il y a en cette occasion obligation d'unir ce que saint Paul sépare, *flere cum flentibus, gaudere cum gaudentibus*. La nature s'afflige, et la foi se réjouit dans le même cœur. Mais je m'assure que la foi l'emportera bientôt, et que sa joie, se répandant sur la nature, en noiera tous les sentiments humains. Il est impossible qu'une telle séparation n'ait fait d'abord une grande plaie dans ce cœur paternel ; mais le remède est dans la plaie ; et cette affliction est la source de consolations infinies pour l'avenir, et dès à présent. Je ne doute point qu'il ne conçoive combien il a d'obligation à la bonté de Dieu, d'avoir daigné choisir dans son petit troupeau une victime qui lui sera consacrée et immolée toute sa vie en un holocauste d'amour et d'adoration, et de l'avoir cachée dans le secret de sa face, pour y mettre à couvert de la corruption du siècle toutes les bonnes qualités qui ne lui ont été données que pour Dieu. Au bout du compte, il s'en doit prendre un peu à lui-même. La bonne éducation qu'il lui a donnée et les sentiments de religion qu'il lui a inspirés l'ont conduite à l'autel du sacrifice. Elle a cru ce qu'il lui a dit, que de ces deux hommes qui sont en nous,

> L'un, tout esprit et tout céleste,
> Veut qu'au ciel sans cesse attaché,
> Et des biens éternels touché,
> On compte pour rien tout le reste.

1. Marie-Catherine, la fille aînée de Racine, était entrée aux Carmélites le 29 décembre 1696.

« Elle l'a de bonne foi compté pour rien sur sa parole, et plus encore sur celle de Dieu, et s'est résolue d'être sans cesse attachée au ciel et aux biens éternels. Il n'y a donc qu'à louer et à bénir Dieu, et à profiter de cet exemple de détachement des choses du monde que Dieu nous met à tous devant les yeux dans cette généreuse retraite.

« Je vous prie d'assurer cet heureux père que j'ai offert sa victime à l'autel, et que je suis, avec beaucoup de respect, tout à lui. »

Ce père si tendre fut présent au sacrifice de sa fille, et pleuroit encore quand il en écrivit le récit dans une lettre qu'on trouvera la dernière de toutes ses lettres.[1] Il n'est pas étonnant qu'une victime qui étoit de son troupeau lui ait coûté beaucoup de larmes, puisqu'il n'assistoit jamais à une pareille cérémonie sans pleurer, quoique la victime lui fût indifférente : c'est ce qu'on apprendra par une des lettres de Mme de Maintenon, qui écrivoit à Saint-Cyr pour demander le jour de la profession d'une jeune personne, où elle vouloit assister. « Racine, qui veut pleurer, dit-elle, viendra à la profession de la sœur Lalie.[2] » La tendresse de son caractère paroissoit en toute occasion. Dans une représentation d'*Esther* devant le roi, la jeune actrice qui faisoit le rôle d'Élise manqua de mémoire : « Ah ! mademoiselle, s'écria-t-il, quel tort vous faites à ma pièce ! » La demoiselle, consternée de la réprimande, se mit à pleurer. Aussitôt il courut à elle, prit son mouchoir, essuya ses pleurs et en répandit lui-même. Je ne crains point d'écrire de si petites choses, parce que cette facilité

---

1. Cette lettre à la mère Agnès de Sainte-Thècle, du 9 novembre 1698, est relative à l'entrée en religion d'Anne Racine.
2. La première des quatre lettres de Mme de Maintenon publiées par Louis Racine, adressée à Mme de Brinon, et datée de Chantilly, 28 mars, commence comme il suit : « Vous avez raison de tout disposer pour la prise d'habit de notre fille la sœur Lallie ; mais comment pouvez-vous être incertaine du jour? N'est-il pas arrêté avec celui qui prêche et avec celui qui fait la cérémonie? Pour moi, je serai également prête jeudi ou vendredi. M. Racine, qui veut pleurer, aimeroit mieux que ce fût vendredi, ce qui ne doit pourtant pas vous obliger à rien changer. Avertissez-moi seulement le plus tôt que vous pourrez. »

à verser des larmes fait connoître la bonté d'un caractère, suivant cette maxime des anciens : ἀγαθοὶ δ' ἀριδάκρυες ἄνδρες. [1]

Les applaudissements que sa tragédie avoit reçus ne l'empêchoient pas de reconnoître qu'elle n'étoit pas dans toute la grandeur du poëme dramatique. L'unité de lieu n'y étoit pas observée, et elle n'étoit qu'en trois actes : c'est mal à propos que dans quelques éditions on l'a partagée en cinq. Il avoit trouvé l'art d'y lier, comme les anciens, les chœurs avec l'action; mais il terminoit l'action par un chœur : chose inconnue aux anciens, et contraire à la nature du poëme dramatique qui ne doit pas finir par des chants.

Il entreprit de traiter un autre sujet de l'Écriture sainte, et de faire une tragédie plus parfaite. Mme de Sévigné doutoit qu'il y pût réussir, et disoit dans une de ses lettres : [2] « Il aura de la peine à faire mieux qu'*Esther;* il n'y a plus d'histoire comme celle-là. C'étoit un hasard, et un assortiment de toutes choses; car Judith, Booz et Ruth ne sauroient rien faire de beau. Racine a pourtant bien de l'esprit; il faut espérer. » Elle n'avoit point tort de penser ainsi. Elle ne s'attendoit pas que, dans un chapitre du quatrième livre des *Rois,* il dût trouver le plus grand sujet qu'un poëte eût encore traité et en faire une tragédie, qui, sans amour, sans épisodes, sans confidents, intéresseroit toujours dans laquelle le trouble iroit croissant de scène en scène jusqu'au dernier moment, et qui seroit dans toute l'exactitude des règles.

Le mérite cependant de cette tragédie fut longtemps ignoré. Elle n'eut point le secours des représentations, qui font pour un temps la fortune des pièces médiocres. On avoit fait un scrupule à Mme de Maintenon des représentations d'*Esther,* en lui disant que ces spectacles, où de jeunes demoiselles, parées magnifiquement, paroissoient devant toute la cour, étoient dangereux pour les spectateurs et pour les actrices mêmes. On ne songeoit point à faire exécuter *Athalie* sur le théâtre des comédiens ; l'auteur y avoit mis ordre, en faisant insérer dans le privilége [3] d'*Esther* la défense faite aux comédiens de représenter

---

1. « Les hommes qui pleurent facilement ont le cœur bon. »
2. Lettre du 21 mars 1689.
3. Le privilége, daté du 3 février 1689, est accordé aux dames de Saint-

-une tragédie faite pour Saint-Cyr. De pareils sujets ne conviennent point à de pareils acteurs : il falloit, comme dit Mme de Sévigné, lettre 533, [1] « des personnes innocentes pour chanter les malheurs de Sion ; la Champmeslé nous eût fait mal au cœur ».

Madame la comtesse de Caylus a pensé de même ; et on lira avec plaisir ce qu'elle écrit sur *Athalie*, dans ses *Souvenirs*, recueil dont j'ai parlé :

« Le grand succès d'*Esther* mit Racine en goût : il voulut composer une autre pièce ; et le sujet d'Athalie (c'est-à-dire de la mort de cette reine, et la reconnoissance de Joas) lui parut le plus beau de tous ceux qu'il pouvoit tirer de l'Écriture sainte. Il y travailla sans perdre de temps ; et l'hiver suivant, cette nouvelle pièce se trouva en état d'être représentée ; mais Mme de Maintenon reçut de tous côtés tant d'avis et tant de représentations des dévots, qui agissoient en cela de bonne foi, et de la part des poëtes jaloux de Racine, qui, non contents de faire parler les gens de bien, écrivirent plusieurs lettres anonymes, qu'ils empêchèrent enfin *Athalie* d'être représentée sur le théâtre de Saint-Cyr. On disoit à Mme de Maintenon qu'il étoit honteux à elle de faire monter sur un théâtre des demoiselles rassemblées de toutes les parties du royaume pour recevoir une éducation chrétienne, et que c'étoit mal répondre à l'idée que l'établissement de Saint-Cyr avoit fait concevoir. J'avois part aussi à ces discours, et on trouvoit encore qu'il étoit indécent à elle de me faire voir à toute la cour sur un théâtre.

« Le lieu, le sujet des pièces, et la manière dont les spectateurs s'étoient introduits à Saint-Cyr, devoient justifier Mme de Maintenon, et elle auroit pu ne pas s'embarrasser de discours qui n'étoient fondés que sur l'envie et la malignité ; mais elle pensa différemment, et arrêta ces spectacles dans le temps que tout étoit prêt pour jouer *Athalie*. Elle fit seulement venir à Versailles, une fois ou deux, les actrices pour jouer dans sa chambre devant

---

Cyr, et non pas à l'auteur ; et il y est dit : « Ayant vu nous-mêmes plusieurs représentations dudit ouvrage, dont nous avons été satisfait, nous avons donné par ces présentes aux dames de Saint-Cyr, avec défense à tous acteurs et autres montant sur les théâtres publics, d'y représenter ni chanter ledit ouvrage, etc. » (L. R.)

1. Édition de Perrin. C'est la lettre citée à la page précédente.

le roi, avec leurs habits ordinaires. Cette pièce est si belle que l'action n'en parut pas refroidie ; il me semble même qu'elle produisit alors plus d'effet qu'elle n'en a produit sur le théâtre de Paris. Oui, je crois que M. Racine auroit été fâché de la voir aussi défigurée qu'elle m'a paru l'être par une Josabeth fardée, par une Athalie outrée,[1] et par un grand-prêtre plus capable d'imiter les capucinades du petit P. Honoré que la majesté d'un prophète divin. Il faut ajouter encore que les chœurs, qui manquoient aux représentations faites à Paris, ajoutoient une grande beauté à la pièce, et que les spectateurs, mêlés et confondus avec les acteurs, refroidissent infiniment l'action ; mais, malgré ces défauts et ces inconvénients, elle a été admirée, et le sera toujours.

« On fit après, à l'envi de M. Racine, plusieurs pièces pour Saint-Cyr, mais elles y sont ensevelies. La *Judith*, pièce que M. l'abbé Testu fit faire par Boyer, à laquelle il travailla lui-même, fut jouée ensuite[2] sur le théâtre de Paris avec le succès marqué dans l'épigramme :

« A sa *Judith*, Boyer, par aventure, etc. »

Athalie fut exécutée deux fois devant Louis XIV et devant Mme de Maintenon, dans une chambre sans théâtre, par les demoiselles de Saint-Cyr, vêtues de ces habits modestes et uniformes qu'elles portent dans la maison. De pareilles représentations étoient bien différentes de celles d'*Esther*, qui se faisoient avec une grande dépense pour les habits, les décorations et la musique.

Mme de Caylus fait peut-être une prédiction véritable lorsqu'elle dit qu'*Athalie* sera toujours admirée ; mais elle ne le fut pas d'abord du public ; et lorsqu'elle parut imprimée en 1691, elle fut très-peu recherchée. On avoit entendu dire qu'elle étoit faite pour Saint-Cyr, et qu'un enfant y faisoit un principal personnage : on se persuada que c'étoit une pièce qui n'étoit que pour des enfants, et les gens du monde furent peu empressés de la lire. Ceux qui la lurent parurent froids d'abord ; et M. Arnauld, en la trou-

---

1. Elle parle de la Duclos, de la Desmares et de Beaubourg. Le vieux Baron fit après lui le rôle du grand-prêtre bien différemment. (L. R.)
2. En 1695.

vant fort belle, la mettoit au-dessous d'*Esther*. Un docteur de Sorbonne peut aisément se tromper en jugeant des tragédies ; mais la manière dont il avoit parlé de *Phèdre* faisoit voir qu'en ces matières même il n'avoit pas coutume de se tromper. Voici la lettre qu'il écrivit à ce sujet :

« J'ai reçu *Athalie*, et l'ai lue aussitôt deux ou trois fois avec une grande satisfaction. Si j'avois plus de loisir, je vous marquerois plus au long ce qui me la fait admirer. Le sujet y est traité avec un art merveilleux, les caractères bien soutenus, les vers nobles et naturels. Ce qu'on y fait dire aux gens de bien inspire du respect pour la religion et pour la vertu ; et ce qu'on fait dire aux méchants n'empêche point qu'on n'ait horreur de leur malice; en quoi je trouve que beaucoup de poëtes sont blâmables, mettant tout leur esprit à faire parler leurs personnages d'une manière qui peut rendre leur cause si bonne, qu'on est plus porté à approuver ou à excuser les plus méchantes actions qu'à en avoir de la haine. Mais comme il est bien difficile que deux enfants du même père soient si également parfaits qu'il n'ait pas plus d'inclination pour l'un que pour l'autre, je voudrois bien savoir laquelle de ces deux pièces il aime davantage. Pour moi, je vous dirai franchement que les charmes de la cadette n'ont pu m'empêcher de donner la préférence à l'aînée. J'en ai beaucoup de raisons, dont la principale est que j'y trouve beaucoup plus de choses très-édifiantes, et très-capables d'inspirer de la piété. »[1]

Un pareil jugement, quelque flatteur qu'il soit, ne satisfait point un auteur, toujours plus content, suivant la coutume, de son dernier ouvrage que des autres, surtout lorsqu'il en a de si justes raisons. Étonné de voir que sa pièce, loin de faire dans le public l'éclat qu'il s'en étoit promis, restoit presque dans l'obscurité, il s'imagina qu'il avoit manqué son sujet ; et il l'avouoit sincèrement à Boileau, qui lui soutenoit au contraire qu'*Athalie* étoit son chef-d'œuvre : « Je m'y connois, lui disoit-il, et le public y reviendra. » Sur ces espérances, l'auteur se rassuroit : il a cependant été toujours convaincu que, s'il avoit fait quelque chose de parfait, c'étoit *Phèdre* ;[2] et sa prédilection pour cette pièce étoit

---

1. Voy. *Lettres de divers à divers*, p. 260.
2. « Je demandai à M. Racine quelle étoit celle de ses tragédies qu'il estimoit le plus. Il me répondit : « Je suis pour *Phèdre*, et M. le prince

fondée sur des raisons très-fortes. Car quoique l'action d'*Athalie* soit bien plus grande, le caractère de Phèdre est, comme celui d'OEdipe, un de ces sujets rares, qui ne sont pas l'ouvrage des poëtes et qu'il faut que la fable ou l'histoire leur fournissent.

Tout le monde sait que la principale qualité qu'Aristote, ou plutôt que la tragédie demande dans son héros, est qu'il ne soit ni tout à fait vicieux ni tout à fait vertueux, parce qu'un scélérat, quelque malheur qui lui arrive, ne fait jamais pitié, et qu'un homme tout à fait exempt de foiblesse, et qui ne s'est attiré son malheur par aucune faute, cause plus de chagrin que de pitié; au lieu que le malheureux qui mérite de l'être, qui en même temps mérite d'être plaint, intéresse toujours; et c'est ce qui se trouve admirablement dans Phèdre, qui, dévorée par une infâme passion, est toute la première à se prendre en horreur. Je ne sais même si par là son caractère n'est pas beaucoup plus tragique que celui d'OEdipe, qui dans le fond n'est qu'un homme fort ordinaire, à qui le hasard a fait commettre de grands crimes, sans qu'il en ait eu l'intention et chez qui l'on ne peut voir cette *douleur vertueuse* qui fait la beauté du caractère de Phèdre. Mais on peut dire aussi que ce caractère est le seul qui soit dans cette tragédie : au lieu que dans *Athalie,* où se trouvent à la fois plusieurs grands caractères, l'action est plus grande, plus intéressante, et conduite avec plus d'art; en sorte qu'on pourroit, à mon avis, concilier les deux sentiments, en disant que le personnage de Phèdre est le plus parfait des personnages tragiques, et qu'*Athalie* est la plus parfaite des tragédies.

On en reconnut enfin le mérite; mais la prédiction de Boileau n'eut son accomplissement que fort tard, et longtemps après la mort de l'auteur. Les vrais connoisseurs vantèrent le mérite de cette pièce. M. le duc d'Orléans, régent du royaume, voulut connoître quel effet elle produiroit sur le théâtre; et, malgré la clause insérée dans le privilége, ordonna aux comédiens de l'exécuter. Le succès fut étonnant; et les premières représentations faites à la cour donnoient un nouveau prix à cette pièce, parce

« de Conti pour *Athalie.* » M. Despréaux nommoit aussi *Phèdre* la première et *Andromaque* la seconde. » (BROSSETTE.) Mais Despréaux n'entendnait peut-être juger que des pièces profanes.

que le roi, étant à peu près de l'âge de Joas, on ne pouvoit, sans s'attendrir sur lui, entendre quelques vers comme ceux-ci :

> Voilà donc votre roi, votre unique espérance.
> J'ai pris soin jusqu'ici de vous le conserver...
> Du fidèle David c'est le précieux reste...
> Songez qu'en cet enfant tout Israël réside...

Voilà quel fut le sort de cette fameuse tragédie qui, du côté de l'intérêt, n'ayant rien produit à l'auteur ni à sa famille, a été si utile depuis aux libraires et aux comédiens ; et du côté de la gloire, en a acquis une si éloignée du temps de l'auteur, qu'il n'a jamais pu la prévoir. Il étoit heureusement détaché depuis longtemps de l'amour de la gloire humaine : il en devoit connoître mieux qu'un autre la vanité. *Bérénice*, dans sa naissance, fit plus de bruit qu'*Athalie*.

S'il ne fut pas récompensé de ses deux tragédies, saintes par les éloges du public, il en fut récompensé par la satisfaction que Louis XIV témoigna en avoir reçue, et il en eut pour preuve, au mois de décembre 1690, l'agrément d'une charge de gentilhomme ordinaire de Sa Majesté.[1] Il eut encore l'avantage de contenter Mme de Maintenon, la seule protectrice qu'il ait cultivée. Enfin il acquit l'estime des dames de Saint-Cyr, qui, dans le voyage dont j'ai parlé plus haut, m'en parlèrent avec tant de zèle, que leurs discours m'ont plus appris à l'admirer, que ses ouvrages ne me l'avoient encore fait admirer. Une des lettres de Mme de Maintenon, que je donne à la suite de ces *Mémoires*, apprend qu'il revit avec Boileau les constitutions de cette maison, pour corriger les fautes de style.

Dégoûté plus que jamais de la poésie par le malheureux succès d'*Athalie*, et résolu de ne plus s'occuper de vers, il fit la campagne de Namur, où il suivit de près toutes les opérations du siège. Ses lettres, écrites à Boileau du camp devant Namur, font bien connoître qu'il ne songeoit plus qu'à être historien.

Boileau étoit alors occupé de la poésie, et il y étoit retourné

---

1. A condition de payer à Mme Torff, veuve de celui dont on lui donnait la charge, dix mille livres, qui lui furent payées le 23 du même mois. (L. R.) La dernière de ces charges qui eut été vendue l'avait été cinquante-trois mille francs.

à peu près dans le même temps que son ami. De fortes raisons l'y avoient rappelé. Perrault, après avoir lu à l'Académie son poëme du *Siècle de Louis le Grand*, fit imprimer les *Parallèles des anciens et des modernes*. [1] Les amateurs du bon goût furent indignés de voir les anciens traités avec tant de mépris par un homme qui les connoissoit si peu. On animoit Boileau à prendre leur défense et la sienne. « S'il ne lui répond pas, dit M. le prince de Conti à mon père, vous pouvez l'assurer que j'irai à l'Académie écrire sur son fauteuil : *Tu dors, Brutus.* » Il se réveilla, et composa son *Ode sur la prise de Namur*, pour donner une idée de l'enthousiasme de Pindare, maltraité par M. Perrault. Il acheva la *Satire contre les femmes*, ouvrage projeté et abandonné plusieurs années auparavant : il donna contre M. Perrault les *Réflexions sur Longin*, et composa ensuite sa onzième satire et ses trois dernières épîtres.

En se réveillant, il réveilla ses ennemis. L'*Ode sur Namur* ne produisit pas l'effet qu'il avoit en vue, qui étoit de faire admirer Pindare. La *Satire contre les femmes*, qu'on imprima séparément, fut si prodigieusement vendue et critiquée que, tandis que le libraire étoit content, l'auteur se désespéroit. « Rassurez-vous, lui disoit mon père : vous avez attaqué un corps très-nombreux, et qui n'est que langues ; l'orage passera. » Il fut long, quoique Boileau, en attaquant les femmes, eût mis pour lui Mme de Maintenon, par ces vers :

J'en sais une, chérie et du monde et de Dieu, etc.

M. Arnauld, qui, à l'occasion de cette satire, écrivit en 1694 à M. Perrault la lettre que Boileau appela son *apologie*, ne fut pas son apologiste en tout, puisque après avoir lu les *Réflexions sur Longin*, il écrivit la lettre suivante, qui n'a jamais été imprimée, à ce que je crois, et qui mérite d'être connue :

« Je n'eus pas plutôt reçu les *Œuvres diverses*, que je me mis

1. Louis Racine, dans l'exemplaire corrigé, avait commencé de modifier ainsi ce passage : « Lorsqu'en 1687 Perrault fit la lecture (du *Siècle de Louis le Grand*), quoiqu'il eût beaucoup souffert d'entendre applaudir dans l'Académie un si mauvais ouvrage, rempli de vers prosaïques, il avoit gardé le silence ; mais quand Perrault eut fait imprimer ses *Parallèles*, il s'y vit attaquer avec les anciens... » (P. M.)

à lire ce qu'il y a de nouveau. J'en ai été merveilleusement satisfait, et je doute que le bon Homère ait jamais eu un plus exact et plus judicieux apologiste. C'est tout le remerciement que je vous supplie de faire de ma part à l'auteur, et d'y ajouter seulement que j'estime trop notre amitié pour la mettre au nombre de ces amitiés vulgaires qui ont besoin de compliments pour s'entretenir. Je passe encore plus loin, et j'ose m'assurer qu'il ne trouvera pas mauvais que je lui remarque ce que j'ai trouvé dans ses *Réflexions critiques* que je souhaiterois qui n'y fût pas, et ce qui n'auroit pas dû y être, s'il avoit fait plus d'attention à cette belle règle qu'il a donnée dans sa dixième épître :

> Rien n'est beau que le vrai : le vrai seul est aimable ;
> Il doit régner partout, et même dans la fable.
> De toute fiction l'adroite fausseté
> Ne tend qu'à faire aux yeux briller la vérité.

Ce que je souhaiterois qui ne fût pas dans les *Réflexions* est ce que j'y ai trouvé de M. P. le médecin. On dit, sur la foi d'un célèbre architecte, que la façade du Louvre n'est pas de lui, mais du sieur Le Vau, et que ni l'Arc de triomphe ni l'Observatoire ne sont pas l'ouvrage d'un médecin de la Faculté. Cela ne me paroît avoir aucune vraisemblance, bien loin d'être vrai. Comment donc pourra-t-il plaire, s'il n'y a que la vérité qui plaise ? Je ne crois pas de plus qu'il soit permis d'ôter à un homme de mérite, sur un ouï-dire, l'honneur d'avoir fait ces ouvrages. Les règles qu'on a établies dans le premier chapitre du dernier livre contre M. Malet ne pourroient pas servir à autoriser cet endroit des *Réflexions*. Je souhaiterois aussi qu'il fût disposé à déclarer que ce qu'il a dit du médecin de Florence n'est qu'une exagération poétique, que les poëtes ont accoutumé d'employer contre tous les médecins, qu'ils savent bien qu'on ne prendra pas pour leur vrai sentiment ; et qu'après tout, il reconnoît que M. Perrault le médecin a passé parmi ses confrères pour médecin habile. »

Boileau avoit sans doute vu cette lettre quand il écrivit son remerciement à M. Arnault, à la fin duquel il lui dit : « Puisque vous prenez un si grand intérêt à la mémoire de feu M. Perrault le médecin, à la première édition de mon livre, il y aura dans la préface un article exprès en faveur de ce médecin, qui sûrement n'a point fait la façade du Louvre, ni l'Observatoire, ni l'Arc de triomphe, comme on le prouvera démonstrativement, mais qui, au fond, étoit un homme de beaucoup de mérite, grand physicien, et, ce que j'estime encore plus que tout cela, qui avoit l'honneur d'être votre ami. »

M. Arnault mourut peu après avoir écrit la lettre que je viens de donner, et son cœur fut apporté à Port-Royal à la fin de 1694. Mon père crut qu'à cette cérémonie, où quelques parents invités ne vinrent pas, il pouvoit d'autant moins se dispenser d'assister que la mère Racine y présidoit en qualité d'abbesse. Il y alla donc, et composa deux petites pièces de vers : l'une qui commence ainsi :

> Sublime en ses écrits, etc.,

et qui se trouve dans la dernière édition de ses *Œuvres*; l'autre, qui, dans le *Nécrologe* de Port-Royal, est attribuée par erreur à M. l'abbé Regnier, et dont voici les deux premiers vers :

> Haï des uns, chéri des autres,
> Estimé de tout l'univers, etc.

Tout le monde sait les beaux vers que fit Santeul sur le cœur rapporté à Port-Royal :

> Ad sanctas rediit sedes, ejectus et exul, etc.,

et l'épitaphe faite depuis par Boileau :

> Au pied de cet autel de structure grossière, etc.

Un de nos savants, à l'imitation des anciens, qui, dans les inscriptions sur leurs tombeaux, demandoient que leurs corps ne fussent point chargés d'une terre trop pesante, demanda, par une épigramme, que ses os ne fussent point chargés de mauvais vers :

> Sint modo carminibus non onerata malis.

Ce malheur n'arriva pas à M. Arnault, célébré après sa mort par Santeul, Boileau et mon père.

De ces trois poëtes, Santeul fut le seul qui, effrayé de ce qu'il avoit fait, rendit ses craintes si publiques, qu'elles donnèrent lieu à la pièce en vers latins intitulée *Santolius pœnitens*. Cette pièce, composée par M. Rollin, fut bientôt traduite en vers françois ; et les vers de cette traduction, étant bien faits, furent attribués à mon père. M. Boivin le jeune, qui en étoit l'auteur, fut charmé de cette méprise, et adressa à mon père une petite pièce de vers fort ingénieuse, par laquelle il le prioit de laisser quelque temps le public dans l'erreur.

Mon père, bien éloigné des frayeurs de Santeul, fut chargé de lire au roi les trois dernières épîtres de Boileau, qui avoit coutume de lire lui-même tous ses ouvrages à Sa Majesté, mais qui ne venoit plus à la cour à cause de ses infirmités. Mon père fut charmé de faire valoir les vers de son ami ; et lorsqu'en les lisant il vint à celui-ci :

Arnauld, le grand Arnauld, fit mon apologie, [1]

il fit sentir, par le ton qu'il prit, qu'il le lisoit avec satisfaction.

Louis XIV ne parut jamais désapprouver en lui cet attachement que la reconnoissance lui inspiroit pour ses anciens maîtres, et pour la maison dans laquelle il avoit été élevé. Il y alloit souvent ; et tous les ans, le jour de la fête du Saint-Sacrement, il y menoit sa famille pour assister à la procession. L'humilité avec laquelle il pratiquoit tous les exercices de la religion, jusqu'à être exact aux plus petites choses, faisoit voir qu'il en connoissoit la grandeur.

Il n'étoit pas homme à se mêler de questions de doctrine ; mais quand il s'agissoit de rendre aux religieuses de Port-Royal quelque service dans leurs affaires temporelles, il étoit prêt ; et ce bon cœur qu'il avoit pour tous ses amis l'emportoit chez le P. de La Chaise, dont il fut toujours très-bien reçu. Quoiqu'il ne fût plus permis à ce monastère de recevoir des pensionnaires, il obtint une permission particulière pour y mettre pour quelque temps deux de mes sœurs.

J'ai déjà dit qu'il étoit lié avec le P. Bouhours ; et ce père donna une preuve de son zèle pour lui lorsqu'il fut vivement attaqué, au collége de Louis-le-Grand, dans un discours public prononcé par un jeune régent. Ce fut particulièrement contre

1. Épître x, vers 122.

ses tragédies que cet orateur, dont il est inutile de rapporter le nom, déclama d'une manière si passionnée, que le P. Bouhours, en l'absence de mon père, qui étoit à Versailles, alla trouver Boileau, et l'assura que non-seulement il désapprouvoit ce régent, mais qu'il avoit porté ses plaintes au père recteur, demandant qu'on fît satisfaction à mon père. Boileau, édifié de la vivacité du P. Bouhours, en rendit compte à mon père, et en eut cette réponse, que je copie avec une grande satisfaction, parce qu'on y voit le chrétien ne pas faire attention aux offenses que reçoit le poëte.

A Versailles, le 4 avril 1696.

« Je suis très-obligé au P. Bouhours de toutes les honnêtetés qu'il vous a prié de me faire de sa part, et de la part de sa compagnie. Je n'avois point encore entendu parler de la harangue de leur régent; et comme ma conscience ne me reprochoit rien à l'égard des jésuites, je vous avoue que j'ai été un peu surpris que l'on m'eût déclaré la guerre chez eux. Vraisemblablement ce bon régent est du nombre de ceux qui m'ont très-faussement attribué la traduction du *Santolius pœnitens;* et il s'est cru engagé d'honneur à me rendre injure pour injure. Si j'étois capable de lui vouloir quelque mal, et de me réjouir de la forte réprimande que le P. Bouhours dit qu'on lui a faite, ce seroit sans doute pour m'avoir soupçonné d'être l'auteur d'un pareil ouvrage : car pour mes tragédies, je les abandonne volontiers à sa critique. Il y a longtemps que Dieu m'a fait la grâce d'être assez peu sensible au bien et au mal qu'on en peut dire, et de ne me mettre en peine que du compte que j'aurai à lui en rendre quelque jour.

« Ainsi, monsieur, vous pouvez assurer le P. Bouhours et tous les jésuites de votre connoissance que, bien loin d'être fâché contre le régent qui a tant déclamé contre mes pièces de théâtre, peu s'en faut que je ne le remercie, et d'avoir prêché une si bonne morale dans leur collége, et d'avoir donné lieu à sa compagnie de marquer tant de chaleur pour mes intérêts; et qu'enfin, quand l'offense qu'il m'a voulu faire seroit plus grande, je l'oublierois avec la même facilité, en considération de tant d'autres pères dont j'honore le mérite, et surtout en considération du

R. P. de La Chaise, qui me témoigne tous les jours mille bontés, et à qui je sacrifierois bien d'autres injures. Je suis, etc. »[1]

La liaison des faits m'a empêché de parler de la perte que Boileau et mon père firent, l'année précédente, de leur ami commun La Fontaine. Leurs sages instructions avoient beaucoup contribué à faire peu à peu naître en lui les grands sentiments de pénitence dont il fut pénétré les deux dernières années de sa vie. J'ai rapporté ailleurs[2] de quelle manière la femme qui le gardoit malade reçut ces deux amis, qui alloient le voir dans le dessein de lui parler de Dieu. Autant il étoit aimable par la douceur du caractère, autant il l'étoit peu par les agréments de la société. Il n'y mettoit jamais rien du sien, et mes sœurs, qui dans leur jeunesse l'ont souvent vu à table chez mon père, n'ont conservé de lui d'autre idée que celle d'un homme fort malpropre et fort ennuyeux. Il ne parloit point, ou vouloit toujours parler de Platon, dont il avoit fait une étude particulière dans la traduction latine. Il cherchoit à connoître les anciens par la conversation, et mettoit à profit celle de mon père, qui lui faisoit lire quelquefois des morceaux d'Homère dans la traduction latine. Il n'étoit pas nécessaire de lui en faire sentir les beautés, il les saisissoit : tout ce qui étoit beau le frappoit. Mon père le mena un

---

1. Voy. ci-devant p. 181.
2. *Réflexions sur la Poésie*, ch. v. (L. R.) Voici l'anecdote telle qu'elle y est rapportée. « Il étoit bien éloigné de l'esprit d'impiété; mais, quoique dans sa jeunesse il eût été quelque temps de l'Oratoire, il étoit tombé pour la religion dans la même indolence que pour tout le reste. Il eut, longtemps avant sa mort, une grande maladie, pendant laquelle Boileau et mon père allèrent le voir. La femme qui le gardoit leur dit de ne point entrer, parce que son malade dormoit. « Nous venions, lui répondirent-ils, « pour l'exhorter à songer à sa conscience; il a de grandes fautes à se repro-« cher. » La garde, qui ne connoissoit ni ceux à qui elle parloit ni son malade, répondit : « Lui, messieurs! il est simple comme un enfant. S'il « a fait des fautes, c'est donc par bêtise plutôt que par malice. » Il fit en effet venir un confesseur, qui l'exhorta à des prières ou à des aumônes. « Pour des aumônes, dit La Fontaine, je n'en puis faire, je n'ai rien; mais « on fait une nouvelle édition de mes Contes, et le libraire m'en doit donner « cent exemplaires. Je vous les donne, vous les ferez vendre pour les « pauvres. » D. Jérôme, le célèbre prédicateur, qui m'a raconté ce fait, m'a assuré que le confesseur, presque aussi simple que son pénitent, étoit venu le consulter pour savoir s'il pouvoir recevoir cette aumône. »

jour à Ténèbres ; et, s'apercevant que l'office lui paroissoit long, il lui donna, pour l'occuper, un volume de la Bible, qui contenoit les Petits Prophètes. Il tombe sur la prière des Juifs dans Baruch ; et, ne pouvant se lasser de l'admirer, il disoit à mon père : « C'étoit un beau génie que Baruch : qui étoit-il ? » Le lendemain, et plusieurs jours suivants, lorsqu'il rencontroit dans la rue quelque personne de sa connoissance, après les compliments ordinaires, il élevoit sa voix pour dire : « Avez-vous lu Baruch ? C'étoit un beau génie. »

Après avoir mangé son bien, il conserva toujours son caractère de désintéressement. Il entroit à l'Académie, et la barre étant tirée au bas des noms, il ne devoit pas, suivant l'usage, avoir part aux jetons de cette séance. Les académiciens, qui l'aimoient tous, dirent, d'un commun accord, qu'il falloit, en sa faveur, faire une exception à la règle : « Non, messieurs, leur dit-il, cela ne seroit pas juste. Je suis venu trop tard, c'est ma faute. » Ce qui fut d'autant mieux remarqué, qu'un moment auparavant, un académicien extrêmement riche et qui, logé au Louvre, n'avoit que la peine de descendre de son appartement pour venir à l'Académie, en avoit entr'ouvert la porte, et, ayant vu qu'il arrivoit trop tard, avoit refermé la porte et étoit remonté chez lui. Une autre fois, La Fontaine alla de trop bonne heure à l'Académie pour une raison différente. Étant à table chez M. Le Verrier, il s'ennuie de la conversation, et se lève. On lui demande où il va ; il répond : « A l'Académie. » On lui représente qu'il n'est encore que deux heures : « Je le sais bien, dit-il ; aussi je prendrai le plus long. »

Si je voulois rapporter plusieurs traits de son inconcevable simplicité, je m'écarterois dans une digression qui ne seroit pas ennuyeuse, mais qui deviendroit trop longue. Je n'en rapporterai que deux.

Le fait de M. Poignan, que M. l'abbé d'Olivet raconte dans son *Histoire de l'Académie françoise,* est très-véritable. Ce M. Poignan, ancien capitaine de dragons, étoit de la Ferté-Milon, et, ami de mon père dès l'enfance, le fit son héritier en partant pour sa première campagne.[1] Il lui laissoit, par son testament, un petit

---

1. Poignan était parent de Racine.

bien qu'il avoit à la Ferté-Milon. Il mourut après avoir mangé ce bien, et mon père paya les frais de sa maladie et de son enterrement par reconnoissance pour le testament. Voici comme j'ai entendu raconter l'affaire singulière qu'eut avec lui La Fontaine. Quelqu'un s'avise de lui demander pourquoi il souffre que M. Poignan aille chez lui tous les jours : « Eh ! pourquoi, dit La Fontaine, n'y viendroit-il pas ? C'est mon meilleur ami. — Ce n'est pas, répond-on, ce que dit le public : on prétend qu'il ne va chez toi que pour madame de La Fontaine. — Le public a tort, reprend-il ; mais que faut-il que je fasse à cela ? » On lui fait entendre qu'il faut demander satisfaction, l'épée à la main, à celui qui nous déshonore : « Eh bien ! dit La Fontaine, je la demanderai. » Il va le lendemain, à quatre heures du matin, chez M. Poignan, et le trouve au lit : « Lève-toi, lui dit-il, et sortons ensemble. » Son ami lui demande en quoi il a besoin de lui, et quelle affaire pressée l'a rendu si matineux : « Je t'en instruirai, répond La Fontaine, quand nous serons sortis. » Poignan se lève, s'habille, sort avec lui et le suit jusqu'aux Chartreux, en lui demandant toujours où il le mène : « Tu vas le savoir, » répondit La Fontaine, qui lui dit enfin quand ils furent derrière les Chartreux : « Mon ami, il faut nous battre. » Poignan, surpris, lui demande en quoi il l'a offensé, et lui représente que la partie n'est pas égale : « Je suis un homme de guerre, lui dit-il, et toi, tu n'as jamais tiré l'épée. — N'importe, dit La Fontaine, le public veut que je me batte avec toi. » Poignan, après avoir résisté inutilement, tire son épée par complaisance, se rend aisément le maître de celle de La Fontaine, et lui demande de quoi il s'agit : « Le public prétend, lui dit La Fontaine, que ce n'est pas pour moi que tu viens tous les jours chez moi, mais pour ma femme. — Eh ! mon ami, répond Poignan, je ne t'aurois pas soupçonné d'une pareille inquiétude, et je proteste que je ne mettrai plus les pieds chez toi. — Au contraire, reprend La Fontaine en lui serrant la main, j'ai fait ce que le public vouloit : maintenant je veux que tu viennes chez moi tous les jours, sans quoi je me battrai encore avec toi. »

Lorsque madame de La Fontaine, ennuyée de vivre avec son mari, se fut retirée à Château-Thierry, Boileau et mon père dirent à La Fontaine que cette séparation ne lui faisoit pas honneur, et l'engagèrent à faire un voyage à Château-Thierry, pour s'aller réconcilier avec sa femme. Il part dans la voiture publique, arrive chez lui et la demande. Le domestique, qui ne le connoissoit pas, répond que madame est au salut. La Fontaine va ensuite chez un ami, qui lui donne à souper et à coucher, et le régale pendant deux jours. La voiture publique retourne à Paris; il s'y met, et ne songe plus à sa femme. Quand ses amis de Paris le revoient, ils lui demandent s'il est réconcilié avec elle : « J'ai été pour la voir, leur dit-il, mais je ne l'ai point trouvée; elle étoit au salut.[1] »

Mon père, de retour de l'armée, alloit souvent se délasser de ses fatigues dans le Tibur de son cher Horace. Boileau, né sans fortune, comme il nous l'apprend dans ses vers, et comme son frère aîné l'avocat le dit dans cette épigramme sur un père qui laisse à ses enfants

> Beaucoup d'honneur, peu d'héritage,
> Dont son fils l'avocat enrage,

Boileau, par les bienfaits du roi, ménagés avec beaucoup d'économie, étoit devenu un poëte opulent. Il fit, pour environ 8,000 livres, l'acquisition d'une maison de campagne à Auteuil; et ce lieu de retraite, dont il fut enchanté, le jeta les premières années dans la dépense. Il l'embellit, fit son plaisir d'y rassembler quelquefois ses amis, et y tint table. On juge aisément que ce qui faisoit rechercher ses repas, c'étoit moins la chère, quoiqu'elle y

---

[1]. Cizeron-Rival, dans son curieux volume des *Mélanges,* rapporte une autre anecdote qui mérite de trouver place ici : « Racine, dit-il, s'entretenant un jour avec La Fontaine sur la puissance absolue des rois. La Fontaine, qui aimoit l'indépendance et la liberté, ne pouvoit s'accommoder de l'idée que M. Racine lui vouloit donner de cette puissance absolue et indéfinie. M. Racine s'appuyoit sur l'Écriture, qui parle du choix que le peuple juif voulut faire d'un roi en la personne de Saül, et de l'autorité que ce roi avoit sur son peuple. « Mais, répliqua La Fontaine, si les rois sont maîtres « de nos biens, de nos vies et de tout, il faut qu'ils aient droit de nous regar- « der comme des fourmis à leur égard, et je me rends si vous me faites voir « que cela soit autorisé par l'Écriture. — Eh! quoi, dit M. Racine, vous ne « savez donc pas ce passage de l'Écriture: *Tanquam formicæ deambulabitis* « *coram rege vestro?* » Ce passage étoit de son invention, car il n'est point dans l'Écriture ; mais il le fit pour se moquer de La Fontaine, qui le crut bonnement. » (*Mélanges* de Cizeron-Rival, page 111.)

fût bonne, que les entretiens. Ils roulaient toujours sur des matières agréables. Les conviés étoient charmés d'entendre les décisions de Boileau, qui n'étoient pas infaillibles quand il parloit de la peinture et de la musique, quoiqu'il prétendît s'y connoître. Il n'avoit ni pour la peinture des yeux savants, ni pour l'harmonie de la musique les mêmes oreilles que pour l'harmonie des vers; au lieu qu'il avoit un jugement exquis pour juger des ouvrages d'esprit : non qu'il ne fût capable, comme un autre, de se tromper; mais il se trompoit moins souvent qu'un autre. Il fut parmi nous comme le créateur du bon goût; ce fut lui, avec Molière, qui fit tomber tous les bureaux du faux bel esprit. La protection de l'hôtel de Rambouillet fut inutile à l'abbé Cotin, qui ne se releva jamais du dernier coup que Molière lui avoit porté.[1]

On n'osoit louer devant Boileau les ouvrages de Saint-Évremont, qui alors séduisoient encore plusieurs admirateurs : de pareils ouvrages, selon lui, ne devoient pas vivre longtemps. Il ne parloit qu'avec éloge de ceux de La Bruyère, quoiqu'il le trouvât quelquefois obscur, et disoit qu'il s'étoit épargné le plus difficile d'un ouvrage en s'épargnant les transitions. Il assuroit que Chapelle avoit acquis à bon marché sa réputation, et qu'excepté son *Petit Voyage*, qui étoit excellent, le reste de ses ouvrages étoit médiocre.

La *Pompe funèbre de Voiture*, par Sarrasin, lui paroissoit le modèle d'un ingénieux badinage. Il prétendoit que la *Conspiration de Valstein*, par le même auteur, étoit un pur ouvrage d'imagination; que Sarrasin, qui n'avoit eu aucuns mémoires, n'avoit voulu qu'imiter Salluste dans son *Histoire de la conjuration de Catilina*, à qui personne n'avoit moins ressemblé que Valstein, qui étoit fort honnête homme, et qui, après avoir servi fidèlement l'empereur, périt par les artifices de quelques ennemis, qui firent croire à l'empereur, dont ils gouvernoient l'esprit, que Valstein avoit voulu se faire roi de Bohême : ce qu'on n'a jamais pu prouver.

Boileau ne faisoit nul cas des *Césars* de Julien, non qu'il ne trouvât de l'esprit dans cette satire, mais il n'y trouvoit point de plaisanterie, et la fine plaisanterie étoit, selon lui, l'âme de ces

---

1. Dans les *Femmes savantes*.

sortes d'ouvrages. Par la même raison, il condamnoit des Dialogues de morts où le sérieux lui paroissoit régner : « Lucien, disoit-il, plaisante toujours. »

Il détestoit la basse plaisanterie. J'ai déjà assez fait connoître son animosité contre Scarron. « Votre père, me dit-il un jour, avoit la foiblesse de lire quelquefois le *Virgile travesti,* et de rire ; mais il se cachoit bien de moi. »

Il étoit ami de M. Dacier, ce qui ne l'empêchoit pas d'en critiquer les traductions : « Il fuit les Grâces, disoit-il, et les Grâces le fuient. » Et mon père, en parlant des ouvrages que M. et madame Dacier donnoient au public comme ouvrages communs, faits par eux deux, disoit « que, dans leurs productions d'esprit, madame Dacier étoit le père ».

Boileau disoit de M. Dacier, en parlant de la traduction d'Horace, qu'il avoit trouvé le secret de morfondre un poëte plein de feu, et il appeloit *les révélations de M. Dacier* certains endroits que le commentateur explique d'une façon singulière.

Rien ne montre mieux le cas que les auteurs faisoient du suffrage de Boileau que la deux cent dix-septième lettre de Bayle,[1] dans laquelle il écrivit à un ami : « Vous m'apprenez que mon *Dictionnaire* n'a point déplu à M. Despréaux ; c'est un bien si grand, c'est une gloire si relevée, que je n'avois garde de l'espérer. Il y a longtemps que j'applique à ce grand homme un éloge plus étendu que celui que Phèdre donne à Ésope : *Naris emunctœ, natura nunquam cui potuit verba dare.*[2] Il me semble aussi que l'industrie la plus artificieuse des auteurs ne peut le tromper : à plus forte raison ai-je dû voir que je ne surprendrai pas son suffrage, en compilant bonnement et à l'allemande, et sans me gêner beaucoup sur le choix, une grande quantité de choses. Mon *Dictionnaire* me paroît, à son égard, un vrai voyage de caravane, où l'on fait vingt ou trente lieues sans trouver un arbre fruitier ou une fontaine. » Personne n'a mieux jugé de ce *Dictionnaire* que Bayle lui-même.

Boileau lisoit parfaitement ses vers, et étoit attentif, en les

---

1. Lettre 167, du 2 oct. 1698, à M. Marais.

2. « Qui a le nez fin, et à qui la nature n'a jamais pu en donner à garder. » (*Phèdre,* liv, III, fab. 3.)

lisant, à la contenance de ses auditeurs, pour apprendre dans leurs yeux les endroits qui les frappoient davantage. Il eut un jour dans M. le premier président de Harlai un auditeur immobile, qui, après la lecture de la pièce, dit froidement : *Voilà de beaux vers.* La critique la plus vive l'eût moins irrité que cet éloge. Il s'en vengea en mettant dans sa onzième satire ce portrait, qu'il commençoit toujours, quand il le lisoit, par cet hémistiche :

En vain ce faux Caton, etc.

Mon père ayant obtenu pour mon frère aîné la survivance de la charge de gentilhomme ordinaire de Sa Majesté, le produisit à la cour, et eut dessein de l'attacher à la connaissance des affaires étrangères, sous la protection de M. de Torcy. Mon frère fut chargé de porter à M. de Bonrepaux, ambassadeur de France en Hollande, les dépêches de la cour, et recommandé particulièrement par M. de Torcy à cet ambassadeur. Après son départ, la maison fut comme celle de Tobie après le départ du fils. Ce n'étoient qu'inquiétudes sur la santé du voyageur et sur sa conduite. Des alarmes paternelles remplissent les lettres que je donne dans le troisième recueil. Toutes ces lettres, ainsi que celles de Boileau, font mieux connoître ces deux hommes que tout autre portrait, parce qu'elles sont écrites à la hâte, de même que celles de Cicéron font connoître quel étoit son cœur, au lieu que les lettres de Pline, travaillées avec soin, et recueillies par lui-même, ne nous peuvent faire juger que de son esprit.

Tandis que mon père espéroit, par les protections qu'il avoit à la cour, y faire avancer son fils aîné, et lui abréger les premières peines de la carrière, il étoit près de finir la sienne. Boileau a conduit fort loin une santé toujours infirme : son ami, plus jeune et beaucoup plus robuste, a beaucoup moins vécu. Au reste, sa vie a suffi pour sa gloire comme dit Tacite[1] de celle

1. *Satire* XI, vers 37. Le texte imprimé porte :

En vain ce misanthrope, aux yeux tristes et sombres.

2. « Quantum ad gloriam, longissimum ævum peregit, quippe et vera bona, quæ in virtutibus sita sunt, impleverat. » (L. R.) *Vie d'Agricola*, ch. LXIV.

de son beau-père, puisqu'il étoit rempli des véritables biens, qui sont ceux de la vertu.

Il y a grande apparence que sa trop grande sensibilité abrégea ses jours. La connoissance qu'il avoit des hommes et le long usage de la cour ne lui avoient point appris à déguiser ses sentiments. Il est des hommes dont le cœur veut toujours être libre comme leur génie. Peut-être ne connoissoit-il pas assez la timide circonspection et la défiance :

> Mais cette défiance
> Fut toujours d'un grand cœur la dernière science.

Il étoit d'ailleurs naturellement mélancolique, et s'entretenoit plus longtemps des sujets capables de le chagriner que des sujets propres à le réjouir. Il avoit ce caractère que se donne Cicéron dans une de ses lettres, plus porté à craindre les événements malheureux qu'à espérer d'heureux succès : *Semper magis adversos rerum exitus metuens quam sperans secundos.*[1] L'événement que je vais rapporter le frappa trop vivement, et lui fit voir comme présent un malheur qui étoit fort éloigné. Les marques d'attention de la part du roi, dont il fut honoré pendant sa dernière maladie, durent bien le convaincre qu'il avoit toujours le bonheur de plaire à ce prince. Il s'étoit cependant persuadé que tout étoit changé pour lui, et n'eut pour le croire d'autre sujet que ce qu'on va lire.

Mme de Maintenon, qui avoit pour lui une estime particulière, ne pouvoit le voir trop souvent, et se plaisoit à l'entendre parler de différentes matières, parce qu'il étoit propre à parler de tout. Elle l'entretenoit un jour de la misère du peuple : il répondit qu'elle étoit une suite ordinaire des longues guerres; mais qu'elle pourroit être soulagée par ceux qui étoient dans les premières places, si l'on avoit soin de la leur faire connoître. Il s'anima sur cette réflexion ; et comme dans les sujets qui l'animoient il entroit dans cet enthousiasme dont j'ai parlé, qui lui inspiroit une éloquence agréable, il charma Mme de Maintenon, qui lui dit que puisqu'il faisoit des observations si justes sur-le-champ, il devroit les méditer encore, et les lui donner par écrit, bien assuré que

---

1. *Epist. famil.* VI, *epist.* XIV, *ad Ligarium.*

l'écrit ne sortiroit pas de ses mains. Il accepta malheureusement la proposition, non par une complaisance de courtisan, mais parce qu'il conçut l'espérance d'être utile au public. Il remit à Mme de Maintenon un Mémoire aussi solidement raisonné que bien écrit. Elle le lisoit, lorsque le roi entrant chez elle le prit, et, après en avoir parcouru quelques lignes, lui demanda avec vivacité qui en étoit l'auteur. Elle répondit qu'elle avoit promis le secret. Elle fit une résistance inutile : le roi expliqua sa volonté en termes si précis qu'il fallut obéir. L'auteur fut nommé.

Le roi, en louant son zèle, parut désapprouver qu'un homme de lettres se mêlât de choses qui ne le regardoient pas. Il ajouta même, non sans quelque air de mécontentement : « Parce qu'il sait faire parfaitement des vers, croit-il tout savoir? et parce qu'il est grand poëte, veut-il être ministre? » Si le roi eût pu prévoir l'impression que firent ces paroles, il ne les eût point dites. On n'ignore pas combien il étoit bon pour tous ceux qui l'environnoient : il n'eut jamais intention de chagriner personne; mais il ne pouvoit soupçonner que ces paroles tomberoient sur un cœur si sensible.

Mme de Maintenon, qui fit instruire l'auteur du Mémoire de ce qui s'étoit passé, lui fit dire en même temps de ne la pas venir voir jusqu'à nouvel ordre. Cette nouvelle le frappa vivement. Il craignit d'avoir déplu à un prince dont il avoit reçu tant de marques de bonté. Il ne s'occupa plus que d'idées tristes ; et quelque temps après il fut attaqué d'une fièvre assez violente, que les médecins firent passer à force de quinquina. Il se croyoit guéri lorsqu'il lui perça, à la région du foie, une espèce d'abcès qui jetoit de temps en temps quelque matière : les médecins lui dirent que ce n'étoit rien. Il y fit moins d'attention, et retourna à Versailles, qui ne lui parut plus le même séjour, parce qu'il n'avoit plus la liberté d'y voir Mme de Maintenon.

Dans ce même temps, les charges de secrétaires du roi furent taxées; et comme il s'étoit incommodé pour achever le paiement de la sienne, il se trouvoit fort embarrassé d'en payer encore la taxe. Il espéra que le roi l'en dispenseroit ; et il avoit lieu de l'espérer, parce que, lorsqu'en 1685 il eut contribué à une somme de cent mille livres que le bureau des finances de Moulins avoit payée en conséquence de la déclaration du 28 avril 1684, il avoit obtenu du roi une ordonnance sur le trésor royal pour y aller reprendre sa part, qui montoit environ à quatre mille livres. Pour obtenir la même grâce, il fit un placet; et, n'osant le présenter lui même, il eut recours à des amis puissants, qui voulurent bien le présenter. « Cela ne se peut, » répondit d'abord le roi, qui ajouta un moment après : « S'il se trouve dans la suite quelque occasion de le dédommager, j'en serai fort aise. » Ces dernières paroles devoient le consoler entièrement. Il ne fit attention qu'aux premières; et, ne doutant plus que l'esprit du roi ne fût changé à son égard, il n'en pouvoit trouver la raison. Le Mémoire que l'amour du bien public lui avoit inspiré, et qu'il avoit écrit par obéissance, et confié sous la promesse du secret, ne lui paroissoit pas un crime. Ce n'est point à moi à examiner s'il se trompoit ou non; je ne suis qu'historien. Trop souvent occupé de son malheur, il cherchoit toujours en lui-même quel étoit son crime, et, ne pouvant soupçonner le véritable, il s'en fit un dans son imagination. Il se figura qu'on avoit rendu suspecte sa liaison avec Port-Royal. Pour justifier une liaison si naturelle avec une maison où il avoit été élevé, et où il avoit une tante, il écrivit à Mme de Maintenon la lettre suivante, que je ne rapporte pas entière parce qu'elle est un peu longue :

A Marly, le 4 mars 1698.

« Madame,

« J'avois pris le parti de vous écrire au sujet de la taxe qui a si fort dérangé mes petites affaires. Mais n'étant pas content de ma lettre, j'avois dressé un Mémoire, que M. le maréchal de... s'offrit généreusement de vous remettre entre les mains... Voilà tout naturellement comme je me suis conduit dans cette affaire; mais j'apprends que j'en ai une autre bien plus terrible sur les bras...

« Je vous avoue que lorsque je faisois tant chanter dans *Esther : Rois, chassez la calomnie,* je ne m'attendois pas que je serois moi-même un jour attaqué par la calomnie... Ayez la bonté de vous souvenir, madame, combien de fois vous avez dit que la meilleure qualité que vous trouviez en moi c'étoit une soumission d'enfant pour tout ce que l'Église croit et ordonne, même dans les plus petites choses. J'ai fait par votre ordre plus de trois mille vers sur des sujets de piété. J'y ai parlé assurément de l'abondance de mon cœur, et j'y ai mis tous les sentiments dont j'étois rempli. Vous est-il jamais revenu qu'on y ait trouvé un seul endroit qui approchât de l'erreur ?...

« Pour la cabale, qui est-ce qui n'en peut point être accusé, si on en accuse un homme aussi dévoué au roi que je le suis, un homme qui passe sa vie à penser au roi, à s'informer des grandes actions du roi, et à inspirer aux autres les sentiments d'amour et d'admiration qu'il a pour son roi? J'ose dire que les grands seigneurs m'ont bien plus recherché que je ne les recherchois moi-même; mais, dans quelque compagnie que je me sois trouvé, Dieu m'a fait la grâce de ne rougir jamais ni du roi ni de l'Évangile. Il y a des témoins encore vivants qui pourroient vous dire avec quel zèle on m'a vu combattre de petits chagrins qui naissent quelquefois dans l'esprit des gens que le roi a le plus comblés de ses grâces. Hé quoi! madame, avec quelle conscience pourrai-je déposer à la postérité que ce grand prince n'admettoit point les faux rapports contre les personnes qui lui étoient le plus inconnues, s'il faut que je fasse moi-même une si triste expérience du contraire? Mais je sais ce qui a pu donner lieu à cette accusation. J'ai une tante qui est supérieure de Port-Royal, et à laquelle je crois avoir des obligations infinies. C'est elle qui m'apprit à connoître Dieu dans mon enfance, et c'est elle aussi dont Dieu s'est servi pour me retirer de l'égarement et des misères où j'ai été engagé pendant quinze années... Elle m'a demandé, dans quelque occasion, mes services. Pouvois-je, sans être le dernier des hommes, lui refuser mes petits secours? Mais à qui est-ce, madame, que je m'adressai pour la secourir? J'allai trouver le P. de La Chaise, qui parut très-content de ma franchise, et m'assura, en m'embrassant, qu'il seroit toute sa vie mon serviteur et mon ami...

« Du reste, je puis vous protester devant Dieu que je ne connois ni ne fréquente aucun homme qui soit suspect de la moindre nouveauté. Je passe ma vie le plus retiré que je puis dans ma famille, et ne suis, pour ainsi dire, dans le monde que lorsque je suis à Marly. Je vous assure, madame, que l'état où je me trouve est très-digne de la compassion que je vous ai toujours vue pour les malheureux. Je suis privé de l'honneur de vous voir. Je n'ose presque plus compter sur votre protection, qui est pourtant la seule que j'aie tâché de mériter. Je cherchois du moins ma consolation dans mon travail; mais jugez quelle amertume doit jeter sur ce travail la pensée que ce même grand prince, dont je suis continuellement occupé, me regarde peut-être comme un homme plus digne de sa colère que de ses bontés.

« Je suis avec un profond respect, etc. » [1]

Cette lettre, quoique bien écrite, ne fut point approuvée de tous ses amis. Quelques-uns lui représentèrent qu'il y annonçoit des frayeurs qu'il ne devoit point avoir, et qu'il se justifioit lorsqu'il n'étoit pas même soupçonné. Et de quoi soupçonner en effet un homme qui marche par des voies si unies?

Il avoit à la vérité essuyé quelques railleries faites innocemment. Comme il étoit bon, et empressé à rendre service, les paysans des environs de Port-Royal qui l'y voyoient venir, et entendoient dire qu'il demeuroit à Versailles, alloient, à cause du voisinage, l'y chercher pour lui recommander leurs affaires. Ces bonnes gens le croyoient un homme très-puissant à la cour, et alloient implorer sa protection, les uns pour quelques procès, les autres pour quelque diminution de tailles. S'ils n'en étoient pas toujours secourus, ils en étoient toujours bien reçus. Ces fréquentes visites lui attirèrent quelques plaisanteries : Mme de Maintenon en faisoit elle-même; on le verra par un endroit de ses lettres que je rapporte. On y verra aussi ce qu'elle y dit de sa mort toute chrétienne, et combien elle en fut édifiée. Elle le plaisantoit parce qu'elle connoissoit sa droiture, et qu'elle a toujours dit de lui que dans la religion il étoit un enfant.

Boileau, par cette même raison, le plaisantoit aussi. Ni l'un ni l'autre, comme je l'ai déjà remarqué, n'étoient pas fins courtisans; et tous deux, en fréquentant la cour, pouvoient se dire l'un à l'autre :

Quel séjour étranger, et pour vous et pour moi! [2]

Boileau, qui y portoit sa franchise étonnante, ne retenoit rien de ce qu'il pensoit. Le roi lui disoit un jour : « Quel est un pré-

1. Voy. tome VII, p. 482.
2. *Britannicus,* acte V, sc. I.

dicateur qu'on nomme Le Tourneux? On dit que tout le monde y court : est-il si habile? — Sire, reprit Boileau, Votre Majesté sait qu'on court toujours à la nouveauté : c'est un prédicateur qui prêche l'Évangile. » Le roi lui demanda d'en dire sérieusement son sentiment. Il répondit : « Quand il monte en chaire, il fait si peur par sa laideur, qu'on voudroit l'en voir sortir; et quand il a commencé à parler, on craint qu'il n'en sorte. » On disoit devant lui, à la cour, que le roi faisoit chercher M. Arnauld pour le faire arrêter : « Le roi, dit-il, est trop heureux pour le trouver. » Une autre fois on lui disoit que le roi alloit traiter fort durement les religieuses de Port-Royal; il répondit : « Et comment fera-t-il pour les traiter plus durement qu'elles se traitent elles-mêmes? »

« Vous avez, lui disoit un jour mon père, un privilége que je n'ai point : vous dites des choses que je ne dis jamais. Vous avez plus d'une fois loué dans vos vers des personnes dont les miens ne disent rien. Tout le monde devine aisément votre rime à l'*ostracisme*. [1] C'est vous qu'on doit accuser, et cependant c'est moi qu'on accuse. Quelle en peut être la raison? — Elle est toute naturelle, répondit Boileau : vous allez à la messe tous les jours, et moi je n'y vais que les fêtes et les dimanches. » C'étoit ainsi que ses meilleurs amis le plaisantoient sur ses inquiétudes mal fondées, qui augmentèrent cependant par le chagrin de ne plus voir Mme de Maintenon, à laquelle il étoit sincèrement attaché.

Elle avoit aussi une grande envie de lui parler; mais comme il ne lui étoit plus permis de le recevoir chez elle, l'ayant aperçu un jour dans le jardin de Versailles, elle s'écarta dans une allée pour qu'il pût l'y joindre. Sitôt qu'il fut près d'elle, elle lui dit : « Que craignez-vous? C'est moi qui suis cause de votre malheur, il est de mon intérêt et de mon honneur de réparer ce que j'ai fait. Votre fortune devient la mienne. Laissez passer ce nuage : je ramènerai le beau temps. — Non, non, madame, lui répondit-il, vous ne le ramènerez jamais pour moi. — Et pourquoi, reprit-elle, avez-vous une pareille pensée? Doutez-vous de mon cœur, ou de mon crédit? » Il lui répondit : « Je sais, madame, quel est

---

1. *Satire*, XI, vers 145-146. Elle n'a été imprimée qu'en 1701.

votre crédit, et je sais quelles bontés vous avez pour moi ; mais j'ai une tante qui m'aime d'une façon bien différente. Cette sainte fille demande tous les jours à Dieu pour moi des disgrâces, des humiliations, des sujets de pénitence ; et elle a plus de crédit que vous. » Dans le moment qu'il parloit, on entendit le bruit d'une calèche : « C'est le roi qui se promène, s'écria Mme de Maintenon, cachez-vous. » Il se sauva dans un bosquet.

Il fit trop de réflexions sur le changement de son état à la cour ; et, quoique pénétré de joie, comme chrétien de ce que Dieu lui envoyoit des humiliations, l'homme est homme, et dans un cœur trop sensible, le chagrin a bientôt porté son coup mortel. Sa santé s'altéra tous les jours, et il s'aperçut que le petit abcès qu'il avoit près du foie étoit refermé : [1] il craignit des suites fâcheuses, et auroit pris sur-le-champ le parti de se retirer pour toujours de la cour, sans la considération de sa famille, qui, n'étant pas riche, avoit très-grand besoin de lui. Dans le bas âge où j'étois, j'en avois plus besoin qu'un autre. Il projetoit de s'occuper dans sa retraite de mon éducation : et quel précepteur j'aurois eu ! Mais il pensoit en même temps qu'il me deviendroit inutile dans la suite, s'il cessoit de cultiver les protecteurs qu'il avoit à la cour : c'étoit cette seule raison qui depuis un an l'y faisoit rester. Il y retourna encore plusieurs fois, et il avoit toujours l'honneur d'approcher de Sa Majesté. Mais on verra, dans ses dernières lettres, le peu d'empressement qu'il avoit de se montrer à la cour, parce qu'il n'y paroissoit plus avec cet air de contentement qu'il avoit toujours eu. Il ne savoit pas l'affecter ; et, pour déguiser son visage, il n'avoit point cet art qu'il avoit lui-même recommandé aux courtisans dans *Esther* :

> Quiconque ne sait pas dévorer un affront,
> Ni de fausses couleurs se déguiser le front,
> Loin de l'aspect des rois qu'il s'écarte, qu'il fuie :
> Il est des contre-temps qu'il faut qu'un sage essuie. [2]

---

1. « Il s'écria, dit M. de Valincour, qu'il étoit un homme mort, descendit dans sa chambre et se mit au lit. » Il eut raison de s'effrayer ; mais, quand on n'a encore ni fièvre ni aucun mal, on ne se met point au lit, on n'y reste pas. Tout cet endroit de la lettre de M. de Valincour montre qu'il était fort distrait quand il l'écrivit. (L. R.)

2. *Esther*, acte III, sc. I.

Il n'avoit plus d'autre plaisir que celui de mener une vie retirée dans son ménage, et de s'y dissiper avec ses enfants.

Enfin, un matin, étant à travailler dans son cabinet, il se sentit accablé d'un grand mal de tête; et, voyant qu'il feroit mieux de se coucher que de continuer à lire, il descendit dans sa chambre. J'y étois, et je me souviens qu'il nous dit, pour ne nous point effrayer : « Mes enfants, je crois que j'ai un peu de fièvre; mais ce n'est rien, je vais pour quelque temps me mettre au lit. » Il s'y mit, et n'en sortit plus : sa maladie fut longue. On n'en soupçonna pas d'abord la cause, quoiqu'il se plaignît toujours d'une douleur au côté droit, et qu'il eût souvent dans sa chambre les médecins de la cour, qui le venoient voir par amitié. Il fut honoré aussi des visites de plusieurs grands seigneurs, qui l'assuroient que le roi leur demandoit souvent de ses nouvelles. Ils ne disoient rien que de vrai. Louis XIV eut même la bonté de lui faire connoître l'intérêt qu'il prenoit à sa santé; et je ne fais ici que copier M. Perrault dans ses *Hommes illustres* : « Sa Majesté envoya très-souvent savoir de ses nouvelles pendant sa maladie, et témoigna du déplaisir de sa mort, qui fut regrettée de toute la cour et de toute la ville. »

Ses douleurs commençant à devenir très aiguës, il les reçut de la main de Dieu avec autant de douceur que de soumission; et l'on ne doit point croire ce que le père Niceron a copié d'après M. de Valincour, et ce que je contredis, parce que je m'en suis exactement informé.[1] Il n'est point vrai qu'il ait jamais demandé s'il n'étoit pas permis de faire cesser sa maladie et sa vie par quelques remèdes.[2] J'ai toujours trouvé dans M. de Valincour un ami fort vif pour moi, et je lui ai eu dans ma jeunesse plusieurs obligations. Il a des droits sur mon cœur; mais la vérité en a davantage, et je suis obligé, en pareille occasion, de dire qu'il s'est trompé. Tous ceux qui venoient consoler le malade étoient d'autant plus édifiés de sa patience, qu'ils connoissoient la vivacité de son caractère. Tourmenté pendant trois semaines d'une

---

1. Voyez ci-devant page 289 la lettre de J.-B. Racine, du 6 nov. 1742.

2. Un malade plein de religion, et aussi éclairé, ne demande point si la chose est permise; il peut dire seulement que si elle était permise, la douleur l'y forcerait : c'est peut-être ce que M. de Valincour a voulu dire. (L. R.)

cruelle sécheresse de langue et de gosier, il se contentoit de dire : « J'offre à Dieu cette peine : puisse-t-elle expier le plaisir que j'ai trouvé souvent aux tables des grands ! » Un prêtre de Saint-André-des-Arcs, son confesseur depuis longtemps, le soutenoit par ses exhortations; et M. l'abbé Boileau, chanoine de Saint-Honoré, y venoit joindre les siennes. [1]

J'étois souvent dans la chambre d'un malade si cher; et ma mémoire me rappelle les fréquentes lectures de piété qu'il me faisoit faire auprès de son lit, dans les livres à ma portée. Il pria M. Rollin de veiller sur mon éducation quand je serois en âge de profiter de ses leçons; et M. Rollin a eu dans la suite cette bonté.

Lorsqu'il fut persuadé que sa maladie finiroit par la mort, il chargea mon frère d'écrire une lettre à M. de Cavoie pour le prier de solliciter le paiement de ce qui lui étoit dû de sa pension, afin de laisser quelque argent comptant à sa famille. Mon frère fit la lettre, et vint la lui lire : « Pourquoi, lui dit-il, ne demandez-vous pas aussi le paiement de la pension de Boileau? Il ne faut point nous séparer. Recommencez votre lettre; et faites connoître à Boileau que j'ai été son ami jusqu'à la mort. » Lorsqu'il lui fit son dernier adieu, il se leva sur son lit, autant que pouvoit lui permettre le peu de forces qu'il avoit, et lui dit, en l'embrassant : « Je regarde comme un bonheur pour moi de mourir avant vous. »

On s'étoit enfin aperçu que cette maladie étoit causée par un abcès au foie; et quoiqu'il ne fût plus temps d'y apporter remède, on résolut de lui faire l'opération. Il s'y prépara avec une grande fermeté, et en même temps il se prépara à la mort. Mon frère s'étant approché pour lui dire qu'il espéroit que l'opération lui rendroit la vie : « Et vous aussi, mon fils, lui répondit-il, voulez-vous faire comme les médecins, et m'amuser? Dieu

---

1. Jean-Jacques Boileau, chanoine de la collégiale de Saint-Honoré, ne doit être confondu ni avec l'abbé Charles Boileau, prédicateur de Louis XIV, ni avec Jacques Boileau, frère de Boileau-Despréaux. Jean-Jacques Boileau était un ami de Port-Royal, directeur de Duguet, conseil du cardinal de Noailles. Lisez, pour la distinction à faire de ces trois abbés Boileau, la note de Sainte-Beuve, au livre VI de *Port-Royal,* tome VI, p. 59.

est le maître de me rendre la vie ; mais les frais de la mort sont faits.[1] »

Il en avoit eu toute sa vie d'extrêmes frayeurs, que la religion dissipa entièrement dans sa dernière maladie : il s'occupa toujours de son dernier moment, qu'il vit arriver avec une tranquillité qui surprit et édifia tous ceux qui savoient combien il l'avoit appréhendé.

L'opération fut faite trop tard ; et, trois jours après, il mourut, le 21 avril 1699, âgé de cinquante-neuf ans et quatre mois, après avoir reçu ses sacrements avec de grands sentiments de piété, et avoir recommandé à ses enfants beaucoup d'union entre eux, et de respect pour leur mère.

Il avoit depuis longtemps écrit ses dernières dispositions dans cette lettre, datée du 28 octobre 1685.

« Comme je suis incertain de l'heure à laquelle il plaira à Dieu de m'appeler, et que je puis mourir sans avoir le temps de déclarer mes dernières intentions, j'ai cru que je ferois bien de prier ici ma femme de plusieurs petites choses, auxquelles j'espère qu'elle ne voudra pas manquer, etc.[2] »

---

1. Voyez ci-devant, page 289, les paroles de Jean Racine telles que J.-B. les rapporte. Louis Racine a le ton de ne pas les reproduire exactement.

2. Voici la suite de cette note testamentaire. Le manuscrit original est à la Bibliothèque nationale :

« Premièrement, de continuer à une bonne vieille nourrice que j'ai à la Ferté-Milon, jusqu'à sa mort, quatre francs ou cent sous par mois, que je lui donne depuis quelque temps pour lui aider à vivre ;

« 2. De donner une somme de 500 francs aux pauvres de la paroisse de Saint-Sulpice ; *

« 3. Pareille somme à ma sœur Rivière, pour distribuer à de pauvres parents que j'ai à la Ferté-Milon ;

« 4. De donner 300 francs aux pauvres de la paroisse de Griviller.

« Ces sommes prises sur ce que je pourrai laisser de bien.

« Je la prie de remettre entre les mains de M. Despréaux tout ce qu'elle me trouvera de papiers concernant l'*Histoire du roi.*

« Fait dans mon cabinet, ce 29 octobre 1685.

« RACINE. »

* Le mot *Saint-André* est effacé. Racine a mis en renvoi : *Saint-Séverin, ce 12 novembre 1686*. Depuis, il a effacé *Saint-Séverin*, et mis au-dessus *Saint-Sulpice*. Ce sont les trois paroisses dans l'arrondissement desquelles il a successivement demeuré. (G.)

Le reste de la lettre contient plusieurs legs pieux et l'ordre de remettre à Boileau tous les papiers concernant l'histoire du Roi.

Avec cette lettre, on trouva un testament, que je rapporte, quoique déjà inséré dans son éloge par M. Perrault :

AU NOM DU PÈRE, DU FILS, ET DU SAINT-ESPRIT.

« Je désire qu'après ma mort mon corps soit porté à Port-Royal-des-Champs, et qu'il y soit inhumé dans le cimetière, au pied de la fosse de M. Hamon. Je supplie très-humblement la mère abbesse et les religieuses de vouloir bien m'accorder cet honneur, quoique je m'en reconnoisse très-indigne, et par les scandales de ma vie passée, et par le peu d'usage que j'ai fait de l'excellente éducation que j'ai reçue autrefois dans cette maison, et des grands exemples de piété et de pénitence que j'y ai vus, et dont je n'ai été qu'un stérile admirateur. Mais plus j'ai offensé Dieu, plus j'ai besoin des prières d'une si sainte communauté pour attirer sa miséricorde sur moi. Je prie aussi la mère abbesse et les religieuses de vouloir accepter une somme de huit cents livres [que j'ai ordonné qu'on leur donne après ma mort.[1]]

Fait à Paris, dans mon cabinet, le 10 octobre 1698.

« *Signé :* RACINE. »[2]

Comme M. Hamon avoit pris soin de ses études après la mort de M. Le Maître,[3] et avoit été comme son précepteur, il avoit conservé un grand respect pour sa mémoire. Ce fut par cette raison, et parce que d'ailleurs il vouloit être dans le cimetière du dehors, qu'il demanda d'être enterré à ses pieds.

En exécution de ce testament, son corps, qui fut d'abord porté à Saint-Sulpice, sa paroisse, et mis en dépôt pendant la nuit dans le chœur de cette église, fut transporté le jour suivant à Port-Royal, où les deux prêtres de Saint-Sulpice qui l'accompa-

---

1. Louis Racine a omis cette ligne.
2. L'original autographe est à la Bibliothèque nationale. C'est la pièce que M. Vuillard appelle le *petit testament de mort.* Voy. p. 277.
3. Racine était sorti de Port-Royal depuis un mois environ, quand M. Le Maître mourut, le 4 novembre 1658.

gnèrent le présentèrent avec les cérémonies et les compliments ordinaires. Quelques personnes de la cour s'entretenant du lieu où il avoit voulu être enterré : « C'est ce qu'il n'eut point fait de son vivant, » dit un seigneur connu par des réflexions de cette nature [1]

Louis XIV parut sensible à la nouvelle de sa mort; et, ayant appris qu'il laissoit, à une famille composée de sept enfants, plus de gloire que de richesses, il eut la bonté d'accorder une pension de deux mille livres, qui seroit partagée entre la veuve et les enfants jusqu'au dernier survivant.

Ma mère, après avoir été faire les remercîments de cette grâce, résolue à vivre en veuve vraiment veuve, ne fut point obligée, pour exécuter le précepte de saint Paul, de rien changer à sa façon de vivre; elle fut encore pendant trente-trois ans uniquement occupée du soin de ses enfants et des pauvres, vit avec sa tranquillité ordinaire périr en partie, dans les temps du Système,[2] le peu de bien qu'elle avoit tâché, pour l'amour de nous, d'augmenter par ses épargnes; et la mort, qui sans s'être annoncée par aucune infirmité, vint à elle tout à coup, le 15 novembre 1732, la trouva prête dès longtemps.

La-mère Sainte-Thècle Racine ne survécut que peu de mois à son cher neveu. Elle mourut[3] âgée de soixante-quatorze ans, dont, pendant l'espace de plus de vingt-six, soit comme prieure, soit comme abbesse, elle avoit gouverné le monastère, où elle étoit entrée à l'âge de neuf ans, ayant quitté le monde avant que de le connoître.

Quelques jours après la mort de mon père, Boileau, qui depuis longtemps ne paroissoit plus à la cour, y retourna pour recevoir les ordres de sa Majesté par rapport à son histoire, dont il se trouvoit seul chargé; et comme il lui parloit de l'intrépidité chrétienne avec laquelle mon père avoit vu la mort s'approcher :

---

1. Cette épigramme, assez obscure, signifie probablement que Racine étoit trop bon courtisan pour donner de son vivant cette preuve d'attachement à un maison suspecte au roi, et regardée comme le boulevard du jansénisme. (G.) — Le mot rapporté par Louis Racine est du comte de Roucy, courtisan très-plat et très-servile, qui jugeait des autres par lui-même.

2. Le système de Law.

3. Le 19 mai 1700.

« Je le sais, répondit le roi, et j'en ai été étonné ; il la craignoit beaucoup, et je me souviens qu'au siége de Gand, vous étiez le plus brave des deux. » Lui ayant fait ensuite regarder sa montre, qu'il tenoit par hasard : « Souvenez-vous, ajouta-t-il, que j'ai toujours une heure par semaine à vous donner, quand vous voudrez venir. » Ce fut pourtant la dernière fois que Boileau parut devant un prince qui recevoit si favorablement les grands poëtes. Il ne retourna jamais à la cour ; et lorsque ses amis l'exhortoient à s'y montrer du moins de temps en temps : « Qu'irai-je y faire? leur disoit-il, je ne sais plus louer. »

J'ai parlé jusqu'à présent de tous les ouvrages de mon père, excepté de celui que Boileau, suivant le *Supplément* de Moréri, regardoit comme le plus parfait morceau d'histoire que nous eussions dans notre langue, et que M. l'abbé d'Olivet, dans l'*Histoire de l'Académie françoise,* juge lui devoir donner, parmi ceux de nos auteurs qui ont le mieux écrit en prose, le même rang qu'il tient parmi nos poëtes. J'espère qu'il auroit ce rang si les grands morceaux qu'il avoit composés sur l'histoire du roi subsistoient encore ; mais pour revenir à cette histoire particulière, dont il n'a jamais parlé dans sa famille, voici ce que nous en avons appris par Boileau.

Les religieuses de Port-Royal ayant été obligées de présenter un Mémoire à M. l'archevêque de Paris, au sujet du partage de leurs biens avec la maison de Port-Royal de Paris, mon père, toujours disposé à leur rendre service dans leurs affaires temporelles (comme je l'ai dit), fit pour elles ce Mémoire ; et quoiqu'il ne contînt qu'une explication en peu de mots de leur recette et de leur dépense, les premières copies de ce Mémoire, écrites de sa main, m'ont fait juger, par les ratures dont elles sont remplies, que ces sortes d'écrits, où il faut éviter tout ornement d'esprit, en se bornant à un style précis et pur, lui coûtoient plus de peine que d'autres. C'est dans ce même style qu'il a composé en prose l'épitaphe de Mlle de Vertus, dont la longue pénitence l'avoit pénétré d'admiration. M. l'archevêque de Paris ayant apparemment goûté le style de ce Mémoire, et voyant quelquefois mon père à la cour, lui dit que, puisqu'il avoit été élevé à Port-Royal, personne ne pouvoit mieux que lui le mettre au fait d'une maison dont il entendoit parler de plusieurs manières très-différentes, et qu'il lui demandoit un Mémoire historique qui l'instruisît de ce qui s'y étoit passé.

Tous ceux qui ont eu quelque liaison avec mon père ont toujours reconnu la même simplicité dans ses mœurs que dans sa foi, et ont en même temps admiré le zèle avec lequel il se portoit à servir ses amis. Lorsque M. de Cavoie, tombé dans une espèce de disgrâce, vint lui confier ce qui avoit indisposé contre lui Sa Majesté, il lui conseilla de se justifier par une lettre qu'il offrit de faire lui-même; et nous fûmes témoins de l'agitation dans laquelle il passa les deux jours qu'il employa à composer cette lettre, dans laquelle il mit tout l'art que son esprit put lui fournir pour faire paroître innocent un seigneur malheureux. Avec ce même zèle, il écrivit l'*Histoire de Port-Royal,* dans l'espérance de rendre favorables à ces religieuses les sentiments de leur archevêque, et sans intention, selon les apparences, de la rendre publique. Il remit cette histoire la veille de sa mort à un ami. J'ai eu plus d'une fois la curiosité d'en demander des nouvelles aux personnes capables de m'en donner : leurs réponses m'avoient fait croire qu'elle ne subsistoit plus, et je croyois l'ouvrage anéanti, lorsque j'appris, en 1742, qu'on en avoit imprimé la première partie. J'ai cherché inutilement de quelles ténèbres sortait cette première partie, et par quelles mains elle en avoit été tirée quarante ans après la mort de l'auteur. Les personnes curieuses de savoir s'il a achevé cette histoire, c'est-à-dire s'il l'a conduite, comme on le prétend, jusqu'à la paix de Clément IX, n'en trouveront aucun éclaircissement dans la famille.

Pour finir ces *Mémoires,* communs à deux hommes étroitement unis depuis l'âge de dix-sept ou dix-huit ans, il me reste à écrire quelques particularités de la vie de Boileau. Les onze années qu'il survécut furent onze années d'infirmités et de retraite. Il les passa tantôt à Paris, tantôt à Auteuil, où il ne recevoit plus les visites que d'un très petit nombre d'amis. Il vouloit bien y recevoir quelquefois la mienne, et s'amusoit même à jouer avec moi aux quilles : il excelloit à ce jeu, et je l'ai vu souvent abattre toutes les neuf d'un seul coup de boule : « Il faut avouer, disoit-il à ce sujet, que j'ai deux grands talents, aussi utiles l'un que l'autre à la société et à un État : l'un de bien jouer aux quilles, l'autre de bien faire des vers. » La bonté qu'il avoit de se prêter à ma conversation flattoit infiniment mon amour-propre, qui fut cependant fort humilié dans une de ces visites que je lui rendis malgré moi.

J'étois en philosophie, au collége de Beauvais, et j'avois fait une pièce de douze vers françois, pour déplorer la destinée d'un chien qui avoit servi de victime aux leçons d'anatomie qu'on nous donnoit. Ma mère, qui avoit souvent entendu parler du danger de la passion des vers, et qui la craignoit pour moi, après avoir porté cette pièce à Boileau, et lui avoir représenté ce qu'il devoit à la mémoire de son ami, m'ordonna de l'aller voir. J'obéis ; j'allai chez lui en tremblant, et j'entrai comme un criminel. Il prit un air sévère ; et après m'avoir dit que la pièce qu'on lui avoit montrée étoit trop peu de chose pour lui faire connoître si j'avois quelque génie : « Il faut, ajouta-t-il, que vous soyez bien hardi pour oser faire des vers avec le nom que vous portez. Ce n'est pas que je regarde comme impossible que vous deveniez un jour capable d'en faire de bons ; mais je me méfie de tout ce qui est sans exemple ; et depuis que le monde est monde, on n'a point vu de grand poëte fils d'un grand poëte. Le cadet de Corneille n'étoit point tout à fait sans génie : il ne sera jamais cependant que le très-petit Corneille. Prenez bien garde qu'il ne vous en arrive autant. Pourrez-vous d'ailleurs vous dispenser de vous attacher à quelque occupation lucrative, et croyez-vous que celle des lettres en soit une ? Vous êtes le fils d'un homme qui a été le plus grand poëte de son siècle et d'un siècle où le prince et les ministres alloient au-devant du mérite pour le récompenser : vous devez savoir mieux qu'un autre à quelle fortune conduisent les vers. » La sincérité qui a régné dans cet ouvrage m'a fait rapporter ce sermon, dont j'ai fort mal profité.

L'auteur du *Bolœana* n'étoit pas lié assez particulièrement avec lui pour bien faire le recueil qu'il a voulu faire. Il avoit donné au public quelques satires dont Boileau n'avoit pas parlé avec admiration, ce qui avoit jeté beaucoup de froideur entre eux deux. « Il me vient voir rarement, disoit Boileau, parce que quand il est avec moi, il est toujours embarrassé de son mérite et du mien. »

Le P. Malebranche s'entretenoit avec lui de sa dispute avec M. Arnauld sur les idées, et prétendoit que M. Arnauld ne l'avoit jamais entendu : « Eh ! qui donc, mon père, reprit Boileau, voulez-vous qui vous entende ? »

Lorsqu'il avoit donné au public un nouvel ouvrage, et qu'on venoit lui dire que les critiques en parloient fort mal : « Tant mieux, répondoit-il, les mauvais ouvrages sont ceux dont on ne parle pas. » La manière dont on critique encore aujourd'hui les siens fait assez voir qu'on en parle toujours.

Ce grand poëte, qui, de son vivant, triompha de l'envie sur un amas prodigieux d'éditions qui se renouveloient tous les ans, certain du contentement du public, s'est presque vu dans sa postérité. Il est pourtant le seul de nos poëtes qui par sa mort n'ait pas faire taire l'envie, dont il triomphe encore par les éditions de ses ouvrages, qui se renouvellent sans cesse parmi nous ou dans les pays étrangers. Jamais poëte n'a été plus imprimé, traduit, commenté et critiqué; et il y a apparence qu'il vivra toujours, parce que comme il réunit le vrai de la pensée à la justesse de l'expression, ses vers restent aisément dans la mémoire; en sorte que ceux mêmes qui ne l'admirent pas le savent par cœur.

L'écrivain qui a fait de lui l'éloge qui se trouve dans le *Supplément au Nécrologe de Port-Royal,* le loue « d'avoir asservi aux lois de la pudeur la plus scrupuleuse un genre de poésie qui jusques à lui n'avoit emprunté presque tous ses agréments que des charmes dangereux que la licence et le libertinage offrent aux cœurs corrompus ». Il est dit encore dans cet éloge que « l'équité, la droiture et la bonne foi présidèrent à toutes ses actions », et on en donne pour exemple la restitution des revenus du bénéfice dont j'ai parlé au commencement de ces *Mémoires :* restitution qu'il fit sans consulter personne. « Ne prenant avis que de la crainte de Dieu, qui fut toujours présente à son cœur, il se démit du bénéfice entre les mains de M. de Buzanval, qui en étoit le collateur, ne voulant pas même charger sa conscience du choix de son successeur. »

Boursault, dans ses lettres, rapporte sa conversation sur les bénéfices avec un abbé qui en avoit plusieurs, et qui lui disoit : « Cela est bien bon pour vivre. — Je n'en doute point, lui répondit Boileau; mais pour mourir, monsieur l'abbé, pour mourir! »

Interrogé dans sa vieillesse s'il n'avoit point changé d'avis sur le Tasse, il assura que, loin de se repentir de ce qu'il en avoit dit, il n'en avoit point assez dit, et en donna les raisons que rapporte M. l'abbé d'Olivet dans l'*Histoire de l'Académie françoise.*

La réponse d'Antoine, son jardinier d'Auteuil, au P. Bouhours, fut telle que Brossette la rapporte dans son *Commentaire*. Antoine condamnoit le second mot de l'Épître qui lui étoit adressée, prétendant qu'un jardinier n'étoit pas un valet. C'étoit le seul mot qu'il trouvoit à critiquer dans les ouvrages de son maître.

Quoique Boileau aimât toujours sa maison d'Auteuil, et n'eût aucun besoin d'argent, M. Le Verrier lui persuada de la lui vendre, en l'assurant qu'il y seroit toujours également le maître, et lui faisant promettre qu'il s'y conserveroit une chambre qu'il viendroit souvent occuper. Quinze jours après la vente, il y retourne, entre dans le jardin, et, n'y trouvant plus un berceau sous lequel il avoit coutume d'aller rêver, appelle Antoine et lui demande ce qu'est devenu son berceau. Antoine lui répond qu'il a été détruit par ordre de M. Le Verrier. Boileau, après avoir rêvé un moment, remonte dans son carrosse, en disant : « Puisque je ne suis plus le maître ici, qu'est-ce que j'y viens faire? » Il n'y revint plus.

On sait que, dans ses dernières années, il s'occupa de sa satire *sur l'Équivoque,* pour laquelle il eut cette tendresse que les auteurs ont ordinairement pour les productions de leur vieillesse. Il la lisoit à ses amis, mais il ne vouloit plus que leurs applaudissements : ce n'étoit plus ce poëte qui autrefois demandoit des critiques, et qui disoit aux autres :

Écoutez tout le monde, assidu consultant.[1]

Il redevint même amoureux de plusieurs vers qu'il avoit retranchés de ses ouvrages par le conseil de mon père : il les y fit rentrer lorsqu'il donna sa dernière édition.[2]

Il la revit avec soin, et dit à un ami qui le trouva attaché à ce travail : « Il est bien honteux de m'occuper encore de rimes et de toutes ces niaiseries du Parnasse, quand je ne devrois songer

---

1. *Art poétique,* chant IV, vers 49.
2. Et de même à un illustre magistrat dont il respectait les lumières, il répondit d'un ton chagrin : « Ce ne sont pas vos critiques que je crains, ce sont celles que je me fais à moi-même. » (*Note de Louis Racine dans l'exemplaire corrigé.*)

qu'au compte que je suis près d'aller rendre à Dieu. » On a toujours vu en lui le poëte et le chrétien.[1]

M. le duc d'Orléans l'invita à dîner : c'étoit un jour maigre, et on n'avoit servi que du gras sur la table. On s'aperçut qu'il ne touchoit qu'à son pain : « Il faut bien, lui dit le prince, que vous mangiez gras comme les autres; on a oublié le maigre. » Boileau lui répondit : « Vous n'avez qu'à frapper du pied, Monseigneur, et les poissons sortiront de terre. » Cette allusion au mot de Pompée fit plaisir à la compagnie, et sa constance à ne point vouloir toucher au gras lui fit honneur.

Il se félicitoit avec raison de la pureté de ses ouvrages : « C'est une grande consolation, disoit-il, pour un poëte qui va mourir, de n'avoir jamais offensé les mœurs. » A quoi on pourroit ajouter : et de n'avoir jamais offensé personne.

M. Le Noir, chanoine de Notre-Dame, son confesseur ordinaire, l'assista à la mort, à laquelle il se prépara en très-sincère chrétien : il conserva en même temps, jusqu'au dernier moment, le caractère de poëte. M. Le Verrier crut l'amuser par la lecture d'une tragédie qui, dans sa nouveauté, faisoit beaucoup de bruit.[2] Après la lecture du premier acte, il dit à M. Le Verrier : « Eh! mon ami, ne mourrai-je pas assez promptement? Les Pradons dont nous nous sommes moqués dans notre jeunesse étoient des soleils auprès de ceux-ci. » Comme la tragédie qui l'irritoit se soutient encore aujourd'hui avec honneur, on doit attribuer sa mauvaise humeur contre elle à l'état où il se trouvoit : il mourut deux jours après.

Lorsqu'on lui demandoit ce qu'il pensoit de son état, il répondoit par ce vers de Malherbe :

Je suis vaincu du temps, je cède à ses outrages.

Un moment avant sa mort, il vit entrer M. Coutard,[3] et lui dit en lui serrant la main : « Bonjour et adieu; l'adieu sera bien long. »

---

1. Dans une compagnie où de prétendus esprits forts débitaient quelques sophismes contre la religion, il s'écria : « Il faut avouer que Dieu a de sots ennemis. » (*Note de Louis Racine dans l'exemplaire corrigé.*)
2. Le *Rhadamiste* de Crébillon.
3. Conseiller au parlement.

Il mourut d'une hydropisie de poitrine, le 13 mars 1711, e laissa par son testament presque tout son bien aux pauvres.

La compagnie qui suivit son convoi, et dans laquelle j'étois, fut fort nombreuse, ce qui étonna une femme du peuple, à qui j'entendis dire : « Il avoit bien des amis ; on assure cependant qu'il disoit du mal de tout le monde. »

Il fut enterré dans la chapelle basse de la Sainte-Chapelle,[1] immédiatement au-dessous de la place qui, dans la chapelle haute, est devenue fameuse par le lutrin qu'il a chanté.

Cette même année nous obtînmes, après la destruction de Port-Royal, la permission de faire exhumer le corps de mon père, qui fut apporté à Paris le 2 décembre 1711, dans l'église de Saint-Étienne-du-Mont, notre paroisse alors, et placé derrière le maître-autel, en face de la chapelle de la Vierge, auprès de la tombe de M. Pascal. L'épitaphe latine qui avoit été placée dans le cimetière de Port-Royal, ne subsistant plus,[2] je la vais rapporter avec celle en françois, telle que Boileau l'avoit faite ; celle que ses commentateurs ont mise dans ses *Œuvres* n'est point la véritable ; ce qu'on reconnoîtra aisément par la différence du style.[3]

D. O. M.

Hic jacet vir nobilis Joannes RACINE, Franciæ thesauris præfectus, regis a secretis atque a cubiculo, nec non unus e quadraginta Gallicanæ Academiæ viris ; qui, postquam profana tragœdiarum argumenta diù cum ingenti hominum admiratione

---

1. Et non pas Saint-Jean-le-Rond, sa paroisse, comme il est dit dans le Supplément au Nécrologe de Port-Royal. (L. R.)

2. La pierre sur laquelle était gravée l'épitaphe, et que l'on croyait perdue, a été retrouvée dans l'église de Magny-Lessart, en 1808, et transportée à Paris, à Saint-Étienne-du-Mont, le 21 avril 1818. Elle est placée vis-à-vis de celle de Pascal, dans la chapelle de la Vierge, au fond de l'église. (A. M.) Souvent déplacées depuis lors, les deux pierres tombales de Racine et de Pascal sont aujourd'hui de chaque côté de la chapelle du Sacré-Cœur.

3. J'avais jusqu'ici cru Boileau auteur de l'épitaphe latine et française et je l'avais dit dans la première édition. J'ai été depuis mieux instruit. Boileau la fit en français telle que je la donne ici, et M. Dodart la mit en latin. (*Note de Louis Racine dans l'exemplaire corrigé.*)

tractasset, musas tandem suas uni Deo consecravit, omnemque ingenii vim in eo laudando contulit, qui solus laude dignus est. Cum eum vitæ negotiorumque rationes multis nobilibus aulæ tenerent addictum, tamen in frequenti hominum commercio omnia pietatis ac religionis officia coluit. A christiano rege Ludovico Magno selectus una cum familiari ipsius amico fuerat, qui res, eo regnante, præclare ac mirabiliter gestas perscriberet. Huic intentus operi, repente in gravem æque ac diuturnum morbum implicitus est, tandemque ab hac sede miseriarum in melius domicilium translatus, anno ætatis suæ LX. Qui mortem longo adhuc intervallo remotam valde horruerat, ejusdem præsentis aspectum placida fronte sustinuit; obiitque spe multo magis, et pia in Deum fiducia erectus, quam fractus metu. Ea jactura omnes illius amicos, quorum nonnulli inter regni primores eminebant, acerbissimo dolore perculit. Manavit etiam ad ipsum regem tanti viri desiderium. Fecit modestia ejus singularis, et præcipua in hanc Portus-Regii domum benevolentia, ut in ea sepeliri voluerit, ideoque testamento cavit ut corpus suum, juxta piorum hominum qui hic sunt corpora, humaretur. Tu vero, quicumque es quem in hanc domum pietas adducit, tuæ ipse mortalitatis ad hunc aspectum recordare, et clarissimam tanti viri memoriam precibus potius quam elogiis prosequere.

D. O. M.

Ici repose le corps de messire Jean RACINE, trésorier de France, secrétaire du roi, gentilhomme ordinaire de sa chambre, et l'un des quarante de l'Académie françoise; qui, après avoir longtemps charmé la France par ses excellentes poésies profanes, consacra ses muses à Dieu, et les employa uniquement à louer le seul objet digne de louange. Les raisons indispensables qui l'attachoient à la cour l'empêchèrent de quitter le monde; mais elles ne l'empêchèrent pas de s'acquitter, au milieu du monde, de tous les devoirs de la piété et de la religion. Il fut choisi avec un de ses amis par le roi Louis le Grand, pour rassembler en un corps d'histoire les merveilles de son règne, et il étoit occupé à ce grand ouvrage, lorsque tout à coup il fut attaqué d'une longue et cruelle maladie, qui à la fin l'enleva de ce séjour de misères, en sa soixantième année. Bien qu'il eût extrêmement redouté la mort lorsqu'elle étoit encore loin de lui, il la vit de près sans s'étonner, et mourut beaucoup plus rempli d'espérance que de crainte, dans une entière résignation à la volonté de Dieu. Sa perte toucha sensiblement ses amis, entre lesquels il pouvoit compter les premières personnes du royaume, et il fut regretté du roi même. Son humilité et l'affection particulière qu'il eut toujours pour cette maison de Port-Royal des Champs, lui firent souhaiter d'être enterré sans aucune pompe dans ce cimetière avec les humbles serviteurs de Dieu qui y reposent, et auprès desquels il a été mis, selon qu'il l'avoit ordonné par son testament. O toi, qui que tu sois, que la piété attire en ce saint lieu, plains dans un si excellent homme la triste destinée de tous les mortels; et quelque grande idée que puisse te donner de lui sa réputation, souviens-toi que ce sont des prières, et non pas de vains éloges qu'il te demande.[1]

L'autographe de l'épitaphe française et une copie par l'abbé Boileau, corrigée de la main de son frère, ont été conservés dans les papiers de Brossette. Voici ce texte autographe avec les variantes de la copie :

ÉPITAPHE.

« Ici repose le corps de Messire Jean Racine, trésorier de France, secrétaire du Roi, gentilhomme ordinaire de sa maison, et l'un des quarante de l'Académie françoise, qui, après avoir longtemps charmé la France[2] par ses excellentes poésies pro-

---

1. Ici se termine le texte des Mémoires de Louis Racine sur la vie et les ouvrages de son père.
2. Dans la copie de l'abbé Boileau, « charmé la France » est raturé ; Boileau y a substitué de sa main : « brillé aux yeux des hommes. »

fanes, consacra ses muses à Dieu, et les employa uniquement à louer le seul objet digne de louange.[1] Les raisons indispensables qui l'attachoient à la cour l'empêchèrent de quitter le monde ; mais elles ne l'empêchèrent pas de s'acquitter exactement au milieu du monde de tous les devoirs de la piété et de la religion. Il fut choisi avec un de ses amis par le roi Louis le Grand pour rassembler en un corps d'histoire les merveilles de son règne, et il étoit occupé à ce grand ouvrage, lorsque tout à coup il fut attaqué d'une longue et cruelle maladie, qui à la fin l'enleva de ce séjour de misères, dans[2] sa cinquante-neuvième[3] année. Bien qu'il eût extrêmement redouté la mort, lorsqu'elle étoit encore loin de lui, il la vit de près sans s'étonner, et mourut beaucoup plus rempli d'espérance que de crainte, dans une entière résignation à la volonté de Dieu. Sa perte affligea sensiblement ses amis, entre lesquels il pouvoit compter les plus considérables personnes du royaume, et il fut regretté du Roi même. Son humilité et l'affection particulière qu'il eut toujours pour cette maison,[4] où il avoit reçu dans sa jeunesse les premières instructions du christianisme, lui firent souhaiter d'être enterré sans pompe aucune dans le[5] cimetière, avec les humbles serviteurs de Dieu qui y reposent et auprès desquels il a été mis, selon qu'il l'avoit ordonné par son testament.

O toi, qui que tu sois, que la piété attire en ce saint lieu, plains dans un si excellent homme la courte[6] destinée de tous les mortels, et quelque grande idée que te puisse donner de lui sa réputation, souviens-toi que ce sont des prières, et non pas de vains éloges qu'il te demande. »

1. Dans la même copie, Boileau a effacé : « consacra ses muses à Dieu, etc., » jusqu'à « digne de louange, » et mis à la place : « renonça à cette vaine gloire, et employa uniquement ses vers à célébrer les louanges de Dieu. »

2. Dans la copie il y a « en », au lieu de « dans ».

3. Racine était dans sa soixantième année, comme Louis Racine l'a marqué dans l'Exemplaire corrigé de ses Mémoires.

4. On lit dans la copie de l'abbé Boileau : « qu'il avoit pour cette maison de Port-Royal des Champs ».

5. « Ce », au lieu de « le », dans la copie de l'abbé Boileau.

6. « Courte », est une correction de Boileau. La copie de l'abbé Boileau a conservé « triste ».

Reproduisons en outre le texte latin de l'épitaphe, d'après la pierre de Saint-Étienne-du-Mont.

D. O. M.

Hic jacet nobilis vir Joannes Racine,[1] Franciæ
Thesauris præfectus, Regi a secretis atque
A cubiculo, necnon unus e quadraginta
Gallicanæ Academiæ viris : Qui postquam profana
Tragediarum argumenta diu cum ingenti
Hominum admiratione tractasset, musas tandem
Suas uni Deo consecravit, omnemque ingenii vim
In eo aludando contulit qui solus laude
Dignus. Cum eum vitæ negotiorumque rationes
Multis nominibus aulæ tenerent addictum, tamen
In frequenti hominum consortio omnia pietatis
Ac religionis officia coluit. A cristianissimo Rege
Ludovico magno selectus, una cum familiari
Ipsius amico fuerat, qui res eo regnante præclare
Ac mirabiliter gestas perscriberet, huic intentus
Operi, repente in gravem æque et diuturnum
Morbum implicitus est : tandemque ab hac sede
Miseriarum in melius[2] domicilium translatus,
Anno ætatis suæ LIX. Qui mortem longiori adhuc
Intervallo remotam valde horruerat, ejusdem
Præsentis aspectum placida fronte sustinuit,
Obiitque, spe multo magis et pia in Deum fiducia
Erectus, quam fractus metu. Ea jactura omnes
Illius amicos, e quibus nonnulli inter regni
Primores eminebant, acerbissimo dolore perculit.
Manavit etiam ad ipsum Regem tanti viri
Desiderium. Fecit modestia ejus singularis et
Præcipua in hanc Portus Regii domum benevolentia
Ut in isto coemeterio pie magis quam magnifice

---

1. Les mots JACET et JOANNES RACINE ont été grattés sur la pierre, puis restitués au-dessus de la ligne.
2. La pierre a une *s* après MELIUS : « MELIUS S. »

SEPELIRI VELLET, ADEOQUE TESTAMENTO CAVIT UT
CORPUS SUUM JUXTA PIORUM HOMINUM QUI HIC
JACENT CORPORA HUMARETUR.
TU VERO, QUICUMQUE ES, QUEM IN HANC DOMUM PIETAS
ADDUCIT, TUÆ IPSE MORTALITATIS AD HUNC ASPECTUM
RECORDARE, ET CLARISSIMAM TANTI VIRI MEMORIAM
PRECIBUS POTIUS QUAM ELOGIIS PROSEQUERE.

Au-dessus de l'épitaphe, est gravé le cygne des armes de Racine.

Transcrivons enfin l'inscription qui est au bas de la pierre tumulaire, sur une plaque de marbre noir, pour rappeler la translation du 21 avril 1818 :

EPITAPHIUM QUOD NICOLAUS BOILEAU, AD
AMICI MEMORIAM RECOLENDAM, MONUMENTO EJUS
IN PORTUS REGII ECCLESIA INSCRIPSERAT, EX
ILLARUM ÆDIUM RUDERIBUS, ANNO M.DCCC.VIII
EFFOSSUM,[1] G. J. G. COMES CHABROL DE VOLVIC,
PRÆFECTUS URBI, HEIC UBI SUMMI VIRI RELIQUIÆ
DENUO DEPOSITÆ SUNT,[2] INSTAURATUM TRANSFERRI
ET LOCARI CURAVIT, A. R. S. M.DCCC.XVIII.

---

1. La pierre n'avait pas été retirée des décombres de l'abbaye de Port Royal, mais retrouvée, comme on l'a dit, dans l'église de Magny-Lessart.
2. L'auteur de cette inscription semble dire que les restes de Racine ne furent transférés à Saint-Étienne-du-Mont qu'en 1818, assertion tout à fait erronée. Enfin, la pierre n'a pas été placée, même en 1818, à l'endroit même où sont les restes de Racine. On voit que l'auteur de cette inscription ne se piquait pas d'exactitude.

DICTIONNAIRE

CRITIQUE

DES LOCUTIONS ET DES ALLIANCES DE MOTS

INTRODUITES

DANS LA LANGUE FRANÇAISE

PAR JEAN RACINE[1]

A

ABORD pour *arrivée*.
> Déjà de leur abord la nouvelle est semée.
> *Iph.*, act. I, sc. IV.

D'après le témoignage de Richelet, ce mot se disait encore du temps de Racine pour *arrivée* ; aujourd'hui il est vieux, même dans le sens d'*approche*, mais il a une troisième acception. Molière a dit : « Préparez-vous à soutenir avec fermeté l'*abord* de votre père. » En ce sens, il n'a pas de synonyme, et il faut le conserver.

ABSOLUS pour *puissants*.
> Que mes yeux sur votre ame étoient plus absolus.
> *Andr.*, act. III, sc. I.

La Harpe justifie suffisamment cette métonymie par son analogie avec les expressions *régner absolument, pouvoir absolu*. On

---

1. « On s'aperçut que le poëte, en inventant non des mots, mais des alliances de mots et des tours de phrases, faisait pour ainsi dire une langue nouvelle ; et ces tours qui ne nous étonnent plus aujourd'hui, parce qu'ils sont devenus familiers à la langue, furent critiqués et applaudis : critiqués par ceux qui étaient servilement attachés à la grammaire, et applaudis par ceux qui sentirent que c'était donner à la langue de la grace et de la noblesse que de l'affranchir quelquefois de la servitude grammaticale. »
Ces observations de Louis Racine indiquent et résument tout le travail de ce dictionnaire.

peut cependant objecter que le sens du mot *absolu* n'étant pas susceptible de plus ni de moins, ne peut admettre le comparatif *plus absolu*.

ACCORDER DES DÉSIRS.

> Tous vos désirs, Esther, vous seront accordés.
> *Esth.*, act. III, sc. IV.

On dit combler *des désirs*, accorder *des demandes*. Racine emploie ici le *désir* pour la chose désirée. C'est une hardiesse qui facilite la poésie.

ACCROÎTRE, CONNOÎTRE.

> Mais dans mon désespoir je cherche à les accroistre.
> Madame, par pitié, faites-le moi connoistre.
> *Mithr.*, act. II, sc. VI.

Racine écrivait, dans sa dernière édition, *accroistre, connoistre,* et l'on prononçait *accraître, connaître*. Ainsi ces mots rimaient également aux yeux et à l'oreille. Aujourd'hui, on prononce *accroître* et *connaître,* et ces deux mots ne riment plus ni aux yeux ni à l'oreille; il n'y a de raison de ces changements que les caprices de l'usage. (Voyez le mot *Rime*.)

ACHEVER UN DESSEIN.

> D'achever un dessein qu'il peut n'avoir pas pris.
> *Alex.*, act. I, sc. III.

D'Olivet a blâmé cette expression, *achever un dessein*. Plusieurs exemples puisés dans Voltaire nous ont amené à reconnaître que le mot *dessein* peut être pris également dans le sens de *résolution* et dans le sens d'*exécution*. C'est ainsi que l'on dit *concourir au dessein de quelqu'un*, c'est-à-dire à l'exécution de son dessein; *venir à bout de ses desseins*, c'est-à-dire, venir à bout d'exécuter ses desseins. Voltaire a dit : *Jacques, son père, avait enfin entamé ce dessein*. Or il est clair qu'un dessein entamé doit pouvoir être achevé. L'expression de Racine est donc justifiable.

ADMIRER SI.

> J'admirois si Mathan, dépouillant l'artifice,
> Avoit pu de son cœur surmonter l'injustice.
> *Ath.*, act. III, sc. IV.

C'est-à-dire : je m'étonnais de ce que... Hellénisme : θαυμάζω εἰ. Nous disons encore avec la négation ; je ne m'étonne pas si...

ADRESSES pour *ruses*.

> Sa haine sait cacher ses trompeuses adresses.
> *Mithr.*, act. I, sc. V.

Geoffroy blâme le mot *adresse* au pluriel; mais ce mot s'employait ainsi du temps de Racine; le poëte dit encore dans *Phèdre*. (Acte IV, sc. VI).

> Et puisse ton supplice à jamais effrayer
> Tous ceux qui comme toi par de lâches adresses
> Des princes malheureux nourrissent les foiblesses.

AFFABLE.
> Lui, parmi ces transports affable sans orgueil.
> *Ath.*, act. V, sc. I.

Le mot était nouveau, et La Bruyère ne s'était permis de l'écrire qu'en italique; Racine, en l'employant, le fit français, malgré le célèbre Patru, qui le condamnait.

AFFLIGÉ SA MISÈRE.
> J'ai tantôt, sans respect, affligé sa misère.
> *Iph.*, act. III, sc. IV.

Affliger la misère, c'est ajouter quelque chose à la misère, c'est accroître le malheur de quelqu'un. Iphigénie veut toucher Achille, elle se fait plus coupable qu'elle n'est. Le poëte exprime tout cela en deux mots.

AGE.
> Que de vous présenter, madame, avec ma foi,
> *Tout l'âge* et le malheur que je traîne avec moi.
> *Mithr.*, act. III, sc. V.

Présenter TOUT l'âge *qu'il traîne avec lui*. Quelle image, et comme ce mot TOUT appesantit encore le fardeau du vieillard! Mettez : *et l'âge et le malheur*, le vers devient plus élégant, mais son effet est détruit.

AILE.
> Sous l'aile du Seigneur dans le temple élevé.
> *Ath.*, act. I, sc. II.

L'*aile du Seigneur* est une touchante métaphore pour exprimer sa protection toute maternelle, sens qu'indique encore le mot *élevé* qui termine ce vers.

AJOUTER CE COMBLE, pour *mettre le comble*.
> Vous pourriez ajouter ce comble à mon malheur.
> *Iph.*, act. V, sc. II.

Ajouter un comble, c'est quelque chose de plus que combler la mesure, c'est combler deux fois : l'expression est belle et hardie.

AJOUTER *des titres aux rois* pour *ajouter des titres au titre de roi*.
> Attendez pour partir que César vous renvoie

> Triomphant et chargé des titres souverains
> Qu'ajoute encore aux rois l'amitié des Romains.
> *Bérén.*, act. I, sc. III.

Ellipse hardie, et qui, par sa hardiesse même, dit Geoffroy, peint la supériorité du peuple romain sur les rois.

ALTIERS, voyez RIME.

APPRIVOISÉ.

> Ce farouche ennemi qu'on ne pouvoit dompter...
> Ce tigre que jamais je n'abordai sans crainte,
> Soumis, apprivoisé, reconnoît un vainqueur.
> *Phèdr.*, act. IV, sc. VI.

Un ennemi apprivoisé. Ce mot est heureux, et il est amené par le mot *tigre.*

APPROCHE.

> N'étoit que de son cœur le trop juste reproche
> Lui fait peut-être, hélas! éviter cette approche.
> *Baj.*, act. III, sc. III.

Cette phrase signifie : Bajazet évite son approche de moi; or on évite l'approche d'un autre, mais on n'évite pas sa propre approche. Si on veut traduire *approche* par *entrevue*, il y aura une autre impropriété d'expression.

ARMA VOTRE VERTU.

> Qui, d'un zèle trompeur à vos yeux revêtu,
> Contre notre innocence arma votre vertu.
> *Esth.*, act. III, sc. IV.

Accusation de perfidie, louanges flatteuses, apologie naïve; il y a tout un plaidoyer dans cette seule expression, *armer votre vertu contre notre innocence.*

S'ARMER D'UN OEIL FIER.

> S'armant d'un œil si fier, d'un front si redoutable!
> *Phèdr.*, act. IV, sc. V.

Expression poétique qui fait image. S'*armer* d'un œil si fier : on voit le farouche Hippolyte.

ARMER D'UN MOMENT DE RIGUEUR.

> Et sans armer mes yeux d'un moment de rigueur.
> *Androm.*, act. II, sc. I.

Que de belles expressions dans un seul vers! armer ses yeux, et les armer d'un moment de rigueur. En lisant ce vers, l'audace de cette alliance étrange disparaît pour ne laisser voir que la vérité et la poésie. La rigueur d'Hermione pour Pyrrhus ne pouvait être en effet que d'un moment.

Arracher la naissance.

> Qui m'arracha d'un coup ma naissance et ton père.
> *Iph.*, act. II, sc. I.

Arracher la naissance est là pour *ôter les moyens de faire connaître le secret de sa naissance*. Tout ce qui précède sert à donner de la clarté à ce vers plein de force et de précision. Il est bon de remarquer aussi, en recourant à la scène même, la beauté progressive de cette période de six vers.

Assembler pour *arranger*.

> A pris soin sur mon front d'assembler mes cheveux.
> *Phèdr.*, act. I, sc. III.

Arranger serait ici un mot faible. Ses cheveux étaient épars, une main étrangère a pris soin de les assembler. C'est bien la langue du poëte.

Assurer pour *rassurer*.

> O bonté qui m'assure autant qu'elle m'honore!
> *Esth.*, act. II, sc. VII.

Du temps de Racine, le mot *assurer* s'employait encore dans le sens qu'il lui donne ici ; il est très-ancien : on le trouve dans la traduction de Plutarque par Amyot, t. XVI, p. 30. Racine l'a employé une seconde fois dans *Athalie*. Abner dit à Josabeth :

> Princesse, assurez-vous, je les prends sous ma garde.
> *Ath.*, act. II, sc. VII.

Aujourd'hui *assurer* avec un régime direct signifie *certifier*. Le mot était inutile, Racine n'a pu le conserver.

Assurer pour *mettre en sûreté*.

> Si mon hymen prochain ne peut vous assurer.
> *Iph.*, act. IV, sc. II.

On dit encore aujourd'hui assurer *une place, un pays, une province*, pour mettre en sûreté. Du temps de Racine, ce mot avait une signification plus étendue. Pascal a dit : *On assure la conscience en montrant la fausseté;* on N'ASSURE pas *la bourse en montrant l'injustice*.

S'assurer aux bontés.

> Mais je m'assure encore aux bontés de ton frère.
> *Baj.*, act. II, sc. I.

Locution purement latine que Racine n'a malheureusement pu faire passer dans notre langue. Elle donne dans certains cas plus de rapidité à la pensée que *s'assurer dans,* qui est la locution d'usage.

Astres ennemis.

> Des astres ennemis j'en crains moins le courroux.
> *Esth.*, act. ,I, sc. vii.

Cette expression si poétique a de plus le mérite de la convenance dans la bouche d'un prince qui croyait à l'astrologie.

Attache.

> D'ailleurs pour cet enfant leur *attache* est visible.
> *Ath.*, act. III, sc. ii.

Ce mot est plus expressif et plus vigoureux qu'*attachement*. L'autorité de Racine doit nous le faire conserver.

Attacher des jours a des périls.

> Pour attacher des jours tranquilles, fortunés,
> Aux périls dont tes jours étoient environnés.
> *Baj.*, act. IV, sc. v.

C'est encore là un de ces tours hardis dont la justesse égale la richesse poétique. Et, en effet, Roxane en se livrant à son amour n'a fait qu'attacher ses jours à des périls.

Attacher une haine.

> Rome, à ce nom si noble et si saint autrefois,
> Attacha pour jamais une haine puissante.
> *Bérén.*, act. II, sc. ii.

Il est impossible de mieux rendre la *persistance* de cette haine pour les rois, qui survécut aux dernières traces de liberté chez les Romains. Ils appelaient les étrangers *regeis et gregeis,* rois et troupeaux!

Attendre un espoir pour *quelque sujet d'espérer*.

> Peut-être elle n'attend qu'un espoir incertain.
> *Boj.*, act. ii, sc. v.

Attendrir la victoire pour *attendrir le vainqueur*.

> Laisse aux pleurs d'une épouse attendrir sa victoire.
> *Iph.*, act. III, sc. iv.

La beauté de cette expression tient à cette pensée que la victoire est presque toujours cruelle, *væ victis*. Les vainqueurs se laissent difficilement toucher. Racine s'est servi une seconde fois de cette expression, et peut-être d'une manière encore plus touchante dans ce vers de Mithridate :

> Quelle vive douleur attendrit nos adieux !

Auguste.

> De votre auguste père accompagnez les pas.
> *Ath.*, act. I, sc. iii.

Ce mot *auguste,* pris dans le sens propre, pour exprimer

quelque chose de grand et de royal, quelque chose qui impose le respect, était nouveau alors. Racine n'est pas le premier qui l'ait employé en ce sens. Toutefois, il est remarquable que Louis Racine a cru nécessaire, sinon de le justifier, au moins de l'expliquer. C'est une chose singulière que ce titre d'*Augustus*, donné par les Romains à Octave et à ses successeurs, soit devenu un des plus beaux mots de notre langue.

AUX NEVEUX.

> Votre règne aux neveux doit servir de modèle.
> *Esth.*, act. II, sc. v.

Aux neveux pour à nos neveux, tour latin dont Racine offre un second exemple dans *Britannicus*.

AUSPICE.

> Jamais l'hymen formé sous *le plus noir auspice*.
> *Mithr.*, act. I, sc. II.

Voilà une singularité de la langue. Lorsque le mot *auspice* est pris au figuré, comme *sous vos auspices*, il n'a point de singulier : il en a un quand il est, comme ici, au propre pour *augurium*.

AVANT QUE pour *avant de*.

> Mais avant que partir je me ferai justice.
> *Mithr.*, act. III, sc. I.

Avant que ne se met plus devant un infinitif; il faudrait dire aujourd'hui *avant de*, locution vulgaire, et qui vaut beaucoup moins que la forme abandonnée.

AVENIR, ADVENIR.

> Ou bien quelque malheur qu'il en puisse avenir.
> *Mithr.*, act. I, sc. I.

Vieux mot qu'il ne faut pas laisser perdre. Racine, en s'en servant, n'a pu le rajeunir; cependant il est plus noble qu'*arriver*.

AVERTIR pour *apprendre*.

> Qu'est-ce qu'on vous écrit? daignez m'en avertir.
> *Iph.*, act. I, sc. I.

La Harpe dit que *daignez m'en instruire* était la phrase absolument nécessaire. C'est une erreur ; on dit très-bien dans le style familier : S'il vient quelqu'un, vous m'en avertirez, pour vous m'en instruirez, vous m'en donnerez avis. Encore aujourd'hui l'Académie le prend dans ce sens.

AVERTIR.

> Et *n'avertissez* point la cour de vous quitter.
> *Brit.*, act. I, sc. II.

Le verbe *avertir,* dit avec raison Louis Racine, n'avait point encore été employé dans un sens si beau.

AVOIR COMPTE A RENDRE.

> De mille autres secrets j'aurai compte à vous rendre.
> *Brit.,* act. III, sc. VII.

J'ai compte à vous rendre, dit La Harpe, est une construction vicieuse : on dit *avoir à rendre compte,* la phrase est toute faite, et l'on ne peut rien y changer. Il nous semble au contraire que l'expression de Racine dit tout ce que dit la phrase toute faite, et qu'elle le dit plus rapidement, c'est-à-dire mieux. Elle est donc digne d'être française, et l'autorité de Racine doit la faire adopter.

AVOIR NOM.

> . . . . .j'ai nom Eliacin.
> *Ath.,* act. II, sc. II.

La Harpe a vu dans cette phrase un latinisme : *nomen habere Petrum.* Cette phrase est-elle bien latine? Ne serait-ce pas plutôt *mihi nomen est Petrus,* traduit par : *J'ai nom Pierre, mihi est* se traduisant presque toujours par *j'ai? Mihi est liber,* j'ai un livre. Mais alors la tournure du vers de Racine est un gallicisme, et non un latinisme. Au reste, ceux qui ont dit que cette forme naïve était nouvelle à l'époque de Racine se sont trompés : on la trouve dans le dictionnaire de Nicot, au mot *Nom.*

B

BARRIÈRE DES MURS.

> Des murs de ce palais ouvrez-lui la barrière.
> *Baj.,* act. I, sc. II.

Partout ailleurs cette expression, la *barrière des murs,* serait impropre, mais ici elle est juste, parce qu'il s'agit des murs du sérail.

BOIRE LA JOIE.

> Semble boire avec lui la joie à pleine coupe.
> *Esth.,* act. II, sc. IX.

Belle expression empruntée de Virgile, qui dit que Didon buvait l'amour à longs traits.

> Longumque bibebat amorem.

Mais l'image de Racine est plus juste, en ce que le vin que l'on boit inspire la joie.

BONHEUR OÙ IL PENSE.
> Un bonheur, où peut-être il n'ose plus penser.
> *Bér.*, act. V, sc. I.

Selon Louis Racine, un bonheur où j'aspire est exact, un bonheur où je pense ne l'est pas. La grammaire donne la raison suivante de cette espèce de bizarrerie. Le mot *où* s'emploie dans le sens d'*auquel* avec un verbe qui marque une sorte de mouvement, tel qu'*aspirer*, *prétendre;* mais avec un verbe de repos, tel *que penser*, il signifie toujours *dans lequel*. D'après cette règle, qui souffre peut-être quelques exceptions en poésie, le vers de Racine est répréhensible.

BORDS DU CRIME.
> Jusques aux bords du crime ils conduisent nos pas.
> *Frères enn.*, act. III, sc. III.

On dit *pousser au crime, tomber dans le crime,* comme dans un précipice : le bord du crime est donc le bord d'un abîme. Cette analogie suffisante justifie l'expression de Racine, mal à propos blâmée par La Harpe.

BOUCS.
> Ai-je besoin du sang des boucs et des génisses?
> Le sang de vos rois crie, et n'est point écouté.
> *Ath.*, act. I, sc. I.

Racine sait relever ce mot en l'unissant à celui de génisses et en le faisant suivre de cette belle expression : *Le sang de vos rois crie*. Ainsi les mots s'ennoblissent par le contraste. (Voy. *le sang crie*.)

BOUCHE MUETTE A L'ENNUI.
> Et votre bouche encor muette à tant d'ennui.
> *Andr.*, act. IV, sc. II.

Muette à tant d'ennui. Ce régime du datif avec l'adjectif *muet* est d'une grande hardiesse. Racine l'a employé une seconde fois, et encore plus heureusement au cinquième acte :
> Muet à mes soupirs, tranquille à mes alarmes.

C'est une excellente construction, et dont on ne trouve pas d'exemples avant Racine.

BRAVER.
> Retournons-y, je veux *la braver* à sa vue
> *Andr.*, act. II, sc. V.

L'étymologie de ce mot est incertaine. Ménage le fait venir de *probus,* d'où serait venu *preux,* et dont on aurait fait *bravus*. Tout cela est bien douteux.

Bruit d'un nom.
> Et de votre grand nom diminuer le bruit.
> Mithr., act. III, sc. I.

Bruit pour *gloire*, expression aussi belle que profondément philosophique.

Bruit injurieux.
> D'abord, vous le savez, un *bruit injurieux*.
> Mithr., act V, sc. I.

Heureuse expression : l'injure n'était qu'un bruit. Phœdime cherche à affaiblir par ce mot l'effet d'une autre nouvelle plus fatale encore.

Bruler de voir pour *désirer ardemment*.
> Quoiqu'il brûle de voir tout l'univers soumis.
> Alex., act. I, sc. I.
> Vous *brûlez* que je ne sois partie.
> Iph., act. II, sc. V.

Louis Racine signale ces expressions toutes pratiques, non comme nouvelles, mais comme appartenant au bel usage.

C

Camp pour *armée*.
> Que tout leur camp nombreux soit devant tes soldats,
> Comme d'enfants une troupe inutile.
> Et si par un chemin il entre en tes États,
> Qu'il en sorte par plus de mille.
> Esth., act. III, sc. III.

Ici Racine dit de *tout un camp* qu'il entre et qu'il sort, comme il dirait d'une armée qu'elle avance ou qu'elle marche.

Ce jour pour *aujourd'hui*.
> Et cependant, *ce jour*, il épouse Andromaque.
> Andr., act. IV, sc. III.

Racine a préféré cette locution à toute autre, car il était facile de mettre *aujourd'hui cependant*. Mais cette dernière forme eût été moins vive : Hermione appuie à dessein sur ce mot : *ce jour*. C'est tout pour elle. Le latinisme est heureux ; aussi Racine l'a-t-il employé une seconde fois dans *Bérénice*.

Ce semble pour *à ce qu'il paraît*.
> Quoique partout, ce semble, accablé sous le nombre.
> Alex., act. IV, sc. II.

Ce mot, tombé en désuétude, s'emploie encore dans le langage familier. Après Racine, on ne le rencontre plus dans le style noble. Il manque à la langue, et les bons écrivains devraient le rajeunir. La phrase suivante, citée dans le dictionnaire de Nicot : *Belle* SE *semble à veoir,* ferait croire que ce verbe était autrefois pronominal et traduisait le passif *videtur*.

C'EST CE QUI résumant un pluriel.

> Et tous ces beaux exploits qui le font admirer,
> C'est ce qui me le fait justement abhorrer.
> *Frères enn.*, act. I, sc. v.

L'indéfini *ce* pouvant résumer un ou plusieurs pluriels, Racine a pu dire : *c'est justement tout cela* qui me le fait abhorer. La phrase ainsi construite est très-claire, et elle a beaucoup plus de force qu'elle n'en aurait avec le verbe au pluriel.

CHAMBRE.

> De princes égorgés la chambre étoit remplie.
> *Ath.*, act. II, sc. II.

La simplicité de cette expression, *la chambre,* est relevée par la richesse des mots qui l'environnent et par le contraste d'un terrible événement.

Changement de temps. — S'IL M'ÉCHAPPOIT UN MOT, *c'est fait.*

> S'il m'échappoit un mot, c'est fait de votre vie.
> *Baj.*, act. II, sc. I.

L'emploi de ces deux temps blesse les lois de la grammaire, mais la faute est rachetée par une grande beauté. Racine pouvait mettre :

> S'il m'échappe un seul mot, c'est fait de votre vie.

Dès lors l'énergie de sa phrase disparaissait. Cet imparfait et ce présent n'ont point été mis là sans raison. La longueur de l'un augmente la vivacité de l'autre. Il semble que Roxane veuille marquer par le premier verbe qu'elle est bien éloignée de vouloir prononcer ce mot fatal, et que par le second elle fasse sentir cependant avec quelle rapidité elle serait obéie si le mot lui échappait. Cette nuance dans la pensée et dans l'expression est plus visible encore lorsqu'on essaie de construire la phrase d'une autre manière; car alors l'effet est entièrement perdu. En analysant Racine on commence quelquefois par une critique grammaticale, et l'on finit toujours par un éloge du poëte.

CHARMES.

> Je plaignis Bajazet, je lui vantai *ses charmes*.
> *Baj.*, act. I, sc. I.

Les charmes de Bajazet. C'est une expression que notre langue a réservée pour les femmes; et cependant, suivant la remarque de La Harpe, elle est très-bien placée ici, tant les nuances du langage tiennent aux mœurs. Celles du sérail autorisent cette hardiesse de style.

CHATOUILLER L'ORGUILLEUSE FOIBLESSE D'UN COEUR.

> Ce nom de roi des rois. . . . .
> Chatouilloit de mon cœur l'orgueilleuse foiblesse.
> *Iph.*, act. I, sc. I.

Comme Racine sait ennoblir ce mot par l'heureux contraste du mot *orgueilleux!* Corneille avait aussi tenté d'ennoblir ce mot : la tête de Pompée présentée à César

> *Chatouilloit* malgré lui son âme avec surprise.

CHERCHER DES CHARMES A UNE DOULEUR.

> Que sais-je? à ma douleur je chercherai des charmes.
> *Baj.*, act. II, sc. v.

Chercher des charmes à sa douleur. On dirait en prose *des consolations; des charmes* est plus heureux et bien plus poétique. Racine a pu être conduit par l'analogie à cette touchante expression, car on disait très-bien alors *charmer la douleur.*

CHIENS.

> De son sang inhumain les chiens désaltérés,
> Et de son corps hideux les membres déchirés.
> *Ath.*, act. I, sc. I.
> Des lambeaux pleins de sang et des membres affreux,
> Que des chiens dévorants se disputoient entre eux.
> *Id.*, act. II, sc. v.

Les chiens *désaltérés*, les chiens *dévorants*. C'est par de nobles épithètes que le poëte relève les mots vulgaires. Ces vers sont cités dans toutes les rhétoriques, et c'est précisément ce qui nous force de les rappeler ici. (Voy. *Boucs.*)

CIEUX FERMÉS, imitation de la Bible.

CIEUX D'AIRAIN, métaphore créée par Racine.

> Les cieux par lui fermés et devenus d'airain.
> *Ath.*, act. II, sc. I.

CLARTÉ D'UN RANG.

> Passe subitement de cette nu't profonde
> Dans un rang. . . . .
> Dont je n'ai pu de loin soutenir *la clarté*.
> *Brit.*, act. II, sc. III.

Louis Racine observe qu'on dit *la majesté, la splendeur* d'un rang et non pas *la clarté;* mais il ajoute aussi avec raison que ce mot *clarté* est beau, parce qu'il répond à *cette nuit profonde* du vers précédent. Ainsi l'image poétique fait prévoir et rend en quelque sorte nécessaire l'expression nouvelle.

CŒUR DE TOUTES PARTS OUVERT.

> Et d'entrer dans un cœur de toutes parts ouvert.
> *Phèdr.*, act. II, sc. I.

Pour un cœur banal, un cœur toujours prêt à se laisser prendre.

CŒUR NOURRI DE SANG.

> Ce cœur *nourri de sang* et de *guerre affamé*,
> Malgré le faix des ans et du sort qui l'opprime,
> Traîne partout l'amour qui l'attache à Monime.
> *Mithr.*, act. II, sc. III.

Voilà comme s'annonce l'amour de Mithridate. Un cœur *nourri de sang, affamé de guerre,* et qui traîne partout, malgré le fardeau des ans, l'amour, etc. On ne pouvait mieux exprimer, d'une part le caractère du héros, et de l'autre le malheur de sa passion. Toutes ces expressions sont neuves.

CŒUR PERCÉ DE PLEURS.

> Je viens le cœur percé de vos pleurs et des siens.
> *Bér.*, act. V, sc. III.

On dit vulgairement vous me *percez le cœur* pour exprimer le violent chagrin qu'on nous cause; mais cette figure perd ici de sa force en perdant de sa vérité; des pleurs émeuvent, touchent, attendrissent, mais ne percent pas.

CŒUR PRÉOCCUPÉ.

> Perfide, en abusant ce cœur préoccupé,
> Qui lui-même craignoit de se voir détrompé.
> *Baj.*, act. IV, sc. v.

Ce *cœur préoccupé,* c'est-à-dire *vaincu d'avance.* Racine a si bien senti que ce latinisme serait peu compris, qu'il a cru nécessaire de développer la même pensée dans le vers suivant.

COLÈRE QUI ÉTINCELLE.

> Ainsi du Dieu vivant la colère étincelle.
> *Esth.*, act. II, sc. VIII.

Expression poétique plus belle que le *ignescunt iræ.*

COMMETTRE A DES PÉRILS, *exposer à,* etc.

> Mais à d'autres périls je crains de le commettre.
> *Baj.*, act. IV, sc. I.
> Aux affronts d'un refus craignant de nous commettre.
> *Iph.*, act. II, sc IV.

Dans ce sens il est plus latin que français (periculo committere) : exposer quelqu'un à un péril. D'Olivet a critiqué ce vers; mais Racine tenait à cette expression, car il l'a employée plusieurs fois dans la même acception.

Commis pour *confié*.

> Que le sort d'Andromaque est commis à ta foi.
> *Andr,,* act. IV, sc. i.
> Défendu jusqu'au bout les jours qu'ils m'ont commis.
> *Baj.,* act. IV, sc. i.

L'emploi de ce mot dans le sens de *confié* est un latinisme heureux. On le trouve dans Nicot, qui cite cette phrase : *Se commettre à la fortune, fortunœ se committere.* Racine n'est donc pas le premier qui l'ait employé en ce sens, mais il est le premier qui l'ait fait entrer dans la poésie.

Compte sa liberté.

> Rome. . . . .
> Du règne de Néron compte sa liberté.
> *Brit.,* act. I, sc. ii.

Ellipse. Compte ses jours de liberté.

Compagne du péril.

> *Compagne du péril* qu'il vous falloit chercher.
> *Phèdr.,* act. II, sc. v.

Par ellipse, pour ta compagne dans le péril. C'est une de ces finesses de diction qui donnent un ton poétique aux idées les plus communes.

Comparestre pour *comparoître*.

> Si je leur donne temps, ils pourront comparestre.
> *Plaid.,* act. I, sc. iii.

Dans l'édition de Barbin, 1697, Racine écrit *comparestre,* et ce mot rime avec *fenestre.* Tous les éditeurs de Racine, depuis Luneau, ont cru devoir réformer l'orthographe de Racine, et ils ont eu raison. L'ancienne orthographe ne pouvait plus convenir à une langue toute nouvelle; mais peut-être eût-il été bon de rappeler quelquefois dans des notes les changements qui s'étaient opérés. Nous citerons quelques exemples. Racine écrit : audiance pour audience, — robbe pour robe, — preste pour prête, — teste pour tête, — baailler pour bailler, — gouster pour goûter, — pronte pour prompte, — mestier pour métier, — plaist pour plaît, — hasar pour hasard, — conte pour compte, — void pour voit, — asseurer, — beuvez, — parolle, — contract, — accroistre. (Voyez le mot *Rime.*)

CONCERTER pour *chanter en chœur.*

Ils concertent sur les rameaux.
Paysage de P. R., ode III.

Cette acception a vieilli, et c'est dommage. C'est par opposition à ce sens que l'on a dit au figuré *déconcerter.*

Tu dis, et ta voix déconcerte
L'ordre éternel des éléments.
Ode tirée du psaume XVII.

CONDAMNÉ où pour *à laquelle,* etc.

Que cette pompe où je suis condamnée.
Esth., act. I, sc. IV.

Être condamnée à la magnificence, à la pompe des grandeurs; c'est une belle antithèse.

CONDAMNER DE.

Ne me condamné encor de trop de cruauté.
Mithr., act. IV, sc. v.

Latinisme qui ne blesse pas la logique de notre langue; puisqu'on dit bien *accuser de, absoudre de, convaincre de,* pourquoi ne dirait-on pas *condamner de,* c'est-à-dire, condamner comme coupable de...

CONDAMNER SANS ESPOIR.

Sans espoir de pardon, m'avez-vous condamnée?
Andr., act. III, sc. VII.

D'Olivet blâme *m'avez-vous condamnée sans espoir,* qui signifie grammaticalement *sans conserver d'espoir.* Mais le sens indique suffisamment l'ellipse, *sans me laisser* d'espoir. On pouvait mettre *me vois-je* condamnée. Mais que serait devenu ce touchant appel au cœur de Pyrrhus? Racine avait trop le sens poétique et dramatique pour commettre une pareille faute.

CONFONDRE pour *troubler.*

Vous détournez les yeux et semblez vous confondre.
Bér., act. II, sc. IV.

Il était d'usage autrefois. Racine représente Titus comme se confondant lui-même, s'abimant dans son trouble et dans sa confusion : c'est dommage que le mot ait vieilli dans ce sens; un emploi heureux pourrait le rajeunir.

CONNAÎTRE ou CONNOÎTRE. (Voy. *Rime.*)

CONSTANCE DES YEUX.

Ses yeux indifférents ont déjà la constance
D'un tyran dans le crime endurci dès l'enfance.
Brit., act. V, sc, VII.

Racine, dit La Harpe, ne doit qu'à lui-même ce coup de pinceau qui est dans la manière de Tacite. *Constance* est là pour *absence* de toute hésitation. Nul mot dans la langue ne pouvait le remplacer.

Consternée de mon désespoir.

> D'un lâche désespoir ma vertu consternée.
> *Baj.*, act. II, sc. v.

La Harpe remarque qu'on peut être consterné du désespoir de quelqu'un, et non de son propre désespoir. — C'est un latinisme. *Consternare* veut dire abattre; or, on peut être abattu par son propre désespoir. La Harpe a donc jugé cette locution avec trop de rigueur.

Conter.

> Hélas! avec plaisir je me faisois conter
> Tous les noms des pays que vous allez dompter.
> *Iph.*, act. IV, sc. iv.

Ce mot naïf est bien placé dans la bouche de la jeune princesse, et il est relevé par le dernier mot du second vers. Quant à l'idée, elle est des plus touchantes. Iphigénie loue les conquêtes futures d'Agamemnon, mais en le ramenant au sein de sa famille, dont elle rappelle les entretiens les plus doux. Tout cela est d'une délicatesse exquise, et mérite d'être remarqué.

Conter.

> Et venois vous *conter* ce désordre funeste.
> *Ath.*, act. II, sc. ii.

L'Académie dit que le mot *conter* est impropre et du style familier. Elle aurait dû remarquer, au contraire, combien cette expression était naturelle dans la bouche d'un enfant. Elle donne à son récit toute la naïveté de son âge, et le poëte a dû l'employer à dessein. Cela est si vrai qu'on le trouve encore acte V, scène vi. Mais comme ce n'est pas un enfant qui parle, Racine l'a relevé par la grâce particulière et par la nouveauté du tour.

Conté son enfance.

> Nos lévites, du haut de leurs sacrés parvis,
> Ont conté son enfance au glaive dérobée.
> *Ath.*, act. V. sc. vi.

On ne pouvait rendre d'une manière plus heureuse cette pensée : *ont conté par quel moyen son enfance fut dérobée au glaive*. Cette expression naïve réveille en même temps l'idée du miracle, celle de l'innocence et celle des vertus qu'on a droit d'espérer d'un prince, objet des faveurs du ciel.

CONTER AUX ROCHERS.

> Ariane aux rochers contant ses injustices.
> *Iph.*, act. I, sc. I.

L'abandon, la solitude, la douleur se trouvent exprimés par ces mots : *conter aux rochers*.

CONTREDIRE A QUELQU'UN.

> Loin de *leur contredire*,
> C'est à vous de passer du côté de l'empire.
> *Brit.*, act. II, sc. III.

Latinisme. *Contradicere alicui.* En français, *contredire* prend le régime direct, soit avec les choses, soit avec les personnes. Il est clair que Racine a choisi le régime indirect de préférence, et comme plus élégant, puisque l'autre ne le gênait en rien.

CONVAINCRE LEURS AMOURS.

> Observez ses regards, ses discours,
> Tout ce qui convaincra leurs perfides amours.
> *Baj.*, act. IV, sc. III.

Métonymie élégante. En prose, il faudrait : *tout ce qui convaincra ces perfides amants*, car on ne peut proprement convaincre que les personnes, et non pas les choses. C'est Racine qui a enrichi la langue de ces formes hardies et poétiques.

COULEURS, INVENTER DES COULEURS.

> J'inventai des couleurs, j'armai la calomnie.
> *Esth.*, act. II, sc. I.

Cette expression n'a pas fait fortune. Racine n'en est pas l'inventeur, on la trouve plusieurs fois dans Corneille.[1] Sortie de la langue poétique, elle est tombée dans la langue vulgaire, sans jamais avoir été adoptée par les bons écrivains.

COURAGE CONFUS DES BONTÉS.

> De mes lâches bontés mon courage est confus.
> *Andr.*, act. IV, sc. III.

Courage est pris ici dans le sens du latin *animus*, qui veut dire *fierté*. Corneille emploie souvent le mot *courage* en ce sens.

COUROIT M'OUBLIER.

> . . . . *Il couroit m'oublier.*
> Dans l'ombre du secret ce feu s'alloit éteindre.
> *Mithr.*, act. IV, sc. IV.

Il couroit m'oublier. Ce dernier vers est rapide. Monime aime trop pour s'appesantir sur cette idée; et quel charme et quelle

---

1. Dans la suite du *Menteur*, act. I, sc. III, et dans *Pompée*, act. III. sc. II.

pudeur dans le vers qui suit : *L'ombre du secret et un feu qui s'éteint dans cette ombre.* On sent que c'est une femme qui parle ; mais il n'y a que Racine qui fasse ainsi parler les femmes.

COURONNER SUR TANT D'ÉTATS pour *faire régner.*
<blockquote>Il va sur tant d'États couronner Bérénice.
Bér., act. I, sc. IV.</blockquote>

Couronner c'est *faire régner.* La poésie s'empare de cette analogie, et elle dit *couronner sur ;* le rapport des idées justifie la construction, comme la belle image de *couronner* décèle le poëte.

COURS DE LA FUREUR.
<blockquote>Toujours de ma fureur interrompre le cours.
Andr., act. I, sc. I.</blockquote>

Il y a des beautés accidentelles dans la langue poétique ; celle-ci est du nombre. On ne dit pas *le cours* de la fureur, parce que la fureur est un état rapide et passager ; l'expression devient excellente, lorsqu'il s'agit d'un homme dont la fureur est l'état habituel ; le mot alors peint tout un caractère.

Racine a souvent employé ce mot, mais pas toujours d'une manière aussi heureuse ; il a dit : *le cours de la haine, le cours des inimitiés,* etc.
<blockquote>Je sentis que ma haine alloit finir son cours.
Andr., act. I, sc. I.
De mes inimitiés le cours est achevé.
Andr., act. I, sc. II.</blockquote>

COURS DES PRODIGES.
<blockquote>Faut-il, Abner, faut-il vous rappeler le cours
Des prodiges fameux accomplis de nos jours?
Ath., act. I, sc. I.</blockquote>

Le cours des prodiges est une heureuse expression.

CRÉANCE.
<blockquote>Seigneur, à vos soupçons donnez moins de *créance.*
Brit., act. III, sc. V.</blockquote>

Ce vieux mot doit être conservé : on en a fait *croyance,* qui n'exprime cependant pas la même idée. On dit lettre de *créance* et non lettre de *croyance.* Cela veut dire qu'on peut ajouter foi à celui qui la remet. Pascal a dit dans le même sens : *perdre créance dans les esprits ; perdre croyance* exprimerait une autre idée.

CRIE, *un sang qui crie.*
<blockquote>Respectez votre sang. . . . .
Sauvez-moi de l'horreur de l'entendre *crier.*
Phèdr., act. IV, sc. IV.</blockquote>

On dit *le cri du sang*. Phèdre entend le sang *crier;* dans *Athalie, le sang de vos rois crie*. Ces expressions nouvelles en France sont empruntées de la Bible : Le sang d'Abel *crie* de la nature à moi. (*Gen*., ch. IV.)

Cris pour *adieux*.

> Qu'il n'ait en expirant que ces cris pour adieux.
> *Baj*., act. IV, sc. v.

Belle expression empruntée au *Cid* de Corneille :

> Nous laissent pour adieux leurs cris épouvantables.

L'Académie critiqua ce vers, et Corneille eut le grand tort de lui substituer le vers suivant :

> Poussent jusques aux cieux des cris épouvantables.

Racine reprit le bien que Corneille avait abandonné.

Croire sur un soupir.

> Et je vous en croirai sur un simple soupir.
> *Ber*., act. II, sc. IV.

On dit *croire sur parole*. Cette tournure vulgaire devient poétique par l'emploi du mot *soupir*.

Cultiver la haine.

> Vous cultivez déjà leur haine et leur fureur.
> *Ath*., act. II, sc. VII.

Que cette figure est expressive et juste! L'éducation est la culture de l'esprit et de l'âme, des bonnes ou des mauvaises passions, suivant l'instituteur.

D

David éteint pour *la race de David éteinte*.

> Et de David éteint rallumé le flambeau.
> *Ath*., act. I, sc. II.

On ne dirait pas *de César éteint*, en parlant de la race de César. Cette épithète, qui accompagnerait mal tout autre nom, semble faite pour celui de David, la lumière d'Israël, d'où sortit la lumière des nations. Aussi le poëte fait-il de David un *flambeau*, et c'est précisément là ce qui rend son épithète si belle.

Débris.

> Et laisser un débris du moins après ma fuite.
> *Baj*., act. IV, sc. VII.

Ce vers grandit, pour ainsi dire, dans la bouche d'Acomat. Il semble que ce vizir, en fuyant, laisse derrière lui une ruine capable d'arrêter les ennemis de Bajazet.

DÉCEVANT pour *trompeur*.
>Ai-je pu résister au charme décevant, etc.
>*Phèdr.*, act. II, sc. 1:.

Ce mot était tombé en désuétude du temps de Racine, qui l'a pour ainsi dire ressuscité. Il est employé ici avec un rare bonheur, puisqu'il est un trait de caractère. Même en déclarant son amour, Hippolyte n'ose en avouer les charmes, il voit dans cette passion quelque chose de trompeur, de décevant : on ne pouvait mieux dire.

DÉCLARER.
>Je sentis contre moi mon cœur se déclarer.
>*Iph.*, act. II, sc. 1.

Quand nous aimons malgré nous, dit Louis Racine, notre cœur se déclare contre nous.

DÉFAILLIR pour *s'affaiblir*.
>J'ai senti défaillir ma force et mes esprits.
>*Baj.*, act. V, sc. 1.

Vieux mot que Racine nous a conservé, et qu'il ne faut pas laisser perdre. *Défaillir* dit quelque chose de plus que *s'affaiblir*.

DÉMARCHE pour *mes pas*.
>Qui conduise vers vous ma démarche timide.
>*Phèdr.*, act. V, sc. 1.

Quoique le mot *démarche* n'ait pas tout à fait le sens que lui donne ici Racine, il a pu l'employer par analogie, car on peut dire : *conduise mes pas timides*.

DÉNIÉE pour *refusée*.
>Possédant une amour qui me fut déniée.
>*Mithr.*, act. III, sc v.

Ce mot a vieilli, et cependant il est bon, il est indispensable, car il ne signifie pas seulement *refuser*, mais *refuser une chose juste, une chose que l'équité exige*. On voit toute sa force dans la bouche de Mithridate parlant à Monime: c'est presque un reproche. Aucun autre mot de la langue ne peut remplacer celui-ci.

DÉNOUER UN HYMEN.
>Et me fait dénouer
>Un hymen qui le ciel ne veut point avouer.
>*Brit.*, act. II, sc. III.

La Harpe fait observer que, puisque l'hymen est un nœud, le dénouer est une expression élégante sans être hasardée.

DÉPLORABLE ORESTE.

> Prête à suivre partout *le déplorable Oreste.*
> *Andr.*, act. I, sc. 1.
> Vous voyez devant vous un prince *déplorable.*
> *Phèdr.*, act. II, sc. II.

L'usage a consacré cette belle expression, condamnée alors par l'Académie, qui l'approuve aujourd'hui.

DÉPOUILLE, employé dans le sens de *proie.*

> Tout l'empire n'est plus *la dépouille* d'un maître.
> *Brit.*, act. I, sc. II.

Racine veut dire une dépouille *enlevée* par un maître : il y a ellipse; mais le sens de la phrase reste obscur. Le mot *proie* était mot propre.

DÉPOUILLER UNE DOUCEUR.

DÉPOUILLER UNE HAINE.

> Eh bien! dépouille enfin cette douceur contrainte!
> *Alex.*, act. IV, sc. III.
> Avez-vous dépouillé cette haine si vive?
> *Ath.*, act. II, sc. V.

DÉPOUILLES dans le sens de *restes mortels.*

> Il ne séparât pas *des dépouilles* si chères.
> *Andr.*, act. III, sc. VI.

Pétrarque dit de Laure : *Lasciendo in terra la sua bella spoglia.* Malherbe s'est servi de cette expression avant Racine, dans le sonnet sur la mort de son fils :

> Que mon père ait perdu sa dépouille mortelle.

DÉROBER (ME) pour *m'enfuir.*

> Mais n'étant point unis par un lien si doux,
> Me puis-je avec honneur dérober avec vous?
> *Phèdr.*, act. V, sc. I.

Il y a une grande délicatesse dans ce mot *me dérober.* C'est une femme qui parle; elle n'ose encore prononcer le mot *fuir*, elle le prononcera plus loin, mais après l'avoir justifié par la tyrannie dont elle est la victime ; en attendant, elle le prépare par ce mot : *me dérober.* Se dérober c'est se soustraire; on dit se dérober aux ennuyeux, c'est presque comme si l'on disait se voler aux ennuyeux. Le mot reste fidèle à son étymologie : me dérober avec vous, c'est me soustraire avec vous à mes tyrans.

DÉSUNIR pour *séparer.*

> Tant d'États, tant de mers qui vont nous désunir.
> *Alex*, act. III, sc. VI.

Grammaticalement le mot *désunir* n'est pas le mot propre ; mais il exprime de la manière la plus heureuse les craintes de Cléofile, qui tremble qu'une *séparation* ne soit une *désunion,* et, comme elle dit elle-même, *ne l'efface du souvenir d'Alexandre.* Ce sentiment est développé dans les vers suivants, comme si Racine avait songé à justifier son expression.

DÉTROMPER SON ERREUR.

Détrompez son erreur, fléchissez son courage.
Phèdr., act. I, sc. v.

Détrompez son erreur pour *détrompez-le,* en signalant son erreur. C'est une synecdoche semblable à *attendrir sa victoire* pour attendrir *lui victorieux.* D'Olivet dit : Je n'ose reprocher cette hardiesse au poëte.

DÉTRUIT pour *vaincu.*

Montrer aux nations Mithridate détruit.
Mithr., act. III, sc. I.

Mithridate vaincu, dit La Harpe, est à tout le monde, Mithridate détruit est au grand poëte. Il y a dans cet homme qui s'appelle Mithridate tout un empire, toute une puissance ! C'est ainsi que ce que l'on croit n'être que de l'élégance est une grande idée. Le poëte a fait de cette expression un tableau. *Montrer aux nations* Mithridate détruit.

DEVANT pour *avant.*

L'assassiner, le perdre ! ah ! *devant* qu'il expire !
Andr., act. V, sc. I.

A l'époque de Racine, le mot *devant* pour *avant* était encore d'usage. Aujourd'hui la grammaire a décidé que *avant* serait relatif au temps, et *devant* aux lieux et aux personnes. Ainsi on doit dire : *avant* sa mort, *avant* qu'il expire, et *devant* lui, *devant* sa maison. Les locutions vieillies sont en très-petit nombre dans Racine, nous avons cru nécessaire de les signaler.

DEVANT QUE.

Si devant que mourir la triste Bérénice.
Bér., act. IV, sc. v.

On disait alors indifféremment *devant que* ou *avant que,* comme on le voit par une remarque de Vaugelas. Aujourd'hui on dit toujours *avant que,* et on doit ajouter *de* lorsqu'il suit un infinitif.

DICTER UN SILENCE.

Sa réponse est dictée, et même son silence.
Brit., act. I, sc. I.

L'expression est neuve ; il ne s'agit pas d'imposer silence, mais d'indiquer à l'empereur les circonstances où il devra se taire. On lui dicte un silence politique. Cette belle expression est restée dans la haute poésie.

Diligence pris dans le sens *d'attention à reprendre.*

<blockquote>Ah! quittez d'un censeur la triste diligence.
Brit., act. I, sc. ii.</blockquote>

Expression plus latine que française. *Diligence* en français signifie *promptitude, activité.* En latin il signifie proprement exactitude d'attention et de soins. La diligence d'un censeur est donc prise ici pour l'attention à reprendre. La Harpe pensait que cet exemple pouvait être suivi et donner à notre langue un terme de plus.

Discordes.

<blockquote>Ma fuite arrêtera vos discordes fatales.
Brit., act. II, sc. vii.</blockquote>

Le mot *discordes* au pluriel était alors une hardiesse. Ce pluriel donne à la diction plus de grandeur.

Disposer de la perte de quelqu'un.

<blockquote>Que le ciel à son gré de ma perte dispose
Frères enn., act. II, sc. ii.</blockquote>

Geoffroy l'a remarqué avec raison : on dit bien *disposer* du sort, de la vie, de la fortune, du temps de quelqu'un, mais non pas *disposer* de sa perte. Déjà Racine essayait de rajeunir de vieilles locutions par le changement d'un mot; mais ces premiers essais ne furent pas tous heureux.

Disputer la gloire a qui.

<blockquote>Entre Sénèque et vous disputez-vous la gloire.
A qui m'effacera plus tôt de sa mémoire?
Brit., act. I, sc. ii.</blockquote>

C'est Agrippine qui parle : il y a beaucoup d'amertume dans ce mot *la gloire,* qui est de trop suivant la grammaire, mais qui est indispensable pour exprimer le dépit d'Agrippine. D'ailleurs tout justifie le poëte, et la vivacité, et la clarté de sa phrase. La Harpe trouve ici une ellipse; mais c'est une singulière ellipse que celle où il y a un mot de trop.

Disputer des pleurs.

<blockquote>Par combien de malheurs
Ne lui voudrois-je point disputer de tels pleurs!
Iph., act. IV, sc i.</blockquote>

Disputer des pleurs pour lui disputer l'amour qui peut faire verser *de tels pleurs* à Achille. Belle ellipse.

DOULEUR ÉTUDIÉE.

> Sans pitié, sans douleur, au *moins étudiée*.
> *Andr.*, act. V, sc. I.

Admirable expression qui fut critiquée par Subligny, et qui a survécu à la critique. L'amour, quand il n'a plus même d'espérance, veut encore qu'on cherche à le tromper. C'est là son dernier recours, et c'est ce que Racine dit si bien en quelques mots.

DOUTEUX dans le sens d'*incertain*, d'*irrésolu*.

> Oui, Taxile, mon cœur *douteux* en apparence.
> *Alex.*, act. IV, sc. III.

Douteux est pris ici dans une de ses anciennes acceptions qu'il a perdue. Aujourd'hui *douteux* signifie ce dont on doute, et non pas celui qui doute. On est *incertain* d'une chose, et une chose est *douteuse*.

DÉVORER SES PLEURS pour *dissimuler*.

> Toujours verser des pleurs qu'il faut que je dévore !
> *Bér.*, act. I, sc. II.

On dit *dévorer* une injure, *dévorer* son chagrin dans le sens de *dissimuler*. L'expression de Racine est plus belle encore.

E

ÉCLAIRCIR UN FRONT.

> Éclaircissez ce front où la tristesse est peinte.
> *Esth.*, act. III, sc. I.
> N'éclaircirez-vous point ce front chargé d'ennuis ?
> *Iph.*, act. II, sc. II.

On dit un front assombri, un front chargé de nuages. Ces phrases ont pu suggérer à Racine cette belle expression, et elles le justifieraient s'il en était besoin.

ÉCLATER EN REPROCHES.

> En reproches honteux j'éclate contre vous.
> *Alex.*, act. IV, sc. II.

Expression énergique et poétique créée par Racine, et que Voltaire a cru pouvoir lui emprunter :

> Vous ne m'entendrez point, amant faible et jaloux,
> En reproches honteux éclater contre vous.
> *Zaïre.*

Effroi de son bras pour *l'effroi causé par son bras*.

> En voyant de son bras voler partout l'effroi.
> *Alex.*, act. IV, sc. II.

C'est là une grande hardiesse poétique. Racine donne à *effroi* un régime comme on en donne un à *crainte*. On dit la crainte de Dieu, et non l'effroi de Dieu. De plus, le bras est pris pour la personne tout entière; le bras c'est le héros lui-même.

Corneille avait dit dans *le Cid*, mais beaucoup moins heureusement:

> Commander que son bras nourri dans les alarmes;

et quoique l'Académie eût condamné ce vers, il ne le changea pas.

Égarement *pris au propre*.

> Arcas s'est vu tromper par notre égarement.
> *Iph.*, act. II, sc. IV.

Dans ce sens il n'est plus d'usage, mais il s'est conservé dans le sens figuré. Le poëte est d'autant plus excusable de l'employer ainsi, qu'il n'est point d'autre mot qui puisse répondre au latin *errores*.

L'Académie l'admet encore tout en disant qu'il a vieilli.

Ellipses.

> Huit ans déjà passés, une impie étrangère
> Du sceptre de David usurpe tous les droits.
> *Ath.*, act. I. sc. I.

Forme qui rappelle l'ablatif absolu des Latins: huit ans *étant* déjà passés. Suivant les règles anciennes de la grammaire, il eût fallu dire: huit ans *sont* déjà passés *depuis que*. L'Académie, qui fait cette observation, ajoute que Malherbe a la gloire d'avoir créé cette façon de parler dans sa prosopopée d'Ostende. Malherbe a donc créé la forme, mais c'est Racine qui l'a faite française.

> Dans la confusion que nous venons d'entendre,
> Les yeux peuvent-ils pas aisément se méprendre.
> *Mithr.*, act. V, sc. I.

C'est-à-dire, dans la confusion des faits et récits que nous venons d'entendre. Ce n'est jamais dans une situation tranquille que Racine hasarde de pareilles ellipses. Lorsqu'on lit le vers on l'accuse, lorsqu'on lit la scène il est justifié.

> Et toi, fatal tissu. . . . .
> Et périsse le jour et la main meurtrière
> Qui jadis sur mon front t'attacha la première.
> *Mithr.*, act. V, sc. I.

Cette construction mérite d'être remarquée. Il y a une ellipse. *Qui* ne se rapporte qu'à la main. Voici la phrase: *Périsse le jour où ce bandeau fut attaché sur mon front, et la main* QUI *me l'attacha la première !*

EMBOURSER DES COUPS.

> Et si dans la province
> Il se donnoit en tout vingt coups de nerf de bœuf,
> Mon père pour sa part en emboursoit dix-neuf.
> *Les Plaid.*, act. I, sc. v.

La justesse de cette expression si comique tient à ce que le personnage se faisait, pour chaque coup, *payer* des dommages-intérêts. Ainsi il *emboursoit* véritablement la valeur des coups. L'Intimé, acte II, scène IV, venant de recevoir un coup de pied, dit

> Bon, c'est de l'argent comptant ;
> J'en avois bien besoin.

EMBRASSEMENTS pour *entrevues, entretiens.*

> . . . . Et vos embrassements
> Ne se passeront-ils qu'en éclaircissements.
> *Brit.*, act. I, sc. II.

Des embrassements qui se passent en éclaircissements, expression digne de Tacite pour sa profondeur. Ainsi la division de la mère et du fils ne cessait pas même pendant leurs embrassements. *Embrassements* s'employait très-bien dans le sens d'*entrevue*, parce que, du temps de Louis XIV, on s'embrassait en s'abordant. Molière a dit à peu près de même :

> De protestations d'offres et de serments
> Vous chargez la fureur de vos embrassements.
> *Misanthr.*

EMPORTEMENT.

> Je n'ai trouvé que pleurs mêlés d'emportements.
> *And.*, act. II, sc. v.

Ce mot venait d'entrer dans la langue ; le père Bouhours nous apprend qu'il avait été inventé pour exprimer les mouvements de la guerre civile pendant la Fronde, mais il ne peut en nommer l'auteur. Il faudrait chercher ce mot dans les Mémoires de Montresor, du cardinal de Retz, etc.

EMPRESSER (S') POUR L'AMITIÉ.

> Pour votre amitié seule Alexandre s'empresse.
> *Alex.*, act. I, sc. I.

C'est une ellipse que la poésie peut se permettre. On dirait fort bien en prose : s'empresser pour obtenir l'amitié de quelqu'un ; pourquoi le poëte ne dirait-il pas : s'empresser pour l'amitié ?

En Argos pour à *Argos*.

> J'écrivis en Argos, pour hâter ce voyage.
> *Iph.*, act. I, sc. I.

Outre l'avantage d'éviter l'hiatus, les amateurs de l'antiquité se plaisent à trouver dans cette locution une réminiscence de l'hellénisme ἐν Ἄργα (en Argos). Ceci pourrait presque justifier ce titre tant blâmé ; Iphigénie *en Aulide*, au lieu de *à Aulis ;* en effet, c'est le grec ἐν Αὐλίδι (en Aulis).

Enchaîné de.

> Quoi ! toujours enchaîné de ma gloire passée.
> *Brit.*, act. IV, sc. III.

En prose il faudrait dire *enchaîné par ;* mais l'ablatif a plus de grâce toutes les fois qu'il n'est pas contraire au génie de la langue.

Enfreindre une promesse.

> Si quelque transgresseur enfreint cette promesse.
> *Ath.*, act. IV, sc. III.

Association d'idées, et non pas seulement de mots. On dit *enfreindre une loi ;* Racine par analogie dit : *enfreindre une promesse,* parce qu'une promesse doit être sacrée comme une loi.

Ennuis.

> Va ; je veux être seul en l'état où je suis,
> Si toutefois on peut l'être avec tant d'ennuis.
> *Frères enn.*, act. III, sc. I.

Racine emploie souvent ce mot dans le sens poétique du latin *tædia,* pour *chagrins, soucis, douleurs prolongées.* L'Académie sanctionne cette acception, qui, cependant, vieillit. La Harpe a tort de trouver ce mot froid. Il est peu usité dans ce sens, voilà tout.

Ensanglanter la gloire.

> Ce n'est pas que ce bras, disputant la victoire,
> N'en ait aux ennemis ensanglanté la gloire.
> *Alex.*, act. III, sc. II.

Pour vendre cher la victoire ; c'est un latinisme heureux : *cruentam hostibus victoriam efficere.* On peut signaler cette belle expression comme un des premiers efforts de Racine pour enrichir la langue.

Ensevelir nos coups.

> Nous a fait dans la foule ensevelir nos coups.
> *Alex.*, act. III, sc. VI.

Mot admirable dans la bouche d'Alexandre quand il ne combat que la foule vulgaire des soldats.

ENTENDRE DES REGARDS.

> J'entendrai des regards que vous croirez muets.
> *Brit.*, act. II, sc. III.

Les regards parlent. Racine a donc pu dire *entendre des regards* : l'analogie fait disparaître en quelque sorte la hardiesse de l'expression.

ENTENDRE SA FORTUNE.

> . . . . Vous avez entendu sa fortune.
> *Ath.*, act. II, sc. VII.

Josabeth adresse ces mots à Athalie après l'interrogatoire du jeune prince. Il était impossible de dire avec plus de précision et en même temps plus poétiquement, *vous avez entendu le récit de tout ce qui lui est arrivé*.

ENTENDRE UNE JOIE.

> Ne l'entendez-vous pas, cette cruelle joie?
> *Bér.*, act. V, sc. V.

La joie est bruyante, donc elle peut se faire entendre. Ce sont ces hardiesses qui font la poésie.

ENTRAILLES.

> Et vous qui lui devez des entrailles de père.
> *Ath.*, act. II, sc. V.

Ce mot est une des singularités de notre langue. Vulgaire, presque trivial au propre, il est resté noble dans le sens figuré

ENTRETIEN DE SES PLEURS.

> Nous n'avons d'entretien que celui de ses pleurs.
> *Andr.*, act. III, sc. III.

C'est-à-dire d'autre sujet d'entretien que celui de ses pleurs. D'Olivet a critiqué cette ellipse. Les grammairiens ne comprennent pas que la règle aride doit fléchir devant une aussi touchante poésie.

ÉPANCHER (S') EN FILS.

> Il *s'épanchait en fils* qui vient en liberté
> Dans le sein de sa mère oublier sa fierté.
> *Brit.*, act. V, sc. III.

Voilà une expression qui peint à la fois l'abandon du fils, l'illusion, la joie et l'orgueil de la mère. Racine seul trouve de ces mots qui expriment des passions, et qu'on croirait ne pouvoir être inspirés que par elles.

Envier une indigne conquête.

> Allons, n'envions plus son indigne conquête.
> *Andr.*, act. II, sc. II.

Heureuse concision : dans ce peu de mots le poëte dit : *cessons d'envier ou de* désirer la conquête d'un ingrat, que son ingratitude rend indigne de moi.

Envier dans le sens de *priver*.

> Soit que son cœur, jaloux d'une austère fierté,
> Enviât à nos yeux sa naissante beauté.
> *Brit.*, act. II, sc. II.

C'est un latinisme. On dit *un roi envie à son peuple le bonheur de le voir*, pour faire entendre qu'il ne le laisse pas jouir de ce bonheur. Un des bergers de Virgile s'exprime ainsi : Bacchus *envie* aux collines l'ombrage de la vigne.

> Liber pampineas invidit collibus umbras.

Épouse en espérance.

> Quoi ! déjà de Titus épouse en espérance.
> *Bér.*, act. I, sc. I.

Épouse en espérance; expression heureuse et neuve, dit Voltaire, dont Racine a enrichi la langue, et que par conséquent on critiqua d'abord.

Espoir charmant.

> Un espoir si charmant me seroit-il permis ?
> *Andr.*, act. I, sc. IV.

D'Olivet dit qu'*espoir* ne doit s'employer qu'en parlant des choses qui sont à venir. C'est bien : mais la *certitude* d'être cherché n'est pas encore chose présente pour Pyrrhus, puisqu'il demande : *Me cherchiez-vous, madame?* Il peut espérer qu'elle *répondra* oui. Racine a donc bien employé le mot.

Et foible, pour *bien qu'étant foible*.

> Qui devant les bourreaux s'étoit jetée en vain,
> Et, foible, le tenoit renversé sur son sein.
> *Ath.*, act. I, sc. II.

Le sens seul de la phrase nous apprend que *foible* se rapporte à *nourrice* et non à Joas. C'est une de ces tournures hardies et toutes familières aux Latins que Racine a essayé de rendre françaises. Mais le génie de notre langue, sans y résister tout à fait, ne permet pas toujours de l'employer avec autant de clarté que le fait ici Racine.

ET pour *aussi*.

> HEMON.
> Madame, cet arrêt ne vous regarde pas, etc.
> ANTIGONE.
> *Et* ce n'est pas pour moi que je crains leur vengeance, etc.
> *Frères enn.*, act. II, sc. II.

Racine donne ici au mot *et* le sens du mot *aussi*. En latin *et* employé pour *etiam*, est très-usité. Volo *et* ipse, *moi aussi je le veux*. Racine l'emploie aussi dans le sens d'*itaque*. Cette espèce de latinisme n'était pas heureux; il n'a été compris ni des commentateurs ni des imprimeurs. M. Didot va jusqu'à proposer de changer *et* en *eh!*

EXPIRER LA MÉMOIRE D'UNE ACTION.

> D'une action si noire
> Que ne peut avec elle expirer la mémoire!
> *Phèdr.*, act. V, sc. VII.

Thésée répond à ce qu'il vient d'entendre :

> Elle expire, seigneur!

et il répète le même mot en l'appliquant à la mémoire de l'action qu'il déplore. Tout cela est logique, et la langue ne souffre pas à cause du rapprochement.

EXPLIQUER (s') A QUELQU'UN pour *lui expliquer sa volonté*.

> Me prêter votre voix pour m'expliquer à lui.
> *Baj.*, act. I, sc. III.

On dit communément s'expliquer avec quelqu'un, pour avoir une explication; mais s'expliquer à quelqu'un, c'est lui faire connaître ses sentiments, c'est lui ouvrir son cœur, et dans la bouche de Roxane, c'est lui donner le choix de l'épouser ou de mourir. C'est ainsi que Racine fait un trait de caractère d'une simple expression.

ENTREPRENDRE UNE CARRIÈRE.

> Vous n'entreprenez point une injuste carrière.
> *Baj.*, act. II, sc. I.

Entreprendre une carrière, c'est entreprendre de la parcourir. La phrase serait bonne; mais une carrière ne peut être ni *juste* ni *injuste*, et c'est l'emploi de cette épithète qui rend le vers de Racine répréhensible. — Critique contestable.

F

Faillir.

> Ne m'ont acquis le droit de *faillir* comme lui.
> *Phèdr.*, act. I, sc. 1.

Vieux mot que Racine nous a conservé et qu'aucun autre mot n'aurait pu remplacer. Encore aujourd'hui, si ce mot manquait, il serait impossible de refaire le vers d'Hippolyte.

Faire l'amour.

> Ah, lâche! *fais l'amour*, et renonce à l'empire!
> *Bér.*, act. IV, sc. IV.

Ceci n'est point une expression nouvelle; mais ce qui est nouveau, c'est d'avoir fait d'une expression presque triviale une expression digne d'entrer dans le style soutenu.

Faire taire des pleurs.

> . . . . . Calchas, qui l'attend en ces lieux.
> Fera *taire* nos pleurs, fera parler les dieux.
> *Iph.*, act. I, sc. I.

Manière poétique de dire: il nous forcera de pleurer en secret, ou même de cesser de pleurer.

Faire parler des douleurs.

> Et comme il faut enfin fais *parler mes douleurs*.
> *Frères enn.*, act. I, sc. VI.

C'est là une des belles expressions inventées par le poëte : malheureusement elle est un peu gâtée par ces mots vulgaires; *comme il faut*.

Faire parler les yeux dans des coeurs.

> Venez dans tous les cœurs faire parler vos yeux.
> *Andr.*, act. II, sc. II.

Expression neuve, hardie et pleine de vérité, les yeux ont leur langage et c'est aux cœurs qu'ils parlent.

Faire une attaque de la haine.

> Faisons de notre haine une commune attaque.
> *Andr.*, act. II, sc. II.

Expression plus vive et plus poétique que ne le serait : unissons notre haine dans une commune attaque, ou, attaquons-le tous deux avec la même haine.

FAIX, *un cœur qui s'affermit sous un faix.*

> Surtout j'admire en vous ce cœur infatigable
> Qui semble s'affermir sous le faix qui l'accable.
> *Mithr.*, act. III, sc. 1.

Ce qui frappe ici, c'est surtout la justesse de l'image. Un lourd fardeau écrase ce qui est faible, et donne plus de stabilité à ce qui est fort.

FATIGUER UNE MER IMMOBILE.

> Fatigua vainement une mer immobile.
> *Iph.*, act. I, sc. 1.

Virgile a dit *noctem diemque fatigant ;* mais ici Racine ajoute quelque chose à son modèle : la mer inutilement fatiguée reste *immobile.*

FAUSSE DOUCEUR AFFECTÉE.

> Il affecte pour vous une fausse douceur.
> *Ath.*, act. I, sc. 1.

L'Académie a condamné *fausse douceur* joint avec *affectée.* En effet, on dit bien affecter une grande douceur, mais une douceur affectée est toujours fausse. — Critique contestable.

FAVEURS DE LA GUERRE.

> La guerre a ses faveurs ainsi que ses disgraces.
> *Mithr.*, act. III, sc. 1.

Les faveurs de la guerre, cela ne s'était jamais dit, et cela est admirable surtout dans la bouche de Mithridate.

FAVORABLE.

> Jéhu n'a point un cœur farouche, inexorable ;
> De David à ses yeux le nom est favorable.
> *Ath.*, act. III, sc. VI.

C'est-à-dire *en faveur.* Cette hardiesse n'a pas été imitée.

FEINDRE A QUELQU'UN QUE...

> Il *lui feint qu'en* un lieu que vous seul connoissez,
> Vous cachez des trésors par David amassés.
> *Ath.*, act. I, sc. 1.

Latinisme doublement hardi. *Illi mentitus est thesaurum esse...* Cette locution est une de celles que Racine empruntait aux anciens pour substituer des constructions rapides à nos constructions languissantes.

FER QUI CONNAÎT.
> Le fer ne connaîtra ni le sexe ni l'âge.
> *Esth.*, act. I, sc. III.

Cette figure est si naturelle et si heureusement employée, qu'à peine on en sent la hardiesse. Homère cependant est encore plus hardi, lorsqu'il prête au glaive du guerrier le désir de percer l'ennemi.

FIDÈLE EN SES MENACES.
> Et Dieu trouvé fidèle en toutes ses menaces.
> *Ath.*, act. I, sc. I.

Association de mots d'autant plus heureuse que l'on est accoutumé à entendre *fidèle à ses promesses*.

FIXE A SE VENGER.
> Tantôt à me venger *fixe* et déterminée.
> *Baj.*, act. III, sc. V.

On n'est pas fixe à une chose. *Fixe* exprime ce qui ne varie pas; il a plus de force que *déterminé*, avec lequel il forme un pléonasme. — Le vers n'en est pas moins excellent.

FLÉCHIR UN COURAGE INFLEXIBLE.
> Mais de faire fléchir un courage inflexible.
> *Phèdr.*, act. II, sc. I.

On ne fait pas fléchir une chose inflexible. Le mot n'est bon que parce qu'il exprime un vœu, un désir, une gloire qui peuvent se réaliser quoique en apparence irréalisables. Les tragédies de Racine offrent plusieurs exemples de cette merveilleuse alliance de mots, et entre autres le fameux vers :

> Pour réparer des ans l'irréparable outrage.

FORCER A VOULOIR.
> Et puisqu'il m'a forcée enfin à le vouloir.
> *Andr.*, act. V, sc. I.

Forcer à vouloir, c'est dompter une volonté, c'est plus que *forcer à faire*. L'expression est aussi neuve que belle.

FUIR UN SILENCE.
> Il rentre; chacun fuit son silence farouche.
> *Brit.*, act. V, sc. VIII.

Avec deux mots qu'il unit pour la première fois, le poëte fait un tableau.

FUREUR DES ADIEUX.
> Mais j'atteste les dieux,
> Témoins de la fureur de mes derniers adieux.
> *Andr.*, act. II, sc. II.

Que de choses dans une seule expression, *la fureur des adieux!* Tout Oreste est là.

FUREUR TRANQUILLE.

> Ma tranquille fureur n'a plus qu'à se venger.
> *Baj.*, act. IV, sc. v.

Le mot est d'autant plus beau que celle qui le prononce est plus agitée, et qu'elle se croit de bonne foi plus tranquille. Elle est tranquille, dit La Harpe, parce qu'elle est sûre de son malheur.

G

GÊNER pour *torturer*.

> Et le puis-je, madame? ah! que vous me gênez!
> *Andr.*, act, I, sc. IV.

Voilà un mot qui a perdu toute sa force en perdant sa signification primitive. On disait autrefois *appliquer à la gêne* pour *appliquer à la question*. Pris au figuré, le mot était plein de vigueur. Corneille a dit dans *Rodogune* :

> Puis-je vivre et traîner une gêne éternelle!

Aujourd'hui le mot ne signifie plus qu'*incommoder*, et le vers de Racine est du très-petit nombre de ceux qui dans ses œuvres ont perdu de leur énergie.

GÊNER pour *embarrasser*, pour *inquiéter*.

> Britannicus le gêne, Albine, et chaque jour, etc.
> *Brit.*, act. I, sc. I.

Nous venons de voir Racine employer ce mot dans le sens de *gêne, gehenne,* torture. Ici le mot se prend dans une acception moins violente, il ne veut plus dire qu'*embarrasser*.

GÉNIE.

> Mon génie étonné tremble devant le sien.
> *Brit.*, act. II, sc. II.

Le mot *génie*, dans le sens qu'on lui attribue ici n'était pas de notre langue avant Racine.

GLAIVE QUI MARCHE.

> Quel est ce glaive, enfin, qui marche devant eux?
> *Ath.*, act. IV, sc. I.

La poésie seule peut hasarder une pareille image : *un glaive qui marche!* Louis Racine justifie cette hardiesse en disant que le glaive étant porté en cérémonie, on peut dire que le glaive marche. L'expression est à la fois poétique et juste.

GLOIRE INEXORABLE.

> Ma gloire inexorable à toute heure me suit.
> *Bér.*, act. V, sc. XI.

Une gloire inexorable pour une gloire qui ne permet pas de transiger avec elle. La concision de cette expression est bien remarquable.

GRACIEUX.

> Que c'est une chose charmante
> De voir cet étang *gracieux*.
> *Le Paysage de P. R.*, ode IV.

Le mot *gracieux* était encore nouveau. Vaugelas lui avait refusé, comme on disait alors, le droit de bourgeoisie. Le public en a mieux jugé que le grammairien.

H

HAINE.

> Prends soin d'elle : ma haine a besoin de sa vie.
> *Baj.*, act. IV, sc. V.

Une haine qui a besoin d'une vie, quelle hardiesse d'expression !

HAINE, UN EFFORT DE L'AMOUR.

> Et croit que notre haine est un effort d'amour.
> *Andr.*, act. II, sc. II.

Ce sont de telles expressions qui faisaient dire aux contemporains de Racine qu'il s'était créé un langage qui n'appartenait qu'à lui.

HAÏR A CŒUR OUVERT.

> Il hait à cœur ouvert ou cesse de haïr.
> *Brit.*, act. V, sc. I.

Racine a dit : *haïr à cœur ouvert*, comme on disait *parler* à cœur ouvert. Déjà nous avons eu occasion de remarquer que la plupart des nouveautés de Racine sont inspirées par des locutions usitées. C'est ainsi, et presque par les mêmes moyens, qu'Euripide fixait en Grèce la langue de la tragédie.

HELLÉNISMES.

> De combien de malheurs pour vous persécutée,
> Vous ai-je, pour un mot, sacrifié mes pleurs!
> Vous regrettez un père. . . . .
> *Bér.*, act. II, sc. IV.

Cela veut dire: *Ne pouvez-vous pas me sacrifier les pleurs que vous versez pour votre père, à moi, qui, sur un seul mot de vous, tarissais les larmes que m'arrachaient tant de persécutions, souffertes pour vous ?* Les deux vers de Racine sont deux vers grecs, et nous venons de les traduire. Il est bon de fixer l'attention sur ces formes antiques dont le génie créateur d'un grand poëte n'a pu doter notre langue ; il est bon aussi de les étudier grammaticalement, et c'est ce que nous faisons dans l'article qui suit.

> Songez de quelle ardeur dans Éphèse adorée,
> Aux filles de cent rois je vous ai préférée !
> *Mithr.*, act. IV, sc. IV.

Geoffroy a cru voir une ellipse. C'est une erreur. Cette phrase, que nous ne classons parmi les hellénismes, ainsi que la précédente, que parce qu'elle est très-fréquente en grec, est logique et complète: elle appartient à la grammaire générale. Voici sa construction logique : *Songez* QUE *j'ai préféré aux filles de cent rois, vous* ADORÉE *dans Éphèse, d'une* TRÈS-GRANDE *ardeur.* Ici l'adjectif TRÈS-GRANDE se joint à la conjonction QUE pour faire l'adjectif conjonctif QUELLE (*quanta*).

> Songez de quelle (grande) *ardeur* dans Éphèse *adorée,*
> Aux filles de cent rois je *vous* ai préférée.

On le voit, *que* et *grande* se contractent dans le mot *quelle* de manière à former la phrase du poëte. Cette contraction se retrouve même assez souvent, dans nos locutions les plus vulgaires. Ainsi nous disons : *Songez* A QUELS *périls j'ai échappé* pour *songez que j'ai échappé à de* TRÈS-GRANDS PÉRILS. Dans cette phrase QUELS équivaut à *que* et à *très-grand*. Si les critiques les plus pointilleux n'ont pas attaqué ces deux passages, si tous les lecteurs les entendent sans difficulté, si enfin Racine n'a pas hésité à reproduire deux fois cette forme heureuse et vive, ne devons-nous pas reconnaître que le génie de notre poésie ne refuse pas absolument de l'admettre? En cela la langue française paraît avoir un avantage sur les langues allemande et anglaise, langues d'ailleurs si souples et si hardies, mais dans lesquelles ces vers de Racine sont intraduisibles faute de participes déclinables.

HEUREUSES PRÉMICES pour *heureux commencements*.

> Toujours la tyrannie a d'heureuses prémices.
> *Brit.*, act. 1, sc. I.

Un tyran peut avoir eu d'heureux commencements, la tyrannie jamais. Ce n'est donc pas *prémices* que d'Ollivet aurait dû blâmer. *Prémices* pour *commencements* est une expression très-élégante.

HONNÊTE FAUSSAIRE.

> Ne connoîtrois-tu pas quelque honnête faussaire?
> *Les Plaid.*, act. I, sc. v.

Comique ou tragique, on reconnaît Racine à ses alliances de mots presque incompatibles. *Honnête faussaire* ne rappelle-t-il pas « *saintement homicides* » d'Athalie ?

HONNEUR ADULTÈRE.

> Elle a répudié son époux et son père,
> Pour rendre à d'autres dieux un honneur adultère.
> *Esth.*, act. I, sc. IV.

Expression heureuse empruntée à l'Écriture où l'idolâtrie des Israélites est toujours désignée par le mot *fornicatio*. (Voyez le mot *Répudier*.)

HONNEUR COMBATTU.

> Madame, et pour sauver votre honneur combattu.
> *Phèdr.*, act. III, sc. III.

Mot impropre, pour *attaqué, menacé, en danger*.

HUMIDE DE PLEURS.

> Le cœur gros de soupirs qu'il n'a point écoutés;
> L'œil humide de pleurs par l'ingrat rebutés.
> *Phèdr.*, act. III, sc. III.

Le *cœur gros* est une phrase familière que le poëte relève par, *les soupirs qu'on n'a point écoutés*. *L'œil humide de pleurs*, c'est l'expression latine : *humentes genæ*.

I

INCLÉMENCE DES DIEUX.

> Tandis que pour fléchir l'inclémence des dieux.
> *Iph.*, act. I, sc. II.

C'est l'*inclementia divum* des Latins. Le mot *inclémence* n'était pas absolument nouveau ; Corneille s'en était servi dans *Clitandre*, et on le trouve dans le dictionnaire de Nicot. Cependant on reprochait à Racine de l'avoir employé, preuve qu'il n'appartenait pas encore à la langue des grammairiens.

IDÉE pour *vision*.

> A deux fois, en dormant, revu la même idée.
> *Ath.*, act. II, sc. v.

Du temps de Racine, le mot *idée* (image) signifiait aussi *vision*. Le dictionnaire de Richelet lui donne encore cette signification, que le dictionnaire de l'Académie ne lui a pas conservée.

IMPATIENT pour le *bouillant* Achille.

> Et ne craignez-vous point l'impatient Achille.
> *Iph.*, act. I, sc. I.

Racine a pris le mot *impatient* dans le sens des Latins.

IMPUISSANT A TRAHIR.

> Je crois qu'à mon exemple impuissant à trahir.
> *Brit.*, act. V, sc. I.

Impuissant à trahir est ici pour *incapable de, trop vertueux pour*. Dans ce sens l'expression était nouvelle; elle fut mal accueillie par les grammairiens. Le père Bouhours reprochait à MM. de Port-Royal d'avoir mis dans la traduction de *l'Imitation*, *impuissant à vous taire*. Il y avait pourtant là moins de hardiesse que dans le vers de Racine. Cette acception rappelle le *impotens sui* des Latins.

IMPUNÉMENT PALI.

> Achille aura pour elle impunément pâli.
> *Iph.*, act. IV, sc. I.

Quelle énergie le nom d'*Achille* donne à cette expression! Faire pâlir Achille, et le faire *pâlir impunément*, chose impossible! Le vers dit tout cela.

IMPUNI.

> Que Pharnace impuni, les Romains triomphants,
> N'éprouvent pas bientôt: . . . . . .
> *Mithr.*, act. V, sc. v.

Impuni, appliqué aux personnes, manquait à notre langue et à notre poésie. C'est à l'exemple donné par Racine que nous devons de pouvoir dire: *un scélérat impuni*, comme on disait avant lui: *un crime impuni*.

INDIGNÉ.

> Si vous daignez, seigneur, rappeler la mémoire
> Des vertus d'Octavie *indignes* de ce prix.
> *Brit.*, act. III, sc. .

Indigne, pris en bonne part, est un latinisme. Horace dit en parlant de deux frères étroitement unis :

Vivitis indigni fraternum rumpere fœdus,

vous êtes indignes de rompre l'union fraternelle. Ce qui veut dire : *vous avez trop de vertus pour cesser de vous aimer.*

INCURABLE, REMÈDE.

D'un incurable amour remèdes impuissants.
Phèdr., act. I, sc. III.

Ces deux mots ne sont pas toujours très-nobles dans notre langue : ici ils sont très-élégants et très poétiques. Mais pour se faire une idée juste de l'art avec lequel l'auteur les a employés, il faut lire la tirade entière.

INGRATE A.

Ont rendu Bérénice ingrate à vos bontés.
Bér., act. I, sc. III.

D'Olivet critiqua cette locution pleine d'élégance; mais on lui prouva que Vaugelas avait écrit *ingrat à la fortune;* et le grammairien fut forcé de se soumettre au grammairien.

INJURE pris dans le sens de *tort fait ou reçu.*

Il suffit, comme vous je ressens vos injures.
Brit., act. I, sc. III.

C'est l'*injuria* des Latins, qui n'a pas d'autre acception que celle d'*injustice*, de *violence*, du mot *jus, juris*. Dans notre langue, il signifie encore paroles offensantes. Racine s'en est aussi servi en ce sens dans *Iphigénie* :

Souffrirai-je à la fois ta gloire et tes injures?

INNOCENCE QUI PÈSE.

Mon innocence, enfin, commence à me peser.
Andr., act. III, sc. I.

Un crime *pèse* sur la conscience; mais faire *peser* l'innocence comme le crime, cela est terrible. Une expression pareille ne peut être arrachée qu'au désespoir, et les grands poëtes seuls devinent ces choses-là.

INNOCENT MALGRÉ SA RENOMMÉE.

Thraséas au sénat, Corbulon dans l'armée.
Sont encore innocents, malgré leur renommée.
Brit., act. I, sc. II.

La gloire porte toujours ombrage à la tyrannie : telle est la pensée que Racine nous suggère sans en dire un mot. Ces formes rappellent la manière de Tacite.

INONDAIT LES PORTIQUES.
> Le peuple saint en foule *inondait* les portiques.
> *Ath.*, act. I, sc. I.

Le mot *inondait* fut critiqué, et cependant son application était à la fois juste et poétique. Dans toutes les langues, dit La Harpe, le mouvement d'une grande multitude a été assimilé à celui des flots de la mer. On dit: *les flots d'un peuple, une multitude qui s'écoule;* et, par analogie, Racine a pu dire qu'une foule *inondait* les portiques.

INQUIÉTÉE pour *témoigner trop d'inquiétude.*
> La Grèce en ma faveur est trop inquiétée.
> *Andr.*, act. I, sc. II.

Manière heureuse de donner de la concision à la langue.
Racine s'était déjà servi, mais moins heureusement, de cette expression dans *Alexandre :*
> N'en doutez pas, seigneur, mon ame *inquiétée*
> D'une crainte si juste est sans cesse agitée.
> *Alex.*, act. II, sc. I.

L'abbé d'Olivet, avec toute la rigidité du grammairien, aurait voulu que Racine eut écrit : *mon âme* INQUIÈTE, parce que le participe *inquiétée* ne présente pas le même sens que l'adjectif *inquiète*; mais le sens n'est pas si différent que ces deux mots ne puissent paraître synonymes en certaines occasions.

INQUIÉTUDE D'UN DÉSESPOIR.
> Et l'on craint si la nuit jointe à la solitude.
> Vient de son désespoir aigrir l'inquiétude.
> *Brit.*, act. V, sc. VIII.

La phrase est si claire, qu'on ne remarque pas cette alliance de mots aussi heureuse que pittoresque : *l'inquiétude d'un désespoir.*

INTERROGER DE.
> Et qui de son destin, qu'elle ne connoît pas,
> Vient, dit-elle, en Aulide interroger Calchas.
> *Iph.*, act. I, sc. IV.

Interroger de est un tour latin. Racine a préféré *de* à *sur*.

INTERRUPTION.
> Mes soldats, les rangs, le désordre, les cris, l'horreur, etc.
> *Mithr.*, act. II, sc. III.

Tous ces nominatifs devraient logiquement être suivis d'un verbe; mais le poète laisse là sa longue phrase, et complète son idée par cette vive exclamation :

> Que pouvoit la valeur dans ce trouble funeste?

Cette suspension, ou réticence, est du plus bel effet. On peut en voir un second exemple dans la description que fait Bérénice de l'apothéose de Vespasien. Racine est le créateur de cette forme, qui exprime si bien le mouvement de l'âme par le mouvement du discours. (Voyez *Nuit enflammée*.)

INSULTER.

> Vous croyez qu'un amant vienne vous *insulter*.
> *Andr*., act. II, sc. 1.

Ce mot était *nouveau, mais excellent,* suivant le témoignage de Vaugelas, qui remarque en même temps que le père Coeffeteau avait eu un moment l'envie de s'en servir, mais qu'il ne l'avait osé, de peur de blesser la grammaire, ou plutôt les grammairiens. Ce mot vient d'*insultare* ou d'*insilire*, et Racine l'a employé dans le même sens que les Latins. On peut en voir des exemples dans Virgile et dans Cicéron.

INSTRUIRE pour *apprendre*.

> Je puis l'instruire au moins combien sa confidence...
> *Brit*., act. II, sc. II.

On ne dirait pas en prose : *je puis l'instruire combien*, mais *je puis lui apprendre combien*. L'autorité de Racine a donné au mot *instruire* cette nouvelle acception.

INSTRUIT DANS SON DEVOIR.

> Ah! toute sa conduite
> Marque dans son devoir une ame trop instruite.
> *Brit*., act. I, sc. I.

On est instruit dans une science, et on est instruit de son devoir. Il y aurait donc ici une incorrection si Racine, en employant cette locution, ne voulait faire entendre que les devoirs des souverains sont eux-mêmes une science profonde. Ainsi comprise, l'expression devient excellente.

J

JETER UN OEIL pour *jeter un regard*.

> Osoit jeter un œil profane, incestueux.
> *Phèdr*., act. V, sc. VII.

Expression imitée de l'ÉCRITURE : *injecit oculos in Joseph*.

JEUNESSE EMBARQUÉE DANS UN AMOUR.
>Et dans un fol amour ma jeunesse embarquée.
>*Phèdr.*, act. I, sc. I.

C'est une de ces tournures familières que Racine a l'art de faire entrer dans le style noble, et qui donnent de la vérité à son style. Celle-ci est une des moins heureuses.

L

LA MORT INFAILLIBLE.
>Qui m'offre ou son hymen ou la mort infaillible.
>*Baj.*, act. II, sc. v.

Il y a ici une faute. On ne peut dire: elle m'offre *la* mort infaillible, parce que la mort, prise dans un sens absolu, est toujours infaillible. Pour que la phrase fût correcte, il eût fallu dire: elle m'offre *une* mort infaillible, c'est-à-dire un genre de mort auquel on ne peut échapper.

LAISSER PEU DE PLACE AU COURAGE.
>D'une nuit qui laissoit peu de place au courage.
>*Mithr.*, act. II, sc. III.

Expression neuve et hardie, pour dire: *empêcher le courage d'agir, le rendre inutile.*

LAISSER A LA MERCI.
>Me laisse à la merci d'une foule inconnue.
>*Bér.*, act. I, sc. IV.

Vieille expression, rajeunie dans ce vers, et que l'exemple de Racine nous a conservée.

LIVRER LE RESTE DE SES JOURS A L'UNIVERS.
>Et que le choix des dieux, contraire à mes amours,
>Livroit à l'univers le reste de mes jours.
>*Bér.*, act. II, sc. II.

Quelle admirable expression, et comme elle relève l'esclavage des rois! Les rois sont esclaves, il est vrai; leur naissance *les livre à l'univers.*

LIVRER SA CONDUITE.
>Ceux à qui je voulois qu'on livrât sa conduite.
>*Brit.*, act. IV, sc. II.

Expression de génie. *Livrer la conduite* d'un jeune homme à de mauvais conseils, c'est ruiner sa réputation et son avenir. On ne pouvait dire plus en moins de mots.

Lorsque au lieu d'*où*.

> Ils regrettoient le temps à leur valeur si doux,
> Lorsque assurés de vaincre, ils combattoient sous vous.
> *Boj.*, act. I, sc. I.

Lorsque au lieu d'*où* est une des locutions créées par Racine pour séparer la prose de la poésie : c'est une ellipse. Le temps, *qui leur étoit si doux, lorsque ;* cette forme est pleine d'élégance.

M

Main qui s'épanche.

> Et lorsque avec mon cœur ma main peut *s'épancher*.
> *Bér.*, act. III, sc. I.

La main ne s'épanche pas comme le cœur, elle épanche. Louis Racine justifie cette locution en disant : Cette expression hardie présente l'image d'un prince qui ouvre sa main et son cœur pour son ami. L'idée est belle, mais l'expression n'est pas justifiée.

Malheur qui se répand sur quelqu'un.

> Quelqu'un de mes malheurs se répandroit sur eux.
> *Iphig.*, act. II sc. I.

Idée et tournure antique. Racine est plein de ces traits qui ajoutent à l'illusion dramatique par la vérité locale du langage.

Malheur du sang troyen pour *le sang troyen malheureux*.

> Vous voit du sang troyen relever le malheur.
> *Andr.*, act. I, sc. II.

Cette forme, plus latine que française, manque peut-être un peu de clarté. Il ne s'agit pas de relever le malheur des Troyens, mais de relever les Troyens malheureux.

Malheur qui passe l'espérance.

> Grace aux dieux, mon malheur passe mon espérance.
> *Andr.* act. V, sc. V.

Cette expression rappelle le *sperare dolorem* de Virgile (*Énéide*, liv. IV, v. 419). Mais ce qui n'est dans Virgile qu'une hardiesse grammaticale est ici l'expression la plus amère et la plus profonde d'une âme désespérée. Racine a quelquefois le talent de Tacite : il peint avec un mot.

Une malheureuse pour une *infortunée*.

> Hélas ! que de raisons contre une malheureuse !
> *Boj.*, act. III, sc. III.

Voilà un de ces mots dont le sens a changé en passant dans le langage familier. Aujourd'hui on ne pourrait plus dire d'une femme infortunée que c'est *une* malheureuse; mais on dirait bien encore : cette femme est malheureuse. Ainsi le mot n'a changé de sens que comme substantif.

Marcher son égal.

> Je ceignis la tiare et marchai son égal.
> *Ath.*, act. III, sc. III.

Cette belle expression, qui rend celle de Virgile, *incedo regina*, fut reçue avec admiration.

Méditer la défaite.

> Et qui sait si l'ingrate, en sa longue retraite,
> N'a point de l'empereur médité la défaite ?
> *Brit.*, act. III, sc. v.

Une femme qui médite *la défaite* d'un homme comme un général médite la défaite d'une armée. Le mot *défaite* est beau parce que cet homme est un empereur.

Mendier la mort.

> J'ai mendié la mort chez des peuples cruels.
> *Andr.*, act. II, sc. II.

On pouvait dire : J'ai cherché, j'ai demandé; mais Racine dit mieux, il parle comme Oreste lui-même.

Mer fermée.

> Tandis qu'à nos vaisseaux la mer toujours fermée.
> *Iph.*, act. I, sc. II.

La mer fermée à des vaisseaux pour le chemin de la mer fermé. L'expression est belle à cause des idées qu'elle fait naître : une mer est fermée par le calme, par les vents, par la tempête, voilà la poésie.

Mer qui fuit.

> Au seul son de sa voix, la mer fuit, le ciel tremble.
> *Esth.*, act. I, sc. III.

La mer fuit est une image empruntée du psaume CXIII vers. 3 : *Mare vidit et fugit*.

Mériter qu'on craigne.

> Ils croiront, en effet, mériter qu'on les craigne.
> *Brit.*, act. IV, sc. IV.

En prose on eût dit : Les Romains croiront qu'ils peuvent se faire craindre. Le poëte dit mieux : le mot *mériter*, dans la bouche de Narcisse, a quelque chose d'ironique et de méprisant qui marque l'avilissement des peuples · ils ne méritent pas même qu'on les craigne!

Misère. — *Achever sa misère* pour *achever sa misérable vie.*
>Hécube près d'Ulysse acheva sa misère.
>*Andr.*, act. I. sc. II.

Façon de parler hardie et poétique. *Misère*, dit Geoffroy, est un terme noble; il ne signifie pas seulement *pauvreté, infamie,* mais *malheur, infortune.*

Mettre des pleurs dans une balance.
>Que Rome avec ses lois mette dans la balance
>Tant de pleurs, tant d'amour, tant de persévérance.
>*Bér.*, act. IV, sc. IV.

Il est inutile de le remarquer, ce ne sont pas des pleurs que le poëte met dans la balance, c'est tant *de pleurs,* tant *d'amour.* Ainsi Racine, avec un seul mot, donne de la vérité et de la grâce aux images les plus singulières en apparence.

Ministre violente.
>D'un fier usurpateur ministre violente.
>*Frères enn.*, act. II, sc. III.

La Harpe pensait qu'en poésie *ministre* pouvait avoir un féminin. En effet, ce mot vient du latin *minister,* ou *ministra.* Cette double étymologie, jointe à l'autorité du grand poëte, aurait dû faire accepter ce mot dont la désinence se prête d'ailleurs si facilement aux deux genres.

Moissons de gloire.
>Songez, seigneur, songez à ces moissons de gloire
>Qu'à vos vaillantes mains présente la victoire.
>*Iph.*, act. V, sc. II.

On dit : *un champ de gloire, les palmes de la gloire;* ces expressions reçues justifient par l'analogie celui qui le premier a trouvé l'expression neuve et poétique : *moissons de gloire.*

Monstres vulgaires.
>Ces monstres, etc. . . . .
>La race de Laïus les a rendus vulgaires.
>*Frères enn.*, act. I, sc. I.

Louis Racine critique ces mots ; *monstres vulgaires* pour *monstres communs.* Il n'a pas compris la langue du poëte. *Monstres communs* serait pitoyable. Le poëte a un peu élargi le sens du mot *vulgaire,* mais il ne l'a pas forcé, la preuve c'est que tout le monde l'entend; c'est donc une conquête et non une faute.

N

Naufrage élevé au-dessus, etc.

> Au-dessus de leur gloire un naufrage élevé,
> Que Rome et quarante ans ont à peine achevé.
> *Mithr.*, act. II, sc. IV.

Tout cela est plein de grandeur. Le dernier vers relève le premier, et efface la faute, si c'est une faute que d'avoir mis *naufrage* pour *défaite*. Nous engageons le lecteur à lire dans la pièce la période tout entière. C'est une des plus belles qui soient dans notre langue.

Nouvelle sanglante.

> Quand je n'en aurois pas la nouvelle sanglante.
> *Mithr.*, act. V, sc. I.

Expression hardie et que le trouble de celui qui parle rend presque naturelle. Racine enrichit la langue par le mouvement des passions.

Nuit enflammée.

> Ces flambeaux, ce bûcher, cette nuit enflammée,
> Ces aigles, ces faisceaux, ce peuple, cette armée.
> *Bér.*, act. I, sc. V.

Le poëte peut dire cette nuit enflammée, car il fait précéder cette phrase des mots flambeaux et bûcher, qui expliquent comment la nuit est enflammée.

Mais ce qui est encore plus extraordinaire que cette locution, c'est la construction de la phrase entière. De quoi tous ces nominatifs accumulés sont-ils suivis ? d'une exclamation : *ciel, avec quel respect!* etc. Bérénice dans son trouble ne s'assujettit pas à la construction grammaticale. Elle fait un tableau, puis elle se récrie en exprimant l'enchantement que ce tableau a fait naître en elle. C'est le mouvement même de la nature. Je crois cette forme si poétique de l'invention de Racine; au moins l'a-t-il fait passer de la langue grecque, où elle est très-commune, dans la nôtre; on peut en voir un second exemple dans *Mithridate*, act. II, sc. III.

O

S'OBSTINER A ÊTRE FIDÈLE.

> Je voulus m'obstiner à vous être fidèle.
> *Andr.*, act. IV, sc. v.

Ici le mot *s'obstiner* est pris en bonne part; et Louis Racine remarque que c'était une nouveauté dans la langue.

ŒIL OÙ BRILLE LA JOIE.

S'ENIVRER DU PLAISIR DE...

> Et d'un œil où brillaient sa joie et son espoir,
> S'enivrer, en marchant, du plaisir de la voir.
> *Andr.*, act. V, sc. II.

Toutes ces expressions sont neuves et poétiques. La première peint admirablement d'orgueil de la conquête; la seconde peint son triomphe; c'est un tableau complet. Remarquez que la construction de ces vers appartient exclusivement à la poésie, et cela est si vrai qu'on ne pourrait les mettre en prose sans de grandes inversions.

OMBRAGE pour *crainte*.

> Enfin je viens chargé de paroles de paix;
> Vivez, solennisez vos fêtes sans ombrage.
> *Ath.*, act. III, sc. IV.

Ombrage signifie figurément *défiance, soupçon;* ici il est pris pour *crainte*, ce qui est une acception nouvelle. Du reste, solennisez vos fêtes *sans ombrage,* pour dire : soyez sans ombrage pendant la solennité de vos fêtes, est une inversion qui nuit un peu à la clarté de la phrase. (Voyez le commentaire de *Phèdre*, act. II, sc. v.)

OUVRIR LE DISCOURS pour *m'en ouvrir à elle*.

> Mais par où commencer? vingt fois depuis huit jours
> J'ai voulu devant elle en ouvrir le discours.
> *Bér.*, act. II, sc. II.

Racine donne ici à ce mot le sens qu'il a dans *ouvrir la scène, ouvrir un avis.*

OUVRIR LE TRÔNE.

> Je veux m'ouvrir le trône ou jamais n'y paraître.
> *Frères enn.*, act. IV, sc. III.

Il s'agit ici de *conquérir* le trône : l'expression *ouvrir* est faible. Racine étudie sa langue, il ne la fait pas encore.

P

PARER pour *garantir*.

> De ce coup imprévu songeons à nous parer.
> *Ath.*, act. V, sc. ii.

Du temps de Racine, on disait avec élégance *se parer* pour *se garantir*; aujourd'hui ce mot s'emploie encore, mais seulement dans le style familier. Il n'est pas inutile de remarquer que nous devons au mot *parer*, pris dans ce sens, les composés par'-à-vent — par'-à-pluie — par'-à-chute, etc., etc.

SE PARER D'UNE FOI.

> Sans vous parer pour lui d'une foi qui m'est due.
> *Mithr.*, act. IV, sc. iv.

Manière poétique de dire *sans affecter de lui garder une foi qui m'est due.*. Le mot *parer* renferme ici le mot *affecter*, et il a passé avec ce sens dans notre langue.

PARESSE pour *lenteur*.

> Elle excuse son père. . . . .
> Le barbare à l'autel se plaint de *sa paresse.*
> *Iph.*, act. IV, sc. ii.

Observez, dit la Harpe, ce que c'est que d'adapter l'expression à la situation et au personnage. Si ce mot *paresse* n'était pas ici en dénigrement, ou si c'était Agamemnon qui s'en servit, il ne serait pas supportable; mais c'est Clytemnestre indignée qui attribue cette pensée à Agamemnon, dès lors le mot *paresse* est infiniment meilleur que ne serait le mot *lenteur*.

PARLER DU COEUR.

> Tu lui parles du cœur, tu la cherches des yeux.
> *Andr.*, act. IV, sc. v.

Tu lui parles du cœur. Jamais la jalousie n'a rien inspiré de plus profond. Deux mots unis pour la première fois, *parler du cœur*, suffisent à Racine pour exprimer ce que la passion a de plus excessif. Il y a des mots qui sont la révélation des pensées de tout le monde : celui-là en est un.

PARLER MES DOULEURS.

> Et comme il faut enfin fais parler mes douleurs.
> *Frères enn.*, act. I, sc. vi.

Racine le fils remarque que cette locution très-belle est cependant répréhensible : elle était donc nouvelle. (Voy. FAIRE PARLER.)

PARMI suivi d'un singulier.

> Mais parmi ce plaisir quel chagrin me dévore !
> *Brit.*, act. II, sc. VI.
> Et parmi le débris, le ravage et les morts.
> *Ath.*, act. III, sc. III.

La Harpe a corrigé ce dernier vers en écrivant *et parmi les débris*. Racine, dans l'édition originale d'*Athalie* et dans l'édition complète de ses œuvres (1697), la dernière qu'il ait donnée, emploie le mot *débris* au singulier : c'était en effet la langue de l'époque. Corneille a dit :

> Parmi ce grand amour que j'avois pour Sévère,
> J'attendois un époux de la main de mon père.
> *Pol.*, act. I, sc. III.

Molière a dit aussi dans l'*École des Femmes*, act. V. sc. VII :

> Ce m'est quelque plaisir parmi tant de tristesse.

Richelet, dans son dictionnaire, au mot *Parmi*, cite l'exemple suivant : *parmi l'embarras des affaires*. Ainsi, avant Racine, *parmi* pouvait être suivi d'un singulier. Aujourd'hui il doit toujours être suivi d'un pluriel ou d'un nom collectif. On dit très-bien *parmi le peuple, parmi les soldats,* peut-être même pourrait-on dire encore *parmi le débris,* parce que *débris* est presqu'un mot collectif. Le débris d'une ville, c'est-à-dire le brisement des maisons et des palais d'une ville.

PARTAGER LES DIEUX.

> Mais quoique seul pour elle, Achille furieux
> Épouvantoit l'armée et partageoit les dieux.
> *Iph.*, act. V, sc. VI.

Latinisme pour *suspendre la décision*. C'est la grandeur d'Achille qui tient les dieux en suspens. Idée magnifique exprimée par ce seul mot, *partageait*.

PAS PARJURES.

> Que tous mes pas vers vous soient autant de parjures.
> *Andr.*, act. II, sc. II.

Cela est hardi, mais cela est clair et poétique.

PERFIDE POUR QUELQU'UN.

> ... Pour moi, pour vous-même, également perfide.
> *Baj.*, act. IV, sc. VI.

Perfide pour quelqu'un n'a pas été adopté par l'usage, quoique cette tournure soit plus vive que *perfide envers quelqu'un,* seule locution conforme à l'usage.

Périls pour *retraites.*

> La guerre, les périls sont vos seules retraites.
> *Mithr.*, act. III, sc. i.

Des périls qui *sont des retraites.* Cela est d'une grande beauté, mais il faut remarquer que toutes ces beautés ressortent naturellement du caractère de Mithridate, et de la situation où les Romains l'ont placé. Le secret de Racine est de dire ce que devaient dire ses personnages. Les plus belles expressions sont toujours des pensées qui peignent un caractère.

Périls sincères.

> Croiront-ils mes périls et vos larmes sincères?
> *Boj.*, act. II, sc. i.

Racine, dit La Harpe, a le premier donné l'exemple de réunir deux mots par la même épithète, lorsqu'il se trouve dans le dernier un rapport exact, et dans l'autre une analogie d'idée suffisante. C'est ici le cas : les périls sont réels quand les larmes sont sincères. Ainsi l'un fait ici supposer l'autre, et la sincérité des larmes fait sous-entendre la réalité des périls.

Persécuter sur.

> Oui, les Grecs sur le fils persécutent le père.
> *Andr.*, act. I, sc. ii.

L'abbé d'Olivet dit que cette locution *est barbare;* elle est cependant entrée dans la langue, parce qu'elle dit poétiquement ce qu'il était si facile de dire d'une manière vulgaire :

> Oui, les Grecs dans *le fils* persécutent le père.

Peuple injurieux.

> Et pourquoi? pour entendre un peuple injurieux.
> *Bér.*, act. V, sc. v.

La poésie a le privilége de transporter les épithètes des choses aux personnes, et Racine use ici de ce privilége, qui n'est pas toujours d'accord avec les règles sévères de la grammaire.

Peser. — Fardeau.

> Ou lassés, ou soumis,
> Ma funeste amitié pèse à tous mes amis;
> Chacun à ce fardeau veut dérober sa tête.
> *Mithr.*, act. III, sc. i.

C'est Mithridate qui parle. Quel style et quel tableau! une amitié qui pèse et des amis qui veulent dérober leur tête à ce fardeau. Voilà une langue toute nouvelle. L'inversion des deux premiers vers est d'une grande élégance ; on s'aperçoit à peine que *lassés* et *soumis,* qui se rapportent au cas du verbe, sont placés avant le nominatif.

Phrase familière : JE NE SAIS CE QUI M'ARRÊTE QUE JE NE COURE.

> Je ne sais qui m'arrête et retient mon courroux
> Que, par un prompt avis de tout ce qui se passe,
> Je ne coure des dieux divulguer la menace!
> *Iph.,* act. IV. sc. 1.

C'est, dit la Harpe, la phrase si commune : *Je ne sais qui me tient que je ne fasse telle chose.* Racine est de tous les poëtes celui qui, à l'exemple d'Euripide, a fait entrer dans le style noble le plus de ces tournures familières qu'il sait ennoblir pour la poésie, et qui donnent à la sienne tant de vérité. On en trouvera un grand nombre d'exemples dans ce dictionnaire.

PLAINDRE LA RIGUEUR DES LOIS.

> Je révoque des lois dont je plains la rigueur.
> *Phèdr.,* act. II, sc. II.

Avant Racine on aurait dit : *dont la rigueur a été cause que je vous ai plaint.* Ces tours vifs sans obscurité sont très-remarquables. Ils étaient nouveaux dans la langue.

PLAINDRE AVEC SUJET pour *plaindre avec raison.*

> Pardonnez, Acomat, je plains avec sujet
> Des cœurs, etc.
> *Baj.,* act. II, sc. III.

On dit bien : *j'ai sujet de me plaindre,* mais *je me plains avec sujet* est une phrase qui manque d'élégance. Aussi n'est-elle pas entrée dans la langue.

PLEURS QUI RAPPELLENT DES PAS.

> Quand mes pleurs vers Roxane ont rappelé ses pas.
> *Baj.,* act. III, sc. III.

Charmante expression qui dit poétiquement ce que le poëte veut dire.

SE PLONGER DANS DES SOINS.

> Ah! dans quels soins, madame, allez-vous vous plonger!
> *Baj.,* act. I, sc. IV.

On est plongé dans le chagrin, et par analogie on peut être plongé dans des soins. La Harpe trouve *soins* faible. Cependant il est à remarquer que Racine emploie partout ce mot dans le sens poétique du latin *curæ*. (Voyez *Soin*.)

POISONS FIDÈLES.

> Des poisons que lui-même a cru les plus fidèles.
> *Mithr.*, act. V, sc. IV.

Il n'y a point d'épithète plus neuve et plus hardie, dit La Harpe, et elle est si bien placée qu'elle ne paraît ni neuve ni hardie. C'est la perfection de l'art. Remarquez bien que le caractère du personnage et la passion qui le tourmente fournissent toujours au poëte ses plus belles expressions.

DES PORTES QUI OBÉISSENT.

> Que ces portes, seigneur, n'obéissent qu'à moi.
> *Esth.*, act. II, sc. I.

Des portes qui n'obéissent qu'à un seul homme, expression qui peint d'une manière poétique les mœurs de l'Orient.

POSER LE FER.

> Cui, nous jurons. . . . .
> De ne poser le fer entre nos mains remis,
> Qu'après l'avoir vengé. . . . .
> *Ath.*, act. IV, sc. III.

C'est le *ponere arma* des Latins.

POURSUIVRE UN COURROUX.

> Poursuivez, s'il le faut, un courroux légitime.
> *Baj.*, act. V, sc. IV.

On suit son courroux parce qu'on se laisse entraîner, on poursuit la vengeance parce qu'on veut l'obtenir. Cependant, comme on dit *poursuivre son chemin, poursuivre son discours*, il semble que Racine ait pu employer ce vers dans le sens de *continuer*.

PRÉPARER UN VISAGE.

> Au moins si j'avois pu préparer son visage.
> *Baj.*, act. I, sc. IV.

Pour *l'avertir de composer son visage, de se tenir en garde contre le danger qui le menace*. Expression hardie et heureuse.

PRÉSENCE pour *aspect des lieux*.

> Hé! depuis quand, seigneur, craignez-vous la présence
> De ces paisibles lieux si chers à votre enfance?
> *Phèdr.*, act. I, sc. I.

Figure heureuse par laquelle les lieux sont mis à la place des objets dont ils nous rappellent le souvenir. On dit bien *en présence du ciel, en présence des autels*. Racine a donc pu dire, par analogie, *la présence des lieux*.

Prétendre.
> Se vit exclu d'un rang vainement prétendu
> *Brit.*, act. III, sc. III.

Ce vers offre un exemple d'une des plus singulières bizarreries de notre langue. On dit bien *prétendre un rang*, mais le mot *prétendre* change d'acception en devenant participe ou adjectif. Un *rang prétendu*, c'est un rang supposé. C'est donc une chose fort remarquable que Racine ait pu rendre à cet *adjectif* la signification du verbe, en y ajoutant l'adverbe *vainement*.

Prince déplorable. — Père déplorable.
> Vous voyez devant vous un prince déplorable.
> *Phèdr.*, act. II, sc. II.

Déplorable pour *malheureux*. Avant Racine ce mot ne se disait que des choses. Depuis Racine il s'est dit des personnes, surtout en poésie. C'est le *flebilis* d'Horace. (Voy. *Déplorable Oreste*.)

Proie de Dieu.
> Grand Dieu, voici ton heure, on t'amène ta proie.
> *Ath.*, act. V, sc. III.

Une femme impie, une reine, voilà la proie du Dieu des Juifs. Cette expression, aussi terrible que poétique, est justifiée par les livres saints, qui en renferment une multitude de semblables.

Promis aux vautours.
> La nation entière est promise aux vautours.
> *Esth.*, act. II, sc. I.

Admirable expression que Racine ne doit pas à l'Écriture.

Prononcer le trépas, pour *prononcer l'arrêt du trépas*.
> De bénir mon trépas quand ils l'ont prononcé.
> *Boj.*, act. I, sc. I.

Prononcé est plus poétique, plus affirmatif qu'*ordonné*; il semble qu'un arrêt prononcé est comme une chose faite; il n'y a plus de recours, tandis qu'un trépas ordonné peut être suspendu.

Prospère.
> Ont vu bénir le cours de leurs destins prospères.
> *Esth.*, act. III, sc. IX.

Vieux mot que Racine nous a conservé.

Q

QUE pour *ce que*.

> Attend que deviendra le destin de la reine.
> *Bér.*, act. II, sc. II.

Malherbe a dit : *Il n'a jamais éprouvé* QUE *peut un visage d'Alcide.* Vaugelas remarque qu'on ne disait plus guère de son temps *que c'est* pour *ce que c'est*. Cependant Thomas Corneille, plus de vingt ans après la représentation de *Bérénice,* écrivait que cette expression était encore employée par de bons auteurs. Elle aurait dû rester française, car elle est bien suivant le génie de la langue, comme le prouve cette phrase vulgaire : Je ne sais *que* dire, pour : Je ne sais *ce que je dois* dire.

QUEL DEVINS-JE, pour *dans quel état me mit le récit*.

> Quel devins-je au récit du crime de ma mère !
> *Mithr.*, act. I, sc. I.

Ce latinisme était sans doute en usage du temps de Racine, car aucun critique contemporain ne l'a relevé, et Racine lui-même l'a employé une seconde et troisième fois dans *Iphigénie,* act. Ier, sc. Ire, et dans *Bérénice,* act. Ier, sc. IV. Ici *quel* ne veut pas dire *que,* il est pris dans le sens du *qualis erat* de Virgile, et du *qualis pereo* de Tacite. Ce mot n'est plus employé dans ce sens qu'avec le verbe être. On dit encore : *Quel fut mon étonnement, quel était mon ennui,* etc. Corneille a dit dans *Héraclius,* et l'on dirait peut-être encore aujourd'hui :

> Voilà *quelle* je suis et *quelle* je veux être.

QUI pour *quelqu'un*.

> Voici qui vous dira les volontés des cieux.
> *Ath.*, act. IV, sc. I.

Voici celui qui, ou quelqu'un qui vous dira. Phrase familière : on dit vulgairement : QUI *trop embrasse mal étreint;* QUI *vivra verra,* pour *celui* QUI, etc. Cette forme a de la rapidité, et Racine, en l'employant dans ses vers, montre quel parti un grand poëte peut tirer des expressions les plus communes.

QUITTER, pour *céder, abandonner*.

> J'aurois même regret qu'il me *quittât* l'empire.
> *Frères enn.*, act. IV, sc.

Ce mot se disait autrefois pour *abandonner, céder.* C'est de là que nous vient l'expression *donner quittance, tenir quitte.* On dit encore aujourd'hui, dans le sens de Racine : Je vous *quitte* la place, pour : Je vous cède la place. Voltaire a dit : *Il n'a quitté la place qu'à six cents hommes,* c'est-à-dire il n'a cédé *la place qu'à six cents hommes.*

Qu'y joindre, pour *que d'y joindre.*

> Mais c'est pousser trop loin ses droits injurieux
> Qu'y joindre le tourment que je souffre en ces lieux.
> *Iph.,* act. III, sc. IV.

Plusieurs grammairiens ont condamné la suppression de la préposition *de* devant l'infinitif *joindre.* Mais la poésie admet cette licence. Boileau en offre un exemple dans sa satire X, et Voltaire dans la scène VIII de l'acte IV de *Brutus.* Une chose plus utile à noter que ces chicanes grammaticales, c'est cette locution si énergique : *joindre un tourment à des droits injurieux.* Vous voulez signaler une faute dans Racine, examinez bien, car à côté de cette faute vous trouverez à coup sûr une beauté non encore aperçue.

R

Rabaisser des attraits.

> Détestant ses rigueurs, *rabaissant ses attraits.*
> *Andr.,* act. I, sc. I.

On *rabaisse l'orgueil,* disait Subligny, on ne rabaisse pas des attraits. Cette critique peut donner une idée de l'état de la langue avant Racine.

Racheté du tombeau.

> A l'aspect de ce roi racheté du tombeau.
> *Ath.,* act. V. sc. I.

Racheté, plus beau que *retiré* ou *rappelé.*

Se ranger a l'hymen.

> Fais-lui valoir l'hymen où je me suis rangée.
> *Andr.,* act. IV, sc. I.

Cette expression est belle, dit Louis Racine, parce qu'elle fait sentir qu'Andromaque n'a consenti à cet hymen que malgré elle. Elle n'y a pas volé, elle s'y est rangée.

Se ranger a vos pieds.

> Que bientôt à vos pieds il alloit se ranger.
> *Andr.,* act. IV, sc. II.

On se range aux ordres, on se range à son devoir, mais on ne vient pas se *ranger* aux pieds de quelqu'un : il y a quelque chose d'apprêté dans le sens de ce mot qui ne convient pas à la situation d'Oreste. Ces fautes sont rares dans Racine, voilà pourquoi on les remarque.

RANGER LES CŒURS DU PARTI DE SES LARMES.

> Et ranger tous les cœurs du parti de ses larmes.
> *Brit.*, act. IV, sc. v.

Agrippine, la mère de l'empereur, n'ayant plus d'autre parti que celui que lui donne ses larmes ! quelle heureuse et touchante expression !

RAVALE.

> Quoi ! tu ne vois donc pas jusqu'où l'on me ravale ?
> *Brit.*, act. III, sc. iv.

Ravale, qui est encore dans *Phèdre*, est un de ces vieux mots très-expressifs que Racine a conservés à notre langue, et qui produisent un grand effet lorsqu'ils sont employés par une main habile.

Se RAVIR D'UN LIEU, pour *se dérober, s'échapper*.

> Vous savez de ces lieux comme elle s'est ravie.
> *Brit.*, act. V, sc. viii.

On ravit quelque chose, on ne se ravit pas soi-même, le mot *ravir* signifie *enlever de force*.

REBROUSSER.

> Et força le Jourdain de rebrousser son cours.
> *Ath.*, act. V, sc. i.

Ce mot n'existait pas sous Henri IV; on le cherche en vain dans Nicot, et sans doute il n'était pas bien ancien, puisque Louis Racine se crut obligé de soutenir qu'il était de très-bon français.

RECUEILLIR DES PLEURS.

> De recueillir des pleurs qui ne sont pas pour moi.
> *Bér.*, act. III, sc. ii.

Cette expression si pittoresque était alors nouvelle, elle appartient encore aujourd'hui à la langue poétique.

RECULER DES PLEURS.

> J'ai reculé vos pleurs autant que je l'ai pu.
> *Boj.*, act. II, sc. v.

On recule *un jugement*, on recule *ses payements*, mais on ne recule pas des pleurs. L'idée de l'auteur est : reculer *l'événement* qui fera couler vos pleurs. L'ellipse n'est pas heureuse.

REFRISER.

> Et comme on voit l'onde en repos
> Souvent refriser de ses flots
> La surface inconstante.
>
> *Paysage de P.-R.*, ode II.

C'est un vieux mot que Racine emploie ici à la manière de Ronsard, qui, dans une de ses poésies, fait *friser* la perruque des prés.

REGARDE : LES DIEUX M'ONT REGARDÉ.

> Les dieux, après six ans, enfin m'ont regardé.
> *Phèdr.*, act. III, sc. v.

Expression empruntée à la *Bible,* pour dire : *ont eu pitié de moi, m'ont regardé favorablement.*

REGARDS ERRANTS A L'AVENTURE.

> Et ces sombres regards errants à l'aventure.
> *Brit.*, act. II, sc. II.

L'analogie réclame en faveur de cette expression ; on peut dire des regards errants à l'aventure, comme on dit *promener ses regards.*

REGARDE, pour *concerne.*

> Est-ce Obed, est-ce Amnon, que cet honneur regarde ?
> *Ath.*, act. I, sc. II.

On dit bien : *celle affaire vous regarde, ce soin vous regarde ;* mais peut-on dire : *cet honneur vous regarde ?* Oui, quand cet honneur est comme ici une charge importante à remplir.

RELÉGUÉ DANS MA COUR.

> M'avez-vous, sans pitié, relégué dans ma cour ?
> *Brit.*, act. II, sc. III.

C'est Néron qui parle. On lui a longtemps caché la présence d'un objet qu'il aime, c'était le *reléguer* dans sa cour ; l'idée ne pouvait être exprimée avec plus de concision et de bonheur.

RELIQUES D'UN DÉBRIS, pour *les restes d'un débris.*

> Chargeant de mon débris les reliques plus chères.
> *Baj.*, act. III, sc. II.

Ici Racine parle la langue de son temps. On voit dans Vaugelas que c'est très-bien parler que de dire *les reliques d'un naufrage, les reliques d'une armée.* Dans ces exemples Vaugelas fait *reliques* synonyme de *restes;* il eût donc approuvé *les reliques d'un débris.* Cependant on peut remarquer que le mot *débris* est employé ici au singulier, et qu'il n'exprime pas le *fragment* d'une chose, mais la chose brisée *tout entière;* il y a donc impropriété de terme.

Remparts cachés sous leurs ruines.

> Enfin, après un siége aussi cruel que lent,
> Il dompta les mutins, reste pâle et sanglant
> Des flammes, de la faim, des fureurs intestines,
> Et laissa leurs remparts cachés sous leurs ruines.
> *Bérén.*, act. I, sc. iv.

A quoi se rapportent *leurs ruines?* est-ce à *remparts* ou à *mutins?* Louis Racine veut que le rempart soit caché sous ses ruines, ce qui est absurde, car dès qu'il y a ruines le rempart n'existe plus, et par conséquent *ses ruines* ne peuvent le cacher. Le possessif *leurs* employé deux fois dans le même vers a nécessairement la même relation. — *Sous leurs ruines* doit s'entendre, à notre avis, *sous les ruines de leur ville,* comme *leurs remparts,* c'est-à-dire *les remparts de leur ville.*

Remplir la majesté d'un rang.

> . . . . . Dans un rang
> Dont je n'ai pu de loin soutenir la clarté,
> Et dont une autre enfin *remplit la majesté.*
> *Brit.*, act. II, sc. iii.

Rien ne peint mieux la modestie de Junie que ce dernier trait. Ici Racine rachète par de grandes beautés cette phrase un peu hasardée : *remplir la majesté,* pour *posséder toutes les qualités qui rendent digne de l'empire.*

Rentrer au trouble.

> Et rentre au trouble affreux dont à peine je sors.
> *Iph.*, act. V, sc iv.

Rentrer au trouble, pour *retomber* dans le trouble. L'expression peut fort bien passer, selon nous.

L'outrage des pleurs.

> Souffrez que de vos pleurs je répare l'outrage.
> *Bérén.*, act. IV, sc. ii.

Phénice veut tout simplement arranger les cheveux de Bérénice. Entre mille talents, Racine a celui d'exprimer avec grâce, même avec noblesse, les plus petits détails.

Répondre qui.

> Phœnix même en répond, qui l'a conduit exprès
> Dans un fort, etc.
> *Andr.*, act. V, sc. ii.

Phœnix en *répond qui* est une tournure latine. C'est, dit La Harpe, une nouvelle preuve des efforts que faisait Racine dès son premier chef-d'œuvre pour transporter dans notre langue les tournures propres aux langues anciennes.

Respectable.

> Un éclat qui le rend *respectable* aux dieux mêmes.
> *Esth.*, act. II, sc. vii.

Le mot *respectable* était nouveau dans la langue, et il y avait été introduit par la cour. Richelet remarque même qu'on ne s'en servait pas encore librement. Toutefois La Bruyère l'avait employé presque en même temps que Racine, dans la cinquième édition de ses *Caractères*.

Ressentiment, pour *reconnaissance d'un bienfait*.

> Tandis qu'autour de moi votre cour assemblée
> Retentit des bienfaits dont vous m'avez comblée,
> Est-il juste, seigneur, que seule en ce moment
> Je demeure sans voix et sans *ressentiment!*
> *Bér.*, act. II, sc. iv.

Dans notre ancienne langue ce mot se disait également du *ressouvenir d'une injure* et du ressouvenir d'une faveur reçue. Dablancourt a dit : *Le ressentiment qu'il avoit de l'estime qu'il faisoit d'elle,* etc. Racine est le dernier écrivain qui ait employé ce mot dans ce sens, mais il n'a pu le faire vivre.

Résolvez ; que résolvez-vous ?

> . . . . Madame, et que résolvez-vous?
> *Andr.*, act. III, sc. viii.

C'est Vaugelas qui décida, comme prince souverain de la grammaire, qu'il fallait dire : *vous résolvez, nous résolvons,* du participe présent résolvant, comme on dit : je résoudrai, je résoudrais, de l'infinitif résoudre.

Ressentir des crimes pour *avoir le ressentiment*.

> Le fils de Claudius commence à ressentir
> Des crimes dont je n'ai que le seul repentir.
> *Brit.*, act. III, sc. iii.

Ressentir est là pour se ressentir, avoir le ressentiment. Malgré l'analogie des deux mots, ces vers manquent de clarté.

RÉVEILLER LA DOULEUR DES MORTS.
> . . . . . As-tu pensé. . . . .
> . . . . Que de tant de morts réveillant la douleur.
> *Andr.*, act. IV, sc. I.

Quelle image ! pour dire : *faisant une chose que les morts désapprouveraient.*

RÉVEILLER LES MISÈRES pour *renouveler*, etc.
> De Troie, en ce pays, réveillons les misères.
> *Andr.*, act. IV, sc. III.

Suivant la remarque de La Harpe, on dit bien *réveiller la douleur*, parce que la douleur peut s'assoupir, mais on ne dit pas *réveiller les misères* pour *renouveler les misères.*

RIME.
> Attaquons dans leurs murs ces conquérants si fiers ;
> Qu'ils tremblent à leur tour pour leurs propres foyers.
> *Mithr.*, act. IV, sc. VII.

Corneille, Racine et Boileau étaient très-scrupuleux sur la rime, d'où il faut conclure, lorsque leurs vers se terminent par des mots qui aujourd'hui ne riment pas, que l'un des deux mots a changé de prononciation. Ces vers de *Mithridate*, par exemple, sont parfaitement justifiés par la grammaire d'Antoine Oudin (publiée en 1645). Voici ce que dit ce grammairien : « *E* se prononce ouvert à la fin de ces mots : *amer, cher, enfer, fermer, entier, altier* (page 4) ; » ces deux derniers mots se prononçaient donc : *entière, altière.* Continuons de citer Oudin. « *R* doibt être prononcée ordinairement *partout*... il faut excepter les verbes en *er* et en *ir*, et aussi les dictions *premier, dernier*, et les noms de dignités et mestiers en *er, conseiller, financier, barbier*, etc. (page 27). » D'où il résulte que l'*r* se prononçait dans *foyer* comme dans *altier*, et que la rime était excellente du temps de Racine. Citons un autre exemple :

> Mais dans mon désespoir je cherche à les accroître.
> Madame, par pitié, faites-le moi connoître.
> *Mithr.*, act. II, sc. VI.

Pour faire rimer ces deux vers à l'oreille, comme ils riment aux yeux, prononçait-on *connoître* comme *accroître*, ou *accraître* comme *connaître* ? La solution de cette question n'est pas facile. Peut-être les deux prononciations ont-elles été en usage à différentes époques. Ce qu'il y a de certain, c'est qu'aucun son n'a été plus difficile à fixer que celui de la diphthongue *oi.* Consultons encore Oudin, p. 42 : « Premièrement, dit-il, *oi* se prononce *oe* aux infinitifs terminés en *oir* : *concevoir, concevoer; apercevoir, apercevoer*. De même au milieu et à la fin de la plupart des dictions, et principalement des monosyllabes, comme trois, *troe,* noix, *noe,* moy, *moe,* loy, *loe,* etc. Autrement il se prononce *ai* ou comme l'*e* fort ouvert, aux imparfaits des verbes : *j'aimois, je ferois, j'aimais, je ferais,* et en ces deux : soit et croit. » Ainsi du temps de Oudin et de Racine on disait : *elle ne* craint *pas qu'il* sait *malheureux.*

« Davantage, continue toujours Oudin, en ces mots *cognoistre, paroistre, adroit, droit, froid, estroit, François, courtois, courtoisie.* Car il est plus doux et plus mignard de les prononcer : *Connaistre, paraistre, adrait, drait, frait, estrait, Français, courtais, courtaisie.* Oi devant *gn* se prononce comme *o* simple. *Soigneux, sogneux, soigner, sogner. Nettoyer* se prononce vulgairement *nettayer* (page 43). » (C'est ainsi que l'on écrit encore *oignon,* et qu'on prononce *ognon.*)

Ainsi c'est à une affectation de mignardise qu'est dû le changement de *oi* en *ai*. Plusieurs mots, il est vrai, ont résisté à l'innovation. D'autres ont cédé d'abord, puis sont revenus à l'ancien usage, ainsi que le prouvent plusieurs de ceux que cite Oudin. Il paraît que le son *ai* n'était qu'une tolérance dans le langage familier, et que les poëtes avaient toujours le droit de rétablir l'ancienne prononciation, qui était plus régulière et plus noble. Aussi Boileau, malgré la mignardise de Oudin, fait-il rimer *François* avec *loix*. Nous disons encore *roide* et *roidir* dans le style soutenu, tandis que *raidir* et *raide* appartiennent à la conversation. *Harnais* se dit au propre, *harnois* au figuré. Il reste encore dans notre langue d'autres traces de cette lutte et de cette singulière indécision, qui sans doute a empêché longtemps d'établir l'orthographe des précieuses, connue aujourd'hui sous le nom d'orthographe de Voltaire. Ainsi à côté des mots *Anglais, Français,* nous avons *Bavarois, Suédois;* telle province s'appelle *l'Orléanais,* telle autre le *Vendômois* ou *l'Artois;* de là l'anomalie de cette famille de mots : *effroi, effroyable, effrayant, effrayer.*

Nous n'osons donc décider si Racine a voulu faire rimer *accraître* avec *connaître,* ou *connoître* avec *accroître ;* mais nous penchons vers cette dernière opinion, d'abord parce que Boileau n'a jamais fait rimer *oi* qu'avec des mots qui ont la prononciation diphthongue, ensuite parce que si Racine a fait rimer *connaître* avec *fenêtre* et avec *maître,* ce n'a été que dans sa comédie des *Plaideurs,* où il pouvait se permettre le langage familier. Là seulement il changea son orthographe en 1687. Mais dans ses tragédies on ne trouve point de telles rimes, ce qui prouve ce que nous avons avancé, que le son *oe* était regardé comme le plus noble et le plus soutenu.

Rompre le sommeil.
>Romps ce fatal sommeil. . . . . .
>*Mercredi, à matines.*

Cette expression en rappelle une qui est fort usitée : *Rompre le silence*. Dans le *Mardi, à Laudes,* il y a *romps l'assoupissement*, ce qui est moins heureux.

Rompre un pacte.
>Rompez, rompez tout pacte avec l'impiété.
>*Ath.*, act. I, sc. II.

Expression empruntée à l'Écriture : *Dissolve colligationes impietatis.*

Rudesse des forêts.
>Nourri dans les forêts, il en a la rudesse.
>*Phèdr.*, act. III, sc. I.

Ce mot est ici très-bien placé quoiqu'on ne dise pas communément *la rudesse des forêts*.

S

S'acheminer.
>Vers sa chute à grands pas chaque jour s'achemine.
>*Brit.*, act. I, sc. I.

Cheminer, employé au figuré, était nouveau au temps de Racine. C'est au moins ce que remarque le P. Bouhours. Quoi qu'il en soit, le vieux mot *s'acheminer* est ici employé de la manière la plus heureuse : on dirait qu'il ouvre l'espace et qu'il l'agrandit.

Saint pour *auguste, vénérable*.
>Votre nom est dans Rome aussi *saint* que le sien.
>*Brit.*, act. I, sc. I.

Ce mot vient de *sancio*. Il est pris dans les mœurs de l'époque et il exprime surtout ici la sanction de la loi. C'est le *sacro sanctus* des Romains. Albin fait entendre à Agrippine qu'elle doit ce beau titre à Néron.

Sainte horreur, qui rassure.
>Le ciel brille d'éclairs, s'entr'ouvre, et parmi nous
>Jette une sainte horreur qui nous rassure tous.
>*Iph.*, act, V, sc.

Cette sainte horreur qui rassure est l'expression singulièrement heureuse d'un sentiment religieux. On sent que le poëte est nourri de la lecture de la Bible et des Pères de l'Église.

SAINTEMENT HOMICIDES.

> De leurs plus chers parents saintement homicides,
> Consacrèrent leurs mains dans le sang des perfides.
> *Ath.*, act. IV, sc. III.

Rapprochements inattendus de mots, véritable caractère du style de Racine : *Consacrer dans le sang! Saintement homicide!*

SANG QUI S'ÉBRANLE pour : *qui s'émeut.*

> Le sang à ces objets facile à s'ébranler.
> *Iph.*, act. IV, sc. I.

Terme impropre. *Ébranler* n'est pas ici le synonyme *d'émouvoir*, qui était le mot propre.

SECRET QUI ÉCLATE.

> Enfin l'heure est venue
> Qu'il faut que mon secret éclate à votre vue.
> *Mithr.*, act. V, sc. I.

Ce secret éclate parce qu'il a été longtemps comprimé dans son sein : on ne pouvait exprimer plus heureusement cette idée.

SÉDUIRE.

> . . . . . . Ses yeux ne l'ont-ils point séduite?
> *Boj.*, act. V, sc. XI.

Pour ses yeux ne l'ont-ils pas *trompée*. Le terme est impropre ; il y a une trop grande différence de l'erreur à la séduction pour que ces deux mots puissent jamais être employés indifféremment l'un pour l'autre.

SEIN VERTUEUX.

> Dans quel sein vertueux avez-vous pris naissance ?
> *Esth.*, act. III, sc. IV.

On avait dit *un chaste sein*. On n'avait pas encore di *un sein vertueux*. L'expression est noble et hardie.

SEMER LA PLAINTE.

> Tandis qu'on vous verra, d'une voix suppliante,
> Semer ici la plainte et non pas l'épouvante.
> *Brit.*, act. I, sc. V.

On ne dirait pas bien *semer la plainte ;* mais comme l'on dit *semer l'épouvante*, un régime entraîne l'autre, au moyen de l'analogie.

SÉPARÉ D'UN LIEU.
> Dans un lieu séparé de profanes témoins.
> *Esth.*, act. I, sc. I.

Séparé de ne se dit ordinairement que des personnes. *Un lieu séparé* est une élégance poétique, et non une incorrection.

SERMENTS JURÉS.
> En ses serments jurés au plus saint de nos rois.
> *Ath.*, act., III, sc. VII.

Hellénisme hardi. On ne dirait pas en prose jurer un serment. Les Grecs disaient : *marcher une marche, vivre une vie, mourir une mort.* Les Latins empruntèrent quelquefois cette forme; Racine essaya de faire pour sa langue ce que les Romains avaient tenté de faire pour la leur.

SERVITUDE QUI FATIGUE CELUI QUI L'IMPOSE.
> Leur prompte servitude a fatigué Tibère.
> *Brit.*, act. IV, sc. IV.

O homines ad servitutem paratos! O hommes faits pour la servitude! disait Tibère en sortant du sénat. Ce mot révèle à la fois dans Tibère le dégoût et la fatigue de la servitude qu'il imposait. Et c'est ce sentiment que Racine a compris et exprimé.

SIGNER pour *indiquer, signaler.*
> C'est elle (la nature) qui sur ces vallons,
> Ces bois, ces prés et ces sillons,
> Signe sa puissance.
> *Le Paysage de P.-R.*, ode I.

Le mot *signer*, pris dans cette acception, n'a pas fait fortune.

SINCÉRITÉ.
> Qu'au travers des flatteurs votre sincérité
> Fit toujours jusqu'à moi passer la vérité.
> *Bér.*, act. II, sc. II.

Quelle belle image! dit Louis Racine; pour faire passer la vérité jusqu'aux rois, il faut lui faire traverser la foule des flatteurs.

SOCIÉTÉ.
> Et surtout défendit à leur postérité,
> Avec tout autre Dieu, toute société.
> *Ath.*, act. II, sc. IV.

Société avec Dieu. Voilà de ces mots qui peignent toute une religion.

SOINS pour *recherches.*
> Dérobe ce captif aux *soins* de vos soldats.
> *Alex.*, act. III, sc. VII.

L'emploi de ce mot en ce sens n'a pas été consacré par l'usage.

SOINS pour *soucis*.

> Et nos cœurs se formant mille *soins* superflus.
> *Alex.*, act. II, sc. I.

Soins est ici dans le sens poétique de *curæ*, si souvent employé par Virgile. L'exemple de Racine n'a pu le faire adopter.

SON LIT M'ÉTAIT SOUMIS.

> Ses gardes, son palais, son lit, m'étoient soumis.
> *Brit.*, act. IV, sc. II.

Que d'idées qu'on ne peut dire et que ce vers cependant dit si bien! C'est là, dit La Harpe, un exemple de ces expressions trouvées qui étonnent par leur force et leur précision.

SOUPIRER DE RAGE.

> Soupirer à ses pieds moins d'amour que de rage.
> *Andr.*, act. I, sc. I.

Soupirer de rage, pris isolément, ne serait pas une expression heureuse; mais on dit bien soupirer d'amour, et un régime entraîne l'autre et le justifie, parce qu'il y a analogie suffisante.

SOURIRE.

> Sans que père ni mère aient daigné me sourire.
> *Iph.*, act. II, sc. I.

Expression imitée de Virgile : *Cui non risere parentes*.

SOUS SON APPUI.

> Ah! je le prends déjà, seigneur, sous mon appui.
> *Ath.*, act. V, sc. II.

Appui signifie à peu près protection, et cependant l'Académie condamne cette phrase. Pourquoi? elle ne le dit pas, mais le voici : il me semble qu'on doit dire *prendre sous sa protection* (de *protegere, couvrir*), comme on dirait *prendre sous son bouclier*. Mais on ne peut pas dire *prendre sous son appui,* car on s'appuie *sur* et non *sous* une chose. L'analogie n'est pas suffisante.

SUBITEMENT pour *sur-le-champ*.

> Allons *subitement*
> Lui demander raison de cet enlèvement.
> *Brit.*, act. sc. I.

Sur-le-champ exprime une action rapide, *subitement* exprime une idée de plus, c'est-à-dire *l'inopiné, l'imprévu*. Ces deux expressions ne peuvent donc se suppléer l'une l'autre.

Suffit pour se conduire.

> Mais, madame, Néron *suffit* pour se conduire.
> *Brit.*, act. I, sc. II.

Expression élégante, parce qu'elle n'appartient qu'à la poésie. En prose on dirait : *Néron en sait assez pour se conduire.* En prose le mot *suffit* ne s'emploie guère dans un sens réfléchi lorsqu'il s'agit des personnes. Ce sont ces nuances qui font le style poétique.

Suivi d'un nom. Un nom pour tout bien.

> Conservant pour tout bien le nom de Mithridate,
> Apprenez que, suivi d'un nom si glorieux,
> Partout de l'univers j'attacherai les yeux.
> *Mithr.*, act. II, sc. IV.

Suivi d'un nom, métaphore d'autant plus heureuse dans sa hardiesse, qu'on la remarque à peine, et que dans son audace elle paraît simple et naturelle. *Conserver pour tout bien un nom. Attacher les yeux de l'univers.* C'est là de la vraie grandeur, c'est là de la poésie, et tout le rôle de Mithridate est écrit de ce style! Il faut étudier Racine comme on étudie les anciens.

Sur le point que.

> Il est donc Juif! O ciel, sur le point que la vie,
> Par mes propres sujets, m'alloit être ravie.
> *Esth.*, act. II, sc. IV.

Sur le point que se disait encore du temps de Racine. Aujourd'hui on ne dit plus que *sur le point de.*

Syllepse.

> Amant avec transport, mais jaloux sans retour,
> Sa haine va toujours plus loin que son amour.
> *Mithr.*, act. I, sc. V.

Presque tous les grammairiens ont condamné cette forme de phrase qui est pourtant acquise à la langue, surtout en poésie. Ils prétendent que *amant* et *jaloux* ne se rapportent à rien. Il n'est donc pas inutile d'avertir ceux qui se laissent trop guider par les grammaires, que cette syllepse est très-usitée dans Corneille, dans Racine et dans tous nos bons auteurs. *Jaloux, amant,* se rapportent au pronom *lui* contenu par syllepse dans l'adjectif *sa. Sa* haine signifie la haine *de lui :* l'analyse grammaticale est donc : *La haine de lui amant, de lui jaloux,* etc.

T

TANTÔT pour *bientôt*.

> Me voici donc *tantôt*, au comble de mes vœux.
> *Frères enn.*, act. IV, sc. III.
> . . . . Quoi! ne m'avez-vous pas
> Vous-même, ici, *tantôt*, ordonné son trépas?
> *Andr.*, act. V, sc. III.

La Harpe a remarqué que du temps de Racine *tantôt* se disait pour *bientôt*. Alors ce mot pouvait entrer dans le style noble. Aujourd'hui, quoi qu'en dise l'Académie, il ne s'emploie plus guère que pour désigner la seconde partie du jour, et il est familier.

TENDRESSE CACHÉE.

> Et j'ai vu sa valeur à me plaire attachée,
> Justifier pour lui ma *tendresse cachée*.
> *Mithr.*, act. II, sc. III.

C'est là, dit La Harpe, un mot bien remarquable. Il n'y a que Mithridate qui soit assez profondément dissimulé pour *cacher* à ses enfants même la tendresse qu'il a pour eux.

TENIR LES PORTES.

> Songez-vous que je tiens les portes du palais?
> *Baj.*, act. II, sc. I.

Expression très-poétique donnée par les mœurs orientales : *Tenir les portes* c'est être maître de la liberté de Bajazet.

TERRE QUI SE TAIT.

> Et la terre en tremblant se taire devant vous.
> *Alex.*, act. III, sc. VI.

Et siluit terra in conspectu ejus. C'est l'expression de l'Écriture sur Alexandre. Ce vers, dit Louis Racine, est au nombre des plus beaux que l'auteur ait faits.

TERRE QUI BOIT LE SANG.

> . . . . Et la terre humectée
> But à regret le sang des neveux d'Érechthée.
> *Phèdr.*, act. II, sc. I.

Cette expression est empruntée à Eschyle. La terre est personnifiée par l'action de *boire à regret*, et elle boit à regret le sang des neveux d'Érechthée, parce que ce sang était celui de ses enfants. Ce roi était fils de la Terre. Dans la Bible on trouve une expression à peu près semblable, et qui était peut-être dans la mémoire du poëte. Voici le passage traduit littéralement : « Donc tu seras maudit de la terre qui a ouvert sa bouche pour boire de ta main le sang de ton frère. » (*Genèse*, c. iv.)

Tête pour *personne*.
> Que de soins m'eût coûtés cette *tête* charmante !
> *Phèdr.*, act. II, sc. v.

Votre tête serait vulgaire : la *tête,* prise pour la personne, est une expression très-ancienne et devenue vulgaire soit dans l'administration, soit dans la législation. Ici Racine l'emploie de la manière la plus gracieuse et la plus nouvelle : l'épithète *charmante* fait image.

Tison.
> Tison de la discorde et fatale Furie.
> *Mithr.*, act. V, sc. i.

Racine pouvait mettre *flambeau ;* il a mieux trouvé. Ce mot *tison* rappelle le mot *attiser,* c'est plus qu'incendier. Aussi est-il appliqué à la *discorde*.

Torrent de mots qui accuse.
> Quel trouble, quel torrent de mots injurieux,
> Accusoit à la fois les hommes et les dieux.
> *Iph.*, act. III, sc. vi.

C'est l'expression vulgaire un *torrent d'injures* anoblie dans une phrase poétique.

Tous.
> Tous ces mille vaisseaux, qui chargés de vingt rois.
> *Iph.*, act. I, sc. i.

Ce mot *tous,* placé avec un nombre déterminé, est d'un effet prodigieux ; il multiplie les vaisseaux, c'est comme s'il disait *tous ces milliers de vaisseaux*. Il n'y a point, dit La Harpe, de construction plus originale et plus hardiment créée, et cette nouveauté dans le langage se dérobe sous l'extrême vérité du sentiment qui a suggéré l'expression.

Tout mort qu'il est.
> Tout mort qu'il est, Thésée est présent à vos yeux.
> *Phèdr.*, act. II, sc. v.

Cette expression si familière est relevée par l'hémistiche qui suit. Placée à la fin du vers, elle n'eût pas été supportable.

Tracer des vertus.
> Mais il est des vertus que je lui puis tracer.
> *Brit.*, act. I, sc. ii.

Ellipse. C'est-à-dire *dont je puis lui tracer le chemin.*

TRACES DE SANG.
>Quelles traces de sang vois-je sur vos habits!
>*Frères enn.*, act. I, sc. III.

Racine le fils dit que les *traces de sang* sont sur la terre, et qu'on ne dit point des *traces de sang* sur un habit pour *des taches*. Nous citons cet exemple pour montrer quelles timides objections ont, à une certaine époque, été opposées à Racine.

TRAFIQUER DES SECRETS.
>Trafiquent avec lui des secrets de mon ame.
>*Brit.*, act. I, sc. IV.

Ce mot *trafiquent* est très-beau, car uni au mot *secret* il renferme l'idée de trahison. C'est d'ailleurs le portrait de Narcisse que Britannicus fait à Narcisse lui-même, mais sans le savoir, c'est-à-dire sans lui en faire l'application.

TRAÎNÉ SANS HONNEUR.
>Et traîné, sans honneur, autour de nos murailles.
>*Andr.*, act. III, sc. VIII.

Andromaque pense aux honneurs funèbres qu'on aurait dû rendre à son époux. Le sens est donc : *et privé d'honneur, traîné autour de nos murailles*. Le mot de Racine est plus rapide, il rend l'*inglorius* des Latins.

TRAÎNER pour *entraîner.*
>Au sort qui me traînait, il fallut consentir.
>*Iph.*, act. II, sc. I.

Cet emploi du verbe *traîner* au lieu du verbe *entraîner* mérite d'être remarqué. Racine, en préférant le premier au second, qui eût également rempli la mesure du vers, voulait sans doute par la dureté de cette expression faire sentir qu'Ériphile parle d'un amour malheureux et qui l'humilie.

TRANQUILLITÉ.
>Je voudrois la haïr avec *tranquillité.*
>*Brit.*, act. III, sc. VI.

Pour *je voudrais ne pouvoir plus douter de son infidélité, afin de ne plus l'aimer.* Que de choses dans un seul mot !

TRAVAILLE pour *tourmente.*
>Et, si l'on vous croyoit, le soin qui vous travaille.
>*Alex.*, act. III, sc. I.

Ce mot, pris en ce sens, avait une grande vigueur dans la langue du xvi⁰ siècle. Un pamphlétaire disait alors de Catherine de Médicis : *la méchanceté qui la travaille,* et aucun autre mot de la langue n'aurait cette énergie. Aujourd'hui il n'est plus en usage que dans le style familier. Les bons écrivains devraient le rajeunir.

Traverses pour *détour.*

<blockquote>Mais enfin je commence après tant de *traverses.*
Mithr., act. I, sc. III.</blockquote>

Ce mot n'a jamais été employé pour *détour.* Peut-être Racine a-t-il voulu lui attribuer le sens d'*obstacle,* sens qui appartient seulement au verbe *traverser.* On dit très-bien *traverser un projet,* pour *susciter des obstacles;* mais l'analogie n'est pas suffisante, et le sens de *traverse* est si bien arrêté qu'il n'est pas possible de le changer. Dans le style noble ce mot signifie seulement : *accident, malheur.*

Tristesse obscure pour *sombre tristesse.*

<blockquote>Que présage à mes yeux cette tristesse obscure.
Brit., act. II, sc. II.</blockquote>

La Harpe a remarqué que la tristesse est appelée ici *tristesse obscure,* parce qu'elle obscurcit le front, et cette dernière expression est elle-même une métaphore. D'ailleurs on dit fort bien *une sombre tristesse,* ainsi l'analogie est en faveur de *tristesse obscure.*

Troie expira.

<blockquote>Hector tomba sous lui, Troie expira sous vous.
Andr., act. I, sc. II.</blockquote>

Une ville qui expire. Belle expression qui essuya la critique de Subligny et des grammairiens du temps, et cependant la gradation est admirable. *Hector tomba sous lui,* c'était un grand homme de moins; cependant Troie vivait encore, elle pouvait nous résister dix autres années, mais *Troie expire; et tout est fini.* Voilà ce que les grammairiens critiquaient sans le comprendre.

Troie ardente plongée dans le sang.

<blockquote>Dans des ruisseaux de sang, Troie ardente plongée.
Andr., act. IV, sc. V.</blockquote>

Je ne connais rien de plus original et de plus énergique, en alliance de mots et et en images, que *Troie ardente plongée* dans des ruisseaux de sang comme un fer rouge dans l'eau bouillonnante. Observons ici combien l'inversion ajoute à l'effet, et combien, malgré la beauté de l'expression, le dernier hémistiche perdrait à devenir le premier.

Tyrannique époux.

> Ne voudriez-vous point, qu'approuvant sa furie,
> Je suivisse à l'autel un tyrannique époux ?
> *Mithr.*, act. IV, sc. II.

L'adjectif *tyrannique* ne s'applique qu'aux choses : *pouvoir tyrannique, conduite tyrannique;* mais le poëte peut le transporter heureusement aux personnes, comme le prouve cet exemple de Racine.

U

Unissant d'un poignard.

> Et d'un même poignard, les unissant tous deux,
> Les perce l'un et l'autre. . . . .
> *Baj.*, act. IV, sc. IV.

Expression d'une hardiesse heureuse ; ils veulent être unis, elle les unira, mais d'un même poignard. Remarquez le demi-vers suivant : quelle rapidité ! en un vers et demi elle les tue deux fois.

V

Vaincu de.

> Quoi! déjà votre amour des obstacles vaincu.
> *Baj.*, act. IV, sc. VI.

Construction poétique introduite dans la langue par Malherbe, et deux fois imitée par Racine. En prose il faudrait dire : *vaincu par les obstacles.*

Vais ou Vas.

> Madame, je m'en vais retrouver mon armée.
> *Frères enn.*, act. I, sc. IV.

On lit dans Vaugelas que toute la cour disait *je vas,* et le peuple *je vais*. Mais depuis Vaugelas, l'usage contraire s'était établi. Pascal se sert ordinairement de *je vas,* et suivant d'Olivet tous les deux se disent.

Quant à ces mots : *retrouver mon armée,* c'est-à-dire *retourner auprès de mon armée,* ce mot *retrouver* n'est guère d'usage en ce sens que dans le style familier.

Se venger par d'autres chemins.

> Vengeons-nous, j'y consens, *mais par d'autres chemins*.
> *Andr.*, act. IV, sc. III.

Il y a analogie avec cette autre expression : *se venger par une voie*. D'ailleurs, suivant l'Académie, on peut employer le mot chemin au figuré ; il signifie alors *moyen qui mène à quelque fin*. Le vers de Racine n'est donc pas incorrect, comme le dit La Harpe ; seulement il y a défaut d'élégance, le mot *chemin* étant moins *noble* que le mot *voie*.

Véquit.

> *Véquit* de si longues années.
> *Épigramme* VII.

Véquit, selon Richelet, était de plus beau style que *vécut*. L'usage a fait prévaloir ce dernier.

Vers pour *envers*.

> Et m'acquitter vers vous de mes respects profonds.
> *Baj.*, act. III, sc. II.

Du temps de Racine cette locution n'était pas française, Vaugelas l'avait condamnée. *Vers*, disait ce grammairien, signifie le *versus* des Latins, *vers* l'orient, *vers* l'occident ; et *envers* signifie l'*erga* comme la piété *envers* Dieu. Ce serait mal parler que de dire *piété des enfants vers le père*. L'usage a donné raison à Vaugelas.

Vertu qui s'effarouche.

> Je connois sa vertu prompte à s'effaroucher.
> *Baj.*, act. I, sc. IV.

Racine est le premier qui ait employé au figuré cette expression devenue aujourd'hui d'un usage habituel.

Vie qui jette un crime sur une vie.

> . . . Laissez-moi nous laver l'un et l'autre
> Du crime que sa vie a jeté sur la nôtre.
> *Baj.*, act. IV, sc. VI.

La vie de Bajazet jette un crime sur la nôtre, parce que nous sommes coupables de ce qu'il vit encore. Ces deux vers disent tout cela, et de la manière la plus énergique et la plus vive.

Vieillir dans une longue enfance.

> Dans une longue enfance ils l'auroient fait vieillir.
> *Brit.*, act. I, sc. I.

Admirable expression que Racine ne doit pas à Tacite.

DICTIONNAIRE CRITIQUE.

VIEILLIR L'AMBITION.

> Vous dont j'ai pu laisser vieillir l'ambition
> Dans les *honneurs obscurs* de quelque légion.
> *Brit.*, act. I, sc. II.

Ambition qui vieillit dans des *honneurs obscurs*. Quelle concision et quelle poésie !

VOILE PESANT.

> Que ces vains ornements, que ces voiles me pèsent.
> *Phèdr.*, act. I, sc. III.

Quelle vérité d'idée, dit La Harpe, dans cette espèce de contre-vérité d'expression. Des voiles qui pèsent ! Quelles sont donc les souffrances qui peuvent jeter dans de telles illusions? Avec un mot Racine peint une situation.

VOLER pour *ravir*.

> Vous suivrez un époux avoué par lui-même,
> C'est un titre qu'en vain il prétend me voler.
> *Iph.*, act. V, sc. II.

C'est Achille qui parle, et qui parle d'Agamemnon. Le mot *voler* a ici une énergie et une insolence qui ne seraient rencontrées dans aucun autre mot de la langue. Achille insulte celui qui veut lui ravir sa maîtresse. Le mot le plus bas produit l'effet le plus terrible.

Y

YEUX QUI ATTENDENT.

> Mes yeux sans se fermer ont attendu le jour.
> *Brit.*, act. II, sc. II.

Pour *j'ai attendu le jour sans fermer les yeux.*

YEUX QUI ONT SACRIFIÉ UN EMPIRE.

> Ces yeux que n'ont émus ni soupirs ni terreur,
> Qui m'ont sacrifié l'empire et l'empereur.
> *Brit.*, act. V, sc. I.

Sacrifier, en ce sens, était alors nouveau, suivant la remarque du père Bouhours.

YEUX OUVERTS AUX LARMES.

> Mes yeux depuis six mois étoient ouverts aux larmes.
> *Frères enn.*, act. I, sc. I.

Ouvrir ses yeux aux larmes: l'expression est très-heureuse et très-poétique, et c'est ici qu'elle fut employée pour la première fois.

Yeux qu'on voit venir de toutes parts.

> Tous ces yeux qu'on voyoit venir de toutes parts
> Confondre sur lui seul leurs avides regards.
> *Bér.*, act. I, sc. v.

Des yeux *qu'on voit venir*, c'est là une grande hardiesse poétique, mais elle passe inaperçue parce qu'elle exprime une chose vraie. Ce qui nous frappe surtout dans une foule qui accourt vers nous, ce sont les yeux qui se fixent sur nous. Racine exprime cela admirablement, en disant : « Je vois venir de toutes parts des yeux qui me regardent. »

Yeux ouverts aux larmes.
Yeux qui se plaisent à troubler un pouvoir.

> Vous pensez que des yeux toujours ouverts aux larmes,
> Se plaisent à troubler le pouvoir de vos charmes.
> *Andr.*, act. II, sc. ii.

Métaphores hardies et nouvelles dans la langue ; mais employées avec un art si heureux que leur hardiesse et leur nouveauté ne s'aperçoivent pas.

Yeux qui rendent des noms.

> Et que ses yeux cruels à pleurer condamnés,
> Me rendent tous les noms que je leur ai donnés.
> *Andr.*, act. III, sc. i.

C'est-à-dire *tous les noms que j'ai donnés à ses yeux*. Des yeux expriment des sentiments ; il y a des regards de mépris, de haine, de soupçon. Des regards parlent sans doute, mais ils ne rendent pas des noms.

Yeux faits a l'usage des larmes.

> *Instruit* par tant de charmes,
> Ses yeux sont déjà faits à l'usage des larmes.
> *Brit.*, act. II, sc. ii.

Que d'élégance et de poésie ! quelle heureuse manière d'exprimer les effets de l'amour sans en prononcer le nom !

FIN DU DICTIONNAIRE.

BIBLIOGRAPHIE

PREMIÈRES PUBLICATIONS.

La Nymphe de la Seine à la Reyne, ode. A Paris, chez Augustin Courbé, au Palais, en la galerie des Merciers, à la Palme. M.DC.LX (1660). Avec permission. In-4° de 45 pages, imprimé en italiques.

C'est la première pièce que Racine fit imprimer. L'ode de *la Nymphe de la Seine* fut par la suite réimprimée plusieurs fois. Elle le fut d'abord dans le recueil publié en l'honneur du cardinal Mazarin sous ce titre : *Elogia Julii Mazarini cardinalis. Parisiis. Excudebat Antonius Vitré.* M.DC.LXVI (1666), pp. 209-217. Puis, revue avec soin par son auteur, elle fut admise dans le *Recueil de poésies chrestiennes et diverses dédié à Monseigneur le prince de Conti par M. de La Fontaine.* A Paris, chez Pierre Le Petit, imprimeur et libraire ordinaire du roy, rue Saint-Jacques, *à la Croix d'or.* 1671. Avec privilége de Sa Majesté. Elle y est au tome III, p. 217 et suiv.

Ode sur la convalescence du roy. A Paris, chez Pierre Le Petit, imprimeur et libraire ordinaire du roy... M.DC.LXIII (1663). In-4° de 8 pages, imprimé en italiques.

Le nom de Racine est en lettres capitales à la fin de l'ode.

La Renommée aux Muses, ode. In-4° de 8 pages, sans lieu ni date et sans nom d'imprimeur.

Imprimé selon toute apparence en 1663, un peu plus tard que l'*Ode sur la convalescence.* Le nom de Racine n'y est pas.

ÉDITIONS ORIGINALES DES PIÈCES DE THÉÂTRE.

La Thébaïde ou les Frères ennemis, tragédie. A Paris, chez Gabriel Quinet, au Palais, dans la galerie des Prisonniers, à l'ange Gabriel, M.DC.LXIV (1664). Avec privilége du roy. In-12 de 4 ff. prélim. non chiffrés, 70 pp. et 1 f. de privilége.

L'achevé d'imprimer pour la première fois est daté du 30 octobre 1664. Des exemplaires portent le nom de Claude Barbin, au lieu de celui de Gabriel Quinet.

Alexandre le Grand, tragédie. A Paris, chez Pierre Trabouillet, dans la salle Dauphine, à la Fortune, M.DC.LXVI (1666). Avec privilége du roy. In-12 de 12 ff. prél. et 84 pp.

Sur le titre, après le mot *tragédie,* il y a une vignette représentant une Minerve qui foule aux pieds le démon de l'Envie avec la devise *Virtus invidiam superat.*
Le privilége est du 30 décembre 1665, enregistré le 7 janvier 1666. L'achevé d'imprimer du 13 janvier 1666. Des exemplaires portent le nom de Théodore Girard au lieu de celui de Pierre Trabouillet.

Andromaque, tragédie. A Paris, chez Théodore Girard, dans la grand'salle du Palais, du costé de la cour des Aydes, à l'Envie, M.DC.LXVIII (1668). Avec privilége du roy. In-12, de 6 ff. et 95 pp. et 1 f. pour la suite du privilége.

Le privilége est accordé à « notre bien-amé Jean Racine, Prieur de l'Epinay », le 28 décembre 1667.
Des exemplaires portent les noms de Claude Barbin et de Thomas Jolly au lieu de celui de Théodore Girard.

Les Plaideurs, comédie. A Paris, chez Claude Barbin, au Palais, sur le second perron de la Sainte-Chapelle, M.DC.LXIX (1669). Avec privilége du roy. In-12 de 4 ff. prél. et 88 pp.

Le privilége est donné à Paris le 5 décembre 1668.
Des exemplaires portent le nom de Gabriel Quinet au lieu de celui de Claude Barbin.

Britannicus, tragédie. A Paris, chez Claude Barbin, au Palais, sur le second perron de la Sainte-Chapelle, M.DC.LXX (1670). Avec privilége du roy. In-12 de 8 ff. prélim. non chiffrés et 80 pp.

Le privilége est du septième janvier 1670.

Des exemplaires portent le nom de Denys Thierry, au lieu de celui de Claude Barbin.

Bérénice, tragédie, par M. Racine. A Paris, chez Claude Barbin, au Palais, sur le second perron de la Sainte-Chapelle, M.DC.LXXI (1671). Avec privilége du roy. In-12 de 10 ff. prélim., dont le premier est blanc, non chiffrés et 88 pp.

Achevé d'imprimer le 24 janvier 1671. Privilége de ... janvier 1671.

Bajazet, tragédie, par M. Racine. Et se vend pour l'autheur, à Paris, chez Pierre Le Monnier, vis-à-vis la porte de l'église de la Sainte-Chapelle, à l'Image de saint Louis, M.DC.LXXII (1672). Avec privilége du roy. In-12 de 4 ff. prélim. et 99 pp.

Privilége du 15 février 1672.
Achevé d'imprimer le « 20ᵉ jour de février 1672 ».

Mithridate, tragédie, par M. Racine. A Paris, chez Claude Barbin, au Palais, sur le second perron de la Sainte-Chapelle, M.DC.LXXIII (1673). Avec privilége du roy. In-12 de 6 ff. prélim. non chiffrés, dont le premier en blanc, 81 pp. et 1 f. blanc.

Achevé d'imprimer le 16 mars. Le privilége est du 2 mars 1673.

Iphigénie, tragédie, par M. Racine. A Paris, chez Claude Barbin, au Palais, sur le second perron de la Sainte-Chapelle, M.DC.LXXV (1675). Avec privilége du roy. In-12 de 6 ff. prélim. et 72 pp.

Le privilége, du 28 janvier 1675, est accordé au sieur Racine, trésorier de France.

Phèdre et Hippolyte, tragédie, par M. Racine. A Paris, chez Claude Barbin, au Palais, sur le perron de la Sainte-Chapelle, M.DC.LXXVII (1677). Avec privilége du roy. Pet. in-12 de 5 ff. prélim. et 78 pp.

En face du titre est une gravure d'après Charles Lebrun, qui représente la mort d'Hippolyte.

L'achevé d'imprimer est du 15 mars 1677.

Le privilége, accordé au sieur Racine, trésorier de France en la généralité de Moulins, est du 11 février.

Des exemplaires portent le nom de J. Ribou au lieu de celui de Claude Barbin.

Esther, tragédie, tirée de l'Escriture sainte. A Paris, chez

Denys Thierry, rue Saint-Jacques, devant la rue du Plâtre, à la Ville-de-Paris, M.DC.LXXXIX (1689). Avec privilége du roy. In-4°, fig. 6 ff. prélim. non chiffrés et 83 pp.

Le privilége commence au milieu de la page 83 et continue à la page 84 qui n'a pas de chiffre. Il est accordé aux *Dames de Saint-Louis* en date du 3 février 1689. Nous l'avons reproduit t. V, pp. 13-14.

Le frontispice représente Esther en présence d'Assuérus. (Act. II, sc. vii.)

Esther, tragédie, tirée de l'Écriture sainte. A Paris, chez Denys Thierry, M.DC.LXXXIX (1689). In-12. Avec privilége du roy. Même frontispice; 7 ff. prélim. et 86 pp.

Le privilége commence à la 86° page et continue sur les deux feuillets suivants non numérotés.

Des exemplaires portent le nom de Claude Barbin au lieu de celui de Denys Thierry.

Esther, tragédie, tirée de l'Escriture sainte, par mons. Racine. Seconde édition. Neufchatel, imprimé par Jean Pistorius, M.DC.LXXXIX (1689). In-8°.

Édition rare à laquelle a été ajoutée une préface curieuse qui contient des allusions aux persécutions que les protestants éprouvaient alors en France. M. Gaullieur a rapporté un passage de cette préface à la p. 20 de ses *Études sur l'histoire littéraire de la Suisse française,* impr. à Genève en 1856, in-8. C'est M. Gaullieur qui a signalé ce passage à M. Ed. Fournir. Voy. tome V, p. xxxv-xxxviii.

Chœurs de la tragédie d'Esther, avec la musique composée par J.-B. Moreau. Paris, Denys Thierry, M.DC.LXXXIX (1689). In-4°. « Avec permission de Monsieur le lieutenant général de police. »

Athalie, tragédie, tirée de l'Écriture sainte. A Paris, chez Denys Thierry, rue Saint-Jacques, à la Ville de Paris, M.DC.XCI (1691). Avec privilége du roy. In-4°, fig. 6 ff. prélim. et 87 pp.

Après le sixième feuillet, il y a un frontispice d'après un dessin de J.-B. Corneille, gravé par J. Mariette, représentant Athalie en présence de Joas sur son trône (act. V, sc. v). L'achevé d'imprimer pour la première fois est du 3 mars 1691.

Le privilége, en date du 11 décembre 1690, est accordé au sieur Racine. — Il ne renouvelle point les défenses faites aux comédiens de représenter la pièce, que portait le privilége d'*Esther,* accordé aux dames de Saint-

BIBLIOGRAPHIE. 519

Louis. Il est conçu absolument dans les termes ordinaires : « Avec défenses à toutes personnes autres que ceux que ledit sieur aura choisis, d'imprimer ladite tragédie, ni même d'en vendre ou débiter des exemplaires qui pourraient être contrefaits, à peine de confiscation desdits exemplaires, de trois mille livres d'amende, et de tous dépens, dommages et intérêts, aux charges et conditions contenues plus au long dans lesdites lettres. » — Cette observation se rattache à ce qui est rapporté dans l'examen critique d'*Athalie*, t. V, p. 264-265. L'interdiction de la représentation publique d'*Athalie* pouvait bien se conclure par analogie d'une des clauses du privilége d'*Esther*, mais ne résultait nullement d'un texte formel.

Athalie, tragédie, tirée de l'Écriture sainte. A Paris, chez Denys Thierry, rue Saint-Jacques, à la Ville de Paris. M.DC.XCII (1692). Avec privilége du roi. In-12. 7 feuillets sans pagination. Après le septième feuillet, une réduction de la gravure de l'in-4°. 114 pp.

Le privilége, en date du 11 décembre 1690, est accordé au sieur Racine, gentilhomme ordinaire de Sa Majesté. L'achevé d'imprimer pour la première fois le 3 mars 1691 doit se rapporter à l'édition in-4.

Intermèdes en musique de la tragédie d'Esther. Propres pour les Dames religieuses et toutes autres personnes, par M. Moreau, maistre de musique et pensionnaire de Sa Majesté. A Paris, chez Christophe Ballard, seul imprimeur du roy pour la musique, rue Saint-Jean-de-Bauvais, au Mont-Parnasse, M.DC.XCVI (1696). Avec privilége de Sa Majesté. In-4°.

RECUEILS ORIGINAUX [1].

Œuvres de Racine, tome premier. A Paris, chez Claude Barbin, au Palais, sur le perron de la Sainte-Chapelle, M.DC.LXXV (1675). Avec privilége du roy. In-12 de 5 ff. et 364 pages, plus 4 fig.

Collation des ff. prélim. : front. gravé représentant la Tragédie, entourée de figures qui personnifient la Terreur et la Pitié; une draperie placée derrière la figure principale porte ces mots : *Tragedies de Racine;* au bas de la planche, en dedans du cadre, se trouvent les signatures : *C. le Brun inv.* et *S. le Clerc scul.,* et, en dehors du cadre, cette inscription grecque :

---

[1]. La description des recueils de 1675, 1676, 1679, 1680, 1687 et 1697 est empruntée au catalogue des libraires Morgand et Fatout, avril 1877. Il était impossible de la faire avec plus d'exactitude.

Φόϐος καὶ ᾽Ἔλεος; titre imprimé au v° duquel se trouve l'indication des *Pieces contenuëes en ce Volume : la Thebaïde, ou les freres ennemis, Alexandre le Grand, Andromaque, Britannicus, les Plaideurs;* — 2 ff. pour la *Preface,* et pour les *Acteurs* (de la *Thebaïde*); 1 f. pour le titre de *la Thebaïde* dont le v° est blanc; — fig. de *la Thebaïde.* Outre la figure que nous avons citée, le volume renferme quatre autres figures (une avant chaque pièce). Les quatre premières sont signées : *F. Chauveau in. et fecit;* la cinquième, celle des *Plaideurs,* porte seulement : *F. Chauueau jn.*

Le titre de certains exemplaires porte l'adresse suivante : A Paris, chez Jean Ribou, au Palais, dans la Salle Royalle, *à l'Image S. Louis.*

En réunissant pour la première fois ses pièces, qui jusque-là n'avaient paru qu'en éditions séparées, Racine leur a fait subir quelques changements. Les modifications les plus importantes portent sur les préfaces de la *Thebaïde, d'Alexandre, d'Andromaque* et de *Britannicus,* qui sont entièrement nouvelles, et sur celle des *Plaideurs,* qui a reçu des additions considérables.

La préface d'*Alexandre* offre, dans le recueil daté de 1675, une particularité remarquable, particularité que nous avons relevée non-seulement dans notre exemplaire, mais dans deux autres exemplaires qui nous ont été communiqués. Cette préface, au lieu d'être imprimée en caractères romains, comme les préfaces des autres pièces, est imprimée en caractères italiques et la justification en est très-serrée. Voici comment sont disposées les premières lignes du texte :

> I*L n'y a guere de Tragedie, où l'Histoire*
> *soit plus fidellement suivie que dans celle-cy.*
> *Le sujet en est tiré de plusieurs Auteurs, mais*
> *surtout du huitieme Livre de Quinte Curse.*
> *C'est là qu'on peut voir tout ce qu'Alexandre*
> *fit lors qu'il entra dans les Indes; les ambassa-*
> *des, etc.*

Au lieu de se terminer par la citation de Justin : *Regna Cleofilis Reginæ petit,* etc., la préface ajoute, après la citation latine, 19 lignes de texte qui commencent ainsi :

Il paroist par la suite de ce passage que les Indiens regardoient cette Cleofile comme les Romains depuis regarderent Cleopatre. Aussi y a-t-il quelque conformité entre les avantures de ces deux Reines, et Cleofile en usa envers Alexandre à peu près comme Cleopatre en a usé depuis envers Cesar, etc.[1].

Les deux ff. qui contiennent la *Preface* et les *Acteurs* sont paginés 69,

---

[1]. Voy. tom IV, page 468, addition à la page 396, ligne 22 du tome I. Nous avons eu tort seulement de dire que ce passage était donné par l'édition de 1681, puisqu'il se trouve déjà dans l'édition collective de 1675.

70, 71, 72. Par suite de l'addition indiquée ci-dessus, la p. 71 est entièrement pleine

Il n'existe pas, à notre connaissance, de tome II des *OEuvres de Racine* sous la date de 1675. Nous avons vu, il est vrai, passer à une vente faite, il y a quelques années, par le libraire Crétaine, un volume contenant des fragments de l'édition de 1676 et précédé d'un titre portant la date de 1675. Ce titre seul, détaché du volume incomplet qui le renfermait, a été adjugé au plus éminent de nos amateurs, qui l'a joint à un exemplaire du tome II de l'édition de 1676.

M. Claudin nous a communiqué un exemplaire d'un tome II des *OEuvres de Racine,* qui contenait *Berenice,* de l'édition de 1676, portant à la signature les mots : T. II, et qui était complété par les éditions originales de *Bajazet,* de *Mithridate* et d'*Iphigenie.* Ce volume était malheureusement incomplet du titre.

OEuvres de Racine. Tome premier. [Tome second.] A Paris. chez Claude Barbin, au Palais, sur le perron de la Sainte-Chapelle, M.DC.LXXVI (1676). Avec privilege du roy. 2 vol. in-12, front. gravés, fig.

Tome Premier : front. gravé, comme au n° précédent ; — titre ayant la même disposition que celui de 1675, mais dont les premières lignes sont imprimées en caractères plus petits (les lettres du mot Racine mesurent 7 mill. de hauteur) ; les mots *Tome Premier* sont imprimés en petites capitales droites, tandis qu'elles sont en italiques sur le titre de 1675 ; au v° est placée la liste des *Pieces contenues en ce volume;* — 2 ff. pour la *Preface* et les *Acteurs* (de la *Thebaïde*) ; — 1 f. pour le faux-titre de *la Thebaïde,* au v° duquel se trouve l'*Extrait du Privilege;* — 1 fig. pour *la Thebaïde;* ensemble 6 ff. prélim. et 364 pp., plus 4 figg.

Le privilége est daté de Saint-Germain-en-Laye, le 12 mars 1673 ; il est accordé pendant dix ans au sieur Racine pour cinq pièces de théâtre par lui composées : *La Thébaïde, Alexandre, Andromaque, les Plaideurs* et *Britannicus ;* il est suivi d'un achevé d'imprimer du « dernier décembre 1675 », et ne contient aucune mention de la cession faite par l'auteur au libraire.

La préface d'*Alexandre,* réimprimée ici en caractères romains, ne contient pas le paragraphe final dont nous avons parlé plus haut. Dans la plupart des exemplaires, cette préface occupe 2 ff. non paginés et les premières lignes de texte sont disposées de la manière suivante :

> IL n'y a guere de Tragedie, où l'Histoire soit plus fidellement suivie que dans celle-cy. Le sujet en est tiré de plusieurs Auteurs, mais sur tout du huitiéme Livre de Quinte-Curse. C'est là qu'on peut voir tout ce qu'Alexandre fit lorsqu'il entra dans les Indes, les ambassades, etc.

Dans quelques autres exemplaires, la même préface est imprimée en caractères plus gros, sur 2 ff. paginés et les premières lignes de texte sont disposées comme suit :

> I L n'y a guere de Tragédie, où l'Histoire soit plus fidellement suivie que dans celle-cy. Le sujet en est tiré de plusieurs auteurs; mais sur tout du huitième Livre de Quinte-Curse. C'est là qu'on peut voir tout ce qu'Alexandre fit lors qu'il entra dans les Indes; les ambassades, etc.

Tome Second : front. gravé, représentant un cadre entouré d'attributs, dans lequel se trouve cette inscription : *Œuvres de Racine. Tome II;* — titre imprimé, dont le v° est occupé par la liste des *Pieces contenuës en ce second Volume;* — 4 ff. pour la *Preface* (de *Berenice*), et pour les *Acteurs;* — 1 f. pour le titre de *Berenice,* — 1 fig. pour cette même pièce; ensemble 8 ff., 324 pp. et 2 ff. pour l'*Extrait des Priviléges du Roy,* plus 3 figg.

Il existe deux tirages du titre du tome II des *Œuvres de Racine,* sous la date de 1676. Le premier et le plus ancien ne porte au v° que la mention de *Berenice, Bajazet, Mithridate, Iphigenie;* le second ajoute à ces quatre pièces la mention de *Phedre et Hippolyte.* Cette dernière tragédie n'ayant été imprimée pour la première fois qu'en 1677 (l'achevé d'imprimer de l'édition originale est du 15 mars 1677), il est certain que les titres portant la mention de *Phedre* ont été antidatés. Les exemplaires dont le titre porte cette mention doivent naturellement contenir la pièce, qui s'y trouve jointe en édition originale. *Phedre* se trouve à la fin du volume, en édition originale, soit avec le titre complet, soit avec un faux-titre en deux lignes ainsi conçu :

PHEDRE ET HIPPOLYTE. Tragédie par M. Racine.

Ce faux-titre est analogue, sauf en ce qui concerne la mention du nom de l'auteur, à celui qui précède chacune des pièces du recueil.

Les figures du tome IIe concordent avec celles du Ier. La figure de *Berenice* n'est pas signée; celle de *Bajazet* est signée *F. Chauueau jn.;* celles de *Mithridate* et d'*Iphigénie* portent: *F. Chauveau in. et fecit.*

Le tome IIe se termine par un *Extrait des Priviléges du Roy,* rappelant la date et la durée des priviléges particuliers obtenus pour chacune des quatre pièces qui le composent, en 1671, 1672, 1673 et 1675. Après ce rappel des anciens priviléges vient l'extrait du privilége du 12 mars 1673, qui figure dans la première partie. On lit à la fin: *Achevé d'imprimer pour la première fois, en vertu des présentes, le   décembre 1675.*

BIBLIOGRAPHIE.

Œuvres de Racine. Suivant la copie imprimée à Paris, 1678. 2 vol. in-12 avec figures. Édition imprimée à Amsterdam par Wolfgang, comprenant dix pièces.

C'est une reproduction fautive de l'édition de 1676.

Œuvres de Racine. Tome premier. [Tome second.] A Paris, chez Denys Thierry, rue Saint-Jacques, à la Ville-de-Paris, M.DC.LXXIX (1679). Avec privilége du roy. 2 vol. in-12.

Cette édition, que M. Brunet semble considérer comme étant une seconde édition des *Œuvres* de Racine, ne diffère guère de celle de 1676 que par le titre.

Le libraire *Thierry* a réimprimé pour chaque volume les 2 ff. prélim. dans lesquels viennent s'encarter les 2 ff. de la *Preface*, c'est-à-dire pour le tome Ier, le titre général et le titre particulier de la *Thebaïde* (au v° duquel est placé l'*Extrait du Privilége*), et, pour le tome IIe, le titre général et le titre particulier de *Berenice*. L'extrait du privilége, qui occupe le v° du titre de *la Thébaïde*, diffère de celui de 1676 en ce qu'il ne porte pas d'achevé d'imprimer.

On doit se reporter, pour la collation de cette édition remaniée, à ce que nous avons dit ci-dessus, à propos du recueil de 1676. On observera que les titres de *la Thebaïde* et de *Berenice* doivent être placés non pas avant la *Préface* de chacune de ces pièces, mais après. Quelque bizarre que soit cette collation, elle est indiquée par les signatures. Nous faisons cette remarque parce que nous avons sous les yeux un exemplaire daté de 1679, dans lequel le relieur a déplacé arbitrairement les titres en question.

Dans cet exemplaire, comme dans les autres exemplaires qui nous ont passé entre les mains, la préface d'*Alexandre* est imprimée en gros caractères romains et la première ligne se termine par le mot *où* (voy. ci-dessus).

Un petit détail que l'on peut encore relever, c'est que le fleuron placé en tête de la p. 183 du t. Ier diffère dans les diverses éditions. Les volumes datés de 1675 et 1676 offrent un premier fleuron où les ornements sont moins serrés; les volumes datés de 1679 et 1680 présentent au contraire une tête de page composée de petites feuilles formant un tout plus serré et plus noir. Cette différence ne paraît due qu'à un accident survenu pendant le tirage. Les lettres cassées ou empâtées sont les mêmes de part et d'autre et prouvent suffisamment que l'impression a été faite sur les mêmes formes.

Il n'a rien été changé à l'extrait du privilége qui termine le second volume; il se retrouve ici avec le même achevé d'imprimer du « décembre 1675. »

L'édition de *Phèdre* qui termine ce volume n'a point le titre complet, avec le nom du libraire et la date, mais le simple faux-titre en deux lignes, dont il a été parlé ci-dessus; le reste de l'édition est identique.

Œuvres de Racine. Tome I. [Tome II.] A Paris, chez Pierre Trabouillet, dans la grande salle du Palais vis-à-vis la porte proche les Consultations, à la Fortune et à l'Image S. Louys, M.DC.LXXX (1680). Avec privilege du roy. 2 vol. in-12, fig.

Tome I : — front. gravé ; — faux-titre ; — titre ; — 2 ff. pour la *preface* et les *Acteurs* de *la Thebaïde ;* — 1 fig. pour la même pièce ; ensemble 6 ff. et 364 pp., plus 4 autres figg.

Tome II : — front. gravé ; — titre ; — 4ff. pour la *Preface* et les *Acteurs* de *Berenice ;* — titre et fig. pour la même pièce ; ensemble 8 ff. prélim. et 324 pp. ; — 2 ff. pour le *Privilege,* plus 3 figg. ; — 5 ff., 1 fig. et 74 pp. pour *Phedre et Hippolyte.*

Sauf les titres, cette édition est entièrement conforme, pour le premier volume, à celle de 1675, pour le second volume à celle de 1676 et de 1679.

En résumé, de 1675 à 1687, il n'a été fait qu'une seule édition des *OEuvres de Racine,* qui a porté successivement la date de 1675, 1676, 1679 ou 1680.

On s'est borné à rajeunir les titres et à réimprimer le faux-titre de *la Thebaïde,* ainsi que la préface d'*Alexandre.* Le faux-titre au v° blanc se trouve dans les éditions de 1675 et 1680. Le faux-titre dont le v° contient l'*Extrait du Privilege,* suivi d'un achevé d'imprimer, n'existe que dans les volumes datés de 1676 ; enfin le faux-titre dont le v° contient l'*Extrait du Privilege,* sans l'achevé d'imprimer, appartient à l'édition de 1679 ; — soit trois tirages différents de ce même faux-titre.

La préface d'*Alexandre* est différente dans les éditions de 1675, 1676 et 1679 ; dans l'édition de 1680, on la retrouve au contraire sous sa forme primitive ; — soit également trois impressions de cette préface.

Enfin le fleuron noir dont nous avons parlé ci-dessus se trouve à la p. 183 du t. I de 1679 et de 1680.

Œuvres de Racine. Sur l'imprimé à Paris, chez Cl. Barbin, 1681. 2 vol. in-12.

Œuvres de Racine. Amsterdam, Wolfgang. 2 vol. in-12. Avec préface d'Abrah. Wolfgang. Les titres portent la date de 1682.

Œuvres de Racine. Suivant la copie imprimée à Paris. Elzevier, 1682. 2 vol. petit in-8.

Chaque pièce a une pagination, une date et un titre particuliers.

Œuvres de Racine. Tome premier. [Tome second.] A Paris, chez Denys Thierry, rue Saint-Jacques, devant la rue du Plâtre, à l'enseigne de la Ville-de-Paris, M.DC.LXXXVII (1687). Avec privilege du roy. 2 vol. in-12, fig.

Tome premier : front. gravé ; — titre au v° duquel se trouve la liste des *Pièces contenues en ce volume ;* — faux-titre de *la Thebaïde*, au v° duquel est placé un *Extrait du Privilege ;* — 2 ff. pour la *Preface* et les *Acteurs ;* — 1 fig. pour *la Thébaïde ;* ensemble 6 ff. et 372 pp., plus 4 fig.

Le privilége, daté du 29 mai 1686, est accordé pour quinze ans à *Denys Thierry,* qui déclare y associer *Claude Barbin* et *Pierre Trabouillet.* L'achevé d'imprimer est du 15 avril 1687.

Tome second : front. gravé ; — titre ; — faux-titre de *Berenice ;* — 4 ff. pour la *Preface* et les *Acteurs* de cette même pièce ; — 1 fig. pour *Berenice ;* ensemble 8 ff., 434 p. et 2 ff. non chiff., plus 4 figg.

Phèdre est ici réunie pour la première fois aux pièces antérieures de Racine, avec une pagination continue. Le volume est complété par le *Discours prononcé à l'Académie Françoise à la reception de MM. de Corneille et de Bergeret, le deuxieme de janvier 1685*, et par *l'Idylle sur la paix*.

Le privilége, rapporté *in extenso* à la fin du tome second, n'est pas celui du 29 mai 1686, dont nous avons parlé ci-dessus. Il est daté du 23 novembre 1684 et est accordé pour 15 ans à *Denys Thierry,* qui déclare y associer *Claude Barbin* et *Pierre Trabouillet.* L'achevé d'imprimer est du 15 avril 1687.

« Louis Racine, dit M. Mesnard, a mal connu cette importante édition de 1687. Il dit à tort (tome V de ses œuvres, 1808) qu'il est certain que son père *n'y eut aucune part.* Les variantes qu'elle offre, comparée à celle de 1676, prouvent le contraire. »

Œuvres de Racine. Sur l'imprimé à Paris, chez Cl. Barbin, 1689. 2 vol. in-12.

Œuvres de Racine. Amsterdam, Wolgang, 1690-1692. 3 vol. in-12.

Chaque pièce a un titre, une pagination particulière, et une date qui varie. Le dernier volume (1692) contient, outre *Esther* et *Athalie,* le *Discours prononcé à la réception de Thomas Corneille et de Bergeret,* l'*Idylle de Sceaux* (sur la paix), et deux épigrammes sans titre, celles sur l'*Iphigénie* de Le Clerc et sur l'*Aspar* de Fontenelle. (V. t. V, p. 387.) Discours, idylle et épigrammes ont une pagination à part.

Œuvres de Racine. Tome premier. [Tome second.] A Paris, chez Claude Barbin, sur le second perron de la Sainte-Chapelle, M.DC.XCVII (1697). Avec privilege du roy. 2 vol. in-12, fig.

Tome premier : front. gravé ; — titre imprimé, au v° duquel sont indiquées les *pieces contenues en ce volume : la Thebaïde, Alexandre, Andromaque, Britannicus, Berenice, les Plaideurs, Harangue de l'Academie, Idylle sur la paix ;* — titre de la *Thebaïde,* contenant au v° l'*Extrait des Privileges ;* — 2 ff. pour la *Preface* (de *la Thebaïde*) et pour les *Acteurs* de la

BIBLIOGRAPHIE.

même pièce; 1 fig. pour la *Thebaide;* ensemble 6 ff. et 468 p., y compris 5 autres figures.

Tome second : front. gravé ; — titre imprimé, portant au v° l'indication des *Pieces contenuës en ce second volume : Bajazet, Mithridate, Iphigenie, Phedre, Esther, Athalie* et *Cantiques;* — titre de *Bajazet;* — 2 ff. pour la *Préface* (de *Bajazet*); — 1 f. pour l'*Extrait des Privileges* et pour les *Acteurs* (de *Bajazet*); ensemble 6 ff. et 516 p., y compris 6 figures.

Les frontispices et les figures de cette édition sont les mêmes que ceux de l'édition de 1676, mais certaines planches ont dû être retouchées ou gravées à nouveau, par exemple le frontispice de la première partie, qui ne porte pas le nom de *S. le Clerc.* Les figures de *Phedre,* d'*Esther* et d'*Athalie* sont celles des éditions originales ; elles ont été tirées sur de planches très-fatiguées.

Les priviléges, dont nous avons ici des extraits, sont celui du 29 mai 1686, avec achevé d'imprimer du 15 avril 1687, et celui du 19 juillet 1696, sans achevé d'imprimer. Ce dernier privilége, spécial à l'édition, est accordé pour dix ans à *Denys Thierry,* qui déclare y associer, comme au privilége de 1686, *Claude Barbin* et *Pierre Trabouillet.*

Cette édition, la dernière publiée en France du vivant de l'auteur, contient tout le théâtre, le *Discours prononcé à la réception de Thomas Corneille et de Bergeret,* l'*Idylle sur la paix* et *quatre cantiques spirituels.* Elle a été revue par l'auteur.

Œuvres de Racine. Amsterdam, chez les héritiers d'Ant. Schelte, 1698 (dans d'autres exemplaires 1700). 2 vol. in-12.

Recueil factice avec la marque du *Quærendo.*

ÉDITIONS ORIGINALES DES ŒUVRES DIVERSES.

Lettre sur la signature du fait contenu dans le Formulaire, 1664. In-4°.

Où se trouve la pièce de vers attribuée à Racine. (V. t. V, pp. 394-403.)

Lettre à l'auteur des Hérésies imaginaires et des deux Visionnaires. Quatre feuillets in-4 (7 pages numérotées), sans lieu ni date, sans nom d'auteur ni d'imprimeur (1666).

La seconde lettre de Racine n'a été ni imprimée ni publiée du vivant de l'auteur. On la trouve dans les *OEuvres de Nicolas Despréaux,* La Haye, 1722, in-12. La préface ne parut, comme nous l'avons dit (t. V, p. 417), que dans l'édition des *OEuvres de Racine* de 1807.

Œuvres diverses d'un auteur de sept ans. In-4, sans lieu ni date (1679).

Elles contiennent un madrigal de Racine, (V. t. V, p. 391) et l'*Épître* dédicatoire à Mme de Montespan (V. t. VI, pp. xix-xx et pp. 331-332).

Discours prononcés à l'Académie française, le 2 janvier 1685. A Paris, de l'Imprimerie de Pierre Le Petit, M.DC.LXXXV. Avec privilége de Sa Majesté.

Voy. t. VII p. xi et pp. 252-275.

Second Factum de Furetière, 1685.

Où se trouve l'épigramme sur l'*Iphigénie* de Le Clerc. (V. t. V, p. 387.)

Idylle sur la paix, pour estre chantée en l'orangerie de Sceaux. In-4, imprimé en italiques. Sans lieu ni date, sans nom d'auteur ni d'imprimeur. Au dos de la quatrième page on lit : « Permis d'imprimer. Fait ce 27 juin 1685. De La Reynie. »

Idylle sur la paix, avec l'Églogue de Versailles et plusieurs pièces de symphonie, mises en musique par M. de Lulli…. Chez Christophe Ballard, 1685. In-folio.

Avec une épitre dédicatoire de Lulli au roi.

L'Idylle et les Festes de l'Amour et de Bacchus, pastorale représentée par l'Académie royale de musique. A Paris, chez Christophe Ballard. 1689, in-fol.

L'avant-propos est ainsi conçu : « Voici un essai qu'elle (l'Académie royale de musique) s'est hâtée de préparer pour l'offrir à l'impatience du public. Elle a rassemblé ce qu'il y avoit de plus agréable dans les divertissements de Chambord, de Versailles et de Saint-Germain ; elle a cru devoir s'assurer que ce qui a pu divertir un monarque infiniment éclairé ne sauroit manquer de plaire à tout le monde. On a essayé de lier ces fragments choisis par plusieurs scènes nouvelles ; on y a joint des entrées de ballet, on y a mêlé des machines volantes, et des décorations superbes ; et de toutes ces parties on a formé une pastorale en trois actes, précédée d'un grand prologue. »

L'*Idylle* est en tête du volume après l'avant-propos. C'était un nouvel arrangement d'une composition qui remontait à 1672 et dont nous avons parlé avec détails dans notre édition de Molière, t. VI, pp. 561-565.

Harangue faite au roy, à Versailles, le vingt et un juillet M.DC.LXXXV, par Monseigneur l'illustrissime et reverendissime

Jacques-Nicolas Colbert, archevesque et primat de Carthage, coadjuteur de l'archevesché de Rouen. Assisté de Messeigneurs les archevesques, evesques et autres députés de l'assemblée générale tenue à Saint-Germain-en-Laye, en ladite année mil six cens quatre-vingt-cinq. En prenant congé de Sa Majesté. A Paris, de l'imprimerie de Frédéric Léonard, imprimeur ordinaire du roy... 1685.

Voy. t. VI, pp. xx-xxi et pp. 333-337.

Le Bréviaire romain en latin et en françois... divisé en quatre parties. A Paris, chez Denys Thierry, rue Saint-Jacques. Avec approbation et privilége. M.DC.LXXXVIII. Achevé d'imprimer le 15 novembre 1687. 4 vol. in-8.

Le privilége avait été donné « à Saint-Germain-en-Laye, le 6e jour de juillet l'an de grace mil six cens soixante quinze ». C'est dans ce bréviaire, dit bréviaire de Le Tourneux, que parurent, sans nom d'auteur, les Hymnes traduites du bréviaire romain par Racine. (Voy. t. V, pp. 351-374.)

Relation de ce qui s'est passé au siége de Namur, avec les plans des attaques, de la disposition des lignes et des mouvements des armées. A Paris, chez Denys Thierry... M.DC.XCII. Petit in-fol. ou grand in-4 (format bâtard) de 44 pp.

Avant le titre il y a un *plan de la ville et chasteau de Namur.* — A la fin du volume, une *carte particulière des mouvements faits et des postes occupés par les armées de France et celles des confederez pendant le siège de Namur,* et un *plan des lignes de l'armée du roi devant la ville et chasteau de Namur.*

Voy. t. VI, pp. xviii-xix, et pp. 304-330.

Cantiques spirituels, faits par Monsieur R..., pour estre mis en musique. A Paris, chez Denys Thierry, rue Saint-Jacques, devant la rue du Plâtre, à la Ville-de-Paris. M.DC.XCIV. In-4 de 16 pages, imprimé en italiques.

Recueil de pièces curieuses et intéressantes... La Haye, 1694.

Où se trouve la *Stance à la louange de la charité.* (V. t. V, p. 411.)

Portefeuille de M. L. D. F. Carpentras, 1694.

Où se trouvent les petites pièces attribuées à Racine, sur la *Troade* de Pradon (V. t. V, p. 404), sonnet sur la même (*ibid.*), sonnet sur le *Genséric* de Mme Deshoulières (*ibid.* 405), sonnet sur l'*Agamemnon* de Boyer (*ibid.*, p. 412).

BIBLIOGRAPHIE.

Menagiana, 1694.

Où se trouve l'épigramme contre Boyer. (V. t. V, p. 410.)

Furetiriana, 1696.

Où se trouve l'épigramme sur l'*Aspar* de Fontenelle déjà parue dans l'édition des œuvres de Racine. Amsterdam, 1690-1692, dont il a été fait mention précédemment.

Des éléments divers qui composent l'œuvre de Racine, qui lui appartiennent authentiquement ou qui lui ont été attribués, nous venons d'indiquer ce qui avait vu le jour avant la mort du poëte. Nous allons voir maintenant les morceaux qui sont venus par la suite accroître cette œuvre.

Médailles sur les principaux événements du règne de Louis le Grand avec des explications historiques, par l'Académie royale des médailles et des inscriptions. A Paris, de l'Imprimerie royale. M.DCC.II. In-fol.

Cinq des explications ont été rédigées par Racine. (Voy. t. VI, p. xii-xiv et pp. 253-263.)

Œuvres de Racine, 1722.

Épigramme sur la *Judith* de Boyer. (V. t. V, p. 389.)
Quatrain sur l'*Art de prêcher* et sur le poëme de l'*Amitié* de M. l'abbé de Villiers, attribué à Racine. (*Ibid.,* p. 411.)

Nécrologe de Port-Royal, 1723.

Vers pour le portrait d'Antoine Arnauld. (V. t. V, p. 392.)
Épitaphe du même. (*Ibid.,* p. 393.)
Vers sur Port-Royal. (*Ibid.*)

Œuvres de Racine, 1728.

Épigramme sur le *Germanicus* de Pradon. (Voy. t. V, p. 386.)
Épigramme sur le *Sésostris* de Longepierre. (*Ibid.,* p. 389.)
Épigramme sur l'assemblée des évêques. (*Ibid.,* p. 390.)

Le Banquet de Platon, traduit un tiers par feu M. Racine de l'Académie françoise et le reste par Mme de ***. A Paris, chez Pierre Gandouin, libraire, quai des Augustins, à la Belle Image. 1732. In-12.

Publié par l'abbé d'Olivet. (Voy. t. VI, pp. xxiv-xxvi et pp. 355-379.)

Remarques de grammaire sur Racine, par l'abbé d'Olivet. Paris, Gandouin, 1738. In-12.

On y trouve la *Critique de l'épître dédicatoire de Charles Perrault* où Racine, suivant l'abbé d'Olivet, peut être soupçonné d'avoir eu quelque part. (Voy. t. VI, pp. xxi-xxii et pp. 338-350.)

Recueil de pièces d'histoire et de littérature. Paris, Chaubert, 1731-1738. 4 vol. in-12.

On y trouve la pièce latine : *Urbis et ruris differentia.* (Voy. t. V, p. 310.)

Œuvres de Boileau, 1740.

Première épigramme sur les critiques d'*Andromaque.* (V. t. V, p. 386.)

Abrégé de l'histoire de Port-Royal par feu M. Racine de l'Académie françoise. A Cologne, aux dépens de la Compagnie. M.DCC.XLII. In-12. (Ne comprenant que la première partie.)

La seconde partie parut à la suite de la première en 1767 sous ce titre : *Abrégé de l'histoire de Port-Royal par M. Racine de l'Académie françoise, ouvrage servant de supplément aux trois volumes des œuvres de cet auteur.* Imprimé à Vienne et se trouve à Paris chez Lottin le jeune... mdcclxvii. Un vol. in-12.

Mémoires sur la vie de Jean Racine, (par Louis Racine.) A Lausanne et à Genève, chez Marc-Michel Bousquet et compagnie. M.DCC.XLVII. In-12.

Dans le contexte de ces Mémoires, on trouve le sonnet pour célébrer la naissance d'un enfant de Nicolas Vitart (V. t. V, p. 305), une partie des vers latins *ad Christum* (*Ibid.,* p. 309) et l'épigramme contre Chapelain, (*Ibid.,* p. 385.).

A la suite de ces Mémoires, Louis Racine imprima :

Le *Discours prononcé par M. Racine à l'Académie françoise à la réception de M. l'abbé Colbert* le 30 (31) octobre 1678.

Voy. t. VII, pp. v-ix et pp. 243-252.

Plan du premier acte d'Iphigénie en Tauride.

Voy. t. IV, pp. 449-461.

L'Extrait du traité de Lucien intitulé : Comment il faut écrire l'histoire.

V. t. VI, p. xxviii et pp. 393-399.

Les *Fragments historiques.*

V. t. VI, pp. ix-xii et pp. 179-251.

Les *Réflexions pieuses sur quelques passages de l'Écriture sainte.*

V. t. VI, p. xv et pp. 264-267.

Les *Hymnes du bréviaire romain.*

Voyez ci-dessus.

Sous la rubrique : Ouvrages attribués à Jean Racine :

Discours prononcé à la tête du clergé par M. l'abbé Colbert, coadjuteur de Rouen.

Voyez ci-dessus.

Relation de ce qui s'est passé au siége de Namur.

Voy. ci-dessus.

Recueil des Lettres de Jean Racine, publié par le même. 1747. In-12.

Le recueil de Louis Racine n'est que l'embryon de la correspondance rassemblée depuis lors. Il serait trop long de rappeler ici quels développements successifs cette correspondance a reçus. Il faut voir, pour cela, notre introduction au t. VII, pp. xiii-xvi, et notre introduction au t. VIII, pp. i-v. De plus, nous avons dit, dans la première note attachée à chaque lettre, où, quand et en quelles circonstances cette lettre s'est agrégée à l'ensemble.

Mémoires pour servir à l'histoire de Madame de Maintenon. Édit. de Hambourg, 1756, par La Beaumelle.

Épigramme sur les démêlés de Bossuet et de Fénelon attribuée à Racine. (V. t. V, p. 410.)

Œuvres de Fontenelle. Amsterdam, 1764.

Couplets attribués à Racine sur la réception de Fontenelle à l'Académie. (V. t. V, p. 407.)

Description historique de la ville de Paris, par Piganiol de la Force. 1765. 10 vol. in-12.

On y trouve les épitaphes de Le Tellier et de Mlle de Lamoignon. (V. t. VI, pp. xxii-xxiii et pp. 351-352.)

Œuvres de Racine, édition commentée par Luneau de Boisjermain, 1768.

On y trouve :
Seconde épigramme sur les critiques d'*Andromaque.* (V. t. V, p. 386.)
Chanson contre Fontenelle. (*Ibid.,* p. 406.)
Épigramme sur les compliments qui furent faits au roi (*Ibid.,* p. 407).

Éloge historique du roi Louis XIV sur ses conquêtes depuis 1672 jusqu'en 1678, par MM. Racine et Boileau de l'Académie françoise et historiographes de France. Amsterdam, et se trouve à Paris, chez Bleuet, 1784. 1 vol. in-8 de 64 pages, avec ce sous-titre : « Précis historique des campagnes de Louis XIV depuis 1672 jusqu'en 1678. »

Ce morceau avait déjà été imprimé, mais avec des différences notables, dans la *Campagne de Louis XIV par M. Pellisson*, en 1730, et dans le tome III de l'*Histoire de Louis XIV par Pellisson*, publiée en 1749 par l'abbé Le Mascrier. (V. t. VI, pp. xvi-xviii et pp. 273-303.)

Journal général de France, du 2 oct. 1788.

Stances à Parthenice. (V. t. V, p. 344-345.)

Journal général de France, du 14 oct. 1788.

Le madrigal, tome V, p. 306, y est imprimé par M. Mercier.

Œuvres de Racine, édition de 1807.

Épigramme sur la signature du formulaire (V. t. V, p. 385.)
Préface des Lettres de Racine à l'auteur des *Hérésies imaginaires*, etc. (*Ibid.*, pp. 418-422.)
Supplément à l'*Histoire de Port-Royal* et Mémoire pour les religieuses. (V. t. VI, pp. 157-172.)
Fragments sur Port-Royal. (*Ibid.*, pp. 172-177.)

Œuvres de Racine, édition de Geoffroy, 1808.

Ode tirée du psaume xvii. (V. t. V, p. 339.)
Le Paysage ou Promenade de Port-Royal des Champs. (*Ibid.*, pp. 279-300.)
Épitaphe de C. F. de Bretagne, demoiselle de Vertus. (V. t. VI, p. xv et p. 268.)
Fragments de la *Poétique* d'Aristote. (*Ibid.*, p. xxvii et pp. 549-563.)

Le Philologue, journal, tome VI, 1819.

On y trouve les notes sur les *Coéphores* d'Eschyle (v. t. VII, p. ii-iv et pp. 198-200), sur *Ajax, Électre* et *OEdipe roi*, de Sophocle (*Ibid.*, pp. ii-iv et pp. 200-213), et sur *Médée, Hippolyte* et les *Bacchantes* d'Euripide. (*Ibid.*, pp. ii-iv et pp. 227-232.)

Œuvres de Racine, éditions d'Aimé Martin, 1820-1844.

Traduction de la Vie de Diogène le Cynique. Des Esséniens, etc. (V. t. VI, pp. xxviii-xxix et pp. 401-471.)
Remarques sur l'*Odyssée* d'Homère et sur les *Olympiques* de Pindare. (V. t. VII, pp. i-ii et pp. 3-178.)

Nouvelle Revue encyclopédique, livraison d'octobre 1846.

On y trouve les notes sur les *Coéphores* d'Eschyle (v. ci-dessus), et

celles sur les *Phéniciennes, Hippolyte, Ion, Électre* et *Iphigénie à Aulis.*
(V. t. VII, pp. II-IV et pp. 233-237.)

Bulletin du bouquiniste, 1ᵉʳ sept. 1863.

Épigramme attribuée à Racine contre Richelieu, détracteur d'*Iphigénie.*
(V. t. V, p. 403.)

Œuvres de J. Racine. Nouvelle édition par M. Paul Mesnard,
1865-1873.

>Billet en vers à Antoine Vitart. (V. t. V, p. 301.)
>Autre billet à Antoine Vitart. (*Ibid.*, p. 303.)
>Chanson. (*Ibid.*, p. 306.)
>Chanson. (*Ibid.*, p. 307.)
>Chanson. (*Ibid.*, p. 308.)
>Réponse à un poulet. (*Ibid.*)
>Joannes Racine cognato suo carissimo Vitart. (*Ibid.*, p. 313.)
>Laus hiemis. (*Ibid.*, p. 314.)
>In Avaritiam. (*Ibid.*, p. 316.)
>In Avarum. (*Ibid.*, p. 317.)
>De Morte Henrici Montmorancii. (*Ibid.*, p. 318.)
>Notes sur l'*Iliade* d'Homère. (V. t. VII, pp. 179-193.)
>Notes sur les *Odes* de Pindare. (*Ibid.*, pp. 193-198.)
>Notes sur *Ajax, Électre, OEdipe à Colone,* les *Trachiniennes.* (*Ibid.*, pp. 213-227.)
>Notes sur la *Poétique* d'Aristote. (*Ibid.*, pp. 237-238.)
>Notes sur la *Pratique du théâtre* de l'abbé d'Aubignac. (*Ibid.*, pp. 239-240.)

On a, dans le tableau qui précède, la suite chronologique des additions par lesquelles s'est constitué le *Corpus racinianum*, si l'on nous passe l'expression, tel que la présente édition l'offre au lecteur.

PRINCIPALES ÉDITIONS COLLECTIVES DEPUIS 1700

Nous allons énumérer maintenant les principales éditions collectives des œuvres de Racine parues depuis 1699 jusqu'à nos jours.

Œuvres de Racine. Paris, par la compagnie des libraires, 1702 2 vol. in-12.

>Cette édition, que Boileau a pu surveiller, est recommandée par Titon du Tillet dans sa *Description du Parnasse,* et Louis Racine l'avait aussi en estime particulière. Elle est loin pourtant d'être exempte de fautes.

Œuvres de Racine. Paris, par la compagnie des libraires, 1713, 2 vol. in-12.

Les Œuvres de Jean Racine. Nouvelle édition augmentée de diverses pièces (et de la vie de l'auteur). Amsterdam, J.-F. Bernard, 1722, 2 vol. in-12.

On a vu précédemment quelques-unes des diverses pièces dont cette édition est augmentée. On y peut signaler encore *Deux lettres concernant les ouvrages de MM. Corneille et Racine,* et *Apollon charlatan,* la satire de Barbier d'Aucourt, que nous avons reproduite tome IV, pp. 290-297. Au témoignage de Niceron, cette édition a été donnée par Bruzen de La Martinière.

Œuvres de Racine. Londres, imp. Tomson et Watts, 1723, 2 vol. in-4.

Édition donnée par Coste.

Œuvres de Racine. Paris, par la compagnie des libraires, 1728, 2 vol. in-12.

On a vu précédemment que cette édition offre quelques pièces nouvelles.

Œuvres de Racine. Nouvelle édition. Paris, 1736, 2 vol. in-12.

Édition donnée par Antoine-François Jolly.

Œuvres de Racine, édition augmentée de pièces et de remarques (par d'Olivet, Desfontaines, Racine fils, etc.). Amsterdam, J.-Fréd. Bernard, 1743 ou (nouveau titre, *Amsterdam, Arkstée*) 1750, 3 vol. in-12, fig. gr. par Tangé d'après les dessins de L.-F. Du Bourg.

Œuvres de Racine. Paris, 1760, 3 vol. in-4. De l'imprimerie de Le Breton, premier imprimeur du roi.

« Première édition de Racine, dit Brunet, publiée en France avec une certaine apparence de luxe. »

Œuvres de Jean Racine. Avec des commentaires par Luneau de Boisjermain. Paris, Cellot, 1768, tomes I-V. — *Œuvres diverses* de J. Racine, enrichies de notes et de préfaces. Londres, 1768. En tout 7 vol. in-8, fig. de Gravelot.

Édition plus complète que les précédentes. Nous avons signalé les morceaux dont l'éditeur l'avait enrichie. Le commentaire de Luneau de Boisjermain, attribué au moins pour une partie à Blin de Sainmore, a été réimprimé séparément à Paris, en 1768, 3 vol. in-12.

Les Œuvres de J. Racine. Édition imprimée pour l'éducation du Dauphin. Paris, imp. de Fr.-Ambr. Didot l'aîné, 1783. 3 vol. gr. in-4, pap. vélin.

Avec une notice sur la vie et les ouvrages de Racine, par Naigeon.

Œuvres complètes de J. Racine. Paris, Deterville, de l'imprimerie de Didot jeune, 1796, 4 vol. gr. in-8, fig. de Le Barbier.

Œuvres de J. Racine. Paris, de l'imprimerie de P. Didot l'aîné, an IX (1801-1805): 3 vol. gr. in-fol.

« Sans contredit, cette édition, dit Brunet, est un des livres les plus magnifiques que la typographie d'aucun pays eut encore produits; d'ailleurs, les 57 grav. dont elle est enrichie ont été exécutées par les premiers artistes de Paris, d'après les dessins de Gérard, de Girodet, Chaudet, Taunay, Moitte, Prud'hon, etc. Il n'en a été tiré que 250 exempl., dont 100 avant la lettre. La souscription était de 1,200 fr. pour les exemplaires ordinaires, et 1,800 pour les épreuves avant la lettre. »

Œuvres de J. Racine. Avec les variantes et les imitations des auteurs grecs et latins. Publiées par M. Petitot, éditeur du *Répertoire du Théâtre-Français.* Paris, Herhan, 1807. 5 vol. in-8, fig.

Œuvres complètes de J. Racine. Avec le commentaire de M. de La Harpe, et augmentées de plusieurs morceaux inédits ou peu connus. Paris, Agasse, 1807, 7 vol. in-8.

Cette édition a été dirigée par le marquis Germain Garnier. C'est de cette édition qu'il s'agit toujours, lorsque nous renvoyons, dans nos notes, à l'édition de 1807.
Réimpression en 1816, Paris, Verdière, 7 vol. in-8.

Œuvres de J. Racine. Avec des commentaires par J.-L. Geoffroy. Paris, Lenormand, 1808, 7 vol. in-8, fig.

Cette édition marque également dans la série des éditions de Racine. Il est à observer, toutefois, que les articles publiés par Geoffroy au fur et à mesure des représentations des pièces, et que l'on retrouve dans le *Cours de littérature dramatique* où ils ont été réimprimés, sont moins diffus et bien plus vifs, et valent mieux en somme que les commentaires qui accompagnent les mêmes pièces dans l'édition.

Théâtre complet de J. Racine. Parme, de l'imprimerie de Bodoni, 1813, 3 vol. in-fol.

Bodoni étant mort avant d'avoir pu achever cette édition magnifique, ce fut sa veuve qui la fit achever.

Théâtre complet de J. Racine, orné de 57 gravures d'après les compositions de Girodet, Gérard, Chaudet, Prud'hon, etc. Paris, P. Didot, 1816, 3 vol. in-8.

Œuvres complètes de J. Racine, avec les notes (choisies) de tous les commentateurs, par L.-Aimé Martin. Paris, Lefèvre (imprim. de P. Didot), 1820, 6 vol. in-8, fig., d'après les compositions de Gérard, Girodet et Prud'hon.

Une seconde édition, publiée chez le même libraire et sortie des mêmes presses, a paru en 1822, également en 6 vol. in-8, avec les mêmes gravures : le texte y est augmenté, dans le 4e volume, de plus de 120 pages, contenant diverses traductions faites par Racine.

L'édition de *Paris, Dupont,* 1824, 6 vol. in-8, avec de nouvelles notes et des études sur Racine, par M. Aignan, de l'Académie française, reproduit en grande partie le travail de M. A. Martin, et voilà sans doute pourquoi celui-ci l'a comptée pour la troisième de celles qu'il a publiées.

Œuvres complètes de J. Racine, avec les notes de tous les commentateurs, par M. L.-Aimé Martin; 4e édition, revue, corrigée et augmentée des études de Racine sur l'Odyssée d'Homère et sur les Olympiques de Pindare. Paris, Lefèvre (impr. de J. Didot), 1825. 7 vol. gr. in-8, portr.

Œuvres complètes de J. Racine, revues avec soin sur toutes les éditions de ce poëte, avec des notes extraites des meilleurs commentateurs, par R. Auguis. Paris, Fortic, 1825-1826, gr. in-8 à deux colonnes avec portrait.

Œuvres complètes de J. Racine, avec une notice sur sa vie par M. L.-S. Auger... Paris, Lefèvre, 1827, 2 vol. in-8.

Autre édition en 1838, gr. in-12.

Œuvres complètes de J. Racine, avec les notes de tous les commentateurs; 5e édition publiée par L.-Aimé Martin, avec des additions nouvelles. Paris, chez Lefèvre et chez Furne, 1844, 6 vol. in-8, pap. cavalier vélin, fig.

La plus complète des cinq éditions de Racine données par Aimé Martin.

On a joint à une partie des exemplaires un septième volume contenant la *Musique d'Esther, d'Athalie, et des cantiques spirituels par Moreau, maistre de musique de Louis XIV*, en 168 pp., plus 4 ff. pour les titres et l'avis de l'éditeur.

Œuvres complètes de J. Racine, avec les notes de divers commentateurs, ornées de vignettes gravées sur acier d'après les compositions de Staal. Paris, Garnier frères, 1853, gr. in-8 à deux colonnes.

Œuvres de J. Racine, nouvelle édition revue sur les plus anciennes impressions et les autographes, et augmentée de morceaux inédits, des variantes, de notices, de notes, etc., par M. Paul Mesnard. Paris, librairie Hachette, 8 vol. in-8. 1865-1873.

Édition très-soigneusement faite ; nous sommes trop redevable à M. Mesnard pour ne point rendre pleine justice à son excellent travail.

Nous avons pu y corriger un petit nombre d'erreurs, nous n'avons pas signalé ces corrections ; c'est un parti pris, dans nos éditions, de ne nous arrêter jamais à constater les fautes de nos devanciers. Outre qu'il importe fort peu au lecteur de savoir qu'un commentateur s'est trompé, qu'il a mis un nom ou une date pour une autre, pourvu qu'on ait le nom et la date véritables, il nous paraît peu équitable de se prévaloir ainsi de l'avantage qu'a toujours le dernier venu ; il faudrait en même temps, pour être juste, tenir compte à ce prédécesseur, dont on fait remarquer toutes les fautes en passant, il faudrait, disons-nous, lui tenir compte des erreurs qu'il a redressées à son tour, de celles qu'il vous a épargnées s'il était possible, et ce serait abuser singulièrement des privilèges de l'annotation.

Notre édition ne contient pas tout ce qui se trouve dans celle de M. Mesnard ; nous n'avons pas admis, par exemple, les extraits des *Factums pour le maréchal de Luxembourg*, ni de la *Réponse de Mgr l'archevêque de Paris aux quatre lettres de Mgr l'archevêque de Cambrai*, où il est impossible de faire la part de Racine, si Racine y a eu part, ni diverses annotations qui nous ont paru absolument dépourvues d'intérêt. D'autre part, notre édition présente un certain nombre de morceaux qu'on ne trouve pas dans celle de M. Mesnard : l'*Apollon charlatan*, que nous avons donné tome IV, pp. 290-297, le Prologue de Louis Racine pour la représentation d'*Esther*, tome V, pp. 110-111 ; les Discours académiques de l'abbé Colbert, de Thomas Corneille, de Bergeret, de Valincourt et de La Chapelle, tome VII ; les Jugements sur Racine rassemblés à la fin de l'étude biographique, etc.

Enfin nous avons cherché à imprimer à notre édition un caractère assez différent de celui de cette dernière édition commentée, assez personnel, en quelque sorte, pour que le public puisse se féliciter d'avoir à choisir entre ces deux publications presque contemporaines.

Les Œuvres de J. Racine, texte original avec variantes, notice par Anatole France. Paris, Lemerre, 5 vol. pet. in-18, 1874-1875 (portrait à l'eau-forte).

Théâtre de J. Racine, trésorier de France, l'un des quarante de l'Académie françoise. Orné de vignettes, gravées à l'eau-forte sur les dessins d'Ernest Hillemacher. Paris, imprimerie Jouaust, librairie des Bibliophiles, 4 vol. in-8°, 1874-1875.

PUBLICATIONS RELATIVES
A LA VIE ET AUX OUVRAGES DE RACINE

Dissertation sur le grand Alexandre. Tome I des OEuvres mêlées de S. E. (Saint-Evremond). Paris, C. Barbin, 1670, in-12.

Voy. t. I, pp. 494-500, et t. III, pp. 366-369.

La Folle Querelle ou la Critique d'Andromaque (par Subligny), comédie représentée par la troupe du roy. Paris, T. Jolly, 1668, in-12.

Nous avons donné l'analyse de cette pièce tome IV, pp. 472-475.

La Critique de Bérénice (par l'abbé Montfaucon de Villars). Paris, L. Billaine, Michel Le Petit et E. Michallet, 1671, in-12.

Voy. t. III, p. 381.

Réponse à la Critique de la Bérénice *de Racine.*

Imprimée à Paris en 1671, d'après l'abbé Granet, et attribuée par lui à Subligny. (Voy. ci-après, Recueil de dissertations, 1740.)
V. t. III, p. 382.

Tite et Titus ou critique sur les *Bérénices.* Utrecht, J. Ribbins, 1673, in-12.

Voy. t. III, p. 383.

Entretien sur les tragédies de ce temps (par l'abbé Pierre de Villiers). Paris, Et. Michallet... 1675, in-12.

V. t. IV, p. 270.

Remarques sur les Iphigénies de M. Racine et de M. Coras. S. l., 1675, in-12.

V. t. IV, p. 272.

Critique des deux tragédies d'Iphigénie *d'Euripide et de M. Racine,* et la comparaison de l'une avec l'autre. Dialogue. Par M. Perrault, receveur général des finances de Paris. Manuscrit de la Bibliothèque nationale, suppl. fr. 706.

V. t. IV, p. 277.

Dissertation sur les tragédies de Phèdre et Hippolyte (attribuée à Subligny). Paris, Ch. de Sercy, 1677, in-8.

V. t. IV, p. 421.

Apollon vendeur de Mithridate, satire en vers irréguliers contre Racine (1675 ou 1676).

V. t. IV, pp. 290-297.

Parallèle de Corneille et de Racine, par M. de Longepierre, 1686.

Dans les *Jugements des Savants,* de Baillet. Paris, A. Dezaillier, 1685 et 1686, 9 vol. in-12. Au tome IV, pp. 372-420.

Parallèle de M. Corneille et de M. Racine, par M. Fontenelle.

Composé en 1693, imprimé à part à cette époque; se trouve dans un volume intitulé : *Voyage de MM. de Bachaumont et de La Chapelle,* avec un mélange de pièces fugitives tirées du cabinet de M. de Saint-Évremond; Utrecht, Galma, 1697, in-12.

Les Hommes illustres qui ont paru en France pendant ce siècle, par M. Perrault, de l'Académie françoise. Paris, 1697-1700, 2 vol. in-folio; — 1698, in-8.

La notice sur Racine est une des dernières du tome second. Voici ce que dit Perrault sur Corneille et Racine : « Plusieurs personnes ne doutèrent point de le comparer au grand Corneille et de le mettre en parallèle avec cet homme incomparable. Il est vrai que si Corneille le surpasse du côté des sentiments héroïques et de la grandeur de caractère qu'il donne à ses personnages, le même Corneille lui est inférieur dans les mouvements de tendresse et dans la pureté du langage. Quoi qu'il en soit, M. Racine a eu ses partisans, et la contestation est demeurée en quelque sorte indécise. La seule chose dont tout le monde est demeuré d'accord, c'est qu'ils ont fait l'un et l'autre un très-grand honneur à notre langue et à notre nation. »

Dissertation sur les caractères de Corneille et de Racine, contre le jugement de La Bruyère, par M. Tafignon. Paris, 1705, in-12.

Comparaison de l'Hippolyte d'Euripide avec la tragédie de Racine sur le même sujet, par Louis Racine.

Lue à l'Académie des inscriptions et belles-lettres, le 3 décembre 1728, et insérée au tome VIII des Mémoires de cette Académie.

Lettre de M. de Valincour (sur Racine), et réponse à M. de Valincour, dans l'*Histoire de l'Académie françoise depuis 1652 jusqu'à 1700,* par l'abbé d'Olivet. Paris, J.-B. Coignard fils, 1729, in-4.

Remarques de grammaire sur Racine, par M. l'abbé d'Olivet Paris, Gandouin, 1738, in-16.

« Mon cher maître, écrivait Voltaire à l'abbé d'Olivet, je vous trouve quelquefois bien sévère avec Racine. Ne lui reprochez-vous pas quelquefois d'heureuses licences qui ne sont pas des fautes en poésie? Il y a dans ce grand homme plus de vers faibles qu'il n'y en a d'incorrects; mais, malgré tout cela, nous savons, vous et moi, que personne n'a jamais porté l'art de la parole à un plus haut point, ni donné plus de charme à la langue française. »

Observations critiques à l'occasion des Remarques de grammaire de M. l'abbé d'Olivet, par M. S. de S... (Soubeiran de Scopon). Paris, Prault père, 1838, in-8.

Racine vengé ou examen des Remarques grammaticales de M. l'abbé d'Olivet (par l'abbé Desfontaines). Avignon, 1839, in-12.

Recueil de dissertations sur plusieurs tragédies de Corneille et de Racine, avec des réflexions pour ou contre la critique des ouvrages d'esprit et des jugements sur ces dissertations. A Paris, chez Gissey, rue de la Vieille-Boucherie, et Bordelet, rue Saint-Jacques, 1740. Avec approbation et privilége du roi.

Recueil de l'abbé Granet. Voici, dans ce recueil, ce qui concerne spécialement Racine. Tome 1er : 1° Entretien sur les tragédies de ce temps, par M. l'abbé de Villiers (mentionné ci-dessus à la date de 1675); 2° Parallèle de Corneille et de Racine, par M. de Longepierre (mentionné ci-dessus à la date de 1686); 3° Dissertation sur les caractères de Corneille et de Racine contre le jugement de La Bruyère, par M. Tafignon (mentionnée ci-dessus à la date de 1705).

Tome II : 1° Dissertation sur la tragédie de Racine, intitulée *Alexandre,* à Mme Bourneau, par M. de Saint-Évremond (voy. le premier article de cette section); 2° la *Folle Querelle ou la critique d'Andromaque,* comédie de M. de Subligny (voy. le deuxième article de cette section) ; 3° la Critique de *Bérénice,* par M. l'abbé de Villars (mentionnée ci-dessus à la date de 1671) ; 4° Réponse à la critique de la *Bérénice* de Racine, par Subligny (mentionnée ci-dessus à la date de 1671) ; 5° *Tite et Titus ou les Bérénices,* comédie en trois actes (mentionnée ci-dessus à la date de 1673) ; 6° Remarques sur l'*Iphigénie* de M. Racine (mentionnées ci-dessus à la date de 1675 ; l'abbé Granet a supprimé les remarques sur l'*Iphigénie* de Coras) ; 7° Dissertation sur les tragédies de *Phèdre et Hippolyte* (mentionnée ci-dessus à la date de 1677).

Remarques sur les tragédies de Racine, suivies d'un traité sur la poésie dramatique ancienne et moderne, par Louis Racine. Paris, 1752, ou Amsterdam, MM. Rey, 1752. 3 vol. in-12.

M. Villemain dit de ce commentaire : « Dans l'analyse que Louis Racine fait du théâtre de son père, la critique n'est pas fort élevée, fort étendue. L'attention aux formes du style peut sembler minutieuse. Dans un siècle rude et prétentieux, on doit surtout dédaigner cette critique, comme on a perdu le secret de cette langue admirable. Mais l'homme de goût trouvera, dans les remarques simples et modestes de Louis Racine, plus à apprendre et à méditer que dans les théories conjecturales de l'art ; c'est le génie commenté par cette justesse de sens et cette vérité d'impression qui lui sont analogues, même en restant loin de lui. »

Lettre de M. Le Franc sur le théâtre en général et sur les tragédies de J. Racine en particulier. Paris, Chaubert, 1755, in-12.

Lettre à M. Racine sur le théâtre en général et sur les tragédies de son père en particulier, par M. L. F. de P... (Le Franc de Pompignan), nouvelle édition. Paris, de Hanzy le jeune, 1773, in-8.

Trois lettres de Racine y sont insérées.

Éloge de Racine, par M. de Laharpe. Amsterdam et Paris, Lacombe, 1772, in-8.

Jean Racine avec ses enfants, vaudeville, par Jacquelin. Paris, Fages, an VII, in-8.

Racine ou la chute de Phèdre, comédie en deux actes et en vers, mêlée de vaudevilles, par Sewrin et Chazet. Paris, 1806, in-8.

Racine et Cavois, comédie en trois actes et en vers, par Étienne. Paris, 1815, in-8.

Études de la langue française sur Racine, ou commentaire général et comparatif sur la diction et le style de ce grand classique, d'après l'abbé d'Olivet, l'abbé Desfontaines, Louis Racine, Voltaire, l'Académie, Luneau de Boisjermain, Laharpe et Geoffroy... par M. Fontanier. Paris, Belin Le Prieur, 1818, in-8.

Les Plaideurs *de Racine,* comédie anecdotique en un acte et en prose, mêlée de couplets, par MM. Brazier, La Fontaine et Rousseau, et représentée pour la première fois à Paris, le 13 mars 1819. Paris, Barba, 1819, in-18.

Remarques sur *Athalie,* sur le danger de quelques doctrines sacerdotales, et sur Talma, au sujet de la représentation donnée à l'Opéra le 8 mars, par R. Athanase (Renard). Paris, Corréard, 1819.

Le Procès ou Racine conciliateur, comédie en un acte et en prose, par Émile Vanderburch. Paris, J. Chauson, 1822, in-8.

Racine et Shakspeare (n° 1), par M. de Stendhal (Beyle). Paris, Bosange père, 1823, in-8.

Racine et Shakspeare, n° 2, ou Réponse au manifeste contre le Romantisme, prononcé par M. Auger dans une séance solennelle de l'Institut, par M. de Stendhal (Beyle). Paris, chez les marchands de nouveautés, mars 1825, in-8.

Racine chez Corneille ou la lecture de Psyché, comédie en un acte et en vers, par Brulebœuf-Letournan. Paris, Delaforest, 1825, in-8.

Racine ou la troisième représentation des Plaideurs, comédie en un acte et en prose, par M. Magnin. Paris, Barba, 1826, in-8.

Racine, comédie en un acte et en vers, par A. Brizeux et P. Busoni. Paris, Barba, 1828, in-8.

Racine en famille, comédie historique en un acte et en prose, mêlée de couplets, par G. Dalby. Paris, Bréauté, 1833, in-8.

Allocution prononcée par M. Ymbert pour l'inauguration de la statue de J. Racine, à la Ferté-Milon, 29 septembre 1833. Paris, impr. de P. Dupont, 1833, in-8.

Esther à Saint-Cyr, comédie-vaudeville en un acte, par Deforge, de Leuven et Roche. Paris, 1835, in-8.

Études littéraires et morales de J. Racine, publiées par le marquis de Larochefoucauld-Liancourt. Paris, impr. de Mme veuve Dondey-Dupré, 1855, deux parties, in-8.

Les Ennemis de Racine au XVIIe siècle, par F. Deltour. Paris, Didier et Cie ou Aug. Durand, 1859, in-8.

Portraits littéraires, par Sainte-Beuve. Paris, Garnier frères, 1862, tome Ier.

Deux articles, le premier à la date de décembre 1829, le second à la date de janvier 1830. Ce dernier comprend la pièce de vers intitulée : les Larmes de Racine.

Port-Royal, par Sainte-Beuve. Paris, Louis Hachette et Cie.

La partie de cet ouvrage consacrée à Racine est dans le tome VI de la dernière édition, 1867, 6 vol. in-18.

Racine est un polisson, comédie en un acte, mêlée de couplets. A propos de la souscription pour une descendante de Racine, par Carmouche. Paris, 1860, in-12.

Histoire de Jean Racine, par J.-J.-E. Roy. Tours, Mame, 1861, in-12.

Lettres inédites de Jean Racine et de Louis Racine, précédées de la vie de Jean Racine et d'une notice sur Louis Racine, par leur petit-fils l'abbé Adrien de La Roque. Paris, librairie L. Hachette et Cie, 1862, in-8.

Athalie *et* Esther *de Racine*, avec un commentaire biblique par le pasteur Ath. Coquerel. Paris, Cherbuliez, 1863, in-8.

Racine à Uzès, comédie en un acte, en vers, avec notes d'après des documents nouveaux ou inédits, par Ed. Fournier. Paris, Dentu, 1865, in-12.

Racine sifflé, à-propos en vers, par M. Pierre Elzéar, représenté à l'Odéon, le 21 décembre 1876. Paris, C. Lévy, 1877, in-12.

FIN DE LA BIBLIOGRAPHIE.

ADDITIONS ET CORRECTIONS

Tome II, p. 388, ligne 8, *au lieu de* : Querat, *lisez* : Guéret, auteur de la *Promenade de Saint-Cloud*.

Tome V, p. LIX, à la deuxième ligne de l'acte de baptême, *au lieu de* : tenu sur les fonts, *lisez* : levé sur les fonts.

Ibid., p. 13, aux pièces dont la légende biblique d'Esther a fourni le sujet, ajoutez celle-ci :

La Reine Esther, tragédie provençale, reproduction de l'édition unique de 1774, avec introduction et notes, par Ernest Sabatier. Nîmes, 1877. Pet. in-8 écu de XLI et 83 pag.

La *Tragediou de la Reine Esther*, en patois provençal-comtadin (dialecte du comtat Venaissin) n'a été mentionnée par aucun bibliographe. On n'en connaît que deux exemplaires dont l'un est incomplet du titre ; cette pièce peut donc être classée parmi les curiosités dramatiques de premier ordre. Cette tragédie, composée à la fin du XVIIe siècle par Mardochée Astruc, rabbin de l'Ile-sur-Sorgue, fut retouchée, remaniée et mise en ordre définitif par Jacob de Lunel, rabbin de Carpentras, en 1774. Cette tragédie était solennellement jouée tous les ans, à Carpentras, dans le quartier juif, devant la place de la Messilah, le jour de Pourim, après le repas du soir. L'Introduction de M. Sabatier est très-intéressante, en ce qu'elle place la tragédie dans son véritable cadre historique ; c'était en quelque sorte une protestation des Juifs du comtat Venaissin contre l'ostracisme et les persécutions de la population, qui les accusait d'usure, de prostitution et de magie, et aussi contre les vexations de toutes sortes du vice-légat qui de temps à autre les parquait comme des bêtes fauves dans les carrières d'Avignon, de Cavaillon, de l'Isle et de Carpentras, dont des sergents gardaient les issues. Cet état de conflits perpétuels dura jusqu'en 1790 ; l'Assemblée du comtat Venaissin, adhérant à la Déclaration des Droits de l'Homme, accorda enfin aux Juifs les droits civils ; la tragédie d'Esther cessa alors d'être représentée dans les Juiveries de la province. Si on considère cette pièce au point de vue philologique, elle peut fournir des renseignements utiles pour l'étude des patois. On remarque au commencement du troisième acte certains passages dans lesquels les conspirateurs, pour déguiser leur complot, se servent d'un jargon bizarre assez semblable à l'italien des Matassins ou des Turcs de Molière.

Ibid., p. 339, note 1, nous disons que le manuscrit de l'ode tirée du psaume XVII ne se trouve plus à la Bibliothèque nationale. Il s'y est retrouvé.

Tome VIII, p. 236, dans la date de la lettre XLV, *au lieu de* : 1678, *lisez* : 1698.

Ibid. p. 243, dans la date de la lettre XLVIII, *au lieu de* : 1798, *lisez* : 1698.

Ibid., p. 501, ligne 7, *au lieu de* : elle ne craint pas, *lisez* : elle ne crait pas (elle ne croit pas qu'il soit malheureux.)

TABLE

DU TOME HUITIÈME.

INTRODUCTION

	Pages.
CORRESPONDANCE (suite)	I
Lettres de Racine à Boileau et de Boileau à Racine.	I
Lettres de Racine à son fils.	III
Lettres de divers à divers.	V
MÉMOIRES SUR LA VIE DE JEAN RACINE.	V
DICTIONNAIRE CRITIQUE ET BIBLIOGRAPHIE.	VII

CORRESPONDANCE (Suite).

Lettres de Racine à Boileau et de Boileau à Racine.		3
I.	Boileau à Racine (1687)	3
II.	Racine à Boileau (1687).	5
III.	Boileau à Racine (1687).	9
IV.	Boileau à Racine (1687).	11
V.	Racine à Boileau (1687).	14
VI.	Boileau à Racine (1687).	16
VII.	Racine à Boileau (1687).	20
VIII.	Racine à Boileau (1687).	23
IX.	Boileau à Racine (1687).	28
X.	Boileau à Racine (1687)	30
XI.	Racine à Boileau (1687)	33
XII.	Racine à Boileau (1687).	35
XIII.	Boileau à Racine (1687)	37

		Pages.
XIV.	Boileau à Racine (1687)	40
XV.	Racine à Boileau (1687)	41
XVI.	Boileau à Racine (1687)	46
XVII.	Boileau à Racine (1687)	50
XVIII.	Racine à Boileau (1687)	52
XIX.	Boileau à Racine (1691)	55
XX.	Racine à Boileau (1691)	56
XXI.	Racine à Boileau (1692)	61
XXII.	Boileau à Racine (1692)	63
XXIII.	Racine à Boileau (1692)	63
XXIV.	Racine à Boileau (1692)	64
XXV.	Racine à Boileau (1692)	65
XXVI.	Racine à Boileau (1692)	69
XXVII.	Racine à Boileau (1692)	71
XXVIII.	Racine à Boileau (1692)	75
XXIX.	Racine à Boileau (1692)	82
XXX.	Racine à Boileau (1692)	86
XXXI.	Racine à Boileau (1692)	89
XXXII.	Boileau à Racine (1692)	91
XXXIII.	Racine à Boileau (1693)	95
XXXIV.	Racine à Boileau (1693)	98
XXXV.	Boileau à Racine (1693)	99
XXXVI.	Boileau à Racine (1693)	102
XXXVII.	Boileau à Racine (1693)	106
XXXVIII.	Racine à Boileau (1693)	109
XXXIX.	Boileau à Racine (1693)	111
XL.	Boileau à Racine (1693)	113
XLI.	Racine à Boileau (1693)	114
XLII.	Racine à Boileau (1693)	114
XLIII.	Racine à Boileau (1693)	119
XLIV.	Racine à Boileau (1694)	122
XLV.	Racine à Boileau (1694)	125
XLVI.	Racine à Boileau (1695)	129
XLVII.	Racine à Boileau (1696)	131
XLVIII.	Racine à Boileau (1697)	132
XLIX.	Boileau à Racine (1697)	136
L.	Racine à Boileau (1698)	140

TABLE.

		Pages.
Lettres de Racine à son fils.		143
I.	(1691).	143
II.	(1692).	146
III.	(1692).	147
IV.	(1692).	148
V.	(1692).	150
VI.	(1692).	151
VII.	(1693).	152
VIII.	(1693).	154
IX.	(1693).	156
X.	(1694).	159
XI.	(1694).	160
XII.	(1695).	162
XIII.	(1695)	163
XIV.	(1695).	165
XV.	(1696).	168
XVI.	(1696).	169
XVII.	(1696).	170
XVIII.	(1697).	171
XIX.	(1697).	173
XX.	(1697).	175
XXI.	(1697).	176
XXII.	(1697).	176
XXXIII.	(1698).	177
XXIV.	(1698).	180
XXV.	(1698).	181
XXVI.	(1698).	183
XXVII.	(1698).	186
XXVIII.	(1698).	188
XXIX.	(1698).	191
XXX.	(1698).	194
XXXI.	(1698).	196
XXXII.	(1698).	199
XXXIII.	(1698).	201
XXXIV.	(1698).	205
XXXV.	(1698).	208
XXXVI.	(1698).	210

TABLE.

	Pages.
XXXVII. (1698)	212
XXXVIII. (1698)	215
XXXIX. (1698)	218
XL. (1698)	220
XLI. (1698)	223
XLII. (1698)	225
XLIII. (1698)	232
XLIV. (1698)	234
XLV. (1698)	236
XLVI. (1698)	238
XLVII. (1698)	241
XLVIII. (1698)	243
XLIX. (1698)	246
L. (1698)	248
LI. (1698)	249
LII. (1698)	251
LIII. (1698)	254
LIV. (1698)	255
LV. (1699)	257
Lettres de divers à divers	259
I. De l'abbé Duguet à Mme D*** (1690)	259
II. D'Antoine Arnauld à M. Vuillard (1691)	260
III. Du P. Quesnel à M. Vuillard (1691)	261
IV. Du P. Quesnel à M. Vuillard (1694 ou 1695)	262
V. Du P. Quesnel à M. Vuillard (1696)	263
VI. De M. Vuillard à M. de Préfontaine (1698)	264
VII. De M. Vuillard à M. de Préfontaine (1698)	265
VIII. De M. Vuillard à M. de Préfontaine (1698)	265
IX. De Mme de Villette à Boileau (1698)	266
X. De M. Vuillard à M. de Préfontaine (1698)	267
XI. De M. Vuillard à M. de Préfontaine (1699)	269
XII. De M. Vuillard à M. de Préfontaine (1699)	270
XIII. De l'abbé de Vaubrun au cardinal de Bouillon (1699)	271
XIV. De M. Vuillard à M. de Préfontaine (1699)	272
XV. De M. Vuillard à M. de Préfontaine (1699)	272
XVI. De M. Vuillard à M. de Préfontaine (1699)	273
XVII. De la mère Agnès de Sainte-Thècle Racine à Mme Racine (1699)	274

TABLE. 549

		Pages.
XVIII.	De M. Vuillard à M. de Préfontaine (1699).	275
XIX.	De M. Vuillard à M. de Préfontaine (1699).	275
XX.	De M. Vuillard à M. de Préfontaine (1699).	277
XXI.	De M. Vuillard à M. de Préfontaine (1699).	278
XXII.	De Boileau à Brossette (1699).	279
XXIII.	De M. Vuillard à M. de Préfontaine (1699).	279
XXIV.	De la mère Agnès de Sainte-Thècle Racine à Mme Racine (1699).	281
XXV.	De M. Vuillard à M. de Préfontaine (1699).	281
XXVI.	De M. Vuillard à M. de Préfontaine (1699).	283
XXVII.	De Boileau à Monchesnai (1707).	283
XXVIII.	De Jean-Baptiste Racine à Louis Racine (1742).	285
XXIX.	De Jean-Baptiste Racine à Louis Racine (1742).	287
XXX.	De Jean-Baptiste Racine à Louis Racine (1741).	290
XXXI.	De Jean-Baptiste Racine à Louis Racine (1741).	293
XXXII.	De Jean-Baptiste Racine à Louis Racine (1741).	298

MÉMOIRES CONTENANT QUELQUES PARTICULARITÉS SUR LA VIE ET LES OUVRAGES DE JEAN RACINE (par Louis Racine). . . . 303
   Première partie. 309
   Seconde partie. 360
   Texte de l'épitaphe française d'après un autographe et de l'épitaphe latine d'après la pierre tombale. 437
DICTIONNAIRE CRITIQUE des locutions et des alliances de mots introduites dans la langue française par Jean Racine. 441
BIBLIOGRAPHIE. 515
   Premières publications. 515
   Éditions originales des pièces de théâtre. 516
   Recueils originaux. 519
   Editions originales des OEuvres diverses. 526
   Principales éditions collectives depuis 1700. 533
   Publications relatives à la vie et aux ouvrages de Racine. . . . 538
Additions et corrections. 544

FIN DE LA TABLE DU TOME VIII
ET DERNIER.

TABLE GÉNÉRALE

DES

OEUVRES COMPLÈTES DE RACINE

OU PLAN

DE LA PRÉSENTE ÉDITION.

TOME PREMIER.

	Pages.
DISCOURS PRÉLIMINAIRE.	1
INTRODUCTION.	15
VIE DE RACINE depuis ses commencements jusqu'à sa première tragédie, 1639-1664.	141
LA THÉBAÏDE OU LES FRÈRES ENNEMIS, tragédie, 1664.	243
Examen critique de *la Thébaïde*.	329
ALEXANDRE LE GRAND, tragédie, 1665.	371
Notice préliminaire.	373
Alexandre le Grand.	397
Examen critique d'*Alexandre le Grand*.	481

TOME DEUXIÈME.

Avertissement.	1
ANDROMAQUE, tragédie, 1667.	1
Notice préliminaire.	3
Andromaque.	59
Examen critique d'*Andromaque*.	159
LES PLAIDEURS, comédie (1668).	221
Notice préliminaire.	223
Les Plaideurs.	241
Examen critique des *Plaideurs*.	325
VIE DE RACINE, deuxième partie, 1664-1677.	369

TOME TROISIÈME.

BRITANNICUS, tragédie, 1669.	1
Notice préliminaire.	3
Britannicus.	59
Examen critique de *Britannicus*.	181
BÉRÉNICE, tragédie, 1670.	221
Notice préliminaire.	223
Bérénice.	279
Examen critique de *Bérénice*.	365

TABLE GÉNÉRALE.   551

	Pages.
BAJAZET, tragédie, 1672.	389
Notice préliminaire.	391
Bajazet	409
Examen critique de *Bajazet*.	500

TOME QUATRIÈME.

Avertissement du continuateur de l'édition.	1
MITHRIDATE, tragédie, 1673.	1
Notice préliminaire.	3
Mithridate.	23
Examen critique de *Mithridate*.	117
IPHIGÉNIE, tragédie, 1674.	135
Notice préliminaire.	137
Iphigénie.	165
Examen critique d'*Iphigénie*.	209
PHÈDRE, tragédie, 1677.	299
Notice préliminaire.	301
Phèdre.	325
Examen critique de *Phèdre*.	407
PLAN DU PREMIER ACTE D'IPHIGÉNIE EN TAURIDE.	449
Notice préliminaire.	451
Plan du premier acte d'Iphigénie en Tauride.	457
Additions et corrections aux trois premiers volumes.	463

TOME CINQUIÈME.

VIE DE RACINE, troisième et dernière partie, 1677-1699.	1
ESTHER, tragédie tirée de l'Écriture sainte, 1689.	1
Notice préliminaire.	3
Esther.	19
Examen critique d'*Esther*.	103
ATHALIE, tragédie tirée de l'Écriture sainte, 1691.	115
Notice préliminaire.	118
Quelques remarques écrites par J. Racine dans le temps qu'il composait *Athalie*.	133
Athalie.	145
Examen critique d'*Athalie*.	251
POÉSIES DIVERSES.	277
ŒUVRES DIVERSES EN PROSE.	413
Lettres à l'auteur des *Hérésies imaginaires*.	415

TOME SIXIÈME.

INTRODUCTION.	1
ŒUVRES DIVERSES EN PROSE (suite).	1
Abrégé de l'histoire de Port-Royal.	1
Mémoire pour les religieuses de Port-Royal des Champs.	165
Fragments sur Port-Royal.	172
Fragments et notes historiques.	179
Explications de médailles.	253
Réflexions pieuses sur quelques passages de l'Écriture sainte.	264
Épitaphe de C.-F. de Bretagne, demoiselle de Vertus.	268
ŒUVRES DIVERSES EN PROSE ATTRIBUÉES A RACINE.	271
Précis historique des campagnes de Louis XIV.	273
Relation de ce qui s'est passé au siége de Namur.	304
Épître dédicatoire à Mme de Montespan.	331

Harangue prononcée à la tête du clergé par M. l'abbé Colbert....... 333
Critique de l'épître dédicatoire de Ch. Perrault............. 338
Épitaphes de Michel Le Tellier et de Madeleine de Lamoignon 351
TRADUCTIONS............................. 353
    Le Banquet de Platon...................... 355
    Fragments de la *Poétique* d'Aristote................ 380
    Extrait du traité de Lucien : *Comment il faut écrire l'histoire*....... 393
    Appendice. Vie de Diogène. — Des Esséniens. — Lettre de l'Église de Smyrne. — La Vie de saint Polycarpe. — Épître de saint Polycarpe aux Philippiens. — Lettre de saint Irénée à Florin. — De saint Denis d'Alexandrie. — Des saints martyrs d'Alexandrie 401

TOME SEPTIÈME.

INTRODUCTION............................. 1
REMARQUES ET ANNOTATIONS..................... 1
    Remarques sur l'*Odyssée* d'Homère..... 3
    Remarques sur les *Olympiques* de Pindare.............. 131
    Notes sur l'*Iliade* d'Homère.................... 179
    Notes sur les *Odes* de Pindare.................. 193
    Notes sur les *Coéphores* d'Eschyle................. 198
    Notes sur quelques tragédies de Sophocle.............. 200
    Notes sur quelques tragédies d'Euripide............... 227
    Notes sur la *Poétique* d'Aristote.................. 237
    Notes sur la *Pratique du théâtre* de l'abbé d'Aubignac......... 239
DISCOURS ACADÉMIQUES........................ 241
    Discours de l'abbé Colbert.................... 243
    Réponse de Racine à l'abbé Colbert................. 248
    Discours de Thomas Corneille................... 252
    Discours de Bergeret....................... 260
    Réponse de Racine à Thomas Corneille et à Bergeret......... 266
    Discours de Valincourt, successeur de Racine............ 276
    Réponse de La Chapelle à Valincourt................ 285
CORRESPONDANCE........................... 291
    Lettres de Racine à diverses personnes et de diverses personnes à Racine. . 293

TOME HUITIÈME.

INTRODUCTION............................. 1
CORRESPONDANCE (suite)....................... 1
    Lettres de Racine à Boileau et de Boileau à Racine........... 3
    Lettres de Racine à son fils.................... 143
    Lettres de divers à divers..................... 259
MÉMOIRES SUR LA VIE DE JEAN RACINE PAR LOUIS RACINE.... 303
DICTIONNAIRE CRITIQUE DE LA LANGUE DE RACINE......... 441
BIBLIOGRAPHIE............................. 515
    Additions et corrections..................... 544

FIN DE LA TABLE GÉNÉRALE.

PARIS. — Impr. J. CLAYE. — A. QUANTIN et Cⁱᵉ, rue Saint-Benoît.

TABLE GÉNÉRALE.

Pages.

Harangue prononcée à la tête du clergé par M. l'abbé Colbert. 333
Critique de l'épître dédicatoire de Ch. Perrault. 338
Épitaphes de Michel Le Tellier et de Madeleine de Lamoignon 351
TRADUCTIONS. 353
    Le Banquet de Platon. 355
    Fragments de la *Poétique* d'Aristote. 380
    Extrait du traité de Lucien : *Comment il faut écrire l'histoire*. 393
    Appendice. Vie de Diogène. — Des Esséniens. — Lettre de l'Église de Smyrne. — La Vie de saint Polycarpe. — Épître de saint Polycarpe aux Philippiens. — Lettre de saint Irénée à Florin. — De saint Denis d'Alexandrie. — Des saints martyrs d'Alexandrie 401

TOME SEPTIÈME.

INTRODUCTION. 1
REMARQUES ET ANNOTATIONS. 1
    Remarques sur l'*Odyssée* d'Homère. 3
    Remarques sur les *Olympiques* de Pindare. 131
    Notes sur l'*Iliade* d'Homère. 179
    Notes sur les *Odes* de Pindare. 193
    Notes sur les *Coëphores* d'Eschyle. 198
    Notes sur quelques tragédies de Sophocle. 200
    Notes sur quelques tragédies d'Euripide. 227
    Notes sur la *Poétique* d'Aristote. 237
    Notes sur la *Pratique du théâtre* de l'abbé d'Aubignac. 239
DISCOURS ACADÉMIQUES. 241
    Discours de l'abbé Colbert. 243
    Réponse de Racine à l'abbé Colbert. 248
    Discours de Thomas Corneille. 252
    Discours de Bergeret. 260
    Réponse de Racine à Thomas Corneille et à Bergeret. 266
    Discours de Valincourt, successeur de Racine. 276
    Réponse de La Chapelle à Valincourt. 285
CORRESPONDANCE. 291
    Lettres de Racine à diverses personnes et de diverses personnes à Racine. . 293

TOME HUITIÈME.

INTRODUCTION. 1
CORRESPONDANCE (suite). 1
    Lettres de Racine à Boileau et de Boileau à Racine. 3
    Lettres de Racine à son fils. 143
    Lettres de divers à divers. 259
MÉMOIRES SUR LA VIE DE JEAN RACINE PAR LOUIS RACINE. . . . 303
DICTIONNAIRE CRITIQUE DE LA LANGUE DE RACINE. 441
BIBLIOGRAPHIE. 515
    Additions et corrections 544

FIN DE LA TABLE GÉNÉRALE.

PARIS. — Impr. J. CLAYE. — A. QUANTIN et Cⁱᵉ, rue Saint-Benoît.

ŒUVRES COMPLÈTES
DE VOLTAIRE

NOUVELLE ÉDITION

AVEC NOTICES, PRÉFACES, VARIANTES, TABLE ANALYTIQUE
LES NOTES DE TOUS LES COMMENTATEURS ET DES NOTES NOUVELLES

CONFORME POUR LE TEXTE A L'ÉDITION DE BEUCHOT

Enrichie des découvertes les plus récentes et mise au courant des travaux qui ont paru jusqu'à ce jour

Précédée de la VIE DE VOLTAIRE par Condorcet

ET D'AUTRES ÉTUDES BIOGRAPHIQUES

Ornée d'un portrait en pied d'après la statue du foyer public de la Comédie-Française

---

Cette édition des Œuvres complètes de VOLTAIRE, imprimée par M. Quantin, formera environ quarante-cinq volumes in-8° cavalier, sur beau papier du Marais, au prix de 6 fr. le volume.

La publication aussitôt terminée, le prix du volume sera porté à 7 fr.

Il en sera tiré 150 exemplaires sur grand papier de Hollande à 15 fr. le volume.

Les six volumes du théâtre sont en vente, les autres paraîtront régulièrement toutes les trois semaines.

OUVRAGE TERMINÉ
ŒUVRES COMPLÈTES DE DIDEROT

Revues sur les éditions originales et complétées d'après les manuscrits de la bibliothèque de l'Ermitage, avec notices, notes, par J. ASSÉZAT et M. TOURNEUX, 20 volumes in-8° cavalier, avec portraits et planches, à 7 fr.

CORRESPONDANCE LITTÉRAIRE
PHILOSOPHIQUE ET CRITIQUE
DE GRIMM, DIDEROT, &c.

Nouvelle édition collationnée sur les textes originaux, comprenant, outre ce qui a été publié à diverses époques et les fragments supprimés en 1813 par la censure, les parties inédites conservées à la Bibliothèque ducale de Gotha et à l'Arsenal à Paris. Notice, notes, table générale, par Maurice TOURNEUX.

La *Correspondance littéraire* formera environ 10 volumes in-8° cavalier; le caractère et le papier seront semblables à ceux des *Œuvres complètes* de Diderot. 6 francs le volume.

Il sera tiré 100 exemplaires sur papier de Hollande au prix de 15 francs le volume.

Le premier volume est en vente, et les volumes suivants paraîtront de mois en mois.

www.ingramcontent.com/pod-product-compliance
Lightning Source LLC
Chambersburg PA
CBHW060507230426
43665CB00013B/1421